国家社会科学基金重大项目成果

"培育和践行社会主义核心价值观研究"（14ZDA008）最终成果

培育和践行社会主义
核心价值观研究

袁银传 郭强 杨业华 杨军 韩玲 著

人民出版社

责任编辑：崔继新　孔　欢

图书在版编目（CIP）数据

培育和践行社会主义核心价值观研究/袁银传 等 著. —北京：人民出版社，
　2019.12
ISBN 978－7－01－021553－2

Ⅰ.①培…　Ⅱ.①袁…　Ⅲ.①社会主义核心价值观-研究-中国
　Ⅳ.①D616

中国版本图书馆 CIP 数据核字（2019）第 274054 号

培育和践行社会主义核心价值观研究

PEIYU HE JIANXING SHEHUI ZHUYI HEXIN JIAZHIGUAN YANJIU

袁银传　郭强　杨业华　杨军　韩玲　著

人民出版社 出版发行
（100706　北京市东城区隆福寺街 99 号）

北京新华印刷有限公司印刷　新华书店经销

2019 年 12 月第 1 版　2019 年 12 月北京第 1 次印刷
开本:710 毫米×1000 毫米 1/16　印张:41
字数:660 千字

ISBN 978－7－01－021553－2　定价:96.00 元

邮购地址 100706　北京市东城区隆福寺街 99 号
人民东方图书销售中心　电话 （010）65250042　65289539

序　言

本著作以马克思主义经典作家和中国共产党人关于培育和践行社会主义核心价值观的经典文献为文本依据,以对现阶段中国不同地区、不同民族、不同社会阶层的人们对社会主义核心价值观的认知认同现状的社会调查为现实根据,运用辩证唯物主义和历史唯物主义的根本研究方法以及文献研究法、历史研究法、比较研究法、调查研究法,从理论、历史与现实三者的结合上,系统梳理和深入研究马克思主义经典作家和中国共产党人关于培育和践行社会主义核心价值观的基本思想,探讨培育和践行社会主义核心价值观的中国传统优秀资源和对当代西方的合理借鉴,总结社会主义核心价值观建设的历史经验教训,探讨凝聚和整合当代中国价值共识的基本原则和主要机制以及培育和践行社会主义核心价值观的途径、载体、方法。

本著作的突出特点和学术创新主要体现在以下六个方面。

第一,提出了凝练社会主义核心价值观的基本原则和根据。马克思主义经典作家和中国共产党人关于社会主义核心价值观的经典论述,是文本根据;辩证唯物主义和历史唯物主义的世界观和方法论,特别是其关于物质与意识、社会存在与社会意识、经济基础与上层建筑辩证关系的原理,是理论根据和方法论根据;中国传统和当代西方核心价值观的优秀合理思想,是思想资源;社会主义运动的实践逻辑、人民群众的核心利益诉求及其表达习惯,是现实根据。社会主义核心价值观既具有本质的规定性和相对稳定性,又要随着实践的发展而发展;社会主义核心价值观是一个动态的开放系统,要随着社会主义实践的发展不断总结、概括、凝练社会主义核心价值观。作者认为,随着中国特色社会主义进入新时代,对于社会主义核心价值观的凝练需要不断与时俱进,建议将社会主义核心价值观的核心要义概括为"以人民为中心",将国家层面的核心价值观增加"美丽"以与富强、民主、文明、和谐相并列并且作为落脚点。

第二,总结了中国共产党人进行社会主义核心价值观建设的五条基本经验和五点历史教训。社会主义核心价值观建设的基本经验是:坚持马克思主义价值原则与中国具体实际相结合;坚持党的领导与发挥群众主体性相结合;坚持理论研究与教育普及相结合;坚持改造观念与满足利益要求相结合;坚持宣传教育与制度规范相结合。社会主义核心价值观建设的历史教训是:要正确处理国家中心工作与价值观建设之间的关系;要正确对待中国传统价值观和当代西方价值观;要不断创新社会主义核心价值观的宣传教育方式;社会主义核心价值观建设要科学化常态化大众化;社会主义核心价值观建设关键在党。

第三,提出了培育和践行社会主义核心价值观需要借鉴中国传统和当代西方价值观教育与实践的合理机制和有效方法,但是必须反对西方普世价值的陷阱。认为社会主义核心价值观与中国传统价值观、当代西方价值观是本质不同和对立的价值体系,社会主义核心价值观是社会主义的价值体系,中国传统价值观是封建主义价值体系,当代西方价值观是资本主义价值体系。中国传统核心价值观表面上是"仁",实质上是"礼",封建主义核心价值观是"以权为本",即所谓"克己复礼为仁",目的是维护封建等级尊卑秩序的"礼制"。资本主义核心价值观形式上是自由、民主、平等、人权,但实质是拜金主义、享乐主义、个人主义。

第四,提出了"三种教条主义"的概念。将当代中国社会错误思潮集中概括为三种教条主义,即以新自由主义、民主社会主义、普世价值等为代表的"西教条"(或者"洋教条")、以复兴儒学为代表的文化保守主义的"儒教条"(或者"古教条")、质疑改革开放的"左教条"。认为三种教条主义在世界观和方法论上都是唯心主义和形而上学,培育和践行社会主义核心价值观必须反对和抵制三种教条主义,要用社会主义核心价值观引领多样化社会思潮。

第五,探讨了用社会主义核心价值观引领多样化社会思潮、培育和践行社会主义核心价值观的三条基本路径:要从总结历史经验中、从现实生活的提炼中、从强化制度建设和管理中、从先进典型案例的分析中等四个方面来探索引领途径。坚持从五个方面深入研究实施引领工作的对策和方法,即推进马克思主义理论研究和建设工程、促进哲学社会科学的繁荣和发展、加强社会主义先进文化建设、重视在全社会形成引领的合力和加强马克思主义理论队伍建设。要防止四种倾向:强调"主导"而不加分析地简单排斥多样化社会思潮,强调尊重、包容而忽视甚至否定社会主义核心价值观的主导作用,把引领工作局限在精神领域而与社会经济生活、人民群众的实际利益相脱离而一哄而上,搞形式主义的"假、大、空",不做扎实具体的工作。

第六,提出了凝聚和整合当代中国价值共识的四大机制以及培育和践行社会主义核心价值观的六大主要机制。凝聚和整合当代中国价值共识的四大机制是:完善利益协调机制以破除价值共识的利益藩篱,完善教育引导机制以巩固价值共识的思想基础,完善制度规范机制以强化价值共识的制度保障,完善实践养成机制以推进价值共识的落地生根。培育和践行社会主义核心价值观的六大主要机制是:学习实践机制、文化熏陶机制、心理疏导机制、行为养成机制、价值评价机制、奖惩激励机制。只有建立健全这些机制,才能使培育和践行社会主义核心价值观的活动真正做小、做细、做实,才能使培育和践行社会主义核心价值观活动富有时效性。

培育和践行社会主义核心价值观既是重大的理论问题,也是重大的现实问题。作者在国内外学术界已有研究成果基础上进行了系统论述和新的阐释,有的学术观点和论证也只是作者的一家之言,对不同地区、不同民族、不同社会阶层的人们对社会主义核心价值观的认知认同现状的社会调查还可以进一步展开。但瑕不掩瑜,本书是同类研究成果中一部有分量的力作。我相信本著作将会得到学术界的高度重视和中肯评价,也相信作者会认真听取广大读者的意见和建议之后进一步作更深入的研究。

陶德麟

2019 年 5 月 18 日于武昌珞珈山

目　　录

导　　论

自从党的十六届六中全会首次提出"社会主义核心价值体系"的重大命题、党的十八大明确提出"三个倡导"二十四个字的"社会主义核心价值观"、党的十九大强调"坚持社会核心价值体系""培育和践行社会主义核心价值观"以来，社会主义核心价值观、社会主义核心价值体系、培育和践行社会主义核心价值观成为近年来国内学术界研究的热点问题之一。而要研究"培育和践行社会主义核心价值观"问题，首先需要厘清价值、价值观、社会主义核心价值观、社会主义核心价值体系等相关概念。

一、相关概念界定

"价值"既有哲学意义上的，也有经济学意义上的。经济学意义上的"价值"是与使用价值相对应的一个概念，是指凝结在商品中的无差别的一般人类劳动，它通过价格体现出来。而哲学意义上的价值是一个表示主客体之间相互关系、相互作用的范畴，它表征客体为主体而存在。我们研究培育和践行社会主义核心价值观中的"价值"一词，是在哲学层面和意义上使用的价值概念。

（一）价值

"价值"一词是与事实、知识、真理等概念的区别和对立中获得其内在的规定性的。事实、知识、真理是一个求"真"的过程，它要求主体符合客体；而"价值"是一个求"善"、求"美"的过程，它所承诺的是客体服务主体。正如英国哲学家罗素所指出的："当我们断言这个或那个具有'价值'时，我们是在表达我们自己的感情,而不在表达一个即使我们个人的感情各不相同但却是可靠的事实。"①"价值"这个概念所肯定的内容,"是指客体的存在、作用以及它们的变化对于一定主体需要及其发展的某种适合、接近或一致。"②马克思曾经指出:"'价值'这个普遍的概念是从人们对待满足他们需要的外界物的关系中产生的"③。这也就是说,价值是与主体人的需要直接相联系的,离开了主体人的需要,事物的存在、属性和发展都是中性的,是价值中立的,无所谓价值。而只有在对待满足主体需要的关系中,才谈得上有无价值的问题。

价值观是指主体对于主体与客体之间价值关系的反映,是主体对客体是否具有满足主体需要的属性所做出的肯定或否定的判断。价值观所涵盖的内容和层面较多,一般来说,它包括价值评价、价值标准(评价标准)、价值取向、价值目标等,其核心是价值评价。正是在这种意义上,人们通常也可以将价值观称为价值评价标准的体系。

价值观属于社会意识层面的范畴,它是由社会存在决定的,随着社会存在的发展变化而变化,并且集中反映社会存在发展变化的规律和趋势。例如,改革开放40多年来,中国经济社会发展各方面都发生了巨大而深刻的变化,而大学生择业价值取向的变化则成了社会变革的"晴雨表",在不同阶段呈现出不同的特点。20世纪70年代末到80年代初,我国大学生就业选择有自己的社会理想,以党和国家的需要、人民的召唤为中心,"国家和人民的利益高于一切""一切服从党组织的安排"。20世纪80年代中后期,大学生择业取向则开始向"以自我为中心、个人利益至上"变化,职业选择既要社会地位高,也要经济收入高。20世纪90年代以来,随着社会主义市场经济的发展,求职成才道路拓宽,大学生开始寻求个人价值与社会价值相结合,第一职业要求稳定,第二职业希望发财,追求"实惠"的功利化倾向比较明显,甚至出现了个别"精致的利己主义者"。中国特色社会主义进入新世纪,随着世界多极化、经济全球化、社会信息化、文化多样化的发展,大学生在择业时极力寻找个人与社会、生存与发展、国际与国内的"最佳结合点",价值选择的多元、多样、多变,并且

---

① [英]罗素:《宗教与科学》,徐奕春、林国夫译,商务印书馆1982年版,第123页。
② 李德顺:《价值论》,中国人民大学出版社1987年版,第13页。
③ 《马克思恩格斯全集》第19卷,人民出版社1963年版,第406页。

选择的自主性和功利性明显增强。当代大学生择业取向的变迁,在一定程度上反映了由社会存在决定的当代社会人们价值观的嬗变轨迹。

价值观的核心问题是人的价值问题。人的价值是表示人们之间的"意义"关系的哲学范畴。要说明人的价值,首先要弄清什么是价值。

1939年,著名物理学家爱因斯坦在获悉铀核裂变及其链式反应的发现后,曾经在匈牙利物理学家西拉德的建议下,上书时任美国总统罗斯福,建议研制原子弹,以防德国法西斯抢先掌握核技术。但是,让爱因斯坦感到不满的是,第二次世界大战结束前夕,美国向日本的广岛和长崎投下两颗原子弹,首次将原子弹用于战争,但是死伤的却是平民。这对爱因斯坦的震动很大,在此之后,爱因斯坦便投身反对核战争的运动。这说明包括科学研究在内的人的实践活动决不是一种主观随意、率性而为的活动,任何实践活动都必须坚持真理尺度与价值尺度的统一。这也就是说,人们在认识世界和改造世界的过程中,不仅要判断对象是什么、为什么、怎么样的问题,还要解决为了什么、是否有用,即好坏、善恶、美丑等等问题。给这些问题进行一个哲学概括,就是价值问题。

1. 经济学哲学语境中的价值

在不同的语境和话语系统中,人们所用的"价值"概念具有不同的内涵和外延。

在经济学中商品是使用价值和价值二因素的有机统一体。价值作为商品二因素之一,代表着该商品在交换过程中能够交换得到多少其他的商品,价值通常通过货币来计量,并且通过价格表现出来。有些经济学者经常把价值等同于价格,而有些经济学者则认为价值和价格并不等同。比如,毕加索在一张报纸空白处画的速写,居然拍卖到十几万美元。"这速写不过草草几笔,根本没什么艺术价值。"有评论家说,"有的话,只是市场价值。"

其实,无论市场如何变化,商品的价格的变化归根到底是由价值来决定的,那么,商品的价值又是由什么来决定的呢? 具有不同使用价值的商品之所以能按一定比例相交换,如1只羊也许可以换20尺布,是因为它们之间存在着某种共同的、可以比较的东西。这种共同的、可以比较的东西就是商品生产中蕴含的无差别的人类抽象劳动。而无差别的人类劳动凝结在商品之中,就形成了商品的价值。因此,商品价值量的大小是由凝结在商品中的社会必要劳动时间决定的。而没有经过人类劳动加工改造的东西,例如空气等,即使对人们有使用价值,也不具有价值。

在日常生活中,人们对价值的理解往往还从功用主义的立场出发。这时候的"价值"相当于经济学使讲的"使用价值"。例如,当人们说某事物或者某做法没有什么价值时,实际上指的是该事物已经失去了功用。由于日常生活中价值被理解为使用价值,所以人们常常将价值与价值物等同。例如,一些人认为价值就是车子、房子和票子等等。

不同语境中价值概念的不同,需要一个哲学意义上的"价值一般"加以统摄。那么,如何理解作为"价值一般"的价值概念的哲学内涵呢?

哲学层面上的价值概念是最广泛、最普遍、最本质的价值概念,它是对于各种特殊的价值现象的整体概括和本质抽象。例如,经济领域中某项经济活动是否具有经济效益(或者经济效率);政治生活中某个政治组织是否体现了社会成员的公共意志而受到民众的拥护和支持;精神生活中某种理想信念是否能给人以精神定力并引导人们走向自由;艺术领域中某个艺术作品是否能给审美主体带来对象化的愉悦和美的享受;等等。这些都是主体与客体之间价值关系的多层面、多样化的表现形式。哲学的价值范畴是对于具体价值概念的集中概括和科学抽象,它摒弃了上述各种价值关系中的特殊内容和具体形式,只是抽象出其中普遍的、一般的、本质的共同内容。

所谓价值,指称的是客体的属性对于主体需要的满足关系,或者说,价值的实质就在于客体的属性、存在和发展与主体的需要之间相符合、相一致或者相接近。一个客体对象对主体的有用程度越高,满足主体需要的程度越强,其价值也就越大;反之,客体就无价值或者价值就越小。而当客体不仅不能满足主体的需要,甚至对于主体有害时,客体对于主体来说也就只能具有负价值了。

需要我们注意的是,具有价值的对象既可以是客观存在的实体,也可能是人的理想追求和精神信仰。比如科学家对真理的追求,宗教徒对于宗教的虔诚和信仰,英雄为了崇高理想而英勇献身。因此,价值的外延是广泛的,既可以是物质层面的东西,例如,房子、车子、票子等;也可以是精神层面的东西,例如,理想、信念、快乐、爱情、幸福等。人在社会生活中对于客体对象采取什么态度、做出什么反应都是以主体对于该事物的价值判断为基础的。正如马克思在《1844年经济学哲学手稿》中指出的:"只有音乐才能激起人的音乐感;对于没有音乐感的耳朵说来,最美的音乐也毫无意义。"①

有一则故事很多人都听过:一个富人在沙滩看到一个穷人在晒太阳,就质问他为什么不去工作。穷人问为什么要去工作。富人说只有辛勤工作才能赚到很多钱,变成一个富人,才能有时间悠闲地在沙滩晒太阳。穷人反问道:"我现在不是正在这晒太阳么?"你认为赚了很多钱然后去沙滩晒太阳是一种享受,我认为没那么多钱也可以一样安逸地晒太阳。这是不同人有不同的主观感受,它也表明每个人对待同一事物的价值认同是不一样的。价值就是要能满足人的需要,但每个人的需要都是不一样的,我需要这样东西,这样东西对于我就有价值,否则,就没有价值。可见,需要与效用,事实与价值是有区别的。

2. 价值与事实

人类面临两大问题:事实问题和价值问题。事实作为客观存在的事物、事件或者过程,阐明"是什么"的问题,是一种既定的事实,具有一种确定性和价值的中立性,可以与主体人无关而存在。价值则是主客体之间的一种关系,是客体对于主体的意义。价值虽然也是客观存在的,但却因人而异,作为人的活动的产物,同人的需要有密切的关系,解决的是人类共同面临的"好坏""善恶""美丑"及其"标准"问题,即"应该是什么"的问题。

比如,下面这句话:人类的二氧化碳排放量在增加,我们应该限制二氧化碳的排放。前半句是事实判断,后半句是价值判断。如果不附加逻辑条件的话,从前半句是得不到后半句的。因为事实判断是客观的,是唯一的;价值判断是主观的,不是唯一的。

价值与事实的区别有没有意义?不少人怀疑,因为我们日常生活中谁也不这样区别。人们不仅在语言中把事实与价值混在一起,而且在思想中也是这样。"明天可能下雨"只涉及事实;"明天应该下雨"则涉及价值——对谁有

---

① 《马克思恩格斯全集》第42卷,人民出版社1979年版,第125页。

好处？对农民还是对城里上班的人？是久旱下雨还是大涝下雨？这种简单的问题不难区别。但是，当我们面对"出租车应不应该提价"这类"复杂问题"时就不容易了。出租车调价的事，争议许多年了。有一年某人为涨价造势，发表了这样一种言论："出租车本来就不是为普通百姓服务的"。这句话特别容易触动人们的情感和道义反应，在今天不知会在网上挨多少"板砖"。但是，怎么看这句话呢？我们如果把它当作事实判断，就要考察：在我们这座城市，出租车行业一开始到底是为什么人服务的？它是靠哪一群消费者发展、繁荣起来的？40 岁往上的人都能回答这个问题：改革开放以前，出租车根本就不在街上跑，它的确不是为普通百姓服务的。但除了普通百姓，也没有什么"不普通的百姓"。出租车那时候就是人们偶有特殊情况时才打电话预约的，根本谈不上繁荣的市场。而改革开放后，"面的"10 块钱满街跑。正是低价位地服务普通百姓，才有了今天出租车行业的繁荣发展。

那么，在价值判断层面呢？我们可以问：一座城市方便快捷的公共交通应该为谁服务？——是为普通百姓，还是为少数有钱人？这个价值问题提得理直气壮，答案也很清楚，但是，它们仍然代替不了事实判断：以现在的油价、利润和管理费用，出租车能否承担得起应有的服务的功能？它提价了，百姓会不会放弃？它不提价，它自己会不会倒闭？

出租车能够为谁服务，是事实问题；应该为谁服务，是价值问题。能够为谁服务并愿意为谁服务，是价值问题；能够为谁服务却不愿意为谁服务，还是价值问题。我们先要弄清事实真相，再来弄清其价值取向。

这个问题的"复杂性"本身就体现在：它是以价值判断的提问方式遮蔽了事实判断的潜在前提。我们社会生活中许多复杂问题都是这样提出来的。

价值的多样性，不是"公说公有理，婆说婆有理"，而是人的利益和生活理想的多样，是多样的表达、交流、妥协和共存。价值提供动力。人类社会，就是靠人的利益和愿望这些"价值"推动的。而事实的唯一性，则是人在这个世界的生活、运动、认识、争议，乃至所有价值的基础。

我们生活在一个事实的世界里，这是大家都看得到，摸得着的。我们也生活在一个由我们赋予其意义和价值的世界里，只是许多人并没有意识到而已。没有人，就没有这个价值的世界。它们是我们的愿望、理想、好坏、善恶、美丑的标准,也曲折地反映着我们的利益之所在。我们从自己的价值观、情感、原则和道德、审美标准对事实进行判断,这是对事物价值属性的认识,实际上是评价它对于我们的价值。比如,说什么重要、什么应该,什么好、什么坏,就是价值判断,因为它们都涉及一个判断的主体——人,也涉及不同事物对于人的价值秩序。金岳霖先生曾说过一段有意思的话:青山不是绿水,黄叶不是红灯,虽然对于樵夫也许青山的价值比绿水为重,但是对于渔翁则可能绿水比青山为重,对于欣赏秋景的人来说黄叶比红灯有价值,而对于开饭店的人来说红灯也许比黄叶更有价值。价值可以不同,然而性质没有改变。这里价值与"性质"的关系,就是价值与事实的关系。因为这里的"性质"就是指事实的性质。我们的理性可以发现价值不同于事实,同样,我们的理性也可以发现价值根源于事实。我们不仅应认识到事实与价值确有不同的特性,同时也应当看到事实与价值的内在关联,抽掉了价值的事实性前提,我们必然陷入价值相对主义或价值虚无主义。事实是一回事,价值评价是一回事;价值评价因主体的利益、角度、认识能力和判断标准的不同,有可能得出不同甚至相反的结论。

3. 价值与评价

从反映客体对象的内容上看,主体对于客体的认识可以区分为知识性认识与评价性认识两种类型。知识性的认识,是认识主体对认识客体的存在、属性、规律等的反映,是回答关于客体对象"是什么""为什么""怎么样"等问题。而评价性认识也称为价值性的认识,在认识主体知识性认识的基础上,进一步回答客体的存在、属性、规律对于主体是否有用,回答的是客体对于主体"好不好""善不善""美不美""该不该"等问题。

价值性的认识也可以简称为评价。在人们的社会生产和日常生活活动中,通常要对客体对象进行评价,主要是说明客体对象对于主体是否有意义,从而决定对客体对象应持某种肯定或者否定的态度。这种通过对于客体的评价表达主体态度的活动,就是评价性的认识活动。评价性的认识活动是以主体与客体之间的价值关系为反映内容,以了解客体对主体是否有意义和价值。例如,认知大学与评价大学的价值就不一样,我们说武汉大学是一所大学这是认知,而我们说武汉大学是一所美丽的大学就是评价。另外,面包是否有营养价值,水果是否有益健康,上大学读书是否值得,这些判断都属于价值认识评价范畴。

主体对于客体的评价结果是与主体的评价标准直接联系的,是根据主体需要和评价尺度得出的结论。由于每一个主体的评价尺度不同,价值观和审美情趣不同,对于同一个客体对象的评价往往得出不同甚至相反的结论,正所谓"一千个观众眼中有一千个哈姆雷特"。《红楼梦》里的林妹妹是不招贾府里的焦大去爱的,她既不会做饭,也不会种地,可能还不会生育。之所以会出现许多不同甚至根本对立的价值选择,都是评价结果根据主体需要和标准而转移的具体表现。

当然,主体的评价活动也并不是主观任意的。评价必须以客观事实为基础和根据,评价结果的正确与否还依赖于评价主体对于客体对象的知识性认识。评价是关于主客体之间价值关系的认识,是客体对于主体需要的意义的判断。人们能否正确地做出这种判断,取决于人们所具有的相关的知识性认识,包括对客体固有的属性、本质和规律,也包括对主体的规定性、需要和发展规律等的认识。没有这些知识性的认识,一块价值连城的宝玉在不识货的人眼里也不过是一块一文不值的石头。正如马克思在《1844 年经济学哲学手稿》中指出的:"忧心忡忡的穷人甚至对最美丽的景色都没有什么感觉;贩卖矿物的商人只看到矿物的商业价值,而看不到矿物的美和特性;他没有矿物学的感觉。"[①]只有当人们对主体和客体这两方面都有了正确的知识性的认识之后,人们才能依据这种认识做出对客体的正确评价。例如,作为医生,只有全面准确地把握病人的症状、发病原因以及药品的性能,才能够对症用药;只有正确认识了社会主义初级阶段的基本国情和时代特征及其发展规律,才能正确建设中国特色社会主义;只有全面客观地把握历史人物对于社会历史发展的贡献,才能科学评价历史人物的历史地位和历史作用;等等。

价值评价的这些特点表明,评价并不是一种主观随意性的认识活动,而是具有客观性的认识活动。没有客观标准的评价将会是"公说公有理,婆说婆有理"。只有正确地反映了价值关系的评价才是正确的评价,反之则是错误的评价。

---

① 马克思:《1844 年经济学哲学手稿》,人民出版社 1985 年版,第 83 页。

（二）价值观

价值观是人们评价事物或者客体对象好坏、善恶、美丑的观念。从我们日常工作、生活和思想实际看，涉及价值观的问题比较普遍，是每个人时时、处处都要面对的现实问题。比如，有人说"有权就有一切"，有人说"有钱能使鬼推磨"，还有人说"知识改变命运"；有人看重道德、信义、友情，有人看重功名、利益、实惠；有人认为"身体健康就是福"，有人认为"家庭平安就是福"等等，涉及的都是人们的价值目标、价值判断和价值取向问题。

现在，我们都有一个基本的价值共识，那就是追求身体健康、事业如意、家庭幸福、精神愉快。但是，正如托尔斯泰所说，幸福的家庭都是一样的，不幸的家庭各有各的不幸。另外，在健康与快乐之间，精神快乐显得更重要，因为没有快乐，就不会有健康。当然，如果没有健康的身体，也不会有快乐。快乐主要是精神层面的东西，有物质作为基础，但是各人的感觉和感受，是因人而异的。比如说，古人概括出人生最快乐的事情叫四大喜："洞房花烛夜，金榜题名时，久旱逢甘雨，他乡遇故知。"后来有人为了突出"四大喜"的快乐程度，又分别在各句的前面加了一个定语："和尚洞房花烛夜，老生金榜题名时，十年久旱逢甘雨，万里他乡遇故知。"这些快乐的感觉又都取决于各人不同的价值目标追求。比如，同样是"久旱逢甘雨"，期盼丰收的农民和正在看足球赛的球迷感受和体会就完全不同。不同的价值观，就会有不同的价值评价。可是，如果有权就有一切，为什么很多有权有势的人却始终没有知足的时候，没有真正的快乐，甚至一辈子都在为追逐权力而苦恼、忧愁、郁闷、伤心；如果有钱就有一切，为什么很多有钱人却心灵空虚，精神贫穷，看不到生活的目标和方向，"穷得只剩下钱了"，不知该用什么方式来打发生活。因此，无论是"权力观"还是"金钱观"，或是其他的这个"观"那个"观"，归结起来，最能让人们辨明方向、看准目标、评价事物、判断是非的还是价值观。

1. 何谓价值观

我们如何看待自然界？如何看待人类社会？如何看待人生？如何看待事业？这些问题都会涉及我们的世界观、人生观和价值观问题。如何树立正确的世界观、人生观、价值观，正确地对待世界、对待人生，如何实现自身的价值，对我们每一个人特别是青年人来说至关重要。

世界观是人们对整个世界,其中包括自然、社会和人的思想在内的根本观点、根本看法。世界观人人都有,只不过有些世界观是正确的,有些世界观是错误的,有些世界观是系统的,有些是零碎的。有神论和无神论都是世界观的问题。我们共产党员坚持无神论的世界观,不信仰任何神佛。但是我们党内一些消极腐败分子求神拜佛,大搞封建迷信活动,不信马列信鬼神,不愿上党校愿意上寺庙,这说明世界观上出了问题。比如黑龙江原省委副书记、政协主席韩桂芝,是党的高级领导干部。这个人不信马列信佛法,家里设有一个很大的佛堂,供着菩萨,还有一幅对联,上联是:菩萨保我做大官,下联是:我做大官供菩萨。她的世界观是把自己的政治命运完全与菩萨保佑联系在一起。更让人匪夷所思的是,她被"双规"后不深刻检查自己的错误和犯错误的原因,而是归结为菩萨保佑不力。她怎么说呢?她说:"菩萨啊菩萨,我供了你这么多年,你也不保佑我。"她把自己的命运交给了菩萨,自己犯了罪不检讨,反倒怪菩萨没有保佑她,腐朽到了极点,与共产党员的要求相差十万八千里。还有一个就是原来的河北省委常委、常务副省长丛福奎,这个人就是求神拜佛,每一步的升迁之前他都去请教大师,我能不能升?要达到升迁的目的我要做什么?他是一个大贪官,贪了好几百万元,他贪的钱不是自己挥霍了,相当一大部分是给了算命大师。因此,人的世界观问题是基础,它直接影响人的权力观、人生观和价值观。

人生观是关于人生目的、意义和价值的总的根本的看法。它主要回答人为什么活着,人生的目标、价值、意义以及理想、信念、追求等人生的根本问题。由于人们所处的社会地位、阶级立场、生活环境和文化素养不同,因而形成了不同的人生观。在《钢铁是怎样炼成的》这部影响巨大的名著中,奥斯特洛夫斯基写道:"人,最宝贵的是生命。生命属于人只有一次。人的一生应当这样度过:当回忆往事的时候,他不会因为虚度年华而悔恨,也不会因为碌碌无为而羞愧,在临死的时候他能够说:'我的整个生命和全部精力,都已经献给了世界上最壮丽的事业——为人类的解放而斗争。'"①这是无产阶级革命者的

---

① [苏联]尼·奥斯特洛夫斯基:《钢铁是怎样炼成的》,梅益译,人民文学出版社1995年版,第232页。

人生观。作为世界无产阶级伟大导师的马克思,在他 17 岁高中毕业的作文《青年在选择职业时的考虑》中就这样写道:"如果我们选择了最能为人类而工作的职业,那么,重担就不能把我们压倒,因为这是为大家作出的牺牲;那时我们所享受的就不是可怜的、有限的、自私的乐趣,我们的幸福将属于千百万人,我们的事业将悄然无声地存在下去,但是它会永远发挥作用,而面对我们的骨灰,高尚的人们将洒下热泪。"①表达了作为世界无产阶级和劳动人民的伟大导师"为人类而工作"的崇高理想和高尚的人生观。

实际上我们每一个人都时时刻刻面临着来回答自己的一生怎么度过的问题。雷锋是这样看待人生价值的:人的生命是有限的,而为人民服务的事业是无限的,我要把有限的生命投入到无限的为人民服务的事业中去。这是雷锋的人生观,活着就要"为人民服务",在"为人民服务"中获得和享受人生的快乐和价值。与进步的革命的人生观相反,也存在极端个人主义、精致的利己主义、犬儒主义的人生观,比如有一种人生观就是"人生苦短、及时行乐""人不为己、天诛地灭""人为财死、鸟为食亡"等等。

世界观、人生观、价值观是相互影响、相互作用的。一般来说,有什么样的世界观,就有什么样的人生观和价值观。但是也必须辩证地看到,人们具有的人生观和价值观,也就是对人生抱什么样的态度、选择什么样的生活道路、如何对待人与人之间的关系以及评价人和事物好坏、善恶、美丑的标准等,也往往直接影响到对整个世界的看法。

价值观是指人们对客体对象的存在、属性、发展对于主体的意义、重要性的总的根本看法,是人生观中一种实在而具体的观点和看法。在不同的社会形态和社会发展的不同阶段,人们的价值观大相径庭。例如,封建主义的价值观是"以权为本",在封建社会里,有权就有一切;资本主义价值观是"以钱为本",在资本主义社会里,有钱就有一切;而社会主义的价值观则"以人民为中心",人民利益高于一切。匈牙利著名爱国诗人裴多菲有一首广为流传的诗:"生命诚可贵,爱情价更高;若为自由故,二者皆可抛。"他把生命、爱情、自由三种都极其珍贵的东西进行了比较,结论是自由具有最高的价值,为了自由,

---

① 《马克思恩格斯全集》第 1 卷,人民出版社 1995 年版,第 459—460 页。

生命和爱情都可以扔掉,这就是价值观,他回答什么是最值得的。革命先烈夏明翰在奔赴刑场时大义凛然地喊出"砍头不要紧,只要主义真,杀了夏明翰,还有后来人"的豪言壮语。在他看来,共产主义,也就是我们共产党人的信仰,比自己的生命都珍贵,共产主义的理想信念具有至高无上的价值。孙中山先生主张"天下为公",这是他的政治理念,也是一种治国理政的价值观。毛泽东同志在《为人民服务》一文中在引用中国古代文学家司马迁的话基础上曾经指出:"'人固有一死,或重于泰山,或轻于鸿毛。'为人民利益而死,就比泰山还重;替法西斯卖力,替剥削人民和压迫人民的人去死,就比鸿毛还轻。"①这里讲的是生死观,实际上也是价值观,就是回答怎样死是值得的,怎样死是不值得的。

所以,世界观、人生观、价值观不是抽象空洞的大道理,而是实实在在、如影相随、安身立命的东西。只要是心身健康的社会人,只要你有思想,你就受世界观、人生观、价值观的支配,无非是你受什么样的世界观、什么样的人生观和什么样的价值观的影响和支配。当然,世界观、人生观和价值观是一致的。有什么样的世界观就有什么样的人生观,有什么样的人生观就有什么样的价值观。一个人的价值观是从出生开始,在家庭和社会的影响下,逐步形成的。一个人所处的社会生产方式及其所处的经济地位、政治地位、文化地位、阶级立场、社会地位,对其价值观的形成有决定性的影响。当然,报刊、电视和广播等宣传媒体的观点以及父母、老师、亲朋好友和公众人物的观点与行为,对一个人的价值观也有不可忽视的影响作用。

2. 价值观的基本类型

在不同时代、不同社会生活环境中形成的价值观是不同的。人们的生活和教育经历各不相同,因此价值观也多种多样、错综复杂,对价值观的分类因而各不相同。如果按人的核心价值取向和主要价值目标进行分析,价值观有六种:

一是科学理性的价值观。它是以追求科学知识和真理为中心的价值观。具有科学理性价值观的人把追求科学真理看得高于一切。比如马克思就是这

---

① 《毛泽东选集》第三卷,人民出版社1991年版,第1004页。

种价值观的典范。马克思一生备受反动势力的迫害,生活动荡、饥寒交迫、贫病交加。但是他始终矢志不移地为解放全人类的事业进行着艰苦卓绝的奋斗。在生活最困难的时候,他只能靠一点微薄的稿费和恩格斯等友人的接济勉强度日。在如此艰难的条件下,马克思仍以惊人的毅力从事自己的理论创作,为无产阶级提供了科学的世界观和方法论。

二是经济性价值观。它是以追求经济利益或者经济效率的最大化为目标的价值观,认为世界上的一切,经济利益就是最有价值和最重要的。例如,资本家把榨取工人的剩余价值作为自己的价值追求。

三是政治性价值观。它是以权力地位为中心的价值观,这一类型的人把权力和地位看得最有价值。比如,一些政界官员或"红顶商人"。

四是社会性价值观。它是以群体和他人为中心的价值观,这种价值观把为社会、群体、他人服务看作是最有价值的。例如,共产党人信奉集体主义的价值观,以解放全人类为终极价值目标。

五是信仰性价值观。它分为科学信仰和非科学的宗教信仰两大类,以宗教信仰为中心的价值观认为宗教信仰是人生最有价值的,比如各类宗教信徒。

六是美的价值观。它是以外形协调和匀称为中心的价值观,把美和协调看得比什么都重要。比如艺术家大多追求美的价值观。还有一些看中"外形美"的女同志,为了美可以不吃不喝,甚至冒着毁容的危险进行整容。

当然,在现实生活中没有哪个人是绝对属于哪一种类型的,一个人也并不是只具有一种类型的价值观。价值观不同,就会带来价值判断和价值选择的不同。

3. 价值观的基本功能

一个民族和国家的价值观直接影响着整个民族和国家的对内对外政策,甚至影响全球发展战略;一个阶级和政党的价值观直接影响这个阶级和政党的路线、方针、政策的制定以及它的行动纲领和奋斗目标;一个人的价值观也直接影响他的人生发展道路和成败与否。在中国革命、建设、改革的历史进程中,中国共产党为什么能? 马克思主义为什么行? 中国特色社会主义为什么好? 其中根本原因在于,中国共产党人把马克思主义基本原理与中国具体实际和时代特征相结合,找到了为中国人民谋幸福、为中华民族谋复兴的正确道路,形成了全心全意为人民服务、以人民为中心的中国共产党人的核心价值观。正是因为有了正确的价值观并以此为指导,中国共产党人教育人民、感召大众、唤醒民众,赢得了广大人民群众的拥护和支持,因而最终赢得了新中国,实现了中华民族从站起来、富起来到强起来的伟大飞跃。

价值观对人的行为起着规范和引导作用,是人们进行社会生产和社会生活的行为指南。人们的价值观不同,行为取向和行为方式也大相径庭,甚至根本相反。仅仅拥有科学知识并不能保证人们行为的价值取向的正确。就像一个具有化学知识的人,可以制药造福大众,也可以制毒品危害人类。一旦主体价值观发生偏差,甚至出现错误,其价值目标和奋斗方向就会发生错误,甚至会给家庭、社会、人类带来危害。所以,要使我们人生有意义、有价值,就首先要树立正确的价值观,用正确的价值观引领自己的思想和行为。

(三)社会主义核心价值观

所谓核心价值观,是指一个民族和国家共同的精神价值追求和思想道德基础,是一个社会主体评价是非曲直、善恶美丑的根本价值标准,它标志着一个社会的文化性质和发展方向。习近平总书记指出:"任何一个社会都存在多种多样的价值观念和价值取向,要把全社会意志和力量凝聚起来,必须有一套与经济基础和政治制度相适应、并能形成广泛社会共识的核心价值观。"①社会主义核心价值观是由社会主义经济基础决定的并且反映社会主义经济基础的发展要求和政治法律制度的性质,为社会主义经济基础和政治上层建筑服务。社会主义核心价值观是社会主义意识形态的本质、核心和灵魂,是中国特色社会主义的价值表达,是当代中国精神的集中体现。

当今中国社会正处在由传统的计划经济向社会主义市场经济、由传统农业文明向现代工业文明和信息文明、由传统礼俗社会向现代法治社会、由全面建设小康社会到全面建成小康社会的转轨时期。随着社会主义市场经济的纵深发展和改革开放的持续推进,在社会转型时期,价值观呈现出多样化的基本态势。在这种多样化的价值格局中,社会主义价值观无疑占据着主导地位,而

---

① 《习近平关于社会主义文化建设论述摘编》,中央文献出版社 2017 年版,第 106 页。

各种非社会主义的价值观也有着一定的市场,其中包括官本位、等级特权等封建主义价值观,拜金主义、享乐主义、极端个人主义等资本主义的价值观,等等。不同个人、阶级、阶层、民族、政党、国家,都有不同的价值观,不同的主体有不同的评价标准。那么,要判断价值观是不是正确的,有什么客观的评价标准呢?

科学而合理的价值观是指反映社会发展的客观规律、符合社会生产力发展水平、代表最广大人民群众根本利益的价值观。在社会主义市场经济条件下,在人民群众的集体利益、整体利益、根本利益、长远利益在本质上是一致的,但是也还存在着不同的个人利益、局部利益、眼前利益。每一个主体的出发点不同、利益不一致,对同一事物的属性和规律的价值判断就会大相径庭,就难以形成价值认同和价值共识。这样下去,社会共同体就会发生分裂,人类社会就难以稳定和发展。因此,必须寻找最大公约数,大家都用这个"最大公约数"凝集价值共识、形成价值认同。这个最高标准就是符合"社会生产力的发展"和"最广大人民群众的根本利益"。

社会主义价值观体现了马克思主义指导思想和中国特色社会主义共同理想、以人民为中心的权力观、为人民服务的人生观、崇尚科学追求真理的科学观、集体主义的道德观、真善美相统一的积极健康的审美观等等。社会主义价值观既体现社会发展的客观规律和科学社会主义的基本原则,又符合和代表最广大人民群众的根本利益。

党的十八大报告对社会主义核心价值观进行了高度概括和集中提炼,提出了"三个倡导"的社会主义核心价值观,强调"倡导富强、民主、文明、和谐,倡导自由、平等、公正、法治,倡导爱国、敬业、诚信、友善,积极培育和践行社会主义核心价值观。"[①]从而将中国特色社会主义所倡导的核心价值观明确表述为三个基本方面、24 个字:富强、民主、文明、和谐,自由、平等、公正、法治,爱国、敬业、诚信、友善。党中央从国家、社会、公民三个层面对社会主义核心价值观的基本内容进行高度凝练、整体概括和集中表达,科学回答了建设什么样的国家、建设什么样的社会、培育什么样的公民等重大理论和现实问题,为培

---

① 《十八大以来重要文献选编》(上),中央文献出版社 2014 年版,第 25 页。

育和践行社会主义核心价值观提供了基本遵循和行动指南。党的十九大进一步指出："社会主义核心价值观是当代中国精神的集中体现,凝结着全体人民共同的价值追求。"①强调要坚持社会主义核心价值体系,积极培育和践行社会主义核心价值观。

1. 社会主义的价值主体

价值的主体是人,社会主义作为一种先进的合理的社会制度,人民群众是其价值的创造者、享用者和评价者。最广大人民群众是中国共产党实现自己价值目标的创造者,同时也是社会主义价值的享受者。离开广大人民群众的根本利益,社会主义价值则无从谈起。人民群众是先进生产力和先进生产关系的代表,是先进文化的创造主体,也是实现自身利益和价值诉求的主体力量。不断发展社会主义生产力和社会主义先进文化,完善社会主义的生产关系,归根到底都是为了"以人民为中心",实现最广大人民的根本利益。"以人民为中心"是共产党人的"初心",是社会主义核心价值观不同于其他剥削阶级价值观的最本质特征,它引导共产党人"不忘初心",在价值取向、价值评价、价值目标、价值行为上始终不偏离正确的航向。

回顾中国共产党成立 90 多年来艰苦卓绝的奋斗史,什么时候我们代表和实现最广大人民群众的根本利益,人民群众的革命、建设和改革的热情就高涨,革命、建设和改革事业就能够顺利取得成功。

中国共产党领导的中国工农红军进行长征,每个红军战士都可以写出一部光荣而传奇的历史故事,红军长征过程中的每一个故事都是我们进行革命传统教育以及人生观、价值观教育的最好教材,是一座不朽的丰碑。第二次国内革命战争时期,江西省兴国县只有 23 万人口,而参加红军的战士就有 8 万余人,占青壮年的 80%,为革命英勇献身的有名有姓的革命英烈就有 23179 名,是全国烈士最多的县,其中牺牲在长征途中的战士就有 12038 名,几乎每一公里的长征路上就铺上了一位兴国烈士的英魂。从江西瑞金出发时中央红军有 86000 人,而经过长征到达甘肃改编为中国工农红军陕甘支队时,则只有

---

① 习近平:《决胜全面建成小康社会　夺取新时代中国特色社会主义伟大胜利——在中国共产党第十九次全国代表大会上的报告》,人民出版社 2017 年版,第 42 页。

6000多人。中央红军与红四方面军、红一方面军到达陕北三军大会师时,红军也只有3万多人。红军在长征中到底牺牲了多少人,至今没有准确的统计数字,从红军长征前后的数字对比来看,损失不少于15万人。长征过程中,有强大敌人的围追堵截,有雪山草地等自然艰险,绝大部分红军战士不是战死,就是累死、病死、饿死的。他们人人都知道艰苦卓绝的长征随时都可能面临着死亡,但每一个红军战士都义无返顾地向前进。他们依靠什么力量来支撑?不是权力或者金钱,而是共产主义崇高理想信念和共产党人全心全意为人民服务的宗旨。所以,虽然他们死得默默无闻,但他们都死得非常崇高而悲壮!

在全面建成小康社会、全面深化改革、全面依法治国、全面从严治党的今天,我们要更加重视广大人民群众的价值主体作用,要把坚持以人为本、以人民为中心,实现最广大人民群众的根本利益作为社会主义事业发展的价值取向。

2. 社会主义的价值取向

社会主义既是科学的思想理论体系,又是一种合理的社会制度,还是一种为无产阶级和最广大人民群众谋利益的社会运动。共产党的性质、根本宗旨和奋斗目标,决定了共产党人衡量人生价值的标准是人民群众的根本利益,每个党员价值的大小、正负都体现在"以人民为中心"的实践活动中。因此可以看出,共产党人的价值观是以马克思主义的科学世界观为思想指导,以全心全意为人民服务、以人民为中心为根本价值取向。

坚持"以人为本"的价值取向,就是中国共产党"以人民为中心""全心全意为人民服务"根本宗旨的必然要求。我们所讲的以人为本,是以最广大人民群众的根本利益为本,就是发展为了人民、发展依靠人民、发展成果由人民共享。坚持"以人民为中心"的价值导向,就是始终不能忘记全心全意为人民服务的根本宗旨,不忘共产党人的"初心",始终保持与人民群众的鱼水之情、血肉联系。

江西省瑞金县的沙洲坝,原来是个干旱的地方,不但无水灌田,就连饮用水都很困难。那里流传着一首民谣:"沙洲坝,沙洲坝,无水洗手帕;三天无雨地开岔,天一下雨土搬家。"此前,也曾有人想过挖井解决饮水问题,可是一来穷,没人敢提这个头,二来又迷信,听风水先生说过,沙洲坝的龙脉是条旱龙,不能打井，打井坏了龙脉，附近的人都要遭殃，所以没人敢"冒犯"。于是，祖祖辈辈只能挑池塘水饮用。

1933年4月，中华苏维埃中央政府机关从叶坪迁到沙洲坝，毛泽东主席便住在沙洲坝的村子里。一天傍晚，毛主席办完公事策马回到驻地，看见乡亲们在池塘挑水，便问："这水挑来做什么用？"乡亲们回答："吃呀！"毛主席疑惑地问："这么脏的水，能喝吗？"乡亲们苦笑着说："没有办法，再脏的水也得吃啊！"毛主席提醒说："那就打水井呗！"乡亲们回答："沙洲坝人吃不得井水，这是命中注定的！"这时，毛主席哈哈大笑说："我就不信天命，我看还是打口水井好！"说完，牵马回住处去了。毛主席走后，大家也都散伙了，谁也没把毛主席的话当回事，仍然同往常一样，照常挑池塘水喝。

9月的一天，东方刚露出鱼肚白，一早起来的人们，看到池塘与稻田地相连的草地上有两个人影在走动，一个拿着锄头，一个拿着铁锹。人们想：一大早这两个人干什么呢？人们走近前一看，原来是毛主席和他的警卫员小吴，人们惊讶地问："毛主席，你们这是在做什么？"毛主席回答说："找水源，挖水井呀。"说完，只见毛主席在草丛中挖了一个圆圈，便和小吴一起在圈内直往下挖土，大约挖到两三尺深时，毛主席抓起一把泥土捏了捏，对小吴说："行啊！井位就定在这里，叫机关的同志们一起来挖井。"一会儿功夫，众人自带工具，来到现场同毛主席一起挖井。在毛主席的带领下，不几天功夫，一口深约5米的水井基本挖好。从此，沙洲坝的乡亲喝上了井水。因为井是红军来了以后毛主席亲手挖的，所以当地的乡亲们就给这口井起了个响亮的名字"红井"。

1950年，沙洲坝人民对这口井进行了全面维修，并在井旁立了一块木牌，上书"吃水不忘挖井人，时刻想念毛主席"十四个大字，以表达沙洲坝人民对毛主席和红军的思念之情。后又将木牌改为石碑，把"吃水不忘挖井人，时刻想念毛主席"十四个大字刻在碑上，涂上赤金，使它永远在人们心中闪烁。

马克思说，历史认为那些专为公共谋福利从而自己也高尚起来的人物是伟大的。经验证明能使大多数人得到幸福的人，他本身也是幸福的。在2008年5·12汶川地震灾难当中，安县紧临着地震最为惨烈的北川，那一天，在安县有一个人创造了一个奇迹，他就是安县桑枣中学的校长叶志平。在周围的伤亡人数尚在统计时，他把孩子们全部安全带到了家长面前，告诉家长，娃娃连汗毛也没有伤一根。2200名学生，上百名老师，在地震中安然无恙，桑枣中学被首批授予"抗震救灾先进集体"称号，叶志平更是一夜之间"名声大振"，他也被网友称为灾区"最牛校长"。汶川八级特大地震，无数生命被无情吞噬，很多楼房被摧毁，不少学校教学楼倒塌，叶志平所在的学校却能创造数千师生无一伤亡的奇迹，大家不禁要问："他是如何做到的呢？难道他所在的学校教学楼是铜墙铁壁吗？"其实不然，地震袭来时，该校八栋教学楼部分坍塌，全部成为危房。难道是他所在学校师生地震到来之时全部都不在房屋里？也不是，当时他们正是上课时间，师生都在教室上课。这所学校的师生之所以能全部安全撤到安全地带，完全在于"防患于未然"，在于叶志平的"责任高于一切"。

　　原来的实验教学楼是在20世纪80年代中期盖的，断断续续地盖了两年多，搬进新楼时，新楼的楼梯栏杆都是摇摇晃晃的。叶志平当校长后首先考虑的是对旧楼的加固，固楼用了40万元，这40万元是旧楼造价的两倍多，如果用来建造新的教学楼，不仅面子上有光，又多了教学的空间。可是他没有这样做，他务的是实，求的是师生的安全第一。这一举止，是高度的责任感和强烈的事业心所致，因而在地震来临时给700多名学生和他们的老师赢得了时间，带来了安全，在很大程度上是抢救了生命。

　　叶志平校长平时加强教育并制定了一整套安全演练规程。每周二都是学校规定的安全教育时间，他管得严，定得非常的细。他不仅加强安全意识的教育，而且还自编自演，着重于平时训练。桑枣中学每一个学期都要组织一次全校师生进行紧急疏散演练。演练的时候每一个班级的疏散路线都是提前规划好的，在每一个班级内，前四排的学生走教室的前门、后四排的学生走教室的后门。这事有的学生觉得好玩，有的老师觉得小题大做，可是叶志平不为所动把演练坚持下来。

　　学校是教书育人的场地，学校又是人员高度集中的场所，学生的安全应说是第一位的工作，叶志平超前的安全意识出于对学生的关爱心、对教育事业的责任心，是一种忧患意识使然。"最牛校长""牛"就"牛"在了为了人民的生命，他有超前的安全意识，有预防突发事件的措施，"责任高于一切"是"牛"校长的闪亮点。

"以人民为中心",不是抽象的口号和词汇,而是极为具体的措施和行动。叶志平这种在平时坚持"责任高于一切"的理念和实践,正是共产党人对"以人民为中心"的最好诠释。

3. 社会主义的价值目标

富强、民主、文明、和谐,是社会主义在经济、政治、文化、社会等不同领域追求的价值目标。富强是社会主义经济活动追求的价值目标,民主是社会主义政治活动追求的价值目标,文明是社会主义文化活动追求的价值目标,和谐是社会主义社会建设和生态文明建设追求的价值目标。其中,共同富裕是社会主义的本质要求、根本原则和最终价值目标。离开了"共同富裕"这一社会主义的本质特征,我们对社会主义的任何认识和理解都是不准确的。正如邓小平指出:社会主义的本质是"解放生产力,发展生产力,消灭剥削,消除两极分化,最终达到共同富裕"①。这就决定了我们伟大的社会主义事业的根本目的是在不断提高生产力的同时,要不断提高人民群众的物质文化生活水平,最终让每个人都能走上富裕的道路。

自从人类社会出现了社会分工和商品交换、产生剩余产品和私有制以来,人类社会便出现了贫富差别以及由此而来的阶级剥削和压迫现象,消除贫富差别、追求共同富裕的生活,成为历代仁人志士和劳苦大众坚持不懈的朴素思想和价值追求。

在马克思主义产生以前,人们对共同富裕和美好社会的向往,因为受社会历史条件、阶级地位和思想认识水平的限制,具有空想性质。在存在阶级剥削和阶级压迫的旧制度下,这些美好的设想是根本无法实现的。空想社会主义者尽管对资本主义进行了系统批判,对于未来美好生活建构提出了许多天才设想,但是他们只是从"理性支配世界"的唯心史观和抽象的人道主义立场出发,并没有找到变革资本主义、实现未来美好社会的社会力量和现实道路。

与以往的思想家不同,马克思、恩格斯走向历史的深处,他们不是从思辨哲学或者抽象伦理道德原则出发主观建构未来美好社会,而是把共同富裕和

----

① 《邓小平文选》第三卷,人民出版社1993年版,第373页。

美好生活的实现看成是一个合乎社会发展规律的自然历史过程。马克思、恩格斯在科学揭示社会历史发展的客观规律特别是资本主义产生、发展、灭亡规律的基础上,科学指明了未来美好社会发展的前途和道路,并且把变革资本主义旧世界、建设美好的社会主义和共产主义新世界的历史使命与社会力量赋予无产阶级和劳动群众。

中国共产党自 1921 年成立以来,一直以民族独立和解放、人民富裕和幸福为根本奋斗目标,一直把建设共同富裕的社会主义现代化国家作为自己追求的价值目标。从土地革命时期开始,毛泽东同志就亲自发动和领导了湖南炎陵县中村的"插牌分田"运动,这是井冈山革命斗争时期的第一次土地改革。以实现共同富裕为目的而进行的"打土豪,分田地"运动,使中国共产党得到人民的衷心拥护和支持。

经过了 40 多年的改革开放,中国的 GDP、财政收入等都获得了巨大的增长,综合国力不断增强,目前成为世界上第二大经济体,人民生活水平普遍提高。但是,迎接我们的不只是阳光与鲜花。当我们一只脚跨进经济"黄金发展时期"的同时,另一只脚也步入了中等收入的"矛盾凸显时期"。世界各国发展经验显示,人均 GDP 达到 3000 美元左右时,社会进入矛盾凸显期,容易陷入"中等收入陷阱"。伴随着工业化和城市化进程的加快,城乡之间、地区之间、行业之间、社会阶层之间收入差距也在拉大。社会成员之间的收入差距过大是近年来分配领域比较突出的问题。如果这个问题处理不好,就会引发其他社会问题,甚至危及社会政治稳定以及社会的全面发展和进步,这已经引起党和政府以及人民群众的高度关注和深沉担忧。党的十八大以来,以习近平同志为主要代表的中国共产党人,贯彻"共享"发展新理念,加大收入差距的调控政策和措施,社会成员收入差距扩大的势头得到一定程度扭转,但是,目前收入差距仍然比较大。

实现全体人民共同富裕一直是中国共产党人矢志不渝的追求。新中国成立初期,我国 4 亿多人口中,有一半以上处于饥饿状态。2010 年全国贫困人口数量大约 1.28 亿人。联合国开发计划署在《2003 年度人类发展报告》中赞扬中国是消灭贫困的世界典范;改革开放以前,我国城乡居民处于共同贫困中。从 20 世纪 70 年代末以来,随着社会生产力的发展和居民收入水平的提高,我国中等收入者在人口中所占的比重不断扩大,从而使我国社会结构逐步从原来的所谓"金字塔"形向"橄榄"形转变;改革开放 40 多年来,我国的贫困人口在减少,中等收入人口在大幅度增加,城乡居民收入水平不断提高,这是我们有目共睹的事实。我们的目标是 2020 年全面建成小康社会,实现全体人民的共同富裕,我们正在朝着由全面建设小康社会向全面建成小康社会迈进。

共同富裕不是平均主义,也不是同时富裕、同步富裕。它是在解放生产力、发展生产力、消灭剥削、消除两极分化的基础上,通过社会主义国家的成员先富带动后富,最终实现全体人民的共同富裕。我们想问题、办事情,首先要充分考虑有利于促进社会成员的共同富裕,要在为最广大人民群众谋利益的过程中,实现自己的工作价值和人生价值。

(四)社会主义核心价值体系

在党的十八大明确提出"三个倡导"24 个字的社会主义核心价值观之前,中国共产党第十六届六中全会通过了《中共中央关于构建社会主义和谐社会若干重大问题的决定》(以下简称《决定》),第一次明确提出了"社会主义核心价值体系"的重大命题。《决定》明确指出:"马克思主义指导思想,中国特色社会主义共同理想,以爱国主义为核心的民族精神和以改革创新为核心的时代精神,社会主义荣辱观,构成社会主义核心价值体系的基本内容。"[①]党的十九大报告强调坚持社会主义核心价值体系,积极培育和践行社会主义核心价值观,从而将社会主义核心价值体系与社会主义核心价值观作为统一的整体来进行论述和强调,从而将社会主义核心价值观的先进性与广泛性有机统一起来。一方面,在论述新时代中国特色社会主义的基本方略的"十四个坚持"中,党的十九大明确提出要"坚持社会主义核心价值体系",强调"必须坚持马克思主义,牢固树立共产主义远大理想和中国特色社会主义共同理想,培育和践行社会主义核心价值观,不断增强意识形态领域主导权和话语权"[②]。

---

① 《十六大以来重要文献选编》(下),中央文献出版社 2008 年版,第 661 页。

② 参见习近平:《决胜全面建成小康社会　夺取新时代中国特色社会主义伟大胜利——在中国共产党第十九次全国代表大会上的报告》,人民出版社 2017 年版,第 23 页。

另一方面,在论述中国特色社会主义文化建设时,指出:"社会主义核心价值观是当代中国精神的集中体现,凝结着全体人民共同的价值追求。"①强调:"要以培养担当民族复兴大任的时代新人为着眼点,强化教育引导、实践养成、制度保障,发挥社会主义核心价值观对国民教育、精神文明创建、精神文化产品创作生产传播的引领作用,把社会主义核心价值观融入社会发展各方面,转化为人们的情感认同和行为习惯。"②这样就把思想指导与行为规范、先进性与广泛性、远大理想与共同理想、本质内涵与实践要求有机统一起来。

社会主义核心价值体系与社会主义核心价值观是内在联系的有机统一整体,它们都是由社会主义经济基础决定,反映社会主义经济基础和政治法律制度的本质规定和基本要求,并且都是为社会主义经济基础和政治上层建筑服务。二者之间的联系表现在:一方面,社会主义核心价值观是在社会主义核心价值体系的基础上进一步凝练和概括出来的,是社会主义核心价值体系的内核和灵魂,是社会主义核心价值体系的高度凝练和集中表达,是社会主义本质在精神层面的集中表现,是中国精神的集中概括和时代表达,是社会主义核心价值应该遵循的基本价值理念和行为规范,是实现中华民族伟大复兴中国梦的价值引领和行动指南;它强调的是社会主义核心价值的共识性、广泛性、操作性,体现社会主义核心价值体系的丰富内容和实践要求。另一方面,社会主义核心价值体系是社会主义核心价值的整体体系,它从指导思想、共同理想、民族精神和时代精神、荣辱观四个层面,规定了社会主义核心价值建设的基本内容和逻辑层次,突出的是社会主义核心价值的本质规定和先进性的内在要求。把理论规定与实践要求、先进性与广泛性有机统一起来,在社会主义核心价值体系的统率引领下,积极培育和践行社会主义核心价值观,是社会主义意识形态建设和思想文化建设的本质要求。

① 习近平:《决胜全面建成小康社会　夺取新时代中国特色社会主义伟大胜利——在中国共产党第十九次全国代表大会上的报告》,人民出版社 2017 年版,第 42 页。
② 习近平:《决胜全面建成小康社会　夺取新时代中国特色社会主义伟大胜利——在中国共产党第十九次全国代表大会上的报告》,人民出版社 2017 年版,第 42 页。

二、国内研究现状述评

国内关于社会主义价值观的研究起始于 20 世纪 70 年代末 80 年代初关于集体主义价值观的争论,随着思想上的拨乱反正和改革开放对于主体精神的弘扬,有人主张个人主义价值观,否定为人民服务的集体主义价值观,但多数学者坚持认为社会主义主导价值观应是集体主义价值观,但是需要重新理解和阐释。

20 世纪 90 年代,随着郁建兴、朱旭红的《社会主义价值学导论》一书出版,学术界开始从价值学角度来研究社会主义,关于社会主义价值观核心理念,国内理论界主要有个人本位、社会本位、能力本位三种观点。自从党的十六届六中全会首次明确提出"社会主义核心价值体系"的重大命题以来,社会主义核心价值体系、社会主义核心价值观问题成为国内理论界近年来研究和关注的热点问题之一,凝练和弘扬社会主义核心价值观问题更是成为学术界和社会大众高度聚焦的中心话题。由《光明日报》理论部、《学术月刊》杂志社、中国人民大学书报资料中心等机构在盘点 2011 年度国内十大学术热点时,由《光明日报》发起和推动的"社会主义核心价值观凝练大讨论"被评为 2011 年度中国十大学术热点问题之首。

党的十六届六中全会之后,随着"社会主义核心价值体系"这一重大命题的首次明确提出,国内学术界开始兴起了研究社会主义核心价值观的热潮。虽然有不少文献涉及核心价值观的建构问题,但社会主义核心价值观问题并没有成为研究的重点,主要还是研究社会主义核心价值体系问题。从党的十七大到党的十八大,凝练社会主义核心价值观成为学术热点,特别是由《光明日报》发起和推动的"社会主义核心价值观凝练大讨论"以及中国社会科学院中国社会科学网发起的"社会主义核心价值观概述语"征文活动以来,凝练和概述社会主义核心价值观的论文汗牛充栋。党的十八大对"社会主义核心价值观凝练大讨论"的成果进行了总结,提出了"三个倡导"24 个字的社会主义核心价值观,特别是 2013 年中共中央办公厅发布《关于培育和践行社会主义核心价值观的意见》以来,社会主义核心价值观及其培育和践行问题成为理论界关注的新热点,涌现出了大量的研究成果。由中宣部宣教局、光明日报社共同主办的"核心价值观百场讲坛"和清华大学主办的《社会主义核心价值观研究》杂志,在推动社会主义核心价值观的宣传普及和学术研究方面发挥了重要作用。

党的十九大报告将社会主义核心价值体系与社会主义核心价值观作为统一的整体来论述,既明确提出要"坚持社会主义核心价值体系",同时又强调要培育和践行社会主义核心价值观,不断增强意识形态领域主导权和话语权。① 这样就把思想指导与行为规范、先进性与广泛性、远大理想与共同理想、培育与践行有机统一起来。党的十九大之后,学术界围绕如何充分发挥社会主义核心价值观的引领作用、如何充分发挥中华优秀传统文化对于社会主义核心价值观的滋养作用、如何充分发挥法律和政策在培育和践行社会主义核心价值观过程中的保障作用、如何充分发挥党员干部在践行社会主义核心价值观中的示范作用、如何充分发挥家庭在培育和践行社会主义核心价值观中的基础作用等问题,对于培育和践行社会主义核心价值观问题作了多层面、多方面的研究,取得了一批研究成果。

从总体学术研究路径和发展趋势来看,学术界出现了从研究社会主义核心价值体系到研究社会主义核心价值观再到研究培育和践行社会主义核心价值观的历史演进。

上述发展过程基本上遵循了从重视理论研究到重视实践探讨的发展顺序和逻辑。

(一)国内文献研究现状综述

1. 同类重大课题的研究情况

在已经审批过的国家社会科学基金重大招标项目中,课题名称中包含"社会主义核心价值观"的研究项目有中南大学李建华教授主持的国家社科基金重大招标项目"社会主义核心价值观的构建与践行研究"(项目编号:

---

① 习近平:《决胜全面建成小康社会　夺取新时代中国特色社会主义伟大胜利——在中国共产党第十九次全国代表大会上的报告》,人民出版社 2017 年版,第 23 页。

09&ZD003）；复旦大学冯平教授主持的国家社科基金重大招标项目"建设社会主义核心价值体系研究——当代中国社会主义核心价值观的构建、阐释与落实"（项目编号：08-ZD004）；南京大学杨明教授主持的国家社科基金重点项目"社会主义核心价值体系和核心价值观研究"（项目编号：09AZD005）；北京师范大学吴向东教授主持的国家社会基金重大项目"社会主义核心价值观研究"（项目编号：12&ZD005）；中国社会科学院孙伟平研究员主持的"社会主义核心价值观研究"（项目编号：13&ZD007）；武汉大学袁银传教授主持的"培育和践行社会主义核心价值观研究"（项目编号：14ZDA008）；吉林大学陈秉公教授主持的"我国传统价值观涵养社会主义核心价值观研究"（项目编号：15ZDA037）等。

由于"社会主义核心价值体系"与"社会主义核心价值观"紧密相关，因此"社会主义核心价值观"研究现状的评述理所当然包含对"社会主义核心价值体系"研究项目的评述。截至目前，课题名称为"社会主义核心价值体系"的国家社科基金重大招标项目主要有六项，即2007年国家社科基金重大招标项目"用社会主义核心价值体系引领多样化社会思潮研究"三项（项目编号分别为：07&ZD034，07&ZD035，07&ZD036），主持人分别是：中国社会科学院马克思主义研究院的侯惠勤教授，北京师范大学的韩震教授，武汉大学的梅荣政教授。2008年重大招标项目两项，即复旦大学冯平教授主持的国家社科基金重大招标项目"建设社会主义核心价值体系研究——当代中国社会主义核心价值观的构建、阐释与落实"（项目编号：08-ZD004）；中国人民大学哲学院龚群教授主持的国家社科基金重大项目"建设社会主义核心价值体系的几个重大关系研究"（项目编号：08-ZD003）。2012年重大招标项目有安徽师范大学张传开教授主持的国家社科基金重大项目"建设文化强国背景下的社会主义核心价值体系研究"（项目编号：12&ZD004）等。

（1）中国社会科学院马克思主义研究院侯惠勤教授课题组研究的基本情况

中国社会科学院马克思主义研究院侯惠勤教授主持的国家社科基金重大项目"用社会主义核心价值体系引领多样化社会思潮研究"，先后出版相关著作《马克思　恩格斯　列宁论意识形态》《马克思的意识形态批判与当代中国》《马克思主义中国化理论创新 30 年(1978—2008)》等著作。发表《马克思主义的指导是构建社会主义核心价值体系之根本》《试论马克思主义的意识形态功能与价值》《文化整合与社会主义核心价值观》《中国特色社会主义的价值基础》《我国意识形态建设的第二次战略性飞跃》等几十篇相关论文。从社会主义核心价值观的视角看,该课题组的研究涉及以下问题:一是认为社会主义核心价值观应坚持马克思主义的指导原则不动摇。二是认为坚持社会主义核心价值观应反对错误思潮,现有文献主要批评了文化粗俗化、抽象人性论。三是国外学者相关研究成果对核心价值观建设的借鉴意义。现有文献探讨了齐泽克、曼海姆等人的意识形态思想。四是对什么是核心价值观、如何概括社会主义核心价值观提出了自己的看法。其主要观点为:核心价值观在奠定制度的道义基础、支撑制度的构架和变革,以及提供社会主义核心价值观上具有决定性作用;社会主义核心价值观不是抽象的、固定的,而是在社会主义建设中不断发展创新的。社会主义核心价值观包括五个方面的内容,即坚持"劳动优先",反对私有产权崇拜;"人民至上",反对个人第一;坚持"共同富裕",反对市场崇拜;坚持"形式平等与事实平等的统一",反对形式平等;坚持"每一个人的自由全面发展",反对抽象个性崇拜。[1]

该课题的研究有以下突出的特点和优点:其一,研究视角多从意识形态领域和层次展开,并且系统梳理了马克思主义经典作家马克思、恩格斯、列宁关于意识形态的基本思想,具有政治导向性和学理性;其二,强调马克思主义在社会主义核心价值体系中的指导地位,批判了错误思潮,具有现实针对性;其三,对社会主义核心价值观的内容作了新的概括和提炼,具有一定的创新性。

(2)北京师范大学价值与文化研究中心韩震教授课题组研究的基本情况

该课题组的研究可以分为两个阶段:第一阶段,即在该项目立项前,依托教育部的价值与文化研究中心,该课题组对文化认同、文化建设和民族精神的相关问题进行了较为全面的研究,其核心研究方向是价值观的基本理论和价值认同问题。但是这些研究是从一般意义上来探讨文化认同、价值认同、文化建设和民族精神等问题。第二阶段,即 2007 年立项之后,该课题组对社会主

---

[1]　参见《侯惠勤自选集》,学习出版社 2012 年版,第 380—394 页。

义核心价值体系进行了集中而深入的研究。

从已公开出版的著作和发表的相关论文看,该课题组研究成果非常丰富,代表性著作主要有:《新世纪中国共产党的价值观》(袁贵仁、韩震,人民出版社 2003 年版),《社会主义核心价值体系研究》(韩震,人民出版社 2007 年版),《我们的"主心骨"》(韩震,人民出版社 2008 年版),《社会主义核心价值观五讲》(韩震,人民出版社 2012 年版),《社会主义核心价值观凝练研究》(韩震,北京师范大学出版社 2012 年版),《社区居民社会主义核心价值观读本》(韩震,高等教育出版社 2014 年版),《社会主义核心价值观新论:引领社会文明前行的精神指南》(韩震,中国人民大学出版社 2014 年版),《中国的价值观》(韩震、章伟文等,中国社会科学出版社 2016 年版),《点亮民族精神之魂:社会主义核心价值观青少年读本》(韩震、吴玉军,中国人民大学出版社 2017 年版),《社会主义核心价值观与中国文化国际传播》(韩震,中国人民大学出版社 2017 年版)等。

该课题的研究主要涵盖了以下问题:

一是关于社会主义核心价值体系内涵和建设途径、原则的研究。代表性著作《社会主义核心价值体系研究》。这本著作出版于 2007 年,是较早研究这个主题的专著,获得第五届中国高校人文社会科学研究优秀成果奖二等奖。该书除导论外,共 11 章,总体上可以分为三个部分,第一部分主要概述社会主义核心价值体系的时代背景、形成和发展过程、理论依据、结构体系;第二部分围绕社会主义核心价值体系的 4 个主要方面,专题论述了社会主义核心价值体系的灵魂、主题、精髓、基础;第三部分从建设的角度出发,概述了社会主义核心价值体系的建设途径以及理论意义和现实意义。关于这一问题,韩震教授及其课题组还有若干篇论文对马克思主义的指导地位、社会主义核心价值理念等问题进行了深入探讨。其主要观点如下:第一,社会主义核心价值的基本功能:在于其导向功能、凝聚功能、激励功能、规范功能和整合功能。第二,社会主义核心价值的基本内涵:马克思主义指导思想,是社会主义核心价值的灵魂;中国特色社会主义共同理想,是社会主义核心价值的主题;民族精神与时代精神,是社会主义核心价值的精髓;社会主义荣辱观,是社会主义核心价值的基础。这四个方面的基本内容相互联系、相互贯通,共同构成辩证统一的有机整体,为构建社会主义和谐社会提供了重要保证。第三,社会主义核心价值体系的基本理念。韩震教授认为,整合了马克思主义的理论追求、社会主义的理想境界、中华民族的民族精神和时代精神,体现了传统美德和时代要求的行为规范的社会主义核心价值观念体系,主要应包括民主自由、公平正义、人道和谐这三组观念。第四,反对错误思潮问题。该课题成员强调要反对历史虚无主义思潮。第五,引领社会思潮应坚持的基本原则。该课题组成员提出了引领社会思潮应坚持尊重差异、包容多样的基本方针。

二是从政治学视角对社会主义核心价值体系的构建展开的研究,这是本课题的研究特色之一。其关注问题主要是公民社会建设过程中的公民教育、公共理性、政府行为、政治建设、民间信仰等问题。

该课题组的研究在众多的研究中具有如下特色:以教育部价值与文化研究中心为依托,聚集了一批价值研究方面的课题组成员,以首席专家韩震为核心,展开对社会主义核心价值体系的研究;以专著《社会主义核心价值体系研究》为基础,研究具有了大致的框架;研究的侧重点在于从文化认同角度来研究核心价值体系和核心价值观;研究视域宽广,从学科来看,涉及马克思主义理论、哲学、政治学、社会学、教育学等多个学科;从思想渊源来看,涉及马克思主义经典文献、当代西方哲学、中国当代思想文化、中国哲学、文化科学等多个领域。

（3）武汉大学马克思主义学院梅荣政教授课题组研究的基本情况

武汉大学马克思主义学院梅荣政教授于 2007 年获得国家社科基金重大招标项目“用社会主义核心价值体系引领多样化社会思潮研究”（项目编号：07&ZD036）。经过三年多时间的研究,已出版系列研究成果专（编）著 6 本,包括《用马克思主义引领社会思潮》（武汉大学出版社 2008 年版）、《二十世纪中国的历史道路——兼评若干社会思潮》（中国社会科学出版社 2009 年版）、《社会主义核心价值体系与社会思潮析评》（中国社会科学出版社 2010 年版）、《武警官兵树立当代革命军人核心价值观研究》（中国社会科学出版社 2010 年版）、《马克思主义与社会主义核心价值体系研究》（中国社会科学出版社 2010 年版）、《围绕改革问题马克思主义同反马克思主义的斗争——改革开放 30 年历程的回顾与总结》（中国社会科学出版社 2010 年版）。课题负责人梅荣政科教授著的《用马克思主义引领社会思潮》一书出版后受到社会的广泛好评。此外课题组成员还在《马克思主义研究》《高校理论战线》《思想理论教育导刊》等 CSSCI 杂志上发表多篇学术论文。

该课题的研究主要集中在三个大的方面:第一方面是构建社会主义核心价值体系研究,主要包括构建社会主义核心价值体系的战略意义、社会主义核心价值体系的内涵与外延、社会主义核心价值观的提炼及其方法论原则、马克思主义在社会主义核心价值体系中的地位、革命军人核心价值观的内容等;第二方面是对社会思潮的研究;第三方面是对用社会主义核心价值体系引领社会主义思潮的研究,重点研究了"引领"的内涵、原则、方式和途径等。

从研究的内容看,其与社会主义核心价值观相关的主要理论观点有:

第一,关于社会主义核心价值体系的概念问题。该课题组认为,目前社会主义核心价值体系的概念及其内涵还需要作进一步提炼和概括,从中央明确的社会主义核心价值体系的四项基本内容来看,应该把这个体系称之为社会主义核心价值体系。这样便于科学表达社会主义意识形态的本质,并与西方唯心主义哲学划清界限。同时强调现行概括还不够全面,集体主义、为人民服务等还没有包含;现行概括还需更为简明,以便推广,群众容易接受。梅荣政教授建议把社会主义核心价值体系的基本内容表述为,坚持科学理论,凝聚共同理想,弘扬民族精神,明辨荣辱是非,崇尚集体主义,服务人民群众。

第二,关于提炼社会主义核心价值体系需坚持的方法论原则。该课题组认为,不能简单地照搬资本主义价值观和封建主义价值观的表述词语;提炼、概括社会主义核心价值体系,要把从社会主义初级阶段国情出发与坚持共产主义远大理想结合起来;概括、提炼社会主义核心价值体系时,不宜过多地考虑如何取得社会共识。因为社会主义核心价值体系是科学的体系,它不可能在人民头脑中自发产生。社会成员对它的接受、认同,是进行思想灌输教育的结果。

第三,现代科技对社会主义价值观的影响。该课题组认为,现代科技方便了价值观念的传播,是价值观呈现出多样化趋势;宽松的文化环境在促进思想观点的表达更加自由、更加活跃的同时,也"方便"了"噪音""杂音"的制造和传播;信息媒体的技术日益创新,不断拓宽信息传播的渠道,不断加快信息传播的速度,不断丰富信息传播的内容。

该课题的研究重点在于分析各种社会思潮的特点以及如何用社会主义核心价值观引领各种社会思潮方面,形成了自己的研究特色。

(4)中南大学李建华教授课题组研究的基本情况

依托国家社会科学基金重点项目"全球化背景下的社会主义核心价值体系建设与社会思潮有效引领研究"(项目编号:07AZX007)和国家社科基金重大招标项目"社会主义核心价值观的构建与践行研究"(项目编号:09&ZD003),该课题组出版了《立德树人之道——大学生社会主义核心价值观的培育与践行研究》(李建华、夏建文等,人民出版社2015年版),《社会主义核心价值观的政治伦理内涵》(周谨平,湖南大学出版社2016年版)等著作。

中南大学李建华教授带领其课题组对社会主义核心价值体系和社会主义核心价值观进行了如下的研究:社会主义核心价值观与思想道德建设之间的关系问题,社会主义核心价值体系与当代社会思潮之间的关系问题,社会主义核心价值观的价值功能与实现路径问题,当代中国社会主义核心价值观的公民认同状况调查研究问题,等等。其主要观点是:社会主义核心价值体系是兴国之魂,用社会主义核心价值体系引领社会思潮,对核心价值理念的提炼必须基于思想道德建设的视角等观点。

另外,通过实证性调查研究,该课题组得出了如下结论:第一,社会主义核心价值观基本共识是"发展、富强、和谐、仁爱";第二,发展是目前社会主义核心价值观的主题;第三,对社会主义核心价值观的认同会因性别、年龄、文化程度、职业及地区的不同而有所不同,而与城乡、政治面貌无太大关联;第四,社会主义核心价值观的公民认同是个长期的、动态的历史变化过程。

(5)中国人民大学哲学院龚群教授课题组研究的基本情况

中国人民大学哲学院龚群教授主持的国家社科基金重大项目"建设社会主义核心价值体系的几个重大关系研究"(项目编号:08-ZD003),公开发表多篇研究论文。其研究涉及以下几方面的问题:

一是科学发展观与社会主义核心价值体系之间的关系。关于这一问题,龚群在《以科学发展观指导社会主义核心价值体系建设》一文中提出,以科学发展观指导社会主义核心价值体系的建设,就是要把"以人为本"的精神贯穿到社会主义核心价值体系建设之中。在《论人的尊严与社会主义核心价值体系的内在关系》中提出,人的尊严实现是社会基本成员千百年来的最基本精神需求,社会主义制度的建立就是要保障人人享有的最基本的尊严需求,社会主义核心价值体系对于人的尊严的实现提供了价值保障。劳动是人类生存的最基本的生产活动,体面劳动是实现人的尊严需求的现实途径。在《能尽人其性 则能尽物之性——社会主义核心价值体系与科学发展观关系视角》一文中,余乃忠和龚群认为,科学发展称之道,核心价值谓之德。道德一致方能万物大顺。科学发展观和社会主义核心价值体系具有共同的脉息和脉动,即尽人之性。尽人之性,乃为尽万民之性。

二是社会主义核心价值体系与其他价值体系之间的矛盾问题。该课题成员认为,社会主义核心价值体系构建过程中面临着与中国传统价值观和西方价值观之间的矛盾。社会主义核心价值体系的建设离不开对中国传统价值的阐扬与批评;离不开与西方文化的交流与对话。关于中国传统核心价值观为什么不能突破历史时空的原因,该课题组提出,传统核心价值观看似具有同一性、有序性和圆满性,但其内部充满了内在的多义性、虚设性和对峙性。这是价值观产生纷乱、矛盾与脆弱的思想根源。

该课题组研究的特点是论题集中,基本都是围绕其项目科学发展观与社会主义核心价值体系之间的关系来进行的,其侧重点在于从伦理学视角来剖析核心价值观。另外,该课题组还注重社会调查,出版《当代中国社会价值观调查研究》(龚群,北京师范大学出版社 2012 年版)等。

(6)复旦大学哲学学院冯平教授课题组研究的基本情况

复旦大学哲学学院的冯平教授主持的国家社科基金重大招标项目"建设社会主义核心价值体系研究——当代中国社会主义核心价值观的构建、阐释与落实"(项目编号:08-ZD004)。从网上资料可看出,他们举办了两次较大规模较高层次的学术会议。第一次是 2010 年 6 月 12 日,在复旦大学哲学学院举行了由复旦大学哲学学院、复旦大学国外马克思主义与国外思潮研究国家创新基地、社会主义核心价值体系上海市社会科学研究创新基地联合举办的"当代中国现实与核心价值构建"学术研讨会。来自全国各地的 10 余位专家参与了本次学术研讨会。李景源、欧阳康、吴晓明、衣俊卿等提出了许多有价值的理论观点。第二次是 2011 年 11 月 5 日，由冯平教授领衔的"社会主义核心价值体系"上海市社会科学创新研究基地和国家社科基金重大项目"建设社会主义核心价值体系——当代中国社会主义核心价值观的构建、阐释与落实"课题组主办，在复旦大学举行了"社会主义核心价值"高峰论坛。张一兵、欧阳康以及上海各高校研究核心价值的专家学者和课题组成员共 20 余人参加了会议。

（7）南京大学杨明教授课题组研究的基本情况

杨明教授主持的国家社科基金重点项目"社会主义核心价值体系和核心价值观研究"（项目编号：09AZD005），目前共发表论文 14 篇。从这些论文看，主要涉及以下问题：一是中国古代思想（墨家、儒家）的现代价值。该课题组认为儒家的核心思想如仁爱、民本、和谐，墨家的和谐思想等，对于构建社会主义核心价值观有重要的借鉴意义。二是对商业伦理的探讨。如对古今行会制度与企业伦理的关系，苏商精神与儒家经济伦理的关系、政府应树立的商务伦理等。三是国外相关社会理论对社会主义核心价值体系建设的影响。该课题成员认为，霍耐特的承认理论对构建社会主义核心价值体系有重要的启示和借鉴作用。四是关于中国道路与社会主义价值核心体系之间的关系。该课题组认为中国道路与社会主义核心价值体系是思想和实践之间的互动关系。五是关于构建社会主义核心价值体系应坚持的价值观。该课题组认为：从价值观的角度看，社会主义核心价值体系建设过程本质上是一个价值创生与聚合的过程。主要体现在保持意识形态的先进性——形成维护制度体系的信仰价值观，保持理想信念的坚定性——形成巩固共同基础的理想价值观，保持精神生活的进步性——形成提升精神文明的文化价值观，保持伦理道德的引领性——形成促进社会和谐的伦理价值观等四个层面。

从现有的文献看，该课题的研究主要集中在对古代和国外相关思想对构建社会主义核心价值体系的影响方面，既有宏观如儒家、墨家仁爱、民本、和谐等思想的探讨，也有对具体的企业政府的商业伦理、承认理论、弱冠礼仪的分析。对社会主义核心价值观构建方面的研究涉及政府和企业层面，这是一种深化和展开研究。

（8）湖北大学哲学系江畅教授课题组研究的基本情况

湖北大学哲学系江畅教授先后主持国家社科基金重大招标项目"构建我国主流价值文化研究"（项目编号：11&ZD021），中共中央宣传部2015年度中国特色社会主义理论体系研究中心重大课题、马克思主义理论研究和建设工程重大研究课题、国家社科基金重大委托项目"弘扬核心价值观与继承传统文化研究"（项目编号：2015YZD12），2016年教育部人文社科重点研究基地重大项目"社会主义核心价值观社会认同伦理研究"（项目编号：16JJD720016）。代表著作主要有：《社会主义核心价值理念研究》（北京师范大学出版社2012年版），《论价值观与价值文化》（科学出版社2014年版），《论当代中国价值观》（科学出版社2016年版）等。先后发表《公众对我国主流价值文化的期待及其启示》《培育和践行社会主义核心价值观与中国价值观构建》《当代中国价值观的根本性质、核心内容和基本特征》《当代中国价值观源流探析》《论社会主义核心价值观的法制化》《论社会主义核心价值观的政策化》《"当代中国价值观"概念的提出、内涵与意义》等10余篇学术论文，该论文分别被中国人民大学复印报刊资料转载，产生了一定学术影响。江畅教授认为社会主义核心价值观的根本性质是社会主义的，也是具有中国特色的，所以它是中国价值观区别于西方价值观、中国传统价值观以及传统社会主义价值观的基本标志。当代中国价值观的核心内容就是社会主义核心价值观或核心价值体系。与中国传统价值观、西方现代价值观相比较，正在构建中的当代中国价值观具有人民性、平等性、社群性、道德性等突出特点。

（9）安徽师范大学张传开教授课题组的基本情况

安徽师范大学张传开教授担任首席专家的国家社科基金重大项目"建设文化强国背景下的社会主义核心价值体系研究"（项目编号：12&ZD004），目前公开发表阶段性的成果26篇，包括《"四个全面"与中国特色社会主义》《论社会主义核心价值观的形成、内涵与意义》《毛泽东"中国梦"的思想遗产及其当代意义》《实现中国梦的支撑体系》等多篇被中国人民大学复印报刊资料转载的学术论文。

该课题组认为"走向文化强国——论社会主义核心价值体系"的研究主要分为四个方面，分别是：走向文化强国的理论旗帜——坚持马克思主义指导思想;走向文化强国的精神支柱——坚定中国特色社会主义共同理想;走向文化强国的精神动力——弘扬民族精神和时代精神;走向文化强国的道德基石——树立和践行社会主义荣辱观。

（10）北京师范大学吴向东教授课题组的基本情况

北京师范大学吴向东教授担任首席专家的国家社科基金重大项目"社会主义核心价值观研究"（项目编号:12&ZD005）,课题组先后在《求是》《哲学研究》《光明日报》等国内外学术刊物发表阶段性成果 23 篇,出版《社会主义核心价值观:理论与方法》（杨耕、吴向东主编,四川人民出版社 2017 年版）等著作,完成了《社会主义核心价值观:理论、方法与实践》三大卷约 110 万字的文献整理,组织了"变化世界中的价值观"国际学术研讨论和"社会主义核心价值观理论研讨会"国内学术会议。

该课题组主要从四个方面开展社会主义核心价值观的研究:社会主义核心价值观的理论前提和方法自觉问题,社会主义核心价值观的内容与逻辑问题,社会主义核心价值观的认同与实践问题,社会主义核心价值观若干问题的实证研究问题。吴向东认为现有的社会主义核心价值观理论研究存在三个误区:一是将核心价值观混同为核心价值目标;二是将核心价值观定位于国家价值观,或者将国家价值观与公民价值观割裂开来,分而述之;三是将核心价值观的内在逻辑表面化或者虚化。

（11）中国社会科学院哲学研究所孙伟平研究员课题组的基本情况

中国社会科学院孙伟平研究员主持的"社会主义核心价值观研究"（项目编号:13&ZD007）,整个项目分为四个子课题,共计十九章。子课题一:社会主义核心价值观的理论基础研究。该子课题对价值、价值观、核心价值观、社会主义核心价值体系、社会主义核心价值观等一系列概念进行梳理,对社会主义核心价值观研究现状进行述评,为本项目开展社会主义核心价值观研究打下坚实基础。子课题二:社会主义核心价值观的思想前提研究。该子课题着重研究了中国传统价值观、西方资本主义价值观和社会主义价值观的理论与实践,并且从哲学世界观和方法论的角度深入研究了社会主义核心价值观与社会主义本质、中国传统文化、现代资本主义价值观的关系问题,在继承与创新、扬弃与超越的过程中丰富和发展社会主义核心价值观。子课题三:社会主义核心价值观的基本内容研究。该子课题一方面集中分析了国家层面的社会主义核心价值观、社会层面的社会主义核心价值观、个人层面的社会主义核心价值观及社会主义核心价值观的内在机制和逻辑关联；另一方面在社会主义核心价值观的基础上，试图进一步凝练社会主义核心价值理念，并初步认为社会主义核心价值理念可以表述为：人本、公正、民主，以供理论界、学术界探讨。子课题四：培育和践行社会主义核心价值观研究。该子课题从国民信仰、制度建设、经济社会建设、精神文明建设、提升国家软实力等方面具体讨论了为什么以及如何培育和践行社会主义核心价值观的问题。

2. 国内其他学者的相关著作与论文的研究现状

从文献形式看，截止到目前，以"核心价值观"为题名并或多或少直接涉及"核心价值观建构"的著作可谓是汗牛充栋，除了上述主持过重大课题的学者和课题组的研究成果之外，其他学者的学术著作主要有：《社会主义核心价值观论纲》（田海舰、邹卫，人民出版社 2010 年版），《社会主义核心价值观专题解读》（宋惠昌主编，中共中央党校出版社 2010 年版），《武警官兵树立当代革命军人核心价值观研究》（邹利华、张翔主编，中国社会科学出版社 2010 年版），《理想信念的引领与建构：当代大学生的社会主义核心价值观研究》（郑承军，清华大学出版社 2010 年版），《当代中国大学生核心价值观研究》（杨业华，人民出版社 2011 年版），《大学生核心价值观教育接受机制构建》（徐园媛等主编，西南交通大学出版社 2011 年版），《社会主义核心价值观研究》（谢晓娟等，中国社会科学出版社 2012 年版），《网络媒体传播社会主义核心价值观研究》（郑洁等，中国社会科学出版社 2012 年版），《中国特色社会主义核心价值观的历史形成》（程伟礼、杨晓伟，复旦大学出版社 2012 年版），《当代大学生社会主义核心价值观培育研究》（李纪岩，山东人民出版社 2013 年版），《大学生社会主义核心价值观教育研究》（陈芝海，光明日报出版社 2013 年版），《大学生社会主义核心价值体系教育研究》（张立成等，北京师范大学出版社 2013 年版），《社会主义核心价值观多维研究》（朱颖原，人民出版社 2013 年版），《从一般价值到核心价值——社会主义核心价值观培育与践行的双重逻辑》（裴德海，安徽教育出版社 2013 年版），《社会主义核心价值观研究》（方爱东，中国科学技术大学出版社 2013 年版），《中国特色核心价值观的传统、现实与前景》(戴木才,广西人民出版社 2011 年版),《问题·旨趣·路径——社会主义核心价值观新探究》(冯颜利、廖小明,人民出版社 2014 年版),《核心价值观的历史演进与当代构建》(张学森,人民出版社 2014 年版),《社会主义核心价值观教育的渗透性研究》(高小枚,中国社会科学出版社 2016 年版),《核心价值观百家讲坛》(杨谷,光明日报出版社 2016 年版),《社会主义核心价值观研究前沿问题聚焦》(吴潜涛、艾四林,人民出版社 2017 年版),《社会主义核心价值观的构建与践行研究》(李建华,人民出版社 2017 年版),《高校基层党组织培育和践行社会主义核心价值观创新机制研究》(门妍萍,上海人民出版社 2018 年版),《社会主义核心价值观通俗读本》(余达淮,江苏凤凰文艺出版社 2018 年版),《核心价值观微阅读》(成云雷、成佛影,山东人民出版社 2018 年版)等。

从学位论文看,题名中包含"核心价值观"的博士学位论文有 57 篇,即《社会主义核心价值观研究》(田海舰,中共中央党校 2008 年),《社会主义核心价值观的发展历程及其当代建构》(方爱东,安徽大学 2010 年),《当代大学生社会主义核心价值观培育研究》(李纪岩,山东师范大学 2010 年),《中国特色社会主义核心价值观研究》(周蓉辉,中共中央党校 2011 年),《论中国特色社会主义核心价值观建设》(梁跃民,河北大学 2011 年),《中国共产党社会主义核心价值观教育研究》(高地,东北师范大学 2011 年),《大学生认同与践行社会主义核心价值观研究》(刘峥,中南大学 2012 年),《当代军校大学生核心价值观培育研究》(贾晓斌,湖南师范大学 2012 年),《中国特色社会主义核心价值观研究》(徐腾,扬州大学 2013 年),《社会主义核心价值观教育研究》(邱国勇,武汉大学 2013 年),《社会主义核心价值观研究》(朱颖原,山西大学 2013 年),《当代中国大学生核心价值观教育问题研究》(孙建青,山东大学 2014 年),《当代中国社会主义核心价值观研究》(孙杰,中共中央党校 2014 年),《社会主义核心价值观融入高校校园文化建设研究》(宋伟,郑州大学 2016 年),《立德树人维度下的大学生社会主义核心价值观教育研究》(陈华文,中国地质大学 2016 年),《基于新媒体的社会主义核心价值观传播研究》(郑萌萌,苏州大学 2016 年),《社会主义核心价值观生活化研究》(韩一凡,郑州大学 2017 年),《社会主义核心价值观的中华优秀传统文化底蕴研究》(郑晶晶,大连海事大学 2017 年)等。

3. 国内学者研究的基本领域和问题

从目前各类文献所涉及的问题来看,关于"培育和践行社会主义核心价值观研究"主要涉及以下几个方面的问题:培育和践行社会主义核心价值观的意义问题,我国"社会主义核心价值观"培育和践行的现状问题,培育和践行社会主义核心价值观的历史经验和教训问题,培育和践行社会主义核心价值观的途径、原则、方法、载体问题,传播媒介与载体对培育和践行核心价值观的影响问题,等等。

(1)关于培育和践行核心价值观的意义

学者们普遍认为培育和践行核心价值观有重要意义。如郭建宁认为:积极培育和践行社会主义核心价值观,有利于打牢全体人民团结奋斗的共同思想基础,实现社会主义现代化和中华民族伟大复兴;有利于汇集科学发展的强大力量,应对各种挑战与风险;有利于培育安定团结、和谐向上的良好氛围,促进社会和谐;有利于加强道德建设,实现人的全面发展;有利于引领社会思潮,凝聚社会共识,汇集建设中国特色社会主义的强大力量。[1] 王晓晖认为:培育和践行社会主义核心价值观是坚持和发展中国特色社会主义的内在要求,培育和践行社会主义核心价值观是凝聚社会共识、实现团结和谐的基本途径,培育和践行社会主义核心价值观,是树立国家良好形象、提升国家文化软实力的迫切需要。[2] 徐金超在《培育社会主义核心价值观的意义》一文中认为:培育社会主义核心价值观是巩固社会主义意识形态的现实需要,实现科学发展与社会和谐的精神动力,提升国家文化软实力的重要内容,促进人的全面发展的有效手段,推动思想政治教育有效开展的必然要求。[3] 韩震认为:在文化之中,核心价值观是最深沉、最本质的东西,它决定着文化的性质与方向。社会主义核心价值观回答了我们要建设什么样的国家、构建什么样的社会、培育什么样的公民的重大问题。我们要用社会主义核心价值观凝心聚力,动员全国

---

① 参见郭建宁:《充分认识培育和践行社会主义核心价值观的重大意义》,《人民日报》2013 年 12 月 30 日。

② 参见王晓晖:《积极培育和践行社会主义核心价值观》,《求是》2013 年第 23 期。

③ 参见徐金超:《培育社会主义核心价值观的意义》,《人民论坛》2013 年第 35 期。

各族人民,调动一切积极因素,为实现"两个一百年"奋斗目标和中华民族伟大复兴的中国梦而努力奋斗。①

除了对培育和践行核心价值观重要性的一般性论述之外,还有部分学者对不同群体培育和践行核心价值观的重要性进行了分析。如李纪岩认为:当代大学生肩负的历史使命,决定了必须对他们加强培育与引导。首先,在全球化、信息化与市场经济时代,当代大学生既面临着国际范围内纷繁芜杂的各种社会思潮的影响,也面对着现实社会中良莠不齐的各种社会现象的冲击,只有加强培育与引导,才能使他们增强辨别力、提高洞察力,以强烈的历史使命感、高度的社会责任心作为内在动力,积极投身于中国特色社会主义建设事业中,为民族复兴贡献力量。其次,历史使命的履行有赖于较高的综合素质。只有切实提高自身的综合素质,才能够符合时代要求,担负起时代赋予的历史使命。② 有部分学者对教师培育和践行核心价值观的重要性进行了分析。如段永清认为:在高校教师中培育和践行社会主义核心价值观是国家繁荣富强的需要,在高校教师中培育和践行社会主义核心价值观是社会和谐进步的需要,在高校教师中培育和践行社会主义核心价值观是促进人的全面发展的需要。③ 如张卫兵在《培育当代革命军人的核心价值观》中认为:培育当代革命军人核心价值观,是应对思想文化建设面临新挑战的迫切需要。一是西方敌对势力搞垮我们党、搞垮社会主义中国的战略是一贯的,他们利用各种时机和手段对我军进行政治和思想文化渗透,竭力鼓吹"军队国家化""军队非党化、非政治化",妄图搞乱官兵的思想。④ 二是社会思潮的多样化使官兵的理想信念、奉献精神和价值追求受到冲击,有些官兵出现淡忘党的传统、淡化党的意识等倾向。三是网络不良信息对官兵的负面影响不可忽视。关于对农民进行核心价值观教育,如袁银传认为:对农民积极进行思想政治教育,是我们党在革命与建设实践过程中总结出来的宝贵经验。培育新型农民、弘扬农民的主

---

① 参见韩震:《用社会主义核心价值观凝心聚力》,《光明日报》2016 年 9 月 30 日。
② 参见李纪岩:《当代大学生社会主义核心价值观培育研究》,山东人民出版社 2013 年版。
③ 参见段永清:《高校教师培育和践行社会主义核心价值观研究》,《学校党建与思想教育》2013 年第 7 期。
④ 参见张卫兵:《培育当代革命军人的核心价值观》,《求是》2008 年第 15 期。

体意识、发挥农民的主体作用,是当前社会主义新农村建设题中应有之义。我国历史长期积淀下来的小农价值观,至今仍然阻碍着社会主义现代化的历史进程,消解着马克思主义意识形态的指导地位。以马克思主义意识形态占领农村思想阵地、推进社会主义核心价值体系建设,关键是用社会主义核心价值观改造和克服农民头脑中根深蒂固的小农价值观。①

(2)关于社会主义核心价值观培育和践行的现状

准确定位社会主义核心价值观的培育和践行现状,是进一步推进社会主义核心价值观培育和践行的基础。关于社会主义核心价值观培育和践行的现状,不同学者从不同的方面进行了探讨。

首先,关于大学生培育和践行社会主义核心价值观的现状。例如,通过对湖南省四所典型高校(中南大学、湖南师范大学、南华大学和永州职业技术学院)的 2007 级、2008 级、2009 级、2010 级的 970 名大学本科、专科生的问卷调差,刘峥认为,从积极方面看,目前大学生在社会主义核心价值观问题上有以下特点:大多数大学生能够将理论学习与社会实践结合起来,具备运用理论指导实践和用实践来检验理论的能力;超过半数的大学生能够把个人的理想、学习目标与中国特色社会主义共同理想统一起来;81%的大学生认为爱国不仅要有爱国热情,还必须要有爱国行为;75%的大学生认为树立和弘扬社会主义荣辱观不仅要加强宣传教育,更重要的是社会实践活动。

从消极方面看,目前大学生在社会主义核心价值观问题上存在以下问题:理性认知欠缺,社会对于不论是在社会主义核心价值体系的整体内容上,还是在各具体内容的深入认识上,大学生对社会主义核心价值体系认知度还是偏低的;情感认同偏弱,当代大学生在对社会主义核心价值观的认同方面还存在着一定程度的情感缺位,他们还不能从个人内心的情感出发对社会主义核心价值观进行积极的体验、感受、认同;信念意志不够坚定,大学生践行社会主义核心价值观信念还不够坚定,尤其是当关乎自己切身利益时,对社会主义核心价值观的认同会更多地显示出摇摆性、妥协性;部分大学生对社会主义核心价

---

① 参见袁银传:《用社会主义核心价值观教育农民是实现马克思主义大众化的重要任务》,《河海大学学报》(哲学社会科学版)2009 年第 3 期。

值观认同的意志上还缺少努力,对社会主义核心价值观的认同带有很多感性成分,不能从理性上认知、认同社会主义核心价值观;知行脱节比较严重。

对于上述消极方面的成因,刘峥认为:就外部因素来说,当代大学生主要受到西方文化和价值观的影响、现代化进程中社会转型的影响、市场经济利益思想的影响;就教育因素的影响来看,主要受高校教育机制不健全、高校舆论宣传引导力度不够、高校社会实践活动教育效果不明显、校园文化育人作用需加强、校园网络宣传教育相对滞后等方面的制约;从大学生主观方面看,主要是由于大学生对社会主义核心价值观认同具有片面性、学生对社会主义核心价值观的知与行存在矛盾等因素造成的。①

关于当代大学生社会主义核心价值观培育的现状。李纪岩从不同的视角进行了阐发,他认为:在当代大学生中培育社会主义核心价值观,需要充分认识培育的社会环境。中华传统价值观培育、新民主主义革命时期的价值观培育与新中国前三十年的价值观培育,构成了当代大学生社会主义核心价值观培育的历史起点。当代资本主义的新发展,当代社会主义的新变化,以及世界多极化、经济全球化、文化多元化等发展趋势,伴随着知识经济与信息技术的发展,构成了当代大学生社会主义核心价值观培育的国际背景。当代中国社会的基本特点以及社会转型的基本状况,对当代大学生社会主义核心价值观培育工作提出了新的要求。党的十一届三中全会以来,大学生社会主义核心价值观培育经历了在拨乱反正中曲折发展、在探索和创新中不断前进和在新世纪迎来新机遇取得新发展三个阶段。经历过多年的培育,当代大学生在理想信念、民族精神与时代精神以及荣辱观念等方面总体上健康积极;但与此同时,一些大学生的价值观念也受到国内外社会环境深刻变化的冲击。②

其次,关于军人核心价值观培育的现状。关于军人核心价值观的培育现状,不同的研究者从不同的视角进行了探讨。如贾晓斌从军人核心价值观的五个方面对军人核心价值观培育的现状进行了分析,他认为:在忠诚于党的信

---

① 参见刘峥:《大学生认同与践行社会主义核心价值观研究》,中南大学博士学位论文,2012年。
② 参见李纪岩:《当代大学生社会主义核心价值观培育研究》,山东师范大学博士论文,2010年。

念坚定与否方面,绝大多数学员都能够保持清醒的头脑,对于"军队非党化""军队非政治化""军队国家化"等主张,93.4%的学员认为这种观点十分虚伪,是极其反动的,必须坚决抵制。少数学员对"忠诚于党"的认识仅仅停留在浅表层次,并没有内化为思想上的指针和行动上的自觉,主要表现为他们对党的历史和现状缺乏全面深刻的理解,以及落实到自身行动上有"打折扣"现象。

在热爱人民的情感真诚与否方面,即便随着社会主义市场经济的发展,一些人或多或少地表现出了利己主义倾向的社会环境中,军校大学生全心全意为人民服务的宗旨意识依然树立得很牢固。但也发现在极少数学员的思想观念中,存在服务人民的宗旨意识淡化的现象,主要表现为他们对来自人民、服务人民缺乏全面深刻理解,在人民利益需要时缺乏挺身而出的果敢行动。在报效国家的热情浓厚与否方面,当前军校大学生普遍具有崇高的爱国主义理想,他们能够把个人与国家的前途命运紧密联系在一起。少数学员在价值选择上重现实、重实效,不认同必须把个人理想和国防、军队现代化建设有机结合起来,表现在个人利益与国家利益发生矛盾时以个人利益为重。在献身使命的意识强烈与否。大多数学员愿意献身国防和军队现代化事业。少数学员不正确地认为培育当代革命军人核心价值观是强调军人的社会价值,与自我发展关系不大,因此很少会主动去关注,这直接影响了军校大学生献身使命意识的形成。在崇尚荣誉的情操高尚与否方面,绝大多数学员具有崇尚荣誉的高尚情操。但一方面,少数学员的军人荣誉感和自豪感逐渐退化;另一方面,在社会各种不良思潮的侵蚀下,少数学员的是非、荣辱、美丑界限趋向模糊。①

熊伟从组织、管理、载体、形式、效果等方面对军人核心价值观培育现状进行了分析,他认为:当代革命军人核心价值观培育的整体状况较好,取得了可喜的成绩,主要表现在:高度重视军人核心价值观培育、建立健全了管理运行机制、运用了形式多样的培育载体、开展了丰富多彩的培育活动、军人普遍认同当代革命军人核心价值观、军人积极践行当代革命军人核心价值观。就存

---

① 参见贾晓斌:《当代军校大学生核心价值观培育研究》,湖南师范大学博士学位论文,2012年。

在问题来看,主要存在以下不足:培育内容联系实际不够,培育领域不够广泛,培育方法陈旧单一,一些军人价值取向扭曲,部分军人知行不统一。就产生原因来说,作者认为这主要是由于以下因素导致的,即国内外各种社会思潮的消极影响,军队思想政治工作存在诸多薄弱环节,军人价值取向多元化等。①

再次,关于农民社会主义核心价值观培育和践行的现状。关于农民社会主义核心价值观培育和践行现状的研究文献不多,所研究的对象局限于个别地区,没有涉及全国范围的研究。如黄琳、肖海珍、禹俊华等从职业观、婚姻自由观、生育观、致富观、成功观、知识观、民主参与意识、男女平等意识、维权意识、宿命意识、改革态度、社会热点和国家大事关心度等方面对云南省农民的思想状况进行了调查研究,作者将云南农民观念现状归纳为以下几方面:宿命意识一定程度存在,利己冷漠,平等意识增强,务实但仍存在一定的盲目性,崇知爱智,赞同改革,民主意识和参与意识明显,婚姻自由观念扎根。云南农民的思想状况具有以下特征:多元并存,离散矛盾,表里不一,"点"状态,新旧参半。②

张家强从政治观、利益观、风尚观和创新观等四个方面对河南民权县农民进行了调查,调查认为农民的价值观现状有以下特点:热爱祖国、热爱社会主义,但主人翁的主体意识不强;集体主义观念较强,但正在逐步呈弱化趋势;道德价值观清楚,但功利主义思想抬头;开放发展的需求强烈,但创新竞争意识薄弱。产生上述现象的内在原因是:农民受教育程度低,农民科技素养差,农民思想观念落后。外在原因有:社会转型时期,对农民价值观的形成有影响;市场经济体制的影响;旧有的封建陋习对农民价值观的影响;精神文明建设的缺失;教育与农民脱节;公共文化事业与农民"绝缘"。③

最后,从全国层面探讨社会主义核心价值践行的现状。部分文献从全国的层面对培育和践行社会主义核心价值观的现状进行了探讨。如徐腾认为,

---

① 参见熊伟:《当代革命军人核心价值观培育研究》,西南大学硕士学位论文,2013年。

② 参见黄琳、肖海珍、禹俊华:《农民思想观念的现状与特征——对云南省社会主义核心价值观入村的调查》,《玉溪师范学院学报》2012年第11期。

③ 参见张家强:《新农村建设中农民社会主义核心价值观的培育——结合河南省民权县的情况进行分析》,华中科技大学硕士学位论文,2008年。

社会主义核心价值观传播和践行的有利条件如下：马克思主义成为主导意识形态，为传播和践行社会主义核心价值观打下了坚实的思想基础；中国特色社会主义制度，为传播和践行社会主义核心价值观提供了良好的制度环境；社会主义先进文化的发展和繁荣，为传播和践行社会主义核心价值观提供了有效的文化载体；人民群众真切感受到改革发展的物质成果，对社会主义核心价值观的社会认同不断提升。社会主义核心价值观传播和践行的制约因素如下：马克思主义意识形态理论与实践的契合度不高，导致"主流价值观边缘化危机"；社会转型时期的价值冲突和碰撞，对社会主义核心价值观的传播和践行形成挑战和挤压；全球化带来的多样化社会思潮，对社会主义核心价值观形成强劲冲击；干部队伍中存在着腐败现象，对社会主义核心价值观建设产生消极影响。①

还有学者从社会主义核心价值观建设的时代条件对核心价值观培育和践行进行了分析。如梁跃民认为，中国特色社会主义核心价值观建设的现实基础包含三个方面，即基本国情：中国特色社会主义核心价值观建设的现实基础；社会转型期：中国特色社会主义核心价值观建设的特殊环境；推进科学发展：中国特色社会主义核心价值观建设的实践主题。中国特色社会主义核心价值观建设的外部条件有两个，即全球化进程：中国特色社会主义核心价值观建设的国际环境；竞争和合作：中国特色社会主义核心价值观建设的国际背景。②

此类文献研究的优点是关注微观和具体群体的社会主义核心价值观培育和践行现状。部分文献采用了调查访谈的方法，其不足之处是调查问卷设计有待改进，关于改进措施的建议过于宏观。另外，目前此类文献涉及的群体类型较少，许多重要群体还没有受到关注。地域、民族、宗教等因素的叠加效应没有受到关注。

（3）关于培育和践行社会主义核心价值观的基本原则、理念、方法、途径

关于培育和践行社会主义核心价值观的基本原则和理念，政界和学界都进行了总结。中共中央办公厅在《关于培育和践行社会主义核心价值观的意

---

① 参见徐腾：《中国特色社会主义核心价值观研究》，扬州大学博士学位论文，2012年。

② 参见梁跃民：《论中国特色社会主义核心价值观建设》，河北大学博士学位论文，2011年。

见》中,提出培育和践行社会主义核心价值观要坚持以下原则:坚持以人为本,尊重群众主体地位,关注人们利益诉求和价值愿望,促进人的全面发展;坚持以理想信念为核心,抓住世界观、人生观、价值观这个总开关,在全社会牢固树立中国特色社会主义共同理想,着力铸牢人们的精神支柱;坚持联系实际,区分层次和对象,加强分类指导,找准与人们思想的共鸣点、与群众利益的交汇点,做到贴近性、对象化、接地气;坚持改进创新,善于运用群众喜闻乐见的方式,搭建群众便于参与的平台,开辟群众乐于参与的渠道,积极推进理念创新、手段创新和基层工作创新,增强工作的吸引力感染力。① 这无疑具有权威性和指导性。

第一,关于大学生核心价值观的建构原则。

李纪岩认为,当代大学生社会主义核心价值观培育应坚持以下原则:坚持"合目的性"与"合规律性"相统一;坚持社会目标与个体目标相统一;坚持基础性目标与先进性目标的统一。② 刘峥认为,大学生认同和践行社会主义核心价值观应坚持以下原则:主导性和多样性的统一、理想性和现实性的统一、先进性和广泛性的统一、社会性和个体性的统一、历史性和时代性的统一。③

而针对全社会都适用的核心价值观的建构原则,不同的文献也有不同的看法。例如,朱颖原认为,培育社会主义核心价值观应坚持以下原则:坚持核心价值观并重视不同主体的价值观;突出核心价值观的"中国特色"与社会主义性质;吸收借鉴中国传统价值观的优秀成果。④ 周蓉辉认为,中国特色社会主义核心价值观建构应坚持以下原则:符合社会主义的本质特征和要求;立足社会主义初级阶段的价值现实;蕴含社会主义先进文化的基本精神;继承世界文明成果和优秀民族传统;遵循核心价值观形成和发展的客观规律。⑤

---

①　参见《关于培育和践行社会主义核心价值观的意见》,人民出版社 2013 年版,第 5—6 页。

②　参见李纪岩:《当代大学生社会主义核心价值观培育研究》,山东人民出版社 2013 年版。

③　参见刘峥:《大学生认同与践行社会主义核心价值观研究》,中南大学博士学位论文,2012 年。

④　参见朱颖原:《社会主义核心价值观多维研究》,人民出版社 2013 年版。

⑤　参见周蓉辉:《中国特色社会主义核心价值观研究》,中共中央党校博士学位论文,2011 年。

关于军人核心价值观的培育原则。例如，宋谦认为，当代革命军人核心价值观教育应坚持以下基本原则：坚持革命军人核心价值观教育不动摇；坚持真理，实事求是，一切从实际出发；坚持"要精、要管用"的效果追求；坚持民主原则，官兵平等。①

关于警察核心价值观培育的原则。陆东、刘华瑜认为，培育人民警察核心价值观需要实现四个有机统一：努力实现个体价值观与组织价值观的有机统一；努力实现稳定性和发展性的有机统一；努力实现组织引领和广泛参与的有机统一；努力实现教育引导与激励机制的有机统一。②

第二，关于社会主义核心价值观培育和践行的途径。

关于培育和践行社会主义核心价值观的途径，从不同的主体来看，培育和践行的途径并不一致。

从整个社会层面来看，徐腾认为，中国特色社会主义核心价值观传播和践行的基本路径有以下几个方面：思想教育；舆论引导；文化熏陶；实践养成；政策支持；制度安排。③ 周蓉辉认为，中国特色社会主义核心价值观建构应遵循以下基本途径：遵守认知规律，着重社会主义核心价值观国民教育；大力宣传引导，营造认同社会主义核心价值观的舆论环境；完善政策法规，提供社会主义核心价值观建构的重要保证；加强制度建设，激励和约束社会主义核心价值观有效践行；建立健全体制，形成社会主义核心价值观建构的长效机制。④

关于大学生社会主义核心价值观的培育和践行。郑承军认为，构建大学生社会主义核心价值观的路径选择应注重以下方面：坚持马克思主义指导；尊重差异，包容多样；借鉴国际经验和教训；创新理想教育形式。⑤ 李纪岩提出：当代大学生社会主义核心价值观培育要做到四个统筹，即统筹社会、家庭和学

① 参见宋谦：《当代革命军人核心价值观教育研究》，吉林大学硕士学位论文，2012 年。
② 参见陆东、刘华瑜：《关于培育"人民警察核心价值观"的若干思考》，《上海公安高等专科学校学报》2009 年第 4 期。
③ 参见徐腾：《中国特色社会主义核心价值观研究》，扬州大学博士学位论文，2013 年。
④ 参见周蓉辉：《中国特色社会主义核心价值观研究》，中共中央党校博士学位论文，2011 年。
⑤ 参见郑承军：《理想信念的引领与建构——当代大学生的社会主义核心价值观研究》，清华大学出版社 2010 年版。

校,形成价值观培育的合力;统筹大、中、小学三个阶段,实现学校价值观培育的层层递进;统筹课堂教育、校园文化活动和社会实践,实现全方位育人;统筹专业教育、人文教育和思想政治理论课教育,实现全面渗透。① 孙建青认为:当代大学生核心价值观教育的主要方法有:坚持有效的正面教育方法,加强外力推动;加强马克思主义和中国优秀传统文化的融合;突出价值教育,形成价值认同;重视隐性教育的作用,推动大学生价值观建构的自发自觉;群体教育与个体教育互为补充;创新全媒体环境下基于建构主义理论的核心价值观教育方法。②

关于军人核心价值观的培育。刘强认为,当代革命军人核心价值观培育常态化的基本路径有以下几个:要进一步增强对核心价值观的理解和认同;要进一步完善核心价值观培育的法规制度;要进一步注重核心价值观培育的环境熏陶;要进一步创新核心价值观培育的方法手段;要进一步发挥院校在核心价值观培育中的基础作用。③ 陈大民提出,新形势下深入推进当代革命军人核心价值观培育,要求充分整合部队、社会和家庭三方资源,构建"三位一体"共教共育体系:充分用好用足部队资源,牢牢把握培育的"主渠道";积极整合社会资源,不断优化培育的"大环境";注重挖掘家庭资源,努力打造培育的"助推器"。④

关于警察核心价值观培育和践行的途径。曹国柱认为,警察核心价值培育应从以下七方面入手:在广泛宣传中熟知;在教育培训中升华;在警营文化中熏陶;在岗位实践中铸造;在从优待警中凝聚;在制度保障中提升;在内外监督中警醒。⑤ 相静泊认为,新时代人民警察核心价值培育的提升对策主要有:完善培训机制的系统性,如加强培育考核制度、完善培育激励制度、建立培育

① 参见李纪岩:《当代大学生社会主义核心价值观培育研究》,山东人民出版社2013年版。

② 参见孙建青:《当代中国大学生核心价值观教育问题研究》,山东大学博士学位论文,2014年。

③ 参见刘强:《培育当代革命军人核心价值观要在常态化上下功夫》,《中国军队政治工作》2011年第5期。

④ 参见陈大民:《构建"三位一体"的当代革命军人核心价值观培育体系》,《南京政治学院学报》2010年第4期。

⑤ 参见曹国柱:《论新时期警察核心价值观的构成与培育》,复旦大学硕士学位论文,2009年。

经费保障制度;提高培育形式的针对性,如以各种实用知识为依托、把握个体的学习重点;加强培育活动的实践性,如加强职业忠诚度教育、注重为民服务教育、重点开展为民执法廉政教育;丰富方法的创新性,如积极利用新型媒介、重视心理和情绪的疏导、促进自我学习手段的丰富、构建渗透式培育模式。①

关于教师核心价值观的培育和践行路径。陈向阳认为,系统推进当代教师核心价值观的培育与践行,应从以下几个方面着手:第一,融入思想教育,深化对教师核心价值观的理性认知。具体内容为:使价值引导与自主选择有机结合,让核心价值与多元价值互动对话,将理论学习与职业生活有效融合。第二,创设文化环境,激发对教师核心价值观的情感认同。具体内容包括:社会环境与学校环境相结合,典型引领和舆论批评相结合,传统媒体与新媒体相结合。第三,完善制度管理,促进对教师核心价值观的规范认同。具体内容包括:建立有效的职业准入制度,建立科学的教师评价制度,建立有力的教育保障制度。②

李欢欢认为,高校教师核心价值观的重构途径可以从三个方面展开:第一,就社会角度来说,要做到以下几个方面:贯彻社会主义核心价值体系,充分发挥政府职能,加强高校师德体系建设,重视"模范"效应树立优秀教师典范。第二,从学校角度,应该做好以下几个方面的工作:正确定位学校角色,建立科学的管理机制,为教师发展提供保障。第三,就教师自身角度,应做到以下几个方面:教书育人是根本,良好的科研能力和科研素质是保障,提高自身的综合修养是关键。③

关于农民培育和践行核心价值观的途径。基于对云南省农村的现状,黄琳、肖海珍、禹俊华认为在云南农村传播社会主义核心价值观应该从如下几个方面进行:吸纳体制外精英,即应通过各种方式包括榜样宣传、给予荣誉头衔或鼓励入党甚至直接任村干部等方式发挥他们的优势和影响力,推动体制内

①　参见相静泊:《新时代人民警察核心价值观的培育研究》,西安理工大学硕士学位论文,2018年。
②　参见陈向阳:《当代教师核心价值观的培育路径探析》,《江苏教育学院学报》(社会科学版)2013年第6期。
③　参见李欢欢:《当代高校教师核心价值观的重构》,南京信息工程大学硕士学位论文,2013年。

精英和体制外精英形成合力,推动社会主义核心价值观的传播;按类划分,逐类诊断,即将农民的思想观念按社会主义核心价值体系的各构成要素进行分类,逐类分析观念现状,考察其成因,把握传播核心价值观在农民观念方面的有利条件和阻碍因素,提出实现路径;化整为零,分阶段整合,即寻找农民思想观念中与核心价值相似、相近的意识或观念,帮助农民发现之、认同之,继而将其系统化与升华,最后通过多种方法逐步达到与社会主义核心价值观相一致。① 寻找观念的"引爆点",指的是在农民的观念系统中起着举足轻重作用的核心观念,它能牵一发而动全身,织点成面,摧毁其余的守旧过时观念,起到"四两拨千斤"之效;了解农民关注的焦点、热点;利用好农村信仰习俗等观念载体。② 张家强提出,培育农民社会主义核心价值观可以从四个方面着手,即党委、政府高度重视;开展形式多样的宣传教育活动;提高农民文化素质;加强农村公共文化服务体系建设;提高中小学校德育水平。③

第三,培育和践行社会主义核心价值观的方法。

由于"方法"一词含义较多,多数文献将"方法""路径""途径"等词混用,没有区分培育和践行核心价值观的方法与途径的差异,有的研究文献则对培育和践行核心价值观的方法进行了进一步的总结。如邱国勇认为,社会主义核心价值观教育的方法可以分为基本方法和具体方法两类。基本方法包括:培育大众共识;引导民众心理;构建话语体系。具体方法有:优化预测分析方法;引进议题设置方法;强化灌输教育理论;改进隐性教育理论;完善服务教育理论;加强渗透教育理论。④ 李纪岩提出当代大学生社会主义核心价值观培育有三个基本思路,即借鉴价值澄清理论的积极因素,在价值澄清中培育;注重人文关怀与心理疏导,在感动与共鸣中培育;关注网络、社团、公寓,在日常

---

① 参见黄琳、肖海珍、禹俊华:《农民思想观念的现状与特征——对云南省社会主义核心价值观入村的调查》,《玉溪师范学院学报》2012年第11期。

② 参见黄琳、肖海珍、禹俊华:《农民思想观念的现状与特征——对云南省社会主义核心价值观入村的调查》,《玉溪师范学院学报》2012年第11期。

③ 参见张家强:《新农村建设中农民社会主义核心价值观的培育——结合河南省民权县的情况进行分析》,华中科技大学硕士学位论文,2008年。

④ 参见邱国勇:《社会主义核心价值观教育研究》,武汉大学博士学位论文2013年。

生活中培育。① 熊伟列举了四个适用于军人核心价值观培育的方法：理论灌输法；典型示范法；情感熏陶法；实践教育法。②

第四，培育和践行社会主义核心价值观的机制。

由于"机制""方法""途径"的含义相近，同时阐述核心价值观培育和践行方法、机制和途径的文献并不多。李纪岩专门探讨了当代大学生社会主义核心价值观培育的长效机制问题，提出从三个方面建立大学生核心价值观培育的长效机制问题：第一，理顺培育体制。主要包含两部分内容：构建三维决策体制，促进执行体制创新。第二，创新培育运行机制。包括四个具体机制：互动机制；实现机制；反馈机制；调控机制。第三，构筑培育保障机制。具体包括五个方面的机制：组织保障；制度保障；队伍保障；物质保障；环境保障。③

刘峥认为大学生践行社会主义核心价值观的动力机制可以从三个方面建构：第一，以思想政治教育为核心建构导引机制。包括三个方面的内容：建立核心价值教育体系引导学生自觉践行；建构榜样示范教育模式引领学生自主践行；健全核心价值教育制度导引学生持续践行。第二，以满足发展需要为核心建构内驱机制。具体包括三个方面：尊重个体发展需求以成才愿景驱动践行；建立完善奖励制度以成才激励驱动践行；以培养实践能力为核心建构推动机制。第三，以培养实践能力为核心建构推动机制。具体包括：拓展社会实践渠道推动学生全面践行；建设社会实践基地推动学生深入践行；完善社会实践制度推动学生持续践行。④

邱国勇将社会主义核心价值观教育体制分为内在机制和外在机制两种。内在机制包括五种：内在需求动力机制，能动反映启动机制，知识内化运行机制，意志心理调控机制，结果评价反馈机制。外在机制包括六种：强化认同，构建学习教育机制；注重养成，构建行为实践机制；联系实际，构建激励保障机制；加强建设，构建环境育人机制；发挥效应，构建示范带动机制；形成合力，构

① 参见李纪岩：《当代大学生社会主义核心价值观培育研究》，山东师范大学博士学位论文，2010年。

② 参见熊伟：《当代革命军人核心价值观培育研究》，西南大学硕士学位论文，2013年。

③ 参见李纪岩：《当代大学生社会主义核心价值观培育研究》，山东人民出版社2013年版。

④ 参见刘峥：《大学生认同与践行社会主义核心价值观研究》，中南大学博士学位论文，2012年。

建共管工作机制。[①]

此类文献的研究主要问题有以下几个方面：一是没有对原则、途径、方法等的内涵进行详细划分，事实上存在着几个概念混用的现象；二是没有充分区分不同主体在培育和践行社会主义核心价值观所适用原则、途径、方法的特殊性；三是研究的主体不够充分，许多社会群体并没有纳入研究者的视野。

（4）关于传播媒介、载体对培育和践行核心价值观的影响

关于传播媒介和载体在培育和践行社会主义核心价值观的作用，已有一些文献对这一问题进行了专门研究。就主题来看，探讨互联网等新兴媒体作用的文献较多，也有部分文献对电影、电视等传统媒介的作用予以了关注。

第一，关于网络媒体对社会主义核心价值观培育和践行的作用。

总体来说，专门探讨网络在培育和践行社会主义核心价值观的作用的文献数量不多。目前，专门探讨网络媒体对社会主义核心价值观培育影响的著作，只有重庆邮电大学郑洁教授等的《网络媒体传播社会主义核心价值观研究》一书。该书集中探讨了网络媒体与社会主义核心价值观传播的内在关联；网络媒体传播社会主义核心价值观的现状分析；网络媒体传播社会主义核心价值观的基本原则；网络媒体传播社会主义核心价值观的方式和机制；加强网络媒体的建设和管理，推进社会主义核心价值观的有效传播等问题。该书认为网络媒体对社会主义核心价值观的传播有重要作用，社会主义核心价值观建设要充分重视网络媒体的作用，对网络媒体要积极有效地加以利用。为有效利用网络媒体传播社会主义核心价值观，作者提出网络媒体传播社会主义核心价值观应坚持以下基本原则：一元与多样共建原则；建设与管理并举原则；使用与发展并重原则；引导与过滤结合原则；高雅与通俗兼顾原则。为保证网络传播社会主义核心价值观的有效性，作者提出应建设好四个方面的机制：选择、控制、反馈机制；引导、协调、整合机制；渗透、扩散、教育机制；大众参与机制。对于网络媒体的建设和管理，作者提出了以下策略：重视对网络媒体的引领和指导；发挥网络媒体传播社会主义核心价值观的主阵地作用；

---

①　参见邱国勇：《社会主义核心价值观教育研究》，武汉大学博士学位论文，2013 年。

提高网络媒体的舆论引导水平;整合网络媒体资源;优化网络媒体自身媒介生态环境。①

第二,关于电影对培育和践行社会主义核心价值观的作用。

尽管有不少文献提出电影结合核心价值观培育的重要性,但对如何结合等具体问题进行深入研究的文献并不多。通过对近五年来华语电影对宁夏师范学院学生价值观影响的调查研究,海晓虹认为华语电影的传播对当代大学生核心价值观的影响的总体特点为:大学生接触电影媒介趋向的时代性;理想与现实冲突中的现实观;传统与现代碰撞中的婚恋观;喜忧参半的社会责任感;电影价值观对大学生价值观塑造的积极性;性别、年级、居住地不同,所受华语电影的影响也就不同。因此,为充分发挥电影在传播核心价值观方面的正面影响,需要做好以下几个方面的工作:加强大学生价值观念教育,构建爱国主义与集体主义的信仰;高校应利用电影艺术的渗透力,将影视纳入价值观教育中;父母作为学生的第一教育者和示范者,应转变观念,紧密结合现实提高自身教育水平;大力打击盗版等非法行为,净化学校周边环境,是文化监管部门不遗余力的责任;我们的电影必须找到一种商业的、娱乐的方式来传播中国文化的核心价值观,而不能只是利用一种单纯的宣传方法来传播文化精神。② 部分学者对国外电影传播价值观的方式进行了研究。通过对好莱坞电影传播核心价值观特点的研究,周卫红认为美国好莱坞电影对美国社会核心价值观的传播主要体现为:充分展示和肯定美国式的自由、民主、平等观念;大肆宣扬和强调美国的国家实力及"美国主导"意识;极力打造和编织"个人英雄主义""个人奋斗主义"的美国神话。好莱坞电影在其传播核心价值观的过程中积累了不少经验,如:类型影片、乌托邦世界、高科技制作、明星制、制片人制、政府支持等,值得中国电影文化产业学习和借鉴。③ 王迎晖认为,美军方在与好莱坞的合作中,使好莱坞成为宣传美军形象和价值观念的最佳途径,其

---

① 参见郑洁等:《网络媒体传播社会主义核心价值观研究》,中国社会科学出版社 2012年版。

② 参见海晓虹:《近五年华语电影的传播对当代大学生核心价值观的影响——以宁夏师范学院为例》,兰州大学硕士学位论文,2012年。

③ 参见周卫红:《美国好莱坞电影传播核心价值观的状况及经验启示》,《电影文学》2013年第14期。

具体做法值得我们学习。①

第三,关于电视媒体对培育和践行社会主义核心价值观的作用。

如何发挥电视在培育和践行社会主义核心价值观中的作用已引起了人们的关注。从目前的文献看,虽然已有一些文献对此问题进行了探讨,但研究上处于初始阶段,缺乏全面深入的研究文献。关于电视媒体如何倡导社会主义核心价值观,赵化勇认为应该做好以下三个方面的工作:电视媒体要为发展中国特色社会主义提供强大的舆论支持;大力倡导社会主义核心价值观,不断增强主流电视媒体的吸引力、凝聚力和影响力;不断增强电视媒体的舆论引导力,巩固和发展积极健康向上的主流舆论②。曾林、刘锦钢认为广播电视媒体加强传播社会主义核心价值观应坚持以下策略:加强素质建设,打造社会主义核心价值观的传播队伍;推进通俗解读,建构社会主义核心价值观的传播范式;坚持典型引领,增强社会主义核心价值观的传播实效。③ 除了上述的宏观思考之外,也有部分学者对电视媒体传播社会主义核心价值观的具体方面进行了探讨。例如,宋振文认为:社会主义核心价值体系建设要求主导文化占据电视文化的主导地位,但当前电视媒体的商业性助长媚俗文化挑战主导文化在电视文化中的主导地位。对此,应加强影视制度建设,不断提高电视工作者的文化自觉性,以更好地确保主导文化在电视文化中的主导地位。④赵红勋认为应该充分发挥娱乐文化在核心价值观建设中的作用。通过创新娱乐体裁,提高审美意识;塑造娱乐形象,提高传播价值;整合娱乐观念,提高文化意蕴等措施,完全可以将社会主义核心价值观与娱乐文化有效融合。⑤

此类文献的研究涉及不同领域,不同媒介和载体的特点需要有针对性地

---

① 参见王迎晖:《好莱坞电影对美军文化和核心价值观的艺术表达》,《西安政治学院学报》2013 年第 1 期。

② 参见赵化勇:《倡导社会主义核心价值观　增强电视新闻传媒舆论引导力》,《中国广播电视学刊》2007 年第 11 期。

③ 参见曾林、刘锦钢:《广播电视媒体与社会主义核心价值观传播》,《青年记者》2013 年第 08Z 期。

④ 参见宋振文:《社会主义核心价值观与电视文化博弈》,《广西社会科学》2008 年第 12 期。

⑤ 参见赵红勋:《社会主义核心价值观与电视娱乐文化》,《当代电视》2013 年第 4 期。

加以研究。深化此类问题的研究需要针对不同媒体进行案例研究，这样才能发现实用性的策略和方法。

（5）关于培育和践行社会主义核心价值观的指导思想与思想资源

社会主义核心价值观的培育和践行需要以马克思主义为指导，需要借鉴吸收古今中外各种优秀的思想文化资源，吸收什么样的思想资源以及如何利用这些思想资源已引起了部分学者的关注。

第一，培育和践行社会主义核心价值观的指导思想。

培育和践行社会主义核心价值观的指导思想是马克思列宁主义、毛泽东思想、中国特色社会主义理论体系。关于马克思主义经典作家和中国共产党领导人的社会主义价值观思想的研究文献并不多。从目前的文献看，只有个别文献介绍和直接探讨了马克思、恩格斯、列宁、毛泽东、邓小平、江泽民、胡锦涛、习近平等关于社会主义核心价值观的思想。

马克思、恩格斯的社会主义核心价值观。关于马克思的社会主义核心价值观，一般认为是人的自由全面发展。例如，高国希认为：马克思的人的自由全面发展理论，亦即以人为本的价值观，是社会主义这一新的社会形态的核心价值取向，是消除物役、消除人役，实现人的彻底解放、人的真正自由的根本途径，也是把社会、公民凝聚在社会主义这面旗帜下的精神力量和精神纽带，这正是社会主义核心价值所在。① 但也有学者有不同的观点，如应克复认为："自由"是马克思主义的核心价值观。② 方爱东认为，马克思、恩格斯社会主义价值观的内涵是：为绝大多数人谋利益的价值取向，实现社会公众平等的价值理念，人的自由而全面发展的价值目标。③ 田海舰、邹卫认为：就价值观念而言，公平正义、尊重人权、友爱互助、富裕和谐、自由构成了科学社会主义价值观的核心内容。④ 周蓉辉认为：马克思主义的核心价值是"人的解放"，人的自由全面发展是科学社会主义的最高终极目标，公平的社会理想——马克思主

① 参见高国希：《马克思人的自由全面发展理论与社会主义核心价值观》，《中州学刊》2007 年第 6 期。

② 参见应克复：《自由——马克思主义的核心价值观》，《炎黄春秋》2008 年第 12 期。

③ 参见方爱东：《社会主义核心价值观的发展历程及其当代建构》，安徽大学博士学位论文，2010 年。

④ 参见田海舰、邹卫：《社会主义核心价值观论纲》，人民出版社 2010 年版。

义的价值和精髓所在。①

列宁的社会主义核心价值观。关于列宁的社会主义核心价值观,赵波、成敏认为:列宁的社会主义核心价值观包含了人的全面自由发展的终极价值取向,始终相信、依靠和为了人民群众的根本立场,集体主义的价值原则,共同富裕的社会主义经济价值观,无产阶级民主的社会主义政治价值观,培育共产主义新人的社会主义文化价值观等主要内容。② 吴日明研究了列宁的"灌输论"与大学生社会主义核心价值观教育的关系,他认为:列宁对灌输理论进行了系统而丰富的阐述,为了提高理论的灌输效果,他对灌输原因、灌输主体、灌输客体和灌输方法四个方面分别进行了深刻的分析。学习列宁的灌输理论,有助于人们认识到加强当代大学生社会主义核心价值观教育的紧迫性,并且知道教育主体应该具备什么样的素质,如何分析教育客体差异性,怎样实施有效的灌输教育等。③

毛泽东的社会主义核心价值观。方爱东认为,毛泽东社会主义价值观的核心思想是:全心全意为人民服务的价值取向,消灭剥削、共同富裕价值目标,社会平等的价值理念,人的全面发展的思想。④ 田海舰、邹卫认为:自由、平等、富强、人的全面发展等,构成了毛泽东社会主义核心价值观的基本内核。⑤ 徐腾认为,毛泽东社会主义价值思想包括以下主要内容:人民群众是社会主义的价值主体;社会主义的价值目标是消灭剥削,消灭阶级,实现社会平等,消除社会分工和阶层分化,最终实现人的全面自由发展;在毛泽东对社会主义的评价体系中,始终有两个尺度,一个是生产力标准,一个是群众利益标准。⑥ 周蓉辉认为毛泽东社会主义核心价值观的基本内涵主要体现在以下几个方面:人民服务的价值取向,平等的价值思想,共同富裕的价值目标,人的全面发展

①　参见周蓉辉:《中国特色社会主义核心价值观研究》,中共中央党校博士学位论文,2011 年。

②　参见赵波、成敏:《论列宁的社会主义核心价值观》,《学术论坛》2012 年第 1 期。

③　参见吴日明:《列宁灌输理论与大学生社会主义核心价值观教育》,《南通大学学报》(教育科学版)2009 年第 2 期。

④　参见方爱东:《社会主义核心价值观的发展历程及其当代建构》,安徽大学博士学位论文,2010 年。

⑤　参见田海舰、邹卫:《社会主义核心价值观论纲》,人民出版社 2010 年版。

⑥　参见徐腾:《中国特色社会主义核心价值观研究》,扬州大学博士学位论文,2013 年。

的理念。①

邓小平的社会主义核心价值观。周蓉辉认为,邓小平中国特色社会主义核心价值观的基本内涵主要体现在以下几个方面:以人民群众为主体的价值取向;社会主义优越性的价值信念;共同富裕的价值理想;人的全面发展思想。② 徐腾认为,邓小平的社会主义核心价值体系包括以下内容:社会主义的价值主体:人民群众;社会主义的价值目标:共同富裕;社会主义的价值尺度:"三个有利于"标准;社会主义的价值手段:市场经济;社会主义的价值精髓:解放思想、实事求是。③ 田海舰、邹卫认为:共同富裕、民主法制、精神文明、人的全面发展构成了邓小平社会主义核心价值观的基本点。④

江泽民的社会主义核心价值观思想。周蓉辉认为,江泽民中国特色社会主义核心价值观的基本内涵主要体现在以下几个方面:人民利益至上的价值取向;注重社会主义道德建设的价值理想;推进人的全面发展的价值思想;建设社会主义物质文明的价值目标。⑤ 关于江泽民的社会主义核心价值观思想,徐腾认为:"三个代表"重要思想揭示了社会主义的价值取向;"三个文明"建设确立了社会主义的价值目标;"促进人的全面发展"彰显了社会主义的核心价值理念;"立党为公、执政为民"表明了社会主义的价值主体。⑥

胡锦涛的社会主义核心价值观思想。周蓉辉认为:"以人为本""全面发展"和"社会和谐"构成了胡锦涛中国特色社会主义核心价值观的基本内涵。⑦ 徐腾认为,胡锦涛的社会主义核心价值观主要包括以下内容:坚持了以人为本的价值取向;确立了和谐社会的价值目标;开创了全面协调可持续发展

---

① 参见周蓉辉:《中国特色社会主义核心价值观研究》,中共中央党校博士学位论文,2011 年。
② 参见周蓉辉:《中国特色社会主义核心价值观研究》,中共中央党校博士学位论文,2011 年。
③ 参见徐腾:《中国特色社会主义核心价值观研究》,扬州大学博士学位论文,2013 年。
④ 参见田海舰、邹卫:《社会主义核心价值观论纲》,人民出版社 2010 年版。
⑤ 参见周蓉辉:《中国特色社会主义核心价值观研究》,中共中央党校博士学位论文,2011 年。
⑥ 参见徐腾:《中国特色社会主义核心价值观研究》,扬州大学博士学位论文,2013 年。
⑦ 参见周蓉辉:《中国特色社会主义核心价值观研究》,中共中央党校博士学位论文,2011 年。

的价值实现路径;建构了"四位一体"的价值观念体系。① 方爱东认为,胡锦涛的社会主义价值观主要包括以下内容:"为谁发展"——以人为本的价值取向;"怎样发展"——全面、协调、可持续发展的价值自觉;科学发展观——科学原则与价值原则的统一。②

习近平的社会主义核心价值观思想。《党建》杂志 2014 年第 4 期发表的《习近平论社会主义核心价值观——十八大以来重要论述选编》,汇集了党的十八大以来习近平总书记 13 篇重要讲话中关于社会主义核心价值观的重要论述和思想。关于习近平社会主义核心价值观的思想渊源,沈壮海、段立国认为习近平社会主义核心价值观以马克思主义为理论基础,以中华传统优秀文化为根脉,以世界文明有益成果为可贵借鉴,充分体现了时代精神。③ 高艳杰认为习近平社会主义核心价值观的思想来源包括:体现了社会主义的本质要求;继承了中国优秀传统文化;吸取了世界的有益成果;体现了以改革创新为核心的时代精神。④

关于习近平社会主义核心价值观的时代特征,黄蓉生、石海君认为习近平社会主义核心价值观具有鲜明的时代特征:立足于中华民族伟大复兴中国梦,凸显深远的战略性;传承中华优秀文化,体现浓郁的民族性;贴近决胜全面建成小康社会,展现广泛的实践性;吸收世界文明有益成果,彰显丰富的国际性。⑤ 包心鉴认为习近平社会主义核心价值观具有时代性、实践性、创新性和人民性的鲜明特质,集中体现了中国特色社会主义在国家价值目标、社会价值取向、个体价值准则方面的本质规定和基本规范,深刻反映了中国特色社会主

---

① 参见徐腾:《中国特色社会主义核心价值观研究》,扬州大学博士学位论文,2012 年。
② 参见方爱东:《社会主义核心价值观的发展历程及其当代建构》,安徽大学博士学位论文,2010 年。
③ 沈壮海、段立国:《习近平社会主义核心价值观战略思想研究》,《东岳论丛》2017 年第 6 期。
④ 参见高艳杰:《习近平论社会主义核心价值观的思想来源》,《思想教育研究》2015 年第 10 期。
⑤ 参见黄蓉生、石海君:《论习近平社会主义核心价值观思想的鲜明时代特征》,《学校党建与思想教育》2018 年第 1 期。

义的价值诉求和价值走向。①

关于习近平社会主义核心价值观的培育和践行路径,陆卫明认为培育和践行社会主义核心价值观的具体路径是:教育引导是基础性工作;高度重视道德建设;充分利用制度、政策、法律的规范和约束;以弘扬中华优秀传统文化为载体。② 严仍昱提出习近平社会主义核心价值观培育和践行的关键在于推进全面从严治党;重点是加强青少年的思想政治教育工作;根基是树立家庭新风尚;路径是要营造良好的社会氛围。③ 沈壮海、段立国认为习近平社会主义核心价值观的培育路径分别为:融入国民教育全过程;融入家教家风;融入精神文明创建和社会治理;充分发挥文化的涵养作用;激发模范人物的引领作用;融入党风、政风与官德建设;贯穿于国家治理现代化的建设进程。④

关于习近平社会主义核心价值观的重要意义,张智认为习近平社会主义核心价值观是文化软实力的灵魂和建设重点;是对中华优秀传统文化的继承和升华;是国家治理体系和治理能力的重要方面;是人们日常工作生活的基本遵循;同时也是青年成长成才的基本遵循。⑤ 沈壮海、段立国认为习近平社会主义核心价值观的重要性在于:社会主义核心价值观是民族和国家共同的思想道德基础;是国家发展最持久最深沉的力量;是文化软实力的灵魂、文化软实力建设的重点;是国家治理现代化的内在要求。⑥

第二,培育和践行社会主义核心价值观的思想资源。

从现有的文献看,学者们关注较多的思想资源有这样几类:一是红色思想资源;二是雷锋精神;三是中国传统文化中的思想资源;四是中国共产党核心

---

① 参见包心鉴:《习近平新时代中国特色社会主义思想的鲜明特质和社会主义核心价值观的本质规定》,《学校党建与思想教育》2018 年第 1 期。

② 参见陆卫明:《论习近平对社会主义核心价值观的新阐析》,《西安交通大学学报》(社会科学版)2015 年第 5 期。

③ 参见严仍昱:《习近平关于培育和践行社会主义核心价值观的大思路》,《社会主义核心价值观研究》2017 年第 5 期。

④ 参见沈壮海、段立国:《习近平社会主义核心价值观战略思想研究》,《东岳论丛》2017 年第 6 期。

⑤ 参见张智:《习近平论社会主义核心价值观的重大意义》,《思想教育研究》2015 年第 10 期。

⑥ 参见沈壮海、段立国:《习近平社会主义核心价值观战略思想研究》,《东岳论丛》2017 年第 6 期。

价值观建设的思想资源和基本经验；五是国外思想文化资源和核心价值观建设的经验。

关于红色资源在培育和践行社会主义核心价值观中的作用。从文献数量和研究深入程度来看，关于利用红色文化培育和践行社会主义核心价值观的研究文献并不多，研究也不深入系统。从目前的文献看，关于发挥红色文化在培育和践行社会主义核心价值观作用的研究主要涉及三个方面：一是红色文化与社会主义核心价值观，二是红色文化与大学生核心价值观，三是红色文化与军人核心价值观。

关于如何利用红色文化培育社会主义核心价值观，项福库、何丽认为：红色文化资源开发利用为国民核心价值观培育引领了正确的政治方向；红色文化资源开发利用为推进核心价值观培育奠定了先进的文化根基；红色文化资源开发利用为推进核心价值观培育提供了鲜活而生动的案例教材。然而，在对其开发利用中还存在着重视程度不够、投入资金不足、整合力度不够、利用效度不够等问题。解决的对策是：加大宣传推广力度，充分发挥其对核心价值观培育的育人功能；加大资金投入力度，构建全社会多元化投资开发新体系；加大开发整合力度，坚持整合化、系统化的开发原则；加大开发利用效度，对其产品确立立体化、动态化的展陈开发新思路。只有这样，才能推进社会主义核心价值观培育向纵深发展。①

关于利用红色文化培育大学生核心价值观问题，肖灵认为红色文化在大学生核心价值观教育中有重要作用，具体表现为：红色文化是大学生核心价值观教育的宝贵资源；红色文化为大学生核心价值观教育提供了正确导向；红色文化为大学生核心价值观教育奠定了坚实文化基础；红色文化增强了大学生核心价值观教育的亲和力和感染力。开发大学生核心价值观教育中红色文化，要着重做好三个方面的工作：打造红色文化资源研发平台；构建科学的红色文化教育内容体系；建立实践性德育基地。发挥红色文化作用，培育大学生核心价值观应抓好三个环节的工作：推动红色文化资源融入教学实践；推动红

---

① 参见项福库、何丽：《开发利用红色文化资源推进社会主义核心价值观培育对策研究——以渝东南红色文化资源开发利用为例》，《井冈山大学学报》（社会科学版）2013年第4期。

色文化资源运用于大学生文化教育实践;推动红色文化资源延伸至社会实践。①

关于红色文化与军人核心价值观问题,万亮认为:红色资源是宝贵的历史文化资源,它具有鲜明的党性和民族性、历史的传承性和发展性、形式的丰富性和整体性以及价值的崇高性和永恒性。这种特质使红色资源能够为国防生当代革命军人核心价值观教育提供本源性优质教育资源,提供正确的利益观导向,奠定优秀军事文化根基,可以增强教育的感染力和吸引力,提高教育的针对性和实效性。发挥红色资源在当代国防生教育中的渗透、引导、熏陶和强化作用,必须对原生性红色资源进行适时性统筹开发,形成红色文化教育成果;提炼再生,构建适时性教育内容体系;深度挖掘,形成红色文化品牌;再度开发,共建红色文化教育基地。为发挥红色资源在国防生当代革命军人核心价值观教育的作用,在实践策略方面应做好以下工作:构建红色资源运用的长效机制;运用于国防生培养的教育教学实践;运用于军营文化教育实践;运用于国防生的生活实践教学;形成红色资源成果运用的有效保障;形成红色资源成果运用的良好环境。②

关于雷锋精神在培育和践行社会主义核心价值观中的作用。关于如何发挥雷锋精神在培育和践行社会主义核心价值观中的作用,目前的文献主要涉及三个方面:一是雷锋精神与培育和践行大学生社会主义核心价值观;二是雷锋精神与培育和践行军人核心价值观;三是雷锋精神与培育和践行整个社会的社会主义核心价值观。

首先,关于雷锋精神与培育和践行大学生社会主义核心价值观。关于雷锋精神对于培育和践行社会主义核心价值观的作用,邵燕认为:雷锋"热爱党、热爱祖国、热爱社会主义的崇高理想和坚定信念"是当代大学生核心价值观的灵魂;雷锋"服务人民、助人为乐的奉献精神"是当代大学生核心价值观的本质内涵;雷锋"干一行爱一行、专一行精一行的敬业精神"是大学生核心价值观的根本要求;雷锋"锐意进取、自强不息的创新精神"是大学生核心价

---

① 参见肖灵:《红色文化与大学生核心价值观教育》,《江苏高教》2013年第1期。
② 参见万亮:《红色资源在当代国防生军人核心价值观教育中的实践研究》,江西师范大学硕士学位论文,2011年。

值观的时代特征。关于雷锋精神融入当代大学生核心价值观教育的途径,邵燕认为:将雷锋精神融入课堂教育主渠道;将雷锋精神融入校园文化建设;将雷锋精神融入课外实践。①

其次,关于雷锋精神与培育和践行军人核心价值观。关于雷锋精神对于培育和践行社会主义核心价值观的重要价值,李玉勇、付广华认为:雷锋精神是培育当代革命军人核心价值观的宝贵精神财富;雷锋精神是当代革命军人核心价值观的生动诠释。关于如何利用雷锋精神弘扬和深化当代革命军人核心价值观的培育,李玉勇、付广华认为:弘扬雷锋精神就要坚持不懈地用马克思主义中国化的最新成果特别是科学发展观武装官兵;弘扬雷锋精神就要牢固树立人民是真正英雄的唯物史观,进一步强化宗旨意识,始终把人民利益作为最高利益,把人民需要作为第一需要,把人民满意作为唯一标准;弘扬雷锋精神就要进一步加强爱国主义教育,引导官兵树立强烈的民族自尊心、自信心和自豪感,强化国家利益至上的观念;弘扬雷锋精神就要增强忧患意识和责任意识,锤炼爱军精武、爱岗敬业的优良品格,弘扬不怕牺牲、英勇善战的战斗精神,提高应对多种安全威胁、完成多样化军事任务的素质能力,切实在履行党和人民赋予的职责使命中展现革命军人的价值;弘扬雷锋精神就要树立正确的荣辱观,把追求个人荣誉和维护国家、军队和集体的荣誉统一起来,把崇尚荣誉与淡泊名利统一起来,把践行社会主义荣辱观与遵守军人道德规范统一起来,落实到苦练精兵、矢志打赢的具体行动上。②

再次,关于雷锋精神与培育和践行全社会的社会主义价值观。秦明泉认为:雷锋精神是社会主义精神文明建设的重要资源。深入持久地弘扬雷锋精神,既是全面提升公民道德素质、加强社会主义精神文明建设的重要举措,也是培育和践行社会主义核心价值观的重要实践形式。作为一种道德文化符号的雷锋及其精神,彰显着社会主义核心价值理念和中华民族传统美德。弘扬雷锋精神集中体现了社会主义核心价值体系中所蕴含的爱国主义精神,也契合社会主义核心价值观培育的本质内涵,推动学雷锋活动常态化是培育和践

---

① 参见邵燕:《论雷锋精神与当代大学生核心价值观教育》,《人民论坛》2012年第14期。

② 参见李玉勇、付广华:《大力弘扬雷锋精神深化当代革命军人核心价值观培育》,《吉林省社会主义学院学报》2012年第3期。

行社会主义核心价值观的可靠保证。①

总体来说,关于雷锋精神与培育和践行社会主义核心价值观的研究尚处于初步阶段,大多数文献重点在于探讨雷锋精神的重要性,由于对于不同群体培育和践行社会主义核心价值观的研究不充分,因此,如何运用雷锋精神培育和践行社会主义核心价值观的研究也并不深入。

关于中国传统文化与社会主义核心价值观。戴木才认为:"仁义礼智信"集中反映了中华民族(近代以前)传统核心价值观的精髓,中国特色社会主义核心价值观,不能脱离中华民族传统核心价值观的历史积淀,要把它作为最基本的价值资源。② 周蓉辉认为,中国传统文化中的基于"大同社会"的早期共产主义伦理、基于"和"的社会和谐价值观、基于"仁"的集体主义价值取向都可作为社会主义核心价值观的思想资源。③ 徐腾认为中国传统文化中的"和为达道"的和谐观念、"人为至贵"的人本思想、"重义轻利"的价值取向、"贵群舍己"的价值选择、"生生日新"的更新观念、"刚健自强"的能动精神都可作为社会主义核心价值观的思想资源。④ 邱国勇认为中国传统文化中可作为社会主义核心价值观教育资源的内容可以分为三类:第一类是有关的教育内容,包括:重视民本,强调人心向背;诚信为本,重视社会和谐;德教为先,关注人的发展;自省内求,培育理想人格;权衡义利,明晰价值取向;为政以德,道德政治一体。第二类与教育方法相关,包括:学思并重;自省修己;启发诱导;身教示范;因材施教;环境塑造。第三类与教育实施的途径相关,包括:统治者运用权力推进儒学的认同;士阶层通过教化强化对儒学认同;运用灌输途径推进对儒学的认同。⑤

中国传统社会核心价值观教育的经验。潘玉腾、庄晓芸认为:我国传统社会核心价值观大众化的主要途径有:确立行政保障机制,对民众实行价值引

① 参见秦明泉:《弘扬雷锋精神对培育社会主义核心价值观具有独特价值》,《南京政治学院学报》2014年第1期。

② 参见戴木才:《中国特色核心价值观的传统、现实与前景》,广西人民出版社2011年版。

③ 参见周蓉辉:《中国特色社会主义核心价值观研究》,中共中央党校博士学位论文,2011年。

④ 参见徐腾:《中国特色社会主义核心价值观研究》,扬州大学博士学位论文,2013年。

⑤ 参见邱国勇:《社会主义核心价值观教育研究》,武汉大学博士学位论文,2013年。

导；构建儒学教育体系，对民众实行价值教育；利用民间文艺形式，对社会民众实行价值熏陶；鼓励儒生学术发扬，推动民众价值传承；倡导自我教育方法，促进社会民众的价值内化。① 陈力祥认为，儒家传承核心价值观的以下经验值得学习：形上立道、形下行道；明确主流、多元一核；政府立道、志士弘道；先尊德性、后道问学；基本教训在于徒法不利于推行核心价值观，不"依人建极"亦不利于核心价值观的传承。②

关于中国共产党核心价值观建设的基本经验。高地认为，中国共产党社会主义核心价值观教育的历史经验主要有以下内容：始终服从和服务于党的中心任务；始终坚持社会主义核心价值观教育的"生命线"地位；始终坚持以马克思主义中国化最新理论成果为基础；始终将价值观教育与不断满足人民物质生活需要紧密结合。③

还有文献探讨了军人核心价值观培育的经验。如谭丙华、金国栋认为，当代革命军人核心价值观的培育取得了一系列成就，积累了以下宝贵的经验：必须高度明确培育当代革命军人核心价值观的重大意义；把理论灌输与实践砥砺相结合；把人文关怀与心理原则相结合；把先进典型与优秀精神相结合；把环境熏陶与制度构建相结合。④

关于国外核心价值观建设的基本经验。关于国外核心价值观建设经验的研究，学者们关注的主要是欧美国家的经验。由于视角的不同，总结的经验内容也有较大差异。如陈静、郝一峰认为国外建设核心价值观的经验可以总结为以下几个方面：严谨的法治是构建核心价值观的重要途径和保障；教育是构建核心价值观的重要辅助力量；文化与媒体等日益引领和塑造社会价值观的形成，也是社会价值观的坚强维护者；政党是国家构建核心价值体系的主要

---

① 参见潘玉腾、庄晓芸：《中国传统社会核心价值观大众化的经验与启示》，《福建师范大学学报》（哲学社会科学版）2010 年第 1 期。

② 陈力祥：《儒家传承核心价值观之经验与教训》，《道德与文明》2009 年第 2 期。

③ 参见高地：《中国共产党社会主义核心价值观教育研究》，东北师范大学博士学位论文，2011 年。

④ 参见谭丙华、金国栋：《浅析当代革命军人核心价值观培育的经验》，《社会心理科学》2012 年第 6 期。

统领者;民间组织也日益成为参与社会核心价值体系建设的重要力量。[1]

孙宏艳将国外儿童的核心价值观培育经验总结为十条:使核心价值观更简洁、更凝练;有专项资金支持;细化核心价值观的内容;融入少年儿童现实生活;注重与各类课程的有效融合;学者化的思想政治教师队伍;重视道德实践和志愿服务;关注少年儿童的心理健康;高度重视家长的参与;定期评价和评估机制。[2]

徐绍华认为美国大学生核心价值观认同的教育有以下经验可资借鉴:重视课堂主渠道教育,促进核心价值观的认知认同;帮助解决学生的实际问题,增强核心价值观的情感认同;突出社会实践活动,强化核心价值观的行为认同;发挥环境氛围的渗透作用,提高核心价值观的环境认同。[3]

从上述文献看,关于培育和践行社会主义核心价值观的思想资源,已有不少学者进行了探讨。关于古今中外价值观培育经验的总结目前都过于简单,文献数量不多,而且研究视角也比较单一。目前的研究多限于介绍一些简单的措施和做法,既无全方位的理论分析,也缺乏从多重社会因素的联系中进行具体的案例研究。而关于中西方价值观思想资源的研究更多集中在价值思想上,没有区分核心价值观和一般价值观之间的差异。

(二)目前研究之不足与研究发展趋势

目前国内外学术界关于培育和践行社会主义核心价值观的研究,还存在一些不足。主要表现在:

1. 相关社会群体的研究不全面

目前的研究多集中于大学生的核心价值观培育和践行问题的研究,其次是研究军人核心价值观的培育和践行问题。虽然有部分文献涉及警察、农民、教师等社会群体,但总体文献数量不多,研究的深入程度也有待深化。其他社

---

[1] 参见陈静、郝一峰:《国外核心价值观建设路径的经验研究》,《黑龙江社会科学》2007 年第 5 期。

[2] 参见孙宏艳:《国外少年儿童核心价值观培育的经验及启示》,《青年探索》2014 年第 2 期。

[3] 参见徐绍华:《美国大学生核心价值观认同教育的经验与借鉴》,《未来与发展》2011 年第 3 期。

会群体的研究,如公务员、企业家、文艺界人士等在社会中影响巨大的群体,并没有引起研究者的关注和重视。另外,有关法人主体的研究,除了基于企业文化建设的企业核心价值观研究成果较多之外,只有个别文献探讨学校核心价值观的培育和践行问题,关于其他社会群体的核心价值观培育和践行问题,学术界研究比较少。

2. 研究的视角有待拓宽

目前的研究文献多以职业为划分研究对象的界限,如大学生、军人、农民、警察等,没有考虑社会群体构成的多维性,如年龄、地域、民族、阶层、性别、宗教等因素都会产生特殊的影响,而且在不同情况下这些因素的影响会有所不同。如在少数民族聚居区,民族和宗教的影响就非常大,这是相关研究必须考虑的问题。因此,关于核心价值观培育和践行的进一步研究需要综合考虑多重因素,而不是只关注一种因素的影响,假设其他因素没有影响。

3. 研究多侧重于宏观和定性研究,微观和定量研究不足

基于互联网的统计,以目前现有的以社会主义核心价值观为题名的57篇博士学位论文为例,其中研究"大学生核心价值观"问题的论文有9篇,研究"中国特色社会主义核心价值观"的有26篇。关于"中国特色社会主义核心价值观"的研究显然是以整个中国为研究对象的,其中提出的有关社会主义核心价值观培育和践行的原则、路径、策略、方法显然只能是原则性的,这些原则的适用性、实效性究竟如何则是很难衡量的。关于"大学生核心价值观"的研究也如此类似,虽然大学生是一个特定的群体,但这一划分标准既非职业,也非阶层,其共性的表现更多是基于年龄和社会经历的相似,但由于家庭、地域、阶层等因素的差异,大学生群体的同质性是一个值得深究的问题。因此,针对所有大学生核心价值观培育和践行都适用的策略、原则、路径只能是原则性的,其有效性和适用性都有待检验。这也从另一个方面表明:宏观和定性的研究只是研究的起步阶段,只有达到定量和微观研究阶段,研究成果才具有实用价值。因此,有关社会主义核心价值观培育和践行研究深化的另一发展方向是微观化和定量化。

4. 缺乏整体性研究

社会主义核心价值观的培育和践行是一个集理论与实践于一体的综合性

社会工程,需要多学科领域的理论支撑。目前的研究文献多援引教育学理论特别是中外德育理论,如灌输论、道德发展阶段理论、价值澄清理论、体谅关心理论、社会行动理论等。但从核心价值观培育和实践的过程来看,其涉及的领域不仅是德育方面的理论,至少还包括管理学、传播学、心理学、社会学、政治学等学科的理论知识。因此,为深化社会主义核心价值观的培育和践行的研究,应该以马克思主义理论学科的整体性方法为统率,采用多学科联合攻关的研究模式,从多个学科对核心价值观培育和践行中的问题进行研究。

5. 基本经验研究和比较研究不足

关于核心价值观的培育和践行,已有一些文献对中外德育的实践经验进行了探讨。就目前文献看,文献数量并不多,研究的视角也比较单一。例如,对国外经验的介绍,主要集中于美国的经验。有的文献虽然涉及多个国家,但又太简略,多限于介绍一些简单的措施和做法。对中国古代德育经验的研究文献也多限于罗列一些经验,既无全方位的理论分析,也缺乏从多重社会因素的联系中进行具体的案例研究。应该说,从德育的角度对国内外的经验教训进行总结的文献很多,但是综合运用多学科的理论对国内外的德育实践总结的文献并不多,而对具体案例的研究更是缺乏。尤其是,对于中国共产党培育和践行社会主义核心价值观的历史经验和苏联社会主义核心价值观建设的历史教训缺乏深入研究和系统总结。因此,以马克思主义理论为指导,综合运用现代的人文社会科学理论,进行古今中外价值观教育的比较研究,特别是全面深入总结社会主义核心价值观培育和践行过程中的经验教训,是一个重要的研究领域和研究方向。

三、研究框架和研究方法

(一)研究框架和基本内容

本课题以马克思主义经典作家和中国共产党人关于培育和践行社会主义核心价值观,特别是党的十八大以来以习近平同志为核心的党中央关于培育和践行社会主义核心价值观的重要论述和文献为文本依据,以对现阶段中国不同地区、不同民族、不同社会阶层的人们对社会主义核心价值观的理解、认知、认同现状的社会调查为现实根据,运用辩证唯物主义和历史唯物主义的根本研究方法以及文献研究法、历史研究法、比较研究法、调查研究法,从理论、历史与现实三者的结合上,系统梳理和深入研究马克思主义经典作家和中国共产党人关于培育和践行社会主义核心价值观的基本思想,分析社会主义核心价值观与中国传统封建主义核心价值观、当代西方资本主义核心价值观的本质区别,探讨培育和践行社会主义核心价值观的中国传统优秀资源和当代西方的合理借鉴,总结社会主义核心价值观建设的历史经验教训,准确掌握当代中国不同地区、不同民族、不同社会阶层的人们对社会主义核心价值观的认知认同现状及存在的主要问题,研究凝聚和整合当代中国价值共识的基本原则和主要机制,探讨培育和践行社会主义核心价值观的途径、载体、方法。

根据课题研究的总体思路,我们将"培育和践行社会主义核心价值观研究"设计为理论研究、历史研究、实证研究、路径方法研究四个层次,按照文本研究与现实观照相结合、历史研究与比较研究相结合、历史考察与逻辑分析相结合、实证调查与解决问题相结合的思路来开展对课题的研究。

围绕着以上这些问题,我们重点研究以下四个方面的主要内容。

1. 深入研究培育和践行社会主义核心价值观的指导思想和基本原则

我们对价值观、社会主义核心价值观、社会主义核心价值体系等相关核心概念及其关系进行辨析与界定,系统研究马克思主义经典文献和中国共产党重要文献中关于培育和践行社会主义核心价值观的重要论述,系统梳理概括马克思主义经典作家(马克思、恩格斯、列宁)和中国共产党人的主要代表(毛泽东、邓小平、江泽民、胡锦涛、习近平)关于培育和践行社会主义核心价值观的基本思想,研究社会主义核心价值观与社会主义核心价值体系之间的辩证关系,剖析社会主义核心价值观与中国特色社会主义道路认同、制度认同、理论认同、文化认同之间的内在逻辑,探讨培育和践行社会主义核心价值观的基本原则,为课题研究奠定思想理论基础。

2. 深入研究古今中外培育和践行社会主义核心价值观的重要思想资源

我们通过对社会主义核心价值观与中国传统核心价值观、当代西方核心价值观形成的经济基础、基本内涵、外在表现、社会功能、历史作用、培育路径的比较分析,揭示社会主义核心价值观与中国传统封建主义核心价值观、当代西方资本主义核心价值观的本质区别,探讨中国传统和当代西方价值观及其培育的合理思想对于社会主义核心价值观建设的启示与借鉴。通过历史考察,总结中国共产党人进行社会主义核心价值观建设的基本经验以及苏联社会主义核心价值观建设的历史教训。通过古今中外比较研究,为我们正确评价我国当前的社会主义核心价值观现实并提出切实可行的培育和践行社会主义核心价值观的对策建议,提供宽广的国际视野和重要的思想资源。

3. 深入研究我国现阶段不同地区、不同民族、不同社会阶层的人们对社会主义核心价值观的认知与认同状态

我们通过对现阶段中国社会不同地区、不同民族、不同社会阶层的人们对社会主义核心价值观在国家层面、社会层面和个人层面的价值目标的知晓度、理解度、认同度和践行度等展开系统、广泛而深入的社会调查,通过归纳、分析和比较,从总体上准确把握现阶段中国社会成员社会价值观的总体状况、基本特点和发展趋势,归纳现阶段中国社会成员对于社会主义核心价值观的认知认同状况,并且深入分析影响中国社会不同主体社会价值观的相关因素,分析制约中国社会成员社会主义核心价值观认同的主客观条件,形成关于培育和践行社会主义核心价值观的现实状态及其发展程度、发展前景的准确判断,为我们在社会主义核心价值观培育和践行过程中更好地实行分类指导、采用针对性措施提供现实根据。

4. 深入研究培育和践行社会主义核心价值观的途径、载体和方法

我们在理论研究、历史研究、比较研究、实证研究的基础上,进行综合研究和对策研究,探讨培育和践行社会主义核心价值观的途径、载体和方法的内在联系及其实现机制。我们以"途径、载体、方法"等核心概念和范畴为逻辑起点,以"培育和践行社会主义核心价值观的途径、载体和方法"问题为主线,运用多学科的理论和研究方法,探讨凝聚和整合当代中国价值共识基本原则和主要机制,对培育和践行社会主义核心价值观的途径、载体、方法的等问题进行全面、深入、系统的研究。

（二）研究的关键问题和重点难点

1. 研究的关键问题

根据课题预期研究目标，本课题拟解决的关键性问题包括：

第一，习近平总书记关于培育和践行社会主义核心价值观的重要论述及其现实价值。系统梳理和深入挖掘习近平总书记关于培育和践行社会主义核心价值观的重要论述，研究其与马克思列宁主义、毛泽东思想、邓小平理论、"三个代表"重要思想、科学发展观中关于社会主义核心价值观建设思想的一脉相承性和与时俱进性，研究从社会主义核心价值体系建设，到社会主义核心价值观凝练，再到培育和践行社会主义核心价值观的历史和逻辑，揭示从党的十六届六中全会到党的十八大社会主义核心价值观建设的历史过程和基本规律，为培育和践行社会主义核心价值观提供理论根据和现实指导，是本课题拟解决的关键问题之一。

第二，中国共产党社会主义核心价值观建设的历史经验的科学总结。首先，从历史的视角系统考察中国共产党如何根据时代变迁不断深化对社会主义核心价值观的理解，如何将社会主义核心价值观建设与各个历史阶段的中心任务相结合，深入揭示社会主义核心价值观建设在中国特色社会主义发展过程的重要作用和深远意义；其次，考察中国共产党培育和践行社会主义核心价值观的主要途径，总结中国共产党培育和践行社会主义核心价值观的基本理念、基本路径和政策策略；再次，对中国共产党在具体领域培育和践行社会主义核心价值观的方式、方法进行具体考察，总结中国共产党在这些重要领域培育和践行社会主义核心价值观的历史经验。系统而科学地总结中国共产党社会主义核心价值观建设的历史经验，是本课题拟解决的关键性问题之二。

第三，中国传统核心价值观和当代西方核心价值观建设的思想资源的批判借鉴。以培育和践行社会主义核心价值观为基本价值坐标，厘清中国传统核心价值观、当代西方核心价值观的精华与糟粕、历史进步性与历史局限性。既揭示中国传统封建主义核心价值观和当代西方资本主义核心价值观对于培育和践行社会主义核心价值观的消极影响，又探讨中国传统价值观、当代西方价值观的合理思想对于培育和践行社会主义核心价值观的启示与借鉴，为培育和践行社会主义核心价值观提供思想资源,是本课题拟解决的关键问题之三。

第四,当前中国不同地区、不同民族、不同社会阶层的人们对于社会主义核心价值观的认知与认同状况的真实掌握。在调查研究的基础上,真实掌握当前中国不同地区、不同民族、不同社会阶层的人们对于社会主义核心价值观的认知与认同状况,分析社会主义核心价值观的共识性和地区差异性、民族差异性、阶层差异性,探讨在社会主义市场经济条件下、在多种利益和价值观并存条件下,形成"最大公约数"和价值共识的路径,为培育和践行社会主义核心价值观提供现实根据,是本课题拟解决的关键问题之四。

第五,培育和践行社会主义核心价值观的有效途径、载体和方法。党的十八大从国家、社会、公民个人三个层面将社会主义核心价值观凝练为"富强、民主、文明、和谐,自由、平等、公正、法治,爱国、敬业、诚信、友善"24个字,作为"最大公约数"的"普照之光"难免比较抽象,如何根据不同地区、不同民族、不同社会阶层、不同职业的特点来培育和践行社会主义核心价值观,形成培育和践行社会主义核心价值观的有效途径、载体、方法和具体机制,是本课题拟解决的关键问题之五。

2.研究的重点难点

第一,如何认识社会主义核心价值观与社会主义核心价值体系的关系问题,是培育和践行社会主义核心价值观的基本前提,也是本课题研究的重点问题。从党的十六届六中全会提出社会主义核心价值体系,党的十七大提出把社会主义核心价值体系融入国民教育和精神文明建设全过程、转化为人民的自觉追求,到十八大提出社会主义核心价值观的"三个倡导"、积极培育和践行社会主义核心价值观,对社会主义核心价值体系与社会主义核心价值观的辩证关系一直是理论界研究的重点,相关成果虽然较多,对这两个高度相关又非常重要的概念却仍然很难让普通民众区分清楚,社会主义核心价值体系与社会主义核心价值观究竟谁是"兴国之魂"? 谁是社会主义价值的核心和社会主义意识形态的本质? 本课题拟在全面梳理马克思主义经典作家和中国共产党人特别是以习近平同志为核心的党中央关于社会主义核心价值观思想的重要论述的基础上,从哲学层面系统而深入地揭示社会主义核心价值、社会主义核心价值观、社会主义核心价值体系之间的多层面的逻辑关系。

第二，社会主义核心价值观的应然与实然关系、稳定性与变动性、先进性与广泛性关系的处理问题，这是培育和践行社会主义核心价值观的核心问题，是本课题研究的重点，也是本课题研究拟突破的难点。社会主义不是一成不变的东西，而应该把它看成经常变化和改革的社会。社会主义核心价值观既具有稳定性，又具有变动性；既具有应然性，又具有实然性；既具有先进性，又具有广泛性。社会主义核心价值观是社会主义经济、政治、文化、社会、生态文明发展的客观要求的反映。在社会主义初级阶段，构建社会主义核心价值观关键在于找准不同社会群体的共同的根本利益、共同的价值诉求，合理地构建和表述反映这种共鸣点和交汇点的核心价值观，并加以培育和践行，使它成为引领全体社会成员行为的准则和向导。在全球化背景下、在社会主义市场经济条件下、在多种利益和价值观并存格局下，如何整合和形成社会成员的价值共识，使社会主义核心价值观"内化于心"（成为公民的自觉追求）、"外化于行"（成为公民的自觉行为），最终成为社会成员主导性的价值信仰，是本课题需要突破的难点之一。

第三，从比较视域揭示社会主义核心价值观与中国传统核心价值观、当代西方核心价值观的本质区别，探讨中国传统核心价值观、当代西方核心价值观中的合理思想对社会主义核心价值观建设的借鉴和启示意义，是本课题研究的重点问题。同时，对中国传统核心价值观与当代西方核心价值观的合理评价问题，是本课题要突破的难点问题。目前国内学术界对社会主义核心价值观的研究，往往局限于一种封闭的语境，即或者仅仅局限于社会主义社会本身的探讨，视角不够开放，不能从历史视域、全球视野或人类整体文化发展的角度展开研究，尤其不能对社会主义核心价值观与中国传统（或封建主义）核心价值观、当代西方（或资本主义）核心价值观进行多维度的比较研究。同时，目前学术界还存在着另外一个偏向，即对中国传统核心价值观和当代西方核心价值观采取简单化的处理办法，即或者简单肯定或者简单否定，不能深入发掘中国传统核心价值观和当代西方核心价值观对于封建主义、资本主义演进的重要意义以及他们的历史局限性和阶级局限性，不能深入发掘中国传统核心价值观和当代西方核心价值观在传统中国和当代西方文化软实力中的主导地位,不能从中提炼我们应该吸取的重要启示意义或借鉴意义。如何克服在社会主义核心价值观研究上的封闭性,如何科学而合理地评价中国传统核心价值观和当代西方核心价值观及其培育方法,去粗取精,这是研究培育和践行社会主义核心价值观的途径方法需要解决的重点难点问题。

第四,真实掌握当前中国不同地区、不同民族、不同社会阶层的人们对于社会主义核心价值观的认知与认同状况,分析社会主义核心价值观的共识性和地区差异性、民族差异性、阶层差异性,探讨形成"最大公约数"、价值共识的路径,为培育和践行社会主义核心价值观提供现实根据,这是本课题研究的重点。但是,对不同利益群体对于社会主义核心价值观的认知和认同状况、存在问题的实际调查及其信度、效度的客观分析和合理评价,并且提出有针对性的培育和践行社会主义核心价值观的路径和方法,是本课题研究的难点。

第五,从途径、载体和方法三个层面,系统、科学、合理地提出培育和践行社会主义核心价值观的基本内容与基本路径,使得培育和践行社会主义核心价值观的基本内容科学而合理,基本路径、载体、体制机制具有操作性和有效性,是本课题研究的重点。但是,社会主义核心价值观24个字属于理论层次的东西,难免比较抽象,如何使社会主义核心价值观"接地气",使得培育和践行社会主义核心价值观落小、落细、落实,是本课题要突破的难点问题。

第六,社会主义是一个不断变化和改革的社会,社会主义核心价值观的培育和践行是社会主义建设的一项长期而艰巨的历史任务,既需要立足当前、又要着眼长远,既要总结历史的经验,又要在实践中不断探索。如何逐步建立和不断完善有利于社会主义核心价值观培育和践行的机制(包括学习实践机制、文化熏陶机制、心理疏导机制、行为养成机制、价值评价机制、奖惩激励机制),既是本课题研究的重点,也是本课题研究的难点。

(三)研究方法

本课题的研究始终坚持以辩证唯物主义和历史唯物主义为指导,本着推进理论创新和解决实际问题的原则,通过文献研究、实证研究、历史研究、比较研究和综合理论研究等方法,系统梳理马克思主义经典作家和中国共产党人关于社会主义核心价值观的基本思想,总结凝练社会主义核心价值观的原则方法,探讨社会主义核心价值观的基本内涵、本质特征、内在要求、具体表现、社会功能、重大意义,总结古今中外核心价值观教育的基本方法和有效经验,探讨用社会主义核心价值观引领多样化社会思潮、进行社会主义价值观建设的有效路径。

1. 辩证唯物主义和历史唯物主义的研究方法

马克思主义哲学即辩证唯物主义和历史唯物主义的分析方法,是本课题研究的根本方法。从物质与意识之间的辩证关系、社会存在与社会意识的辩证关系、经济基础与上层建筑的辩证关系等多个角度,深刻揭示社会主义核心价值观的物质基础、社会存在基础、经济基础,是本课题研究始终坚持的根本方法。突出辩证唯物主义和历史唯物主义整体的世界观和方法论。把文本理论研究、历史经验研究、实证调查研究相结合,从马克思主义理论学科的整体视域进行"整体研究"。而目前国内学术界理论研究方面的成果比较多,历史经验研究和实证调查研究的成果比较少;目前学术界对于社会主义核心价值观的研究从哲学(伦理学)角度切入比较多,整体角度切入比较少。

2. 文献研究法

文献研究是我们研究的基础和重点。只有通过对马克思主义经典文献和中国化马克思主义文献的深入研究,才能系统梳理和提炼出马克思主义经典作家和中国化马克思主义者关于社会主义核心价值观的基本思想,从而为培育和践行社会主义核心价值观建设提供文本依据。

课题运用文献法系统收集并借鉴两个方面的文献。一方面是培育和践行社会主义核心价值观的途径、载体和方法运用状况调查的研究文献;另一方面是培育和践行社会主义核心价值观的途径、载体和方法方面的理论研究文献。使本课题研究站在学术研究的前沿。

3. 比较研究法

比较研究是我们研究的重要视域。将社会主义核心价值观放在人类价值观的历史进程中进行比较分析和研究,研究社会主义核心价值观是对于人类历史上合理的价值观的批判继承和改造,以及社会主义核心价值观与中国传统封建主义核心价值观、当代西方资本主义核心价值观之间的本质区别。既进行社会主义核心价值观与封建主义核心价值观、资本主义核心价值观的比较研究,又进行苏联社会主义核心价值观建设与中国社会主义核心价值观建设的历史经验的比较研究,还通过社会调查进行中国不同地区、不同民族、不同社会阶层的人们对于社会主义核心价值观的理解与认同的比较研究。目前比较视域的研究成果比较缺乏。

4. 理论联系实际的方法

理论联系实际是马克思主义理论研究的本质要求,也是社会主义核心价值观研究的基本方法。社会主义核心价值观不是一成不变的,而是随着社会主义实践的发展而发展的。社会将社会主义核心价值观的理论研究与国际共产主义运动的实践研究相结合,将社会主义核心价值观形成过程的研究与社会主义革命、建设和改革实践过程的研究相结合,将社会主义核心价值观的理论研究与当代中国不同地区、不同民族、不同社会阶层的人们对于社会主义核心价值观的认知和认同状况的实际调查研究相结合,是本课题研究的基本路径和方法。

运用调查研究的方法,获取培育和践行社会主义核心价值观的途径、载体和方法运用状况的第一手研究资料,并对这些材料进行科学的分析和总结,在此基础上建构培育和践行社会主义核心价值观的途径、载体和方法的创新体系,并将理论研究和调查研究的成果运用于实践,指导当前培育和践行社会主义核心价值观的途径、载体和方法的实践。

既研究培育和践行社会主义核心价值观的途径、载体和方法有关理论,又紧密联系培育和践行社会主义核心价值观的途径、载体和方法运用的实际。要体现出时代感、现实感和针对性。

四、研究意义

自从党的十六届六中全会首次提出"社会主义核心价值体系"的重大命题,党的十八大明确提出"三个倡导"24个字的社会主义核心价值观,党的十九大强调坚持社会主义核心价值体系、培育和践行社会主义核心价值观以来,培育和践行社会主义核心价值观问题成为国内理论界近年来研究的热点问题之一。社会主义核心价值观是社会主义核心价值体系的内核和灵魂,是当代中国精神的高度凝练和集中体现,是社会主义本质在精神层面的集中表现,是全体人民共同的价值追求,是实现中华民族伟大复兴中国梦的价值引领和行动指南。如何在多种利益并存和价值观念冲突的格局下凝聚价值共识,积极培育和践行社会主义核心价值观,形成价值共识的整合机制和中国特色社会主义建设的强大合力,是社会主义核心价值观建设的重要课题,也是中国特色社会主义建设的重要任务。

培育和践行社会主义核心价值观研究,具有重大而深远的理论意义和现实意义。培育和践行社会主义核心价值观,是新时代坚持和发展中国特色社会主义、坚定中国特色社会主义自信的战略需要;是凝结全体人民共同价值追求进行伟大斗争、建设伟大工程、推进伟大事业、实现伟大梦想的铸魂工程;是增强社会主义核心价值观的凝聚力和引领力、使中华民族以更加昂扬的姿态屹立于世界民族之林的战略工程;是提高马克思主义理论教育和思想政治教育的实效性、实现立德树人价值目标的战略选择。

第一,是新时代坚持和发展中国特色社会主义、坚定中国特色社会主义自信的战略需要。

一部马克思主义发展史就是马克思主义同各种非马克思主义、反马克思主义理论流派和社会思潮进行交锋和斗争的历史。我们只有紧紧围绕坚持和发展中国特色社会主义这个根本要求,加强培育和践行社会主义核心价值观的深入研究,探讨社会主义核心价值观真正"内化于心、外化于行"的有效方法,才能自觉抵制各种错误思潮的侵蚀,坚定中国特色社会主义自信。

当前,在关于社会主义前途命运以及中国特色社会主义性质方向等重大问题上,以迷信新自由主义和民主社会主义为代表的"洋教条"(或"西教条")、以现代新儒学(所谓儒学"第四代")为代表的文化保守主义("儒教条"或"古教条")以及质疑改革开放的"左"倾教条主义("左教条"),对中国特色社会主义旗帜与道路的干扰,尤其值得我们警惕和注意。① 迷信新自由主义和民主社会主义的"西式教条主义"("洋教条"或"西教条")的主要理论特

_____

① 参见袁银传:《论深化中国特色社会主义理论体系研究阐释的意义》,《思想政治教育研究》2010 第 6 期。

征,是离开马克思主义基本原理和科学社会主义基本原则,离开中国国情、实际和中国特色,片面强调"时代潮流和时代特征",而在"西式教条主义"视域中所谓的"时代潮流和时代特征"就是"华盛顿共识"确立的经济全球化的游戏规则和美国的价值理念或者瑞典的民主社会主义模式。以现代新儒学为代表的文化保守主义("儒教条"或"古教条")的主要理论特征,是离开马克思主义基本原理和科学社会主义基本原则,离开时代潮流和时代特征,片面强调"中国特色",而在文化保守主义视域中所谓的"中国特色",只不过是"孔孟老庄"的新瓶旧装,实际上是中国传统的封建主义特色。而"左"倾教条主义("左教条")则以反思改革开放的名义怀疑和否定改革开放,其离开中国国情和实际,离开时代潮流和时代特征,只是固守马克思主义经典作家基于当时具体历史条件和当时的实际情况得出的个别论断、具体结论和行动纲领,用经典作家的个别论断、具体结论和行动纲领来剪裁和评价现实,而不能与时俱进地发展马克思主义。① 三种教条主义实质上是一种形而上学的思维方式。因此,深入研究培育和践行社会主义核心价值观指导思想、历史经验、有效路径,探讨培育和践行社会主义核心价值观的科学性、时代性、大众性的有效方法,体现培育和践行社会主义核心价值观的民族特色、时代特色和实践特色的统一,可以破除和消解人们在中国社会发展的旗帜与道路、前途与命运等重大问题上的疑虑和误区②,在全党全社会形成统一指导思想、共同理想信念、强大精神力量、基本道德规范,坚定中国特色社会主义道路自信、理论自信、制度自信、文化自信。

第二,是凝结全体人民共同价值追求进行伟大斗争、建设伟大工程、推进伟大事业、实现伟大梦想的铸魂工程。

当今世界正处在大发展、大变革、大调整时期,世界多极化和经济全球化深入发展,科学技术日新月异,国际金融危机影响深远,世界经济格局发生新变化,国际力量对比出现新态势,全球思想文化交流交融交锋呈现新特点,文

---

① 参见袁银传、郭强:《破除教条主义思维方式与彰显中国特色社会主义》,《思想理论教育》2009 年第 3 期。

② 参见袁银传:《论深化中国特色社会主义理论体系研究阐释的意义》,《思想政治教育研究》2010 第 6 期。

化在综合国力竞争中的地位和作用更加凸显。西方大国凭借其经济和科技优势加紧对我国进行意识形态渗透,意识形态领域的斗争十分激烈。维护国家意识形态安全的任务更加艰巨,增强国家文化软实力、中国特色社会主义吸引力的要求更加紧迫。当代中国进入全面建成小康社会的关键时期和全面深化改革开放、加快转变经济发展方式的攻坚时期,由于各种社会矛盾的错综复杂和思想观念的冲突激荡,在国内也产生了一些与社会主义主流意识形态、与社会主义核心价值体系不和谐的噪音和杂音。特别是一些西方国家利用长期积累的经济科技优势和话语强势,对外推销以所谓“普世价值”为内核的思想文化,企图诱导人们“以西为美”“唯西是从”,淡化乃至放弃对本民族精神文化的认同。在世界形势复杂多变和我国经济社会深刻变革的过程中,从国家意识形态安全的视角切入,深入研究社会主义核心价值观的基本内涵、本质特征、内在要求、具体表现、社会功能、重大意义,总结古今中外核心价值观培育和践行的基本方法和有效经验,探讨用社会主义核心价值观引领多样化社会思潮、培育和践行社会主义价值观的有效路径,对于在新的历史条件下巩固马克思主义在意识形态领域的指导地位,巩固全党全国各族人民团结奋斗的共同思想理论基础,进行伟大斗争、建设伟大工程、推进伟大事业、实现伟大梦想,从而维护国家意识形态安全、凝结全体人民共同的价值追求、促进社会和谐稳定发展,具有重要意义。

第三,是增强社会主义核心价值观的凝聚力和引领力、使中华民族以更加昂扬的姿态屹立于世界民族之林的战略工程。

社会主义核心价值观是兴国之魂,是社会主义先进文化的旗帜和灵魂,是社会主义意识形态的本质体现,决定着中国特色社会主义发展和前进的方向。确立和保证社会主义核心价值观在当代中国社会意识形态的主导地位,增强社会主义核心价值观的凝聚力和引领力,是当代中国意识形态建设的核心内容和根本支点。深入研究社会主义核心价值观与中国传统封建主义核心价值观、当代西方资本主义核心价值观之间的本质区别,从而在理论上划清马克思主义与反马克思主义的界限,以及社会主义思想文化同封建主义、资本主义腐朽思想文化的界限,探讨培育和践行社会主义核心价值观的指导思想、思想资源、历史经验和基本路径,对于增强社会主义核心价值观的凝聚力和引领力,具有重要意义。

核心价值观是一个社会运行的精神动因，是社会秩序和社会文化有序发展的主导性的图式，同时还是国家机体安全性和制度稳定性的保障因素。对于国家、社会和公民个人来说，积极培育和践行社会主义核心价值观，正是基于社会主义核心价值观对于整个社会主义事业的发展所具有的极端重要性而做出的必然选择。在当前对于社会主义核心价值观的研究中，学术界对社会主义核心价值观的具体内涵、理论表达、性质功能、本质特征、重要作用等做出多方面的深入研究，能够对社会主义核心价值观与大众文化的关系、与意识形态的关系、与日常生活的关系、与人们行为模式的关系等等展开多样化的研究，能够对社会主义核心价值观与传统文化的关系、与时代的关系等做出系统的研究，这些研究在帮助人们全面了解社会主义核心价值观及其重要性的同时，也会在社会主义现代化实践中引领并规范人们自觉地用社会主义核心价值观指导人们的价值选择，从而实际地促进社会主义核心价值观应有功能的实现。

第四，是提高马克思主义理论教育和思想政治教育的实效性、实现立德树人价值目标的战略选择。

进行社会主义核心价值观教育、积极培育和践行社会主义核心价值观，是马克思主义理论教育和思想政治教育的重要内容。通过培育和践行社会主义核心价值观，使之成为全党和全体人民的价值共识，并且化为党员干部和人民群众的内在信仰和价值追求，是加强社会主义核心价值体系建设、推进马克思主义大众化的根本。从现实来看，目前我们对于社会主义核心价值体系和社会主义核心价值观的概括提炼还比较抽象，还不够"大众化"，培育和践行社会主义核心价值观还没有落细、落小、落实。我们的价值观教育还存在抽象空洞、大而概之、缺乏现实感等问题，通俗化和普及化的程度远远不够，这些都一定程度地影响到马克思主义理论教育的效果。开展社会主义核心价值观的宣传普及活动，推动当代中国马克思主义大众化战略任务的实现，需要对于社会主义核心价值观进行概括提炼，需要通过"言教"和"身教"的方式，使之入耳、入脑、入心，才能化为人民群众的自觉追求。只有深入才能浅出，而不是"浅入浅出"或者"不入就出"，才能提高马克思主义理论教育的效果。

目前,在党中央高度重视、亲切关怀和马克思主义理论学界同仁共同努力下,马克思主义理论学科发展非常快。根据理论上的推算,自从 2005 年设立马克思主义理论一级学科以来,全国共有马克思主义理论一级学科博士授予权单位 80 家,全国重点马克思主义学院 37 家。马克思主义理论学科从外延式发展走向内涵式发展迫切需要加强基础理论研究和学理支撑。马克思主义理论一级学科设立的重要根据之一就是彰显马克思主义理论学科的整体性以及马克思主义理论研究的整体性。马克思主义理论是一个完整统一的世界观和方法论,是一个有机统一的整体。马克思主义理论研究既需要从马克思主义哲学、马克思主义政治经济学、科学社会主义进行分门别类的研究,又需要从整体上进行研究。事实上,如果回到马克思主义经典作家文本本身,我们就可以清楚地发现,马克思主义经典作家许多最重要的文本本身就是一个整体。例如,《1844 年经济学哲学手稿》《德意志意识形态》《哲学的贫困》《共产党宣言》《资本论》以及马克思晚年的历史学、人类学笔记等等,我们很难说它们到底是单纯的马克思主义哲学、马克思主义政治经济学还是科学社会主义,或者说,它们应该既是马克思主义哲学,又是马克思主义政治经济学,还是科学社会主义。而以往的马克思主义理论研究比较侧重从马克思主义哲学、马克思主义政治经济学、科学社会主义"三大组成部分"进行分门别类的研究,从整体上研究马克思主义理论比较薄弱。

"培育和践行社会主义核心价值观研究"既需要运用马克思主义基本原理进行理论概括和总结,又需要从马克思主义发展史的视域进行比较研究,同时它本身就是马克思主义中国化研究的最重要的问题之一,还需要借助与国外马克思主义理论、国外社会主义理论进行比较的国际视野,而且用马克思主义中国化的最新成果武装全党、教育人民,积极培育和践行社会主义核心价值观,也是当前思想政治教育的主要内容和重要任务。因此,本课题的研究有助于培养、锻炼和提高研究者的整体思维能力和研究方法,而这正是马克思主义理论学科理论研究和人才培养的基本范式和根本要求。而且,包括思想政治理论课教育教学在内的思想政治教育的根本任务是立德树人,是引导大学生、研究生以及社会大众树立科学的世界观、人生观、价值观,对培育和践行社会主义核心价值观的研究,可以深化高校思想政治理论课(其中特别是马克思主义基本原理概论、毛泽东思想和中国特色社会主义理论体系概论、中国近现代史纲要、思想道德修养与法律基础、中国特色社会主义理论与实践研究、中国马克思主义与当代等)的课程内容,可以深入回答大学生和研究生深层次的思想理论问题,从而为思想政治理论课教育教学提供坚实的科学研究支撑,同时真正使思想政治理论课教学的内容、社会主义核心价值观能够"内化于心、外化于行"。因此,深化对培育和践行社会主义核心价值观的研究,有助于加强马克思主义理论学科建设和思想政治理论课教育教学,提高思想政治教育的时效性。

第一章 培育和践行社会主义核心价值观的指导思想

任何一种思想文化的产生,都不是空中楼阁,而是有其特定的历史发展基础。我们今天提出培育和践行社会主义核心价值观也是如此。马克思主义经典作家马克思、恩格斯、列宁等虽然没有明确提出"社会主义核心价值观"这一概念,但他们的著作仍然含有丰富而深刻的关于社会主义核心价值观的思想。

一、马克思主义经典作家论培育和践行社会主义核心价值观

马克思主义经典作家关于社会主义核心价值观的思想与他们对于社会主义本质的论述、关于社会主义基本特征的论述、关于社会主义的理想信念的论述、关于共产党人纲领和奋斗目标的论述等等紧密结合在一起。并且在论述社会主义核心价值观相关问题时,蕴含着丰富而深刻的关于培育和践行社会主义核心价值观的思想。这里,我们主要从天人关系、群己关系、身心关系等几个方面分别进行论述。

(一)马克思、恩格斯论社会主义核心价值观及其培育

经典作家马克思、恩格斯主要生活在自由资本主义时期,当时不存在社会主义社会这样一个现实而具体的对象,社会主义制度也没有建立。马克思、恩格斯是在批判旧世界中发现和建设新世界,他们主要是从与资本主义核心价值观相对立的意义上论述社会主义核心价值观问题。他们关于社会主义核心

价值观的论述中蕴含着关于培育和践行社会主义核心价值观的基本原则和方法的思想。

1. 马克思、恩格斯关于天人关系的价值观

对于马克思主义经典作家天人关系的价值观，目前是在生态伦理或生态思想的问题中讨论的。这意味着马克思主义中人与自然关系问题已经成为一个重要的理论生长点。关于马克思经典作家有无生态思想，尽管有一些比较有影响的否定意见，如西方生态学马克思主义者本·阿格尔、詹姆斯·奥康纳等，但多数学者认为马克思主义经典作家有关于生态问题的相关思想。

从马克思主义经典作家的著述来看，马克思主义经典作家关于人与自然关系的思想主要包括以下几个方面内容：一是人与自然的一致性问题，即人类的自然属性；二是与动物相比，人类与自然关系的特殊性；三是资本主义生产方式下的人与自然关系的新特点；四是马克思主义经典作家理解人与自然关系问题的特点。

（1）马克思、恩格斯关于人与自然关系价值观的基本观点

马克思主义经典作家关于人与自然关系的论述有以下基本观点。

第一，马克思主义经典作家明确认为，人是自然界的一部分。马克思从精神生活和物质生活两方面对这一命题进行了论证。他认为，从理论领域看，自然界中的物质如植物、动物、阳光、空气等既是自然科学研究的对象，也是艺术家进行创作的对象。作为人的意识的一部分，自然界是精神的无机界，是人类精神食粮的源泉。从实践领域来说，自然界中的物质也是人生活和活动的一部分。因为人的肉体只有靠自然界中的物质才能生活。简言之，自然界是人的生活资料的来源，也是人的生命活动的对象。因此，"自然界是人为了不致死亡而必须与之处于持续不断的交互作用过程的、人的身体。所谓人的肉体生活和精神生活同自然界相联系，不外是说自然界同自身相联系，因为人是自然界的一部分"①。

恩格斯则利用进化论证明人类本身是自然界长期发展的产物，无论是精神还是肉体都是自然界长期进化的结果。他认为，自然生物的演化过程大致

---

① 《马克思恩格斯文集》第 1 卷，人民出版社 2009 年版，第 161 页。

是这样的:在最初的无数种原生生物中,只有加拿大假原生物留传了下来。这些原生生物中的一部分分化为最初的植物,另一些演化为最初的动物。最初的动物经过长期的演化,最终产生了具有自我意识的人。①

第二,马克思主义经典作家在承认人与自然的一致性之外,还特别指出了人与其他自然物的不一致之处。他们认为,人有与自然界其他事物明显不同之处。马克思认为人类的特殊之处在于他是能动性与受动性的统一。马克思认为:人的能动性表现在人是有自然力和生命力的能动存在物,它表现为人的天赋、才能和欲望;人的受动性表现为人受自然界的制约,即人的欲望的对象是不依赖于人而存在的。②

在《1844年经济学哲学手稿》和《资本论》中,马克思将人类的特点概括为具有目的性和计划性。马克思将人与蜘蛛、蜜蜂做了对比,他认为,蜘蛛织网、蜜蜂建蜂房的本领在很多方面超过了人类,但是人类的建筑活动的最大特点就是在建筑活动开始之前,人类已经在头脑中绘制出了建筑的蓝图。"他不仅使自然物发生形式变化,同时他还在自然物中实现自己的目的,这个目的是他所知道的,是作为规律决定着他的活动的方式和方法的,他必须使他的意志服从这个目的。"③

在《自然辩证法》中,恩格斯则进一步将人的特点概括为改造自然和支配自然,也就是劳动。他认为,与动物仅仅利用自然界相比,人不仅利用自然界,还通过改变自然界来支配自然界。人与动物最终的本质的差别就是就在于这一点,而正是劳动造成了这一差别。④ 恩格斯认为:"劳动是整个人类生活的第一个基本条件,而且达到这样的程度,以致我们在某种意义上不得不说:劳动创造了人本身。"⑤

第三,尽管人类有许多特殊之处,但始终是自然界的一部分,无法摆脱自然界的制约与限制。恩格斯指出:"我们连同我们的肉、血和头脑都是属于自

① 参见《马克思恩格斯文集》第9卷,人民出版社2009年版,第420—421页。
② 参见《马克思恩格斯文集》第1卷,人民出版社2009年版,第209页。
③ 《马克思恩格斯文集》第5卷,人民出版社2009年版,第208页。
④ 参见《马克思恩格斯文集》第9卷,人民出版社2009年版,第559页。
⑤ 《马克思恩格斯文集》第9卷,人民出版社2009年版,第550页。

然界和存在于自然界之中的……那种关于精神和物质、人类和自然、灵魂和肉体之间的对立的荒谬的、反自然的观点,也就越不可能成立了"①。对比现在关于如何应用科学技术问题的认识,我们可以发现:马克思主义经典作家早在19世纪就已经指出了正确运用科学技术的基本原则。

(2)马克思、恩格斯关于人与自然关系价值观的基本特征

最能反映马克思主义经典作家关于人与自然关系的思想特点的是他们从生产方式看待人与自然的关系,即在马克思主义经典作家看来,人类生活的方式是以社会的形式展开的,而不是以个人独自面对自然的方式进行的。这一视角包括以下几个方面的思想:

首先,人类生活的自然界是人化的自然,是工业、商业活动的结果。马克思认为,人们生活在其中的现实的自然界是通过工业活动形成的。② 基于这一观点,马克思批评了费尔巴哈的自然观,其要点就在于强调人化的自然界才是人们生活的自然界。马克思指出:"他没有看到,他周围的感性世界决不是某种开天辟地以来就直接存在的、始终如一的东西,而是工业和社会状况的产物,是历史的产物,是世世代代活动的结果……甚至连最简单的'感性确定性'的对象也只是由于社会发展、由于工业和商业交往才提供给他的。"③因此,看待和处理自然问题,必须从社会的生产方式出发,从现有的经济活动方式出发。

其次,马克思主义经典作家在资本主义发展初期就已经关注到了生态问题,并将之归结为社会制度问题。例如,在《英国工人阶级状况》一书中,恩格斯详细记述英国工人的生活状况,书中有许多关于工人恶劣生活状况的记述。一些学者据此认为恩格斯在这时就已经关注到了生态问题。但是,需要注意的是:恩格斯并没有简单地将这一问题归结为自然问题,而是归结为社会制度问题。他指出:"社会知道这种状况对工人的健康和生命是多么有害,却一点也不设法来改善这种状况。社会知道它所建立的制度会引起怎样的后果,因

---

① 《马克思恩格斯文集》第9卷,人民出版社2009年版,第560页。
② 参见《马克思恩格斯文集》第1卷,人民出版社2009年版,第193页。
③ 《马克思恩格斯文集》第1卷,人民出版社2009年版,第528页。

而它的行为不单纯是杀人,而且是谋杀"①。

马克思主义经典作家认为,资本主义生产方式对生态系统有直接的威胁。恩格斯认为,包括资本主义生产方式在内,其特点都是只注重眼前利益,忽视长远利益。恩格斯指出,资产阶级的政治经济学只考虑生产交换所产生的直接预期后果。与此相应,资本家在进行生产交换活动时,也是只考虑最近的直接的后果,至于他的商品对他人和自然的影响会是什么样,他们并不关心。②"到目前为止的一切生产方式,都仅仅以取得劳动的最近的、最直接的效益为目的。那些只是在晚些时候才显现出来的、通过逐渐的重复和积累才产生效应的较远的结果,则完全被忽视了。"③

马克思则对资本主义对待自然的功利主义价值取向进行了批判。他认为,由于资本主义制度的特点和技术的进步,自然界不但成为人控制和利用的对象,而且其所有活动的目的都是为了服从人的需要,而不顾及自然规律本身的要求。④

除了价值观念的批判之外,马克思还对资本主义大规模城市化对土地和工人带来的负面影响进行了深入思考。马克思认为,资本主义生产导致城市人口占总人口的比例越来越大,这一方面蕴含着社会发展的动力,但另一方面,人口在城市大量聚集导致了人与土地之间物质变换出现困难,即以衣食等形式消费掉的土地的组成部分不能回归土地,从而破坏了保持土地肥力的自然条件。而且,这种物质变换还会破坏城市工人的身体健康和农村人口的精神生活。简言之,马克思认为,资本主义对生产的发展,是依靠破坏一切财富的源泉——土地和工人实现的。⑤ 马克思认为,资本主义对人与自然关系的最大破坏是建立了一种系统化的制度。他认为:"资本主义生产通过破坏这种物质变换的纯粹自发形成的状况,同时强制地把这种物质变换作为调节社会生产的规律,并在一种同人的充分发展相适合的形式上系统地建立起来。"⑥

---

① 《马克思恩格斯文集》第 1 卷,人民出版社 2009 年版,第 409 页。
② 参见《马克思恩格斯文集》第 9 卷,人民出版社 2009 年版,第 562 页。
③ 《马克思恩格斯文集》第 9 卷,人民出版社 2009 年版,第 562 页。
④ 参见《马克思恩格斯文集》第 8 卷,人民出版社 2009 年版,第 90 页。
⑤ 参见《马克思恩格斯文集》第 5 卷,人民出版社 2009 年版,第 579—580 页。
⑥ 《马克思恩格斯文集》第 5 卷,人民出版社 2009 年版,第 579 页。

基于上述认识,马克思指出,只有彻底改变资本主义的社会生产制度,才能建立起合理的人与自然关系。马克思提出的方式是由联合起来的劳动者共同控制人与自然之间的物质变换,按照人类本性的需要来展开这一过程,彻底摆脱资本主义生产方式下这一变换的盲目性。① 恩格斯也提出推翻资本主义方式的目标,他认为,若想使人与自然关系的调解符合人的本性的要求,还要行动起来,推翻资本主义制度,建立新的生产方式,即"为此需要对我们的直到目前为止的生产方式,以及同这种生产方式一起对我们的现今的整个社会制度实行完全的变革"②。

(3)马克思、恩格斯关于人与自然关系价值观的理论贡献

对比现代生态伦理学,我们可以发现马克思主义经典作家关于人与自然关系问题的思想有以下特点和优点:

第一,克服了人类中心主义与生态中心主义的弊端。在生态伦理学中,人类中心主义和生态中心主义是两种相互对立的立场。人类中心主义强调人类的中心地位,认为自然界要服务于人类的利益;生态中心主义强调生态的首要地位,认为人类只是生态中的一个组成部分,不应拥有特殊地位。马克思主义经典作家关于人与自然关系的立场破解了二者之间对立的难题。人类作为自然界的一个构成部分,其主动性、能动性的发挥显然不能破坏整个生态系统,不能以损害整个生态系统的正常发展为代价,这就表明必须对人类中心主义的立场加以约束;同时,无论从什么样的立场出发,我们都无法彻底采用生态中心主义的立场,我们总是站在人类的立场上为人类谋求长远的最佳利益。因此,彻底的生态中心主义是不可行的。马克思主义经典作家主张科学地认识和利用自然界,在对待人与自然关系上采取长远的科学的立场,既保障人类的长远利益,又保障生态系统的可持续发展。这实际上是处理人与自然关系问题的最可行做法。

第二,马克思主义经典作家从社会视角观察看待处理人与自然关系问题。当代生态伦理学关于人与自然关系主要从伦理、文化和思维方式等视角展开,

---

① 参见《马克思恩格斯文集》第 7 卷,人民出版社 2009 年版,第 928—929 页。

② 《马克思恩格斯文集》第 9 卷,人民出版社 2009 年版,第 561 页。

将生态责任归结为传统和思维方式的错误,即认为传统的二元对立思维方式和技术理性主义要为目前严重的生态问题负责。这些解释有一定的道理,但却回避了一个关键的问题,即建立在私有制基础上的社会经济制度的责任。正如马克思主义经典作家所指出的,人类是以社会的方式与自然进行物质能量交换的,不同的社会制度决定了人与自然之间必然产生不同的关系。私有制的经济制度决定了人们以功利主义的方式对待自然界以及人类自身。文化和思维方式都是经济制度的反映,都是建立在基本经济制度之上的。因此,要想彻底解决生态问题,彻底改革社会经济制度中不合理的地方是问题的关键,即观念的基础是利益,只关注思维方式和文化传统并不能真正解决问题。

2. 马克思、恩格斯关于群己关系的价值观

(1)马克思、恩格斯的自由观

从马克思主义经典作家关于自由的论述看,他们的自由观大致包括以下几方面的思想:一是关于具体种类的自由的论述,如意识自由、政治自由、出版自由等。二是关于自由与社会状态的关系的论述,如马克思从人的自由状态对社会形态的划分、对资产阶级自由的批评等。三是关于实现自由的条件,如自由与必然的关系、自由与社会制约等。

马克思在其博士论文《德谟克利特的自然哲学和伊壁鸠鲁的自然哲学的差别》中称赞伊壁鸠鲁主要是由于他高扬了自我意识自由。马克思认为,伊壁鸠鲁承认原子的自动偏狭运动具有重要意义,这实际上是承认了原子具有主动性、独立性,表达了自我意识的自由。他认为:"这是哲学的自白,它自己的格言,借以表示它反对一切天上的和地上的神,这些神不承认人的自我意识具有最高的神性。不应该有任何神同人的自我意识相并列。"①

马克思对自我意识自由的赞扬实际上出于反对当时的政治专制需要。他说:"[我]曾专门研究过,但与其说出于哲学的兴趣,不如说出于[政治的]兴趣。"②马克思虽然赞扬伊壁鸠鲁对自我意识自由的强调,但对他将自由局限在意识范围之内表示不满。他认为:"在伊壁鸠鲁看来,对人来说在他身外没

① 《马克思恩格斯全集》第40卷,人民出版社1982年版,第190页。
② 《马克思恩格斯全集》第29卷,人民出版社1972年版,第527页。

有任何善;他对世界所具有的唯一的善,就是旨在做一个不受世界制约的自由人的消极运动。"①马克思认为,这种自我意识自由不会真正实现,"因为如果同明显的事实作斗争,那么就永远不能达到真正的心灵的宁静"②。因此,正确的做法是从自我意识自由转向现实世界的活动。

在《莱茵报》时期,鉴于普鲁士对出版自由的压制,马克思曾经写了一系列文章对普鲁士政府的做法进行抨击,如《评普鲁士最近的书报检查令》《关于出版自由和公布等级会议记录的辩论》《关于林木盗窃法的辩论》《论离婚法草案》《摩塞尔记者的辩护》等,其批评的主要依据就是自由。对于普鲁士的书报检查制度,马克思认为出版自由体现了人的类本质。他认为:自由是全部精神存在的类本质,因而也是出版自由的类本质。③"自由确实是人的本质,因此就连自由的反对者在反对自由的现实的同时也实现着自由"④。关于出版自由的重要性,马克思认为自由实际上是一个体系,一种自由受损,其他自由也难以幸免。他认为:"没有新闻出版自由,其他一切自由都会成为泡影。自由的每一种形式都制约着另一种形式,正像身体的这一部分制约着另一部分一样。"⑤

关于实现自由的途径,马克思提出了通过公正的法律来保障自由的思路。他认为,只有通过立法保障新闻自由,才能通过法律的明确性、规范性和普适性来排除人为的干扰。对于法律对新闻自由的重要性,马克思提出了"法典就是人民自由的圣经"这一著名论断。⑥应该说,马克思早年关于出版自由与其保障方式的观点并不成熟。他虽然阐明了出版自由的重要性,但对获得自由的手段和方式的主张却并不可行。即按照他后来的阶级分析观点,法律保障的是统治阶级的自由和权利,即使有关于出版自由的立法,被统治阶级的这一自由也会受到各种各样的约束和限制。

在《论犹太人问题》一文中,马克思阐述了政治解放、宗教解放和人的解

① 《马克思恩格斯全集》第40卷,人民出版社1982年版,第78页。
② 《马克思恩格斯全集》第40卷,人民出版社1982年版,第50页。
③ 参见《马克思恩格斯全集》第1卷,人民出版社1995年版,第171页。
④ 《马克思恩格斯全集》第1卷,人民出版社1995年版,第167页。
⑤ 《马克思恩格斯全集》第1卷,人民出版社1995年版,第201页。
⑥ 参见《马克思恩格斯全集》第1卷,人民出版社1995年版,第176页。

放等问题。虽然从表述上看,"解放"与"自由"不尽相同,但"解放"表示从某种限制中脱离出来,因此,"解放"本身也是"自由"的内在含义之一。

马克思在《论犹太人问题》中所说的"政治解放"有两种含义:一是指宗教与政治相分离,具体指犹太教徒、基督徒、一般宗教信徒的政治解放,是国家从犹太教、基督教和一般宗教中解放出来。二是指资本主义社会的建立。这一点可以从马克思的这一论述中看出:"政治解放同时也是同人民相异化的国家制度即统治者的权力所依据的旧社会的解体。政治革命是市民社会的革命。旧社会的性质是怎样的呢?可以用一个词来表述:封建主义。"①

马克思所说的"宗教解放"则是指从资本主义意识形态中解放出来。马克思认为:"基督教把一切民族的、自然的、伦理的、理论的关系变成对人来说是外在的东西,因此只有在基督教的统治下,市民社会才能完全从国家生活分离出来,扯断人的一切类联系,代之以利己主义和自私自利的需要,使人的世界分解为原子式的相互敌对的个人的世界。"②从马克思对基督教的分析来看,正是基督教将资本主义私有制的观念塑造为社会的主流意识形态,因此,基督教实际上就是资本主义的意识形态。因此,在马克思这一语境中,"宗教解放"也就是从资产阶级的意识形态中解放出来。

马克思在《论犹太人问题》一文中所说的"人的解放"基本上指共产主义、社会主义中的人的状态。马克思提出了"人的解放"的两个特点:一是个人在生活、劳动和个体关系中成为类存在物,二是把自身的社会力量组织起来,而且由人民群众掌握表现为政治力量的社会力量。③ 从马克思后来的著作来看,这两个特点实际上就是消除异化劳动、无产阶级掌握国家政权这两点。

关于社会状态与自由的关系,经典作家的论述主要涉及两个方面:一是对资本主义社会自由的批评;二是对未来社会状态与自由关系的设想。

马克思认为,资本主义社会的自由观念是资本主义生产方式的产物。他指出:"流通中发展起来的交换价值过程,不但尊重自由和平等,而且自由和平等是它的产物;它是自由和平等的现实基础。作为纯粹观念,自由和平等是

---

① 《马克思恩格斯文集》第1卷,人民出版社2009年版,第44页。
② 《马克思恩格斯文集》第1卷,人民出版社2009年版,第54页。
③ 参见《马克思恩格斯文集》第1卷,人民出版社2009年版,第46页。

交换价值过程的各种要素的一种理想化的表现;作为在法律的、政治的和社会的关系上发展了的东西,自由和平等不过是另一次方上的再生产物而已。"①

马克思认为,资本主义社会的自由在商品交换领域表现为买卖之间的平等自由,但是,这只是表面现象。由于生产资料由资本家掌握,商品的价格以及流通方式等都受到资本家的操纵,普通劳动者难以对此发生较大影响。因此,交换过程中的平等自由只是表现为没有暴力强制。除了交换过程,资本主义的自由竞争也不是自由的,马克思指出:"在自由竞争中自由的并不是个人,而是资本。"②关于资本主义的自由贸易,马克思指出,不能因为自由贸易中有"自由"的说法就认为资本主义贸易是自由的,实际上,资本主义的贸易自由是针对资本家而言的,"这是资本所享有的压榨工人的自由"③。

马克思从社会状态中人的自由状态对自由进行了界定。他认为,从历史发展趋势看,人的自由状态的发展将会表现为三个阶段,即第一阶段是人的依赖阶段。在这一阶段,由于生产力只是在比较狭小的范围内孤立地发展,人与人之间的关系表现为直接的人与人之间的关系,个人对集体的依附关系明显。第二阶段是物的依赖阶段。在这一阶段,由于商品经济的发展,整个社会形成了以商品生产、交换、流通、消费为核心的全面的关系体系。第三阶段是人的自由全面发展阶段。在这一阶段,由于生产力的充分发展以及劳动者掌握了整个社会的生产能力,人的自由个性得以充分发展。④ 在《共产党宣言》中,马克思、恩格斯也表达过类似的观点,他们提出:"代替那存在着阶级和阶级对立的资产阶级旧社会的,将是这样一个联合体,在那里,每个人的自由发展是一切人的自由发展的条件。"⑤这两处的思路基本一致,即都是从自由状态来界定社会发展状态。

马克思还对社会自由状态提出过另一种界定标准,即对自由时间的掌握方式。马克思认为,生产力的发展"使整个社会的劳动时间缩减到不断下降

---

① 《马克思恩格斯全集》第 31 卷,人民出版社 1998 年版,第 362 页。
② 《马克思恩格斯文集》第 8 卷,人民出版社 2009 年版,第 179 页。
③ 《马克思恩格斯选集》第 1 卷,人民出版社 2012 年版,第 373 页。
④ 参见《马克思恩格斯文集》第 8 卷,人民出版社 2009 年版,第 52 页。
⑤ 《马克思恩格斯文集》第 2 卷,人民出版社 2009 年版,第 53 页。

的最低限度,从而为全体[社会成员]本身的发展腾出时间"①。只是在资本主义社会,这些自由时间被转变为剩余劳动。马克思认为,只要从改变资本主义制度,让劳动者占有自己的剩余劳动,就会出现这样的状况:"一方面,社会的个人的需要将成为必要劳动时间的尺度,另一方面,社会生产力的发展将如此迅速,以致尽管生产将以所有的人富裕为目的,所有的人的可以自由支配的时间还是会增加。"②从马克思的分析可以看出,这一种自由实现的关键是生产力水平的不断提高。

马克思、恩格斯还对限制自由的因素进行了分析。他们认为,自由首先受规律的限制,规律包括自然规律和社会规律。马克思主义关于"自由是对必然的认识"中的"必然"就是指的规律。恩格斯对这个问题有明确的解释,他指出,无论是自然界的规律还是人本身的生理和精神发展规律,人们都无法摆脱,正确的做法就是根据规律的要求来决定我们的行动策略和方式。因此,"自由就在于根据对自然界的必然性的认识来支配我们自己和外部自然;因此它必然是历史发展的产物"③。

关于社会规律对自由的限制,马克思认为,历史是人们自己创造的,但是这种创造受各种自然和历史条件的限制,人们不能选择创造历史的条件,只能在"直接碰到的、既定的、从过去承继下来的条件下创造"④。这实际上指出了现有的生产力和生产关系对人的自由的制约,这种制约是人们所无法回避和选择的。

关于社会对自由的制约,马克思主义经典作家还强调社会实践对自由观念的制约。他们认为:人们关于自由的认识、无论是自由的内容、形式都是社会实践的产物,并随着社会实践不断变化。具体过程是:人们首先按照物质生产率的要求建立相应的生产关系,然后,又按照生产关系的要求建立相应的观念和范畴。由于生产力和生产关系都是不断变化的,因此,作为对他们反映的观念和范畴也必然不断变化。所以,所有的观念和范畴都不是永恒的,而是历

---

① 《马克思恩格斯文集》第 8 卷,人民出版社 2009 年版,第 199 页。
② 《马克思恩格斯文集》第 8 卷,人民出版社 2009 年版,第 200 页。
③ 《马克思恩格斯文集》第 9 卷,人民出版社 2009 年版,第 120 页。
④ 《马克思恩格斯文集》第 2 卷,人民出版社 2009 年版,第 470—471 页。

史的、暂时的产物。①

当然,马克思、恩格斯研究的重点是社会对人自由发展的限制。通过政治经济学的研究,马克思认为,尽管现代工业创造了极大的生产力,为人的自由发展提供了强大的物质技术手段,但是,资本主义的生产方式却阻碍了生产力充分发挥对人的发展的积极作用。马克思指出,在资本主义制度下,"一切提高社会劳动生产力的方法都是靠牺牲工人个人来实现的;一切发展生产的手段都转变为统治和剥削生产者的手段,都使工人畸形发展,成为局部的人,把工人贬低为机器的附属品,使工人受劳动的折磨,从而使劳动失去内容,并且随着科学作为独立的力量被并入劳动过程而使劳动过程的智力与工人相异化"②。即资本主义制度下生产力的发展并没有使劳动者从各种自然和社会束缚中解放出来,反而成为压迫和束缚劳动者的新的手段和方式。

正是基于这一判断,马克思主义经典作家一直致力于推翻资本主义社会制度的实践活动,他们认为这已经成为实现广大人民群众自由的关键。恩格斯是这样论证这一过程的:社会占有生产资料以后,商品生产就会被消除,由此商品生产者的统治就会消失。同时,由于施行有计划的生产,社会生产的无政府状态也会消失。由于生产资料私有制所引发的个体间的生存斗争也会消失。在这样的条件下,以往对人的自由发展起着限制作用的社会关系,现在成为人们自由发展的条件。由此,人类社会进入了自由发展的阶段,即"只是从这时起,人们才完全自觉地自己创造自己的历史,只是从这时起,由人们使之起作用的社会原因才大部分并且越来越多地达到他们所预期的结果。这是人类从必然王国进入自由王国的飞跃"③。

关于马克思主义经典作家的自由观,涉及的问题较多。我们这里从价值观的角度进行简单的总结。就上述马克思主义经典作家关于自由的观点来看,马克思主义经典作家的自由观有以下最重要的特点:

首先,在自由问题上,他们坚持了以人民群众为中心的立场。许多研究者强调马克思主义经典作家的自由观以具体的人为中心,这是不错的。但是,这

---

① 参见《马克思恩格斯文集》第 1 卷,人民出版社 2009 年版,第 603 页。
② 《马克思恩格斯文集》第 5 卷,人民出版社 2009 年版,第 743 页。
③ 《马克思恩格斯文集》第 9 卷,人民出版社 2009 年版,第 300 页。

一点还要做进一步的区分,即他们所说的人主要是广大人民群众,他们所探索的人的自由状态及其发展前景也主要是围绕广大人民群众的自由发展展开的。

其次,马克思主义经典作家的自由观的根本依据是唯物史观。唯物史观为马克思主义正确理解历史发展的基本规律和趋势,从而为正确理解人的自由提供了正确的方法论。在此基础上,马克思主义经典作家对资本主义社会的发展趋势及其对人的自由制约状况进行了深入的研究,从而提出了一系列彻底解决资本主义制度束缚人的自由发展的策略,并在实践中为争取无产阶级的自由与解放进行了不懈的探索和斗争。唯物史观为广大人民群众克服错误思想、探索自由解放道路提供了强大的理论指南。因此,在自由观问题上马克思主义经典作家实现了科学性与人民性的有机结合,使自由观发展到了一个前所未有的新高度。

（2）马克思、恩格斯的平等观

平等问题一直是一个重要的社会问题,在人类社会早期就引起了思想家们的重视。孔子有一段著名的论述说明了平等对于社会稳定的重要作用,他说:"丘也闻有国有家者,不患寡而患不均,不患贫而患不安。盖均无贫,和无寡,安无倾。"①这就将平等问题与社会稳定联系在一起。西方思想家中从柏拉图、亚里士多德开始就有明确的关于平等的论述。柏拉图提出最好的平等是按照等级进行产品分配;亚里士多德提出平等有两种形式:一是数量平等,即按照人数进行平均分配产品;二是比值平等,即按照个人贡献进行按比例分配产品。他认为,真正的平等是两种平等的结合。② 可以这样认为:"平等"问题几乎是东西方思想家关于理想社会设想的必备议题之一。但由于时代和方法的局限,直到马克思主义经典作家出现之前,关于平等问题的思考都不够系统和科学。

马克思主义经典作家关于平等问题的集中论述不是很多,除了恩格斯在《反杜林论》中关于平等问题的专题论述之外,其他论述散见于他们的不同作

---

① 《论语·季氏》。

② 参见李纪才:《"合乎比例的不平等"与"比值相等"——柏拉图、亚里士多德的公平思想》,《上海行政学院学报》2009 年第 6 期。

品之中,且多是在阐述具体问题时涉及的。尽管如此,通过对他们相关论述的总结,我们还是可以得到马克思主义经典作家关于平等问题的比较系统的思想。

马克思主义经典作家关于平等问题的思想主要包括以下方面。

第一,研究平等问题的方法。

关于平等问题的研究,马克思、恩格斯都反对从抽象的方法进行研究。他们所说的抽象的方法主要是指只强调人们之间的共性,而忽略人们的特殊性。在《德意志意识形态》中,马克思、恩格斯批评了"真正的社会主义"从"自然界是'一切生命的基础'"这一点研究社会问题,他们指出,这种方法是非常荒谬的,因为它"不但证明了人们彼此之间的平等,而且证明了他们对任何一个跳蚤、任何一个墩布、任何一块石头的平等"[1]。在《反杜林论》的准备材料中,恩格斯对杜林的抽象方法进行了批评,他指出,抽象的平等理论是非常荒谬的,因为"没有一个社会主义的无产者或理论家想到要承认自己同布须曼人或火地岛人之间、哪怕同农民或半封建农业短工之间的抽象平等"[2]。因此,从这种方法研究平等是毫无意义的。

抽象的方法之所以是错误的,因为它只是指出了人们之间的共性,特别是作为生物"类"的共性。发现这种共性无助于解决社会问题,因为社会矛盾或冲突与这些共性并无关系。

马克思、恩格斯认为,正确的方法是历史的方法,即从具体的历史条件下判断具体社会的平等问题。恩格斯从历史的角度对各个历史时期的"平等"进行了分析,他指出,在自然公社中,人与人不存在平等,平等只是在个别掌握公社权力的成员间存在,而且,自然公社中还往往存在奴隶制,这就更谈不上人与人之间的平等了。在古希腊、古罗马的民主政体中情况也是如此。在基督教中,人们的平等只是作为罪人的平等,或者都是上帝的孩子的意义上的平等。在资本主义社会中,平等的内容和要求有所增加,但其实质只是保障资产阶级存在条件的平等。与此相应,无产阶级也提出了适合自己的平等要求。

---

① 《马克思恩格斯全集》第3卷,人民出版社1960年版,第567页。
② 《马克思恩格斯文集》第9卷,人民出版社2009年版,第354页。

而在共产主义社会,由于物质资源的丰富和共产主义社会制度消除了剥削和压迫,人们不需要谈论平等问题了,因为在这一阶段,人们追求是自由个性的发展,而不是与他人在某些方面的趋同。在这一社会阶段,再谈论平等问题只会招致人们的嘲笑。①

因此,按照恩格斯的观点,要正确地分析平等问题,必须将这一问题置于具体的历史背景中,抽象地谈论平等是无意义的。

第二,资本主义平等只是形式上的平等。

与封建社会相比,在资本主义社会人与人之间的人身依附关系已经消失,人们在法律面前也取得了平等的地位。但是,马克思主义经典作家认为,资本主义的平等只是在金钱面前的平等、只是在市场交换环节的平等。由于生产资料的资本主义私有制,劳动者与资本家在生产、消费、分配等环节就不会平等,所有马克思说商品流通的平等只是表面的,而在这一过程的背后,人与人之间的平等就消失了。②

与历史上的社会形态相比,资本主义社会的不平等并无实质区别。恩格斯指出,资本家与奴隶主、封建主并无实质的区别,都是靠占有他人无偿劳动发财致富的,区别只在于占有他人无偿劳动的方式有所不同。因此,现代资本主义社会仍然是"人数不多并且仍在不断缩减的少数人剥削绝大多数人的庞大机构"③。

马克思主义经典作家认为,在资本主义社会无产阶级要实现真正的平等就必须推翻资本主义社会,彻底改造资本主义社会的生产关系,其中最关键的是生产资料所有制。因此,社会主义运动历史上主张平等工资的要求是错误的,这种方式也是不可能实现的。马克思指出,消费资料的分配取决于生产条件的分配,而生产条件的分配方式取决于生产方式的性质。在资本主义社会,"生产的物质条件以资本和地产的形式掌握在非劳动者手中,而人民大众所有的只是生产的人身条件,即劳动力。既然生产的要素是这样分配的,那么自

---

① 参见《马克思恩格斯文集》第 9 卷,人民出版社 2009 年版,第 352—354 页。
② 参见《马克思恩格斯全集》第 30 卷,人民出版社 1995 年版,第 202 页。
③ 《马克思恩格斯文集》第 3 卷,人民出版社 2009 年版,第 461 页。

然就产生现在这样的消费资料的分配"①。

第三,发展社会生产力是消灭不平等的基础。

马克思主义经典作家认为,阶级的出现以及阶级社会的多数不平等现象,根源都在于生产力的发展水平不够。恩格斯指出:"只要社会总劳动所提供的产品除了满足社会全体成员最起码的生活需要以外只有少量剩余,就是说,只要劳动还占去社会大多数成员的全部或几乎全部时间,这个社会就必然划分为阶级。在这被迫专门从事劳动的大多数人之旁,形成了一个脱离直接生产劳动的阶级,它掌管社会的共同事务:劳动管理、国家事务、司法、科学、艺术等等。"②因此,只要在生产高度发达的基础上实现了社会对生产资料和产品的占有,阶级以及少数人对政治、教育和精神领导的垄断就会消失。

正是基于这一判断,马克思指出,在社会主义刚建立阶段即使实现了生产资料社会所有,由于生产力水平的限制,社会主义社会的"按劳分配"仍是不平等的。由于个人情况不同,实际需要也不相同,因此,按照一个统一的客观标准进行分配实际上是不平等的。按照马克思的观点,实际上这种权利仍是限制在资产阶级的框框内。之所以如此,是因为社会主义阶段生产力还不够发达,物质财富还不够丰富,还不能按照人们的实际需要进行分配。其原因就是:"权利决不能超出社会的经济结构以及由经济结构制约的社会的文化发展。"③

中外历史上关于理想社会的平等设想基本上都具有平均主义色彩。"平均主义"是针对社会两极分化的现实设想出来的。但是,如果没有发达的生产力的支撑,平均主义也是无法实现的,即使实现,这种"共富"实际上也是禁欲主义性质的,只会产生贫困和极端贫困的普遍化,甚至产生社会历史的倒退。正如马克思所说:"如果没有这种发展,那就只会有贫穷、极端贫困的普遍化;而在极端贫困的情况下,必须重新开始争取必需品的斗争,全部陈腐污浊的东西又要死灰复燃。"④

---

① 《马克思恩格斯文集》第3卷,人民出版社2009年版,第436页。
② 《马克思恩格斯文集》第9卷,人民出版社2009年版,第298页。
③ 《马克思恩格斯文集》第3卷,人民出版社2009年版,第435页。
④ 《马克思恩格斯文集》第1卷,人民出版社2009年版,第538页。

第四,平等观具有阶级性、相对性和历史性。

马克思在批评"哥达纲领"中公平分配的主张时指出:分配是否公平是由当时的生产方式决定的,适合生产方式的分配方式就是"公平"的,因为法的概念是由经济关系调节的。① 因此,在马克思看来,平等观具有阶级性和相对性,平等观念是由经济关系决定的。

恩格斯在考察了平等观念的发展历史后指出:"平等观念本身是一种历史的产物,这个观念的形成,需要全部以往的历史,因此它不是自古以来就作为真理而存在的。现在,在大多数人看来,它在原则上是不言而喻的,这不是由于它具有公理的性质,而是由于18世纪的思想的传播。"②恩格斯这里从平等观念产生的历史过程角度说明了平等观念的历史性。

马克思主义经典作家之所以认为平等具有历史性、阶级性和相对性,因为按照唯物史观,"平等"实际上是对生产关系的一种观念上的反映。在阶级社会,由于不同阶级在生产关系中的地位不同,社会分化为不同阶级,不同的阶级在特定的生产关系中受益程度存在差异,由此产生不同甚至截然相反的平等观。因此,平等观实际上是对特定生产关系及其具体制度的认可性评价。这就是平等观的相对性和阶级性产生的根本原因。由于生产力在社会发展中的最终决定性作用,生产力的发展最终会导致生产关系的变化,从而最终改变了人们关于平等的观念,由此形成了平等观念的历时性。

从马克思主义经典作家的论述和实践看,他们不仅重视形式上的平等,更重视事实上的平等。在实现事实平等方面,列宁的探索具有很高的价值,既有系统性,如进行所有制变革,发展社会生产力等;也有针对性,如针对民族平等、男女平等的相应政策措施。这些思想值得我们进一步继承发展。

关于马克思主义经典作家的平等思想,存在着两个主要的质疑:一是关于"按需分配"的可能性问题。这个问题是针对马克思在《哥达纲领批判》一文中关于未来社会施行"各尽所能、按需分配"的分配原则的观点提出的。二是关于自由与平等的优先性问题。当代西方自由主义学者,如弗里德曼等认为

---

① 参见《马克思恩格斯文集》第3卷,人民出版社2009年版,第432页。
② 《马克思恩格斯文集》第9卷,人民出版社2009年版,第355页。

自由应优先于平等,以自由求平等是可行的,以平等求自由是不可行的。理由是平等不一定会导致自由,还可能会导致专制,专制下同样可以实现平等,但没有自由。

我们首先来看"按需分配"的可能性问题。对"按需分配"的质疑主要依据有"需求无限论""资源有限论"等观点,认为有限的资源不可能支撑无限的需求。关于这个问题有两点是关键:一是这里的"需要"的内容是什么?二是"资源"和"需求"的无限与有限的关系问题。

首先,马克思所说的"需要"应该是指人们的基本生活需求,如基本消费品、基本的娱乐休闲和卫生医疗服务等需要。不应该是特殊的超出人类能力和特定阶段生产能力的需求,如追求长生不老、星际旅行等。其次,"资源"和"需求"的有限与无限问题实际上是一个动态的问题。从静态的观点看,即在特定历史阶段,需求和资源都是有限的;从动态的关系看,两者都是无限的。因此,如果我们对马克思所说的"按需分配"做绝对化的理解,"按需分配"是不能实现的。但从历史现实来理解,马克思的主张是可能的,因为许多主观愿望不一定都需要社会来满足,人们会意识到其非现实性而主动放弃。

关于自由与平等的关系,弗里德曼强调自由先于平等的观点并不准确。就平等下的专制问题而言,他说有时候专制条件下社会是比较平等的,比有的民主社会还平等。这种说法是禁不起推敲的。首先,在专制条件下政治就是不平等的,普通民众和君主之间没有平等可言,否则的话专制就不会存在了。因此,他说的平等实际上是收入意义上的平等。其次,自由是基于平等之上的。现代社会中人的自由都是基于平等之上的,如果选举权和被选举权被少数人群垄断,如果没有普遍的义务教育,如果经商的权利只给予少数人,那么,人们还会有什么自由可言?即现代社会的自由实际上是基于基本政治和经济权利平等之上的。

(3)马克思、恩格斯的正义观

从文本看,马克思主义经典作家关于正义问题的集中论述并不多,因而没有系统的正义理论。在马克思主义经典作家的著作中,关于"正义"一词多用"公平"一词进行表述。马克思主义经典作家的正义理论是在20世纪70年代西方正义理论,尤其是罗尔斯的《正义论》发表之后,才引起了西方学者的关注。在马克思主义正义问题上,有较大影响的西方学者有艾伦·伍德、齐雅德·胡萨米、凯·尼尔森等人。国内学界对马克思主义正义问题的关注则是在 21 世纪之后了。

由于马克思主义经典作家缺乏关于正义问题的系统论述,由此产生了以下问题:一是马克思主义经典作家是否有关于正义的理论? 二是如果马克思主义经典作家有关于正义问题的理论,那么其正义理论的主要内容有哪些? 与现在西方主流的正义理论相比,有哪些特点? 因此,我们需要先界定"正义"的内涵。许多文献在阐述马克思主义经典作家的正义理论时,往往将经典作家关于平等、自由等论述作为证据使用,这就涉及"正义"的内涵问题。只有确定了"正义"的基本内涵,我们才能进一步谈论马克思主义经典作家有无正义理论以及正义理论的特点问题。

从"正义"的传统用法来看,其含义基本上是"应得",如柏拉图和亚里士多德的用法,其内容主要指按照某种资格或身份进行分配。而从近代来看,尤其是罗尔斯的"正义"用法,其关注点指向社会制度的基本建构原则,其内容主要是关于基本善和自由的分配问题。虽然在具体问题上存在分歧,但其核心问题都是关于社会制度的建构原则。如果将正义理解为社会制度的基本建构原则,那么,自由、平等等问题都可以看作正义的具体内涵,即一个社会中如何实现自由、平等的基本制度安排,实际上就是在建构一个社会的制度正义。关于正义与平等的关系,恩格斯的观点也可以佐证这一点。他指出:"平等是正义的表现,是完善的政治制度或社会制度的原则,这一观念完全是历史地产生的。"①需要指出的是,如果我们将"自由"限于社会领域,那么,自由的内容基本上就是政治权利问题,其主要目标基本上与平等的要求近似。因此,正义实际上是一个比自由、平等更为基础的概念,是对社会整体自由、平等状况的一个综合性评价。

在明确了"正义"的基本内涵之后,我们来探讨马克思主义经典作家有无正义理论问题。关于这个问题,学界一般认为,马克思主义经典作家没有系统的正义理论。尽管如此,他们的著作中还是蕴含着关于正义问题的深刻的同

① 《马克思恩格斯文集》第 9 卷,人民出版社 2009 年版,第 352 页。

时又别具特色的思想。

首先，马克思主义经典作家认为，正义是一个法权概念，它是由特定生产关系决定的。马克思曾经就资本主义交易方式的正义性问题指出，生产方式的正义性是从生产关系中自然产生的，然后被社会以法律的形式确定下来，但法律并不能决定内容本身。内容是由生产方式决定的，即"这个内容，只要与生产方式相适应，相一致，就是正义的；只要与生产方式相矛盾，就是非正义的。在资本主义生产方式的基础上，奴隶制是非正义的；在商品质量上弄虚作假也是非正义的"①。马克思这里说的虽然是资本主义的交易方式的评价问题，但是，这一评价原则也可以适用于对特定社会政治、经济制度的评价。由上述引文可以看出，关于正义问题，马克思有以下基本观点：

第一，马克思认为正义是对有关制度与社会生产方式之间关系的评价，特定制度与生产方式相适应，则这一制度就是正义的，否则就是不正义的。这可以认为是马克思关于正义的判断标准。这一观点可以用恩格斯的论述予以佐证，恩格斯认为，在道德上或者法律上看是公平的现象实质上仍然可能是不公平的，因此，公平的判断标准只能是经济内容，即"社会的公平或不公平，只能用一门科学来断定，那就是研究生产和交换这种与物质有关的事实的科学——政治经济学"②。

第二，由上述正义标准可以推断出：正义具有历史性，即在不同时代正义的具体内涵是不同的。我们现在认为是非正义的社会制度，如奴隶制，在历史上被认为是正义的。正义的内涵之所以不断变化，是由于正义观念属于法权概念，是从经济关系中产生出来的。生产力的发展会导致经济关系以及社会关系的变革，由此导致人们正义观念的变化。因此，正义观念同它所反映的经济关系一样，都是历史的、暂时的产物，不是永恒的。③ 因此，在马克思主义看来，所谓"永恒正义"问题是不存在的。

第三，正义具有阶级性。马克思、恩格斯认为，观念是对经济关系的反映，因而不同的经济关系产生不同的正义观念。在阶级社会，由于不同的阶级在

---

① 《马克思恩格斯文集》第7卷，人民出版社2009年版，第379页。
② 《马克思恩格斯全集》第25卷，人民出版社2001年版，第488页。
③ 参见《马克思恩格斯文集》第1卷，人民出版社2009年版，第603页。

社会中处于不同的地位,因而也就产生不同的正义要求,也就是不同阶级有不同的正义观。恩格斯指出:在资本主义社会中,"资产者的平等(消灭阶级特权)完全不同于无产者的平等(消灭阶级本身)"①。这里恩格斯说的虽然是资本主义社会的平等问题,但由于恩格斯认为平等是正义的体现,结合他们的阶级理论,因此,在整个阶级社会时期,不同阶级有不同的正义观是一个普遍性问题。

第四,实现社会正义的根本是不断发展社会生产力。根据唯物史观,正义等价值观念属于上层建筑范畴,其内涵由经济基础决定并随经济基础的发展而变化。因此,如果试图以价值观为基础来推动社会变革则是一种错误的方法。马克思在评价杜林及其崇拜者时对这种做法进行了批评,他指出他们的错误在于:"这些人想使社会主义有一个'更高的、理想的'转变,就是说,想用关于正义、自由、平等和博爱的女神的现代神话来代替它的唯物主义的基础(这种基础要求人们在运用它以前进行认真的、客观的研究)。"②马克思之所以批评杜林的方法,是由于他认为,生产力的发展在社会进步过程中起着关键作用,没有生产力的发展,社会的进步就难以得到保障。他指出:"生产力的这种发展之所以是绝对必需的实际前提,还因为如果没有这种发展,那就只会有贫穷、极端贫困的普遍化;而在极端贫困的情况下,必须重新开始争取必需品的斗争,全部陈腐污浊的东西又要死灰复燃。"③

其次,我们探讨马克思是否批判资本主义社会是不正义的。关于这个问题,艾伦·伍德认为:"对马克思而言,'正义'描述的只是交易行为和分配制度同生产方式的适合程度,而不是特定的价值取向或应然原则。因此,资本家对工人剩余价值的无偿占有,不是一种'不正义'的行为。马克思并没有以'不正义'之名谴责资本主义。"④艾伦·伍德的这一观点是基于马克思关于资本主义交易方式的正义性的阐述,但他对马克思这段话的解释并不完整。马克思在这一论述中确实提出了正义的标准问题,但是,他忽略了马克思著作

① 《马克思恩格斯文集》第9卷,人民出版社2009年版,第355页。
② 《马克思恩格斯选集》第4卷,人民出版社2012年版,第522页。
③ 《马克思恩格斯文集》第1卷,人民出版社2009年版,第538页。
④ 艾伦·伍德:《马克思对正义的批判》,《马克思主义与现实》2010年第6期。

中的"正义"概念内涵较多,如洪镰德认为,马克思关于"正义"的用法涉及三个方面,即分别从道德的观点、法律的立场、科学的方式论述正义问题。[①] 如果这一说法成立,那么艾伦·伍德对马克思"正义"的解释只是涉及了马克思从科学的方式论正义问题,即"正义"在社会结构中的地位和作用问题。

如果我们不局限于马克思的个别论述,我们可以发现,马克思关于资本主义的非正义性有很多论述,尽管这些论述不系统。如马克思对资本主义社会异化问题的论述、对资本主义原始积累秘密的记述、对资本家对工人残酷剥削的揭露等,都是针对资本主义制度弊端的批评。这些批评核心在于资本主义制度中资本家对工人的剥削。

不仅资本主义社会存在非正义问题,马克思认为社会主义社会也存在着非正义问题。在《哥达纲领批判》中,马克思认为在共产主义初级阶段,由于生产力水平的限制,社会对生活用品的分配只能按照"按劳分配"原则进行。马克思指出:"按劳分配"实际上也是不公平的,因为"按劳分配"原则忽略了人们之间的实际差异和需要,必将造成事实上的不平等。马克思举例子说:由于各个家庭的负担不同,按劳分配会导致贫富差距扩大。因此,马克思提出:真正的平等必须是不平等,具体到生活资料分配问题,就是分配原则应该是"各尽所能、按需分配"。

如果我们认为马克思主义经典作家有关于资本主义、社会主义正义问题的评价,那么,马克思主义经典作家评价不同社会形态所依据的具体原则又是什么呢?

需要说明的是,马克思主义经典作家评价社会正义问题的原则与上文中所说的生产方式标准问题并不矛盾。马克思所说的正义的生产方式标准是指该社会的意识形态对特定正义内涵的支持和认可,而评价正义的原则是特定社会认可特定正义内涵的依据,其实质是特定社会判断正义标准的依据。

从马克思主义经典作家对资本主义和社会主义中关于正义问题的相关论述看,他们评价正义问题主要有以下原则:一是权利原则;二是贡献原则;三是

---

① 参见洪镰德:《马克思正义观析评》,《北京大学学报》(哲学社会科学版)1991年第1期。

需要原则。权利原则指的是资本主义社会的正义原则,其特点是在法律上承认人们具有相同的权利。权利原则的进步意义在于打破了封建等级制和身份制度的限制,消除了政治、经济等方面少数人的特权。其不足之处在于权利上的平等缺乏实质上的保障,在社会中仍然会出现巨大的不平等。恩格斯指出,资产阶级启蒙思想家设想的社会制度是:"从今以后,迷信、非正义、特权和压迫,必将为永恒的真理、永恒的正义、基于自然的平等和不可剥夺的人权所取代。"①但是,现实却是:"现在我们知道,这个理性的王国不过是资产阶级的理想化的王国;永恒的正义在资产阶级的司法中得到实现;平等归结为法律面前的资产阶级的平等;被宣布为最主要的人权之一的是资产阶级的所有权,而理性的国家、卢梭的社会契约在实践中表现为,而且也只能表现为资产阶级的民主共和国。"②从这段引文可以看出,恩格斯批评资本主义社会的权利不能得到真正的全面实现。

马克思指出:资产阶级所承诺的公道、正义、权利平等、义务平等和利益普遍和谐都是不真实的。现代资产阶级社会就像以前的各种社会一样,也不过是人数不多并且仍在不断缩减的少数人剥削绝大多数人的庞大机构。③马克思这里除了批评资本主义社会所承诺的权利不能实现之外,还进一步指出了资本主义社会制度的不足是少数人剥削多数人。马克思谴责剥削依据的是贡献原则,因为剥削者并没有付出相应的贡献,却获得了与贡献不对称的高回报。这就是剥削的非正义之处。

在阐述社会主义的分配原则时,马克思指出:"按劳分配"原则依据的是"贡献原则",但是,"贡献原则"也是有缺陷的,因为它没有考虑到人们的实际需要。因此,马克思提出,在共产主义社会的高级阶段应该施行"按需分配"原则。这里马克思实际上又提出了评价社会制度的最高原则——"需要原则"。"需要原则"摒弃了功利主义的分配原则,真正体现了以人为本的社会运行原则,它将人的全面发展、人与人之间的和谐共处的需要置于物质财富的考虑之上。

---

① 《马克思恩格斯文集》第3卷,人民出版社2009年版,第524页。
② 《马克思恩格斯文集》第3卷,人民出版社2009年版,第524页。
③ 参见《马克思恩格斯文集》第3卷,人民出版社2009年版,第461页。

在正义问题上,与西方近代学者相比,马克思主义经典作家有明显的特色与优点:

首先,马克思主义经典作家明确界定了正义的地位和作用。马克思主义经典作家认为正义属于意识形态范畴,因此,与经济基础相比,它在社会中所发挥的作用属于从属性质。由此,马克思主义经典作家反对依据正义等价值原则改造社会的主张,他们主张通过发展生产力、改造所有制来实现社会制度层面的正义,而不是相反。从思想史看,无论是空想社会主义者,还是近代自由主义者,基本上都倾向于依照特定价值原则对社会进行改造。这一思路的缺陷在于忽视了实现价值原则的物质基础。

其次,马克思主义主张通过改造生产制度来实现社会正义,而不仅仅是依据分配制度。在马克思主义经典作家看来,分配虽然对生产有巨大影响,但最终起决定作用的还是生产,分配制度最终要受生产制度的制约。因此,马克思主义经典作家强烈批评社会主义运动中追求"公平工资"的主张,也反对仅仅将目标锁定在改善劳动环境和提高工资的斗争策略上。当代西方自由主义学者基本上关注的都是分配问题,如罗尔斯的《正义论》提出的正义问题就是对社会基本自由和善的分配问题。尽管这一思想在当代世界产生了巨大影响,但是其主张却难以得到实施,究其根源,就是忽视了生产对分配的决定作用。

再次,马克思主义认为实现社会正义的根本条件是发展生产力。马克思主义认为,生产力是社会发展的根本动力和基础,只有建立在发达的生产力基础之上,社会制度的正义才能真正实现。与西方学者和历史上的各种空想主义思想家不同,马克思主义经典作家始终强调制度变革的经济基础,反对从脱离现实基础的价值观念出发推动社会变革。

3. 马克思、恩格斯关于身心关系的价值观

传统的身心关系问题是关于心灵与肉体欲望的关系问题。在中国古代思想家的文献中表现为义利之辨、理欲之辨。在西方,这一问题的表现是多元的:一是表现为哲学中关于思维与存在的关系问题;二是表现为哲学或社会理论中关于幸福问题的探索。前一问题实际上是后一问题的一部分,肉体和心灵的关系不仅是认识论问题,如何处理肉体欲望和心灵追求之间关系是现实生活中不可回避的问题。在西方思想史上,关于肉体与心灵之间关系的探讨

是早于前一问题的,并且是围绕幸福这一问题展开的。在马克思主义的话语体系中,以往对这一问题的探讨多以人生观的名义展开,近年来,随着民生问题日益得到关注,以幸福的名义探讨这一问题的方式成为主流。对比幸福与人生观两个术语,二者并无实质差异,所要回答的问题实际上是一致的。我们这里主要从人生观的角度考察马克思主义经典作家的相关思想,实际上也包含了他们关于幸福的理解。具体来说,他们关于人生观的思想主要包括以下内容,即人生应该追求什么? 人们靠什么方式来满足自己的需求? 人生的理想状态应该是什么?

(1)集体主义的价值追求

关于人生应该追求什么这一问题,实际上包含着以下方面的内容,即人生应该追求物质的财富还是精神的财富? 个人的利益还是集体的利益优先? 关于这一问题,马克思在中学毕业作文中已经有了比较成熟的考虑。马克思在反复考虑影响职业选择的各种因素之后提出:"在选择职业时,我们应该遵循的主要指针是人类的幸福和我们自身的完美。"①关于这一点选择,马克思给出了几点依据:一是"人只有为同时代人的完美、为他们的幸福而工作,自己才能达到完美。如果一个人只为自己劳动,他也许能够成为著名的学者、伟大的哲人、卓越的诗人,然而他永远不能成为完美的、真正伟大的人物"②。二是历史、经验和宗教都告诉我们要为人类的幸福、完美而工作,我们应该遵循这一启示和教诲。三是为人类的幸福、完美工作就能克服各种困难,获得更高尚的乐趣。"因为这是为大家作出的牺牲;那时我们所享受的就不是可怜的、有限的、自私的乐趣,我们的幸福将属于千百万人"③。

关于马克思的上述观点,我们可以看出年轻时期的马克思在人生观上有以下特点:

第一,在人生追求上,在精神和物质之间马克思更重视精神。因为他提出的目标如"自身的完美""高尚"等并不是物质利益方面的标准。在这同一作文中,马克思还明确提到:"被名利迷住了心窍的人,理性是无法加以约束的,

① 《马克思恩格斯全集》第 1 卷,人民出版社 1995 年版,第 459 页。
② 《马克思恩格斯全集》第 1 卷,人民出版社 1995 年版,第 459 页。
③ 《马克思恩格斯全集》第 1 卷,人民出版社 1995 年版,第 459 页。

于是他一头栽进那不可抗拒的欲念召唤他去的地方"①。这都表明了马克思在物质享受和精神追求方面的优先排序安排。

也许有人会认为上述引文是马克思少年时代的想法，不一定能代表马克思一生的立场。事实上，这一立场贯穿了马克思一生。马克思在辞去《莱茵报》主编职务后，便离开德国，在流亡生涯中曾经有过长达 20 年（1849—1869）一直过着贫困潦倒、朝不保夕的生活。其间，有三个孩子因贫病而夭折。实际上有很多机会改变这种生活状况，过上物质生活条件很好的生活。如在马克思离开《莱茵报》不久，马克思的父亲的老友，时任枢密参事的埃塞尔，受普鲁士政府的指派，带来一封信，建议马克思担任官职，为政府服务，承诺给他优厚的待遇。马克思非常轻蔑地拒绝了。②

在伦敦生活的最艰苦时期，他本来可以获得一个有固定收入的中等职位。由于需要永远或者至少是长时期地不能从事他的科学研究和政治工作，马克思征得夫人的同意，放弃了这个职位。③ 马克思说："由于需要抽出许多时间来研究我的政治经济学，不得不拒绝（虽然很不乐意）人们在伦敦和维也纳向我提出的收入极其可观的建议。但是我必须不惜任何代价走向自己的目标，不允许资产阶级社会把我变成制造金钱的机器。"④

马克思在 1866 年 8 月 13 日给拉法格的信中表示："我已经把我的全部财产献给了革命斗争。我对此一点不感到懊悔。相反地，要是我重新开始生命的历程，我仍然会这样做"⑤。

这里应该指出的是马克思重视的精神追求实质上是共产主义的理想信念。

关于马克思优先重视人生精神层面的需求，他还有一个基于人本质方面的依据。马克思认为："吃、喝、生殖等等，固然也是真正的人的机能。但是，

① 《马克思恩格斯全集》第 1 卷，人民出版社 1995 年版，第 456 页。
② 参见［德］海因里希·格姆科夫等：《马克思传》，易廷镇、侯焕良译，人民出版社 2000 年版，第 43 页。
③ 参见［德］海因里希·格姆科夫等：《马克思传》，易廷镇、侯焕良译，人民出版社 2000 年版，第 184 页。
④ 《马克思恩格斯全集》第 29 卷，人民出版社 1972 年版，第 550—551 页。
⑤ 《马克思恩格斯全集》第 31 卷，人民出版社 1972 年版，第 521 页。

如果加以抽象,使这些机能脱离人的其他活动领域并成为最后的和唯一的终极目的,那它们就是动物的机能。"①在马克思看来,从生物的视角看,人类与其他动物并无实质区别,都需要满足基本的生理需要才能正常生存。但人类还有自身的特点,按照《1844年经济学哲学手稿》中的观点,通过人与蜜蜂的比较,马克思认为这一特点是主动性和计划性。这说明马克思认为人类之所以超出了自然界的其他生物主要是依靠其精神方面的特点。

　　需要指出的是:马克思主义经典作家虽然重视精神和信念,但并不是禁欲主义者。首先,他们认为基本的物质生活条件是人类生存发展的前提条件。马克思指出:"人们为了能够'创造历史',必须能够生活。但是为了生活,首先就需要吃喝住穿以及其他一些东西。因此第一个历史活动就是生产满足这些需要的资料,即生产物质生活本身"②。其次,关于禁欲主义,马克思认为它是特权阶级愚弄人民的把戏,是享乐主义在普通民众中推广后的必然结果。马克思指出:"享乐哲学一直只是享有享乐特权的社会知名人士的巧妙说法……一旦享乐哲学开始妄图具有普遍意义并且宣布自己是整个社会的人生观,它就变成了空话。在这些情况下,它下降为道德说教,下降为对现存社会的诡辩的粉饰,或者变成自己的对立面,把强制的禁欲主义宣布为享乐。"③再次,恩格斯认为,贫穷不仅不利于身体健康,还容易使人们道德堕落。恩格斯以英国工人阶级的状况为例指出:"西蒙斯指出,贫穷对精神所起的毁灭性的影响,正如醋酒对身体一样。"④"但是生活状况的不稳定、挣一天吃一天的日子,一句话,使英国工人沦为无产者的那种情况,对他们的道德所起的破坏作用比贫穷还要厉害得多。"⑤

　　第二,在个人和集体或社会利益的取舍上,马克思主张集体或社会利益优先。马克思这一立场也是一以贯之的。在中学时期的另一篇作文中,马克思认为,奥古斯都的元首政治应该算是最好的时代,因为他是"在获得权力之后

---

① 《马克思恩格斯文集》第1卷,人民出版社2009年版,第160页。
② 《马克思恩格斯文集》第1卷,人民出版社2009年版,第531页。
③ 《马克思恩格斯全集》第3卷,人民出版社1960年版,第489页。
④ 《马克思恩格斯文集》第1卷,人民出版社2009年版,第429页。
⑤ 《马克思恩格斯文集》第1卷,人民出版社2009年版,第429页。

却一心只想拯救国家的人,是应当受到很大的尊敬的"①。在1867年4月30日致齐格弗里德·迈耶尔的信中,马克思谈到了自己写作《资本论》所遭受的痛苦时表示:"我嘲笑那些所谓'实际的'人和他们的聪明。如果一个人愿意变成一头牛,那他当然可以不管人类的痛苦,而只顾自己身上的皮。"②

拉法格回忆马克思对待科学的态度时说:"马克思曾经说道:'科学绝不是一种自私的自利享乐。有幸能致力于科学研究的人,首先应该拿自己的学识为人类服务。'他最喜欢说的名言之一是'为人类工作'。"③而对于只关注个人兴趣,对社会现状毫不关心的人,马克思的评价是:"如果一个有学问的人不愿意自己堕落,就决不应该不积极参加社会活动,不应该整年整月地把自己关在书斋或实验室里,像一条藏在乳酪里的蛆虫一样,逃避生活,逃避同时代人的社会斗争和政治斗争。"④由此可见,马克思在中学毕业作文中的立场并不是一时豪情迸发后的暂时设想。

在中学毕业作文中,马克思为这一立场提供了三个依据:一是马克思认为为人类服务是人的本性;二是他认为这是历史的经验;三是他认为选择为人类服务的职业,重担将不会将人压垮。

关于这一集体主义取向,马克思主义经典作家在以后的著作中提供了更多经验性的证据。首先,他们认为,社会化是人的生存方式,人们始终是在社会中生活的。马克思指出:"我们越往前追溯历史,个人,从而也是进行生产的个人,就越表现为不独立,从属于一个较大的整体……人是最名副其实的政治动物,不仅是一种合群的动物,而且是只有在社会中才能独立的动物。孤立的一个人在社会之外进行生产——这是罕见的事……就像许多个人不在一起生活和彼此交谈而竟有语言发展一样,是不可思议的。"⑤其次,他们认为,人的社会化生活方式决定了人的基本需要只有在社会中才能实现。恩格斯指出:"如果一个人只同自己打交道,他追求幸福的欲望只有在非常罕见的情况

---

① 《马克思恩格斯全集》第1卷,人民出版社1995年版,第464—465页。
② 《马克思恩格斯文集》第10卷,人民出版社2009年版,第253页。
③ [法]保尔·拉法格等:《回忆马克思恩格斯》,马集译,人民出版社1973年版,第2页。
④ [法]保尔·拉法格等:《回忆马克思恩格斯》,马集译,人民出版社1973年版,第2页。
⑤ 《马克思恩格斯文集》第8卷,人民出版社2009年版,第6页。

下才能得到满足,而且决不会对己对人都有利。"①

总之,正是社会化生活方式的特点,决定了人们之间的相互依赖关系和集体主义的价值观,从而也决定了个人主义只是在有限的层面上是有意义的,即用来反对以集体的名义剥夺个人的正常需要的制度和实践。

(2)人生的理想状态

关于马克思主义经典作家人生观的思想的第二个大问题是:他们认为人生的理想状态是什么? 即什么样的生活状态是他们认为的理想状态。

根据马克思主义经典作家关于共产主义的描述,其中涉及人的生存状态的描述主要有以下方面。

其一,是个人摆脱了社会分工对人的才能发展的制约。马克思举例说:在共产主义社会,社会调节生产活动,由于生产力的发展和社会财富的极大丰富,个人不再屈从于社会分工的需要,他可以按照自己的兴趣和天赋去选择自己的工作方式。马克思对这一情形做了形象的描述:"我有可能随自己的兴趣今天干这事,明天干那事,上午打猎,下午捕鱼,傍晚从事畜牧,晚饭后从事批判,这样就不会使我老是一个猎人、渔夫、牧人或批判者。"②

其二,是个人控制着自己自由发展的条件。马克思指出:"在这个共同体中各个人都是作为个人参加的。它是各个人的这样一种联合(自然是以当时发达的生产力为前提的),这种联合把个人的自由发展和运动的条件置于他们的控制之下。"③

其三,是人与人、人与自然达到全面和谐的状态,对抗性的矛盾被消除。马克思将共产主义等同于自然主义和人道主义,其目的在于说明共产主义解决了人与自然和人与人的冲突根源,因而能实现人与自然、人与人的真正和解。④

其四,是人的自由个性的充分发展。在阐述人的发展阶段时,马克思将人的发展状态分为人的依赖阶段、物的依赖阶段和自由个性三个阶段。他认为,

---

① 《马克思恩格斯文集》第4卷,人民出版社2009年版,第292页。
② 《马克思恩格斯文集》第1卷,人民出版社2009年版,第537页。
③ 《马克思恩格斯文集》第1卷,人民出版社2009年版,第573页。
④ 参见《马克思恩格斯文集》第1卷,人民出版社2009年版,第185页。

自由个性是"建立在个人全面发展和他们共同的、社会的生产能力成为从属于他们的社会财富这一基础上的"①。

从上述马克思对未来社会人的发展状态的设想来看,他所突出的有两点:一是自由,二是个性。他这里所说的自由就是摆脱自然、社会等方面的限制,如社会分工对人技能发展的限制、社会经济政治制度对人的限制、自然和社会矛盾造成的制约等。个性是人自由发展的结果,如果没有外在的强制,人们自由发展的结果必然是各具特点、互不相同的。

确立了理想的人生状态之后,如何实现这一理想状态呢?

一般意义上,马克思主义经典作家认为要靠发展社会生产力。在谈到如何消除分工对人的异化影响时,马克思指出:"这两个条件都是以生产力的巨大增长和高度发展为前提的。"②关于这一点,马克思给出了三点依据:一是没有生产力的发展社会就会陷入贫穷甚至引起社会的倒退;二是生产力的发展会增加人们的普遍交往,使人们之间的联系更加密切,从而促进人在各方面能力的全面发展;三是使人摆脱地域的限制,有助于扩大知识和信息的传播。③

关于"自由个性"的形成条件,马克思认为,"物的依赖阶段"是"自由个性阶段"的基础。按照马克思的分析,只有"在以物的依赖性为基础的人的独立性"的基础上,"普遍的社会物质变换、全面的关系、多方面的需要以及全面的能力的体系"才能形成。④ 因此,人在上述各方面的发展都是社会生产力发展的结果。

关于人与人、人与自然和谐状态的基础,马克思主义经典作家认为,生产力的不发达是社会对抗的最终根源。马克思认为,由于受生产力水平的制约,社会生产不能满足整个社会的需要,因此社会生产只能采取这样的形式:"一些人靠另一些人来满足自己的需要。因而一些人(少数)得到了发展的垄断权;而另一些人(多数)经常地为满足最迫切的需要而进行斗争,因而暂时(即

---

① 《马克思恩格斯文集》第8卷,人民出版社2009年版,第52页。
② 《马克思恩格斯文集》第1卷,人民出版社2009年版,第538页。
③ 参见《马克思恩格斯文集》第1卷,人民出版社2009年版,第538页。
④ 《马克思恩格斯文集》第8卷,人民出版社2009年版,第52页。

在新的革命的生产力产生之前)失去了任何发展的可能性。"①

　　除了强调上述关于生产力的根本作用之外，马克思主义经典作家还谈到了其他影响人的发展的因素。如马克思认为缩短劳动时间具有重要意义，他认为，生产力的发展带来的技术进步可以缩短必要劳动的时间，从而为更多的人的自由发展提供必要的时间。因此，马克思说："工作日的缩短是根本条件。"②

　　在强调技术的重要性的同时，马克思、恩格斯认为教育是实现人的全面发展的唯一办法。他们所说的教育是生产劳动同智力教育、体制教育相结合的方式。其原因在于他们认为教育能够使人摆脱社会分工的片面性的限制，使人获得全面发展的机会。即"未来教育对所有已满一定年龄的儿童来说，就是生产劳动同智育和体育相结合，它不仅是提高社会生产的一种方法，而且是造就全面发展的人的唯一方法"③。"教育将使他们摆脱现在这种分工给每个人造成的片面性。这样一来，根据共产主义原则组织起来的社会，将使自己的成员能够全面发挥他们的得到全面发展的才能。"④

　　应该注意的是，马克思、恩格斯关于工作时间缩短和教育作用的论述与生产力的根本作用并不矛盾，因为工作时间缩短和教育的发展都是建立在生产力发展的基础之上的。

　　除了关于生产力对人发展的一般性论述之外，马克思主义经典作家更关注的是社会制度的影响，尤其是资本主义社会制度对工人阶级发展的影响。他们认为，资本主义社会制度对工人生活状况的影响大致有以下几个方面：

　　首先，劳动失去意义，成为工人阶级不幸的源泉。马克思指出："他在自己的劳动中不是肯定自己，而是否定自己，不是感到幸福，而是感到不幸，不是自由地发挥自己的体力和智力，而是使自己的肉体受折磨、精神遭摧残。"⑤

　　其次，使工人阶级满足于现状和肉体欲望，等同于动物。恩格斯指出，在

---

① 《马克思恩格斯全集》第3卷，人民出版社1960年版，第507页。
② 《马克思恩格斯文集》第7卷，人民出版社2009年版，第929页。
③ 《马克思恩格斯文集》第9卷，人民出版社2009年版，第339—340页。
④ 《马克思恩格斯文集》第1卷，人民出版社2009年版，第689页。
⑤ 《马克思恩格斯文集》第1卷，人民出版社2009年版，第159页。

英国大多数工人的生活状态有两种：一种是屈服于自己的命运，得过且过，缺乏反抗意识和革命精神，这实际上是在加强资产阶级对工人阶级的统治。二是听天由命、玩世不恭、沉湎于酒色之中，只追求满足生理欲望。恩格斯认为，在两种状态下，人们实际不成其为人，与动物并无区别。①

再次，是社会两极分化，资本主义越发展，工人阶级越贫困和堕落。马克思指出，随着资本主义积累的持续进行，在资本主义社会出现了两种积累的发展趋势，这两种积累相互依赖、同时发展，即："在一极是财富的积累，同时在另一极，即在把自己的产品作为资本来生产的阶级方面，是贫困、劳动折磨、受奴役、无知、粗野和道德堕落的积累。"②

最后，是人与人之间完全是相互算计的利益关系。马克思指出，在资本主义社会："每个人都千方百计在别人身上唤起某种新的需要，以便迫使他作出新的牺牲，使他处于一种新的依赖地位，诱使他追求新的享受方式，从而陷入经济上的破产。每个人都力图创造出一种支配其他人的、异己的本质力量，以便从这里面找到自己的利己需要的满足。因此，随着对象的数量的增长，压制人的异己本质的王国也在扩展，而每一个新产品都是产生相互欺骗和相互掠夺的新的潜在力量。"③

因此，马克思主义经典作家认为，要实现工人阶级的全面发展和自由，必须推翻资本主义制度，建立共产主义的社会制度，在共产主义社会，"每个人的自由发展是一切人的自由发展的条件"④。而建立共产主义的手段则是通过暴力革命夺取政权，彻底改造生产关系，促进生产力的快速发展。纵观马克思恩格斯的生平，他们的一生就是投入了这样的革命斗争之中。

总之，经典作家马克思恩格斯的人生观的特点在于。

第一，为了无产阶级和大多数民众的自由和解放而奋斗。对比思想史上的各种人生观，有主张及时享乐的，有主张清静无为的，有主张奋发进取的，但多数人生观都是围绕个人名利或得失设计的。虽然也有主张为大多数民众谋

---

① 参见《马克思恩格斯文集》第 1 卷，人民出版社 2009 年版，第 432 页。
② 《马克思恩格斯文集》第 5 卷，人民出版社 2009 年版，第 743—744 页。
③ 《马克思恩格斯全集》第 42 卷，人民出版社 1979 年版，第 132 页。
④ 《马克思恩格斯文集》第 2 卷，人民出版社 2009 年版，第 53 页。

福利的,但由于没有正确认识到社会发展的动力和规律,因而找不到实现人生理想的正确途径。马克思恩格斯的人生观也属于为大多数人民谋福利的人生观,他们的特点在于立足于科学的社会发展规律之上,顺应历史发展潮流,因而使自己的人生观的实现得到了现实的保证。

第二,对人生问题的探讨侧重于社会层面对人的影响。在思想史上,学者们对人生问题的探索基本上有两个视角:其一是从自然的人的需要探索人生,其代表就是快乐主义,强调人生主要是满足身体生理欲望;其二是从人与动物的区别辨析人生追求,其代表是理性主义,强调人应该追求精神、信仰的完美,克制生理欲望。但是这两种典型思路都忽视了人类生活的真实方式。快乐主义显然忽视了人与动物的根本区别,人类社会化的生活方式决定了人类的生存追求不能只限于满足生理欲望;而理性主义则过分强调人类的精神需要,遗忘了人类仍是自然界的产物,其实质仍然是一种生物。马克思恩格斯发现了人类社会的基本发展规律和发展趋势,厘清了人类社会的基本结构,正确理解了人与自然、人与人之间的关系。他们认为,人类是以集体的方式生存,人是通过社会的方式与自然界相联系,人与人之间则是以特定生产关系联系在一起进行生产生活活动的。因此,关于人与自然、人与人关系问题的探讨都不能忽视人类的社会化生存方式。

(二)列宁论培育和践行社会主义核心价值观

作为世界上第一个社会主义国家的开创者,列宁领导俄国进行社会主义建设的时间并不长,在长期的革命、社会主义建设实践和理论探索中,尽管他没有直接提出社会主义核心价值观问题,但他还是直接或间接地涉及了社会主义核心价值观问题。列宁的相关论述对于我们今天培育践行社会主义核心价值观仍具有重要参考价值。

列宁关于培育和践行社会主义国家人与人之间关系价值观的思想非常丰富,主要体现在其关于社会主义民主、自由、平等、法治、爱国等价值观的论述之中。

1.培育和践行民主价值观

列宁关于社会主义民主的论述涉及的问题较多,我们这里主要探讨两个方面的内容:首先是关于社会主义民主的优越性的思想;其次是关于如何建设社会主义民主的具体设想。

列宁关于社会主义民主优越性的论述多是从与资本主义民主对比的角度展开,其重点是强调社会主义民主是无产阶级的民主、是针对大多数人的民主。

关于社会主义民主的优越性,列宁指出:"无产阶级民主(苏维埃政权就是它的一种形式)在世界上史无前例地发展和扩大了的,正是对大多数居民即对被剥削劳动者的民主。"①"它是无产阶级的民主,是对穷人的民主,不是对富人的民主,而任何的、甚至最完善的资产阶级民主,实际上都是对富人的民主。"②

关于社会主义民主的优越性,列宁还用两个具体标准进行了评价:

第一个标准是无产阶级行使民主权利的物质条件。列宁认为,社会主义国家给工人阶级行使民主权利提供了物质、制度保障。工人阶级可以在最好的建筑物里开会,可以用印刷所和报纸发表自己的意见、维护自己的利益,有权推选本阶级的代表去管理国家。③ 而这些条件是正常行使民主权利所必不可少的,只有在社会主义国家中,工人阶级才能得到这些物质条件来行使民主权利。因此,民主是否真实,首先要看无产阶级的民主权利是否有物质保障。

第二个标准是工农群众在国家机关产生过程中的主导地位。列宁指出,俄国建立了使工农代表更容易参加的代表机关,用工农苏维埃监督国家机关工作人员,法官由工农苏维埃选举产生,这些措施从制度上保障了无产阶级在国家中的主要地位。因此,苏维埃政权要比资产阶级民主共和国民主得多。④

由于列宁强调社会主义民主的阶级性,因此,在他看来,社会主义国家实行的无产阶级专政与民主是不可分离的关系。两者之所以不可分,列宁认为有两点原因:一是无产阶级专政向广大人民群众提供真实的、广泛的民主,只

---

① 《列宁选集》第3卷,人民出版社1995年版,第605页。
② 《列宁选集》第3卷,人民出版社1995年版,第607页。
③ 参见《列宁选集》第3卷,人民出版社1995年版,第607页。
④ 参见《列宁选集》第3卷,人民出版社1995年版,第607—608页。

有这样才能激发广大群众支持无产阶级专政①;二是在给予广大无产阶级民主权利的同时,必须镇压资产阶级的反抗,对敌人施行专政,只有这样,才能维护无产阶级正常行使民主权利。②

由于列宁亲自参与了社会主义建设实践,因此,列宁关于社会主义民主建设问题有许多具体的论述。从内容来看,列宁关于社会主义民主建设问题的论述大致可以分为国家政权形式建设、如何处理党政关系、如何通过制度建设保证民主等几个方面。

关于社会主义民主的组织形式,列宁认为苏维埃政权是最合理的形式。关于苏维埃政权的优点,列宁有多处论述。在《布尔什维克能保持国家政权吗?》《俄共纲领草案初稿》中都有明确的论述。对比两篇文章的论述内容,《布尔什维克能保持国家政权吗?》这篇文章中的论述更为集中明确。在这篇文章中,列宁认为苏维埃政权形式有以下优点:一是有强大的武装力量。由于工农武装与人民群众联系密切,因此其力量要比从前的军队强大得多。二是苏维埃与广大人民群众联系密切,超越了过去所有的国家机构。三是苏维埃是按照人民的意志选举产生的,因而比以前的官僚机构要民主得多。四是苏维埃同各行业有牢固的联系,能够更容易施行深刻的改革。五是苏维埃为党组织提供了组织形式,有利于发动、教育和领导广大群众参与政治生活。六是苏维埃集中了议会制和直接民主制的长处,比资产阶级议会制更有效。③

列宁所列举的上述六点理由大致包括三方面的内容:一是由于代表了广大人民的利益,它的阶级基础比较稳固,这主要是第一点的内涵;二是思维能够全面体现和代表广大人民的利益,这主要是第二点到第五点的内涵;三是形式上的优点,即议行合一,即第六点的内容。

在早期关于苏维埃的论述中,列宁实际上有直接民主的倾向。但是列宁很快就意识到在一个大的国家中,直接民主是不可行的。所以在俄共(布)八大会议上,列宁提出了由直接民主向间接民主转变的任务。之所以要实现这个转换,列宁认为有以下原因:一是许多劳动者文化水平较低,承担不了管理

① 参见《列宁专题文集 论马克思主义》,人民出版社 2009 年版,第 261 页。
② 参见《列宁选集》第 3 卷,人民出版社 1995 年版,第 615 页。
③ 参见《列宁选集》第 3 卷,人民出版社 1995 年版,295—296 页。

国家的任务。① 二是由于俄国当时极其落后,无产阶级居住得比较分散。三是在一些地方,部分无产阶级被敌对势力收买。② 在这样的条件下,施行直接民主既不可能,也不可行。

关于党政关系,在社会主义建设实践过程中,列宁提出了党政分开的思想,即如何处理苏维埃政权和党的职责划分问题。列宁提出,首先要对党中央和苏维埃进行明确分工,党的任务是对所有国家机关的工作进行总的领导,而不是参与具体事务性工作。③ 同时,提高人民委员会的威信,各人民委员会对自己的工作负责。④ 从上述两点可以看出:在党政关系上列宁的主张实际上是:保持党对苏维埃国家的全部政策实行总的领导和指导的同时,将党的日常工作和苏维埃机关的工作、党的机构和苏维埃的机构明确划分开。这样可以使党集中精力进行政策和思想领导,同时又能发挥政府部门的积极性、主动性。

列宁对于党内民主建设进行卓有成效的探索,并初步建立了一系列制度。其中比较关键的制度有以下方面:

一是坚持贯彻民主集中制原则。在革命时期,由于反动势力的强大,所以列宁比较强调集中制。早在1903年,列宁就提出了党要进行集中领导的任务。他认为,由于当时的专制制度和资产阶级十分强大,无产阶级如果不以统一的、集中的战斗组织的形式出现,就会由于相互隔阂、自行其是而削弱进攻力量。⑤ 在谈到布尔什维克成功的经验时,列宁指出:"无产阶级实现无条件的集中和极严格的纪律,是战胜资产阶级的基本条件之一。"⑥早在1906年4月召开的俄国社会民主工党第四次代表大会上,列宁就提出:"党内民主(的)集中制是现在一致公认的原则"⑦。在《关于俄国社会民主工党统一代表大会

---

① 参见《列宁专题文集 论无产阶级政党》,人民出版社2009年版,第219页。
② 参见《列宁选集》第4卷,人民出版社1995年版,第368页。
③ 参见《列宁专题文集 论无产阶级政党》,人民出版社2009年版,第336页。
④ 参见《列宁选集》第4卷,人民出版社1995年版,第697页。
⑤ 参见《列宁全集》第7卷,人民出版社1986年版,第104页。
⑥ 《列宁全集》第39卷,人民出版社1986年版,第4页。
⑦ 《苏联共产党代表大会、代表会议和中央全会决议汇编》第1分册,人民出版社1964年版,第139页。

的报告》中,列宁指出:"现在留下的是一项重大的、严肃和非常重要的任务:在党组织中真正实现民主集中制的原则。"①由此可见,列宁一直重视民主集中制问题。

就民主集中制的具体实现形式来说,列宁实际上做了很多探索。宽泛地讲,下文所列内容基本上都属于民主集中制的实现方式。

二是健全党代表会议制度。在党代表会议问题上,列宁主要有以下观点:第一,将党代表大会设立为党的最高权力机关。早在1903年,列宁在给俄国社会民主工党第二次代表大会提交的党章草案中提出:"党的最高机关是党的代表大会,党代表大会任命中央委员会、中央机关报编辑部和党总委员会。"②1917年党的六大通过的党章中明确规定党代表大会的职能是:"(一)听取和批准中央委员会、检查委员会和其他中央机关的总结报告;(二)重新审查和修改党纲;(三)决定党在当前问题上的策略路线;(四)选举中央委员会和检查委员会。"③俄共(布)第八次代表大会通过的党章明确规定:"党员大会、代表会议或代表大会选举党委员会,党委员会是它们的执行机关,领导当地组织的一切日常工作。"④党的各级机构之间的从属关系是:"从属关系、工作报告、党的一切决议的上行下达和批准否决,其秩序(从上级到下级)如下:全俄代表大会、中央委员会、区域代表会议、区域委员会、省代表会议等等。"⑤这些制度确立了党代表大会的最高地位,为防止个人独裁和维护党的团结奠定了制度基础。

第二,定期召开党代表大会。早在1903年,列宁就提出召开党代表大会是解决党内分歧和维护团结的重要方式。他认为,召开党的代表大会具有以下作用:一是消除党内混乱现象,使党和党的领导集体步调一致。二是消除党

---

① 《列宁全集》第13卷,人民出版社1987年版,第59页。
② 《苏联共产党代表大会、代表会议和中央全会决议汇编》第1分册,人民出版社1964年版,第42页。
③ 《苏联共产党代表大会、代表会议和中央全会决议汇编》第1分册,人民出版社1964年版,第495页。
④ 《苏联共产党代表大会、代表会议和中央全会决议汇编》第1分册,人民出版社1964年版,第491页。
⑤ 《苏联共产党代表大会、代表会议和中央全会决议汇编》第1分册,人民出版社1964年版,第591页。

内不应有的含糊思想。列宁认为,党代表大会之所以能实现这些目标,是因为党代表大会为党内各部分提供了相互让步和协调的场所和机会。① 因此,他主张要定期召开党代表大会。此后,1905 年、1906 年的三大、四大通过的党章都规定了党代表大会每年召开一次。除了 1907 年到 1917 年由于反动派的破坏无法召开党代表大会之外,布尔什维克都按照一年一次的方式召开了党代表大会。这充分体现了列宁对通过代表大会方式实现党内民主的重视。

第三,创立党代表会议制度。党代表会议制度正式创立于 1919 年召开的俄共(布)第八次代表大会。党代表会议由各省委员会和各民族地区的委员会代表组成,会议在党的两次代表大会之间召开。党代表会议制度的目的在于防止中央委员会权力过分集中,保证党的集体领导和民主决策。

三是强化党内监督制度。在晚年,列宁提出了改造工农检察院,成立新的中央监察委员会的设想。关于如何改造工农检察院,列宁提出了很多措施,但核心的措施是将工农检察院与中央检查委员会合并成立新的中央监察委员会,中央监察委员与中央委员权利一致。中央委员会和中央监察委员会共同组成党的最高代表会议。中央委员会和中央监察委员会共同监督政治局会议,政治局会议的准备文件要提前 24 小时送交中央委员和中央监察委员。按照列宁的设想,中央监察委员会负有以下职责:"同侵入党内的官僚主义和升官发财思想,同党员滥用自己在党和苏维埃中的职权行为,同破坏党内的同志关系、散布毫无根据的侮辱党或个别党员的谣言以及其他诸如此类的破坏党的统一和威信的流言蜚语现象作斗争。"②这些措施实际上就是建立专门机构对所有级别的党组织和国家机构进行有力监督。

在设立中央监察委员会的同时,列宁还提出了改革中央委员会的设想。关于这方面的改革,列宁主要提出了两方面的措施:一是增加中央委员会的人数,增加到几十甚至 100 人。这一措施与建立中央监察委员会的目标一样,都是为了加强内部监督,防止出现个别领导人专权的现象。③

---

① 参见《列宁全集》第 9 卷,人民出版社 1987 年版,第 5 页。

② 《苏联共产党代表大会、代表会议和中央全会决议汇编》第 2 分册,人民出版社 1964 年版,第 70 页。

③ 参见《列宁选集》第 4 卷,人民出版社 1995 年版,第 743 页。

2. 培育和践行自由价值观

列宁的自由思想大致可以分为两个大的方面,一是哲学方面的自由思想;二是政治制度及实践方面的自由思想。

在哲学方面,列宁的自由思想关注的是自由与必然的关系。他的主要观点可以从这一段论述中进行说明:"当我们不知道自然规律的时候,自然规律是在我们的认识之外独立地存在着并起着作用,使我们成为'盲目的必然性'的奴隶。一经我们认识了这种不依赖于我们的意志和我们的意识而起着作用的(如马克思千百次反复说过的那样)规律,我们就成为自然界的主人。"①

列宁这段论述内涵包含几个方面的思想:一是规律具有客观性,无论人类正确与否自然规律都在起作用;二是规律是可以认识的并可以为人类所主动利用,自由的表现就是主动地利用自然规律,避免自然规律的盲目必然性;三是正确的认识是具有客观性、绝对性和永恒性的真理;四是人类通过实践的方式认识和改造自然。列宁的扩展主要表现在第四点。在《唯物主义和经验批判主义》一书中,列宁明确提出:"生活、实践的观点,应该是认识论的首要的和基本的观点"②,同时他又对实践标准的确定性和不确定性进行了说明。这几乎是明确提出实践是检验真理的唯一标准的命题了。

列宁关于自由的思想主要体现在对政治制度及其实践的阐述中,这些思想可以统称为"政治自由"思想,之所以如此,是因为列宁对"政治自由"的界定包含了选举权、被选举权、集会权、言论自由和出版自由等权利。例如,列宁说:"政治自由就是人民处理自己全民的、国家的事务的自由。政治自由就是人民有权选举自己的议员(代表)进国家杜马(议会)……政治自由就是人民自己有权选举一切官吏,有权召集各种会议来讨论一切国家的事务,有权不经任何许可就可以随意印书报。"③

列宁比较重视争取政治自由问题,他认为政治自由是广大工人、农民等阶级保障自己权益的重要手段。如列宁提出:"俄国社会民主党人首先要争取

---

① 《列宁专题文集　论辩证唯物主义和历史唯物主义》,人民出版社 2009 年版,第 90—91 页。

② 《列宁专题文集　论辩证唯物主义和历史唯物主义》,人民出版社 2009 年版,第 49 页。

③ 《列宁全集》第 7 卷,人民出版社 1986 年版,第 114—115 页。

政治自由。他们需要自由，以便广泛地公开地把全俄工人联合起来，为争取新的更好的社会主义的社会制度而斗争。"①这是指争取一般性的政治自由的意义。列宁曾专门谈到争取选举权的意义。他认为，有了选举权，工人和农民可以免受警察和官吏的敲诈勒索、胡作非为和欺凌侮辱之苦。同时，还可以使人民免受官吏的奴役。② 关于选举问题，列宁在革命实践有很多新的思想和实践，关于这一问题，上文关于民主问题的分析已经涉及，这里不再重复。

列宁对言论、出版自由非常重视。由于自身的革命经历和俄国专制社会的实际状况，列宁对言论出版自由特别重视。在从事革命斗争初期，列宁就主张争取言论出版自由。他认为，有了出版自由，就可以抑制沙皇对非官方的信仰、意见和学说的迫害。③ 在十月革命前后，列宁曾多次论述到出版自由，并领导制定了多个关于出版自由的法规。从总的倾向来看，列宁比较倾向于保障言论自由。即使在十月革命后阶级斗争比较激烈的情况下，列宁提出控制出版自由问题，但其控制对象也是严格限制在反对布尔什维克的报纸上，并没有普遍性地限制出版自由。当时颁布的限制出版自由的法令也强调是临时法令，只是暂时为了社会秩序所采取的措施。④

在党内，列宁也主张保障言论自由。他认为："无可争论，写作事业最不能作机械划一，强求一律，少数服从多数。无可争论，在这个事业中，绝对必须保证有个人创造性和个人爱好的广阔天地，有思想和幻想、形式和内容的广阔天地。"⑤在实际工作中，为了将保障言论自由和维护党的团结集合起来，列宁又提出了党的出版物应该受党的监督的原则。列宁是从言论自由与结社自由的结合展开论述的。他认为："党是自愿的联盟，假如它不清洗那些宣传反党观点的党员，它就不可避免地会瓦解，首先在思想上瓦解，然后在物质上瓦解。"⑥

---

① 《列宁全集》第7卷，人民出版社1986年版，第113页。
② 参见《列宁全集》第7卷，人民出版社1986年版，第145页。
③ 参见《列宁全集》第7卷，人民出版社1986年版，第107页。
④ 参见徐俊忠、黄寿松：《政治自由及其意义的限度——列宁的理解与启示》，《哲学研究》2006年第2期。
⑤ 《列宁专题文集　论无产阶级政党》，人民出版社2009年版，第167页。
⑥ 《列宁专题文集　论无产阶级政党》，人民出版社2009年版，第168页。

列宁关于宗教信仰自由的思想主要包含以下几个方面：一是个人有选择宗教信仰的自由，国家和个人不应干涉。例如，列宁认为："每个人不仅应该有随便信仰哪种宗教的完全自由，而且应该有传布任何一种宗教和改信宗教的完全自由。哪一个官吏都根本无权过问任何人信什么教，因为这是个信仰问题，谁也不能干涉。"①"在公民中间，完全不允许因为宗教信仰而产生权利不一样的现象。在正式文件里应当根本取消关于公民某种信仰的任何记载。"②"就国家而言，革命的无产阶级力求使宗教成为真正的私人事情。"③二是宗教与政权相分离。列宁指出："国家不应当同宗教发生关系，宗教团体不应当同国家政权发生联系。"④"教会与国家完全分离，这就是社会主义无产阶级向现代国家和现代教会提出的要求。"⑤

列宁判断政治自由的标准有两个明显特点：一是重视实际结果而不是形式方面的自由；二是坚持站在广大劳动者的立场上分析政治自由问题。列宁对资本主义政治自由的批判最能体现出这两个特点。关于资本主义社会的集会自由，列宁认为："工人们很清楚，即使在最民主的资产阶级共和国，'集会自由'也只是一句空话，因为富人拥有一切最好的公共建筑物和私人建筑物，同时还有足够的空闲时间去开会，开起会来还有资产阶级政权机构保护。而城乡无产者和小农，即大多数居民，既无房屋开会，又无空闲时间，更无人保护。"⑥这一论断中，列宁对资本阶级国家的集会自由的评判主要是依据的实际结果。虽然资本主义国家的法律规定工人、农民和资本家都有集会自由，但实际上由于缺乏物质保障和生活条件的限制，工人、农民很少有机会去运用这一权利，这就使得工人、农民的政治自由只是形式上的，缺乏实际作用。

列宁认为，造成无产阶级在资本主义社会中政治自由形式化的根本原因是资产阶级私有制。列宁指出："……在资产阶级共和国中，即使在最自由最民主的共和国中，'自由'和'平等'只能表现为而且从来就表现为商品所有者

---

① 《列宁全集》第 7 卷，人民出版社 1986 年版，第 150 页。
② 《列宁专题文集　论辩证唯物主义和历史唯物主义》，人民出版社 2009 年版，第 220 页。
③ 《列宁专题文集　论辩证唯物主义和历史唯物主义》，人民出版社 2009 年版，第 223 页。
④ 《列宁专题文集　论辩证唯物主义和历史唯物主义》，人民出版社 2009 年版，第 220 页。
⑤ 《列宁专题文集　论辩证唯物主义和历史唯物主义》，人民出版社 2009 年版，第 221 页。
⑥ 《列宁全集》第 35 卷，人民出版社 1985 年版，第 488 页。

的平等和自由,资本的平等和自由。"①列宁这一分析不仅揭示出了政治自由的物质根源,还揭示了政治自由的阶级特征,这同时也表明了列宁争取政治自由基本立场,即站在广大工人、农民的立场上摆脱资本的控制,为广大人民群众争取自由。

正是基于这一判断,列宁提出了保障人民群众政治自由的两个基本思路:

一是推翻资本主义制度,建立社会主义制度。列宁认为资本主义制度是为了维护资本家阶级服务的,广大人民的根本利益不可能得到真正的保障,只有在社会主义社会中,广大劳动人民的民主权利才能得到切实的保障。列宁认为其原因在于:在共产主义制度下,人们发财致富都是靠自己;由于货币消失,人们也不会屈从于货币权力。同时,由于实施生产资料公有制,劳动者的出版自由的权利得到了保障。②

二是重点建立保护劳动者行使自由权利物质设施的制度。十月革命胜利后,列宁就提出了从物质设施上保障人民行使自由权利问题。③ 为此,列宁提出了一系列措施来保障广大人民的自由权利问题。以出版自由为例,苏维埃政府首先禁止了煽动反对苏维埃政权的敌对报刊。其次,对印刷厂和造纸厂实行了国有化。作为国有化的重要内容,苏维埃政权还将发布广告的权利收归国有。列宁提出:"除了省、市苏维埃出版的报纸以及彼得格勒中央苏维埃出版的全国性报纸,其他任何报纸不得刊登广告"④。从而剥夺了资产阶级报刊牟利的重要手段,也限制了资产阶级报刊的影响力。再次确定了如何使用印刷所和纸张的基本原则。其内容主要有:"首先是给国家,这是为了大多数人民的利益,大多数穷人的利益,特别是世世代代受地主和资本家折磨、压抑和愚弄的大多数农民的利益。其次,是给比如在两个首都获得 10 万或 20 万选票的大党。再次,是给比较小的党以及任何一个达到一定人数或征集到一定数量签名的公民团体。"⑤列宁认为,通过这些措施就能使得出版自由得到

---

① 《列宁全集》第 36 卷,人民出版社 1985 年版,第 361 页。
② 参见《列宁选集》第 3 卷,人民出版社 1995 年版,第 696 页。
③ 参见《列宁全集》第 27 卷,人民出版社 1958 年版,第 142 页。
④ 《列宁全集》第 32 卷,人民出版社 1985 年版,第 229 页。
⑤ 《列宁全集》第 32 卷,人民出版社 1985 年版,第 230—231 页。

切实的保障。

列宁解决出版自由的具体思路可能在实际执行过程中会出现问题,有人会质疑按人数分配印刷所和纸张的做法不具有可持续性,从经济角度考虑是不划算的。平均分配宣传资源不仅不能提高利用资源效率,还会造成很多浪费,因为很多人实际上并不具备宣传能力和需要。从具体执行来说,这一设想确实会有这样的问题。但是应该看到列宁这一设想的指导思想,即人民群众的各种自由权利必须要有切实的物质基础,有严密的制度保障,否则,各种自由权利又会沦为形式上的自由。这一点是问题的关键,具体用什么样的方式解决人民群众的具体需要是可以不断改进的,但指导思想不能偏离保护人民群众根本利益的需要。

3. 培育和践行平等价值观

马克思主义经典作家认为,社会主义所追求的平等与历史上关于平等的诉求有实质的差别。其最重要的差别是社会主义追求的平等要通过消灭阶级实现。恩格斯认为:"无产阶级平等要求的实际内容都是消灭阶级的要求。"[1]列宁进一步发挥了恩格斯的观点,他指出:"不消灭阶级,就谈不到个人的真正自由,就谈不到人与人之间在社会政治关系上的真正平等。"[2]马克思主义经典作家之所以将消灭阶级作为实现平等的最终手段,是因为他们认为资产阶级掌握着生产资料,从而控制着国家政权和意识形态,因此,在资产阶级社会中,无产阶级是不可能实现与资产阶级的平等的。

马克思主义经典作家关于资本主义社会的平等状况有很多批评,其要点基本上都是资本主义社会的平等比封建社会有很大进步,但是由于生产资料资产阶级私有制,导致广大工人阶级事实上不能享受各种平等权利,权利平等最终只有形式上的意义。如列宁认为:"即使在最自由最民主的共和国中,'自由'和'平等'只能表现为而且从来就表现为商品所有者的平等和自由,资本的平等和自由。"[3]这一评价的根本依据就是所有制决定了上层建筑的性质,资本主义国家政权必然为资产阶级服务,保障资产阶级的权利。因此,列

---

① 《马克思恩格斯文集》第 9 卷,人民出版社 2009 年版,第 113 页。
② 《列宁全集》第 31 卷,人民出版社 1958 年版,第 356 页。
③ 《列宁全集》第 36 卷,人民出版社 1985 年版,第 361 页。

宁评价资本主义社会平等问题的最终依据是唯物史观。

也正是基于这一判断,马克思主义经典作家认为解决资本主义社会的平等问题的根本办法是推翻资产阶级的统治,建立社会主义制度,改变资本主义私有制为公有制。列宁认为,在消灭私有制后,全体人民在与社会生产资料的关系上处于同等的地位,全体人民在利用公共的生产资料、公共的土地、公共的工厂等进行劳动方面具有同等的权利。这就从经济基础上避免了不平等。为了做到这一点,必须进行社会主义革命,实行无产阶级专政。列宁认为,无产阶级专政可以使无产阶级成为自己生活的主宰,因而使他们能够排除通向消灭不平等道路上的一切障碍。因此,列宁说:"在这个意义上说来,无产阶级专政是社会革命的必要政治条件。"①

简言之,按列宁的理解,社会主义的平等包括两方面的内涵:一是在经济方面消灭阶级;二是在政治方面实现权利平等。② 而消灭阶级的内涵就是:使全体人民共同占有生产资料、共同使用公共的生产资料进行劳动,这实际上就是通过无产阶级专政实行社会主义公有制。这两点是列宁关于实现社会主义平等宏观层面的设想。

在社会主义建设实践中,列宁对如何实现社会各方面平等做了大量探索:

在经济平等方面,列宁关于在社会主义制度下如何实现平等进行了探索。首先,"平等"不等于"平均"。关于这一点,列宁早就有明确的认识。在《自由派教授论平等》一文中,列宁指出:"至于确立人类在力气和才能(体力和智力)上的平等,社会主义者连想也没有想过。"③

但如何实现社会主义平等,在实践中还是走过弯路。在十月革命后的"战时共产主义政策"时期,列宁曾设想直接通过国家命令的方式实现共产主义,其主要措施是:企业国有化、国家垄断贸易、余粮收集制、消费品实行配给制,义务劳动。这些措施确实实现了所有人在经济方面的平等,但并不利于调动群众的劳动积极性,从而阻碍了生产发展,因此难以继续下去。这从另一方面也说明简单的平均主义是不可行的。因此,针对平均主义的弊端,列宁提出

---

① 《列宁全集》第6卷,人民出版社1986年版,第193页。
② 参见《列宁全集》第24卷,人民出版社1990年版,第391页。
③ 《列宁全集》第24卷,人民出版社1990年版,第391页。

和主导了一系列工资制度改革,其主要措施就是根据效率确定工资报酬,鼓励先进、奖励优秀,将个人贡献与收益挂钩。

在"新经济政策"时期,由于恢复了自由贸易,实行租赁制和合资,允许私人和外国资本家经营企业,事实上重新引入了私有制,这必然导致在收入分配上的差距。但是,这些政策为促进经济恢复和社会稳定,迅速提高生产力提供了制度支撑。虽然这一制度后来被废除,但是,"新经济政策"在社会主义经济平等问题上做出了新的探索,即在社会主义初级阶段,如何平衡公平和效率,既保证经济平等,又有利于促进经济发展。

其次,通过运用科学技术,消除工农差距、城乡差距。列宁认为工农差距是阶级差别的表现,消灭阶级差别必须消灭工农差别,并且将之作为社会主义平等的要求。原因在于列宁认为:"工农之间还有阶级差别的社会,既不是共产主义社会,也不是社会主义社会。"[1]

关于如何消除俄国的工农差距,列宁设想主要是依靠当时最先进的电气化技术,通过实施把城乡联结在电气化基础上的工业生产,消除城乡对立,提高农村的文化水平,最终消除农村的贫穷、落后的状态。[2]

在早年,列宁就注意到了城市化在消除城乡差距方面的作用。在《评经济浪漫主义》一文中,列宁提出通过使农村人口流入城市,实现农业人口和城市人口融合,提高农村居民的生活水平,最终实现农村和城市人口生活水平接近,从而消灭城乡对立。[3] 列宁这一主张实际上就是通过实现城市化来消除城乡对立。这实际上是说解决城乡差距的根本途径是实现城市化,彻底消除传统农业经济的小生产方式,将工业化的方式进行农业生产。当然这一设想列宁没有来得及实践。

列宁关于利用电气化手段加快工业生产的设想就是加快发展生产力的具体体现,与列宁主张社会主义应该尽快发展生产力的思想是一致的。电气化在当时是最新的科技成就,采用电气化技术,意味着能最快地发展生产,提高生产效率。从根本上说,城市化的关键也要靠先进的技术进行推动,只有采用

---

① 《列宁全集》第36卷,人民出版社1985年版,第341页。
② 参见《列宁全集》第38卷,人民出版社1986年版,第117页。
③ 参见《列宁全集》第2卷,人民出版社1959年版,第193页。

先进的科学技术才能大幅提高生产效率,从而节约更多的人力,将劳动力从农业生产中转移到工业生产中去,最终实现整个社会的城市化。这意味着在列宁看来,在社会主义社会中实现经济平等最终要通过发展生产力来实现。

政治平等问题实际上就是如何实现广大人民群众参与国家治理,实现人民群众当家作主,也就是如何实现社会主义民主问题。关于这一问题,前文关于列宁的民主思想部分已有详细阐述,这里不再重复。

除了经济、政治平等之外,列宁还在如何在社会主义社会实现民族平等和男女平等问题进行了深入的探索。

俄国是多民族国家,由于沙皇俄国错误的民族政策,民族之间的矛盾与歧视非常严重。因此,列宁一直关注如何实现民族平等问题,他认为民族平等问题对无产阶级来说意义重大,关系到无产阶级的团结一致和无产阶级的利益。他认为,承认民族平等和语言平等,关系到无产阶级团结,关系到工人阶级在阶级斗争中的团结,因为实现这些平等有利于消除工人阶级中的猜疑、疏远和仇恨等。[①]

列宁认为,民族之间的差距是由很多历史原因造就的,因此,实现民族平等需要许多具体措施予以保障。具体来说,列宁提出的解决民族平等问题的政策包括以下几个方面:

一是在法律上宣布各民族一律平等。但列宁认为,由于各民族之间存在着事实上的不平等,仅靠这一点是不够实现民族平等的,这就要加强对少数民族地区的经济援助,促进他们的经济发展水平不断提高。而要切实做到这一点,首先必须纳入到法律规定之内。早在1895年,列宁在《社会民主党纲领草案及其说明》中就提出了民族平等问题,在1902年的《俄国社会民主工党纲领草案》、1919年的《俄共(布)党纲草案》等党的纲领性文献中,他又多次阐述关于民族平等问题的立场。十月革命刚胜利,苏维埃政府在颁布的《俄罗斯苏维埃联邦社会主义共和国宪法》中就明确规定了民族平等原则,为实现民族平等提供了根本依据。

二是提出了民族自决权。需要指出的是,列宁所说的民族自决权是在发

---

① 参见《列宁专题文集 论社会主义》,人民出版社2009年版,第397页。

动各族群众共同反对沙皇专制的背景下提出的,同时,在帝国主义盛行的背景下,也具有联合各国人民反对帝国主义的意义。在十月革命胜利后,列宁对民族自决权理论进行完善。他指出:"不能把民族自决问题和某个时期实行分离是否适当的问题混为一谈,民族自决权的要求应服从无产阶级和各族人民的根本利益。"①因此,列宁认为,民族自决不等于搞民族分裂的自由,必须将民族争取民族平等与社会主义建设相结合。

在民族自决的基础上,列宁进一步提出了民族区域自治制度的设想。1913年,列宁就提出:"我们要求广泛的自治并实行区域自治,自治区域也应当根据民族特征来划分。"②在苏维埃政府成立后,民族区域自治制度正式走向实践。为此,在列宁的领导下进行了一系列制度设计,如成立民族自治共和国,以联邦制组建共和国联盟,联盟中央执委会由各民族领导人轮流担任。

三是发展民族文化,各民族有权学习本民族语言、出版本民族语言的图书。列宁之所以重视语言文化问题,因为他将语言文化问题与民族平等问题、民族自决权问题、无产阶级革命利益联系在一起。他认为,承认和维护民族平等和语言平等,反对民族压迫和不平等现象是马克思主义的基本立场。③ 因为这些民族间的不平等与民族压迫和封建压迫是相互联系的,反对这些不平等是无产阶级斗争利益的需要。④

基于这样的看法,在苏维埃成立后,在民族地区设立了大量使用民族文字的报刊、学校、剧院、俱乐部,建立各种学校和培训班,培训民族地区的工人和党务人员。在民族地区普及初等教育,发展高等教育。帮助没有自己文字的四十八个民族创造文字。这些措施有力地促进了民族地区的文化发展,为实现民族平等发挥了重要作用。

四是通过发展生产力实现民族间"事实上的平等"。列宁认为,民族间的平等不是仅靠从法律上宣布民族平等就能够实现的,法律上规定的政治、经济、文化、社会权利最终还要靠经济上的充分发展保证。因此,十月革命成功

---

① 《列宁全集》第24卷,人民出版社1957年版,第269页。
② 《列宁全集》第23卷,人民出版社1990年版,第215页。
③ 参见《列宁全集》第24卷,人民出版社1990年版,第130页。
④ 参见《列宁全集》第20卷,人民出版社1958年版,第18页。

后,在列宁的领导下,苏维埃政府采取了多种措施大力发展生产力,提高生产效率和人民的物质生活水平。在民族地区,通过建立工厂、移入技术人员、经济援助等手段帮助民族地区提高经济发展水平。为了实现民族间事实上的平等,列宁还提出大的民族(如俄罗斯族)要作出必要的牺牲支持少数落后民族的发展,即用对大民族的不平等来补偿少数民族的不平等。① 这充分体现了在民族平等问题上列宁的实事求是思想。

在男女平等问题上,列宁领导苏联进行了较系统的实践。列宁认为,男女平等事关社会主义建设。他指出:"社会主义社会建设这件事,只有在男女完全平等的时候,只有在妇女摆脱了这种琐碎的、使人愚钝的非生产性工作而同我们一道从事新工作的时候,才能开始进行。"②

苏维埃制度的建立,首先从法律上保证了男女平等的权利。列宁指出,苏维埃政权在世界上第一个颁布完全废除男女不平等的法律,这一措施具有重要意义,因为它彻底铲除了妇女受压迫和不平等的制度根源,从婚姻法和家庭法的方面消除了男女不平等。③

列宁认为,要真正实现男女平等,妇女必须走出家庭、参加国家和企业管理。列宁认为,家务劳动限制了妇女才能的发挥,因此,要实现妇女与男性平等,就必须让妇女同男性一样参加公共劳动,只有这样才能实现男女在社会地位上的平等。④ 列宁还提出让妇女参加公有企业和国家的管理,从而使妇女不仅在法律上而且在生活上也能与男性平等。⑤ 在列宁的建议下,食堂、托儿所等机构在各地建立了起来,为妇女参加公共经济活动和国家管理提供了必要的硬件支持。同时,为支持妇女参加企业和国家管理,列宁还提出两个主要措施:一是提高妇女的受教育水平。在列宁起草的《俄共(布)党纲草案》中明确规定:对未满 16 周岁的男女儿童实行免费义务教育。二是大力培养妇女参与国家管理的意识和能力。早在 1913 年,布尔什维克就创办了《女代表》杂

---

① 参见《列宁全集》第 36 卷,人民出版社 1959 年版,第 631 页。
② 《列宁选集》第 4 卷,人民出版社 1995 年版,第 48 页。
③ 参见《列宁全集》第 38 卷,人民出版社 1986 年版,第 170 页。
④ 参见《列宁选集》第 4 卷,人民出版社 1995 年版,第 47 页。
⑤ 参见《列宁全集》第 38 卷,人民出版社 1986 年版,第 170 页。

志,由列宁的夫人克鲁普斯卡娅任主编,旨在号召女工参加革命。在《致女工》一文中,列宁提出:"把更多的女工选进苏维埃去,不管她们是不是共产党员。只要是正直的女工,能有条有理地勤勤恳恳地工作,即使不是党员,也可以把她选进莫斯科苏维埃去!"①这些措施或意见的实施对提高妇女地位具有基础性的作用。

不仅如此,列宁在《关于修改党纲的草案》中还提出很多针对女工的保护性建议。例如:"禁止在对妇女身体有害的部门使用女工;禁止妇女做夜工;女工在产前产后各给假 8 周,产假期间照发工资,免收医药费。"②"凡有女工的工厂和其他企业均应设立婴儿和幼儿托儿所,并设立哺乳室;凡需哺乳的女工至少每隔 3 小时可以离开工作喂奶一次,每次不得少于半小时;发给需哺乳的母亲补助金并把她们的工作日缩短到 6 小时。"③这些政策的执行将男女平等真正落实到了实处。

4. 培育和践行法治价值观

列宁是社会主义法治的创立者,在社会主义建设实践中,面对社会主义建设中的新形势和新任务,他不断进行理论思考和实践探索,初步形成了关于社会主义法治问题的系统理论。列宁关于法治的思想至今仍有重要参考价值。列宁的法治思想内容丰富,我们这里只从价值观的视角考察列宁的法治思想。

列宁认为,法治对于社会主义有重要意义,社会主义不能忽视法治的重要性。社会主义之所以要重视法治,按列宁的分析,至少有这样几点原因:

第一,法律属于政治上层建筑,是为经济基础服务的。社会主义社会建立在公有制基础之上,社会主义需要法律保护公有制的经济基础和政治制度,尤其在社会主义建立初期,更需要发挥社会主义法律的强制作用。

第二,具体政策的实施也需要法律的保障。在实行"新经济政策"之后,列宁认为为新经济政策确立法律基础是党和政府当时的工作中心。他认为经济基础的新变化需要在法律中体现出来并加以保护,经济关系变革带来的财产纠纷也需要法律确定解决的标准。另外,就是给同国家机关有合同的个人

---

① 《列宁全集》第 38 卷,人民出版社 1986 年版,第 171 页。
② 《列宁全集》第 29 卷,人民出版社 1985 年版,第 489 页。
③ 《列宁全集》第 29 卷,人民出版社 1985 年版,第 489 页。

和团体以安全感,只有这样,才能增强整个社会对新经济政策的信心。[①]

第三,列宁认为法律还有宣传和号召作用。一些人嘲笑苏维埃的许多法令无法实现,列宁指出,法令的作用不能只从其现实的时效来看待,还应该从其长期效果来看待,即宣传号召作用。列宁认为,法令所起的宣传作用主要是用行动来宣传,号召群众去参加实际行动,为群众的实际行动提供材料。[②]

列宁认为,在社会主义法治建设过程中,首先要坚持民主原则。按列宁的解释,民主原则"意味着使每一个群众代表、每一个公民都能参加国家法律的讨论,都能选举自己的代表和执行国家的法律"[③]。在实际实践中,苏维埃政府在法律实践上实际做了三个方面的工作:一是社会主义的法律要有人民群众的代表参与制定和执行。苏维埃政府成立后颁布的第一部宪法明确规定了所有18周岁以上公民都拥有选举权和被选举权等民主权利。二是人民法院等执法机构的工作人员要由人民选举产生。俄共(布)第八次代表大会通过的党纲规定:法院的法官要由劳动者选举产生,无论男女在选举法官或履行法官职务上都有平等的权利。[④] 同时,苏维埃还建立了人民陪审员制度,凡是公民都可以担任人民陪审员,人民陪审员与常任审判员享有同样的审判权力。三是由人民群众监督党和国家机关的执法活动。这一方面包括多方面的制度安排。如《罢免权法令》中提出的罢免权,在《我们怎样改造工农检察院》中提出的在中央监察委员会中大量增加工农代表,在《关于切实遵守法律的决定提纲草稿》提出的赋予普通公民控告任何国家机关和负责人的权利等。这些制度安排都保证了人民的民主权利。

其次,社会主义法治要坚持平等原则。列宁认为社会主义法治要贯彻平等原则,其基本内涵就是法律面前一律平等。法律面前一律平等应该是法治思想的基本要求,但在现实社会中,由于法律具有阶级性和意识形态性,在立法、执法、司法过程中往往会出现违反这一原则的情况。

---

① 参见《苏联共产党代表大会、代表会议和中央全会决议汇编》第2册,人民出版社1964年版,第142页。

② 参见《列宁全集》第36卷,人民出版社1985年版,第188页。

③ 《列宁全集》第27卷,人民出版社1958年版,第194页。

④ 参见《列宁全集》第36卷,人民出版社1985年版,第103页。

　　苏维埃政府成立后,从宪法上确立了公民在选举权和被选举权等政治权利上的平等。列宁深知宪法规定的原则要用具体的措施加以贯彻才能得到实现。为此,苏维埃第六次非常代表大会通过专门决议强调所有公民、国家机关和公职人员都必须严格遵守已经颁布的决议、条例和命令。针对当时给予共产党员各种特权的现象,尤其是对犯罪的共产党员减轻处罚的现象,列宁专门给中央政治局写信建议:"凡试图对法庭'施加影响'以'减轻'共产党员罪责的人,中央都将把他们开除出党。""通告司法人民委员部(抄送各省党委),法庭对共产党员的惩处必须严于非党员。"①对共产党员加重处罚看似是不平等的表现,但就实际效果来看,由于当时的共产党员大都是具有一定的权力的各级别官员,对犯罪的共产党员加重处罚有利于在整个社会形成遵守法纪的风气,最终有利于实现法律面前人人平等的目标。

　　列宁强调要建立统一的法律制度,在法律的适用问题上不能搞特殊化。针对当时有人提出各地经济文化水平不同,在法律适用上应该有所区别。列宁认为法制统一是文明水平的标志,四分五裂、各行其是是传统社会的特点。他认为,俄罗斯人一切不文明现象中的主要弊端是人们总是希望不同的地方施行不同的法律。②

　　再次,社会主义法治要坚持科学原则。作为一个相对独立的领域,法治问题无论是立法、司法和执法都有其内在的规律和要求,因此,在法治实践中,要坚持法治本身的内在要求,从实际出发,将原则性和灵活性相结合,才能使社会主义法治不断前进。具体来说,在这个问题上,列宁主要提出了以下原则:

　　其一,法律执行应坚持统一性与灵活性相结合的原则。列宁认为,全国各地必须坚持执行统一规定的法律,但是在执行过程中应该考虑各地的不同情况。列宁认为:"在量刑时必须考虑地方的一切情况,在量刑时它有权说,虽然从案情本身来看无疑是犯了法,但经地方法院查明的、当地人十分清楚的某种情况,使法院不得不承认必须对此人从宽处理,甚至宣告此人无罪。"③这一思想看似与统一法制的精神相违背,但是事实上在由无法治传统的社会向法

　　① 《列宁全集》第43卷,人民出版社1987年版,第53页。
　　② 参见《列宁全集》第43卷,人民出版社1987年版,第195页。
　　③ 《列宁全集》第43卷,人民出版社1987年版,第195页。

治社会的过渡过程中,这一原则是实事求是的体现。公民的守法意识和习惯都需要逐渐培养的,特别是处在传统社会向现代社会的转型期。另外,法律统一性本身也存在着不足,因为统一的规定必然难以涵盖所有具体情形,特殊情况是难以避免的。而具体的执法过程总是面对特殊情况的,因此,执法过程中不考虑具体情况显然是不可行的。

其二,权力制衡原则。不受制约的权力很容易被滥用,这是所有社会都会出现的现象,特别是司法部门更是如此。如何既要防止权力滥用,同时又不造成相互推诿是司法制度设计的一个难点。为了统一法制,抵制地方的影响、地方和其他一切的官僚主义,列宁建议工农检察院施行垂直领导,不受地方政府的制约。而检察长只负责检察地方政府及执法部门是否正确执行法律,并无权停止地方政府相关决定的执行。中央监察委员会只对党的代表大会负责,它的委员不得在任何政府机构中任职。列宁认为,通过这样的机构设置,不仅可以统一法制,防止地方影响和地方的官僚主义,还可以对中央司法领导机构可能发生的错误加以立即纠正。①

其三,法制建设要坚持循序渐进,不能急于求成。法制建设是一个系统工程,法制水平的高低受多方面因素的制约。法律的创立,司法、执法制度的设计都是需要不断探索的,而培养法制人才、培育法制意识也不是短时间能够取得成效的。在十月革命前,列宁曾经认为社会主义社会中,由于剥削阶级被消灭,人民群众之间冲突不会再有敌对的性质,不需要暴力机关的强制就能解决。因此,十月革命后,苏维埃曾经成立全国性的全俄工人监督委员会和地方性的工人监督委员会,对工厂生产和产品分配进行监督。他认为:"只要工人知道了新法令,他们自己就会严格监督法令的执行,决不允许对它有丝毫违反,法令的要求达不到,就拒绝工作。工人自己的监督要比任何工厂警官的监督更有效些。"②

在十月革命之后,列宁很快意识到了法制问题的复杂性,工人和农民并不一定会由于剥削阶级被消灭就会产生责任意识。列宁在《政治教育工作者的

---

① 参见《列宁全集》第43卷,人民出版社1987年版,第196—197页。
② 《列宁全集》第2卷,人民出版社1984年版,第360页。

任务》一文中指出：苏维埃已经制定了很多法律，但工人和农民并没有利用它去反对官僚主义和贪污受贿现象。这些现象无法靠军事胜利和政治改造解决，只有通过提高广大人民群众文化水平的方法才能彻底根治。① 基于这一判断，列宁提出当时的政治工作者要对工人和农民进行政治教育，首先要教会他们识字，消除文盲。这一简单实例就能表明法制建设的长期性和艰巨性。

5. 培育和践行爱国价值观

列宁关于爱国主义的论断并不集中，也不多正面的论述。我们这里主要依据《皮季里姆·索罗金的宝贵自供》《论大俄罗斯人的民族自豪感》《致伊·费·阿尔曼德》《无产阶级革命和叛徒考茨基》等文献对其中的观点进行总结。

列宁认为："爱国主义是由于千百年来各自的祖国彼此隔离而形成的一种极其深厚的感情。"②从列宁提出这一论断的背景看，他关于"爱国主义"的这一论断有着多重内涵：

一是爱国主义具有地理意义。即主要是针对特定区域的民族和国家的感情，对这个区域之外的民族和国家则不具有这种感情。

二是历史发展阶段的含义。爱国主义产生的一个历史原因是国家之间的相互分离，由于国家之间的相互隔离，尤其是在小生产为主导生产方式的时代，国家之间缺乏相互广泛的、普遍的相互交往，在国家之间发生利益冲突时，人们会倾向于支持本国的利益。

三是阶级内涵。爱国主义在资本主义造成的世界历史时代具有特殊的意义。在资本主义时代，由于无产阶级的出现，爱国主义因而有了阶级内涵。列宁认为，小资产阶级的利益主要局限在本国之内，因而在国家间出现冲突时会极力维护本国的利益。因此，小资产阶级比其他阶级更爱国。大资产阶级由于较多地融入世界范围内的资本循环增殖过程，他们的利益不仅仅在本国，因而在国家间出现冲突时不一定倾向于本国的利益。③ 对于无产阶级来说，由于无产阶级在社会中处于被压迫和剥削的地位。在帝国主义时代，无产阶级

---

① 参见《列宁全集》第 42 卷，人民出版社 1987 年版，第 197—199 页。
② 《列宁全集》第 35 卷，人民出版社 1985 年版，第 187 页。
③ 参见《列宁全集》第 35 卷，人民出版社 1985 年版，第 187、207—208 页。

不仅遭受本国资产阶级的剥削,还要受其他帝国主义国家资产阶级的剥削。因此,马克思、恩格斯在《共产党宣言》中提出"工人没有祖国"的观点。

列宁关于爱国主义的论述主要围绕社会主义者在帝国主义时代应该如何做展开。列宁认为,在社会主义革命的时代,爱国主义表现在以下几个方面:

第一,能够提高劳动群众的觉悟。列宁认为,正是由于热爱自己的祖国和语言,在看到自己的祖国被反动势力压迫、蹂躏时,才决心把祖国的劳动群众的觉悟提高到民主主义和社会主义的程度。①

第二,推动本国给人类作出更大贡献。列宁认为,由于俄国产生了革命阶级,并通过十月革命和社会主义建设给人类树立了为自由和社会主义斗争的榜样,因此俄国人内心充满了自豪感。②

第三,实现在本国建立自由、民主、共和的政治制度,同时平等对待邻国。列宁认为,满怀民族自豪感的俄罗斯工人,真心希望把自己的国家建设成为一个自由的、民主的、共和的、独立自主的、足以让俄罗斯人自豪的国家,并且这个国家能够按照平等原则对待邻国。③

第四,摆脱狭隘民族主义的限制,为推进世界社会主义革命的发展作贡献。列宁说,俄罗斯人的民族自豪感的利益与俄罗斯以及其他民族无产阶级的社会主义利益是一致的。在这个问题上,俄罗斯人永远以马克思为榜样,虽然他一直生活在英国,但他为了维护英国工人阶级的利益,仍然要求保障爱尔兰民族的自由和独立。④

列宁关于爱国主义的论断主要是在帝国主义战争和社会主义革命的历史时期阐述的,因此,他的观点更多围绕在这一背景下如何爱国展开的。

列宁认为,在帝国主义和无产阶级革命的时代,首先要反对狭隘民族主义。列宁认为,狭隘民族主义的特征是没有看到无产阶级的利益,忽视了世界社会主义革命的长远利益,其实质实际上是在维护帝国主义和资产阶级的利益。在第一次世界大战爆发后,第二国际的一些思想家如考茨基、龙格、屠拉

---

① 参见《列宁全集》第 26 卷,人民出版社 1990 年版,第 109 页。
② 《列宁全集》第 26 卷,人民出版社 1990 年版,第 109—110 页。
③ 参见《列宁全集》第 26 卷,人民出版社 1990 年版,第 110 页。
④ 参见《列宁全集》第 26 卷,人民出版社 1990 年版,第 112 页。

梯等依据社会主义主张民族平等、自由和自觉,主张社会主义者在国家遭受外敌入侵时应该"保卫祖国"。列宁认为,这种观点是错误的,"因为在这种推论中,工人反对资本的革命的阶级斗争不见了,从世界资产阶级和世界无产阶级的角度对整个战争的估价不见了,就是说,国际主义不见了,剩下的只是偏狭的顽固的民族主义"①。列宁认为,帝国主义国家之间的战争是各国资产阶级为了争夺世界资源而发动的,加入这样的战争就是在支持帝国主义,支持资产阶级的统治。列宁认为,这种人实际上是在背叛社会主义和国际主义。②

其次,社会主义者的爱国主义既要坚持无产阶级立场,同时也必须坚持国际主义的立场。列宁认为,在帝国主义时代,社会主义者的爱国主义应该从革命无产阶级的任务出发,从准备世界无产阶级革命的工作出发,而不应该简单地从谁是进攻者,在哪一个国境内来判断是否本国。③ 在帝国主义国家比较强大的时代,无产阶级的力量相对比较弱小,在这样的条件下,各国的无产阶级相互支持就显得特别重要。

要做到无产阶级的国际主义,在处理具体问题时就要把全世界范围的无产阶级利益置于首位,在特殊情况下,为了国际资本主义要牺牲本民族的利益。十月革命后,由于俄国的旧军队已经解体,而红军尚未组建完成,在面临德国军队进攻的情况下,列宁主张与德国和谈,接受割地赔款的不平等条约,以便确保刚刚建立的社会主义政权不被帝国主义和国内资产阶级扼杀,使世界无产阶级革命获得积蓄力量的时机。但是列宁的意见遭到了党内多数人的反对。最终在列宁的强烈坚持下,苏俄最终同德国签订了屈辱的《布列斯特合约》,付出了巨大的代价。但是,列宁认为这一代价是值得的,因为它保护了全世界范围的无产阶级斗争的利益。

再次,在爱国主义问题上也要坚持具体问题具体分析。在《致伊·费·阿尔曼德(11 月 30 日)》的信中,列宁指出:马克思、恩格斯关于"工人没有祖国"的论断不能无条件应用,不能用这一论断无条件地否定民族战争。④ 无产

---

① 《列宁全集》第 35 卷,人民出版社 1985 年版,第 287 页。
② 参见《列宁全集》第 35 卷,人民出版社 1985 年版,第 288 页。
③ 参见《列宁全集》第 35 卷,人民出版社 1985 年版,第 289 页。
④ 参见《列宁全集》第 47 卷,人民出版社 1990 年版,第 464 页。

阶级是否要支持民族战争,要视民族战争的性质而定。在《论"左派"幼稚性和小资产阶级性》一文中,列宁进一步指出如何对待民族战争问题的标准,即社会主义判断是否支持战争的标准是是否有利于社会主义无产阶级及其自己争取解放。①

列宁指出,对于马克思主义的原理不能机械地直接搬用,而是要坚持历史地、整体地、具体地看待马克思主义的原理,具体到如何看待"工人没有祖国"这一问题,列宁指出:"如果只抓住第一个原理(工人没有祖国),而忘记了它同第二个原理(工人组织成为民族的阶级,不过这不是资产阶级所理解的那个意思)的联系,这将是天大的错误。"②列宁阐述的这一对待马克思主义原理的方法论不仅适用爱国主义问题,也适用于所有马克思主义原理。

总之,在爱国主义问题上,由于时代和历史条件的限制,列宁关于爱国主义的论述主要围绕革命和战争展开。列宁站在世界无产阶级解放和社会主义革命的立场,提倡社会主义者要发扬国际主义精神,反对狭隘民族主义,为了世界无产阶级解放,正在进行反对资本主义斗争的民族要勇于作出最大的牺牲。同时,列宁从理论和实践上也阐明了在爱国主义问题上,也要坚持实事求是的态度,不能将马克思主义的原理教条化。

二、中国共产党人论培育和践行
社会主义核心价值观

"积极培育和践行社会主义核心价值观"③虽然是党的十八大第一次明确提出,但是,培育和践行社会主义核心价值观的理念、原则、思想、方法、行动等一直植根于中国共产党人革命、建设、改革的历史过程之中。

任何社会的核心价值观都是在长期的历史发展过程中不断积淀而成的。社会主义核心价值观是社会主义意识形态的本质体现,也是中国特色社会主义文化建设的核心和灵魂,它的产生、形成和发展经历了一个历史过程。培育

---

① 参见《列宁全集》第 34 卷,人民出版社 1985 年版,第 271 页。
② 《列宁全集》第 47 卷,人民出版社 1990 年版,第 465 页。
③ 《十八大以来重要文献选编》(上),中央文献出版社 2014 年版,第 25 页。

和践行社会主义核心价值观是马克思主义价值观中国化的生动实践,对马克思主义价值观的承继与弘扬,深入研究中国化马克思主义者如何培育和践行社会主义核心价值观是推进马克思主义价值观中国化的重要基础。

党的十八大之前,中国共产党人虽然没有直接和明确提出过"社会主义核心价值观""社会主义核心价值观教育""培育和践行社会主义核心价值观"等思想,但他们的一些重要论述都与社会主义核心价值观相关,围绕着"什么是社会主义核心价值观""如何进行社会主义核心价值观教育""中国共产党人如何培育和践行社会主义核心价值观"的相关主题,中国共产党人形成了符合中国国情、具有中国特色和时代特征的社会主义核心价值观思想,对社会主义核心价值观及其培育和践行都作出了丰富而深刻的论述。

(一)毛泽东论培育和践行社会主义核心价值观

毛泽东对"富强、民主、自由、平等"等社会主义价值观思想进行了集中的阐释和表达,对"为人民服务"提出了独到的理解,最终形成了他对社会主义价值观思想的初步表达,是毛泽东思想的重要组成部分,对我们今天培育和践行社会主义核心价值观提供了丰富的思想资源和科学的方法论指导。

1. 为人民服务的核心价值理念

毛泽东的社会主义核心价值观以最大限度地实现人民群众利益为价值取向,以实现共产主义理想为价值目标,这就决定了毛泽东是通过人民群众的社会实践来实现自己的价值观。毛泽东在《为人民服务》《纪念白求恩》《反对自由主义》等文章中对为人民服务思想进行重点阐释。毛泽东指出:一个共产党员应该是襟怀坦白,忠实,积极,以革命利益为第一生命,以个人利益服从革命利益;巩固党和群众的联系;关心党和群众比关心个人为重,关心他人比关心自己为重。[①] 在《纪念白求恩》一文中,毛泽东高度赞扬了白求恩毫不利己专门利人的精神,号召全党同志做有利于人民的人。在《为人民服务》一文中,毛泽东明确提出了"为人民服务"的命题,指出中国共产党和共产党所领导的军队是彻底地为人民利益工作的。

①　参见《毛泽东选集》第二卷,人民出版社 1991 年版,第 361 页。

毛泽东认为,为人民服务是共产党价值观的核心所在。毛泽东深刻指出,"为人民服务"是无产阶级革命政党的根本价值取向,中国共产党人只能为人民服务,绝不是为别的什么人服务。他强调:"我们所做的一切,都是为人民服务"①。毛泽东的为人民服务价值观主要包含以下内容:

第一,坚持马克思主义群众史观。马克思主义的群众史观承认,人民群众是历史的创造者,是社会变革的决定力量。毛泽东从群众史观出发,明确提出人民群众是创造社会历史的真正英雄,他说,"战争的伟力之最深厚的根源,存在于民众之中"②。基于人民群众的社会历史地位与作用,结合近代中国的社会历史发展实际,毛泽东对各个阶级的经济地位进行了深入调研,把马克思主义群众史观与中国革命实践相结合,进一步发展了马克思主义群众史观。

第二,树立牢固为民的宗旨意识。毛泽东明确要求中国共产党人要树立牢固的为民宗旨意识,这是马克思主义唯物史观的基本要求,也是对中国优秀传统文化的继承和中国近代历史经验教训的借鉴。近代以来中国最重大的历史任务就是要实现民族独立、人民解放、国家富强,毛泽东认为,中国无产阶级政党的历史使命就是带领人民群众实现这个伟大的历史任务。中国共产党是工人阶级的先锋队,中国共产党与其他任何党派的区别在于我们党的宗旨是始终坚持全心全意为人民服务的根本宗旨,始终致力于为广大人民群众谋利益。他指出:"全心全意地为人民服务,一刻也不脱离群众;一切从人民的利益出发,而不是从个人或小集团的利益出发;向人民负责和向党的领导机关负责的一致性;这些就是我们的出发点。"③中国共产党在革命、建设与改革实践中,党的理论、路线、方针、政策、纲领的制定与实施,始终是基于人民群众利益的根本点,由此才得到广大人民群众的拥护与支持,并成为中国共产党攻坚克难的力量源泉。

第三,发扬密切联系群众的优良作风。在毛泽东看来,坚持党的群众观点和群众路线,是无产阶级政党的本质特征,也是社会主义核心价值观的生命所在。他强调:"有无群众观点是我们同国民党的根本区别,群众观点是共产党

---

① 《毛泽东文集》第三卷,人民出版社1996年版,第243页。
② 《毛泽东选集》第二卷,人民出版社1991年版,第511页。
③ 《毛泽东选集》第三卷,人民出版社1991年版,第1094—1095页。

员革命的出发点与归宿。从群众中来,到群众中去,想问题从群众出发就好办。"①毛泽东认为,社会实践是千百万人民群众的实践,他指出:"真正亲知的是天下实践着的人"②,要向群众学习,做群众的学生,诚心诚意地向群众请教。党员干部要坚持从群众中来到群众中去的工作作风,要经常深入到群众中间,下到基层体验民情,了解人民疾苦,听取广泛意见,不能坐在办公室中空创理论。要调动广大人民群众建设社会主义的积极性,要依靠人民群众建设社会主义的主体性,首先就必须真心关心群众生活,这既是社会主义建设的出发点,也是社会主义建设的目的和归宿,是社会主义本质的必然要求。人民群众真正当家作主,就要创造条件让人民群众参加社会事务管理。1963 年 3月,毛泽东提出并积极倡导的"鞍钢宪法",即"两参一改三结合"的社会主义企业管理原则:干部参加劳动,工人参加管理,改革不合理的规章制度,实行工人群众、领导干部和技术人员三结合。这是社会主义建设时期人民群众实践途径的新尝试,通过干部参加劳动和工人参加管理的双向努力实现人民群众自己当家作主,充分体现了毛泽东关于人民群众当家作主的深层次思考,是毛泽东的群众路线在社会主义建设时期的丰富和发展。

2. 爱国主义教育

爱国主义教育既是一个理论问题,又是一个实践问题。毛泽东在批判继承中华民族爱国主义思想传统的基础上,在中国革命和社会主义建设的过程中逐步发展和丰富了符合中国国情的爱国主义思想。毛泽东首先认为,爱国主义是一个历史的、阶级的、具体的范畴,不同的社会历史时期,爱国主义具有不同的内涵和表现形式,随着社会的发展而不断发展。"爱国主义的具体内容,看在什么样的历史条件之下来决定。"③在战争年代,为实现民族独立、人民解放所作的一切抗争就是爱国主义;在和平时期,为实现国家富强、人民幸福所作的一切建设就是爱国主义。爱国主义还要和国际主义结合起来,毛泽东先后提出"抗美援朝,保家卫国""中国永远属于第三世界""中国永不称霸"的一系列理论,坚持爱国主义与国际主义相结合的原则,充分体现了爱国

---

① 《毛泽东文集》第三卷,人民出版社 1996 年版,第 71 页。
② 《毛泽东选集》第一卷,人民出版社 1991 年版,第 287 页。
③ 《毛泽东选集》第二卷,人民出版社 1991 年版,第 520 页。

主义精神的国际主义内涵。

为了激发人们的爱国热情、凝聚人民的爱国力量,针对不同时期教育的重点对象和关键,毛泽东提出了爱国主义教育的具体要求,形成了爱国主义教育基本思想。一是非常强调民族团结和国家主权教育,重视民族历史传统文化教育,要求爱自己祖国的历史和文化,树立民族的自尊心、自信心和自豪感。二是注重加强宣传教育,通过各种各样的形式向人民群众宣传爱国主义思想,不断激发人民群众的革命和建设的热情,鼓励人民群众积极投身革命和新中国建设事业。三是以学校教育为重点,建立"学习"制度和贯彻执行、固化教育成果。

3. 富强观教育

实现国家富强是毛泽东爱国主义思想的集中体现。毛泽东十分重视工业在国民经济中的主导地位。现代工业的发展是社会各个领域发展的基础,尤其是工业革命,使得工业化成为一个国家是否有能力抵御外敌的强大武器。毛泽东的富强观主要有以下内容:

第一,富强的前提是民族独立。民族独立和国家富强是近代以来中华民族和中国人民的最伟大的梦想。近代以来,中国逐步沦为半殖民地半封建社会,志士仁人纷纷起来探索中华民族复兴之道。那时,中国面临着两项最重要的而又艰巨的历史任务:一是争取民族独立和解放,二是实现国家富强和人民幸福。以毛泽东同志为核心的党的第一代中央领导集体团结带领中国各族人民,为争取民族独立、实现国家富强进行了艰苦卓绝的探索。

毛泽东认为,在中国当时特殊的历史条件下,实现国家富强必须以新民主主义革命和社会主义革命的胜利为前提。他强调:"民主革命的中心目的就是从侵略者、地主、买办手下解放农民,建立近代工业社会。"[①]在新民主主义革命还在进行过程之中,在发展工业还不具备条件的情况下,只有先实现独立、自由、民主和统一的目标,为实现新民主主义的新中国创造政治条件,才能进一步通过发展工业来实现国家富强。

第二,富强的关键是发展工业。毛泽东在党的七大上第一次提出了把我

---

① 《毛泽东书信选集》,人民出版社1983年版,第237页。

国从一个农业国转变为一个工业国的奋斗目标，他说："中国一切政党的政策及其实践在中国人民中所表现的作用的好坏、大小，归根到底，看它对于中国人民的生产力的发展是否有帮助及其帮助之大小，看它是束缚生产力的，还是解放生产力的。消灭日本侵略者，实行土地改革，解放农民，发展现代工业，建立独立、自由、民主、统一和富强的新中国，只有这一切，才能使中国社会生产力获得解放，才是中国人民所欢迎的。"①"为着打败日本侵略者和建设新中国，必须发展工业。"②这是我党第一次把国家富强的价值追求与工业化的现代化目标相结合，为新中国成立后开展现代化建设奠定了理论基础。

在党的七大政治报告中，毛泽东明确把富强作为新中国的基本价值追求，并且明确把发展工业作为实现富强的基本途径。他在《论联合政府》中指出："一个不是贫弱的而是富强的中国，是和一个不是殖民地半殖民地的而是独立的，不是半封建的而是自由的、民主的，不是分裂的而是统一的中国，相联结的。"③"没有工业，便没有巩固的国防，便没有人民的福利，便没有国家的富强。"④实现国家富强是中国人民的共同愿望，是毛泽东作为人民领袖提出的举国奋斗目标，而谋求国家富强的关键便在于实现由农业国向工业国的转变。

4.民主平等的价值探索

毛泽东在领导中国革命和建设过程中，直面中国的经济和社会发展实际，从政治、经济、文化、社会等方面提出了自己独特的平等思想，并为此进行了艰辛探索。在"三湾改编"中建立的士兵委员会，是部队官兵平等的起点；实行土地革命，实现耕者有其田，是农民翻身解放的重要标志；制定婚姻自由法律，是男女平等的重要保证。可以说，毛泽东对新民主主义革命和社会主义道路的探索与实践，主要体现了他对平等价值观的毕生理想追求和奋斗目标，他探索中国式平等道路所提出的许多积极有益的见解为社会主义核心价值观的平等思想奠定了基础。

不管是革命时期还是国内建设时期，毛泽东都非常重视民主。毛泽东从

---

①　《毛泽东选集》第三卷，人民出版社1991年版，第1079页。
②　《毛泽东选集》第三卷，人民出版社1991年版，第1080页。
③　《毛泽东选集》第三卷，人民出版社1991年版，第1080页。
④　《毛泽东选集》第三卷，人民出版社1991年版，第1080页。

中外民主思想,尤其是马克思列宁主义的民主思想中汲取了积极的因素,使得它与中国传统的民主思想、与中国革命的实践相结合,形成了新型的民主观,其实质与核心就是"人民当家作主"。在新民主主义革命时期,毛泽东领导了两次重大的民主实践运动:一是土地革命时期井冈山革命根据地至中央苏区的民主政权建设。这次民主政权建设的内容,主要涉及政治、经济、军事、文化等各方面的民主,从主体上看包括了党政军民学等各个群体,其优越性是以往任何一次民主实践都无法比拟的。二是抗日战争时期陕甘宁边区的民主政权建设。在这次民主政权建设过程中,毛泽东同志亲自领导了建立"三三制"民主政权,扩大了民主的范围,中国民主政权的雏形初步建立起来。毛泽东通过不断的民主实践和对以往实践的经验教训的总结,渐渐地找到了实现人民民主的正确道路。他指出:"民主集中主义的制度,一定要在革命斗争中显出了它的效力,使群众了解它是最能发动群众力量和最利于斗争的,方能普遍地真实地应用于群众组织。"①新中国成立后建立的人民代表大会制度、中国共产党领导的多党合作和政治协商制度,是中国政治生活中发扬社会主义民主的重要形式。这些主张和制度都是毛泽东对民主积极探索的成果,虽然他在实现民主的途径和方法上的探索曾经历过曲折,有过不少失误,但他提出的很多有关民主的思想,为社会主义核心价值观民主思想的形成初步奠定了基础,丰富了社会主义价值观的基本内涵。

5. 理想信念教育

毛泽东不仅本人具有坚定的共产主义理想信念,而且形成了丰富的理想信念的教育思想和实践活动。毛泽东的理想信念教育思想在不同历史时期有不同的内容。大革命失败后,国民党残酷镇压革命活动,疯狂地绞杀共产党人和革命群众。无数共产党人不惜以牺牲生命来捍卫共产主义理想信念。南昌起义打响了武装反抗国民党反动派的第一枪,共产党军队退据井冈山开始独立革命斗争,开辟了一条农村包围城市的中国道路。面对国民党反动派的强势进攻和暂时的革命低潮,毛泽东写下《中国的红色政权为什么能够存在?》,提出"星星之火,可以燎原",井冈山的革命斗争将点燃中国革命的星星之火,

---

① 《毛泽东选集》第一卷,人民出版社 1991 年版,第 72 页。

创造出革命的燎原之势,这极大地坚定了共产党人革命必胜的信心。面对红军长征的艰难险阻,毛泽东以"红军不怕远征难,万水千山只等闲"的英雄气概和革命必胜的信念,激励着革命者继续前进。在延安极其艰苦的条件下,号召广大军民"自己动手、丰衣足食",开展了开荒垦地的特大生产运动,为夺取革命胜利提供了重要保证。在日本对华发动了全面侵华战争时,面对强大的日本进攻,"中国必亡论"的悲观主义思想弥漫中国大地,毛泽东写下《论持久战》,提出"日本必败,中国必胜",中国共产党把抗日民主根据地建设成为困不死、打不散、压不垮的中华民族的中间力量,以坚定的必胜理想信念赢得了抗战胜利。抗日战争胜利后,全国人民普遍厌倦战争,渴望和平,为了尽快结束国共两党战争,顺应民心,争取政治主动,毛泽东提出"一切反动派都是纸老虎",坚定了中国人民的胜利信心。

(二)邓小平论培育和践行社会主义核心价值观

邓小平同志是党的第一代中央领导集体的重要成员和党的第二代中央领导集体的核心,是中国改革开放和社会主义现代化建设的总设计师。邓小平关于社会主义核心价值观的思想继承和发展了马克思、恩格斯、列宁、毛泽东的社会主义价值观的思想,在培育和践行社会主义核心价值思想方面作出了重大贡献。

1.社会主义本质论

邓小平根据中国和世界各国社会主义运动中的经验和教训,科学回答了什么是社会主义的本质这一问题,开辟了中国特色社会主义的伟大实践。他把中国特色社会主义同发展社会的生产力相结合,强调只有国家的强大和富强才是有中国特色的社会主义,解放和发展生产力是社会主义的价值标准。他明确指出:"社会主义的本质,是解放生产力,发展生产力,消灭剥削,消除两极分化,最终达到共同富裕。"[①]

邓小平认为,发展生产力是社会主义的根本任务。"离开了生产力的发

---

① 《邓小平文选》第三卷,人民出版社 1993 年版,第 373 页。

展、国家的富强、人民生活的改善,革命就是空的。"①"在社会主义国家,一个真正的马克思主义政党在执政以后,一定要致力于发展生产力,并在这个基础上逐步提高人民的生活水平。"②贫穷不是社会主义,富强才是社会主义的价值目标。"我们奋斗了几十年,就是为了消灭贫困","贫穷不是社会主义,发展太慢也不是社会主义"。只有不断解放和发展生产力,不断提高人民的物质文化水平,才能体现社会主义的优越性,才能维系政权安稳。党的十一届三中全会之后,邓小平将经济建设作为党和国家的工作重心,从社会主义初级阶段的基本国情出发,坚持发展生产力,坚持不断改革,坚持改善民生,确立了依靠社会主义市场经济体制来解放和发展生产力,以一部分地区和一部分人先富起来以实现发展的硬道理,以先富带动后富最终实现共同富裕的社会主义价值目标。

2. 爱国主义教育

邓小平同志是一位伟大的、卓越的爱国主义者,在领导中国人民进行革命、建设和改革的实践过程中,始终坚持和强调要弘扬中华民族爱国主义的优良传统。在邓小平看来,热爱祖国,就是热爱中国共产党领导的社会主义中国,热爱祖国是个人荣辱观的最高境界,是一个共产党员必须具备的优良品质。

他提出要教育人民,特别是教育青年勿忘国耻,振兴中华。"我是一个中国人,懂得外国侵略中国的历史。"③前事不忘,后事之师。中国人民应从这段屈辱史中吸取教训,自觉地为建设有中国特色的社会主义而努力奋斗,使中华民族真正走向繁荣富强。要教育青年坚持走社会主义道路,反对资产阶级自由化。"只有社会主义制度才能从根本上解决摆脱贫穷的问题。所以我们不会容忍有的人反对社会主义。"④发扬爱国主义精神,增强民族自尊心、自信心和自豪感。要把国家的主权和安全始终放在第一位,是维护国家利益的第一要义,也是中华民族自尊心、自信心和自豪感的集中体现。人权与国权、人格

---

① 《邓小平文选》第二卷,人民出版社 1994 年版,第 231 页。
② 《邓小平文选》第三卷,人民出版社 1993 年版,第 28 页。
③ 《邓小平文选》第三卷,人民出版社 1993 年版,第 357 页。
④ 《邓小平文选》第三卷,人民出版社 1993 年版,第 208 页。

与国格都是与国家的主权和安全密不可分的。主权、国格、国权是不容讨论的,我们必须坚持这种国家主权和安全观,中国人民珍惜同其他国家和人民的友谊和合作,更加珍惜自己经过长期奋斗而得来的独立自主权利。中国人既不会做任何国家的附庸,也不会吞下任何损害我国利益的苦果。

3. 社会主义民主法治教育

邓小平的民主法治思想主要有以下几个方面的内涵:

首先,要建设符合本国国情的民主。社会主义民主不同于资本主义民主,必须立足本国国情,根据自身实际情况实行具体的民主政策。"不能搬用资产阶级的民主,不能搞三权鼎立那一套。"①社会主义所讲的广泛真实的民主就是让全体人民真正成为国家的主人,充分发挥人民群众的智慧和力量,建设富强、民主、和谐的社会主义现代化强国。在民主建设中,我们要积极学习借鉴发达国家民主政治制度中的合理成分,如选举制度、监督制度、司法制度等方面,但是反对照抄照搬别国的民主政策,而是从中国的实际出发,独立自主地探索我国的民主发展之路。

第二,中国共产党的领导是我国民主的有力保障。邓小平指出:"我们实行的是民主集中制,这就是民主基础上的集中和集中指导下的民主相结合。"②社会主义民主,是坚持党的领导、坚持依法治国与坚持人民当家作主的辩证统一,坚持党的领导是中国民主的特色和保证,必须发挥党总揽全局、协调各方的领导核心作用,保证党领导人民有效治理国家。

第三,民主与法治相一致。邓小平高度重视法治建设,他说,"为了实现四个现代化,必须发扬社会主义民主和加强社会主义法制","搞四个现代化一定要有两手,即一手抓建设,一手抓法制"。在总结吸取"文化大革命"的教育时,他指出,社会极左思想盛行,一个重要的原因就是我国法律法规的不健全,没有制定一个可遵循的社会制度,没有把良好的作风贯彻下去,因此,他提出了"有法可依,有法必依,执法必严,违法必究"的十六字方针,成为我国社会主义法制建设的根本指针。

---

① 《邓小平文选》第三卷,人民出版社 1993 年版,第 195 页。
② 《邓小平文选》第二卷,人民出版社 1994 年版,第 175 页。

第四,重视法治教育。通过普法教育提高全民法治意识、增强法治观念,使人们认识法律、遵守法律、维护法律、严格按照法律规定依法办事、会用法律武器保护自我权益,有利于法治社会的形成和发展,有利于保障人民生活和社会秩序。邓小平多次指出:"在党政机关、军队、企业、学校和全体人民中,都必须加强纪律教育和法制教育。对一切无纪律、无政府、违反法制的现象,都必须坚决反对和纠正。"特别强调要对青少年进行法制教育,明确提出:"法制教育要从娃娃开始。"

4. 理想信念教育

针对多种社会思潮、多样理论纷争,邓小平提出要坚决反对资产阶级自由化思潮,推进社会主义精神文明建设,不断加强理想信念教育。在理想信念教育中加强马克思主义理论教育,高举马克思主义、社会主义旗帜,培养社会主义新人、坚定人民理想信念,提高人们的思想认识水平、辨别是非的能力,激发人们的积极进取精神,通过改善和净化社会风气抵御精神污染,为社会主义现代化建设凝聚精神力量。

邓小平强调在理想信念教育中要加强历史教育。部分群众尤其是青少年之所以缺乏对社会主义道路和自身发展的信心,归根到底在于不了解中国社会发展演变的历史,不清楚社会主义、共产主义同资本主义的本质区别。"用历史教育青年,教育人民"显得迫切而必要。只有加强历史教育,特别是近现代史的教育,才能使广大人民群众特别是青少年真正懂得:只有社会主义才能救中国,也只有社会主义才能发展中国,从而正确认识和评价党的历史、国家领导人,坚持和拥护党的领导,真正自觉地树立起社会主义、共产主义的理想信念。

5. 社会主义平等思想

平等是具体的、历史的。作为上层建筑的平等观念是特定历史条件下特定经济关系的反映。邓小平对平等价值观的贡献在于不但强调了平等在社会主义中的地位,还提出了实现平等的科学方式。他反复讲:"社会主义发展生产力,成果是属于人民的。"①"坚持社会主义,是中国一个很重要的问题。如

---

① 《邓小平文选》第三卷,人民出版社1993年版,第255页。

果十亿人的中国走资本主义道路,对世界是个灾难"①。追求平等是一个社会制度趋于完善的发展过程,对此应当理性看待。邓小平以解放和发展生产力为目的,允许一定程度的差别存在,克服传统平等主义的缺陷,反对过分强调结果平等的平等观。在社会主义初级阶段,只有以有利于生产力的发展为标准,允许暂时的区域经济差距的存在,允许部分程度的剥削等,允许部分地区和部分人先富起来,再通过政策、技术转移、人才输出等方式以先富带动后富,不断缩小贫富差距,最终实现共同富裕。邓小平的平等观体现了实现社会公平的美好追求,他的最终目标是通过解放和发展生产力,消灭剥削,消除两极分化,使中国人民走上共同富裕之路。

6. 崇尚社会主义文明敬业之风

邓小平强调要坚持物质文明和精神文明两手抓,两手都要硬。他说:"不加强精神文明的建设,物质文明的建设也要受破坏,走弯路。"②社会主义不仅要实现共同富裕,更要实现全民族精神上的共同提高,要培养"有理想、有道德、有知识、有体力"③的"四有"新人。在各种精神文明建设的手段中,邓小平尤其强调教育和科技这两种手段。"我们要实现现代化,关键是科学技术要能上去。发展科学技术,不抓教育不行。靠空讲不能实现现代化,必须有知识,有人才。"④要实施科教兴国、走科技强国的道路,必须坚持科技是第一生产力的道路,发扬尊重科学、尊重知识、尊重人才的精神,重视教育,充分吸收和借鉴人类社会的一切文明成果。他说:"要反对不尊重知识分子的错误思想。不论脑力劳动,体力劳动,都是劳动。从事脑力劳动的人也是劳动者。"⑤每个劳动者在各自岗位上辛勤奉献,社会爱岗敬业蔚然成风,就是社会主义精神文明建设的不凡成就。

(三)江泽民论培育和践行社会主义核心价值观

从党的十三届四中全会到党的十六大,以江泽民同志为主要代表的中国

---

① 《邓小平文选》第三卷,人民出版社 1993 年版,第 158 页。
② 《邓小平文选》第三卷,人民出版社 1993 年版,第 144 页。
③ 《邓小平文选》第三卷,人民出版社 1994 年版,第 369 页。
④ 《邓小平文选》第三卷,人民出版社 1994 年版,第 40 页。
⑤ 《邓小平文选》第二卷,人民出版社 1994 年版,第 41 页。

共产党人,高举中国特色社会主义伟大旗帜,对精神文明建设、宣传思想工作方针、党的建设各方面提出了许多新理念,深化了对中国特色社会主义的认识,使社会主义文化建设和思想道德建设达到了新的高度,为社会主义核心价值体系的构建提供了理论渊源。

1."三个代表"的价值追求

"三个代表"重要思想是江泽民根据国内外形势的变化和党建工作中存在的实际问题适时提出来的,"我们党必须始终代表中国先进生产力的发展要求,代表中国先进文化的前进方向,代表中国最广大人民的根本利益。"①这是对中国共产党先进性的高度概括,深刻回答了新时期"建设什么样的党、怎样建设党"的重大问题,集中体现了中国共产党的价值取向,是社会主义核心价值观的本质显现。

不断促进先进生产力的发展是社会主义的本质要求,也是社会主义优越性的体现。江泽民指出:"社会主义的根本任务是发展生产力,增强社会主义国家的综合国力,使人民的生活日益改善,不断体现社会主义优于资本主义的特点。"②"我们要在本世纪头二十年,集中力量,全面建设惠及十几亿人口的更高水平的小康社会,使经济更加发展、民主更加健全、科教更加进步、文化更加繁荣、社会更加和谐、人民生活更加殷实。这是实现现代化建设第三步战略目标必经的承上启下的发展阶段,也是完善社会主义市场经济体制和扩大对外开放的关键阶段。经过这个阶段的建设,再继续奋斗几十年,到本世纪中叶基本实现现代化,把我国建成富强民主文明的社会主义国家。"③

大力发展生产力,全面建设小康社会的目的是为了实现和保障广大人民群众的最根本利益。始终代表中国最广大人民的根本利益是中国共产党人的不懈追求,是党的一切工作的出发点和落脚点,能否始终代表中国最广大人民的根本利益问题关系党的生死存亡。江泽民一再强调:"我们党始终坚持人民的利益高于一切。党除了最广大人民的利益,没有自己特殊的利益。党的

---

① 《十六大以来重要文献选编》(上),中央文献出版社 2005 年版,第 8 页。
② 《改革开放三十年重要文献选编》下,人民出版社 2008 年版,第 1170 页。
③ 《十六大以来重要文献选编》(上),中央文献出版社 2005 年版,第 14—15 页。

一切工作,必须以最广大人民的根本利益为最高标准。"①他指出:"全心全意为人民服务,立党为公,执政为民,是我们党同一切剥削阶级政党的根本区别。"②"只有把关心群众、服务群众的工作切实做好了,我们才能始终保持与人民群众的血肉联系,才能无往而不胜。"③

社会主义社会是全面发展、全面进步的社会,发展先进文化是社会主义全面协调发展的需要。"社会主义现代化事业是物质文明和精神文明相辅相成、协调发展的事业。全党同志必须全面把握两个文明建设的辩证关系,在推进物质文明建设的同时,努力推进社会主义精神文明建设。在当代中国,发展先进文化,就是发展有中国特色社会主义的文化,就是建设社会主义精神文明。"④只有大力发展先进文化,才能够"促进全民族思想道德素质和科学文化素质的不断提高,为我国经济发展和社会进步提供精神动力和智力支持"⑤。

2.理想信念教育

面对新世纪新形势新任务,江泽民明确提出:"理想信念教育,必须紧密结合干部、群众的思想实际,有的放矢,对症下药,不能照本宣科,空喊口号。要坚持从实际出发,把先进性要求与广泛性要求有机结合起来。"⑥在指导理想信念教育的实践中,江泽民不断探索理想信念教育的科学方法,形成了独具特色的理想信念教育思想和实践。

一是"四以"方针。1996年1月,在全国宣传思想政治工作会议上,江泽民发表讲话说:"我们的宣传思想工作,必须以科学的理论武装人,以正确的舆论引导人,以高尚的精神塑造人,以优秀的作品鼓舞人,不断培养和造就一代又一代有理想、有道德、有文化、有纪律的社会主义新人。"只有以科学的理论武装人,才能使人们"真正地把理想信念牢固地树立在马克思主义的科学

---

① 《改革开放三十年重要文献选编》下,人民出版社2008年版,第1174页。
② 《改革开放三十年重要文献选编》下,人民出版社2008年版,第1173页。
③ 《十五大以来重要文献选编》(下),人民出版社2003年版,第1911页。
④ 《改革开放三十年重要文献选编》下,人民出版社2008年版,第1172页。
⑤ 《十五大以来重要文献选编》(下),人民出版社2003年版,第1906页。
⑥ 《江泽民在中央思想政治工作会议上发表重要讲话强调　适应新形势大力加强和改进党的思想政治工作　为改革开放和现代化事业提供强大动力与保证》,《人民日报》2000年6月29日。

基础上"①；只有以正确的舆论引导人，才能在全社会积极营造讲理想、讲信念的氛围；只有以高尚的精神塑造人，才能弘扬党的崇高理想信念、优良传统和美德；只有以优秀的作品鼓舞人，才能提供丰富多彩、健康文明的精神食粮，不断提升人们的精神境界。

二是"三讲"教育活动新形式。在"讲学习、讲政治、讲正气"的"三讲"教育活动中，江泽民把坚定理想信念作为"三讲"教育要着力解决的第一个问题，强调在全党同志特别是在领导干部中进行"三讲"教育，是"最现实的思想政治工作，精心把它做好，对加强党的建设、密切党群关系具有重大意义"②。"三讲"教育活动是理想信念教育在新实践中的新探索，取得了积极的成效。

三是创新"立行"与"立言"相结合的新方法。理想信念教育要有成效，身教重于言教，"很大程度上还取决于我们党的自身建设和各级领导干部的言行表现。群众的眼睛是雪亮的。要求群众做到的，党员、干部首先要做到。如果说一套、做一套，说的大道理都是要求别人的，自己不起模范作用，那说得再好也没有用"③。对此，江泽民要求教育者尤其是各级领导干部要在"立行"与"立言"上下功夫，将"立行"与"立言"结合起来，切实保证理想信念教育取得实效。

3. 群众路线教育

人民群众是我党最坚实的执政基础，密切联系群众是我党的优良传统和最大优势。"我们党来自人民，植根于人民，服务于人民。"④"人民是我们国家的主人，是决定我国前途命运的根本力量"⑤。人心向背是决定政权存亡的关键，一个政党一旦失去了人民群众的认可和支持，必然会走向灭亡，要使党永远保持年轻，永远充满生机和活力，必须永远保持与群众的血肉联系。中国共产党始终把人民利益放在首位，广大人民群众的利益才是国家的根本利益。江泽民反复强调，党的一切方针政策都要以人民满不满意为准则。只有在国

---

① 《毛泽东、邓小平、江泽民论思想政治工作》，学习出版社 2011 年版，第 14、42—43、34 页。

② 《江泽民文选》第三卷，人民出版社 2006 年版，第 99 页。

③ 《江泽民文选》第三卷，人民出版社 2006 年版，第 98 页。

④ 《江泽民论有中国特色社会主义》（专题摘编），中央文献出版社 2002 年版，第 639 页。

⑤ 《江泽民文选》第二卷，人民出版社 2006 年版，第 261—262 页。

家的各项方针政策制定中,切实做到关心群众生产、生活,才能做到执政为民,才能使人民群众与我党血肉相连,才能使党立于不败之地。江泽民曾说:"衡量一个领导干部是不是讲政治,一个重要标准就是看他是不是时刻把人民群众放在心头,是不是诚心诚意地为人民谋利益。"①我国社会主义建设所取得的一切成就,都是广大人民群众创造参与的结果,只有密切联系群众,充分发挥群众的首创性、积极性,才能更好地实现"三个代表"的价值追求,才能永葆党的先进性,不断开拓社会主义伟大事业的新局面。

4. 爱国主义教育

江泽民始终站在事关现代化建设成败和中华民族全面振兴的高度,关注和重视对人民群众进行爱国主义教育的问题,并对此作了一系列深刻的论述,形成了他的具有中国特色的符合社会发展的爱国主义教育思想。

其一,江泽民首先对爱国主义的精神内涵、重要作用和重大意义作了新的概括和阐述。他认为,"爱国主义是一面光辉旗帜"②,这面旗帜是动员和鼓舞中国人民团结奋斗的航标,是推动我国社会前进的巨大动力,也是增进民族凝聚力的强大精神支柱和力量源泉。江泽民指出:"这种爱国主义,坚持马克思主义科学理论的指导,融入了体现时代进步的民主精神和科学精神,使中华民族的发展有了正确的思想指引。这种爱国主义,与社会主义紧密结合,推动中华民族伟大复兴的事业走上了正确的道路。这种爱国主义,把中国的前途和命运放在世界格局中观察,把中国社会的发展与整个人类社会的进步紧紧联系在一起。"③

其二,江泽民重视爱国主义教育与集体主义、社会主义教育相结合。他说:"在我国,爱国主义、集体主义、社会主义教育,是三位一体、相互促进的。对全民族和全体人民来说,首先要抓好爱国主义教育。世界上任何国家任何制度下,都很重视对人民进行爱国主义的教育,在我们这样人口众多的社会主义国家里,更应如此。"④我们在极短的时间内建立起独立的现代工业和国民

---

① 《江泽民论有中国特色社会主义》(专题摘编),中央文献出版社 2002 年版,第 706 页。
② 《江泽民文选》第一卷,人民出版社 2006 年版,第 436 页。
③ 《江泽民论有中国特色社会主义》(专题摘编),中央文献出版社 2002 年版,第 406 页。
④ 《毛泽东邓小平江泽民论思想政治工作》,学习出版社 2000 年版,第 124 页。

经济体系,各项事业取得举世瞩目的巨大成就,都是坚持集体主义和社会主义的结果,中国特色社会主义的实践证明,只有社会主义才能救中国,只有社会主义才能发展中国。所以,社会主义的忠实践行者中国共产党人"是最坚定、最彻底的爱国者。中国共产党的爱国主义,是中华民族、中国人民爱国主义的最高风范"①。

其三,爱国主义教育必须同中国近现代史教育、国情教育相结合。爱国主义教育的重要一环就是广泛开展中华民族优秀传统文化教育和中国近现代史教育。江泽民将中华民族精神概括为以爱国主义为核心的团结统一、爱好和平、勤劳勇敢、自强不息的伟大精神,他强调:"面对世界范围各种思想文化的相互激荡,必须把弘扬和培育民族精神作为文化建设极为重要的任务,纳入国民教育全过程,纳入精神文明建设全过程,使全体人民始终保持昂扬向上的精神状态。"②只有通过国情教育特别是中国近现代史教育,使全民了解祖国的悠久历史、近百年来英勇斗争抵御外侮的历史、从受尽帝国列强凌辱的旧中国转变为初步繁荣昌盛的社会主义国家的历史,才能提高民族自尊心和自信心,增强对中国共产党领导的社会主义道路的信心和决心。

5. 依法治国与以德治国相结合的鲜明特色

在领导中国特色社会主义建设的实践中,江泽民坚持和发展了马克思主义及其中国化的法治理论和法治思想,形成了关于建设中国特色社会主义法治社会和建设中国社会主义市场经济的法治思想体系。江泽民的法治思想是从计划经济向市场经济体制转化过程中逐步形成和发展起来的,是对中国社会主义市场经济建立和完善过程所作的法治形态的概括和总结,集中反映了中国特色社会主义法治建设的客观规律。

首先,提出"依法治国"。1993 年 11 月 14 日,党的十四届三中全会通过的《中共中央关于建立社会主义市场经济体制若干问题的决定》指出:"社会主义市场经济体制的建立和完善,必须有完备的法制来规范和保障。"③为了

---

① 《十四大以来重要文献选编》(下),人民出版社 1999 年版,第 2083 页。
② 《中共十三届四中全会以来历次全国代表大会中央全会重要文献选编》,中央文献出版社 2002 年版,第 682 页。
③ 《十四大以来重要文献选编》(上),人民出版社 1996 年版,第 543 页。

实现这个目标,以江泽民同志为主要代表的中央领导集体率先垂范,学习法律知识。从 1994 年到 2000 年,中共中央先后举办了 11 次法制讲座,每次法制讲座的题目,都是根据当下国内外形势的发展、针对我国改革和发展中的重大问题确定的。江泽民每次参加并亲自主持,每次都畅谈学习感受,发表重要讲话,这对推进依法治国、建设社会主义法治国家具有十分重要的教育、示范和激励作用。

1997 年 9 月 12 日,江泽民在党的十五大报告中明确提出了"依法治国"基本方略,指出:"依法治国,是党领导人民治理国家的基本方略,是发展社会主义市场经济的客观需要,是社会文明进步的重要标志,是国家长治久安的重要保障。党领导人民制定宪法和法律,并在宪法和法律范围内活动。依法治国把坚持党的领导、发扬人民民主和严格依法办事统一起来,从制度和法律上保证党的基本路线和基本方针的贯彻实施,保证党始终发挥总揽全局、协调各方的领导核心作用。"①"依法治国是我们社会进步,社会文明的重要标志,是我们建设社会主义现代化国家的必然要求。"②依法治国就是要做到有法可依、有法必依、执法必严、违法必究,在全社会树立社会主义法制观念,在全党和全国人民树立强化守法光荣、违法可耻的意识。从此,"依法治国,建设社会主义法治国家"的重要思想逐渐发展成熟,社会主义市场经济也紧紧地和法治、法律相结合,保障了社会正常、稳定的运行。

其次,依法治国与以德治国相结合。在确定"依法治国"基本方略后,江泽民又继续提出"以德治国"作为依法治国思想的有效补充和完善,明确了依法治国与以德治国相结合的治国方式。江泽民在 2000 年 6 月中央思想政治工作会议上的讲话中指出:"法律和道德作为上层建筑的组成部分,都是维护社会秩序、规范人们思想和行为的重要手段,它们相互联系、相互补充。法治以其权威性和强制手段规范社会成员的行为。德治以其说服力和劝道力提高社会成员的思想认识和道德觉悟。道德规范与法律规范应该相互结合,统一

---

① 《江泽民文选》第二卷,人民出版社 2006 年版,第 29 页。
② 江泽民:《在中共中央举办的第二次法制讲座上的讲话》,《人民日报》2006 年 4 月 28 日。

发挥作用。"①2001 年 1 月,江泽民在全国宣传部长会议的讲话中进一步强调:"我们在建设有中国特色社会主义,发展社会主义市场经济的过程中,要坚持不懈地加强社会主义法制建设,依法治国,同时也要坚持不懈地加强社会主义道德建设,以德治国。"②"我们要把法制建设与道德建设紧密结合起来,把依法治国与以德治国紧密结合起来。"③2001 年 10 月,党中央正式颁布了《公民道德建设实施纲要》,把遵纪守法作为全体公民的基本道德规范要求,不断加强公民道德建设,增强全民遵纪守法的意识。可见,以德治促法治,是江泽民法治思想的鲜明特色。

(四)胡锦涛论培育和践行社会主义核心价值观

党的十六大以来,以胡锦涛同志为主要代表的中国共产党人根据时代世情、国情的新变化和新要求,结合当代中国文化建设的具体实践,相继提出了以人为本的科学发展观、构建社会主义和谐文化、社会主义核心价值体系和社会主义核心价值观等一系列关于文化建设的重大战略思想。这些思想是我们党在思想文化建设领域的重大理论创新成果,是对中国特色社会主义文化理论的丰富和发展,是推动社会主义文化大发展大繁荣的根本任务和文化改革发展的奋斗目标。

1. 以人为本的核心价值理念

2003 年 7 月,胡锦涛首次提出了"科学发展观"思想,树立以人为本,经济社会全面、协调、可持续发展的理念。科学发展观的核心是以人为本,强调发展要以人为本,发展的根本目标是人而不是物,人是发展的主要参与者和最终受益者,从根本上回答了为什么发展的问题,明确了发展与人的关系问题。人是历史的真正创造者,是推动人类社会进步的力量源泉,离开了人就无所谓社会,也就谈不上执政。以人为本既是实现人的全面发展的基本前提,也是我们党执政兴国的根本要求。只有坚持以人为本,做到尊重人、关爱人、依靠人,尊重和保障人民权益,才能充分发挥人的积极性和创造性,从而推动经济社会各

---

① 《江泽民论有中国特色社会主义》(专题摘编),中央文献出版社 2002 年版,第 336 页。
② 《江泽民论有中国特色社会主义》(专题摘编),中央文献出版社 2002 年版,第 337 页。
③ 《江泽民论有中国特色社会主义》(专题摘编),中央文献出版社 2002 年版,第 337 页。

项事业不断发展。只有符合人民群众根本利益、有利于提高人民群众物质文化生活水平的发展,才是科学的发展,才能真正得到广大人民群众的拥护和支持。只有贯彻落实科学发展观,才能实现全面小康社会和社会主义和谐社会,推动社会主义伟大事业又好又快发展。以人为本的执政理念,开辟了中国共产党执政理念的新境界,深化了我党对社会主义建设规律的认识,对于我国社会主义现代化建设有着深远的意义。

2. 社会和谐的价值追求

和谐社会是一个系统的概念,是一个经济社会协调发展的社会,是人们的聪明才智、创造力得到充分发挥和全面发展的社会,是社会各阶层和睦相处,社会各成员各尽其能、各得其所的社会,是人与人、人与自然和谐相处的社会。社会主义和谐社会,就是要使社会各要素都处于最优状态,功能实现最大化,《中共中央关于构建社会主义和谐社会若干重大问题的决定》,将社会主义和谐社会的特征概括为"民主法治、公平正义、诚信友爱、充满活力、安定有序、人与自然和谐相处"①六个方面。

从党的十六大到党的十八大,以胡锦涛同志为主要代表的中国共产党人高度重视社会主义和谐社会建设。从胡锦涛的相关论述中可以看出,"社会和谐"中的"社会"是狭义的,主要指是社会事业、社会管理,具体包括医疗、文化、教育、环保等方面。胡锦涛谈到"社会和谐"时,一是将社会建设与政治、经济、文化并列,强调经济社会协调发展。他指出:"着力发展社会事业、促进社会公平正义、建设和谐文化、完善社会管理、增强社会创造活力,走共同富裕道路,推动社会建设与经济建设、政治建设、文化建设协调发展。"②"社会要和谐,首先要发展。社会和谐在很大程度上取决于社会生产力的发展水平,取决于发展的协调性。"③广义的"社会"是包括政治、经济、文化三方面。而"社会和谐"中的"和谐",从宏观的层面看主要指人与人之间的和谐、人与自然之间的和谐。

和谐社会作为中国特色社会主义的本质属性,"是国家富强、民族振兴、

---

① 《十六大以来重要文献选编》(下),中央文献出版社 2008 年版,第 650 页。
② 《十六大以来重要文献选编》(下),中央文献出版社 2008 年版,第 650 页。
③ 《十六大以来重要文献选编》(下),中央文献出版社 2008 年版,第 652 页。

人民幸福的重要保证"①。社会主义和谐社会的六个特点中，"民主法治"作为和谐社会的特征，主要是因为人民民主是社会主义的生命，依法治国是社会主义民主政治的基本要求，民主法治是社会主义顺利发展的必要条件之一。而关于"公平正义"，胡锦涛认为："社会公平正义是社会和谐的基本条件，制度是社会公平正义的根本保证。"②这说明公平正义是社会主义最核心的价值追求，它是社会有序开展和发展的最佳状态及人与人交往的最基本的、最和谐的形式。所谓"公平正义，就是社会各方面的利益关系得到妥善协调，人民内部矛盾和其他社会矛盾得到正确处理，社会公平和正义得到切实维护和实现"③，他指出："维护和实现社会公平和正义，涉及最广大人民的根本利益，是我们党坚持立党为公、执政为民的必然要求，也是我国社会主义制度的本质要求。只有切实维护和实现社会公平和正义，人们的心情才能舒畅，各方面的社会关系才能协调，人们的积极性、主动性、创造性才能充分发挥出来。"④

第一，党的坚强领导是构建和谐社会的根本保证。胡锦涛指出："构建社会主义和谐社会，是我们党从中国特色社会主义事业总体布局和全面建设小康社会全局出发提出的重大战略任务，反映了建设富强民主文明和谐的社会主义现代化国家的内在要求，体现了全党全国各族人民的共同愿望。"⑤在构建社会主义和谐社会的过程中，中国共产党起着关键作用。中国共产党既是领导社会主义现代化建设、实现全面小康社会的执政党，也是构建社会主义和谐社会的坚强领导者。党的领导能力和执政能力如何，直接关系着社会主义和谐社会的建设和发展全局。他强调："构建社会主义和谐社会，关键在党。必须充分发挥党的领导核心作用，为构建社会主义和谐社会提供坚强有力的政治保证。"⑥为了加强党的领导，必须改善党的领导，在科学发展观理念指导下推进经济社会协调可持续的前进和发展，从而取得社会主义和谐社会建设和发展的进展。构建社会主义和谐社会，还要坚持科学执政、民主执政、依法

---

① 《十六大以来重要文献选编》（下），中央文献出版社 2008 年版，第 648 页。
② 《十六大以来重要文献选编》（下），中央文献出版社 2008 年版，第 657 页。
③ 《十六大以来重要文献选编》（中），中央文献出版社 2006 年版，第 706 页。
④ 《十六大以来重要文献选编》（中），中央文献出版社 2006 年版，第 711—712 页。
⑤ 《十六大以来重要文献选编》（下），中央文献出版社 2008 年版，第 672—673 页。
⑥ 《十六大以来重要文献选编》（下），中央文献出版社 2008 年版，第 678 页。

执政,深刻把握共产党执政规律、社会主义建设规律、人类社会发展规律,对我国社会生活中发生的深刻变革进行科学准确的认识和研究,切实发挥党的领导核心作用,创造和谐的社会局面。

第二,通过发展生产力夯实和谐社会的物质基础。马克思主义认为,生产力的发展是一切社会存在和发展的最终决定力量,是一切社会形态的物质基础。一个社会的生产力水平,构成这个社会的物质基础。我们党和政府历来重视解放和发展生产力,通过不断改革开放,注重解放和发展生产力。社会主义社会是一个从低级阶段向高级阶段逐步发展的过程,需要经历不同的发展阶段。同理,社会主义和谐社会也需要经过不同的发展阶段,才能进到较高层次的和谐程度。在这个过程中,胡锦涛指出,要通过发展社会主义社会的生产力来不断增强和谐社会建设的物质基础。

第三,着力解决人民群众最关心的民生问题是和谐社会的建设目标。胡锦涛指出,构建和谐社会,说到底,就是注重民生问题,维护广大人民群众的根本利益。要最大限度地增加社会和谐因素,最大限度地减少不和谐因素,而社会和谐因素和不和谐因素都与人民群众的根本利益密切相关。民生问题就是人民群众的日常生活、生计问题,它涉及民众的衣食住行用、生老病死等方面,是人民群众最关心、最切身、最重视的利益,它决定着人心向背,决定着社会稳定发展。只有切实解决好民生问题,才能得到广大人民群众的理解和认同,得到人们的信任和支持。胡锦涛特别强调权为民所用、情为民所系、利为民所谋,要坚持以人为本,实现好、维护好、发展好最广大人民的根本利益。在党的十七大报告中,他明确提出,要加快推进以改善民生为重点的社会建设,着力保障和改善民生,推进社会体制改革,扩大公共服务,完善社会管理,促进社会公平正义,努力使全体人民学有所教、劳有所得、病有所医、老有所养、住有所居,推动建设和谐社会。①

第四,树立全民对和谐社会的认同和追求。构建社会主义和谐社会是全面建设小康社会、实现社会主义现代化的重要目标,是我们党一贯追求的社会理想。人们对于和谐社会的理解和认同关系到和谐社会构建的进程和质量,

---

① 参见《十七大以来重要文献选编》(上),中央文献出版社 2009 年版,第 29 页。

关系到人们切身利益的实现。人民群众对和谐社会的认同又与自身的需要、诉求直接相关,在社会价值观多元化的情况下,人们在多元的价值观中不排斥进而赞同主流社会价值导向是以人们的共同利益诉求为基础的。因此,只有人们具有对和谐社会的普遍认同,才能统一思想和行动,同心同德,把构建社会主义和谐社会作为自身的价值追求。

第五,落实学习型政党建设是构建社会主义和谐社会的保证。执政党的建设是一项伟大工程,关乎国家事业的兴衰成败。我们党已经执政多年,始终是中国特色社会主义事业的领导核心。"构建社会主义和谐社会,关键在党"①,同样,构建社会主义和谐社会也有利于"巩固党执政的社会基础、实现党执政的历史任务"②。在"十二五"建设时期进一步加强中国共产党的建设,不断提高党领导构建中国特色社会主义和谐社会的能力就显得格外重要。历史在不断向前发展,中国共产党的建设事业需要我们以理性的视角审时度势,以积极的态度推进中国共产党的建设实践,以改革创新的精神发展中国共产党的建设理论。胡锦涛在全面把握我党所处的历史方位和肩负的历史使命的前提下,从党的思想建设、制度建设、组织建设、作风建设、反腐倡廉建设等方面,从加强党的先进性建设、执政能力建设等方面丰富和发展了党建思想,为继续推进党的建设新的伟大工程注入生机和活力,为党领导构建社会主义和谐社会提供了强大思想武器。

3. 爱国主义教育

热爱祖国与服务人民从根本上是一致的,都是热爱社会主义祖国的根本要求和体现,社会主义荣辱观中"以热爱祖国为荣、以危害祖国为耻,以服务人民为荣、以背离人民为耻"③集中体现了全心全意为人民服务是爱国主义的核心思想,这是胡锦涛爱国主义的主要内容。为人民服务的思想是社会主义道德建设的核心内容,早已深入全党全国人民心中。胡锦涛提出了以人为本为核心的科学发展观,就是把广大人民群众的利益作为一切工作的出发点和落脚点,坚持为人民服务的宗旨,实现好、维护好、发展好广大人民群众的根本

---

① 《十六大以来重要文献选编》(下),中央文献出版社 2008 年版,第 669 页。
② 《十六大以来重要文献选编》(中),中央文献出版社 2006 年版,第 696 页。
③ 《十六大以来重要文献选编》(下),中央文献出版社 2008 年版,第 317 页。

利益。"以服务人民为荣、以背离人民为耻"进一步丰富和发展了以人为本的思想,是为人民服务的新的表达。胡锦涛指出:"坚持以人为本,就是要以实现人的全面发展为目标,从人民群众的根本利益出发谋发展、促发展"①。

爱国主义还体现在推动祖国统一大业的进程中。大力弘扬爱国主义,广泛建立爱国统一战线,不断增强中华民族的凝聚力和向心力,维护民族团结,是推动祖国统一的现实需要。胡锦涛由此呼吁:"包括大陆同胞、港澳同胞、台湾同胞、海外侨胞在内的全体中华儿女,都应该为自己是中华民族的成员而感到无比自豪,都应该承担起实现中华民族伟大复兴的历史责任,都应该以自己的努力为中华民族发展史续写新的光辉篇章。"②以爱国主义为核心的民族精神和以改革创新为核心的时代精神,是社会主义核心价值观形成过程中不可或缺的重要思想来源,是实现祖国统一、国家富强、人民幸福的中华民族伟大复兴的现实需要,在培育和践行社会主义核心价值观的过程中显得尤为重要。

4. 理想信念教育

胡锦涛的理想信念思想,是在对中国共产党三代中央领导集体理想信念思想理论和实践经验深刻总结的基础上,继承了中华民族优秀传统文化的精粹,逐步提出、形成和发展起来的重要理论体系,主要内容体现在坚持和发展马克思主义中,提出的科学发展观、构建社会主义和谐社会、社会主义先进文化建设思想,还体现在高举中国特色社会主义伟大旗帜、走中国特色社会主义道路、丰富中国特色社会主义理论体系、完善中国特色社会主义制度等方面。

进行理想信念教育的首要途径就是学习教育,通过学习提高人们的思想政治素质,矫正人们世界观、人生观、价值观的偏差,从而树立坚定的理想信念。加强理想信念的学习,就会自觉地把自己的命运与国家的发展紧密地联系在一起,树立远大理想,并投入到实现它的奋斗中去。需要深入研究社会主义理想信念,把握住其精髓,重点研究社会主义核心价值体系,特别是其中的中国特色社会主义共同理想,把握住了这个主题,就能够树立坚定的社会主义信念。

---

① 《十六大以来重要文献选编》(上),中央文献出版社 2005 年版,第 850 页。
② 《十六大以来重要文献选编》(中),中央文献出版社 2006 年版,第 989 页。

5. 公平正义教育

胡锦涛坚持马克思主义公平正义思想的基本原则,吸收了中华民族优秀传统文化中关于公平正义思想的合理内核,继承和发展了毛泽东、邓小平、江泽民的公平正义思想,紧密结合我国经济社会发展的实际,创造性地提出了具有新时期特点的公平正义思想。胡锦涛强调必须坚持维护社会公平正义,充分彰显出中国共产党对公平正义问题的重视。《在省部级主要领导干部提高构建社会主义和谐社会能力专题研讨班上的讲话》中,胡锦涛指出:"在促进发展的同时,把维护社会公平放到更加突出的位置,综合运用多种手段,依法逐步建立以权利公平、机会公平、规则公平、分配公平为主要内容的社会公平保障体系,使全体人民共享改革发展的成果,使全体人民朝着共同富裕的方向稳步前进。"①在党的十八大报告中,胡锦涛又指出:"逐步建立以权利公平、机会公平、规则公平为主要内容的社会公平保障体系,努力营造公平的社会环境,保证人民平等参与、平等发展权利。"②可见,胡锦涛把维护社会公平放到更加突出的位置,并且明确指出了社会公平正义的主要内容包括"权利公平、机会公平、规则公平、分配公平"。

(1)公平正义思想

权利公平的思想是胡锦涛公平正义思想的重要内容,是指每位社会成员在权利分享上面具有相同的主体资格,任何人的权利都不能受到不公正的剥夺或者限制,国家对于权利公平负有依法保障的义务,通过规范权力行使,改革政府管理模式等方式来增进权利公平。权利公平是底线公平,是实体公平,是社会公平正义的前提,是社会公平和正义的内在要求,是社会和谐的重要立足点。③ 只有首先实现了权利公平,才有可能谈得上机会公平、规则公平、分配公平。

机会公平是指发展机会的公平,实际上是一种过程的公平。机会是需要人去把握的,对机会的把握是需要人去积极地争取的,人的努力程度不同,能够获得的机会也不同。所以机会公平是积极权利的公平,是实现社会公平正

---

① 《十六大以来重要文献选编》(中),中央文献出版社 2006 年版,第 712 页。
② 《十八大以来重要文献选编》(上),中央文献出版社 2014 年版,第 12 页。
③ 参见牛先锋:《社会公平的多重内涵及其政策意义》,《理论探讨》2006 年第 5 期。

义的基本机制。

规则公平是指平等对待规则内的所有的人,每位公民在参与社会活动之时,都要遵守公平的游戏规则,任何人不得以任何借口破坏规则公平、践踏规则公平。要体现规则公平,社会运行规则本身要合乎理性,一方面要充分反映和体现广大群众的意愿和要求,另一方面也要体现社会运行规则本身的规律性,不能仅凭主观愿望制定规则,也不能放弃对社会公平正义的追求。规则公平是一种形式公平,规则面前人人平等,不能区别对待,是权利公平、机会公平、分配公平的制度化和形式化。根据权利公平、机会公平、分配公平的要求所形成的规则公平充分反映了社会公平的实质内容,符合社会发展的规律,反映时代进步的要求,体现最广大群众的意愿。

分配公平是一种实体公平,是人们实际所获得的利益,是指社会成员应当公平正义地分配到社会发展的成果和财富,社会发展也应当创造丰富的物质条件,满足社会成员对分配公平的要求,不断强化分配公平、贯彻落实分配正义。分配公平是社会公平正义的基本要求,权利公平、机会公平、规则公平都是为了实现分配公平。

(2)公平正义的培育和实践

坚持效率与公平相结合。公平正义的实现离不开经济的发展,只有经济发展了,才能更好地解决一切不公平的问题。只有不断地发展经济,才能为消除社会不公平现象创造物质前提条件。胡锦涛指出:"在经济发展的基础上,更加注重社会公平"①。同时,要在社会发展中注重公平,就要坚持效率与公平相结合的发展原则。在党的十七大报告中,胡锦涛指出:"把提高效率同促进社会公平结合起来"②,"合理的收入分配制度是社会公平的重要体现。要坚持和完善按劳分配为主体、多种分配方式并存的分配制度,健全劳动、资本、技术、管理等生产要素按贡献参与分配的制度,初次分配和再分配都要处理好效率和公平的关系,再分配更加注重公平。逐步提高居民收入在国民收入分配中的比重,提高劳动报酬在初次分配中的比重。着力提高低收入者收入,逐

---

① 《十六大以来重要文献选编》(下),中央文献出版社 2008 年版,第 559 页。
② 《十七大以来重要文献选编》(上),中央文献出版社 2009 年版,第 8 页。

步提高扶贫标准和最低工资标准,建立企业职工工资正常增长机制和支付保障机制"①。可见,胡锦涛既重视效率,又注重公平,强调二次分配更加注重公平,"要通过发展增加社会物质财富、不断改善人民生活,又要通过发展保障社会公平正义、不断促进社会和谐"②。

保障社会公平正义重在制度建设。胡锦涛在《中共中央关于构建社会主义和谐社会若干重大问题的决定》中明确指出:"社会公平正义是社会和谐的基本条件,制度是社会公平正义的根本保证。必须加紧建设对保障社会公平正义具有重大作用的制度,保障人民在政治、经济、文化、社会等方面的权利和利益,引导公民依法行使权利、履行义务。"③加强制度建设,是实现社会公平正义的重要途径。任何公平正义都需要在制度和规则的约束下来实现,离开制度的保障社会公平正义将无从谈起。胡锦涛具体阐述了如何保障社会公平正义的制度建设,包括"民主权利保障制度""法律制度""司法体制机制""公共财政制度""收入分配制度""社会保障制度"等。

进一步加强和改善党的领导。作为社会主义社会的建设者和领导者,加强党的自身建设是构建社会主义和谐社会,实现社会公平正义的关键。加强和改善党的领导需要进一步提高党的领导能力和执政能力。"构建社会主义和谐社会,关键在党。必须充分发挥党的领导核心作用,坚持立党为公、执政为民,以党的执政能力建设和先进性建设推动社会主义和谐社会建设,为构建社会主义和谐社会提供坚强有力的政治保证。"④党的先进性和党的执政地位不是一劳永逸、一成不变的,"一个政党过去先进,不等于现在先进;现在先进,不等于永远先进"⑤。必须以改革创新精神加强党的思想建设、组织建设、作风建设、制度建设和反腐倡廉建设。只有不断提高党的执政能力,才能发挥党在和谐社会中的领导作用,才能够把实现社会公平正义的目标要求落到实处。

---

① 《十七大以来重要文献选编》(上),中央文献出版社 2009 年版,第 30 页。
② 《十七大以来重要文献选编》(上),中央文献出版社 2009 年版,第 13 页。
③ 《十六大以来重要文献选编》(下),中央文献出版社 2008 年版,第 657 页。
④ 《十六大以来重要文献选编》(下),中央文献出版社 2008 年版,第 669 页。
⑤ 《十六大以来重要文献选编》(中),中央文献出版社 2006 年版,第 616 页。

共建共享实现公平正义是全社会的共同使命,为此政府、企业、民间组织和个人都应承担责任,但主要责任在政府。胡锦涛强调:"在促进发展的同时,把维护社会公平放到更加突出的位置,综合运用多种手段,依法逐步建立以权利公平、机会公平、规则公平、分配公平为主要内容的社会公平保障体系,使全体人民共享改革发展成果,使全体人民朝着共同富裕的方向稳步前进。"①政府的公正行政行为是实现社会公正的前提。政府需要不断提升社会服务职能,切实转变政府管理方式,努力建设服务型政府,做到依法行政,照章办事,减少政府行为的随意性和主观性,提高政府工作的透明度,自觉接受监督。实现社会公平正义还需要更多的社会力量来参与,充分发挥企业、民间组织和个人在缓冲社会矛盾和促进社会公正方面不可取代的作用,使其充分利用自己的优势和社会资源,来推动社会帮助困难群体。所以,胡锦涛提出:"要深入研究社会管理规律,加强社会管理体制的建设和创新,完善社会管理体系和政策法规,整合社会管理资源,建立健全党委领导、政府负责、社会协同、公众参与的社会管理格局。"②

6. 树立社会主义荣辱观

2006 年 3 月 4 日,胡锦涛在全国政协民盟、民进联组会上首先提出了"八荣八耻"的重要思想。以"八荣八耻"为主要内容,胡锦涛对于社会主义荣辱观进行了重要论述,包含爱国主义、集体主义和社会主义思想,揭示了社会主义基本道德规范和社会风尚的本质要求,是对马克思主义道德观的精辟概括,是社会主义世界观、人生观和价值观的生动体现,是新形势下进行社会主义思想道德建设的重要指导方针。

社会主义荣辱观是指对荣与辱的根本看法。"荣"是指光荣或荣誉,"辱"是指耻辱或羞耻。社会主义荣辱观以"八荣八耻"为主要内容,"坚持以热爱祖国为荣、以危害祖国为耻,以服务人民为荣、以背离人民为耻,以崇尚科学为荣、以愚昧无知为耻,以辛勤劳动为荣、以好逸恶劳为耻,以团结互助为荣、以损人利己为耻,以诚实守信为荣、以见利忘义为耻,以遵纪守法为荣、以违法乱

---

① 《十六大以来重要文献选编》(中),中央文献出版社 2006 年版,第 712 页。
② 《十六大以来重要文献选编》(中),中央文献出版社 2006 年版,第 713—714 页。

纪为耻,以艰苦奋斗为荣、以骄奢淫逸为耻"①,这"八荣八耻"将传统美德和时代精神有机结合,是社会主义道德建设的新标杆,既可以成为道德实践的先导,也应该成为经济社会建设实践的先导。树立正确的荣辱观,有利于正确区分各种观念中的是与非,学习"八荣八耻",就应该将其融会贯通在各种观念中,把荣辱观作为一个判断标准,贯穿于我们树立更新的各种观念中。

首先,要树立正确的就业观念。胡锦涛提出"以辛勤劳动为荣、以好逸恶劳为耻",是针对社会上一部分人不以辛勤劳动为荣,一味追求优越的工作环境、体面的脑力工作,看不起体力劳动,以辛勤劳动为耻。一些年轻人宁愿闲散在家"啃老",也不愿意出去劳动。很多大学生追求大城市的工作,不愿去条件艰苦的地方。针对这种错误的劳动观和就业观提出的"以辛勤劳动为荣、以好逸恶劳为耻"显然具有很强的现实针对性。

其次,要尊重劳动和加强保护劳动者的合法权益。尊重劳动和保护劳动者的合法权益是发展社会主义生产力、维护社会安定团结的必然要求。胡锦涛在全国劳模和先进工作者表彰大会上强调,要全面贯彻尊重劳动、尊重知识、尊重人才、尊重创造的方针,要使热爱劳动、尊重劳动、保护劳动蔚然成风,要努力形成劳动光荣、知识高尚、人才宝贵、创造伟大的时代新风。

再次,坚决摒弃好逸恶劳思想。好逸恶劳的思想只讲索取,贪图享受,不讲奉献,不思上进,与以辛勤劳动为荣的社会主义道德观完全相背离。一些人既贪图享受,又不愿辛勤工作,甚至有些人在欲望的驱使下,不惜走上犯罪道路,这些思想和言行都严重危害到社会的团结和稳定,对社会发展和进步没有任何益处。教育和引导人民群众特别是广大青年摒弃好逸恶劳的错误思想,对全社会树立劳动荣辱观有着重要意义。

7. 民主法治教育

民主与法治相互依赖,相互促进,密不可分。社会主义民主与社会主义法治都是社会主义政治文明的基本要素。保障公民的权利和自由是法治的基本原则之一,也是民主的精神所在。社会主义民主政治的完善,就是要形成有效的权力制约机制和权力监督机制,实现社会主义民主政治的法治化,即社会主

---

① 《十六大以来重要文献选编》(下),中央文献出版社 2008 年版,第 317 页。

义民主政治的制度化、规范化和程序化。

法治是现代政治文明的核心和基本标志,也是社会主义政治文明的本质要求,建设社会主义法治国家是社会主义政治文明的重要体现。胡锦涛强调:"坚定不移地实施依法治国的基本方略,是国家长治久安的重要保障。依法治国不仅从制度上、法律上保证人民当家作主,而且也从制度上、法律上保证党的执政地位。依法治国,前提是有法可依,基础是提高全社会的法律意识和法制观念,关键是要依法执政、依法行政、依法办事、公正司法。"①依法治国的核心就是依宪治国,这是建设社会主义法治国家的一项基础性工作。胡锦涛十分重视宪法的贯彻实施,在全社会进一步树立宪法意识和宪法权威。

(五)习近平论培育和践行社会主义核心价值观

培育和践行社会主义核心价值观,是以习近平同志为核心的党中央从新时代坚持和发展中国特色社会主义、实现中华民族伟大复兴的中国梦的战略高度提出的重大战略思想。

党的十八大报告首次提出社会主义核心价值观这一崭新论断和重大命题以来,不仅党中央集体部署、有力推动,习近平总书记本人也是率先垂范、身体力行。习近平高度重视培育和践行社会主义核心价值观问题,先后发表《培育和践行社会主义核心价值观》《青年要自觉践行社会主义核心价值观》《从小积极培育和践行社会主义核心价值观》等一系列重要讲话,就如何积极培育和有效践行社会主义核心价值观等相关问题,提出重要论述和明确要求。习近平提出:"要切实把社会主义核心价值观贯穿于社会生活方方面面。要通过教育引导、舆论宣传、文化熏陶、实践养成、制度保障等,使社会主义核心价值观内化为人们的精神追求,外化为人们的自觉行动。"②为培育和践行社会主义核心价值观指明了具体方向和基本遵循,对于推进新时代社会主义核心价值观建设、提升中国文化软实力、建设社会主义文化强国,具有十分重要的现实意义和深远的历史意义。在党的十九大报告中,习近平总书记深刻阐

---

① 《十六大以来重要文献选编》(中),中央文献出版社 2006 年版,第 224—225 页。
② 《习近平谈治国理政》,外文出版社 2014 年版,第 164 页。

述了社会主义核心价值观的丰富内涵和实践要求,对坚持社会主义核心价值体系、培育和践行社会主义核心价值观做出了许多新的重大部署,充分反映了中国共产党人在培育和践行社会主义核心价值观的理念和实践上达到了一个新的高度。

1. 理想信念教育

坚定而崇高的理想信念是中国共产党人不懈奋斗的精神密码。新时代要深化中国特色社会主义和中国梦的宣传教育,弘扬民族精神和时代精神,凝聚实现中华民族伟大复兴的力量,必须加强理想信念教育。正如习近平在党的十九大报告中强调的:"必须推进马克思主义中国化时代化大众化,建设具有强大凝聚力和引领力的社会主义意识形态,使全体人民在理想信念、价值理念、道德观念上紧紧团结在一起。"[1]习近平在庆祝中国共产党成立95周年纪念大会上的重要讲话中,一再强调不忘初心,坚定理想信念,他指出:"理想信念动摇是最危险的动摇,理想信念滑坡是最危险的滑坡。一个政党的衰落,往往从理想信念的丧失或缺失开始。我们党是否坚强有力,既要看全党在理想信念上是否坚定不移,更要看每一位党员在理想信念上是否坚定不移。"[2]是否具有坚定的理想信念是评判一名合格党员干部的重要标准,全党同志要永远坚守理想信念这一安身立命的根本,才能不断战胜各种艰难险阻,始终站立于引领时代发展和社会进步的潮头。

党的十九大报告提出:"要把坚定理想信念作为党的思想建设的首要任务"[3]。其实,从党的十八大以来,习近平就领导开展了党的系列专题教育活动,铸牢理想信念的根基。

首先,党的群众路线教育实践。2014年10月8日,习近平总书记在党的群众路线教育实践活动总结大会上肯定了活动成效,主要包含五个方面:受马克思主义群众观点影响,广大党员干部更加自觉与坚定的将群众路线落实到

①　习近平:《决胜全面建成小康社会　夺取新时代中国特色社会主义伟大胜利——在中国共产党第十九次全国代表大会上的报告》,人民出版社2017年版,第41页。

②　《十八大以来重要文献选编》(下),中央文献出版社2018年版,第347页。

③　习近平:《决胜全面建成小康社会　夺取新时代中国特色社会主义伟大胜利——在中国共产党第十九次全国代表大会上的报告》,人民出版社2017年版,第63页。

位；各种形式主义、官僚主义、享乐主义及奢靡之风整治效果显著，有效解决了群众反映强烈的问题；批评与自我批评优良传统逐步恢复并得到了发扬，在新形势下，探索出了有效完善党内政治生活的途径；逐步完善了作风重点制度体系建设，其执行与约束力也不断增强；与群众切身利益相关的重要难关得到突破，稳固了党的执政基础。在党的群众路线教育实践活动工作会议上的讲话，习近平总书记强调："群众路线是我们党的生命线和根本工作路线。"①

通过群众路线教育实践活动，切实着力解决了"形式主义、官僚主义、享乐主义和奢靡之风"等问题，永葆共产党人政治本色，矢志不移为党和人民事业而奋斗。因此，通过实践活动，很好地保持了党的先进性和纯洁性，发扬了一切为了群众，一切依靠群众、从群众中来、到群众中去的优良传统美德。保持党同人民群众的血肉联系是马克思主义政党建设的一个永恒课题，建立健全促进党员、干部坚持为民务实清廉的长效机制，是马克思主义政党建设的一个重要政治优势和重要法宝。人民群众就是党的生命之根、力量之源。只有党保持了先进性和纯洁性，始终与人民群众心连心、同呼吸、共命运，坚持人民群众的历史主体地位，才能保持党的生命力生机勃勃。通过开展党的群众路线教育实践活动，使党的执政不断顺应人民群众对美好生活向往，不断激发全国各族人们建设社会主义的积极性，进一步凝聚了全面建成小康社会和实现民族复兴中国梦的磅礴力量。

其次，"三严三实"专题教育。"三严三实"专题教育，是党的群众路线教育实践活动的延展深化。习近平在 2014 年第十二次全国人大第二次会议发表"三严三实"讲话，2015 年中共中央办公厅印发了《关于在县处级以上领导干部中开展"三严三实"专题教育方案》，随即"三严三实"专题教育活动全面展开和推进。"三严三实"即严以修身、严以用权、严以律己，谋事要实、创业要实、做人要实。习近平总书记突出强调，严以修身，就是要加强党性修养，坚定理想信念，提升道德境界。"三严三实"专题教育正是为了加强党性锻炼和自身修养，着眼于坚定理想、增强党性观念、增强实干精神，铸牢理想信念的主心骨。

---

① 《十八大以来重要文献选编》（上），中央文献出版社 2014 年版，第 307 页。

通过开展"三严三实"专题教育活动，一是进一步提高了党员干部的思想境界。"三严三实"专题教育不是一次活动，而是要求把专题教育融入经常性学习中，把开展专题教育与妥善处理改革发展稳定的各项工作结合起来，与落实"四个全面"战略布局结合起来，与中国特色社会主义的伟大事业结合起来，严格按照从严从实的标准去要求自己。二是进一步规范了党员干部的言行。从严处入手，从实处着力，通过不断的对照检查，查摆自身存在的问题，按照严实标准去整改落实，做一名"忠诚、干净、担当"的党员干部。三是进一步落实了全面从严治党的要求。全面从严治党的要求，具体到党员干部就是"三严三实"的要求，只有个体过关，整体才会过硬，我们的党才有战斗力和凝聚力，通过专题研讨，明确肩负的责任和使命，汇聚发展正能量。

最后，"两学一做"学习教育。习近平强调：部署"两学一做"学习教育，就是要推动党内教育从"关键少数"向广大党员拓展，从集中性教育向经常性教育延伸，坚定广大党员的马克思主义立场，保证全党始终在思想上政治上行动上同党中央保持高度一致，使我们党始终成为有理想、有信念的马克思主义政党。在实践工作中，党员干部要坚持不断学习，以此提高自身理论素养，坚持学习党章、党规及领导人重要讲话，在读原著、学原文与悟原理的基础上，增强自身思想修养，弥补精神之缺，稳固党性灵魂，在实际行动中，自觉坚持并灵活运用党规与领导人重要讲话精神，实现学而信、用及行的目标。

"两学一做"学习教育活动，可以说是习近平理想信念教育实践最具体的形式。学是根基，要把学习看作日常生活的一部分，不断加强思想政治教育建设，深化党内教育工作，实施党员干部富脑行动，用党的先进理论武装自己。做是关键，空谈误国、实干兴邦，真真实实地干，不是敷衍了事，要把党和人民放在首位，学习的目的就是用来指导怎么干。融入是核心，从其本质上来讲就是要端正党员干部思想作风，解决群众突出问题。全面加强思政建设，积极参与党性教育活动，学习党章党规要求、系列重要讲话精神，促使自己成为一名真正的忠诚、干净与担当的合格党员。从根本上来讲就是要深入学习党章党规及系列重要讲话精神，确保每一位党员干部都能成为一名忠诚、干净与担当的合格党员，这是"两学一做"的精髓所在。

注重党的宣传思想工作。第一，强化意识形态工作。习近平认为意识形态是宣传思想工作的主要内容之一,他指出:"经济建设是党的中心工作,意识形态工作是党的一项极端重要的工作。"①在新的历史条件下,宣传思想工作面临新的挑战,而做好宣传思想工作意义重大。习近平强调:"现在,宣传思想工作的环境、对象、范围、方式发生了很大变化,但宣传思想工作的根本任务没有变,也不能变。宣传思想工作就是要巩固马克思主义在意识形态领域的指导地位,巩固全党全国人民团结奋斗的共同思想基础。"②他认为:"能否做好意识形态工作,事关党的前途命运,事关国家长治久安,事关民族凝聚力和向心力。"③

第二,加强青年学生思想政治教育工作。2015 年 1 月,中共中央办公厅印发了《关于进一步加强和改进新形势下高校宣传思想工作的意见》,强调要增强大学生思想政治教育的针对性和实效性,培养德智体美全面发展的社会主义建设者和接班人。2016 年 12 月,习近平在全国高校思想政治工作会议上发表重要讲话中强调,要坚持把立德树人作为中心环节,把思想政治工作贯穿教育教学全过程,实现全程育人、全方位育人,努力开创我国高等教育事业发展新局面。这是我国大学生思想政治教育发展进程中里程碑式的标志性事件,彰显了以习近平同志为核心的党中央对青年学生思政教育工作的关注与重视。理想信念教育是思政教育的主要内容,高等教育立德树人这一中心环节的核心,直接影响到社会主义建设者和接班人的质量。

2. 历史观教育

建立在唯物史观基础上的人民史观。习近平关于历史观教育的重要论述最鲜明的特点就是坚定地站在人民的立场上。他坚持马克思主义的人民史观,认为人民既是历史的创造者,也是历史的见证者,还是文明的创造者;既是历史的"剧中人",也是历史的"剧作者"。他对哲学社会科学的学者们说:"我国哲学社会科学要有所作为,就必须坚持以人民为中心的研究导向。脱离了人民,哲学社会科学就不会有吸引力、感染力、影响力、生命力。我国广大哲学社会科学工作者要坚持人民是历史创造者的观点,树立为人民做学问的理想,

---

① 《习近平谈治国理政》,外文出版社 2014 年版,第 153 页。

② 《习近平关于全面建成小康社会论述摘编》,中央文献出版社 2016 年版,第 104 页。

③ 《习近平关于全面建成小康社会论述摘编》,中央文献出版社 2016 年版,第 103 页。

尊重人民主体地位,聚焦人民实践创造,自觉把个人学术追求同国家和民族发展紧紧联系在一起,努力多出经得起实践、人民、历史检验的研究成果。"①

习近平关于历史观教育的重要论述,既体现了丰富的历史唯物主义的基本原理、科学方法,同时也丰富和发展了历史唯物主义。他强调科学的历史观非但不惧怕事实,相反要以事实为基石。强调要引导党员干部树立唯物史观,只有树立科学的唯物史观,才能把坚定共产主义远大理想和践行中国特色社会主义共同理想统一起来。习近平关于历史观教育这方面的重要论述与思想,构成了习近平新时代中国特色社会主义思想的重要组成部分。

习近平关于历史观教育的重要论述,突出地体现在关于历史功能的思想。他提出了很多具有时代鲜明特征、朗朗上口的特色命题,包括:历史是最好的教科书;中国共产党的历史是一部丰富生动的教科书;中国革命历史是最好的营养剂;历史是人类最好的老师;历史是最好的清醒剂;历史是前人的"百科全书";历史是前人各种知识、经验和智慧的总汇;历史是前人的实践和智慧之书;历史是民族安身立命的基础;中国历史是中国人民、中华民族坚持不懈的创业史和发展史;等等。这些命题充分体现了习近平重视历史、研究历史、借鉴历史的严谨态度。他说,历史研究是一切社会科学的基础,承担着"究天人之际,通古今之变"的使命,重视历史、研究历史、借鉴历史,可以给人类带来很多了解昨天、把握今天、开创明天的智慧。昨天、今天、明天,反映了不能割断历史的联系的发展的辩证唯物主义的基本立场和观点,这是历史研究非常重要的方法论。

习近平关于历史观教育的重要论述,充分反映了时代特点。他提出的一系列精辟的历史论断,新意迭出,发人深思。比如关于对待历史的科学态度,他鲜明地反对历史虚无主义,指出中国共产党人不是历史虚无主义者。关于历史人物评价,他指出:"应该放在其所处时代和社会的历史条件下去分析,不能离开对历史条件、历史过程的全面认识和对历史规律的科学把握,不能忽略历史必然性和历史偶然性的关系。不能把历史顺境中的成功简单归功于个人,也不能把历史逆境中的挫折简单归咎于个人。不能用今天的时代条件、发

---

① 习近平:《在哲学社会科学工作座谈会上的讲话》,人民出版社 2016 年版,第 12—13 页。

展水平、认识水平去衡量和要求前人,不能苛求前人干出只有后人才能干出的业绩来。"①关于改革开放前后两个历史时期的关系,他强调:"不能用改革开放后的历史时期否定改革开放前的历史时期,也不能用改革开放前的历史时期否定改革开放后的历史时期。改革开放前的社会主义实践探索为改革开放后的社会主义实践探索积累了条件,改革开放后的社会主义实践探索是对前一个时期的坚持、改革、发展。"②关于怎样传承历史,他提出要坚持古为今用,去粗取精,去伪存真;坚持洋为中用,不能照搬;等等。这些论断,都值得我们去深刻领会、把握。

习近平关于历史观教育的重要论述,坚持辩证唯物主义和历史唯物主义的根本立场观点方法,对历史经验进行了深刻总结,对历史规律进行了深刻揭示,对现实问题进行了深入分析,对未来发展进行了深入思考,将党的历史有机地融入治国理政管党新的实践,体现了一种新的执政理念、执政风格。历史是最好的教科书。习近平关于历史观教育的重要论述,是我们学习历史、认知中国的最好的教科书。我们要深入学习贯彻习近平同志关于党的历史的重要论述,充分发挥党史这门"必修课"的重要作用,更好地总结和运用党的历史经验,更好地认识和把握历史发展规律,在感悟历史中走进历史,创造历史。

3.传承红色文化教育

习近平多次讲话强调学习、传承"红色基因"。"红色基因"是中国共产党带领中华各族儿女逐步取得民族独立、实现民族伟大复兴的密码,是中国共产党能够始终与时俱进的精神内核。新时期,学习习近平有关传承"红色基因"讲话精神,对指导社会主义核心价值观的培育和践行具有重要意义,同时有利于推进四个全面建设。中国共产党第十八次全国代表大会首次以24个字的形式明确了社会主义核心价值观的内容,从国家、社会、个人三个层面规范了价值要求。

首先,培育富强、民主、文明、和谐的国家价值目标,需要传承"红色基因"。中国共产党自成立开始,就承担起新民主主义革命的历史重任,带领各

---

① 《十八大以来重要文献选编》(上),中央文献出版社2014年版,第693页。

② 《十八大以来重要文献选编》(上),中央文献出版社2014年版,第112页。

族人民实现了国家的独立、建立起社会主义国家,领导人民进行社会主义建设,在社会主义各项伟大事业的建设过程中,积累了丰富的经验,强化了人民建设富强、民主、文明、和谐国家的价值意识与不懈追求,丰富了红色基因的内涵。新时期,传承"红色基因",为党进行中国特色社会主义建设提供了经验、思路与方法,更好地激发人民投身社会主义现代化建设的自觉性、积极性。

其次,培育自由、平等、公正、法治的社会价值取向,需要传承"红色基因"。启蒙思潮开启了人类社会走向自由、平等、公正、法治的现代化新纪元,马克思主义是实现自由、平等、公正、法治社会价值的唯一科学、正确的方法。我们应始终坚持马克思主义在意识形态领域里的指导地位不动摇。回顾党走过的90多年的历史,不论是在革命战争年代,还是在社会主义改革建设时期,无不体现出党为实现自由、平等、公正、法治社会价值的不懈努力与长期实践。培育自由、平等、公正、法治的社会价值取向,符合历史的发展潮流。我国现代化起步较晚,加上人民受封建等级思想禁锢的影响大,需要继续解放思想、摆脱禁锢,传承"红色基因",强化马克思主义意识形态的指导地位,具有不可替代的现实意义。

最后,培育爱国、敬业、诚信、友善的公民价值标准,需要传承"红色基因"。不管在革命战争年代,还是在进行社会主义现代化建设的今天,爱国主义始终是一面伟大的旗帜,具有强大的凝聚力。新时期,全面推进小康社会建设进入关键期,改革进入攻坚克难期,依法治国进入重要战略期,从严治党刻不容缓,需要凝聚各方力量克服困难、解决难题。随着中国综合国力的提升,中国在某些方面起着"牵一发,动全身"的作用,用"红色基因",培育人民爱国、敬业、诚信、友善的公民价值,提升公民素质,有利于提高中国的国际形象。

4. 爱国主义教育

习近平关于爱国主义教育的重要论述是新时代中国特色社会主义思想的重要组成部分,是实现中国特色社会主义伟大事业的实践指南。

习近平要求切实把爱国主义思想融入新时代中国特色社会主义建设全过程中,并转化为人民的自觉追求。他强调:"弘扬爱国主义精神,必须把爱国主义教育作为永恒主题。……要结合弘扬和践行社会主义核心价值观,在广大青少年中开展深入、持久、生动的爱国主义宣传教育,让爱国主义精神在广大青少年心中牢牢扎根,让广大青少年培养爱国之情、砥砺强国之志、实践报国之行,让爱国主义精神代代相传、发扬光大。"①认真学习和践行习近平的爱国主义思想,事关民族精神独立性,事关国家文化安全,事关国运兴衰,事关建设中国特色社会主义强国。

弘扬新时代网络爱国主义文化。网络已经成为当前弘扬爱国主义思想的重要阵地,新时期弘扬爱国主义的主要形式就是要把爱国主义融入人们的日常网络生活中。习近平指出:"互联网是一个社会信息大平台,亿万网民在上面获得信息、交流信息,这会对他们的求知途径、思维方式、价值观念产生重要影响,特别是会对他们对国家、对社会、对工作、对人生的看法产生重要影响。"②网络爱国主义思想阵地,我们不去占领,网络负能量就会去占领。只有当正能量占了上风,负能量才会没有市场。相比于枯燥的说教式、灌输式的课堂爱国主义教育,互联网、新媒体的爱国主义教育形式更生动,更容易被广大青少年所接受。因此,我们可以借鉴美国的历史专题网站、日本的公民教育网站和新加坡的国民教育网站等经验,开辟"互联网+"青少年爱国主义教育基地,充分运用新媒体形式引导和培育青少年爱国主义教育,可以培养青少年的爱国情怀。还可以通过网络连接档案馆与课堂,直接为教师提供资源,在教室中通过网络就可以直接利用档案文件进行教学,让历史更加贴近学生的生活,为师生互动创造良好的条件。宣传部门和主流媒体要打好思想保卫战,形成多样性、内容丰富的爱国主义宣传方式,积极弘扬网络爱国主义文化,充分发挥好旗帜的引领作用,保护好网上、网下两个舆论阵地,净化网络空间,引领正确思想,捍卫主流价值,增强网络爱国意识培育。

积极宣传理性爱国。爱国需要激情,更需要理性。理性爱国要把爱国热情控制在理性框架内、建立在法制基础上,是一种高级的、坚定的、成熟的爱国主义,历史是最好的教科书,也是最好的清醒剂。以史为鉴,理性爱国,是尊重历史的表现。爱国主义教育不仅要激发人们的爱国热情,而且要对人们的爱国方式进行正确的引领和塑造,使我们能够用更加健康健全、合理合法、文明

---

① 《习近平在中共中央政治局第二十九次集体学习时强调 大力弘扬伟大爱国主义精神 为实现中国梦提供精神支柱》,《人民日报》2015 年 12 月 31 日。
② 《习近平谈治国理政》第二卷,外文出版社 2017 年版,第 335 页。

进步的思想感情和行为来表现自己的爱国之心。习近平指出："要深化爱国主义教育研究和爱国主义精神阐释,不断丰富教育内容,创新教育载体、增强教育效果,要充分利用我国改革发展的伟大成就、重大历史事件纪念活动、爱国主义教育基地、中华民族传统节庆、国家公祭仪式等来增强人民的爱国主义情怀和意识,运用艺术形式和新媒体,以理服人、以文化人、以情感人,生动传播爱国主义精神,唱响爱国主义主旋律"①。一旦广大人民群众掌握了习近平爱国主义思想,它就一定能转化为强大的精神正能量,真正做到理性爱国、文明爱国、开放爱国。

5. 中华优秀传统文化教育

在培育和践行社会主义核心价值观中,习近平特别重视传统文化的重要作用,中华优秀传统文化既是培育和践行社会主义核心价值观的根基,也是以文化人、以文服人、以文育人的载体。党的十九大报告提出了新的任务,要丰富社会主义核心价值观的内涵,即深入挖掘中华优秀传统文化蕴含的思想观念、人文精神、道德规范,结合时代要求继承创新,让中华文化展现出永久魅力和时代风采。培育和践行社会主义核心价值观与继承和弘扬中华优秀传统文化是相辅相成的,在主持第十八届中共中央政治局第十三次集体学习时,习近平谈到中华传统文化与核心价值观的关系:"牢固的核心价值观,都有其固有的根本。抛弃传统、丢掉根本,就等于割断了自己的精神命脉。博大精深的中华优秀传统文化是我们在世界文化激荡中站稳脚跟的根基","对历史文化特别是先人传承下来的价值理念和道德规范,要坚持古为今用、推陈出新,有鉴别地加以对待,有扬弃地予以继承,努力用中华民族创造的一切精神财富来以文化人、以文育人"。② 在主持中共中央政治局第十八次集体学习时,习近平再次讲述了培育践行社会主义核心价值观与中华传统文化的问题:"要重视中华传统文化研究,继承和发扬中华优秀传统文化。实现中华民族伟大复兴的中国梦,必须要有中国精神,而中国精神必须在坚持社会主义核心价值体系的前提下,积极深入中华民族历久弥新的精神世界,把长期以来我们民族

---

① 《习近平在中共中央政治局第二十九次集体学习时强调　大力弘扬伟大爱国主义精神　为实现中国梦提供精神支柱》,《人民日报》2015 年 12 月 31 日。

② 《习近平谈治国理政》,外文出版社 2014 年版,第 164 页。

形成的积极向上向善的思想文化充分继承和弘扬起来,使之为培育和践行社会主义核心价值观服务,为建设社会主义先进文化服务,为党和国家事业发展服务。"①

习近平还提出运用中华优秀传统文化来培育和践行社会主义核心价值观的具体方法:"要使中华民族最基本的文化基因与当代文化相适应、与现代社会相协调,以人们喜闻乐见、具有广泛参与性的方式推广开来,把跨越时空、超越国度、富有永恒魅力、具有当代价值的文化精神弘扬起来,把继承传统优秀文化又弘扬时代精神、立足本国又面向世界的当代中国文化创新成果传播出去。要系统梳理传统文化资源,让收藏在禁宫里的文物、陈列在广阔大地上的遗产、书写在古籍里的文字都活起来。"②这些重要论述都为我们通过传统文化培育和践行社会主义核心价值观提供了指导。

6. 日常生活教育

习近平指出:"一种价值观要真正发挥作用,必须融入社会生活,让人们在实践中感知它、领悟它。"③这为我们培育和践行社会主义核心价值观提供了基本方向和基本遵循。

习近平指出,培育和践行社会主义核心价值观,要与人们日常生活紧密联系起来,在落细、落小、落实上下功夫。2014 年 5 月 4 日,在北京大学师生座谈会上的讲话中,习近平提出,广大青年树立和培育社会主义核心价值观要遵从"勤学""修德""明辨""笃实"④的基本要求。中共中央办公厅印发的《关于培育和践行社会主义核心价值观的意见》指出:要"坚持联系实际,区分层次和对象,加强分类指导,找准与人们思想的共鸣点、与群众利益的交汇点,做到贴近性、对象化、接地气"⑤。在第十八届中共中央政治局第十三次集体学习时的讲话中,习近平特别强调:"要注意把我们所提倡的与人们日常生活紧

---

①　《习近平在中共中央政治局第十八次集体学习时强调　牢记历史经验历史教训历史警示　为国家治理能力现代化提供有益借鉴》,《人民日报》2014 年 10 月 14 日。

②　《习近平谈治国理政》,外文出版社 2014 年版,第 161 页。

③　《习近平谈治国理政》,外文出版社 2014 年版,第 165 页。

④　《十八大以来重要文献选编》(中),中央文献出版社 2016 年版,第 6—8 页。

⑤　《十八大以来重要文献选编》(上),中央文献出版社 2014 年版,第 579 页。

密联系起来,在落细、落小、落实上下功夫。"①落细,就是要针对核心价值观的内涵,特别是个人层面的价值准则,从细节抓起,从习惯养成做起。个人价值观的培育上,目标要细,要求要细,责任要细,措施要细。落小,就是不能大而无当,而是要把握价值观传播的规律,坚持大处着眼、小处着手。要通过宣传教育,使人们感受到,核心价值观离你我他并不遥远,就在现实生活的点点滴滴之中。要从具体行为入手,让核心价值观变成社会主流。落小,还需防微杜渐。在党员干部队伍中坚持反"四风",实质也是从小处抓起,倡导社会风气的改善。落实要通过教育引导、舆论宣传、文化熏陶、实践养成、制度保障等方式,切实把社会主义核心价值观贯穿于社会生活的方方面面,真正使社会主义核心价值观"内化为人们的精神追求,外化为人们的自觉行动"②。

习近平还强调日常生活教育路径在培育社会主义核心价值观中的作用:一是健全各行各业制度。"要按照社会主义核心价值观的基本要求,健全各行各业规章制度,完善市民公约、乡规民约、学生守则等行为准则,使社会主义核心价值观成为人们日常工作生活的基本遵循。"③二是建立和规范仪式活动。"要建立和规范一些礼仪制度,组织开展形式多样的纪念庆典活动,传播主流价值,增强人们的认同感和归属感。"④三是融入精神文明建设创建活动。"要把社会主义核心价值观的要求融入各种精神文明创建活动之中,吸引群众广泛参与,推动人们在为家庭谋幸福、为他人送温暖、为社会作贡献的过程中提高精神境界、培育文明风尚。"⑤四是营造生活情景和社会氛围。"要利用各种时机和场合,形成有利于培育和弘扬社会主义核心价值观的生活情景和社会氛围"⑥。总之,要通过各种各样的途径,使核心价值观的影响像空气一样无所不在、无时不有。习近平关于社会主义核心价值观融入日常生活教育的系列重要讲话精神,为培育和践行社会主义核心价值观提出了思想指导和基本遵循。

① 《习近平谈治国理政》,外文出版社 2014 年版,第 165 页。
② 《习近平谈治国理政》,外文出版社 2014 年版,第 164 页。
③ 《习近平谈治国理政》,外文出版社 2014 年版,第 165 页。
④ 《习近平谈治国理政》,外文出版社 2014 年版,第 165 页。
⑤ 《习近平谈治国理政》,外文出版社 2014 年版,第 165 页。
⑥ 《习近平谈治国理政》,外文出版社 2014 年版,第 165 页。

习近平还充分论述了国家层面的制度设计和政策保障对培育社会主义核心价值观的重要性,他把培育和践行社会主义核心价值观提升到国家制度层面,通过国家层面的制度设计,彰显国家核心价值。他提出:"要发挥政策导向作用,使经济、政治、文化、社会等方方面面政策都有利于社会主义核心价值观的培育。要用法律来推动核心价值观建设。各种社会管理要承担起倡导社会主义核心价值观的责任,注重在日常管理中体现价值导向,使符合核心价值观的行为得到鼓励、违背核心价值观的行为受到制约。"①党的十八大以后,党中央将一些重大礼仪、纪念活动提升到国家制度层面,设立烈士纪念日、举行南京大屠杀死难者国家公祭、设立国家宪法日和建立宪法宣誓制度、举办纪念中国人民抗日战争暨世界反法西斯战争胜利 70 周年大会和大阅兵仪式等。通过国家立法把一些仪式活动提升到宏观层面,对社会教化、主流价值观传播、人民认同感增强起到了积极的作用,营造了培育和践行社会主义核心价值观的良好氛围。

7. 文化自信教育

文化是民族的血脉,是人民的精神家园。价值观是文化的内核,社会主义核心价值观是提升文化软实力的关键,没有社会主义核心价值观,文化建设就丢掉了魂,失去了方向和引领。培育和践行社会主义核心价值观,是我们党立足于中国特色社会主义伟大事业、实现中华民族伟大复兴中国梦的全局作出的重大决策。习近平就指出:"人类社会发展的历史表明,对一个民族、一个国家来说,最持久、最深层的力量是全社会共同认可的核心价值观。"②没有共同的核心价值观,一个民族、一个国家就会魂无定所、行无依归。核心价值观代表着一个民族、一个国家的精神追求,体现着一个社会评判是非曲直的价值标准。核心价值观在一个社会的文化中起着中轴作用,决定着文化的性质和方向,是一个国家的重要稳定器。构建具有强大感召力的核心价值观,关系社会和谐稳定,关系国家长治久安。在中共中央政治局第十三次集体学习时,习近平指出:"核心价值观是文化软实力的灵魂、文化软实力建设的重点。这是

①　《习近平谈治国理政》,外文出版社 2014 年版,第 165 页。
②　《十八大以来重要文献选编》(中),中央文献出版社 2016 年版,第 2 页。

决定文化性质和方向的最深层次要素。一个国家的文化软实力,从根本上说,取决于其核心价值观的生命力、凝聚力、感召力。"①培育和践行核心价值观,是有效整合社会意识,有效维护社会系统、社会秩序正常运转的重要途径,也是提升国家治理体系和治理能力的重要方面。

习近平总书记在党的十九大报告中指出:"文化自信是一个国家、一个民族发展中更基本、更深沉、更持久的力量。必须坚持马克思主义,牢固树立共产主义远大理想和中国特色社会主义共同理想,培育和践行社会主义核心价值观,不断增强意识形态领域主导权和话语权,推动中华优秀传统文化创造性转化、创新性发展,继承革命文化,发展社会主义先进文化,不忘本来、吸收外来、面向未来,更好构筑中国精神、中国价值、中国力量,为人民提供精神指引。"②其中,意识形态决定文化的前进方向和发展道路,牢牢掌握意识形态工作领导权,"必须推进马克思主义中国化时代化大众化,建设具有强大凝聚力和引领力的社会主义意识形态,使全体人民在理想信念、价值理念、道德观念上紧紧团结在一起。要加强理论武装,推动新时代中国特色社会主义思想深入人心"③。此外,还要深化马克思主义理论研究和建设,加快构建中国特色哲学社会科学。坚持正确舆论导向,高度重视传播手段建设和创新,提高新闻舆论传播力、引导力、影响力、公信力。加强互联网内容建设,建立网络综合治理体系,营造清朗的网络空间。

积极培育和践行社会主义核心价值观,是用马克思主义中国化最新理论成果武装全党、教育人民的重要内容,是新时代加强党的意识形态工作、推进社会主义精神文明建设的重要举措,尤其是在当前社会思想多样化和价值多元化的条件下,积极培育和践行社会主义核心价值观对促进国家主流价值观的形成和凝聚全党全国人民团结奋斗的共同思想基础具有十分重要的作用。在视察北京大学同师生座谈时,习近平指出:"我国是一个有着十三亿多人

---

① 《习近平谈治国理政》,外文出版社 2014 年版,第 163 页。

② 习近平:《决胜全面建成小康社会　夺取新时代中国特色社会主义伟大胜利——在中国共产党第十九次全国代表大会上的报告》,人民出版社 2017 年版,第 23 页。

③ 习近平:《决胜全面建成小康社会　夺取新时代中国特色社会主义伟大胜利——在中国共产党第十九次全国代表大会上的报告》,人民出版社 2017 年版,第 41 页。

口、五十六个民族的大国,确立反映全国各族人民共同认同的价值观'最大公约数',使全体人民同心同德、团结奋进,关乎国家前途命运,关乎人民幸福安康。"①为此他强调必须"把培育和弘扬社会主义核心价值观作为凝魂聚气、强基固本的基础工程"②。要"用社会主义核心价值观凝魂聚力,更好构筑中国精神、中国价值、中国力量,为中国特色社会主义事业提供源源不断的精神动力和道德滋养"③。社会主义核心价值观是社会评判是非曲直的价值标准。这个标准来源于人民群众,是人民群众这个主体统一和客观的价值标准,而不是评价主体根据自己的想法臆造的。

坚持党对一切工作的领导,切实加强对社会主义法治建设的政治领导,使党的主张通过法定程序上升为国家意志,确保立法活动做到政治方向正确,符合人民意愿,反映时代要求。

坚持价值引领,法律法规要具备鲜明的价值导向,体现社会主义核心价值观的根本要求,把实践中广泛认同、比较成熟、操作性较强的道德要求上升为法律规范,以德治促进法治,以良法保障善治,更好构筑中国精神、中国价值、中国力量。

坚持立法为民,坚持以人民为中心,始终以保障人民根本利益为出发点和落脚点,充分保证人民依法享有广泛的权利和自由,承担相应的义务,从法律制度层面更好地体现发展为了人民,发展依靠人民,发展成果由人民共享。

坚持问题导向,一切从实际出发,回应社会关切,尊重立法规律,从人民最关心最直接最现实的利益问题入手,找准思想的共鸣点、利益的交汇点,增强立法的针对性和实效性。

坚持统筹推进。按照轻重缓急的原则,加快推进重点领域相关立法,以重点突破带动整体推进,遵照社会主义核心价值观的要求,推动各类制度、守则、章程、规约等规范的制定和完善。

8. 融入宪法和法律思想

习近平指出:"任何一个社会都存在多种多样的价值观念和价值取向,要

---

① 《十八大以来重要文献选编》(中),中央文献出版社 2016 年版,第 3 页。
② 《习近平谈治国理政》,外文出版社 2014 年版,第 163 页。
③ 《更好构筑中国精神、中国价值、中国力量——为中国特色社会主义事业提供精神动力和道德滋养》,《光明日报》2015 年 10 月 14 日。

把全社会意志和力量凝聚起来,必须有一套与经济基础和政治制度相适应、并能形成广泛社会共识的核心价值观。"①法律属于政治上层建筑,具有规范社会行为、调节社会关系、维护社会秩序的重要作用。"法律是最低限度的道德""法律是成文的道德""道德是内心的法律",两者从来都是协同发力,不可分离,不可偏废。社会主义核心价值观反映了我国社会主义基本制度在精神和价值层面的本质要求,决定着中国特色社会主义的发展方向。如何培育和践行社会主义核心价值观,是一项复杂的社会系统工程。2016 年 12 月,中共中央办公厅、国务院办公厅印发的《关于进一步把社会主义核心价值观融入法治建设的指导意见》,明确把社会主义核心价值观作为我国法治建设的价值宗旨,并从立法与司法等层面提出了将社会主义核心价值观融入法治建设的具体路径。② 在 2018 年年初的宪法修正案中,明确载入"国家倡导社会主义核心价值观"。宪法作为国家根本大法,在中国特色社会主义法律体系中发挥统率作用,把社会主义核心价值观载入宪法不仅仅是一种宪法上的宣示,更对今后各领域的立法提出了原则性要求。

法治是社会文明的基石,价值观是法治建设的灵魂。正是借助于民主和法治,人类政治文明才能摆脱野蛮与专制,进入文明新阶段。《关于进一步把社会主义核心价值观融入法治建设的指导意见》明确要求"把社会主义核心价值观融入法治国家、法治政府、法治社会建设全过程",强调"运用法律法规和公共政策向社会传导正确价值取向"。③ 既体现了社会主义法治建设的价值目标选择和深刻的权利属性,也表明法治在坚持特定社会所尊崇的制度价值、维护公民和法人权益、调整社会经济文化关系、惩罚违法犯罪行为等多个方面可以发挥巨大作用。

法治的核心要义是良法善治,二者的结合彰显了当代中国法治建设的基本内涵和价值。良法不仅仅是道德层面的善良友好,更是指价值、功能层面的

---

① 《习近平关于社会主义文化建设论述摘编》,中央文献出版社 2017 年版,第 106 页。

② 参见《中办国办印发〈关于进一步把社会主义核心价值观融入法治建设的指导意见〉》,《人民日报》2016 年 12 月 26 日。

③ 《中办国办印发〈关于进一步把社会主义核心价值观融入法治建设的指导意见〉》,《人民日报》2016 年 12 月 26 日。

齐备优良,对良法的评价标准主要取决于立法的价值取向是否符合社会主流价值追求、法律条文中蕴含的法律精神是否符合全社会所认同的基本价值观念。良法的设立要求恪守以民为本、立法为民的理念,贯彻社会主义核心价值观,使每项立法都符合宪法精神、反映人民意志、得到人民拥护。实施善治则要求在全面依法治国的进程中把握好法治和德治的关系,将公正、平等、法治、和谐、友善等价值追求融入"科学立法、严格执法、公正司法、全民守法"[1]等各个环节,实现法治与德治的良性互动。通过社会主义核心价值观实现良法善治,注重通过法律和政策向社会传导正确价值取向,才能真正凝聚共识,汇聚力量,增强人民的国家意识、法治意识、社会责任意识,倡导科学精神,弘扬中华传统美德。对此,习近平强调,"市场经济必然是法治经济","和谐社会必然是法治社会。"[2]一个富强、民主、文明、和谐的社会主义现代化国家必定是人民安居乐业、诚信守德、社会主义核心价值观得到更好培育和践行的法治国家。

社会主义核心价值观融入法治建设是一项宏大的社会工程,需要国家、社会、公民共同努力,需要道德、法治、规约齐头并进。将社会主义核心价值观融入法治建设,以法律法规为载体推动社会主义核心价值观建设,既要把社会主义核心价值观体现在社会主义法治体系各个环节当中,推动构建完备的法律规范体系、高效的法律实施体系、严密的法治监督体系,又要以法治思维和法治方式推进和引领社会主义核心价值观建设。具体来说:

一是要弘扬宪法权威、加强宪法宣传。宪法是党和人民意志的集中体现,是通过科学民主程序形成的根本法,对推动社会主义核心价值观建设可以起到高层建瓴、宏观引导、原则规范的作用。坚持依法治国首先就要坚持依宪治国,坚持依法执政首先就要坚持依宪执政。全国各族人民、一切国家机关和武装力量、各政党和各社会团体、各企业事业组织,都必须以宪法为根本活动准则,维护宪法尊严、保证宪法实施。一切违反宪法的行为都必须予以追究和纠正。社会主义核心价值观所提倡的大多数概念范畴、理念精神都已在宪法文

---

① 《十八大以来重要文献选编》(上),中央文献出版社 2014 年版,第 21 页。
② 习近平:《之江新语》,浙江人民出版社 2007 年版,第 203、204 页。

本上体现出来,完全贯彻落实了宪法精神。2014年10月,党的十八届四中全会通过了《中共中央关于全面推进依法治国若干重大问题的决定》(以下简称《决定》),"将每年十二月四日定为国家宪法日。在全社会普遍开展宪法教育,弘扬宪法精神。建立宪法宣誓制度,凡经人大及其常委会选举或者决定任命的国家工作人员正式就职时公开向宪法宣誓"①。《决定》还提出:"完善全国人大及其常委会宪法监督制度,健全宪法解释程序机制。加强备案审查制度和能力建设,把所有规范性文件纳入备案审查范围,依法撤销和纠正违宪违法的规范性文件,禁止地方制发带有立法性质的文件。"②因此,培育和践行社会主义核心价值观的基本前提就是宣传宪法、落实宪法,使当前社会主义核心价值观的宣传贯彻同国家宪法内容相一致。2015年7月,全国人民代表大会常务委员会表决通过了《关于实行宪法宣誓制度的决定》,其中的70字宣誓誓词无不体现着社会主义核心价值观的根本精神。2015年7月,全国人民代表大会常务委员会表决通过了《关于实行宪法宣誓制度的决定》,其中的70字宣誓誓词无不体现着社会主义核心价值观的根本精神。

二是坚持依法执政、依法行政。行政法规对推动社会主义核心价值观建设的行为进行规范和调整,党在依法执政、政府在依法行政的过程中,要带头践行社会主义核心价值观,引领社会风气。要有效管理国家,党和政府首先要率先垂范,遵守法律法规,在法律框架内依据法律授权行事,要确立公正是法治生命线的法治思维,同样也要坚持公权力"法无授权不可为"、私权利"法无禁止即可为"的法治思维。

三是建设公正高效权威的司法制度。公正是法治的生命线。司法公正对于社会公正具有重要的引领作用,司法不公对社会公正具有致命的破坏作用。公正司法体现在司法民主化与司法专业化的结合中,让司法活动在阳光下运行,实现形式正义与实质正义的统一、法律效果和社会效果的统一既是提升司法公信力的关键所在,也是国家倡导社会主义核心价值观的底气所在。只有

---

① 《中共中央关于全面推进依法治国若干重大问题的决定》,《人民日报》2014年10月29日。

② 《中共中央关于全面推进依法治国若干重大问题的决定》,《人民日报》2014年10月29日。

不断完善司法管理体制和司法权力运行机制,严格规范司法行为,加强对司法活动的监督,努力让人民群众在每一个司法案件中感受到公平正义,才能建立起人民群众对社会主义核心价值观的认同,真正推动社会主义核心价值观深入人心。

四是要让守法成为全民的真诚信仰。法律的权威源自人民内心的拥护和忠实的信仰。法治既是一种理性的办事原则,体现为普通民众知法、懂法、用法、护法,更是一种文明的生活方式,体现为法治意识、法治观念、法治精神深入人心。社会主义核心价值观要真正发挥作用,必须融入实际、融入生活,让人们在实践中感知它、领悟它、接受它,才能达到潜移默化、润物无声的效果。让社会主义核心价值观融入法律中,融入的程度反映着社会主义核心价值观宣传教育工作的力度和深度,决定着推动核心价值观融入法治工作的进展和成效。首先我们要从思想上树立坚定的法律信仰,在全社会营造浓厚的法治氛围,将守法作为现代公民意识的重要组成部分加以塑造与培育,让守法成为人民的自觉意识和真诚信仰,使全体人民成为社会主义法治的忠实崇尚者、社会主义核心价值观的自觉践行者。当然,守法的前提是信法,信法的关键是法律本身蕴含人民共同遵守的价值追求,执法充满人性关怀,司法维护公平正义,如此才能引导公民形成自觉守法、遇事找法、解决问题靠法的法治意识,才能使社会主义法治精神深入人心,才能使社会主义核心价值观成为"百姓日用而不觉"①。

总之,深入贯彻习近平新时代中国特色社会主义思想,积极培育和践行社会主义核心价值观,就要坚持依法治国和以德治国相结合,把社会主义核心价值观融入法治国家、法治政府、法治社会建设全过程,融入"科学立法、严格执法、公正司法、全民守法"②的各环节,强调以法治体现道德理念、发挥法律对道德建设的促进作用,推动社会主义核心价值观入法入规,"努力把核心价值观的要求变成日常的行为准则,进而形成自觉奉行的信念理念"③。

---

① 《习近平谈治国理政》,外文出版社 2014 年版,第 171 页。
② 《十八大以来重要文献选编》(上),中央文献出版社 2014 年版,第 21 页。
③ 《习近平谈治国理政》,外文出版社 2014 年版,第 174 页。

第二章　培育和践行社会主义核心价值观的思想资源

　　社会主义核心价值观不是从天上掉下来的,也不是人们头脑中主观自生的,而是以马克思主义为指导,借鉴吸收中华优秀传统文化和人类文明优秀成果的产物。正如习近平 2014 年 5 月 4 日在北京大学师生座谈会上的讲话中指出的:社会主义核心价值观"既体现了社会主义本质要求,继承了中华优秀传统文化,也吸收了世界文明有益成果,体现了时代精神"①。

一、培育和践行社会主义核心价值观的中国传统思想资源

　　习近平指出:"培育和弘扬社会主义核心价值观必须立足中华优秀传统文化"②,因为"中华文化源远流长,积淀着中华民族最深层的精神追求,代表着中华民族独特的精神标识,为中华民族生生不息、发展壮大提供了丰厚滋养"③。而继承和发展传统文化的核心内容是中华传统美德,因为"中华传统美德是中华文化精髓,蕴含着丰富的思想道德资源"④。因此,在研究培育和践行社会主义核心价值观问题上,我们必须深入挖掘中国传统价值观的理念和践行方式,为今天培育和践行社会主义核心价值观提供思想资源和滋养。

---

① 《习近平谈治国理政》,外文出版社 2014 年版,第 169 页。
② 《习近平谈治国理政》,外文出版社 2014 年版,第 163—164 页。
③ 《习近平谈治国理政》,外文出版社 2014 年版,第 164 页。
④ 《习近平谈治国理政》,外文出版社 2014 年版,第 164 页。

从内容进行划分,价值观大致可以分为三类:一是如何处理人与自然之间的关系,简称"天人关系";二是如何处理人与人之间的关系,简称"群己关系";三是如何处理个人理想、信仰与自然欲望之间的关系,简称"身心关系"。这三种价值观基本上可以涵盖价值观的所有方面。在这三种价值观中,群己关系的价值观是核心和基础,人与自然之间的关系是通过人与人之间的关系中介的,人们如何处理人与自然关系的观念直接受人与人之间生产关系的影响。而如何处理个人理想、信仰与自然欲望之间的关系,其基础仍是人与人之间的关系。身心关系是人与人关系的内化,自然欲望是自然生成的,但满足自然欲望的方式是社会性的;同时,理想、信仰都是在社会中形成的,是一定群体处理人与人之间关系的观念化,其核心仍是如何处理整体与个人利益之间的关系。

(一)中国传统价值观的主要内容及其基本特征

1.中国传统天人关系价值观的主要内容及特征

在天人关系上,中国古代思想家的立场大致可以分为两大类:一是主张"天人相与"的,其观点主要是主张天与人的一致性,这种思想多被称为"天人合一"。这样概括这一类思想并不准确。首先是明确提出"天人合一"的是宋代的张载,学界往往从孟子开始追溯这一思想渊源。但严格来说,孟子思想中的天人关系主要集中在道德的来源问题上,强调道德的先天自然因素。另外,墨家、道家、汉儒如董仲舒都有天人关系的经典论述,虽然他们都强调天人关系的一致性方面,但其侧重点与依据明显不同,与张载的主张有明显的差异。因此,严格来说,用张载的"天人合一"概念来代表这一思想倾向并不准确,不如用"天人相与"表述更准确。二是主张"天人相分"的,其核心主张是强调人与自然界的不同之处。当然,这种划分不是绝对的,有的思想家同时持有这两种观点。下文我们就从这两个方面对中国古代思想家的代表性观点进行梳理,并从价值观视角对其特点进行分析总结。

(1)"天人合一"思想

从历史的视角看,由于古代生产力水平较低,古人首先关注的是人与自然的一致性。在《诗经》中已有关于人与自然一致的说法,例如"天生烝民,有物有则,民之秉彝,好是懿德。"①即认为好的品德是天赋的,这世界上就是将人的品德与自然界联系起来。《左传》中记载,刘康公说:"吾闻之,民受天地之中以生,所谓命也。是以有动作礼义威仪之则,以定命也。"②这里将"礼义威仪"与"命"联系起来,从而将人与自然联系起来。《左传》中记载,郑子太叔说:"吉也闻诸先大夫子产曰:'夫礼,天之经也。地之义也,民之行也。'天地之经,而民实则之。则天之明,因地之性,生其六气,用其五行。……礼,上下之纪,天地之经纬也,民之所以生也,是以先王尚之。"③这里将"礼"的内容和要求与自然界的运行关联在一起,用自然界运行的特点来说明道德规则的合理性。

在天人一致问题上,孟子认为:"尽其心者,知其性也,知其性则知天矣。"④关于"心"的内涵,孟子认为:"心之官则思,思则得之,不思则不得也,此天之所与我者。"⑤关于"性"的内涵,孟子认为:"恻隐之心,人皆有之;羞恶之心,人皆有之;恭敬之心,人皆有之;是非之心,人皆有之。恻隐之心,仁也;羞恶之心,义也;恭敬之心,礼也;是非之心,智也。仁义礼智,非由外铄我也,我固有之也,弗思耳矣。"⑥孟子将"仁义礼智"归结为自然生成的事物,实际上等于将道德作为人与自然的一致之处。

在天与人的关系上,庄子的主张是放弃人为,随顺自然。庄子认为:"汝身非汝有也……孰有之哉?曰:是天地之委形也;生非汝有,是天地之委和也,性命非汝有,是天地之委顺也;孙子非汝有,是天地之委蜕也"⑦。庄子主张:"不以心捐道,不以人助天"⑧;"无以人灭天,无以故灭命"⑨,如果完全放弃人为,就达到"畸于人而侔于天"⑩的境界,也称之为"与天为一"⑪。

---

① 《诗经·大雅·荡之什》。
② 《左传·成公十三年》。
③ 《左传·昭公二十五年》。
④ 《孟子·尽心上》。
⑤ 《孟子·告子上》。
⑥ 《孟子·告子上》。
⑦ 《庄子·知北游》。
⑧ 《庄子·大宗师》。
⑨ 《庄子·秋水》。
⑩ 《庄子·大宗师》。
⑪ 《庄子·达生》。

《周易》中讲天人关系主要指的是大人或圣人,并不是针对所有人而言。其核心观点认为圣人或大人能够做到熟谙自然变化规律并运用于道德修养。如《周易·文言》中提出"与天地合德"的观念,其核心思想就是人要与自然界的运行方式相一致。《系辞·上传》中谈到圣人的作用:"与天地相似,故不违;知周乎万物而道济天下,故不过;旁行而不流,乐天知命故不忧,安土敦乎仁,故能爱;范围天地之化而不过,曲成万物而不遗,通乎昼夜之道而知。"①

在天人关系上,董仲舒的观点是"以类合之,天人一也"。他所说的"天人一也"是指人的身心活动完全与自然界一致。例如,他认为:"人有三百六十节,偶天之数也;形体骨肉,偶地之厚也;上有耳目聪明,日月之象也;体有空窍理脉,川谷之象也。……天以终岁之数成人之身,故小节三百六十六,副日数也;大节十二分,副月数也。内有五藏,副五行数也。外有四肢,副四时数也。乍视乍瞑,副昼夜也;乍刚乍柔,副冬夏也。乍哀乍乐,副阳阴也。……于其可数也副数,不可数者副类。"②"天地之常,一阴一阳。阳者天之德也,阴者天之刑也。……天亦有喜怒之气、哀乐之心,与人相副。以类合之,天人一也。"③

在天人关系上,张载的观点是"天人合一"。他所说的"天人合一"主要指人性与天道的一致,二者一致体现在"诚"。张载认为:"性与天道合一存乎诚","天人异用,不足以言诚;天人异知,不足以尽明。所谓诚明者,性与天道不见乎小大之别也。"④关于"诚"的内涵,张载进一步将之规定为变化或变易,这一观点的本体论依据是他的气一元论。他认为:"太和所谓道,中涵浮沈、升降、动静、相感之性,是生絪缊、相汤、胜负、屈伸之始。""万物形色,神之糟粕,性与天道云者,易而已矣。心所以万殊者,感外物为不一也,天大无外,其为感者絪缊二端而已焉。物之所以相感者,利用出入,莫知其乡,一万物之妙者与!""气之聚散于太虚,犹冰凝释于水,知太虚即气,则无无。故圣人语性与天道之极,尽于参伍之神变易而已。"⑤

---

① 《系辞·上传》。
② 《春秋繁露·人副天数》。
③ 《春秋繁露·阴阳义》。
④ 《正蒙·诚明》
⑤ 《正蒙·太和》

在天人关系上,程颢的观点是强调"一天人"。首先,他认为,天人合一是错误的。他认为:"除了身只是理,便说合天人,合天人已是为不知者引而致之,天人无间。"①"天人本无二,不必言合。"②"言体天地之化,已剩一体字。只此便是天地之化,不可对此个别有天地。"③"若如或者别立一天,谓人不可以包天,则有方矣,是二本也。"④其次,他认为,人与自然统一的基础是"心",即"只心便是天,尽之便知性,知性便知天,当处便认取,更不可外求。"⑤第三,他进一步提出"万物为一体"的概念。他认为:"仁者,以天地万物为一体,莫非己也。认得为己,何所不至? 若不有诸己,自不与己相干。"⑥

程颐是通过强调天道与人道的一致性来阐述天人关系一致性问题。他说:"道一也,岂人道自是人道,天道自是天道?"⑦"道未始有天人之别,但在天则为天道,在地则为地道,在人则为人道。"⑧"称性之善谓之道,道与性一也。以性之善如此,故谓之性善。性之本谓之命,性之自然者谓之天,自性之有形者谓之心,自性之有动者谓之情,凡此数者皆一也。"⑨这样就把性、天与心联系在一起。与程颢的思想相综合,也就把天、性、理、心相关联,从而用"理"把心、性、天联系在一起,从而从宇宙论上阐述了孟子的"心、性、天"关系的观点。不仅如此,程颐还通过把"元亨利贞"四德与"五常"联系在一起,从而将"理"与天的关系进一步具体化。他认为:"元亨利贞谓之四德。元者万物之始,亨者万物之长,利者万物之遂,贞者万物之成。""四德之元,犹五常之仁,偏言则一事,专言则包四者。"⑩

朱熹继承程颐这一思想,对"元亨利贞"四德与"仁义礼智"之间的一致关系进行了明确阐述,直接将二者等同起来。他认为:"元者生物之始,天地之

---

① 《河南程氏遗书·卷二上》。
② 《河南程氏遗书·卷六》。
③ 《河南程氏遗书·卷二上》。
④ 《河南程氏遗书·卷十一》。
⑤ 《河南程氏遗书·卷二上》。
⑥ 《河南程氏遗书·卷二上》。
⑦ 《河南程氏遗书·卷十八》。
⑧ 《河南程氏遗书·卷二十二上》。
⑨ 《河南程氏遗书·卷二十五》。
⑩ 《周易程氏传》。

德莫先于此,故于时为春,于人则为仁,而众善之长也。亨者生物之通,物至于此莫不嘉美,故于时为夏,于人则为礼,而众美之会也。利者生物之遂,物各得宜,不相妨害,故于时为秋,于人则为义,而得共分之和。贞者生物之成,实理具备,随在各足,故于时为冬,于人则为智,而为众事之干,干木之身而枝叶所依以立者也。"①

关于天人的一致之处,王夫之认为天人一致之处不在于形式上,而在于"道"。他认为:"在天有阴阳,在人有仁义:在天有五辰,在人有五官,形异质离,不可强而合焉。……天与人异形离质,而所继者惟道也。"②关于在"道"上的一致性,王夫之认为,"天道"的"健"与"人道"的"顺"是一致的。他认为:"圣人尽人道而合天德,合天德者健以存生之理;尽人道者动以顺生之几。"③

在天人关系上,戴震将仁、礼、义三者和天道直接联系起来,其实质是为道德确立宇宙论的基础。他认为:"生生者,仁乎;生生而条理者,礼与义乎! 何谓礼? 条理之秩然有序,其著也;何谓义? 条理之截然不可乱,其著也。得乎生生者谓之仁,得乎条理者谓之智;至仁必易,大智必简,仁智而道义出于斯矣。是故生生者仁,条理者礼,断决者义,藏主者智,仁智中和曰圣人。智通礼义,以遂天下之情,备人伦之懿。至贵者仁,仁得,则父子亲;礼得,则亲疏上下之分尽;义得,则百事正;藏于智,则天地万物为量;同于生生条理,则圣人之事。"④

从上文的简单考察可以看出,古代思想家所阐述的人与自然一致视角并不相同:道家,特别是庄子基本上就是主张人对自然的绝对顺从,因而,这种一致是一种消极的一致。儒家的思想较为积极,但其思路多是从道德方面展开。孟子开创了从道德视角将人与自然相统一的思路,后来儒家,特别是宋代以后基本上都是遵循了这一思路,尽管具体思路不一致。其中,董仲舒、张载与孟子的思路有较大差异,但基本倾向都是从自然的运行变易推演人类社会应遵

---

① 《周易本义》。
② 《尚书·引义·卷一》。
③ 《周易外传·卷二》。
④ 《原善》。

循的法则。尽管天人关系是中国古代思想家的一个重要论题，但从内容来看，古代思想家关于天的纯粹论述并不多或者说少有深入的探讨，更多是对人如何生活或行动的论述，即更多是人如何从自然的运行中领悟道德修养的阐述，这是中国古代思想家关于人与自然关系一致问题上的一个明显特点。

（2）"天人相分"思想

中国古代思想家除了强调人与自然相一致的观念之外，还有关于人与自然相区别的论述。据《左传》记载，郑国的子产在批评占星术时说："天道远，人道迩，非所及也，何以知之？灶焉知天道？是亦多言矣，岂不或信？"①这里开始区分了天道与人道的不同，从而开始关注人与自然的差异。

荀子明确提出了"明于天人之分"的思想。第一，他强调自然规律的客观性："天行有常，不为尧存，不为桀亡。"②"天不为人之恶寒也辍冬，地不为人之恶辽远也辍广"。③ 第二，荀子又认为人们可以利用自然规律为人类服务。他认为："强本而节用，则天不能贫，养备而动时，则天不能病；修道而不贰，则天不能祸。故水旱不能使之饥，寒暑不能使之疾，祆怪不能使之凶。"④第三，荀子还明确指出放弃主观努力而只求上天赏赐的做法是错误的。他指出："大天而思之，孰与物畜而制之？从天而颂之，孰与制天命而用之？望时而待之，孰与应时而使之？因物而多之，孰与骋能而化之？思物而物之，孰与理物而勿失之也？愿于物之所以生，孰与有物之所以成？故错人而思天，则失万物之情。"⑤第四，荀子明确地指出了人与自然物不同的社会根源。他认为，与水火、草木、禽兽相比，人有它们都不具备的优点，即"人有气、有生、有知，亦且有义，故最为天下贵也。力不若牛，走不若马，而牛马为用，何也？曰：人能群，彼不能群也。人何以能群？曰：分。分何以能行？曰：义。"⑥在中国古代思想家中，从社会视角分析人的特点是荀子的特色，这一思想是非常深刻的。

柳宗元和刘禹锡进一步发展了荀子"制天命而用之"的思想，分别提出了

---

① 《左传·昭公十八年》。
② 《荀子·天论》。
③ 《荀子·天论》。
④ 《荀子·天论》。
⑤ 《荀子·天论》。
⑥ 《荀子·王制》。

"天人不相预"和"天人交相胜"的观点。柳宗元认为:"生植与灾荒,皆天也;法制与悖乱,皆人也,二之而已。其事各行不相预,而凶丰理乱出焉,究之矣。"①柳宗元这一观点旨在反对天谴说,因而重点强调人与自然活动方式之间的差异。

刘禹锡的观点针对柳宗元而发,一方面肯定人与自然的差异,另一方面也强调了人的能动性。他认为:"大凡入形器者,皆有能有不能。天,有形之大者也;人,动物之尤者也。天之能,人固不能也;人之能,天亦有所不能也。""故余曰:天与人交相胜耳。故曰:天之所能者,生万物也;人之所能者,治万物也。""天恒执其所能以临乎天下,非有预乎治乱云尔;人恒执其所能以仰乎天,非有预乎寒暑云尔。"②

(3)中国古代思想家关于天人关系思想的特点

在天人关系上,中国古代思想家有以下特点。

第一个特点是突出人的主体性。在中国古代思想家中,大多数思想家比较突出人的主体性。如荀子认为:"水火有气而无生,草木有生而无知,禽兽有知而无义,人有气、有生、有知,亦且有义,故最为天下贵也。"③荀子从人与自然之物相比较的视角,提出人最尊贵。董仲舒提出:"天地人,万物之本也。天生之,地养之,人成之。"④周敦颐说:"二气交感,化生万物,万物生生,而变化无穷焉,惟人也得其秀而最灵。"⑤

戴震对人的卓越之处有详细的论述。他认为:"卉木之生,接时能芒达已矣;飞走蠕动之俦,有觉以怀其生矣;人之神明出于心,纯懿中正,其明德与天地合矣。……是故人也者,天地至盛之微也,惟圣人然后尽其盛。""人之才,得天地之全能,通天地之全德。从生,而官器利用以驭;横生,去其畏,不暴其使。智足知飞走蜎动之性,以驯以豢,知卉木之性,<以生以息>,良农<任>以莳刈,良医任以处方。"⑥

---

① 《柳河东集·卷三十一·书》。
② 《刘禹锡集·天论上》。
③ 《荀子·王制》。
④ 《春秋繁露·立元神》。
⑤ 《太极图说》。
⑥ 《原善》。

在中国古代思想家中,道家以消极无为而闻名,尤其是庄子极力突出人在自然面前的渺小。如庄子说:"吾在天地之间,犹小石小木之在大山也。方存乎见少,又奚以自多? 计四海之在天地之间也,不似礨空之在大泽乎? 计中国之在海内,不似稊米之在大仓乎? 号物之数谓之万,人处一焉;人卒九州,谷食之所生,舟车之所通,人处一焉;此其比万物也,不似豪末之在于马体乎?"①庄子这一观点影响虽大,但即使在道家中也不是主流。如道家创始人老子明确提出:"道大,天大,地大,人亦大。域中有四大,而人居其一焉。"②老子将人与道、天、地并列为四种最重要的存在,与庄子极力贬低人的地位有明显不同。除道家之外,佛教以现实世界为虚幻,以人的现实生活为苦难的根源,这既是对人的否定,也是对自然存在的否定。但考虑到道家、佛教思想在中国传统思想中的实际地位和影响,应该说主张突出人的地位的儒家思想是中国传统思想的主流,因而在中国传统思想中重视人的地位的思想实际上处于主流。

第二个特点是天人关系的伦理化。中国古代思想家对"天"的理解旨在为政治和道德提供宇宙论依据,而不在于对"天"本身的探索。

尽管孔子关于"天"的阐释不多,但在《论语》不多的与天相关的阐述中,大都与道德联系在一起,如:"天生德于予,桓魋其如予何?"③"不知命,无以为君子也"④。

如果说孔子仅仅体现了这一倾向的开端,那么《中庸》则正式将这一倾向模式化,将"诚"作为天人一致的基础,把自然的运行特点伦理化。例如:"诚者,天之道也;诚之者,人之道也。""自诚明,谓之性;自明诚,谓之教。诚则明矣,明则诚矣。唯天下至诚,为能尽其性;能尽其性,则能尽人之性;能尽人之性,则能尽物之性;能尽物之性,则可以赞天地之化育;可以赞天地之化育,则可以与天地参矣。"⑤

孟子则开始将"仁、义、礼、智"这些道德规范归结为天道的内容。例如,

---

① 《庄子·秋水》。
② 《道德经·二十五章》。
③ 《论语·述而》。
④ 《论语·尧曰》。
⑤ 《礼记·中庸》。

孟子认为:"有天爵者,有人爵者,仁义忠信,乐善不倦,此天爵也;公卿大夫,此人爵也。"①"仁之于父子也,义之于君臣也,礼之于宾主也,知之于贤者也,圣人之于天道也,命也;有性焉,君子不谓命也。"②

在宋明理学中,天道与道德关系一致化的观点被系统化,传统社会的基本内容被实体化,天人关系伦理化达到顶峰。程颐说:"自理言之谓之天,自禀受言之谓之性,自存诸人言之谓之心。"③朱熹明确说:仁、义、礼、智以及君臣、父子、兄弟、夫妇、朋友间的关系原则就是天理。④

第三个特点是,天人关系的政治化。在中国古代社会,思想家们多是从自然界的运行变化中体悟社会运行的原则,并从天道推演政治统治的方法原则。

老子在阐述"道"时,其用意就是在于阐述一种治国理念。例如,他认为:"人法地,地法天,天法道,道法自然。"⑤"道常无为而无不为。侯王若能守之,万物将自化。"⑥"故圣人云:我无为而民自化,我好静而民自正,我无事而民自富,我无欲而民自朴。"⑦这一论述的思路就是从"道"来推演国家的治理策略,国家治理策略是其理论的落脚点。

荀子首先将"诚"界定为人与自然活动的共同的内在原则。他说:"天地为大矣,不诚则不能化万物;圣人为知矣,不诚则不能化万民;父子为亲矣,不诚则疏;君上为尊矣,不诚则卑。夫诚者,君子之所守也,而政事之本也。"⑧然后,荀子将"礼"作为"诚"在自然和人类社会的外化。他认为:"礼有三本:天地者,生之本也;先祖者,类之本也;君师者,治之本也。无天地恶生? 无先祖恶出? 无君师恶治? 三者偏亡焉,无安人。故礼上事天,下事地,尊先祖而隆君师,是礼之三本也。"⑨通过上述论证,荀子最终将"礼"作为社会必须遵循的基本原则,由于"礼"的实际内容是当时社会的基本制度,从而为当时社会

① 《孟子·告子》。
② 《孟子·尽心》。
③ 《河南程氏遗书·卷二十二》。
④ 参见《朱文公文集·卷五十九》。
⑤ 《道德经·二十五章》。
⑥ 《道德经·三十七章》。
⑦ 《道德经·五十七章》。
⑧ 《荀子·不苟》。
⑨ 《荀子·礼论》。

的各种基本制度确立了宇宙论的基础,其实质是为当时的社会制度作合法性论证。

在中国古代思想家中,将自然变化规则与政治原则相联系的典范是董仲舒。在论及国家政策的基本依据时,董仲舒提出:"臣谨案《春秋》之文,求王道之端,得之于正。正次王,王次春。春者,天之所为也;正者,王之所为也。其意曰,上承天之所为,而下以正其所为,正王道之端云尔。然则王者欲有所为,宜求其端于天。天道之大者在阴阳。阳为德,阴为刑;刑主杀而德主生。是故阳常居大夏,而以生育养长为事;阴常居大冬,而积于空虚不用之处。以此见天之任德不任刑也。"①董仲舒的论证策略是国家政策必须依据天之所谓而定,具体到如何处理"德""刑"关系时,董仲舒以阴、阳之间的关系来说明任德不任刑。这种论证方式运用的是类比论证,不顾两种事物之间存在明显的差异,直接推演一事物运行法则必然适用于另一事物显然是不完善的。这其实是政治科学尚不完善的表现。

虽然董仲舒以后的思想家不再像他这样直接从天道的变化推演政治规则,但在他以后这种论证方式并没有绝迹。如上文所述,宋明理学在论证伦理道德的依据时也是求助于天道的变化规则,将伦理道德的最终依据归结为自然界的变化之道。这种论证即使不能说完全荒谬,其错误之处也是明显的。

2. 群己关系价值观的主要内容及特征

群己关系指个人与他人的关系,由于他人的非确定性,所以群己关系中也包括个人与个人、个人与集体的关系。他人的最大化就是国家、民族,所以,群己关系的内涵还可以包括个人与国家、民族的关系。因此,我们从个人与个人、个人与集体两个维度来分析中国古代思想家的基本观念。

(1)个人与个人之间的关系

首先,儒家的立场是积极入世,即并不逃避现实世界。以孔子为例,孔子当时生活的时代"礼崩乐坏",孔子本人除了在鲁国有过四年的从政经历之外,在列国间颠沛流离了14年,始终没有得到各国君主们的重用,其政治愿望基本上没有实现。但对于隐士们的劝告,孔子的回答是:"鸟兽不可与同群,

---

① 《汉书·卷五十六·董仲舒传》。

吾非斯人之徒而谁与？天下有道，丘不与易也。"①对于为什么不像隐士那样避世，子路的说法更具体："不仕无义。长幼之节，不可废也；君臣之义，如之何其废之？欲洁其身，而乱大伦。君子之仕也，行其义也。"②子路的理由就是入世是人伦的基本要求，是"义"的要求。子路这一立场为后世儒家所继承。在后世的诸次排佛运动中，宋代的"儒佛之辩"最有代表性。伦理批判是宋儒对佛教批评的基本立场。如程颐说："佛逃父出家，便绝人伦，只为自家独处于山林，人乡里岂容有此物？大率以所贱所轻施于人，此不惟非圣人之心，亦不可为君子之心。释氏自己不为君臣父子夫妇之道，而谓他人不能如是，容人为之而己不为，别做一等人，若以此率人，是绝类也。至如言理性，亦只是为死生，其情本怖死爱生，是利也。"③朱熹认为："佛、老之学，不待深辨而明。只是废三纲五常，这一事已是极大罪名！其他更不消说。"④

在如何处理人与人之间的关系上，儒家提倡的是"仁"道。关于"仁"的内涵，孔子及儒家后学有不同的解释。"仁"的基本含义是"爱人"。《颜渊》中记载："樊迟问仁，子曰：'爱人'"⑤。在《雍也》中，孔子认为："夫仁者，己欲立而立人，己欲达而达人。能近取譬，可谓仁之方也已。"⑥曾子解释孔子"吾道一以贯之"时说："夫子之道，忠恕而亦矣"⑦。因此，能代表儒家"仁"道的解释是"忠恕之道"。"忠"指"己欲立而立人，己欲达而达人"；"恕"则指"己所不欲，勿施于人。"⑧"忠恕之道"阐述的人们交往的基本底线，即互相尊重，又有相互合作的内涵，因而被1993年世界宗教会议通过的《全球伦理宣言》确定为人类应普遍遵循的"黄金规则"之一。《大学》中提出了"絜矩之道"的概念，其具体论述是："所恶于上，毋以使下；所恶于下，毋以事上；所恶于前，毋以先后；所恶于后，毋以从前；所恶于右，毋以交于左；所恶于左，毋以交于右。

---

① 《论语·微子》。
② 《论语·微子》。
③ 《河南程氏遗书·卷十五》。
④ 《朱子语类·卷一百二十六》。
⑤ 《论语·颜渊》。
⑥ 《论语·雍也》。
⑦ 《论语·里仁》。
⑧ 《论语·卫灵公》。

此之谓絜矩之道。"①这段话实质上是孔子"忠恕之道"的展开。孔子之后的儒家对于"絜矩之道"进行了具体化和普遍化,将之推广到国家层面。例如:"老吾老以及人之老,幼吾幼以及人之幼","古之人与民偕乐,故能乐也"②,"乐民之乐者,民亦乐其乐;忧民之忧者,民亦忧其忧。乐以天下,忧以天下,然而不王者,未之有也。"③这是孟子在政治层面对于"絜矩之道"的运用和展开。"絜矩之道"作为政治原则的经典表述是《礼记》中关于"大同社会"的设想,其中所描述的情境基本是对人对己都采用同样的态度。

张载的"民胞物与"理论将"絜矩之道"推广到了宇宙层面。他提出:"乾称父,坤称母;予兹藐焉,乃混然中处。故天地之塞,吾其体;天地之帅,吾其性。民,吾同胞;物,吾与也。大君者,吾父母宗子;其大臣,宗子之家相也。尊高年,所以长其长;慈孤弱,所以幼其幼;圣,其合德;贤,其秀也。凡天下疲癃、残疾、惸独、鳏寡,皆吾兄弟之颠连而无告者也。"④

除了"絜矩之道",孔子还从一些具体方面提出处理人与人之间关系的原则。例如:"君子周而不比,小人比而不周。"⑤"君子矜而不争,群而不党。"⑥"君子成人之美,不成人之恶。"⑦"君子敬而无失,与人恭而有礼。四海之内,皆兄弟也。"⑧"君子和而不同,小人同而不和。"⑨

在如何处理人与人之间的关系上,儒家主张"爱人",但"爱人"的完整内涵包括两个方面:一是对等责任;二是主张爱有差等。关于人与人之间的对等责任,孟子的概述为:"父子有亲,君臣有义,夫妇有别,长幼有叙,朋友有信。"⑩关于君臣之间的对等责任,孟子认为应该是:"君之视臣如手足,则臣视

---

① 《礼记·大学》。
② 《孟子·梁惠王上》。
③ 《孟子·梁惠王下》。
④ 《张子全书·乾称篇上》。
⑤ 《论语·为政》。
⑥ 《论语·卫灵公》。
⑦ 《论语·颜渊》。
⑧ 《论语·颜渊》。
⑨ 《论语·子路》。
⑩ 《孟子·滕文公上》。

君如腹心；君之视臣如犬马，则臣视君如国人；君之视臣如土芥，则臣视君如寇雠。"①夫妻之间也存在着对等的关系，孟子认为："身不行道，不行于妻子；使人不以道，不能行于妻子。"②

在强调人际之间的对等责任的同时，儒家还强调爱有差等。孟子在反驳夷子"爱无差等"时指出："夫夷子，信以为人之亲其兄之子，为若亲其邻之赤子乎？彼有取尔也。""仁者无不爱也，急亲贤之为务。尧、舜之知而不遍物，急先务也；尧、舜之仁不遍爱人，急亲贤也。"③儒家之所以主张爱有差等，是因为儒家的理论基础是从血缘关系来外推人际关系，血缘关系有远有近，人际关系自然就有薄有厚。在历史的发展过程中，由于君主集权的需要，爱有差等中的等级被放大，人与人之间的对等责任被单向化，最终演变为单向服从关系。

与儒家相似，墨家也主张爱人，但与儒家不同的是墨家主张"兼爱"。墨家认为：国与国、家与家、君臣、父子、兄弟之间之所以纷争蜂起，是由于人们之间不相爱导致的。墨子认为："仁人之所以为事者，必兴天下之利，除去天下之害，以此为事者也。然则天下之利何也？天下之害何也？子墨子言曰：今若国之与国之相攻，家之与家之相篡，人之与人之相贼，君臣不惠忠，父子不慈孝，兄弟不和调，此则天下之害也。"④墨子认为，只要人人相爱，这些社会问题就可以解决，即"视人之国，若视其国；视人之家，若视其家；视人之身，若视其身。是故诸侯相爱，则不野战；家主相爱，则不相篡；人与人相爱，则不相贼；君臣相爱，则惠忠；父子相爱，则慈孝；兄弟相爱，则和调。天下之人皆相爱，强不执弱，众不劫寡，富不侮贫，贵不敖贱，诈不欺愚。凡天下祸篡怨恨，可使毋起者，以相爱生也。是以仁者誉之。"⑤

关于墨家的"兼爱"主张，孟子的评价是："墨子兼爱，是无父也；无父无君，是禽兽也。"⑥孟子这一评价并不错，无论是当时的宗法社会，还是现代社会，墨家所主张的"兼爱"都是难以实现的。但墨子的根本错误不在于不承认

---

① 《孟子·离娄下》。
② 《孟子·离娄下》。
③ 《孟子·尽心上》。
④ 《墨子·兼爱中》。
⑤ 《墨子·兼爱中》。
⑥ 《孟子·滕文公下》。

无君无父,而在于没有深入探讨"兼爱"的物质基础,即冲突的原因并不是没有"兼爱",而是现实的利益冲突无法通过"兼爱"实现,用博弈论的术语就是并非所有的博弈都是合作博弈,很多情况下存在着"零和博弈"。不解决物质利益的冲突,就不可能实现"兼爱",这就是人类历史上所有宗教都提倡博爱,但社会冲突和战争却一直没有消失的原因。

在人与人的关系上,道家的代表性主张是"谦下不争"。老子说:"我有三宝,持而保之。一曰慈,二曰俭,三曰不敢为天下先。"①老子提出这一观点的依据有以下几个:第一是他所说的"道"的运行规律。他认为:"天之道,利而不害;人之道,为而弗争。"②第二是生活经验方面的。他认为:"甚爱必大费,多藏必厚亡。故,知足不辱,知止不殆,可以长久。"③第三是对"水"的观察反思。老子说:"天下之至柔,驰骋天下之至坚。无有入无间,吾是以知无为之有益。不言之教,无为之益,天下希及之。"④第四是"争"与"不争"的内在转换。老子认为:"是以圣人抱一为天下式:不自见,故明;不自是,故彰;不自伐,故有功;不自矜,故长。夫唯不争,故天下莫能与之争。"⑤"上善若水,水善利万物而不争,处众人之所恶,故几于道。居善地,心善渊,与善仁,言善信,政善治,事善能,动善时。夫唯不争,故无尤。"⑥

如果说老子的"不争"实质上还是"争"的一种策略,那么庄子的"安时而处顺"是真正意义上的"不争"。庄子说:"至人用心如镜,不将不迎,应而不藏,故能胜物而不伤。"⑦庄子的"不争"是由于把生死、富贵、荣辱、利禄等常人汲汲以求的东西看作是生命的一种负担。庄子说:"以富为是者,不能让禄;以显为是者,不能让名;亲权者,不能与人柄。操之则栗,舍之则悲,而一无所鉴,以窥其所不休者,是天之戮民也。"⑧

---

① 《老子·六十七章》。
② 《老子·八十一章》。
③ 《老子·四十四章》。
④ 《老子·四十三章》。
⑤ 《老子·二十二章》。
⑥ 《老子·八章》。
⑦ 《庄子·应帝王》。
⑧ 《庄子·天运》。

　　法家则认为,人与人之间只有功利关系。韩非子认为:"且父母之于子也,产男则相贺,产女则杀之。此俱出父母之怀衽,然男子受贺,女子杀之者,虑其后便,计之长利也。故父母之于子也,犹用计算之心以相待也,而况无父子之泽乎?"①"臣尽死力以与君市,君垂爵禄以与臣市。"②"王良爱马,越王勾践爱人,为战与驰。医善吮人之伤,含人之血,非骨肉之亲也,利所加也。故舆人成舆,则欲人之富贵,匠人成棺,则欲人之夭死也。非舆人仁而匠人贼也,人不贵则舆不售,人不死则棺不买,情非憎人也,利在人之死也。"③上述引文表明:在韩非子看来,父子、君臣、商人与客户、医生与病人等之间只有功利关系。

　　法家之所以这样看待人与人之间的关系与法家关于人性的根本看法有关。法家认为,人的本性就是好利自私。如管仲认为:"夫凡人之情,见利莫能勿就,见害莫能勿避。其商人通贾,倍道兼行,夜以续日,千里而不远者,利在前也。渔人之入海,海深万仞,就彼逆流,乘危百里,宿夜不出者,利在水也。故利之所在,虽千仞之山,无所不上;深源之下,无所不入焉。"④商鞅认为:"民之性:饥而求食,劳而求佚,苦则索乐,辱则求荣,此民之情也。"⑤"民之于利也,若水于下也,四旁无择也。"⑥正是基于人性自私自利论,才产生了法家否定道德教诲、重视法治的根本立场。

　　(2)个人与集体之间的关系

　　在中国传统价值观念中,个人与集体的关系可以细分为公私关系和义利关系。需要进一步说明的是,在古汉语中,最初的"公"和"私"概念并不是现代意义上的"公""私"概念,"公"的含义不全是指集体,"私"的含义也不全是指个人。据郭齐勇教授等考证:"'公'、'私'的早期涵义是指人物,到战国时期,诸子尤其是法家的论述中,'公'指的就是君主及其所代表的国家及利益,'私'指的就是君主以下的所有大臣小吏、游学之士、黎民兆庶及其利益。后

────────────

①　《韩非子·六反》。
②　《韩非子·难一》。
③　《韩非子·备内》。
④　《管子·禁藏》。
⑤　《商君书·算地》。
⑥　《商君书·君臣》。

来'公'、'私'逐渐作为动词用，'公'表示公家所有，'私'表示私人所有。"①

公私概念，多见于法家的著作，而义利关系的讨论，则儒家用得最多。早期儒家如孔、孟、荀等，没有明确地将"义利"归结为"公私"，宋明诸儒则明确地将"义利"关系等同"公私"关系。例如，二程说："义与利，只是个公与私也。"②"义利云者，公与私之异也。"③"凡欲为学，当先识义利公私之辨"。④"义者，天理之所宜，凡事只看道理之所宜为，不顾己私。利者，人情之所欲得，凡事只任私意，但取其便于己者为之，不复顾道理如何。"⑤

中国古代思想家关于如何处理公私关系大致经历了一个这样的发展趋势：在先秦时期，思想家们的主张基本上是"崇公抑私"，在"崇公"的同时，还能兼顾私人利益。到了宋明时期，理学家的立场进一步强化，主张"崇公去私"，私人利益被彻底排除。明末清初的启蒙思想家开始倡导"公私兼顾"。总的趋势是在处理公私关系逐渐突破道义论的立场，开始从理论上重视个人利益的道义合法性。尽管中国古代思想家"崇公"的基本立场近似，但其具体主张和支持"崇公"的依据并不相同。

我们首先来看先秦思想家的公私观。最能代表儒家公私观的是《礼记·礼运》中关于大同社会的描述。按儒家的设想，"大同社会"不但没有私有财产，人们也没有自私自利的观念。这充分显示了儒家的"崇公"观念。但从此文中对"小康社会"的描述来看，儒家接受了以自私自利占主导的社会，只不过强调要运用"礼"来克服这种社会现实的弊端。⑥如果说这是一种社会总的发展趋势，个人不能左右的话，就个人来说，早期儒家也是承认私人利益的合理性，只不过强调"义利兼顾"，不能见利忘义。如孔子认为："不义而富且贵，于我如浮云。"⑦"富与贵，是人之所欲也，不以其道得之，不处也；贫与贱，是人

① 郭齐勇、陈乔见：《孔孟儒家的公私观与公共事务伦理》，《中国社会科学》2009年第1期。
② 《河南程氏遗书·卷十七》。
③ 《河南程氏粹言·论道》。
④ 《陆九渊集·语录下》。
⑤ 《朱子语类·卷二十七》。
⑥ 参见《礼记·礼运》。
⑦ 《论语·述而》。

之所恶也,不以其道得之,不去也。君子去仁,恶乎成名?君子无终食之间违仁,造次必于是,颠沛必于是。"①可以说,在孔子的观念中已经明显地存在着重义轻利的倾向了,但孔子至少承认了人们追求富与贵的合理性,可以说兼顾了理想主义与理性主义。

汉代以后,儒家价值观中的理想主义过分膨胀,在公私问题上走向了禁欲主义。董仲舒提出:"夫仁者,正其谊不谋其利,明其道不计其功。"②这一论点开启了儒家将公私利益绝对对立的先河。在宋明理学中,公与私绝对对立,完全继承了董仲舒的立场。朱熹说:"人只有个天理人欲,此胜则彼退,彼胜则此退,无中立不进退之理。""人之一心,天理存则人欲亡;人欲胜则天理灭。未有天理人欲夹杂者。"③"将天下正大底道理去处置事,便公;以自家私意去处之,便私。"④"君子小人之分,义与利之间而已。然所谓利者,岂必殖货财之谓?以私灭公,适己自便,凡可以害天理者皆利也。"⑤朱熹不仅将公与私绝对对立,而且还将对待"公""私"的不同作为君子小人的划分标准。理学对公私的判断,不仅指行动和结果,还重点强调观念层面的公私。程颐说:"虽公天下之事,若用私意为之,便是私。"⑥程颢说:"一心可以丧邦,一心可以兴邦,只在公私之间尔。"⑦这种对私利的讨伐做法虽然从逻辑上看是很彻底的,但是作为生活原则的道德规则如果走向禁欲主义,那么他必然只能为个别人所遵循,而不能成为大众的行为规范。"孔颜乐处"之所以为人称道,因为它是圣人才能做到的,但这同时已经暗示道德禁欲主义不会成为普遍的生活方式的可能。

对于"崇公"或者"崇公废私",儒家有不同的论证。孟子认为,如果人人追求自己的私利就会导致国家处于危境之中。他说:"王曰:'何以利吾国?'大夫曰:'何以利吾家?'士庶人曰:'何以利吾身?'上下交征利而国危矣。万

---

① 《论语·里仁》。
② 《汉书·卷五十六·董仲舒传》。
③ 《朱子语类·卷十三》。
④ 《朱子语类·卷十三》。
⑤ 《四书章句集注·论语集注·卷三》。
⑥ 《二程遗书·卷五》。
⑦ 《河南程氏遗书·卷十一》。

乘之国,弑其君者,必千乘之家;千乘之国,弑其君者,必百乘之家。万取千焉,千取百焉,不为不多矣。苟为后义而先利,不夺不餍。未有仁而遗其亲者也,未有义而后其君者也。"①因此,在国家层面要提倡义,而不是利。

二程的论证与孟子相似。他们认为:"利者,众人所同欲也。专欲益己,其害大矣。欲之甚,则昏蔽而忘义理;求之极,则侵夺而致仇怨。"②"理者天下之至公,利者众人所同欲。苟公其心,不失其正理,则与众同利。无侵于人,人亦欲与之。若切于好利,蔽于自私,求自益以损于人,则人亦与之力争,故莫肯益之而有击夺之者矣。"③"苟不偏己,合于公道,人亦益之,何为击之乎?"④从这些引文可以看出,二程也认为放纵私欲必然导致人与人之间的争夺和冲突,因而主张崇公灭私。

由于宋明理学的道德禁欲主义在实践上是行不通的,逻辑上又存在着明显的缺陷。所以,宋明理学的崇公灭私价值观成为明末清初启蒙思想家的批评对象。这一时期的思想家对理学价值观的批判有两个紧密相关联的发展方向:一是试图确立私利的合理性和必要性;二是对公利进行新的界定。李贽论证了私利在社会生活中的合理性和必要性,他认为私心是人的本性,无私是空谈。他认为:"夫私者,人之心也。人必有私,而后其心乃见;若无私,则无心矣。"⑤他进一步指出,人人都有私心,孔子也不例外:"如服田者,私有秋之获,而后治田必力;居家者私积仓之获,而后治家必力;为学者,私进取之获,而后举业之治也必力。故官人而不私以禄,则虽召之,必不来矣;苟无高爵,则虽劝之,必不至矣;虽有孔子之圣,苟无司寇之任,相事之摄,必不能一日安其身于鲁也决矣。此自然之理,必至之符,非可以架空而臆说也。然则为无私之谈者,皆画饼之谈,观场之见,但令隔壁好听,不管脚跟虚实,无益于事,只乱聪耳,不足采也。"⑥李贽还指出,将"天理人欲"对立起来是根本错误的。他认为:"穿衣吃饭,即是人伦物理。除却穿衣吃饭,无伦物矣。世间种种,皆衣与

---

① 《孟子·梁惠王上》。
② 《二程集·周易程氏传·卷三·益》。
③ 《周易程氏传·卷二》。
④ 《河南程氏文集·卷二》。
⑤ 《藏书·德业儒臣后论》。
⑥ 《藏书·德业儒臣后论》。

饭类耳,故举衣与饭而世间种种自然在其中,非衣饭之外更有所谓种种绝与百姓不相同者也。"①

黄宗羲的公私观也是从上述两方面展开:首先,他肯定私利的正当性。他指出:"有生之初,人各自私也,人各自利也。"②他同样批判"存天理灭人欲"是荒谬的。他认为:"未有仁而遗其亲者也,未有义而后其君者也,正言仁义功用,天地赖以常运不息,人纪赖以接续而不坠,遗亲后君,便非仁义,不是言仁义未尝不利。自后世儒者,事功与仁义分途,于是当变化之时,力量不足以支持。听其陆沉鱼烂,全身远害,是乃遗亲后君者也。此是宋襄得之仁义,而孟子为之乎?"③黄宗羲赞成这种说法:"人心本无所谓天理,天理正从人欲中见,人欲恰好处,即天理也。向无人欲,则亦无天理之可言矣。"④

在公私观上,黄宗羲的突破在于批判传统价值观念中以君主为公共利益代表的主张。他认为,君主并不一定代表全民的利益,他指出:"古者以天下为主,君为客,凡君之所毕世而经营者,为天下也。今也以君为主,天下为客,凡天下之无地而得安宁者,为君也。"⑤因此,他提出:"故我之出而仕也,为天下,非为君也;为万民,非为一姓也。"⑥"小儒规规焉以君臣之义无所逃于天地之间……岂天下之大,于兆人万姓之中,独私其一人一姓乎!"⑦这就明确地将君主的利益与民众的公利区分开来。

顾炎武的公私价值观与黄宗羲类似。他首先批评理学的"天理人欲"说,肯定自私自利的合理性。他指出:"天下之人,各怀其家,各私其子,其常情也。"⑧"自天下为家,各亲其亲,各子其子,而人之有私,固情之所不能免矣。"⑨其次,他也将君主个人与民众的利益区分开来,即"亡国"与"亡天下"的区别。他提出:"有亡国,有亡天下,亡国与亡天下奚辨?曰:易姓改号,谓

---

① 《焚书·答邓石阳》。
② 《明夷待访录·原君》。
③ 《孟子师说》。
④ 《南雷集·与陈乾初论学书》。
⑤ 《明夷待访录·原君》。
⑥ 《明夷待访录·原臣》。
⑦ 《明夷待访录·原君》。
⑧ 《亭林文集·郡县论五》。
⑨ 《日知录·卷三》。

之亡国。仁义充塞,而至于率兽食人,人将相食,谓之亡天下。"①"保国者,其君其臣,肉食者谋之。保天下者,匹夫之贱,与有责焉耳矣。"②

简言之,到明末清初,儒家的公私价值观才比较合理地区分了公与私的关系,公私关系理论在儒家传统理论框架体系中达到了顶峰。

除了儒家理论有关于公私关系的丰富论述之外,在中国古代思想家中,法家也有大量的论述。与儒家相似,在公私问题上,法家思想也是提倡崇公废私。首先,法家极力说明公私对立以及私对公的危害,将之提高到影响国家安危的高度。管仲说:"是故圣人若天然,无私覆也;若地然,无私载也。私者,乱天下者也。"③商鞅说:"故三王以义亲,五霸以法正诸侯,皆非私天下之利也,为天下治天下。是故擅其名而有其功,天下乐其政,而莫之能伤也。今乱世之君臣,区区然皆擅一国之利,而管一官之重,以便其私,此国之所以危也。故公私之交,存亡之本也。"④韩非子认为:"修身洁白而行公行正,居官无私,人臣之公义也;污行从欲,安身利家,人臣之私心也。明主在上,则人臣去私心行公义;乱主在上,则人臣去公义行私心。……故曰:公私不可不明,法禁不可不审,先王知之矣。"⑤

基于这一判断,法家的主张当然是废私,但与儒家强调道德修养不同,法家主张用法律来禁止人们谋私。商鞅提出:"立法明分,而不以私害法,则治;权制独断于君,则威;民信其赏则事功成,信其刑则奸无端。惟明主爱权重信,而不以私害法";"世之为治者,多释法而任私议,此国之所以乱也。"⑥韩非子主张:"匹夫有私便,人主有公利。不作而养足,不仕而名显,此私便也;息文学而明法度,塞私便而一功劳,此公利也。"⑦

因此,法家的公私价值观有以下特点:一是崇公废私,二是主张用法治废除私利,三是公共利益的代表主要是君主,废除的私利主要是指与国家富强相

---

① 《日知录·卷十三·正始》。
② 《日知录·卷十三·正始》。
③ 《管子·心术下》。
④ 《商君书·修权》。
⑤ 《韩非子·饰邪》。
⑥ 《商君书·修权》。
⑦ 《韩非子·八说第四十七》。

抵触的各种活动。与儒家相比,在崇公废私方面、主张君主代表公共利益这两点是一致的。法家的特点更强调用法律手段实现这一目标,而儒家则主张从个人的道德修养做起,即修齐治平。儒家中荀子主张"礼",其实质也是法,这一点与法家相似。准确地说,其实是法家借鉴了荀子的观点,因为法家如韩非子是荀子的学生,继承韩非子从外在的法制约束人的观念是自然的。

在公私关系上,墨家也主张崇公去私。在崇公问题上,墨子提出:"仁者之事,必务求兴天下之利,除天下之害。将以为法乎天下,利人者乎即为,不利人乎即止"①,"若事上利天,中利鬼,下利人,三利而无所不利,是谓天德,故凡从事此者,圣知也,仁义也,惠忠也,慈孝也。是故聚敛天下之善名而加之。""若事上不利天,中不利鬼,下不利人,三不利而无所不利,是谓之(天)贼,故凡从事此者,寇乱也,盗贼也,不仁不义,不忠不惠,不慈不孝。是故聚天下之恶名而加之。"②

但与儒家和法家不同的是,墨家的崇公是建立在"无私"的基础上,即减少自我的各种欲求来满足公共的利益,或者可称之为"大公无私"。孟子评价墨家说:"墨子兼爱,摩顶放踵利天下,为之。"③庄子对墨家的描述是:"使后世之墨者,多以裘褐为衣,以跂蹻为服,日夜不休,以自苦为极,曰:'不能如此,非禹之道也,不足谓墨'。""今墨子独生不歌,死无服,桐棺三寸而无椁,以为法式。以此教人,恐不爱人;以此自行,固不爱己。未败墨子道。虽然,歌而非歌,哭而非哭,乐而非乐,是果类乎? 其生也勤,其死也薄,其道大觳。使人忧,使人悲,其行难为也。恐其不可以为圣人之道,反天下之心,天下不堪。墨子虽独能任,奈天下何! 离于天下,其去王亦远矣。"④

在放弃个人利益以利于公共利益方面,墨家走向了禁欲主义。在公私关系上缺乏儒家义利兼顾的理性主义。法家主张去私,但并不要求牺牲个人正当的私利,法家鼓励的是在与国家富强相一致的方向上满足个人利益,法家奖励耕战就是例证之一。这种禁欲主义的大公无私是墨家在后世难以为继的原

---

① 《墨子·非乐上》。
② 《墨子·天志下》。
③ 《孟子·尽心上》。
④ 《庄子·天下》。

因之一。

总之,在公私关系上,中国古代思想家的基本立场是崇公,在对待私利方面,基本立场是压抑私利,基本上没有很好地兼顾公私利益。黄宗羲、顾炎武的公私观较前人更合理,但也是昙花一现,并未成为当时历史发展趋势。

3. 身心关系价值观的主要内容及特征

据台湾学者杨儒宾先生的考证,在中国古代文献中,"身"的用法大致有以下四种:"(1)生理意义上的身体。强调身体的生理性、物质性;(2)精神化的身体观。以孟子为代表,强调形—气—心结构,主张生命与道德合一,人身乃精神化的身体;(3)自然气化说。强调自然与人身同是气化产物,存在内在的感应。这种思想在秦、汉后蔚为大观,但在《管子》两篇的精气说以及《左传》、《易传》等文献中已可见其梗概;(4)社会化的身体观。以荀子为代表,它强调人的本质、身体与社会的建构是分不开的。"①在中国古代文献中,关于"心"的用法有以下几种:(1)心脏,又为思维器官,兼含道德意蕴;(2)主体意识;(3)董仲舒提倡的天心;(4)玄学解释的无、有;(5)佛学阐发的唯识、唯心;(6)理学的心即理;(7)近代受西方心理学影响的知、情、意。上述这些用法可以进一步抽象为四种范畴:心是主体意识;心是万物本原或本体;心是心理活动或状态;心是道德伦理观念。

除了上述含义,现代意义上的"身心关系"指的是身体与心理的相互关系,在中国古代文献中,"身""心"一般不连用。现代意义上的"身心关系"相当于古代文献中的"形神关系",或者"形气神关系"。关于"形神"或"形气神"的明确阐述,在《墨子·经上》《管子·心术上》《管子·心术下》《管子·内业》等文献中已经开始出现。儒家、道家、法家、佛教、医家也都有关于这一问题的丰富论述。但是,中国古代文献关于身心问题的论述既涉及宇宙论、认识论,也涉及政治、伦理问题,由于当时科学水平的限制,中国古代对于身心关系宇宙论的认识必然是猜想性的,缺乏实证,不可能有太深入的研究。因而,中国古代思想家关于身心问题的论述更多是围绕伦理问题展开,即使涉及宇

---

① 杨儒宾:《儒家身体观》,台北"中央研究院中国文哲研究所"筹备处 1996 年版,第 164 页。

宙论、认识论问题，大多是为伦理问题的论证奠定基础。

鉴于身心问题在古代文献中的丰富性和复杂性，与本书的定位相关，我们这里只考察中国古代文献在处理身心问题上的价值观。从价值观层面看，与身心问题相关的价值观的实质是身体欲望或本能与社会规范的关系，或者说如何处理人的生物本能与社会实现方式的关系，或者是人们在满足生物本能时应该如何做。如果将问题这样定位，那么，身心问题的价值观就涉及人的社会属性与自然属性、人与自然的关系、人与人的关系、人与集体的关系等问题，因而身心问题实质上涉及价值观念中的所有方面。

（1）儒家身心关系理论中的价值观念

首先，在对待人的欲望方面儒家采取的基本立场是正视人的基本欲望，但要加以限制。例如，在《里仁》中，孔子说："富与贵，是人之所欲也，不以其道得之，不处也；贫与贱，是人之所恶也，不以其道得之，不去也。君子去仁，恶乎成名？君子无终食之间违仁，造次必于是，颠沛必于是。"①在《述而》中，孔子说："富而可求也，虽执鞭之士，吾亦为之。如不可求，从吾所好。"②在这些论述中，孔子一方面肯定人的生理需求，但同时指出满足方式要符合仁的要求。在《季氏》中，孔子提出了"君子三戒"说，即少年要戒色，壮年要戒斗，老年要戒得。③ 这些话表明孔子主张要节制人的生理本能。在《颜渊》中，孔子说："非礼勿视，非礼勿听，非礼勿言，非礼勿动。"④在《雍也》中，孔子说："君子博学于文，约之以礼，亦可以弗畔矣夫。"⑤在《泰伯》中，孔子说："兴于诗，立于礼，成于乐。"⑥从上面的引文可以看出，孔子主张对人的生理活动的限制方式有诗、礼、乐等，其核心主要是礼。

在这一问题上，孟子继承了孔子的思想并加以了发展，其发展主要在于给予这种以礼义节制欲望的价值观念建立了人性论的基础。在与孔子思想一致

---

① 《论语·里仁》。
② 《论语·述而》。
③ 参见《论语·季氏》。
④ 《论语·颜渊》。
⑤ 《论语·雍也》。
⑥ 《论语·泰伯》。

的方面,如孟子说:"欲贵者,人之同心也。人人有贵于己者,弗思耳矣。"①
"非其义也,非其道也,禄之以天下弗顾也,系马千驷弗视也。非其义也,非其
道也。一介不以与人,一介不以取诸人。"②

在这一问题上孟子的发展有两点:第一点是给这一观念提供了人性论基
础。孟子从两个方面对这一问题进行了论证。首先,孟子认为人与动物的区
别就在于人知道礼仪。他提出:"人之有道也,饱食、暖衣、逸居而无教,则近
于禽兽。"③其次,孟子认为仁义礼智是人的本性,是人的自然禀赋。如,孟子
认为:"恻隐之心,仁也;羞恶之心,义也;恭敬之心,礼也;是非之心,智也。仁
义礼智,非由外铄我也,我固有之也,弗思耳矣。"④

孟子的第二点发展是培养道德情感方式方面的创新。与孟子主张道德感
是人的自然天赋相对应,孟子提出了"求放心"、"养气"的道德培养方式。关
于"求放心",孟子认为:"心之官则思,思则得之,不思则不得也。"⑤"仁,人心
也;义,人路也。舍其路而弗由,放其心而不知求,哀哉! 人有鸡犬放,则知求
之;有放心而不知求。学问之道无他,求其放心而已矣。"⑥关于"养气",孟子
认为主要是依靠"义"与"道",才能做到充盈于天地之间,永不衰竭。⑦

与孟子的"求放心"的内在取向不同,荀子强调的是通过外在的社会规范
培养人的道德之心,因而荀子的思路是通过社会化的规范来建构人的道德。
例如,荀子说:"凡用血气、志意、知虑,由礼则治通,不由礼则勃乱提僈;食饮、
衣服、居处、动静,由礼则和节,不由礼则触陷生疾;容貌、态度、进退、趋行,由
礼则雅,不由礼则夷固僻违,庸众而野。故人无礼则不生,事无礼则不成,国家
无礼则不宁。"⑧荀子这里说的"礼"指的就是社会规范。

简言之,先秦儒家在身心问题上的基本立场是一致的,都主张对身体的欲

---

① 《孟子·告子上》。
② 《孟子·万章上》。
③ 《孟子·滕文公上》。
④ 《孟子·告子上》。
⑤ 《孟子·告子上》。
⑥ 《孟子·告子上》。
⑦ 参见《孟子·公孙丑上》。
⑧ 《荀子·修身》。

望进行节制,所不同之处在于节制的方式不同。孟子重内在修养,实质上将"心"伦理化;荀子重外在社会规范,将"心"社会化或制度化。

在身心问题上,宋明理学继承了先前儒家特别是孟子的思路。一方面对"心"所代表的伦理道德进行宇宙论或本体论层面的论证,即将道德本体化为"天理",将孟子的道德先验论从心理层面上升到宇宙论层面;另一方面继承了孟子的"求放心"的将道德内化的倾向,借鉴佛教的修养方法,对道德修养方法进行丰富发展。

首先,与先秦儒家一致的是宋明理学肯定了人欲合理性,并主张进行节制。例如,程颢说:"耳闻目见,饮食男女,喜怒哀乐之变,皆性之自然,今其(佛教)言曰:'必灭绝是,然后得天真。'吾多见其丧天真矣。"①程颐说:"'礼仪三百,威仪三千',非绝民之欲而强人以不能也,所以防其欲,戒其侈,而使人道也。"②朱熹说:"饮食者,天理也。要求美味,人欲也。"③"这是天教我如此。饥便食,渴便饮,只得顺他。穷口腹之欲便不是。盖天只教我饥则食,渴则饮,何曾教我穷口腹之欲?"④

其次,宋明理学过分强调对身体欲望的控制。在控制身体欲望方面,二程提出过"窒欲""节欲""寡欲"等概念,未用"灭欲"一词。朱熹虽然也承认人的欲望,但是他的"灭欲"主张显然将身体欲望和社会道德的对立极端化。例如,朱熹说:"人之一心,天理存则人欲亡;人欲胜则天理灭。未有天理人欲夹杂者,学者须要于此体认省察之。"⑤"学者须是革尽人欲,复尽天理,方始是学。"⑥

宋明理学在身体欲望与社会规范之间的二元对立的处理方式引起了后世儒学的批评。明末清初的思想家对这一问题的发展也从两个方面展开:一是重新肯定个人欲望的合理性,并将之定位为道德观念的内容。代表人物有李贽、戴震等。例如,针对宋明理学将人欲等于私心并视为非道德观点,李贽指

---

① 《二程粹言·卷一》。
② 《二程遗书·卷二十五》。
③ 《朱子语类·卷十三》。
④ 《朱子语类·卷九十六》。
⑤ 《朱子语类·卷十三》。
⑥ 《朱子语类·卷十三》

出："夫私者,人之心也。人必有私,而后其心乃见;若无私,则无心矣。如服田者,私有秋之获,而后治田必力;居家者私积仓之获,而后治家必力;为学者,私进取之获,而后举业之治也必力。故官人而不私以禄,则虽召之,必不来矣;苟无高爵,则虽劝之,必不至矣;虽有孔子之圣,苟无司寇之任,相事之摄,必不能一日安其身于鲁也决矣。此自然之理,必至之符,非可以架空而臆说也。然则为无私之谈者,皆画饼之谈,观场之见,但令隔壁好听,不管脚跟虚实,无益于事,只乱聪耳,不足采也。"①

二是从个人利益解释公共利益,并以此反对君主制。代表人物有黄宗羲、顾炎武等。如黄宗羲认为:"有生之初,人各自私也,人各自利也。"②而君主的出现导致了"利不欲其遗于下,福必欲其敛于上。"③黄宗羲主张,真正理想的社会制度应该是谋天下人之利,除天下人之害,即"不以一己之利为利,而使天下受其利;不以一己之害为害,而使天下释其害。"④

在身心关系上,儒家思想的总体立场是主张以道德节制人的欲望。在制约方式上,儒家思想家中荀子主张用社会规范制约人的欲望,孟子提倡用道德节制人的欲望。在儒家思想的发展过程中,孟子的立场不断被发扬,至宋明理学发展到极致。而荀子的主张在儒家思想家中被忽视,被法家发挥到顶峰。随着法家的衰落,儒家思想中孟子的思想始终处于主导地位,至明末清初其思想的内在的不足才在理论上被克服。

(2)道家身心关系理论中的价值观念

在中国传统思想中,尽管道家思想没有取得像儒家那样的长期的主导地位,但道家的理论也对中国社会产生了重大影响,例如在汉初、魏晋时期和唐代,道家思想都曾受到官方的大力支持。道家思想内容丰富,其身心关系理论是其重要理论内容。从价值观念来看,道家身心关系理论有两个特点:一是道家主张贵身寡欲;二是实现节欲的方式是返璞归真,回到自然状态。与儒家主张以道德或礼法来节制人的身体欲望不同,道家主张恢复身体的自然状态,最

---

① 《藏书·德业儒臣后论》。
② 《明夷待访录·原君》。
③ 《明夷待访录·原法》。
④ 《明夷待访录·原君》。

终实现身心遵循"道"的运行规律。

道家关于贵身寡欲的主张基于多种判断：首先，人身是最重要的。例如，庄子说："夫天下至重也，而不以害其生，又况他物乎！"①"能尊生者，虽贵富不以养伤身，虽贫贱不以利累形。今世之人居高官尊爵者，皆重失之，见利轻亡其身，岂不惑哉！"②"法天贵真，不拘于俗"③；"不以物害己"④；"不以物易己"⑤；强烈反对"丧尽于物""失性于俗"⑥；"以人灭天""以故灭命""以得殉名"⑦。

道家创始人之所以"贵身"并不是道家认为身体最珍贵，而是认为身体是"道"的载体之一，只有在身体存在的条件下，人才能不断地体悟"道"的奥秘，最终实现生命与道的统一。如庄子认为："世之人以为养形足以存生，而养形果不足以存生，则世奚足为哉！"⑧这就明确将人的形体与生命分开，形体不过是生命的载体。庄子在谈论对其妻去世的态度时说："是其始死也，我独何能无概（慨）然！察其始而本无生，非徒无生也而本无形，非徒无形也而本无气。杂乎芒芴（若有若无）之间，变而有气，气变而有形，形变而有生，今又变而之死，是相与为春秋冬夏四时行也。人且偃然寝于巨室，而我噭噭然随而哭之，自以为不通乎命，故止也。"⑨在庄子看来，生死就是自然变化的体现，是道在人的形体上的显现，因此，对人来说，身体之所以重要，是由于人只有通过自身的形体才能体悟"道"的运行，实现与"道"的统一。

其次，人生短暂，人的生存所需其实是非常有限的，过多的欲求反而是生存的负担，是对人自然状态的戕害。如庄子说："鹪鹩巢于深林，不过一枝；偃鼠饮河，不过满腹。"⑩"人生天地之间，若白驹之过隙，忽然而已。注然勃然，

---

① 《庄子·让王》。
② 《庄子·让王》。
③ 《庄子·渔父》。
④ 《庄子·秋水》。
⑤ 《庄子·徐无鬼》。
⑥ 《庄子·缮性》。
⑦ 《庄子·秋水》。
⑧ 《庄子·达生》。
⑨ 《庄子·至乐》。
⑩ 《庄子·逍遥游》。

莫不出焉；油然漻然，莫不入焉。已化而生，又化而死。生物哀之，人类悲之。"①"夫富者，苦身疾作，多积财而不得尽用，其为形也亦亦愚哉。夫贵者，夜以继日，思虑善否，其为形也亦疏矣。"②"夫天下之所尊者，富贵寿善也；所乐者，身安厚味美服好色音声也；所下者，贫贱夭恶也；所苦者，身不得安逸，口不得厚味，形不得美服，目不得好色，耳不得音声。若不得者，则大忧以惧，其为形也外矣！"③"自三代以下者，天下莫不以物易其性矣！小人则以身殉利，士则以身殉名，大夫则以身殉家，圣人则以身殉天下。故此数子者，事业不同，名声异号，其于伤性以身为殉，一也。"④"而彭祖乃今以久特闻，众人匹之，不亦悲乎！"⑤"帝王之功，圣人之余事也，非所以完身养生也，今世俗之君子，多危身弃生以殉物，岂不悲哉"。⑥庄子这里将世人所普遍追求功名利禄以及各种身体欲望的满足视为对人自身的损害。

如果我们结合庄子生活的时代，庄子不追求功名富贵还有现实的考虑。如庄子说："方今之时，仅免刑焉。福轻乎羽，莫之知载；祸重乎地，莫之知避。"⑦"今世殊死者相枕也；桁杨者相推也；刑戮者相望也"⑧。在这样的乱世，世俗的追求都是难以长久的，与其与世人为此争斗，不如退而自保。当然，道家的立论不限于犬儒主义。

第三，道家认为人生的关键在于保持自然本性，而不是按照人为的标准对其进行矫正，因为各种矫正，无论出于何种目的都是对人的本性的伤害。如庄子说："且夫属其性乎仁义者，虽通如曾、史，非吾所谓臧也；属其性于五味，虽通如俞儿，非吾所谓臧也；属其性乎五声，虽通如师旷，非吾所谓聪也；属其性乎五色，虽通如离朱，非吾所谓明也。吾所谓臧者，非仁义之谓也，臧于其德而已矣；吾所谓臧者，非所谓仁义之谓也，任其性命之情而已矣；吾所谓聪者，非

---

① 《庄子·知北游》。
② 《庄子·至乐》。
③ 《庄子·至乐》。
④ 《庄子·骈拇》。
⑤ 《庄子·逍遥游》。
⑥ 《庄子·让王》。
⑦ 《庄子·人间世》。
⑧ 《庄子·在宥》。

谓其闻彼也,自闻而已矣;吾所谓明者,非谓其见彼也,自见而已矣。夫不自见而见彼,不自得而得彼者,是得人之得而不自得其得者也,适人之适而不自适其适者也。夫适人之适而不自适其适,虽盗跖与伯夷,是同为淫僻也。余愧乎道德,是以上不敢为仁义之操,而下不敢为淫僻之行也。"①"失性有五:一曰五色乱目,使目不明;二曰五声乱耳,使耳不聪;三曰五臭薰鼻,困惾中颡;四曰五味浊口,使口厉爽;五曰趣舍滑心,使性飞扬。此五者,皆生之害也。"②"道者,德之钦也;生者,德之光也;性者,生之质也。性之动,谓之为;为之伪,谓之失。"③因此,道家认为人最应该追求的是顺其本性,回归自然状态。即"无为名尸,无为谋府,无为事任,无为知主;体尽无穷而游无朕,尽其所受乎天而无见得,亦虚而已,至人之用心若镜,不将不迎,应而不藏,故能胜物而不伤"。④

简言之,先秦道家对待身体欲望的态度与儒家相似,也主张节制,但与儒家主张以礼义加以节制,在修齐治平的过程中实现人的道德追求不同,道家主张彻底祛除各种世俗的身体欲望,使身体彻底回归自然状态。两者的根本差异在于:儒家认为人的本质在人有道德,因此,人就应该为家庭和社会谋利;而道家认为人的本质就是自然的一分子,因而人最应该回归自然、以身体道。

老、庄之后,道家逐渐发展成为宗教性的组织——道教,至魏晋时期在理论上发展成熟,隋唐时期达到全面兴盛。从思想来源来看,后来的道教在老子和庄子的理论基础上,进一步吸收了儒家、医学和佛教的部分思想。从身心关系方面看,其价值观念也部分发生了变化。与庄子相比,后世的道教更注重身体,魏晋隋唐时期,求长生、成仙成为追求的目标。如《太平经》中说:"人命近在汝身,何为叩心仰呼天乎?有身不自清,当清谁乎?有身不自爱,当爱谁乎?有身不自成,当成谁乎?有身不自念,当念谁乎?有身不自责,当责谁乎?复思此言,无怨鬼神。"⑤陶弘景认为:"夫禀气含灵,惟人为贵。人所贵者,盖贵于生。"⑥正是基于这样的观念,道家主张养生节欲。如陶弘景说:"仙经云:我

---

① 《庄子·骈拇》。
② 《庄子·天地》。
③ 《庄子·庚桑楚》。
④ 《庄子·应帝王》。
⑤ 王明编:《太平经合校》,中华书局1960年版,第527页。
⑥ 《养性延命录》。

命在我不在天。但愚人不能知此道为生命之要,所以致百病风邪者,皆由恣意极情,不知自惜,故虚损生也。……今若不能服药,但知爱精节情,亦得一二百年寿也。"①这种贵身思想的泛化,逐渐形成了道家的"慈心"观念:"慈者,万善之根本。人欲积德累功,不独爱人,兼当爱物,物虽至微,亦系生命。人能慈心于物命之微,方便救护,则杀机自泯,仁心渐长矣,有不永享福寿者乎!"②这一点显然与庄子的主张有较明显的差异,这也是道教发展过程中逐渐完善的表现,是儒、道、佛三者互相影响的结果。

(3)佛教身心关系理论中的价值观

在身心关系问题上,佛教的基本立场与儒家、道家有相似之处,即都主张控制自己的欲望以实现人的理想。但主张的依据不同,控制身体欲望的方式和最终目标也不同。佛教之所以主张控制人的欲望,是由于佛教认为,人在现世中所遭受的苦难来自身体的欲望。佛教将人在现世生活中所遭受的苦难称为"苦谛"。不同教派对"苦谛"的细分有所不同,常见的划分是"八苦",即生、老、病、死、爱别离、怨憎会、求不得、五蕴炽盛。南传佛教中"苦"分为十一种:生、老、死、愁、悲、苦、忧、恼、怨憎会、爱别离、求不得,总称为"五取蕴即苦"。从佛教对"苦谛"的划分看,人生的各个阶段、身体的各个方面都能导致"苦",从基本的生理需求、心理需要到社会层面的各种需求无所不包。总之,在佛教看来,人生在世间就是处于痛苦的深渊。除了现世欲望产生的苦难之外,根据佛教的业报轮回理论,人们还要接受前世恶行的惩罚。因此,只要不从各种欲望之中解脱出来,人就会永远沉浸在苦难之中。

在设想现世是苦难的同时,佛教还设想了理想境界——涅槃,即从现世的各种苦难中解脱出来,达到绝对自由的状态。从苦难中解脱出来达到涅槃的途径就是通过按照戒律的要求进行身体和观念的修行。修行的方法在佛教中称为"道谛",即由现世到达涅槃的途径。其内容被称为"八正道",即正见、正思维(又称正志)、正语、正业、正命、正精进、正念、正定。尽管不同的教派关于如何修行的方法有所不同,但其核心都是通过限制人的各种欲望,抑制恶

① 《养性延命录》。
② 《感应篇图说》。

行、鼓励善行。恶行方面如杀生、偷盗、邪淫、妄语、饮酒等,善行如救生、布施、梵行、诚实、和静、爱语、质直、清静、慈悲、正见等。因此,在身心问题上,佛教的基本立场是限制人的各种欲望,基本上属于禁欲主义。

限制人的欲望只是佛家身心关系价值观念的一个方面。佛教虽然主张人生现世是苦难,但并没有因此走向犬儒主义,也没有主张价值相对主义和宿命论。佛教的业报轮回观念有宿命论的色彩,如"一切行无常,一切法无我"观念有价值相对主义的成分,而一切皆苦、克己忍耐的理念具有犬儒主义的特征。但是,由于佛教设想了通过"道谛"达到涅槃的理论,因而与犬儒主义、价值相对主义和宿命论区分了开来。

佛教虽然追求超脱现世,因而具有出世主义的色彩,但它的价值观念并不像朱熹等人所说是自私自利的个人主义。从佛教发展历史看,小乘佛教追求个人解脱,具有明显的个人主义色彩。但大乘佛教不同,它主张道体同一、众生互根和同体大悲,意即众生都是同一道体的表现,如同具有同一根系的大树上的枝叶,众生之间没有本质差别,众生之苦就是自我之苦,众生之乐就是自我之乐,众生的解脱就是自我的解脱。由此衍生出了佛教自利利他、普度众生的价值理念。[1]　这与孔子所说的"忠恕之道"基本一致。从价值理念来看,大乘佛教与儒家的价值观念比较接近,在实践过程中,真正贯彻佛教理念的活动的发展趋向与儒家一致。克制自身欲望、普度众生在现实中不能走向自我封闭,其活动必然面向影响整个社会,其结果近似儒家的修齐治平的思路。但由于佛教的禁欲主义,又使得其入世主义的倾向降低,最终走向自我心性修养的道路。简言之,佛教思想将出世与入世矛盾地融合在了一起。但是,简单地认为佛教是个人主义则是不准确的。

(二)中国传统核心价值观培育和践行的路径与方法

1. 中国传统社会培育和践行核心价值观的法律途径

(1)中国传统法律中的核心价值观

从历史发展过程看,中国传统社会的核心价值观是以儒家的价值观为

---

[1]　参见贾东桥:《佛教解脱价值观及其现代意义》,《国学论衡》2007 年。

主导。尽管在春秋战国时期,法家思想一度在社会中占有主导地位,并指导秦国统一了全国。但是由于秦国存在时间较短,后世王朝吸取了秦国的教训,从汉武帝时期起,儒家思想成为社会的主导思想。在魏晋隋唐时期,道教、佛教也曾产生过重要影响,但儒家的主导地位基本上没有被替代。因此,从整体上看,儒家的价值观基本上构成了中国传统社会的核心价值观。

儒家价值观反映的是宗法制度下人们相互关系的规范。由于中国传统社会是基于宗法制度下的小生产方式,商品经济不发达,因此,儒家关于价值关系的重心是家庭关系。家庭关系有三种不同类型:夫妇关系、父子关系、兄弟关系。将家庭关系推广到社会,就出现了两种新的关系:君臣关系和朋友关系。儒家将君臣关系与父子关系相类比,将兄弟关系与朋友关系相类比。由此,以家庭关系为基础构建了整个社会中人与人之间关系的基本规范。一般来说,基于血缘的家庭关系要比非血缘关系的人与人之间的关系密切,即朋友之间、君臣之间的关系自然较为疏远,因而不能与家庭成员关系等同。因此,孔子主张的"爱有差等"显然是有社会经验基础的。

在以血缘关系为基础的家庭关系中,蕴含着两种性质的关系:一种是相互扶助的合作关系,所谓"父慈、子孝、兄爱、弟敬";另一种是等级关系,强调的是服从关系。在家庭内部,以血缘关系和长期共同生活为基础的服从关系一般不需要特别的强制。但君臣之间由于缺乏血缘关系和长期共同生活的互利基础,其等级关系只有求助于外在的因素,如物质利益激励或暴力强制。但在中国传统的社会实践尤其是政治实践中,得到突出提倡的是"孝"和"忠"两种价值观,其他价值观虽然也被提倡,但并不是作为核心的价值观来弘扬。"孝""忠"两种价值观分别适用于父子关系和君臣关系,"忠"实际上就是"孝"的转移,也就是所谓"移孝作忠"。李大钊指出:"君臣关系的'忠',完全是父子关系的'孝'的放大体,因为君主专制制度,完全是父权中心的大家族制度的发达体。"①这也就使得中国传统社会的政治伦理充满了家庭关系的氛围。但"孝"和"忠"所突出的等级观念,是上下级的服从关系,孟子的"君臣关

---

① 《李大钊全集》第3卷,人民出版社2013年版,第186页。

系论"并没有得到遵循和提倡。①

中国传统社会突出"孝"和"忠"具有等级意义的价值观有深刻的社会历史背景。中国传统社会一直以小生产方式为主,小农业与小手工业相结合。这样的生产方式抵御自然和社会灾害的能力较弱,因此,需要家庭家族内部的互助和团结防范各种风险。这就是中国传统社会重视家庭伦理,也是儒家思想得以不断传承的生产方式基础。与小生产方式相伴随的是政治制度必然是君主专制制度。正如马克思所说:"他们不能代表自己,一定要别人来代表他们。他们的代表一定要同时是他们的主宰,是高高站在他们上面的权威,是不受限制的政府权力,这种权力保护他们不受其他阶级侵犯,并从上面赐给他们雨水和阳光。所以,归根到底,小农的政治影响表现为行政权支配社会。"②

为了加强君主专制,中国传统社会在政治伦理层面不断加强等级制层面的服从要求。为了适应君主专制的要求,儒家思想进行了转化,即从价值观层面突出了与君主专制相适应的价值观。这就是将"孝"和"忠"作为核心的价值观。如孔子认为:"孝悌也者,其为人之本欤!"③孟子认为:"尧舜之道,孝悌而已矣。"④《孝经》提出:"夫孝,德之本也,教之所由生也"⑤,"夫孝,天之经也,地之义也,民之行也"⑥。明确将"忠""孝"进行类比是从曾子开始的,并将家庭关系与君臣关系相类比。他认为:"事君不忠,非孝也;莅官不敬,非孝也。"⑦"孝子善事君,弟弟善事长,君子一孝一弟,可谓知终矣。"⑧

不仅是众多思想家将"忠""孝"作为核心的价值观,各个时代的法律也非常重视"忠""孝"问题,因此,"不忠""不孝"都是历代刑法惩罚的重点行为。如唐代法律《唐律疏议》规定的"十恶"中,第一是"谋反"、第二是"谋大逆"、

①　《孟子·离娄下》中提出:"君之视臣如手足,则臣视君如腹心;君之视臣如犬马,则臣视君如国人;君之视臣如土芥,则臣视君如寇雠。"这一思想突出了君臣之间的对等和互利关系,而不是等级制中的服从关系。

②　《马克思恩格斯文集》第2卷,人民出版社2009年版,第567页。

③　《论语·学而》。

④　《孟子·告子下》。

⑤　《孝经·开宗明义》。

⑥　《孝经·三才》。

⑦　《大戴礼记·曾子大孝》。

⑧　《大戴礼记·曾子立孝》。

第三是"谋叛"、第六是"大不敬",这四种行为都属于"不忠";第四"恶逆"和第七"不孝"是惩罚不孝行为的。① 按唐律规定,这些行为不但要受到严厉惩罚,而且还规定不在宽赦之列。

一些学者在谈到中国古代哲学思想时常将"和谐""宽容"等价值观念作为中国哲学的特点予以重点阐述。这种解释有一定的依据,但却不符合中国传统社会价值观念的实际情况。从上文的解释可以看出,中国传统社会的核心价值观,无论是思想家的阐述,还是政治法律层面的实践,所突出的价值观都是"孝"和"忠"。这一点也是五四时期批评儒家价值的重点。李大钊和陈独秀在批评儒家价值观时都强调了"孝"的作用。陈独秀认为"慈孝悌"价值观妨碍了人格独立,最终阻碍了民主科学在中国的发展。② 李大钊认为:"总观孔门的伦理道德……于父子关系,只用一个'孝'字,使子的一方完全牺牲于父"③。

在阐述中国传统社会的价值观时我们应该做恰当的区分:一是要区分思想家的观点和社会实践。由于种种原因,思想家的观点可能并不是当时社会中实际运用的思想,也就是思想家所倡导的不一定就是当时社会所实际实践的。二是要区分思想家的个别论断与整体的思想观点。一些思想家的著述丰富,涉及问题庞杂,所以在分析古人思想时要防止以偏概全。三是要区分实际情况与对我们现在有用的内容。我们现在研究古代思想的目的是吸收古代思想中对我们现在有用的内容,这是无可异议的。但是,对我们现在有用的古代思想不一定在古代社会和思想界占主流。

(2)中国古代社会法律践行核心价值观的方式

价值观是主观层面的理念,要转变为人们的行为规则还需要一定的载体和媒介。在现实社会中,能够充当这一媒介的形式有多种。其中,法律就是培育和践行核心价值观的一种重要途径和形式。在中国古代,除了正式的法律,宗法在约束人们日常行为、灌输特定价值观方面也发挥着作用,因此,也起着培育和践行核心价值观的作用。关于中国古代如何通过法律途径培育和践行

---

① 参见《唐律疏议·名例》。

② 。《陈独秀著作选》第 1 卷,上海人民出版社 1993 年版,第 233、442—443 页。

③ 《李大钊全集》第 3 卷,人民出版社 2013 年版,第 187 页。

核心价值观,我们这里从两个角度进行说明,首先是从立法原则方面说明中国古代社会如何践行核心价值观,其次是从具体法律条文、执法和司法过程中分析中国古代如何通过法律培育和践行核心价值观。

第一,中国古代社会以立法原则体现核心价值观。

中国古代社会关于立法的原则问题主要围绕德刑关系展开。需要说明的是,在中国古代社会中,德刑关系的争议实际上是关于国家治理方式的思考。从思想史看,中国古代社会在道德与法律关系问题上的基本主张是一直强调道德的作用,而法律的作用则经历了明德慎刑、德本刑辅、明刑弼教等阶段。

"明德慎罚"是周公在分封康叔的诰词中提出的。周公要求康叔:"惟乃丕显考文王克明德慎罚,不敢侮鳏寡,庸庸祗祗威威显民。"①这里周公提出了三项要求:一是学习文王明德慎罚,二是不能欺压下层小民,三是尊重贤人、惩罚坏人。

从《尚书》中相关论述看,"德"的内涵广泛,据有关学者考证,《尚书》中的"德"大致可以分为三类:一是族德,即本氏族的习惯法;二是政德,即政治活动所遵循的规则,如安民、恤民、保民、任用贤人等;三是己德,即道德自主和自律,如不酗酒、不贪图逸乐等。②《尚书》关于"德"的重要性的论述很多,一般认为,周公之所以强调"德"的重要性是因为目睹了商由于统治者荒淫无道,导致被周这样的小帮所灭亡。以周公为代表的周的统治者深切认识到传统的"天命"神话不足于保全政权稳定,统治者必须依靠自己的政绩才能使被统治者诚服。由此开始了中国政治史上关于如何通过非暴力的方式实现长治久安的系统探索。

关于"慎罚"原因,周公认为:"则若时,不永念厥辟,不宽绰厥心,乱罚无罪,杀无辜,怨有同,是丛于厥身气。"③即周公认为,滥施刑罚会导致大众不满。从历史教训看,周公认为,苗民和商纣就是由于滥施刑罚,遭到上天的惩罚,最终导致亡族灭国。

简言之,从周代开始,在国家治理方式上就已经开始提倡依靠德政而不是

---

①　《尚书·康诰》。

②　参见马士远:《〈尚书〉中的"德"及其"德治"命题摭谈》,《道德与文明》2008 年第 5 期。

③　《尚书·无逸》。

依靠严刑酷法进行统治的思想。这一思想基本上奠定了中国古代社会治理基本模式的先河,后来的思想基本上都可以从这里找到依据。

但需要说明的是,周代关于"德刑"关系的论述还有明显的不足之处,即在"德""刑"两者还处于一种隔离的状态,关于"德"的要求还没有纳入到"刑"的范围之内。究其原因,在于周代的"德"的范畴过于宽泛,其中关于"德"的要求主要是针对君主而言的,由于君主在国家中的至上地位,这就使得失"德"的行为难以遭到及时惩罚。虽然《尚书》也有关于惩罚普通民众失德行为的论述,如"王曰:封! 元恶大憝,矧惟不孝不友。子弗祗服厥父事,大伤厥考心;于父不能字厥子,乃疾厥子。于弟弗念天显,乃弗克恭厥兄;兄亦不念鞠子哀,大不友于弟。惟吊兹不于我政人得罪,天惟与我民彝大泯乱。曰:乃其速由文王作罚,刑兹无赦。"①但对于家庭伦理行为的论述并不是《尚书》中阐述的重点,由此可以推断当时的统治者还没有充分认识到家庭伦理行为在社会治理中的重要作用。

第二阶段是"德主刑辅"阶段。经过周末的社会动乱之后,面对新的形势,如何进行社会治理又一次成为思想家和政治家考虑的重要问题。在先秦时期,在"德刑"关系上,儒家和法家成为对立的两极,儒家的基本思想是"德主刑辅"。法家的基本思想是"严刑酷法",拒绝运用道德方式治理国家。由于法家在秦国统一过程中的成功实践,法家思想一度处于主导地位。但由于秦统一中国后仅十几年就被推翻,这就使得法家重视刑罚忽视道德作用的治国方式遭到了普遍质疑。在这一背景下,儒家"德主刑辅"的主张又重新成为主导的原则。这一思想经历了孔子、孟子、荀子、董仲舒等,最终系统化并付诸实践。

孔子继承周代的德刑关系思想,并进行了进一步的发展。孔子的思想主要集中在对德政内容的扩展上。

首先,孔子对德政的内容提出了具体的要求,而且主要强调君主个人修养的作用。孔子认为,作为执政者首先要品行端正。孔子认为:"政者,正也。

---

① 《尚书·康诰》。

子帅以正,孰敢不正?"①"其身正,不令而行;其身不正,虽令不从。"②关于君主个人品格,孔子主要涉及好礼、好义、好信、恭、宽、敏、惠等品格。如孔子说:"上好礼,则民莫敢不敬;上好义,则民莫敢不服;上好信,则民莫敢不用情。夫如是,则四方之民襁负其子而至矣。"③"恭则不侮,宽则得众,信则人任焉,敏则有功,惠则足以使人。"④从上述引文可以看出,孔子论述的视角都是从如何行政看问题的,因而主要是教导执政者如何执政的,其主要内容都是有关个人品格方面的。

其次,在德刑关系上,孔子提出了德主刑辅的主张。孔子对德主刑辅的论证主要是从心理学角度论证的。孔子认为:"为政以德,譬如北辰,居其所而众星共之。"⑤"道之以政,齐之以刑,民免而无耻;道之以德,齐之以礼,有耻且格。"⑥从这一论断可以看出,孔子认为,仅仅依靠刑罚,人们虽然也会遵守法令,但并不是出于内心的认同,而如果通过德和礼来教育民众,民众不仅会遵守法令,而且还会以违反法令感到羞耻。因而,通过德和礼的方式治理国家比单纯运用刑罚更好。

在强调德政的重要性的同时,孔子也明确认为不能只依靠德行政,还必须依靠法律。孔子认为:"圣人之治化也,必刑政相参焉。太上以德教民,而以礼齐之,其次以政焉。导民以刑,禁之刑,不刑也。化之弗变,导之弗从,伤义以败俗,于是乎用刑矣。"⑦"政宽则民慢,慢则纠之以猛。猛则民残,残则施之以宽。宽以济猛;猛以济宽,政是以和。"⑧从孔子的上述论可以看出,在德刑的主次上,孔子的主张有两个关键点:一是德刑不可分,只强调二者之一都不可行;二是先德后刑,德主刑辅。孔子的这一立场奠定了后世中国历代立法的基调。

---

① 《论语·颜渊》。
② 《论语·子路》。
③ 《论语·子路》。
④ 《论语·子罕》。
⑤ 《论语·为政》。
⑥ 《论语·为政》。
⑦ 《孔子家语·刑政》。
⑧ 《左传·昭公二十二年》。

明确提出"德主刑辅"的是董仲舒。在《春秋繁露》中，董仲舒认为："刑者德之辅，阴者阳之助也"①。与孔子相比，董仲舒同样主张以德为主，以刑为辅，同样主张德刑不可分，认为德刑的关系就像阴阳不可分离一样。董仲舒的特点在于对"德主刑辅"的论证方式，他是从天道阴阳的角度加以论证的，即德主刑辅就是自然界运行的要求和体现，等于为"德主刑辅"提供了一个自然本体论的论证。而孔子则是从心理学的视角进行论证的，这是二者之间的明显差异。与孔子处境不同的是，董仲舒的主张为当时的执政者所接受，为国家治理所正式实践。从此开始了中国法制史上将道德价值观纳入刑罚的开端，道德要求成为刑罚的重要内容。"德主刑辅"正式成为立法的基本原则。

从汉代起一直到宋代，其中的各个主要王朝的立法原则基本上都沿用了"德主刑辅"的立法原则。一般认为，唐代《唐律疏议》在中国法治史上最具有代表性，唐代以后的各个时代的法律基本都沿用了《唐律疏议》的立法原则。《唐律疏议》在总则部分即"名例"部分就提出"德本刑用"的立法原则。从内容看，《唐律疏议》有这样几个特点：一是用儒家的伦理思想作为立法的指导原则；二是所有法律条文都贯彻"三纲"的要求；三是将违背礼法的内容都纳入了刑法，将法律和道德要求紧密结合。

有些学者认为，朱熹提出的"明刑弼教"主张与周公、孔子、董仲舒等提出的"明德慎罚""德主刑辅"所体现的价值观不一致，一个重要的理由是朱熹的设想实际上将刑罚与道德地位相并列，而不再是主辅或主次关系，而且明代以后的立法中又加入或恢复了很多酷刑。笔者认为，这一解释有一定道理，但忽略了问题的关键点。儒家主张的德刑关系实质并不是两者之间的主次或先后关系，当然，基于伦理层面，酷刑看起来是与儒家主张道德教育不相容。事实上，德刑关系是国家治理的两种手段和方式，什么时候侧重哪一方面要看具体社会形势需要，无条件强调某一方面显然是不可行的，孔子关于"宽猛相济"的论述就体现了这一问题的精髓。朱熹关于反对一味宽刑的主张实际上与孔子"宽猛相济"的论断是一致的。因此，汉代以后，中国传统社会的立法原则

---

① 《春秋繁露·天辨在人》。

的核心特征应该是"以礼入法",也就是常说的伦理法律化,这一特征是从汉代起一直到清末各主要王朝法律的共性。因此,汉代以后,中国古代社会立法原则的主要特点就是伦理法律化,也就是通过法律的强制性来贯彻道德规范要求。

第二,通过司法和执法贯彻核心价值观。

如果说中国古代社会在立法上坚持了"德主刑辅"的伦理法律化原则,但立法原则是法律的宏观或抽象理念层面的内容,如何贯彻这一原则还要看道德法律化的具体内容和形式。汉代以后,儒家伦理成为社会的主导价值规范,在社会实践中,其伦理思想逐渐具体化,与社会活动的各个层面相结合,从而形成了"礼"。与道德原则相比,"礼"是关于具体行为的规范和要求,使得抽象的道德原则成为具体的可执行的行为标准。这就为道德法律化提供了可行性。

儒家的价值观虽然内涵丰富,但在与政治实践相结合之后,其道德原则逐渐固定为"三纲五常",其核心价值观则是"忠、孝"。为了使得这些价值观得到培育和践行,中国传统社会的法律从多个方面进行了界定。我们这里抽取具有典型意义的法律条文进行解释。

在封建君主制度下,"忠"是最高的道德要求,也是法律规定最严密的内容,"不忠"则是法律惩罚最为严厉的行为。例如,在最能代表中国古代社会法律文献的《唐律疏议》中,将"不忠"定为"十恶"行为,具体规定了多种情形,如"谋反""谋大逆""谋叛""大不敬"等,触犯这些罪名的人都会受到最严厉的惩罚。《唐律疏议》中设定了很多减轻或赦免的条款,但这些条款不适用于"不忠"行为,即违反这些规定的人不会被减轻处罚或赦免。

中国古代法律关于"不孝"行为有非常丰富而细致的划分,因而也就有多种处罚方式。如《唐律疏议》中规定要惩罚的不孝行为有十六种,具体包括:杀,欧,詈,告,别籍异财,居丧嫁娶,闻丧不举哀,丧中忘哀举乐,违反教令,养父母无子舍去,居丧生子,杂戏等,死罪囚禁而嫁娶,居丧遇乐而听,于墓熏狐狸烧尸,于墓熏狐狸烧棺椁,熏狐狸于墓。判处的刑罚种类包括:斩、绞、徒(从1年到3年)、流(2000里到3000里)、杖(100)。

附表:对不孝的刑罚(唐律疏议)①

行为 \ 刑罚 \ 对象	祖父母	父母	判刑等差
杀(1)谋杀	斩	徒3年	5
(2)已杀	斩	斩	—
殴	斩	笞40	16
詈	绞	—	18
告	绞	诬告反坐	
别籍异财	徒3年	—	—
居丧嫁娶	徒3年	—	—
闻丧不举哀	流2000里	—	—
丧中忘哀举乐	徒3年	—	—
违反教令	徒2年	—	—
养父母无子舍去	徒2年	—	—
居丧生子、杂戏等	徒1年	—	—
死罪囚禁而嫁娶	徒1年半	—	—
居丧遇乐而听	杖100	—	—
于墓熏狐狸烧尸	绞	徒3年	4
于墓熏狐狸烧棺椁	流3000里	徒2年	4
熏狐狸于墓	徒2年	—	—

在惩罚"不孝"的同时,中国古代法律还设置了保护"孝"的特别法律。这其中有代表性的是"亲亲容隐"和对"血亲复仇"的认可。"亲亲容隐"指的是对亲属之间隐瞒所犯罪行不予惩处或减轻惩处,而告发亲属的行为反而要受到惩处。这其中告发父母和祖父母的行为要受到严惩。如秦朝法律规定:"子告父母,臣妾告主,非公室告,勿听。而行告,告者罪。"②唐朝法律规定:"诸告祖父母、父母者,绞";"诸告期亲尊长、外祖父母、夫、夫之祖父母,虽得实,徒二年"③。唐代法律还将亲属之间容隐的范围进一步扩大,后世称为"同

① 王玉波:《中国古代的家》,商务印书馆1995年版,第42页。
② 《云梦秦简·法律答问》。
③ 《唐律疏议·斗讼》。

居相隐"，即"诸同居，若大功以上亲及外祖父母、外孙，若孙之妇、夫之兄弟及兄弟妻，有罪相为隐；部曲、奴婢为主隐，皆勿论"①。从唐代至清末，容隐范围一直在扩大，清末时已经扩展到岳父母与女婿之间。

对"血亲复仇"的认可实际上可以认为是对"孝"行为的一种法律上的宽赦。西汉的薛况复仇案是这一类型案件中著名的一个。西汉汉哀帝时丞相薛宣被申咸诬告而免官，薛宣之子薛况指使门客杨明在宫门外将申咸砍伤，"致使断鼻唇，身八创"。廷尉认为："《春秋》之义，原心定罪。原况以父见谤发忿怒，无它大恶。加诋欺，辑小过成大辟，陷死刑，违明诏，恐非法意，不可施行。"②因此，判处薛况和门客杨明："明当以贼伤人不直，况与谋者皆爵减完为城旦。""况竟减罪一等，徙敦煌。"③薛况由死刑之罪改判为流放，最大的理由就是其行为出于对其父的孝心，而不是其他原因。这实际上是在执法过程中将由"孝"产生的罪行大大降低。因此，可以认为这实际上是法律对"孝"行为的奖励。

在中国古代法律上对出于"孝"的需要而减轻对犯罪行为处罚的还有"存留养亲"制度。所谓"存留养亲"是对于被判处死、流、徒等刑罚但尚未执行的罪犯，如果是家中独子，在按原判执行将会导致其年老的直系亲属无人奉养的情况下，通过上请，暂时给予他们缓刑、换刑（有时也免刑），令他们留下来奉养尊长，待他们的直系亲属去世后再决定如何执行原判刑罚的一种制度。设置这一制度的目的就是为了解决被判处死、流、徒等刑罚罪犯的父母老疾无人侍奉问题，可以说是对"孝"行为的一种法律救济制度。

这一制度的记载最早见于东晋，正式成为法律是在北魏。北魏法律规定："诸犯死罪，若祖父母、父母年七十以上，无成人子孙，旁无期亲者，具状上请。流者鞭笞，留养其亲，终则从流"④。唐代以后，年龄条件改为"年老或有病"，这实际上是放宽了适用条件。明、清两代则在适用罪名和条件上都有所放宽。这表明这一制度是一个历史悠久影响深远的制度，它对于弘扬"孝亲"的价值

①　《唐律疏议·名例》。
②　《汉书·薛宣传》。
③　《汉书·薛宣传》。
④　《北魏律·法例》。

观显然具有深远的社会影响。

中国传统社会开创了伦理法律化的先例,这一做法已经成为当代社会普遍性的实践。在当今社会,社会结构和组织模式发生了很大变化,如何利用法律的刚性手段培育和践行社会主义核心价值观显然是一个值得深入研究的课题。

2.中国传统社会培育和践行核心价值观的宣传教育途径

(1)政府层面对核心价值观的培育和弘扬

中国传统社会有悠久的德治传统,因此,历史上的政府大都比较重视价值观的宣传和教育,由此形成了多种多样的关于价值观的宣传教育实践。

第一,通过"礼"的形式培育和践行核心价值观。

礼在周代已经制度化并相当完备,据《周礼》记载,西周时礼包括以下几种,即吉礼、凶礼、军礼、宾礼、嘉礼五种。"吉礼"主要指祭礼,主要是对天、地、人、鬼、神祭祀的仪式;"凶礼"主要是丧葬凶乱时举行的仪式;"军礼"主要是举行军事、竞赛活动时所用的程序;"宾礼"主要是诸侯觐见天子、各诸侯间会盟等活动时所遵循的礼节;"嘉礼"主要是关于日常社会生活中的礼节,如饮食、婚、冠、宾射、庆贺等活动。"礼"在社会生活中影响广泛,周代专门设立学校,教授贵族子弟礼仪,其内容包括祭祀、宾客、朝廷、婚丧、军旅、车马等仪式内容,礼仪在社会生活中的重要性可见一斑。

中国古代之所以特别重视"礼",是因为"礼"实际上发挥着重要的社会作用。如《礼记》认为:"道德仁义,非礼不成;教训正俗,非礼不备;分辨争讼,非礼不决;君臣、上下、父子、兄弟,非礼不定;宦学事师,非礼不亲;班朝治军,莅官行法,非礼威严不行。祷祠祭祀,供给鬼神,非礼不诚不庄。"[1]这等于说"礼"就是社会生活中各种规范的总和,是保持特定社会秩序和正常运行的条件。《左传》则将礼的作用总结为:"礼,经国家,定社稷,序民人,利后嗣者也。"[2]实际上就是将"礼"作为国家治理的纲领。就其价值观作用来说,"礼"实际上是将道德要求规范化和形式化,成为人们能够直接遵循和实践的内容,

---

① 《礼记·曲礼上》。
② 《左传·隐公十五年》。

因此,"礼"实际上是现实中各种道德规范的载体。这一点可以从孔子的有关论述看出,孔子认为:"恭而无礼则劳,慎而无礼则葸,勇而无礼则乱,直而无礼则绞。君子笃于亲,则民兴于仁。故旧不遗,则民不偷。"①在孔子看来,"礼"是各种美德成立的尺度和关键,也是社会秩序和谐稳定的条件,这也是孔子强调"礼"的重要性的原因。孔子之后,荀子非常强调"礼"的作用,他所看重的就是"礼"的社会规范作用。

现代社会存在着各种仪式,其意义和作用也是规范社会行为、传递特定社会价值观。这就是虽然特定的礼仪消失了,但很多旧礼仪仍然为人们所沿用,并且新的礼仪不断出现的原因。

第二,通过政府官员的宣教活动培育和践行核心价值观。

在西周时期,已经有了由政府举行的经常性的群众性宣教活动,这就是《周礼》中所记载的"书法象魏"制度。《周礼》中要求主管"治""教""政""刑"的官员于"正月之吉"(每月的初一)将各自的"法"悬于"象魏",供民众观看。在各诸侯国,也有类似的形式。不过地方官员不仅要传达颁布的各种规定,还有负责向民众宣传解释的义务。一般认为,这是有记载的最早的法律宣传形式。由于法律与道德之间的密切关系,即使没有明确的道德要求,这种宣传也具有价值观践行和培育的意义。

中国历史上具有典型意义的大规模的群众性价值观宣传教育活动开始于明代。朱元璋在建立政权之后,除了颁布了刑法(《大诰》)之外,还颁布了道德行为准则《六谕》。《六谕》的具体内容有六条,故称《六谕》,其具体内容是:"孝顺父母,尊敬长上,和睦乡里,教训子孙,各安生理,毋作非为。"②为了贯彻《六谕》,朱元璋建了宣讲制度,宣讲的内容主要是《大诰》和《六谕》。宣讲的主要形式是"乡饮酒礼",即在每年的正月十五、十月初一,全国各乡村都要举行"乡饮酒礼",一是宣传朝廷颁布的法律,二是进行道德宣传。在县城,仪式由最高行政长官(知县)主持,全体官吏和一些民众代表参加,所有参加人员一起朗诵由朱元璋亲自确定的乡饮"谕旨",其内容如下:"恭惟朝廷,率

---

① 《论语·泰伯》。
② 《虎墩崔氏族谱·族约》。

由旧章,敦崇礼教,举行乡饮,非为饮食。凡我长幼,各相劝勉,为臣竭忠,为子尽孝,长幼有序,兄友弟恭,内睦宗族,外和乡里,无或废坠,以忝所生。"①在乡村,"乡饮酒礼"则由本地的"乡约长"(类似乡长、村长)主持。"乡饮酒礼"的程序和内容都有严格的规定,《明史》和许多地方县志中都有明确的记载,此处简略。明亡清立,"乡饮酒礼"制度为清政府所沿用,一直持续到民国初年。

清朝成立之后,清朝的皇帝也仿效朱元璋进行道德法律宣讲活动。清代顺治帝颁布《顺治六谕》,康熙帝颁布《圣谕十六条》,雍正帝对《圣谕十六条》进行注解,合成《圣谕广训》。这些"谕"的内容主要是宣传守法尊礼,其价值观内容几乎覆盖了家庭社会生活各个方面。以康熙帝颁布的《圣谕十六条》为例,其具体内容是:"敦孝弟以重人伦,笃宗族以昭雍睦,和乡党以息争讼,重农桑以足衣食,尚节俭以惜财用,隆学校以端士习,黜异端以崇正学,讲法律以儆愚顽,明礼让以厚风俗,务本业以定民志,训子弟以禁非为,息诬告以全良善,诫窝逃以免株连,完钱粮以省催科,联保甲以弭盗贼,解仇忿以重身命。"②与朱元璋的《圣谕六条》相比,《圣谕十六条》的内容更为全面和具体。

清代皇帝制定了明确的对民间宣讲"圣谕"的办法和要求,其礼仪程序均有明确要求。如"每遇朔望两期,(州县官)务须率同教官佐贰杂职各员亲至公所,齐集兵民,敬将圣谕广训逐条讲解,浅譬曲谕,使之通晓。在于大乡大村设立讲约所,选举诚实堪信素无过犯之绅士充为约正,值月分讲。印官仍不时亲往查督,以重其事。"③与明代相比,清代的宣讲设立了固定的机构,即"讲约所",这给价值观宣教提供了物质条件保障,使法制化系统化地宣讲成为可能。为了方便普通民众理解学习这些"谕条",清代还编纂了这些"谕条"的通俗读本,文中配上实例和插图,以普通民众喜闻乐见的方式进行普及宣传。比较著名的读本有安徽繁昌县知县梁延年编写的《圣谕像解》,山西盐运使王又朴编著的《圣谕广训衍》等。不仅如此,雍正时期还规定在所有公务员的初级考试(县考、府考)中,考生必须默写《圣谕广训》,如有任何错误,都不予录取。同时,还将对《圣谕广训》宣讲的成效作为地方官员考核升迁的重要指标。这

---

① 《明史·卷二十九·嘉礼十三》。
② 《圣谕广训》。
③ 《钦颁州县事宜·宣讲圣谕律条》。

些措施都促进了当时的核心价值观的普及和践行。

第三,通过表扬道德模范培育和践行核心价值观。

政府和民间通过表扬道德模范为普通民众树立道德先进典型,为民众学习践行道德科目树立具体的形象,更有利于普通民众培育和践行核心价值观。因此,表扬道德模范是历史上的普遍做法,差异在于不同时代和社会表扬的道德具体形式和内容有所不同。

从历史看,政府表扬的道德模范有以下几类:

一是对"贞妇、烈妇"模范的表扬。中国古代对妇女有特殊的道德要求,就其核心内容主要有三个方面:作为妻子应该遵守的道德规范;作为女性应该遵循的规范,主要是男女有别的要求;作为女性的个人权利,主要是对待长辈礼仪等要求。就这些道德要求的实际发展来看,作为妻子的道德规范被不断强化,典型的要求就是"三纲"中的"夫为妻纲"。这一道德要求最终演变为"从一而终",即主张妇女在丈夫死后守寡。后来演变出丈夫死后不改嫁并能孝顺公婆、为保守贞节而自杀、为死去的未婚夫守节等几种形式。

从历史记录来看,在秦代已经开始了对"贞节"妇女的表扬。据《史记》记载:秦始皇曾经为寡妇开设祭坛,刻石表扬贞节妇女。[①] 到东汉安帝时,表彰奖励贞节妇女已成为政府的惯例。例如,《后汉书》记载:"元初六年二月,诏赐贞妇有节义者谷十斛,甄表门闾,旌显厥行。"[②]明清以后,对"贞节"的表彰更为重视。如朱元璋曾下令:"凡孝子顺孙义夫节妇,志行卓异者,有司正官举名,监察御史、按察司体核,转达上司正官,族表门闾。"[③]

从表彰形式看,对"贞节"妇女的表扬主要有以下几种形式:一是立祠祀或贞节牌坊。这种形式开始于明代,明清以后成为重要的表彰形式。二是立传。立传有国家和地方之分。有典型意义影响重大的会被记入国史,从汉代到清代的历史记载都有"烈女传"部分。另一种是记入地方志中。如民国《歙县志·人物志》九卷中有"烈女传"四卷,其中受到旌表的妇女从唐代至清代共 7836 人,其中明清两代的占 99.6%。

---

① 参见《史记·秦本纪》。
② 《后汉书·安帝本纪》。
③ 《大明令·礼令·旌表节义》。

二是对于男性道德模范的表扬。由于中国传统社会对于男性与女性的要求不同，因此对于男性道德模范的表扬方式也有所不同。如道德模范可以被推举为官员，如汉代的"察孝廉"制度。所谓"孝廉"，是对孝子和廉吏的简称，对于平民是举"孝"，对于在吏的则兴"廉"。之所以重视"孝、廉"，是由于当时统治者认为，"孝"是"百行之冠，众善之始"，"廉"则是为官的根本。"察孝廉"从汉高祖时开始提出，到汉武帝时成为每年都举行的常科，到东汉时这一制度才相对完备，不但要有地方官的推举，还要参加考试，只有通过考试的才能授予官职。隋唐以后，选拔官员的方式主要是科举制度，"察孝廉"制度被科举制所替代。尽管隋唐以后道德模范不能被授予官职，但是对于选拔官员来说，道德层面还是重要的条件。如唐代规定将"德义有闻""清慎明著""公平可称""恪勤匪懈"等四个道德品格方面的内容作为评价官员的标准，简称"四善"。①

对于男性道德模范也有建立牌坊进行表彰的制度。例如，为表彰歙县棠樾村鲍氏父子的父慈子孝的事迹，明成祖朱棣颁诏旌表鲍氏父子，并敕令建造"慈孝里坊"于棠樾村北龙山上，并亲自题诗。关于牌坊对于宣扬核心价值观的作用，康熙帝认为："人有善欲与天下共荣之，以劝勉当世，故为之异其车服、榜其门闾。犹恐不足以垂久远也，复为之建坊而立表。圣王之所以奖进激励，使民日迁于善而不自知，意何深欤！"②意即建造牌坊类的纪念物一为防止事迹为人淡忘，二为通过日常生活环境的设置，让人们在耳濡目染的情况下不自觉地学习道德模范。

（2）民间通过修族谱和建祠堂培育和践行价值观

民间对道德模范也有独特的表扬方式。常见的方式有修族谱和建祠堂等。关于修族谱对于培育和践行核心价值观的意义，方孝孺关于修族谱的意义的说法很有代表性，他认为修族谱有十种作用："一、序得姓之根源；二、世族数之远近；三、明爵禄之高卑；四、序官阶之大小；五、标坟墓之所在；六、迁妻妾之外氏；七、载适女之出处；八、彰忠孝之进士；九、扬道德之遁逸；十、表节义

---

① 《唐六典·吏部》。
② 《休宁县志·坊表》。

之乡间。"①从方孝孺的说法看,第八、第九、第十种功能显然具有明显的价值观教育意义。

修族谱不仅能用于表扬道德模范,同时还可以通过修谱活动中选择录入族谱的对象来进行价值观教化,即将族人中的道德模范录入族谱,而将道德有瑕疵的族人拒绝在族谱之外。如祁门《方氏宗谱·凡例》中规定有六种行为的人不能录入族谱,即"一曰弃祖,卖祖坟地于异姓,与夫货鬻族谱并诰敕遗集,等于非族谓弃祖。二曰叛党,前人叛逆抄没而余党苟全性命也者,谓之叛党。三曰刑犯,积世恣恶,代遭刑狱者,谓之刑犯。四曰败伦,彝伦淩乱,男女无别,廉耻不顾,禽心兽行,谓之败伦。五曰背义,不思祖宗义重,惟图苟活全躯,甘为人下者背义。六曰杂贱,不肖无耻,甘于下贱为婚,与夫投营投宦,为娼为优,皆为贱属。以上六者皆为玷祖,有一于此,黜而削之。"②从上述约定可以看出,第三、四、五种行为显然具有明显的价值观要求,而其他三种行为对于当时的人来说,也具有特殊的道德意义。

建祠堂的意义与修族谱的作用相似。建祠堂的目的一是追思祖先,表达孝心;二是向族人灌输伦理道德。手段与修族谱类似,对于道德模范或受到旌表的人的牌位要置于祠堂之中,但对于违背伦理或有恶行的先人可能不在祠堂中放置牌位。族人的善行和恶行会被书写于祠堂之中,让族人观看。另外,对族人善行的表扬或对恶行的惩罚也常常在祠堂进行。因此,对于族人来说,祠堂实际是进行伦理道德教育的重要场所。

2. 通过学校、家庭教育培育和践行核心价值观

中国古人很早就认识到了教育的重要性。孔子提出"富而教之"的观点。孟子对此观点进行了补充,从人与动物的区别说明教育的重要性,即"人之有道也,饱食暖衣逸居而无教,则近于禽兽。"③教育对于政治的意义,中国古代的思想家也早就认识到了。如孟子认为:"善政不如善教之得民也。善政,民畏之;善教,民爱之。善政得民财,善教得民心。"④如果说孟子还是从政、教两

---

① 转引自王玮:《试论明清徽州宗族的道德教化》,安徽大学硕士学位论文,2006年。
② 转引自王玮:《试论明清徽州宗族的道德教化》,安徽大学硕士学位论文,2006年。
③ 《孟子·滕文公上》。
④ 《孟子·尽心上》。

种手段的特点进行对比以说明教育的优点的话,董仲舒则描述了教育如何发挥作用的具体环节,他认为:"古之王者明于此,是故南面而治天下,莫不以教化为大务。立太学以教于国,设庠序以化于邑,渐民以仁,摩民以谊,节民以礼,故其罚刑甚轻而禁不犯者,教化行而习俗美也。"①这一观点基本上被后世的政治家所坚持,如朱元璋明确提出:"治国之要,教化为先,教化之道,学校为本。"②

关于教育的目的,中国古代的思想家大都认为应该以"明人伦"为内容。孟子最先表述了这一观点,他认为:"夏曰校,殷曰序,周曰庠,学则三代共之,皆所以明人伦也。""圣人有忧之,使契为司徒,教以人伦:父子有亲,君臣有义,夫妇有别,长幼有序,朋友有信。"③后世的思想家如荀子、贾谊、董仲舒、朱熹等均持与孟子相同的观点。朱熹在《白鹿洞教条》中将"父子有亲,君臣有义,夫妇有别,长幼有序,朋友有信"置于首位,也就是认为这五点应该是教育的最高目的。如果说朱熹所写的地方是民间书院,官办学院也是坚持这样的导向。如明代国子监就规定:"凡国子监监生,当以孝悌、忠信、礼义、廉耻为本,必先隆师、亲友,养成忠厚之心,以为他日之用。"④这一要求与孟子等的说法并无二致,只不过表述有所差异。

除了学校教育的最高目的是传播儒家核心价值观之外,中国古代学校的具体办学制度也体现了儒家价值观的要求。如朱熹编写的《白鹿洞书院揭示》规定的内容主要是价值观方面的要求,其中"父子有亲,君臣有义,夫妇有别,长幼有序,朋友有信。""修身之要:言忠信,行笃敬。惩忿窒欲,迁善改过。""处事之要:正其义不谋其利,明其道不计其功。""接物之要:己所不欲,勿施于人。行有不得,反求诸己。"⑤《丽泽书院学规》规定:"其不顺于父母,不友于兄弟,不睦于宗族,不诚于朋友,言行相反,文过饰非者,不在此位。既预集而或犯,同志者,规之;规之不可,责之;责之不可,告于众而共勉之;终不

---

① 《汉书·卷五十六·董仲舒传》。
② 《明太祖实录·卷四十六》。
③ 《孟子·滕文公上》。
④ 《明会典》。
⑤ 《朱文公文集·白鹿洞书院揭示》。

悛者,除其籍。"①《岳麓书院学规》要求学生:"时常省问父母;朔望恭谒圣贤;气习各矫偏处;举止整齐严肃;服食宜从俭素;外事毫不可干;行坐必依齿序;痛戒讦短毁长;损友必须拒绝。"②从这些著名书院的规定可以看出,其内容和要求所体现的都是儒家的经典价值观内容。

中国古代学校教育所用教材也体现了明显的价值观特点。朱熹编写的具有广泛影响的《小学》教材中,以立教、明伦、敬身、稽古为纲,其中明伦篇又以"父子之亲""君臣之义""夫妇之别""长幼之序""朋友之交"为目。古代幼儿的启蒙教材如《千字文》和《三字经》就充满道德伦理教育的内容,其内容主要宣扬仁爱向善、孝悌友爱、爱国忠君、注重礼义、勤勉刻苦等价值观。明代具有全国影响的蒙学教材如《幼学故事琼林》《龙文鞭影》等也都充满了伦理道德教育的内容。

明代国子监所用的教材和课程主要是四书、五经、书、数、御制大诰、大明律令、刘向的《说苑》等,明太祖颁布的《性理大全》也被作为主要教材。因此,即使是成人教育也都是以儒家价值观教育为主,这是中国古代学校教育的一个明显特色。

除了学校教育的方式之外,中国古代家庭内部的教育也发挥着培育和践行价值观的作用。其中一种比较有影响的教育方式就是"家训"。"家训"主要以长辈向后辈传授人生经验、生活感受为内容,文风亲切自然,说理通俗易懂,形式题材多样,有诗歌、书信、讲叙等多种形式。中国历史上比较著名的家训有颜之推的《颜氏家训》、司马光的《家范》、朱熹的《朱子家训》等。这些家训流传广泛,为后世官方和民间所推崇,其主要目的就是要求后代按照儒家价值观做人处事,成为对国家、社会、家族有用之人。简言之,"家训"这种方式也在中国古代社会培育和践行价值观方面发挥着重要作用。

(三)中国传统价值观培育和践行方法的当代启示

现在有很多研究者在探讨传统思想及其价值观的应用问题,如和谐思想、

---

① 转引自邓洪波编著:《中国书院学规》,湖南大学出版社 2000 年版,第 30 页。
② 转引自邓洪波编著:《中国书院学规》,湖南大学出版社 2000 年版,第 174 页。

管理思想、生态思想、义利观、养生思想、节俭思想、孝文化、仁爱思想、诚信思想、教育思想、大一统思想等都是学界探讨较多的问题,其中教育思想和道德教育是重点问题。当然,一些学者不满足道德、教育等传统话题,尝试探索传统价值理念解决当代具有全球性问题的可行性问题,如生态问题、全球伦理问题、女权主义、宗教问题等。如果传统文化能够对这些问题提供新的更好的解决问题的思路,那么传统文化及其价值观的复兴显然是大有希望的。我们这里从中国传统思想中有关天人关系、群己关系、身心关系中的价值观出发,对其价值观的现代意义以及应用前景进行探讨。

1. 中国传统天人关系价值观的现代意义

目前,全球生态环境问题日益凸显,生态问题成为全球官方和民间普遍关注的话题。西方学者在探讨人与自然关系应该如何相处时,发现中国传统文化中不但有丰富的而且还有非常深刻的生态思想。随着西方学者观念的逐渐传播,中国传统天人关系思想中的生态思想成为许多研究者探讨的话题。传统思想中的天人关系内容并不局限于生态问题,从生态角度挖掘传统天人关系思想中的有价值成分,本身就有现代化运用的意义。那么,如何看待中国古代的生态思想、观念及其现实意义呢?

从学者的研究成果看,中国传统思想中有关生态思想的价值观主要有以下内容:

一是"天人合一"的观念。从古人的论述来看,"天人合一"思想包括人来源于自然、人与自然一体、人与自然相通等三个方面。

人来源于自然的观念早在《周易》中就有明确的表述,如"有天地然后有万物,有万物然后有男女。"①"天地之大德曰生","天地絪缊,万物化醇;男女构精,万物化生"。②

关于人与自然一体的观念,如王阳明说:"风雨露雷、日月星辰、禽兽草木、山川土石与人原只一体,故五谷禽兽之类皆可以养人,药石之类皆可以疗疾,只为同此一气,故能相通耳。"③

---

① 《周易·序卦》。
② 《易传·系辞下传》。
③ 《阳明全书》卷三《传习录下》。

关于人与自然相通的观念，如孟子认为："尽其心者，知其性也；知其性，则知天矣。存其心，养其性，所以事天也。"①《中庸》的表述与孟子相似，但进行了扩展和发挥。②《中庸》与孟子说法的区别在于：孟子说的"尽心"在《中庸》中表述为"至诚"；而孟子说的"事天"在《中庸》中表述为"与天地参"。程颐认为："道未始有天人之别，但在天则为天道，在地则为地道，在人则为人道。"③朱熹提出了著名的"元亨利贞"说，其思路基本上与前人相同，即将一年四季与仁义礼智相对应，以此说明人的道德观念与自然界关系密切。④

从上述三个判断中，中国古代思想家得出了一系列天人关系的价值观念：

首先是爱物、节用观念。如孔子认为："伐一木，杀一兽，不以其时，非孝也。"⑤孟子认为："君子之于禽兽也，见其生，不忍见其死；闻其声，不忍食其肉，是以君子远庖厨也。"⑥"亲亲而仁民，仁民而爱物。"⑦

最能代表古人爱物观念的是王阳明，他提出了"以天地万物而为一体者"思想。其思路就是将天地万物与人联系在一起，爱人和爱物是一致的，由此得出人要热爱世界万物的结论。⑧

关于节用的观念，如老子认为过多的欲求是有害的。他说："祸莫大于不知足，咎莫大于欲得。故知足之足，常足矣。"⑨"五色令人目盲，五音令人耳聋，五味令人口爽，驰骋畋猎令人心发狂，难得之货令人行妨。"⑩庄子认为，人的需要是有限的，过多的索取是不必要的。他说："鹪鹩巢于深林，不过一枝；偃鼠饮河，不过满腹"。⑪孔子认为："奢则不逊，俭则固。与其不逊也，宁固。"⑫

---

① 《孟子·尽心上》。
② 《礼记·中庸》。
③ 《河南程氏遗书·卷二十二上》。
④ 参见《朱子语类》
⑤ 《大戴礼记·曾子大孝》。
⑥ 《孟子·梁惠王上》。
⑦ 《孟子·尽心上》。
⑧ 参见《王阳明全集》下卷，上海古籍出版社1992年版，第968页。
⑨ 《道德经·四十六章》。
⑩ 《道德经·十二章》。
⑪ 《庄子·逍遥游》。
⑫ 《论语·述而》。

"礼,与其奢也,宁俭;丧,与其易也,宁戚。"①

从节用观念延伸,中国古代已初步具备了可持续发展思想的萌芽。这些观念集中表现在各种保护环境生态的论述和法规之中。如孔子主张:"钓而不纲,弋不射宿。"②孟子把生态保护与国家兴衰联系在了一起。他说:"不违农时,谷不可胜食也;数罟不入洿池,鱼鳖不可胜食也;斧斤以时入山林,材木不可胜用也。谷与鱼鳖不可胜食,材木不可胜用,是使民养生丧死无憾也。养生丧死无憾,王道之始也。"③荀子则把符合生态正常运行需要的政策称为"圣王之制",就其内容来说主要是主张按照自然规律利用各种自然资源,在利用资源时要确保自然资源的可持续发展。④

关于环境保护方面的立法,中国古代也有很多案例。如《逸周书·大聚解》中记载了大禹发布的不准人们在树木萌生的季节乱砍滥伐的"禹禁":"春三月,山林不登斧斤,以成草木之长,夏三月,川泽不入网罟,以成鱼鳖之长。"⑤西周时的《伐崇令》则规定乱砍滥伐和违反禁令狩猎的要处以死刑。秦简《田律》也有类似的规定。⑥汉代就有保护鸟类的法令,如汉宣帝元康三年,"令三辅毋得以春夏摘巢探卵、弹射飞鸟"⑦。宋代也有类似的法令,如宋太祖建隆二年令:"禁春夏扑鱼射鸟。"⑧唐代刑律针对随便焚烧田野作出禁令:"诸失火及非时烧田野者,笞五十。"⑨宋刑律也规定:"诸失火及非时烧田野者,笞五十。"⑩

其次是万物平等观。中国古代思想家从人是自然的产物这一视角出发对人与自然界事物的平等进行了多视角的论证。如道家认为,万物都来源于道。

---

① 《论语·八佾》。
② 《论语·述而》。
③ 《孟子·梁惠王上》。
④ 参见《荀子·王制》。
⑤ 《逸周书·大聚解》。
⑥ 参见《睡虎地秦墓竹简·田律》,文物出版社 1978 年版。
⑦ 《汉书·卷八·宣帝纪》。
⑧ 《宋史·卷一·太祖纪》。
⑨ 《唐律疏议·卷二十七·杂律》。
⑩ 《宋刑统·卷二十七·杂律》。

老子说:"道生一,一生二,二生三,三生万物。"①因而所有事物在"道"的面前是平等的,即"以道观之,物无贵贱"。② 庄子认为,事物之间的差异不过是性质的不同,并不是具有优劣之分的标志。他说:"梁丽可以冲城而不可以窒穴,言殊器也;骐骥骅骝一日而驰千里,捕鼠不如狸狌,言殊技也;鸱鸺夜撮蚤,察毫末,昼出瞋目而不见丘山,言殊性也。"③列子也从同样的角度论证万物的平等。他认为:"天地万物与我并生,类也。类无贵贱,徒以小大智力而相制,迭相食,非相为而生之。"④儒家的论证是从伦理角度展开,将自然界中的万物视为具有血缘关系的一家人,将万物的平等赋予了伦理意义。这一视角最具典型的代表是张载的"民胞物与"论证。

在对待自然的态度方面,中国古代思想家的生态思想与当前西方生态伦理学家的主张非常相似。如美国学者奥尔多·利奥波德在表述"大地伦理"时论证说:"只有当人们在一个土壤、水、植物和动物都同为一员的共同体中,承担起一个公民角色的时候,保护主义才会成为可能;在这个共同体中,每个成员都相互依赖,每个成员都有资格占据阳光下的一个位置。"⑤这与张载的"民胞物与"观点非常相似。关于这一点,西方生态学者明确承认借鉴了中国传统思想。如生态伦理学创始人法国学者施韦泽认为孟子、列子、杨朱等人有爱护动物的思想。⑥

那么,如何看待中国传统思想中的生态思想呢?

首先,中国传统生态思想是农业社会生产方式的产物。其爱物、节用的思想以及由此衍生的生态保护法规主要是农业社会生产力相对低下的反映。由于农业生产本身特点的限制,加上当时科技水平的落后,社会生产的总产品是无法满足大多数人的正常生活需求的,更不要说奢侈性消费了。儒家、道家、

---

① 《道德经·四十二章》。
② 《庄子·秋水》。
③ 《庄子·秋水》。
④ 《列子·说符》。
⑤ [美]奥尔多·利奥波德:《沙乡年鉴》,侯文蕙译,吉林人民出版社1997年版,第216页。
⑥ 参见[法]阿尔贝特·施韦泽:《敬畏生命:五十年来的基本论述》,陈泽环译,上海社会科学出版社1992年版,第72页。

墨家都具有明显的禁欲主义色彩,如果祛除其伦理层面的论证,其禁欲主义色彩则更明显。因此,中国传统生态思想实质上是一种被动的反映。

其次,中国传统生态思想的理论基础主要是思辨的产物。无论是儒家以"仁"构建的天人关系理论,还是道家以"道"为核心的自然运行理论,都是基于直观经验的总结,其立论基础基本上都是经验总结。因此,除了具体的规定之外,传统生态思想中的价值理念绝大部分难以执行。如张载的"民胞物与"观念虽备受尊崇,但中国社会的周期性崩溃和频繁的战乱与之构成了鲜明的对比。不仅如此,宋明儒学是这一观念的完成者和积极倡导者,但其代表人物如二程、张载都是反对王安石变法的代表人物。由于过于关注心性,忽略事功,这类思想实际上都沦为空想,不具备实现的可能性。与之相比,现代西方生态伦理思想则具有严格的现代科学理论支撑,因而具备可行性。需要注意的是,西方生态伦理学也有不同的版本,那种非人类中心主义的生态伦理学的实际运用状况也同样不乐观。因为按照这种主张人类根本无法生存。按照现代生物学的观点,自然界各种物质之间存在着物质能量循环的过程,或者说存在一个食物链关系,如果平等关系意味着互不伤害,那么除了食物链最底端的生物之外,其他等级的生物将会全部灭亡。这一关系是所有生物都无法回避的最基本的关系。所以,无论是儒家、佛教以及各种非人类中心主义的主张都没有可行性,在这个意义上的比较都是没有意义的。

第三,中国传统生态思想的社会基础已经消失,其论证方式也已经过时,但其节用、爱物的价值理念和实践并不过时。工业社会的产品虽极大丰富,但物质资源的有限性并没有消除。而且,中国传统生态思想基于直观的论说方式虽然逻辑上不完善,但由于更贴近人们的日常感受和经验而更容易为人们所接受,这一点非常有利于环保理念的宣传。如果将中国传统的生态价值理念与现代科学理论相结合,中国传统生态理论中的价值观念将会重新焕发生机。

2. 中国传统群己关系价值观的现代意义

在中国传统文化中,道教、佛教的思想主要是针对自我行为的。道教主张的是返回自然状态,佛教提倡的是消除世俗的欲望。由于实际上个人行为离不开他人,因此,道教和佛教思想中的个人实质上是单个的个人,并不是真正意义上社会化的个人。由于道教、佛教关注的是个人的修养,因而最能代表传统社会群己关系思想的是儒家的思想。一般认为,儒家思想属于入世主义,因而儒家思想主要是关于人与人之间关系的学说。因而,与天人关系相比,儒家思想中关于群己关系的内容最丰富。这种关系涉及社会生活的各个层面,从主体划分,简单地说可以归结为"五常"关系,即君臣、父子、夫妇、兄弟、朋友五个方面。这"五常"关系中,其主要内容是家庭关系,如父子、夫妇、兄弟关系都属于家庭关系。君臣关系和朋友关系虽然不属于家庭关系,但儒家分别从父子关系和兄弟关系来类比君臣关系和朋友关系。因此,"五常"关系的核心是家庭伦理关系。儒家就是从家庭关系的处理原则来构建社会关系的建构原则的,最能代表这一思路的就是《大学》中所说的"八条目"——格物、致知、诚意、正心、修身、齐家、治国、平天下。

一般认为,儒家思想的社会经济基础是小农经济,随着中国社会的工业化和市场经济的发展,儒家思想的社会基础已经消失,因此,总体上说,儒家思想已经过时。这是从五四运动时期开始,为大多数学者包括新儒家的绝大部分学者所认可的观点。即使是以致力发展儒家学说的新儒家目前也承认传统儒家思想的小农经济基础。因此,现代儒学研究者和宣传者所支持的儒家思想都是价值理念层面的,而且都极力与儒家思想中主张君主等级制度的内容相切割,都试图与科学、民主、自由、人权的现代价值相契合。这一思路的实质其实是撇开其产生的社会历史基础本身所带有的特点,只从其形式上探讨其思想的现代价值。明确提出这一思路的是冯友兰,即所谓的"抽象继承法"。与之相对的是"批判继承法",这是从内容方面说的。从现在学者们对儒家现代价值的研究来看,"抽象继承法"表现在对儒家所论述问题的绝大部分内容的研究上,如从传统天人关系的思想中挖掘其生态思想,从心性修养方法中发现其对现代人心理问题的意义,从其忠君思想中阐发其爱国主义价值等,这些内容基本上都是从基本价值理念层面展开的。就内容方面的批判继承来说,否定的较多,如对忠君观、贞节观的批评。因此,这两种方法实质上是互补的,内容上的缺陷迫使人们关注其价值层面上的现代意义。如果价值观层面上也失去了现代意义,那么,某一思想就是彻底过时了。

我们这里分别选取儒家群己关系中几个基本问题来探讨其现代意义。

（1）儒家"孝"伦理的现代意义

在儒家思想中，"孝"的思想是其伦理思想的核心和基础。如孔子认为："孝悌也者，其为人之本欤！"①《孝经》提出："夫孝，德之本也，教之所由生也"②，"夫孝，天之经也，地之义也，民之行也"③。孟子认为："仁之实，事亲是也。义之实，从兄是也。智之实，知斯二者弗去是也。礼之实，节文斯二者是也。乐之实，乐斯二者，乐则生矣。"④

儒家不仅强调"孝"在家庭伦理中的作用，更重要的是将"孝"与政治联系在了一起，确切地说就是将"孝"作为政治制度和处理社会关系的基础。如孔子说："出则事公卿，入则事父兄"。⑤ "其为人也孝弟，而好犯上者，鲜矣。"⑥孟子说："人人亲其亲，长其长，而天下平。"⑦"尧舜之道，孝悌而已矣"⑧。孔子、孟子基本上将以"孝道"为基础的家庭伦理原则作为国家治理的基本原则了。

在曾子那里，开始将君臣关系与孝作类比，也就是明确提出了"移忠作孝"。曾子说："事君不忠，非孝也；莅官不敬，非孝也。"⑨并进一步将家庭伦理关系与政治生活的基本方面相类比，他说："是故未有君而忠臣可知者，孝子之谓也；未有长而顺下可知者，弟弟之谓也；未有治而能仕可知者，先修之谓也。孝子善事君，弟弟善事长，君子一孝一弟，可谓知终矣。"⑩《大学》则明确将家庭伦理原则作为治理国家的基本原则，即"所谓治国必先齐其家者，其家不可教而能教人者，无之。故君子不出家而成教于国。孝者，所以事君也；弟者，所以事长也；慈者，所以使众也。"⑪"所谓平天下在治其国者，上老老而民

---

① 《论语·学而》。
② 《孝经·开宗明义》。
③ 《孝经·三才》。
④ 《孟子·离娄上》。
⑤ 《论语·子罕》。
⑥ 《论语·学而》。
⑦ 《孟子·离娄上》。
⑧ 《孟子·告子下》。
⑨ 《大戴礼记·曾子大孝》。
⑩ 《大戴礼记·曾子立孝》。
⑪ 《大学·第九章》。

兴孝,上长长而民兴弟,上恤孤而民不倍。是以君子有挈矩之道。"①

"孝"在中国古代社会中的作用还体现在法律方面。从文献记载来看,早在西周"不孝"就已经被规定为一种犯罪行为。如《周礼·地官》中记载:"以乡八刑纠万民:一曰不孝之刑,二曰不睦之刑,三曰不姻之刑,四曰不弟之刑……"②《孝经》认为:"五刑之属三千,而罪莫大于不孝"。③ 唐代刑法将"不孝"规定为十大罪之一。《唐律疏议》卷一载:"五刑之中……其数甚恶者,事类有十,故称十恶……七曰不孝。"④在唐代对"不孝"的最高惩罚是死刑。如《唐律疏议》中记载:"诸詈祖父母、父母者绞,殴者斩"⑤;"诸告祖父母、父母者,绞"⑥。

除了惩处"不孝"行为之外,中国古代法律之中还有许多照顾性规定。如唐代律法中规定:对于有老人需要侍养的罪犯,可以免除相应的惩罚。如《唐律疏议》记载:"诸犯死罪非十恶,而祖父母、父母老疾应侍,家无期亲成丁者,上请。""犯流罪者,权留养亲。议曰:'犯流罪者,虽是五流及十恶,亦得权留养亲。'""权留养亲……死罪上请,敕许留侍,经赦之后,理无杀法。"⑦从这几条规定中可以看出,基于养老的需要,死刑都可以被赦免,可见"孝"道在古代社会中的重要作用。

正因为"孝"在古代社会中有重要作用,尤其是其政治意义,"孝"成为五四时期的重点批判对象之一,而批判的原因就是因为"孝"道是专制主义的伦理基础。如吴虞认为:"儒家以孝弟二字为二千年来专制政治、家族制度联结之根干,贯澈始终而不可动摇。"⑧陈独秀认为孝悌观念与现代社会的价值理念不符,他说:"中土儒者,以纲常立教。为人子为人妻者,既失个人独立之人格,复无个人独立之财产。"⑨

---

① 《大学·第十章》。
② 《周礼·地官》。
③ 《孝经·五刑》。
④ 《唐律疏议》卷一。
⑤ 《唐律疏议·斗讼》。
⑥ 《唐律疏议·名例》。
⑦ 《唐律疏议·名例》。
⑧ 吴虞:《家庭制度为专制主义之根据论》,《新青年》第2卷第6号,1917年2月。
⑨ 《陈独秀著作选》第1卷,上海人民出版社1993年版,第233页。

近代以来,随着五四启蒙运动和中国现代化的发展,尤其是工业化、城镇化的发展,儒家所主张的"孝道"的社会基础丧失,"孝"与政治之间的关联逐渐脱离,逐渐回归到家庭伦理之中,这本是"孝"伦理的应有之义。就其本意来说,"孝悌"观念本是基于血缘关系在共同的家庭生活中产生出来的自然情感,是人们生活的必有内容之一。但由于中国传统社会小生产方式的局限,"孝"的主要内涵被集中在经济层面,而情感层面反而被忽视了。尽管孔子、孟子都强调过"孝"的精神层面的重要性,但事实上中国传统社会强调"孝"的作用,其经济原因是出于弥补小农社会的社会保障的不足,即政府或社会无力承担老年人的养老问题,只有靠子女来承担。除了司法、舆论的力量之外,"孝"伦理的贯彻主要还是依靠经济的力量。在小农社会中,无论是财产还是知识经验都掌握在父辈手里,因此,无论是自愿还是被迫,子女出于生活的考虑都必须贯彻"孝"的行为。但正是赋予了"孝"这一自然情感之外的过多社会功能,使得"孝"伦理的贯彻面临着众多的阻碍。其根本问题在于只依靠个人提供养老责任显然不具有普遍意义,只靠农业生产的成果不足于给整个社会提供足够的养老保障。这一点在目前的中国社会非常明显。同样,古代农业生产的水平远远比不上现代,那么古代社会的绝大多数家庭肯定无法为失去劳动能力的老人提供足够的物质保障。因此,尽管社会主流观念大力提倡"孝道",但其实际状况肯定是大打折扣的。

如果说古代社会的"孝道"难以全面贯彻,那么在当代提倡"孝道"则面临着更多的无法克服的困难。这些困难在目前的中国社会主要表现在以下几个方面:

首先是城市化的影响。城市化的影响是多方面的,首先是劳动力流动的影响。由于中国目前处于由农业社会向工业化社会的转型期,大量农村劳动力尤其是青壮年劳动力流向城市或者在城市就业,又由于各种条件限制,使得外出务工人员很难将全家带往工作所在地。这种两地分居的局面使得"孝道"的贯彻失去了现实基础。同时,由于农业生产水平的限制,务农所得收入基本上没有办法满足日常生活需要,这使得农村地区的老人依靠子女生活的养老方式越来越不现实。对城市来说,就业范围的扩大,导致人员流动增加,使得父母与子女之间直接接触的时间减少。

其次是家庭的极小化发展趋势。在我国的家庭结构中,夫妇家庭和单人户两类家庭之和 1982 年为 12.77%,2010 年增至 32.13%,提高 1.52 倍,其中 2010 年较 2000 年增长 49.44%,中国家庭小型化趋向继续保持。2010 年夫妇家庭和单人户之和市、镇、县较 2000 年分别提高 44.11%、29.55% 和 51.06%。① 与这一趋势并行的是父母与子女共同居住比例的变化。据中国老龄科研中心 2006 年调查显示:城市老年人与配偶同住占 41.5%,三代同住占 27.4%,与子女同住占 14.5%,独居占 8.3%;农村三代同住为 39.0%,与配偶同住为 29.0%,独居为 9.3%,与子女同住为 18.0%。② 家庭结构的极小化和父母与子女的分开居住,使得传统的孝道的贯彻进一步失去了社会基础。

第三,与家庭极小化相关的另一趋势是生育率的降低。一般认为,中国目前的生育率已经低于世代更替率 2.1,这样的低生育率意味着即使子女想抚养老人,他们也没有那么多精力和能力。因此,目前中国社会的发展状况使得传统的"孝道"彻底丧失了社会基础。在这样的社会基础上,如果发扬"孝"的传统的话,其方向只能放在父母与子女的精神层面,即精神上的关爱。如果物质生活层面的养老也要子女全部承担,那这种养老方式将是不可行的。

无论是社会基础的考虑还是出于实践的需要,传统的"孝道"思想都需要加以改造。

首先应该祛除的是其历史局限性的具体内容。如父母在不远游、不别籍、守孝三年等具体内容,这些内容应该说早已被时代抛弃。

其次,应该继承传统中与现时代精神相契合的价值原则。在传统的"孝道"中,将孝道政治化提升为"忠君"的内涵应该被抛弃,但可以将热爱父母的自然情感培养为热爱家乡、社会和国家的公民意识。传统"孝道"中,如"父慈子孝"等重视义务双向性的观念与现代社会是相一致的,而汉代以后主张单向义务的"父为子纲"显然是过时了。

第三,在现代社会,"孝道"应集中在精神层面。随着家庭极小化和少子

① 参见王跃生:《中国城乡家庭结构变动分析——基于 2010 年人口普查数据》,《中国社会科学》2013 年第 12 期。
② 参见张恺悌、郭平主编:《中国人口老龄化与老年人状况蓝皮书》,中国社会出版社 2010 年版,第 68—69 页。

化趋势的发展,加上社会养老的全面展开,发扬"孝道"精神对物质层面的需求相对减弱,而对家庭成员内部的精神关爱相应增强。如果能摆脱物质层面的考虑,让传统的"孝道"真正回归自然亲情,而不是总是将其政治化、经济化、实用主义化,那么这一出于人类自然情感的价值观念一定会为社会和谐发挥更大的作用。

在目前的情况下,发扬传统的"孝道"应该与公民精神的培养相结合,由在家庭中尊敬父母开始,培养人的爱心和同情心,最终促进整个公民精神和意识的培养。之所以主张以家庭为中心,因为就人的价值观念的形成来说,家庭环境是最重要的。人的最基本的情感和价值观念都是在家庭中从小形成的,一个知道感恩父母的人,进一步就会发展出责任感和义务感,由此可以发展出爱社会和爱国观念。这是道德感发展的自然基础。没有这一自然基础作为后盾,人们就难以真正接受爱国和爱社会等抽象观念。因此,发扬传统"孝道"的精髓可以从家庭关系开始,将传统孝道中的经济辅助内涵逐步剥离,将培养家庭美德作为核心,也就是陶行知所说的"私德是公德的根本"。

(2)传统公私观念的现代意义

随着20世纪70年代后期启动的改革开放进程,中国绝大部分人脱离贫困并走上了富裕道路,但与物质财富迅速增加相对应的是,民众认为整个社会的道德水平在下降。无所不在的假冒伪劣产品尤其是食品行业的乱象引发了人们的普遍担心,而经常见诸报端的由于扶起摔倒老人而被诬陷撞人的事件则引发普通人之间的信任危机,大多数人再不敢毫不犹豫地去帮助摔倒的人。社会道德滑坡不仅表现在个别方面,几乎社会生活的每个领域都能看到人们为了私利破坏公益或他人正当利益的行为。

正是在这一背景下,许多人转向了中国传统思想,试图从中国传统思想中挖掘出提高时下社会道德水平的观念或方法。尽管群己关系的价值观念涉及许多方面,但其核心内容是公私关系。公私关系之所以是群己关系的核心,一是由于人类的社会化生活方式。尽管人总是个体性的存在,但其生活却离不开社会和他人,因此,即使看似是两个个体之间的事情也多少与各类集体相关联。二是公私关系的内容有多个方面,其核心是利益的分配。就社会利益来说,不同的群体关注的利益不同,政治人物关注的是权力分配,而普通民众关注的则是经济利益。

中国传统公私观的主流是强调大公无私或崇公抑私。在先秦影响比较大的儒家、墨家、法家都持这一倾向。关于这一倾向，我们可以从几个方面进行具体说明：

首先，就政治权力来说，儒家和法家都赞成君主制，因此，最高权力事实上是被垄断的。政治权力上的崇公抑私或大公无私表现为政治的目的是谋取对所有人都有利的公共利益。例如，儒家的"天下为公"思想设想的就是所有人都能得益的理想社会图景。在选拔官员方面，几乎所有思想家都主张选拔有才能的人士出任公职，而不是只依靠血缘或出身。这其实是一种抑制君主制时代政治权力垄断的方法，它客观上部分弥补了不能对最高掌权者进行有效选择的弊端。在官员职业操守方面，中国传统思想中有大量强调官员要廉洁奉公的立法和说教，一些清官代表也被官方和民间广泛传颂。

就个人利益来说，中国古代思想家基本上都主张满足人的合理生活需求。道教和佛教具有禁欲主义色彩，虽然它们在中国社会有着极大的影响，但普通大众所接受的并不是它们的禁欲主义思想。如道家流行最广的思想是养生术，佛教最受欢迎的观念是行善。即使具有禁欲主义色彩的宋明儒学代表也主张满足人们的基本需要，他们所反对的是奢侈性消费，以及由此引发的道德灾难。这一问题集中表现在中国古代思想家的"义利之辩"论题上。虽然中国历史上不同的思想家对"义利"的来源和解释有较大的不同，但传统价值观中总的立场和基本发展趋势还是坚持孔子提出的以义节利观念。"义利观"的实质就是处理个人利益与集体利益冲突的原则。中国传统价值观在义利观上的主流立场反映了中国历史上集体主义有悠久的传统。

在中国传统价值思想中一直比较重视社会公正。孔子的名言是："不患寡而患不安，不患贫而患不均。"[①]在中国历史上，如董仲舒、朱熹、黄宗羲等都主张恢复井田制，其用意都在于反对兼并引发的社会贫富不均。这是经济政策方面的社会公正。经济政策方面的社会公正思想还表现在中国古代的社会救济思想和制度中。如孟子说："老而无妻曰鳏，老而无夫曰寡，老而无子曰

---

① 《论语·季氏》。

独,幼而无父曰孤。此四者,天下之穷民而无告者……发政施仁,必先斯四者。"①《礼记》提出"天下为公"的理想社会中也有救济弱者的思想,如"人不独亲其亲,不独子其子,使老有所终,壮有所用,幼有所长,矜寡孤独废疾者皆有所养。"②"在儒家理念的影响下,古代有发达的救荒制度,面临灾荒瘟疫,政府贷给百姓谷种与粮食,移民就谷,减轻租税与刑罚,免除征调徭役,开放关市山泽。儒官、儒士视民如伤,千方百计实施荒政。"③

以上所说的方面都是传统公私观中好的一面,但传统公私观中也存在着明显的时代缺陷:

首先,传统公私观主张大公无私或者崇公抑私,但是代表"公"的实际上是君主,也就是君主的私人利益就是公共的利益。这是中国传统社会公私观中最大的局限。关于君主以个人利益凌驾于所有人的利益之上或以个人私利取代公共利益这一特点,到了明末清初由黄宗羲明确地揭示出来。因此,在君主制度下,所谓的"公共利益"并不一定指向大多数的利益,可能只是君主个人的利益。选举贤能人士出任政府官员的做法本来有促进社会公正、抑制君主个人私利的作用,但随着君主专制制度走向极端,君主本身所代表的公、私利益之间的矛盾越来越突出。

其次,传统公私观过分强调了公、私的对立,并且将公、私与善恶相等同。这一倾向在宋明理学中达到顶点,导致了道德禁欲主义。这样的主张事实上只会走向反面,明末清初的启蒙思想家集中抨击宋明理学,其批评重点就是宋明理学将公、私对立的观念。将公私利益对立会使公共利益的实现失去现实基础,能够大公无私的只能是极少数人,忽视个人正当利益去追求公共利益,公共利益也难以实现。关于公、私之间的合理关系,明末清初的思想家给出了合理的解释,即黄宗羲所说的通过保证每个人的自私自利,最终实现天下之公利。但这只是在思想层面,实践层面却一直没有找到恰当的方法。

第三,中国传统的社会公正思想大多限于空想。"天下为公"的大同社

① 《孟子·梁惠王下》。
② 《礼记·礼运》。
③ 郭齐勇、陈乔见:《孔孟儒家的公私观与公共事务伦理》,《中国社会科学》2009年第1期。

会,在传统农业社会有限的生产水平下是难以实现的。传统社会的社会救济、养老等社会保障制度也只能在局部地区暂时性地开展,在全国范围根本就无实现的物质基础。真正实现整个社会层面的普遍的社会保障制度,只能在工业社会生产力水平极大提高的条件下才有可能。

应该说,中国传统的公正观念中的优秀部分已被现代社会加以发扬,其空想部分大部分正在变为现实,传统公正观念的过时部分已被抛弃。因此,现代社会无论在观念上还是在实践上都超越了传统社会。就传统公正观念的现实价值来说,可能更多是在价值理念层面,即警示现代社会:社会公正是人类永远追求的社会理想之一。

(3)传统和谐思想的现代价值

在胡锦涛在不同场合分别提出了"构建社会主义和谐社会"和"和谐世界"的概念之后,中国传统和谐思想成为学界研究的一个重点。那么,中国传统和谐思想及其价值观念在现代社会有什么样的价值和意义呢?

从主要内容来看,一般认为传统和谐思想涵盖三个层面,即天人层面、群己层面与身心层面。我们这里只谈群己层面的和谐思想。传统和谐思想除了从对象层面进行划分之外,还可以从论题抽象层次进行粗略划分,大致可以分为本体论层面、社会历史层面和身心修养层面。其中,本体论层面提供了社会历史分析和身心修养的方法论基础,而社会历史和身心修养方面是本体论层面的具体运用。

传统和谐思想的本体论基础有不同的总结,大多数学者认同《中庸》中的一个论断,即"中也者,天下之大本也;和也者,天下之达道也。致中和,天地位焉,万物育焉。"①也有许多学者将《国语》中史伯一段谈话作为传统和谐思想的理论基础,即"夫和实生物,同则不继。以他平他谓之和,故能丰长而物归之;若以同裨同,尽乃弃矣。"②还有老子的一句话也经常被引用,即"万物负阴而抱阳,冲气以为和。"③还有一些论证将《周易》、阴阳五行理论作为传统和谐理论的本体论基础。如果对照我们今天对和谐的理解,上述例子中有的

---

①　《礼记·中庸》。
②　《国语·郑语》。
③　《道德经·第四十二章》。

内容并不准确。如史伯的谈话强调的多样性,从其论证目的来看,是主张桓公采纳多方面的意见,其中的"和"与"同"相对,只能解释为不同,引申为多样性,这才符合史伯的原意。按朱熹的解释,《中庸》关于"中和"的论断强调的是"不偏不倚,无过不及"。① 老子的论断主张的是阴阳调和生万物。而《周易》、阴阳五行理论则是具体描述了自然界基本构成部分之间的相互作用方式。综合上述几个方面的思想,《中庸》的中和思想、史伯的谈话都是关于实现和谐的条件的论断,尽管《中庸》将"中和"视为自然界运行的基本规律。

在中国传统和谐思想中,关于社会历史理论层面的和谐思想比较丰富。从某种意义上说所有的社会历史理论都是探讨如何实现社会长治久安方法的,其目的都是研究如何实现社会稳定发展的。其差异在于手段的不同,因而实际效果也不相同,由此显示出不同理论的优点和不足。就儒家来说,其治国策略是实施仁政,政治上主张以德治国,经济上主张缩小贫富差距,个人要克己复礼,最终实现天下大同。法家的策略是依靠法律而不是依靠道德来实现社会的安定和谐。墨家的策略是兼相爱、交相利,试图通过兼爱、非攻实现社会稳定繁荣。道家的策略是主张清静无为、少私寡欲,以小国寡民为社会理想模式。佛教的基本主张是人们通过修行八正道,消除各种世俗欲望,最终实现涅槃。

在上述传统思想中,由于主张过于极端,或者难以施行,或者负面效果太多,墨家、法家的理论在汉代以后从政治意识形态中消失。道教和佛教虽然在社会上一直有较大影响,但由于其出世主义的方法,在政治领域无法大规模实践,因此,儒家的和谐思想及其实践一直在中国传统社会中居于主流。

关于如何通过个人身心的修养,达到人与人之间关系的和谐,中国传统思想中也有丰富的论述。例如,孔子主张:"毋意、毋必、毋固、毋我"②;"志于道,据于德,依于仁,游于艺"③;"君子和而不同"④;"修己以安人""修己以安百姓"⑤。又主张:"礼之用,和为贵。"⑥《大学》中"八条目"中有"格物、致知、

---

① 《朱子语类》。
② 《论语·子罕》。
③ 《论语·述而》。
④ 《论语·子路》。
⑤ 《论语·宪问》。
⑥ 《论语·学而》。

诚意、正心、修身"与身心修养有关。孟子主张:"养心莫善于寡欲"①;"天下之本在国,国之本在家,家之本在身";"君子之守,修其身而天下平"②。

从总体上看,中国传统和谐思想内容丰富、视角多样,系统而全面,无论是思维框架和内容几乎都涉及了。这些方面为目前我国和谐社会的建设提供了有益的参考。但传统和谐思想也有明显的缺陷,这是制约其现代价值的主要因素。

首先,传统和谐思想的理论基础不够科学严密。我们经常引证的《中庸》《国语》中的相关论断都没有详细的论证。《中庸》只是提出了命题,并未论证"中和"为什么是自然界的根本运行规则。而《国语·郑语》中史伯的论证只是举例子,即用先王的做法论证兼听和任用贤能的重要性,并未进一步涉及自然界的运行法则。《道德经》中的相关论断也是如此。总之,中国传统和谐思想的立论基础是直观经验,虽有惊人的洞察力,但却缺乏细致的论证。《周易》、阴阳五行理论有明显的理论抽象性,其揭示出的自然界构成部分之间既相生相克又相互联系的有机整体自然观是正确的,但同样也是建立在直观经验之上,缺乏科学的支撑。自然界构成部分的结构以及自然界整体的运行特点和法则只有靠近代科学手段才能揭示出来。20世纪以来的系统论、混沌理论、耗散理论、相对论、量子力学等使人们对自然界运行法则的了解越来越全面和系统,与之相比,中国传统和谐思想的理论基础则明显过时。

其次,中国传统和谐思想的实践效果较差。在实践层面,道家、墨家以及佛教基本上沦为禁欲主义,而法家则过于严酷,因此,他们的实践结果很难说是通常意义上的和谐。相比而言,儒家的和谐思想有明显的可行性。但儒家所主张的和谐是一种等级制下的和谐,即君君、臣臣、父父、子子。在实践过程中,儒家创始人所主张的权利义务的双向性消失,随着君主集权的加强,逐渐演变为下对上的单向性义务。单向性的义务显然是难以持久的,由此衍生出普遍性的人格分裂,即虚伪。因此,儒家和谐思想的实践结果是一种压抑下的服从,而不是平等互利下的团结互助。

---

① 《孟子·尽心下》。
② 《孟子·离娄上》。

再次,传统和谐思想具有空想性。传统和谐思想的实施面临着两大制约:第一种制约是小农经济生产力水平低下的制约。由于物质生产的低水平,多数人的生活仅限于维持生存,温饱已经是大多数人难以企及的梦想。在这样的社会生产力水平下,社会救济、社会保障根本无法普及,因此,"大同社会"的设想根本无从在整个国家层面实现。

第二种制约是君主制度的制约。君主制度本身蕴含着国家的公利和君主个人的私利的矛盾,如何处理两者之间的矛盾与君主个人的才能和修养有极大的关系,事实上往往导致牺牲公利而保证君主个人私利,整个社会的和谐当然就无法维持。这两项根本的制度性制约使得传统和谐思想不可能真正实现。中国古人重视道德修养显然与这两点有密切的关系,因为在个人道德修养方面,个人主观努力还能发挥大的作用,而在国家社会层面,普通民众显然无能为力。因此,大多人只能向内发展,通过抑制自己的欲望来实现身心和谐,这可能就是在古代社会禁欲主义思想普遍盛行的原因。

3. 中国传统身心关系价值观的现代价值

现代社会中一个重要的问题是人生价值的普遍失落感,生命的无意义感是一个世界的话题,其极端表现如吸毒、自杀等已经成为世界性难题。这一问题伴随着现代化进程引起了世界众多学者关注,如埃米尔·杜尔克姆、马克斯·韦伯、安东尼·吉登斯、丹尼尔·贝尔、查尔斯·泰勒、维克多·弗兰克等世界知名学者都有关于现代社会价值观变迁的特点和产生根源的分析。学者们从社会学、哲学以及心理学等视角对这一问题的产生和解决给出了各种解释和方案。

中国社会的价值观问题也是非常严重的,社会财富的迅速增加、人们物质生活水平的不断提高并未带来普遍的心理安宁和社会稳定。极端个人主义、物质享乐主义、物质主义泛滥,经济利益、个人私利成为许多人的唯一生活目标。由于法治建设的相对落后,行业性的、社会性的造假、欺诈成为社会公害,近年来曝光的食品、卫生领域的造假事件导致整个社会人人自危。文化领域,低俗的娱乐节目、带有大量色情内容的影视作品成为市场主流,影视作品的宣传广告中色情镜头和情节成为卖点,感官刺激成为文学作品市场成功的重要手段。对民族英雄、著名历史人物进行污名化、娱乐化解读成为许多人欣赏的时尚,英雄主义、集体主义成为被调侃的对象,存在主义、犬儒主义成为一些人的共识。

中国社会价值观的现状已引起了社会的普遍关注,如何改变目前这种普遍性的重利轻义、重个人利益轻集体利益、重低俗轻高尚的价值观现状是一个社会系统工程,需要综合运用多种方式才能使之产生根本性的改变。在这样的社会背景下,许多研究者转向中国传统人生价值观,试图从传统人生价值观中吸收提升当前社会价值观的理念和方法。那么,中国传统人生价值观念能够解决目前社会价值观中存在的问题吗?

在人生价值观方面,中国传统价值观的主要内容有以下几个特点:一是追求精神上的不朽。这一点首先体现在《左传》中关于"三不朽"的对话中:"二十四年春,穆叔如晋。范宣子逆之,问焉,曰:'古人有言曰,'死而不朽',何谓也?'穆叔未对。宣子曰:'昔匄之祖,自虞以上,为陶唐氏,在夏为御龙氏,在商为豕韦氏,在周为唐杜氏,晋主夏盟为范氏,其是之谓乎?'穆叔曰:'以豹所闻,此之谓世禄,非不朽也。鲁有先大夫曰臧文仲,既没,其言立。其是之谓乎!豹闻之,大上有立德,其次有立功,其次有立言,虽久不废,此之谓不朽。若夫保姓受氏,以守宗祊,世不绝祀,无国无之,禄之大者,不可谓不朽。'"①在这段对话中,范宣子和叔孙豹提出了两种"不朽观":范宣子主张的"不朽"标准是家族地位以及血脉传递上的不间断,其核心是自我以及家族的地位和荣耀;叔孙豹所说的"不朽"则是指人们对世人以及后世的积极影响,其核心是指对他人和后世的贡献。前者看重的是物质层面,而后者则不仅包括物质层面的内容还特别重视精神层面的影响。因此,同样追求"不朽",但两种"不朽"的内涵相差很大。

叔孙豹的"不朽"观成为儒家思想的主流观念,其核心内涵有三个方面:一是重视后世的声誉;二是重视对集体的贡献;三是重视精神层面。同时,儒家也对叔孙豹的上述思想进行了发展,其主要观念如下。

第一,儒家主张重视后世的声誉。如孔子说:"君子疾没世而名不称

---

① 《左传·襄公二十四年》。

焉。"①这句话强调的是人应该留名后世,不应该碌碌无为。孔子在评价齐景公和伯夷、叔齐之死时说:"齐景公有马千驷,死之日,民无德而称焉。伯夷、叔齐饿于首阳之下,民到于今称之。其斯之谓与?"②孔子的这一评价标准就是以后世声誉而不是其个人财富。孟子也有相似的论断,他说:"舜,人也,我,亦人也;舜为法于天下,可传于后世,我由未免为乡人也,是则可忧也。"③因此,儒家的主流人生观就是追求流传后世的声誉。

第二,儒家主张追求集体利益的满足,而不限于个人私利。这一方面,孔子有典型的论断。《论语》记载:"子路问君子。子曰:'修己以敬。'曰:'如斯而已乎?'曰:'修己以安人。'曰:'如斯而已乎?'曰:'修己以安百姓。修己以安百姓,尧舜其犹病诸。'"④从孔子的这一谈话可以看出,个人修身的目标是使整个社会繁荣和谐。这一思想被后世儒家发扬,产生了许多著名的论断,如范仲淹的"先天下之忧而忧,后天下之乐而乐",顾炎武的"保天下者,匹夫之贱与有责焉耳矣",林则徐的"苟利国家生死以,岂因祸福避趋之"等都是千古传诵的名言。

第三,在义利产生冲突的情况下,儒家的立场是"重义轻利"。如孔子说:"富与贵,是人之所欲也,不以其道得之,不处也;贫与贱,是人之所恶也,不以其道得之,不去也。"⑤"见利思义,见危授命,久要不忘平生之言,亦可以为成人也。"⑥"不义而富且贵,于我如浮云。"⑦"富而可求也,虽执鞭之士,吾亦为之。如不可求,从吾所好。"⑧孟子将这一立场界定为义利之辩,并进一步将"义"置于生命之上。⑨

第四,儒家认为困难和挫折是成功的条件和阶梯。个人或集体在发展过程中遇到困难和挫折是不可避免的,面对困难,与道家和佛教的消极逃避不

---

① 《论语·卫灵公》。
② 《论语·季氏》。
③ 《孟子·离娄下》。
④ 《论语·宪问》。
⑤ 《论语·里仁》。
⑥ 《论语·宪问》。
⑦ 《论语·述而》。
⑧ 《论语·述而》。
⑨ 参见《孟子·告子上》。

同,儒家的主流观念是将之视为个人和集体成长过程中的一种财富。关于这一观念,最具有代表性的论述是孟子的"生于忧患死于安乐"论断,孟子用大量古代政治家的实例说明了一个国家或者个人在成长过程遭受困难和挫折不仅必须,而且在某种意义上还是好事。① 后世学者多有涉及这一问题,但基本上没有超出孟子这一论断的逻辑。

第五,儒家主张在集体生活中寻找人生乐趣。关于人生的乐趣,儒家有多方面的论述。如孔子说:"学而时习之,不亦说乎? 有朋自远方来,不亦乐乎? 人不知而不愠,不亦君子乎?"②"发愤忘食,乐以忘忧,不知老之将至云尔。"③这是读书交往之乐。"智者乐水,仁者乐山"④,这是从自然环境感受快乐。"饭疏食饮水,曲肱而枕之,乐亦在其中矣。不义而富且贵,于我如浮云。"⑤这是坚守道义的内心安宁。"贤哉,回也! 一箪食,一瓢饮,在陋巷,人不堪其忧,回也不改其乐。"⑥这是坚持自我的生活方式,不随波逐流。最能体现儒家特色的观念是孟子所说的"君子三乐",即"父母俱存,兄弟无故,一乐也;仰不愧于天,俯不怍于人,二乐也;得天下英才而教育之,三乐也"⑦。这一论断之所以最能体现儒家的价值观念,是由于它的着重点是家庭、朋友与社会之间的关系,其中既有家庭亲情,师徒之情,也有社会道义,涉及了社会关系主体的全部,而在价值取向上既体现了亲亲爱人,又体现了坚守仁义之道。

在中国传统人生价值观中,影响较大的还有道教、佛教的思想。在道教和佛教看来,儒家的积极入世态度是错误的,只会导致更多的痛苦。随着儒、道、释三者的相互影响,魏晋以后,道教、佛教的出世色彩减弱,入世思想增强,这表明了儒家思想的强大影响。另外,极端自我主义,如孟子所说的杨朱的"拔一毛而利天下,不为也",也有事实上的影响。简言之,中国传统人生价值观事实上是多种价值观并存的局面,但在社会中占主流的是儒家

① 参见《孟子·告子下》。
② 《论语·学而》。
③ 《论语·述而》。
④ 《论语·雍也》。
⑤ 《论语·述而》。
⑥ 《论语·雍也》。
⑦ 《孟子·尽心上》。

的人生观。

在实际的社会实践中,中国传统人生价值观也导致了一些不利的后果。重义轻利的价值观导致了尚空谈、轻事功的社会价值倾向,这在一定程度上压抑了工商业的发展,抑制了科学技术的发展,从而削弱了社会发展的动力。同时,重义轻利被极端化为"存天理、灭人欲",导致了道德禁欲主义,其结果是人们在实践中难以践行相应的价值理念,使这种价值理念成为空谈。现世回报不足,追求后世的声誉显然不是多数人的选择,因此,追求精神层面不朽的人只是极少数人。在君主制度下,集体主义被异化为牺牲所有人的利益维护君主个人的利益,牺牲下级的利益保护上级的利益。缺乏对个人利益的有效保护,这种"集体主义"显然是没有生命力的。没有合理的可预期的结果,人们不会去经受各种困难和挫折,因此,经典儒家对待困难的态度虽然催人奋进,但对于处于困境之中的人们来说,未必有佛教和道教的安慰作用大。简言之,建立在小农经济之上的君主专制制度下的中国传统社会是难以真正践行儒家的人生价值观的。

从形式上看,中国传统人生价值观中的重义轻利、集体主义、艰苦奋斗等思想对于解决现代社会人生价值观方面的问题很有针对性。但问题在于如何才能使这种价值观不陷入空谈,而真正成为社会绝大多数人都实际践行的价值观念,这恰是我国目前改革发展的方向。以市场化为基础地位的经济运行机制保证了人的独立性,为人们追求道德进步和精神境界提供了物质保障。民主、法治建设为保障公共利益和个人利益确定了客观的可执行的方案,为集体主义原则的真正贯彻奠定了物质基础。教育、科学的发展进步,为整个社会价值观念的选择,寻求提升道德境界可行的方式、方法提供了智力基础。现代通信传媒技术为发扬正面的道德精神力量,削弱和控制负面的价值观念的作用提供了强大的手段。对外开放所带来的各种价值观念的碰撞交流,为我们吸收国外优秀价值观念,促进我国价值观念不断与时俱进,提供了机会和手段。总之,我国传统人生价值观在基本理念上有许多方面是值得继承和发扬的,但这种继承和发扬一定要与目前的经济社会现实相结合,不能仅限于总结和介绍传统价值观的优点。

二、培育和践行社会主义核心价值观的
当代西方思想资源

从本质上讲,当代西方资本主义的核心价值观是建立在资本主义经济基础之上的社会意识形态,其目的是为维护资本主义政治经济制度服务的。但在实践中,资本主义社会培育和践行核心价值观的许多做法和理念,值得我们在培育和践行社会主义核心价值观过程加以借鉴。因此,深入研究当代西方资本主义社会的价值观及其培育和践行方式对于我们培育和践行社会主义核心价值观有重要意义。

(一)当代西方价值观的内容与特点

当代西方关于价值观的理论内容丰富、形式多样,我们这里主要考察当代西方自由主义和民主社会主义这两种有重要影响的社会思潮所体现的价值观念。

1. 当代西方自由主义的价值观及其启示

英国学者安东尼·阿巴拉斯特将当代的自由主义划分为政治学和经济学两个组成部分,经济学方面以哈耶克、弗里德曼为代表,政治学方面以罗尔斯和诺齐克为代表。① 国内学者马德普则将新自由主义界定为政治思想领域,即以波普尔、阿伦特、达尔、罗尔斯等为代表的思想流派,而将哈耶克、奥克肖特、伯林、弗里德曼、诺齐克、雷蒙·阿隆、萨托利等划归为保守自由主义。② 国内学者卫兴华将20世纪30年代以来,与凯恩斯国家干预主义相对立的经济自由主义思潮称为新自由主义,其代表人物是哈耶克、弗里德曼和卢卡斯。③ 尽管学者们对当代自由主义有不同的划分,对自由内涵的理解也有较多差异,但其基本立场是相同的,即捍卫个人基本权利,反对国家或集体对个

---

① 参见[英]安东尼·阿巴拉斯特:《西方自由主义的兴衰》,曹海军等译,吉林人民出版社2004年版,第444—459页。
② 参见马德普主编:《西方政治思想史》第五卷,天津人民出版社2005年版,第9—122页。
③ 参见卫兴华:《新自由主义思潮变迁》,《人民论坛》2009年第6期。

人权力的不合理干涉。但由于视角不同,当代自由主义关于如何保护个人基本权利以及反对国家或集体干涉的依据也多有差异。我们这里从价值观的层面对当代西方自由主义者如何处理个人与国家或社会的关系进行总结。

(1)当代西方自由主义者的自由观

关于当代西方的自由观,最有影响的首推伊赛亚·伯林。伊赛亚·伯林探讨的是政治意义上的自由。他认为,政治自由就是不被人阻碍行动的领域,被人为地阻止达到某个目的,就是缺乏政治自由或权利。因此,他是从"强制"的角度界定自由的。关于"强制",伯林也进行了初步的界定。他认为,并不是所有的"不能"都构成对人的强制,由于自然或身体原因无法实施某些行动不能称为"强制",如某人不能跳十码以上高度,盲人无法阅读,或者不能理解黑格尔的部分晦涩的文章,都不能说受到了强制或奴役。只有在行动过程中受到了人为的阻碍,才能认定为缺乏政治权利或自由。他还特别指出,贫困不能说是缺乏政治自由。判断一个人受压迫的标准是:别人是否直接或间接地妨碍了我实现自己的愿望。自由就是不受别人的干涉,这一范围越大,个人的自由就越广泛。①

除了上述这一定性的阐述之外,他进一步从两个方面对这一自由观进行了分析,即一是关于"消极自由"与"积极自由"的关系;二是自由与其他价值观之间的关系。

伊赛亚·伯林将自由分为两种:一种是消极自由,另一种是积极自由。所谓"消极自由",指主体在什么样的范围内不受干涉地做自己想做的事。② 而"积极自由"指谁有权利决定他人做什么事或成为什么样的人。③

关于两种自由的关系,他认为,从形式上看,"消极自由"可以总结为"免于……的自由","积极自由"可以归纳为"去做……的自由",两者意义接近。但实质上两者有很大差异,即拥护消极自由的人认为积极自由常常成为暴政

---

① 参见[英]以赛亚·伯林:《自由论》(《自治四论》扩充版),胡传胜译,译林出版社2003年版,第189—191页。

② 参见[英]以赛亚·伯林:《自由论》(《自治四论》扩充版),胡传胜译,译林出版社2003年版,第189页。

③ 参见[英]以赛亚·伯林:《自由论》(《自治四论》扩充版),胡传胜译,译林出版社2003年版,第189页。

的借口。①

在两种自由之间,伊赛亚·伯林坚决支持消极自由,反对积极自由。他反对积极自由的理由可以细分为四个方面:

一是从方法论看,积极自由依据的是理性主义。他认为,在自由问题上,理性主义有以下基本假定:首先是假定人只能有一个由理性决定的目的;第二,只有一个普遍的和谐的生活模式,而且这种模式只有部分人能领会;第三,所有的冲突和悲剧都来源于理性和非理性的冲突,如果按照理性行事就可以避免冲突和悲剧;第四,如果人人都被改造成为服从理性规律的人,人就会成为完全服从法律的、自由的人。②

在道德知识上,伯林赞同休谟、康德的观点,即认为:"在道德的领域没有专家,因为道德不属于专业化的知识领域(就像功利主义者与启蒙哲学家主张的那样),而属于普遍的人类能力正确使用的领域;因此,能够使人类自由的,并不是依某种自我完善的方式去行动(他们会被强制性地去自我完善),而是知道为什么他们应该这样做,而这一点,是任何人都无法代别人、为别人去做的。"③这事实上等于以事实与价值两分拒绝了自由问题上的理性主义。

二是从价值观看,伯林认为积极自由的拥护者是价值一元论者,即认为所有的积极的价值是相互兼容或支持,但事实上这些价值往往相互冲突使得人们难以兼顾。根本就不存在一套原则或公式,人们可以凭借它和谐地实现所有追求和目的。④

伯林认为,多元主义的"消极的"自由标准,比"积极的"自我控制的人所追求的目标更真实和人道。因为它承认人类的目标是多样的,不能统一衡量,

---

① 参见[英]以赛亚·伯林:《自由论》(《自治四论》扩充版),胡传胜译,译林出版社 2003年版,第 199—200 页。

② 参见[英]以赛亚·伯林:《自由论》(《自治四论》扩充版),胡传胜译,译林出版社 2003年版,第 226 页。

③ 参见[英]以赛亚·伯林:《自由论》(《自治四论》扩充版),胡传胜译,译林出版社 2003年版,第 224 页。

④ 参见[英]以赛亚·伯林:《自由论》(《自治四论》扩充版),胡传胜译,译林出版社 2003年版,第 240—242 页。

同时,它也承认人们常常处于敌对状态。① 认识到信念的相对性是文明人与野蛮人的最大区别。永恒的价值只是对确定性的渴望,用于指导实践是危险的和不成熟的。② 因此,伯林在价值观上反对积极自由的依据是价值观是多元的。价值观之所以是多元的,是由于人的基本需要是多样性的。而关于人的基本需要的多样性的表现,伯林并没有展开论述。

三是从实践层面看,伯林认为在实践积极自由所蕴含的理性化的过程中会导致"自我"的分裂,即理性的、真实的自我与非理性冲动的、不能控制欲望的、追求即时快乐的、经验的、他律的自我的对立。由于"积极自由"主张以理性自我控制和自我指导,其结果就是理性自我对感性自我的压制和控制。理性的、真实的自我会被理解为集体的代表,为了实现集体的更高的自由,它有权把集体的意志强加于有不同意见的成员身上。③ 常见的具体方式就是通过教育或强制实现人的理性化,而这往往是独裁者、恶霸和掠夺者为行为开脱时的论证。在实践中"真正的自我"的主导主要采取自我克制或完全认同某一特定原则两种形式。④ 第一种形式是禁欲主义的自我解救之法,其实质是通过与外界或社会相隔离来消除欲望与恐惧。第二种形式的常见结果是导致对个人的强制。因此,在实践层面,伯林反对积极自由的依据是积极自由容易导致对个人的专制和强制。

伯林支持消极自由、反对积极自由的第四个依据是他关于人的本性的判断。他认为:人的本性就是按照自己的意愿来生活,即使这一意愿可能是非理性的。如果一个没有依照自己愿望行动的自由,他就不能被视为道德或法律意义上的人。⑤ 在伯林那里,自由是人的本性之一。由此,他主张一个社会必

---

① 参见[英]以赛亚·伯林:《自由论》(《自治四论》扩充版),胡传胜译,译林出版社2003年版,第244—245页。

② 参见[英]以赛亚·伯林:《自由论》(《自治四论》扩充版),胡传胜译,译林出版社2003年版,第246页。

③ 参见[英]以赛亚·伯林:《自由论》(《自治四论》扩充版),胡传胜译,译林出版社2003年版,第201—203页。

④ 参见[英]以赛亚·伯林:《自由论》(《自治四论》扩充版),胡传胜译,译林出版社2003年版,第204页。

⑤ 参见[英]以赛亚·伯林:《自由论》(《自治四论》扩充版),胡传胜译,译林出版社2003年版,第229、234页。

须存在一个不受权力侵犯的个人自由的领域。

除了反对"积极自由"以支持"消极自由"之外,伯林还从自由与其他价值观的关系对消极自由的内涵做了界定:

首先,虽然自治能为公民自由的保存提供保障,但自由与民主或自治在逻辑上并不一致,自由回答的是"谁统治我"这一问题,而民主或自治则是解决"政府干涉我到何种程度"这一问题。自由关心的是控制的根源,而民主或自治关注的是控制的程度。民主可能剥夺个体公民的许多自由权利,而在开明的君主专制中臣民有可能享有较大程度的个人自由。自由的要求与民主的要求有很大不同,自由尤其是积极自由的要求可能会导致暴政。①

其次,自由与平等、博爱不同。自由意味着成为一个具有独特性的负责任的自我行动者。自由观念的本质是组织某人或某事入侵我的领地或宣称对我拥有权威。平等、博爱表征的是人们在社会、经济上的地位和状况,经济和社会地位上的平等并不意味着人们是独立的自我行动的、不被强制的个体。人们享有的权利并不能弥补自由的缺失。平等、博爱会促进社会的利益整合。但如果没有保障个人的基本自由领域,人们在屈从于寡头或独裁者权威的同时,却认为这是在某种意义上解放他们。②

四是从思想传统来说,伯林对消极自由的支持,即坚持保留不可侵犯的个人自由领域是对古典自由主义的继承。就社会背景来看,坚持保留一定的个人自由领域是对法西斯主义和斯大林主义的反思,也是对民主社会主义在欧洲实践的反思。

在这一反思过程中,伯林提出了几个根本性的问题:首先是价值观是一元的还是多元的,即各种价值之间是相互融合的还是相互冲突的? 其次是实现价值观的最佳手段是理性主义还是经验主义? 再次是自由对于人来说是手段还是目的? 这一问题的实质是人的本性是什么? 就伯林本人的立场来看,他

---

① 参见[英]以赛亚·伯林:《自由论》(《自治四论》扩充版),胡传胜译,译林出版社2003年版,第198—200页。

② 参见[英]以赛亚·伯林:《自由论》(《自治四论》扩充版),胡传胜译,译林出版社2003年版,第226—231页。

认为人的本性是自由,因而自由本身就是目的。人的基本需求是多样的,各种价值观之间存在着冲突,因此,价值观是多元的。实践价值观的最佳方式是坚持经验主义,因为理性本身是非常有限的,过分依赖理性解决社会问题只会走向强制和压迫。关于这些基本问题,伯林主要强调的是理性的有限性和过分贯彻理性原则会导致对个人的专制,即集中批评价值观实践中坚持理性主义的实践后果。而对其他两个问题并没有充分的论证,只是简单的涉及。伯林认为,人的基本需求是多样的,但他并没有解释人的基本需求有哪些,这些基本需求之间的关系是什么? 这一问题显然对于回答价值观是一元的还是多元的至关重要。他认为,自由是人的本性,没有自由就不能成为社会意义上的人。那么自由对于人之为人是必要条件还是充分条件? 除了自由之外,社会意义上的人是否还有其他必不可少的需要? 如果多种需要并存,为什么只将自由作为人的本性? 因此,将自由作为人的本性与主张人的基本需求多样性是相互冲突的。

另外,将自由与平等、博爱、民主、地位等区分开,固然有利于强调自由的重要性,但是,如果将民主、平等、经济、社会地位与自由相剥离,那么这一不被强制的个人自由的具体内容是什么? 如果仅仅是不被强制,在实践中如何保护这种个人自由呢? 而一旦正面涉及具体内容,必然涉及民主、平等、经济和社会地位等方面。因此,伯林对消极自由的界定面临着由于过分抽象而无法具体实践的处境。这是他的自由观的不足之处。

而且,伯林的自由观也促使我们重新反思个体与集体或社会的关系,即社会或集体如何以符合人性的方式发展、保护个人的利益? 个人有没有集体或社会不可侵犯的自由领域? 如何兼顾个人自由与社会或集体的整体利益? 如何处理各种价值观之间的关系? 这些问题都是我们在践行社会主义核心价值观过程中值得深思的问题。

除了伊赛亚·伯林的自由观在当代西方影响较大之外,在当代西方有较大影响的还有米尔顿·弗里德曼的自由观。弗里德曼的自由观大致包含两个方面:其一是经济自由与政治自由的关系;其二是自由与平等的关系。

关于经济自由与政治自由的关系,弗里德曼主要有以下观点:首先,他认为政治自由和经济自由之间的关系是复杂的,但绝不是一个方面导致另一方面。① 虽然经济自由是公民和政治自由的必要条件,但是政治自由却不是经济自由和公民自由的一个必要的条件。政治自由有时会促进经济自由和公民自由,但有时又会妨碍它们的实现。②

其次,他认为,在资本主义制度下,经济自由促进了政治自由。弗里德曼认为:经济自由之所以能够影响政治自由,是因为它能够对权力的分散和集中产生影响。③

第三,弗里德曼认为,对自由最大的威胁是权力的集中。权利的集中本身就会对自由产生威胁,因此,为保障经济自由必须严格限制政府的权力。④

弗里德曼把平等划分为三种类型:上帝面前的平等、机会平等和结果平等。弗里德曼主要反对的是结果平等。弗里德曼主张国家或社会应该把自由置于首位,而不应该把结果平等置于首位。他认为:"一个社会若是把平等(即结果平等)置于自由之上,那么最终的结果是既没有平等也没有自由。运用强制力量来追求平等,只能摧毁自由;而且,强制力量,即便最初是为了实现良好的意图才使用的,最终也会为一小撮人所攫取,他们以之来牟取私利。相反,一个社会若是把自由置于平等之上,那么最终不仅会增进自由,也会增进平等,后者可谓无心插柳之作。"⑤

关于自由导致平等的机制,弗里德曼认为:首先,在自由的社会中,人们的精力和才能得到了释放,人们都可以追求自己的目的。其次,自由的社会防止了专断的压迫,社会地位和特权不会制度化。这给予了许多有才能的人成功的机会。因此,自由意味着多样性和流动性。⑥

---

① 参见[美]米尔顿·弗里德曼:《资本主义与自由》,张瑞玉译,商务印书馆1986年版,第14页。

② 参见[美]米尔顿·弗里德曼:《资本主义与自由》,张瑞玉译,商务印书馆1986年版,"序言"第4页。

③ 参见[美]米尔顿·弗里德曼:《资本主义与自由》,张瑞玉译,商务印书馆1986年版,第13页。

④ 参见[美]米尔顿·弗里德曼:《资本主义与自由》,张瑞玉译,商务印书馆1986年版,第5页。

⑤ [美]米尔顿·弗里德曼、罗丝·弗里德曼:《自由选择》,张琦译,机械工业出版社2008年版,第143页。

⑥ 参见[美]米尔顿·弗里德曼、罗丝·弗里德曼:《自由选择》,张琦译,机械工业出版社2008年版,第143页。

弗里德曼的自由观主要是针对凯恩斯主义和社会主义的计划经济而言。其强调个人自由、限制政府权力的基本论点与古典自由主义是一致的,因此并没有特别的新意。其将经济自由界定为私有企业之间的自由交易显然过于狭隘,他将资本主义作为政治自由的必要条件显然是偏见,他对于国家干预经济的批评也过于激烈。但弗里德曼关于市场经济对于个人自由的分析、政府在市场中的定位、西方福利社会实践过程中的弊端的说明,对于我国进一步完善社会主义市场经济,改善构建和谐社会、践行社会主义核心价值观的方式方法有启示作用。

(2)当代西方自由主义者的民主观

在当代西方自由主义学者中,乔·萨托利的民主理论被认为最有代表性,他的代表性著作是《民主新论》。美国学者达尔认为萨托利这本书"在未来几十年里将一直保持清新与活力";另一位美国政治学界的重要人物利日法特盛赞萨托利在民主学说上"堪称我们时代最为强大的头脑","他的论证没有真正的对手"。① 国内学者也认为战后对自由民主理论论证最为系统深入的首推萨托利。② 因此,我们这里着重介绍乔·萨托利民主理论中的价值观。萨托利的民主理论大致可以分为以下几个方面:一是现代民主是自由主义民主;二是自由主义民主的基础是政治自由;三是自由主义民主是现代民主的唯一选择。

关于现代民主是自由主义民主,萨托利的论证主要从以下几个方面展开:

首先,古典民主不适用于现代社会。他认为,古典民主是直接民主,其特征就是人民不间断地直接参与行使权力。萨托利以古希腊民主制度为例对直接民主的不可行性进行了阐述。第一,他认为,直接民主导致功能性的社会失衡,导致了政治肥大症,引发和加剧阶级斗争。因为直接民主"所要求的卷入政治的程度如此之深,造成了社会生活各种功能之间的深度失衡。政治肥大症造成了经济萎缩症:民主愈趋完美,公民愈趋贫穷。因此导致了用政治手段解决经济问题的恶性循环:为了弥补财富生产之不足,就不得不去没收财富。

---

① [美]乔·萨托利:《民主新论》,冯克利、阎克文译,东方出版社1998年版,第2页"译者说明"。

② 马德普主编:《西方政治思想史》第五卷,天津人民出版社2005年版,第135页。

于是看起来这种古代民主制注定了要毁于富人与穷人之间的阶级斗争,因为它在损害经济人时造就了一批政治动物"①。第二,他认为,以希腊为代表的直接民主不具有可行性。其一,古希腊民主政体实质上是由"发言权"组成,不允许甚至从未想到设个"出口",特别是灾难性地缺少过滤器和安全阀。具体地说,古希腊的制度不能从重要信息中筛去琐碎的噪音和从长远需要中筛去眼前的一时兴致。其二,直接民主是零和政治,不能兼顾少数的利益。其三,直接民主本身要求公民直接参与,但是,卷入的人越多,他们的参与效力就越小。如果直接民主涉及的是广大的领土和整个民族,它就会变成一个无用的公式。②

其次,在阐述希腊式的直接民主不可行的同时,萨托利还阐述了参与式民主、公民表决式民主的弊端。他认为,随着参与人的数量的增多,随着从小团体一直上升到政治制度的层次,参与便会既无法解释也不足以维持整个民主大厦了。③ 关于公民表决式民主,他认为,公民表决式民主看似实现了统治的民主,但并不意味着每一个公民能接近满足他自己的愿望。在涉及大范围时,个人的选择简单地加在一起产生的整体后果可以否定个人的本意。因此,统治的或自治的民主并不是每个人对自己的自治。④ 表决式民主面临的最大障碍是知识方面的要求,并不是所有参与表决的人都具备关于有待表决问题的正确知识和全面信息,在不具备这一条件下进行表决只会产生有利于极端主义的后果。同时,由于缺乏实际的执政经验和责任,参与不会导致知情的和基于知识的意见,即理智地和"理性地"掌握目的—手段关系的公民。⑤

再次,人民主权的实施需要贯彻有限多数原则。萨托利认为,权力的名义

---

① [美]乔·萨托利:《民主新论》,冯克利、阎克文译,东方出版社 1998 年版,第 316—317 页。

② 参见[美]乔·萨托利:《民主新论》,冯克利、阎克文译,东方出版社 1998 年版,第 317—318 页。

③ 参见[美]乔·萨托利:《民主新论》,冯克利、阎克文译,东方出版社 1998 年版,第 128 页。

④ 参见[美]乔·萨托利:《民主新论》,冯克利、阎克文译,东方出版社 1998 年版,第 130 页。

⑤ 参见[美]乔·萨托利:《民主新论》,冯克利、阎克文译,东方出版社 1998 年版,第 133 页。

持有与权力的实际行使是有区别的。仅仅包含着人民权力观念的民主理论只够用来同独裁权力作战,在夺取独裁的权力之后,移交人民的不过是名义上的权力,权力的行使完全是另一回事。甚至由获胜的投票多数组成的人民也不真正行使权力。为了实现民主,名义上的权力归属同实际行使权力便不能由同一只手来完成。①

简言之,现代民主不是古典意义上的民主,而是自由主义的民主,其基本原则是在保护少数的基础上贯彻多数原则,即有限制的多数原则。

关于政治自由是自由主义民主的基础,萨托利主要从以下几个方面进行了论证:

首先,政治自由是各种自由中最重要的内容。关于政治自由的内容,萨托利认为:“就其特征而言,政治自由是摆脱外物的自由,而不是行动的自由。我们现在都习惯于称其为‘消极的’自由,但由于这种说法容易引出贬义,并有助于把政治自由表述为劣等的自由,因此我宁愿更精确地说,它是一种防卫性或保护性自由。”②具体来说,政治自由就是反抗国家的权力。③

关于政治自由的重要性,萨托利认为政治自由是其他自由的基础和前提。萨托利认为:“政治自由不是心理、思想、道德、社会、经济或法律意义上的自由。它是这些自由的前提,并促进这些自由,但它和它们并不是一回事。”④“政治自由并非主观自由,它是一种工具性的、关系中的自由,其实质目的是创造一种自由的环境,为自由提供条件。”⑤“政治自由决不是唯一的自由,也没有任何必要将其列为至高无上的价值。然而,按照程序来说,它是基本的自由,因为它是所有其他自由的必要条件。”⑥“实际上,自由的每一种特定形态都不过是一种局部的自由,因为它仅仅涉及它想解决的特定问题。真正重要

---

① 参见[美]乔·萨托利:《民主新论》,冯克利、阎克文译,东方出版社 1998 年版,第 33—34、37 页。
② [美]乔·萨托利:《民主新论》,冯克利、阎克文译,东方出版社 1998 年版,第 339 页。
③ 参见[美]乔·萨托利:《民主新论》,冯克利、阎克文译,东方出版社 1998 年版,第 340 页。
④ [美]乔·萨托利:《民主新论》,冯克利、阎克文译,东方出版社 1998 年版,第 336 页。
⑤ [美]乔·萨托利:《民主新论》,冯克利、阎克文译,东方出版社 1998 年版,第 338 页。
⑥ [美]乔·萨托利:《民主新论》,冯克利、阎克文译,东方出版社 1998 年版,第 342 页。

的是,不能绕过政治自由。我们想要实现积极意义上的自由,就不能忽略消极意义上的自由。假如我们一时忘却了那些不受束缚的要求,我们的整个自由体系就将处于危急之中。"①

其次,萨托利认为,自由主义的宪政制度是实现政治自由的保障。萨托利认为,宪政制度事实上就是自由主义制度,自由主义政治就是宪政,宪政就是动态地看待自由的法律概念以求解决政治自由问题。关于自由与民主的关系,他认为,无论我们的自由理想还是自由技巧,严格地说,都和民主观念的发展道路无关。现代自由主义民主所提倡的自由并不是民主制度的产物。现代法治的作用就是对单纯的民主原则进行限制和约束,从而保障我们的自由。现代民主制度中的自由、法治观念从历史上来说与民主制度无关。因此,撇开自由主义而不是民主主义就无法谈论政治自由。②

关于宪政如何保护政治自由,萨托利认为,从法律上解决政治自由有以下两个方向。

一是立法者统治,即法律是由立法机构制定的成文法规组成的,法律是成文法;另一个是法治,即法律很像是法官发现的,它是审判法。这两个方向各有缺点:就成文法来说,有可能出现这样的情况:一部分人无视法律对另一部分人实行暴虐统治,就是说,法律在这里不再具有保护作用。就法治来说,可能会出现:法治不保护政治自由、法律成为过于静止的东西、法官统治等危险情况。③ 萨托利认为:"自由主义的宪政制度是保留上述手段的长处、同时又减少它们各自短处的技巧。一则,宪政方法承认立法者统治,但带有两个限制:一是干预立法方式,使之受到严格的立法程序的限制;一是干预立法范围,使之受到更高法律的限制,从而难以染指影响到公民自由的基本权利。其二,宪政方法还能保证将法治置于系统之内。"④

关于自由主义民主是现代社会唯一的民主制度,萨托利的论证包括这样

① ［美］乔·萨托利:《民主新论》,冯克利、阎克文译,东方出版社1998年版,第344页。

② 参见［美］乔·萨托利:《民主新论》,冯克利、阎克文译,东方出版社1998年版,第348—349页。

③ 参见［美］乔·萨托利:《民主新论》,冯克利、阎克文译,东方出版社1998年版,第346—347页。

④ ［美］乔·萨托利:《民主新论》,冯克利、阎克文译,东方出版社1998年版,第347页。

几方面的内容:第一,自由主义民主制度的实质。他认为,自由主义与民主主义之间存在着明显的差异,在抽象层面上的:"民主关心的是社会凝聚力和公平分配,自由主义则重视与众不同和自发性。平等要求一体化与协调,自由则意味着我行我素和骚动不安。民主对'多元主义'毫不同情,而自由主义却是多元主义的产物。不过基本的差异大概在于自由主义以个人为枢纽,民主则以社会为中心。"①在具体层面上,两者的区别是:自由主义首先是要设法限制国家权力,社会实践中较多关心政治问题,主要是国家形式问题,因此,自由主义有利于建立良好的社会秩序;民主则要在国家权力中嵌入人民的权力,在实践中更关心福利问题,主要是国家所产生的规范的内容,因此,民主主义有利于促进社会结果和实质的平等。②

自由主义民主制度是由自由主义和民主两股线拧成的一条绳,自由与平等标志着自由主义与民主主义的界限。两者之间的关系是前者特别关心政治约束、个人首创精神以及国家形式问题,后者则对福利、平等以及社会凝聚力特别敏感。融合自由与平等是自由主义民主制度的任务。自由主义民主制度的目标就是协调与进步所必需的个人首创精神和生存所必需的社会凝聚力,其特征是:经由自由之路推动良好的精英政治,除了法律、政治平等以外,对任何从上面免费赐予的平等都持怀疑态度。③

第二,自由主义之外的民主是不存在的。萨托利这一观点从两个方面展开:一是自由与民主的关系。萨托利认为,作为一种政治形式,自由主义民主的实质就是人民介入与一套自由方法相适合的法律制度,其最大成就是使人们摆脱了政治恐惧。在自由主义与民主之间,自由主义是民主的一个手段,但民主却不是自由主义的载体。从自由出发,我们可以自由地走向平等;从平等出发却无法自由地取回自由,这个历程不可逆。民主政体的复兴就是得益于自由主义,如果为了追求平等而损害了自由这一手段,民主政体将会再度灭

---

① [美]乔·萨托利:《民主新论》,冯克利、阎克文译,东方出版社1998年版,第435页。

② 参见[美]乔·萨托利:《民主新论》,冯克利、阎克文译,东方出版社1998年版,第436页。

③ 参见[美]乔·萨托利:《民主新论》,冯克利、阎克文译,东方出版社1998年版,第434—437页。

亡。因此,自由主义民主是指以自由——依靠自由——求平等,而不是以平等求自由。①

二是萨托利认为,现有反对自由主义民主的观点都是错误的。首先,萨托利认为指责自由主义民主不是真正的民主,而是经过伪装的资产阶级民主或资本主义民主的观点是错误的。他认为,这一观点有两个错误:其一,将自由与平等混淆了。自由与平等是两个不同的问题,不可能在扬弃、取代或摒弃的基础上解决这个问题。其二,对(关于政治—法律自由)"形式"的误解。把我们在自由主义民主制度下所享有的自由称为形式上的,并假如"形式上的"意指"不真实的"。这是对形式这一术语的法律含义的误解。不真实的自由并不是"形式上的"自由,而首先是一种不存在的自由,一种虽有许诺但尚未得到的自由。② 反对政治—法律方面的权利和自由,实际上就是有意无意地反对对权力的行使加以合法约束和限制。这种方法不可能产生更大的自由。自由扩大的必然途径是:政治自由是所有建设性的自由—平等的必要条件。③

其次,萨托利认为,那种主张真正的自由产生于物质平等——即经济平等化——的实现的观点也是错误的。他认为,人对人的支配权不仅仅与财产相关联,还是一种关系现象,仅仅消除了与财产相关的权力只会剩下关系型的权力。这种形式的权力是最为危险的。因此,我们不能以任何理由拒绝自由主义的自由。④

在现代社会,政治民主已经融入了自由主义,更多的民主没有任何理由必然导致更少的自由主义,同时要求更多的民主和更多的自由主义并不矛盾。⑤无论是现代形式的民主还是古代形式的民主,只要自由主义死了,民主也就

---

① 参见[美]乔·萨托利:《民主新论》,冯克利、阎克文译,东方出版社 1998 年版,第 439—440 页。
② 参见[美]乔·萨托利:《民主新论》,冯克利、阎克文译,东方出版社 1998 年版,第 442—443 页。
③ 参见[美]乔·萨托利:《民主新论》,冯克利、阎克文译,东方出版社 1998 年版,第 443 页。
④ 参见[美]乔·萨托利:《民主新论》,冯克利、阎克文译,东方出版社 1998 年版,第 443—444 页。
⑤ 参见[美]乔·萨托利:《民主新论》,冯克利、阎克文译,东方出版社 1998 年版,第 440 页。

是死了。①

萨托利的民主理论写于 20 世纪 80 年代,这是一个大变革的时代。苏东国家原有体制的弊端日益明显,欧洲民主社会主义所倡导的福利国家政策也面临着合法性的挑战,以崇尚经济上自由放任的新自由主义在英、美等国由理论走向社会实践。可以说,萨托利的民主理论是对当时欧洲国家重大政策走向的反思。

萨托利民主观的不足在于他只强调了政治自由的基础性作用,即他只分析了一种消极自由,对于如何建设积极自由,他并没有提出具体的主张。因此,在自由观上它并没有超出格林的消极自由的范围。关于民主,萨托利从古典意义上加以界定,即民主就是人民主权。正是在这个意义上,他对古典民主持反对的立场。他主张用自由主义制约民主,将民主转变为代议制的选举程序,即选举决策者,以此来克服人民主权可能会出现的多数暴政,这一观点也并不是他本人的首创。因此,萨托利的民主观实际上更多是在总结民主发展过程中的教训,而对如何发展民主并没有更多的正面分析。

萨托利的民主理论继承了传统自由主义的基本立场,即坚决主张基本的政治自由,在保证基本政治自由的基础上追求其他领域的各种平等,他名之为自由主义民主或宪政。他的目标既是批评当时的社会主义国家,也抨击当时欧洲的民主社会主义实践,即他认为它们的政策实践都侵犯了人的基本政治自由。他坚决主张以牺牲自由的方式追求平等是危险的。这一点对于我国的民主法治建设有借鉴意义,由于种种原因,我国在处理自由与民主问题上曾经出现过较大的挫折。在我国经济社会发展的重要转型期,减少社会贫富差距、增加社会公平的呼声日益高涨,如何处理自由与平等,如何在不损害个人创造性的条件下发展社会主义民主、增加社会公平,仍然是我国社会主义建设要面对的重大课题。

2.当代西方自由主义的正义观

在当代西方的正义理论中,对西方甚至全世界的思想界产生了重要影响

---

① 参见[美]乔·萨托利:《民主新论》,冯克利、阎克文译,东方出版社 1998 年版,第445 页。

的莫过于约翰·罗尔斯的《正义论》。罗尔斯的《正义论》一书内容丰富,涉及问题较多,我们这里只探讨该书正义理论中的有关价值理念。从价值观内容来说,罗尔斯的《正义论》主要涉及在社会基本结构上坚持正义优先,反对功利主义、精英主义,主张自由与平等兼顾等内容。

首先,罗尔斯提出了社会正义的两个基本原则,即正义原则和差别原则。① 按照罗尔斯的界定,社会正义的两个原则分别处理社会体系中的两个方面:一是关于公民的平等自由的方面,另一个是关于社会及经济不平等的方面。这两个原则常被简称为平等原则与差别原则。平等原则所说的平等主要指公民在基本自由上的平等。其内容包括选举权和被选举权、言论集会自由、思想自由、个人财产权利以及不受任意逮捕的自由。② 罗尔斯认为,由于一个正义的社会中公民拥有同样的基本权利,因而这些自由必须对所有人一律平等。关于差别原则,罗尔斯认为主要适用于财富问题、政治机构的权力和责任划分等领域。他认为,执行不平等原则必须坚持这样的原则,即财富分配上的不平等必须符合每个人的利益,权力和领导职务必须对所有公民开放。

其次,关于社会正义中平等原则与差别原则的关系,罗尔斯坚持认为,一个正义的社会必须坚持平等原则优先于差别原则。不能由于社会经济利益的原因而违反平等自由制度,财富分配和权力的等级安排,必须同时满足基本自由平等和机会平等原则。所有的社会价值,即实现自由和机会、收入和财富、自尊的条件都应该平等分配,除非这种不平等有利于每一个人的利益。③ 这即是认为在一个正义的社会中,必须坚持平等优先原则。在这一基础上,罗尔斯反对精英主义。他认为,英才统治的社会结构的正义原则是向才能开放,它坚持的平等原则是机会平等,它会导致社会中上下层之间在生活资料和权力上的显著的不平等。在文化上,较贫困阶层的文化枯萎凋零,而作为统治者的

---

① 参见[美]约翰·罗尔斯:《正义论》,何怀宏、何包钢、廖申白译,中国社会科学出版社1988年版,第56页。

② 参见[美]约翰·罗尔斯:《正义论》,何怀宏、何包钢、廖申白译,中国社会科学出版社1988年版,第57页。

③ 参见[美]约翰·罗尔斯:《正义论》,何怀宏、何包钢、廖申白译,中国社会科学出版社1988年版,第58页。

一批技术精英的文化则立于国家的权力和财富的基础上蓬勃发展。①

第三,社会正义首先是基本社会结构方面的正义。罗尔斯认为,正义标准表现在多个方面,如社会基本制度层面、国家关系层面和个人行为层面,但在社会基本结构层面的正义是最根本的,之所以如此,是由于社会基本结构产生的影响是深刻和自始至终的。②

第四,罗尔斯认为,一个正义的社会应该反对功利主义。反对功利主义和取代功利主义在伦理学中的主导地位是罗尔斯正义理论建构的一个目标。所以罗尔斯在《正义论》中有大量对功利主义的批评。罗尔斯所谓的功利主义主要是指西季威克的观点,即如果一个社会制度能够实现该社会中所有人的福利达到最大值,这个社会的制度就是正义的。③

关于功利主义的不足,罗尔斯有以下批评:首先,从方法论上看,第一,功利主义将所有人的愿望与满足同质化,将个人的愿望与满足等同于所有人欲望的满足。它将个人选择的原则扩展到社会,把所有人想象成一个人。它解决问题的方式有缺陷,它只解决了个人如何在不同的时间里分配他的满足,但没有提出如何解决满足的总量在个人之间进行分配的问题。第二,功利主义的方法不具有可操作性。功利主义只告诉人们在最大限度地满足利益总额的条件下人们可以放弃原有的准则。从历史经验看,功利主义不能实现其理论目标。因为在大多数情况下,一个社会的最大利益并不是通过剥夺一部分的收益去补偿另一部分的方式实现的。④ 功利主义在决定一个正义社会应鼓励什么样的道德性格的问题时非常依赖于自然事实和人类生活中的偶然因素。⑤ 第三,功利主义在处理公平与效率上只看到效率的重要性。罗尔斯认

---

① 参见[美]约翰·罗尔斯:《正义论》,何怀宏、何包钢、廖申白译,中国社会科学出版社1988年版,第101页。

② 参见[美]约翰·罗尔斯:《正义论》,何怀宏、何包钢、廖申白译,中国社会科学出版社1988年版,第5页。

③ 参见[美]约翰·罗尔斯:《正义论》,何怀宏、何包钢、廖申白译,中国社会科学出版社1988年版,第20页。

④ 参见[美]约翰·罗尔斯:《正义论》,何怀宏、何包钢、廖申白译,中国社会科学出版社1988年版,第23—24页。

⑤ 参见[美]约翰·罗尔斯:《正义论》,何怀宏、何包钢、廖申白译,中国社会科学出版社1988年版,第26页。

为,古典功利主义认为,如果公平的观察认为社会的特定欲望体系得到了最大的满足,那么,这一社会对社会资源的管理就是有效的。[①]

第五,反对社会基本结构上的自由主义观念,主张民主的平等。罗尔斯将这种自由主义分为三种:一是自然的自由体系;二是自由主义;三是自然的贵族观念。他认为,在自然的自由体系中,起调节作用的是在最初分配中向才能开放。这是一种形式的机会平等,因为在这种体系下,资源的最初分配受到自然和社会偶然因素的强烈影响,允许这种因素的影响是这种体系最明显的不正义之处。

罗尔斯认为,自由主义允许财富和收入的分配受能力和天赋的自然分配决定,这实际上是由自然决定社会的分配,这一方式从道德观点看是任意的。罗尔斯之所以反对由自然因素决定社会分配结果,是由于他认为人的自然能力发展和取得成果的范围受到各种社会条件和阶级态度的影响。人们的努力和尝试的意愿、在通常意义上的杰出表现本身都依赖于幸福的家庭和社会环境。因此,不应该将社会因素的作用从社会财富和收入分配中祛除。

关于自然的贵族观念是指除了形式的机会平等所要求的以外,不再对社会偶然因素的影响做任何限制,但是,具有较高自然禀赋的人们的利益将被限制在解决社会的贫困问题范围之内。罗尔斯认为,自然贵族制的观念是不稳定的,其分配份额的标准仍然是自然和社会的偶然因素。同样,没有社会的合作,这些因素不可能得到发展。[②] 总之,罗尔斯反对各种自然自由主义是为了强调平等的重要性。

罗尔斯的正义理论是对当代西方社会发展策略反思的结果。其平等原则既继承了古典自由主义对基本自由的强调,也继承了民主社会主义对社会平等的追求,这两种思潮在西方社会都产生了重大影响,罗尔斯对这些重要思想成果的继承是很自然的。差别原则是西方近现代自由放任主义和凯恩斯国家干预主义的综合反思,即如何发挥国家在经济社会方面的调控作用,因为自由

---

① 参见[美]约翰·罗尔斯:《正义论》,何怀宏、何包钢、廖申白译,中国社会科学出版社1988年版,第23页。

② 参见[美]约翰·罗尔斯:《正义论》,何怀宏、何包钢、廖申白译,中国社会科学出版社1988年版,第70页。

放任主义的后果是有目共睹的,国家干预主义的负面影响也是明显的。综合来看,罗尔斯的正义原则实际上是对当代西方社会如何实现效率与公平兼顾的反思,也即如何在保证社会合作团结的条件下使社会发展更有效率。其平等原则针对的是如何实现社会团结,而差别原则则是如何保证社会发展的效率。

虽说罗尔斯的正义原则是从西方发达国家的经验和教训中总结出来的,但对我国的发展建设也有重要的启示意义。我国正处在经济和社会的转型期,在这一时期如何从国家基本制度的设计上保证社会的公平与效率,保证社会的和谐团结和社会发展进步的活力是一个重大的问题,能否恰当处理这一问题关系到我国的长远发展。

3. 民主社会主义的价值观

民主社会主义是20世纪影响巨大的社会思潮和实践之一,它不仅有系统的理论,还在欧洲资本主义最发达的国家之中成功推动了民主社会主义实践,为二战后西方资本主义国家的繁荣和发展,为推动世界劳工运动、保障劳工权益、社会进步和世界和平作出了巨大贡献。以至于拉尔夫·达伦多夫称20世纪是民主社会主义的世纪,不论达伦多夫的评价是否公允,但民主社会主义的理论与实践在20世纪的影响是不容否认的。我们这里只探讨民主社会主义基本价值理念的内涵以及对我们价值观建设的启示。

学界关于民主社会主义价值观的研究有不同的倾向,表现在文本依据上有的学者倾向于依据德国社会民主党的《哥德斯堡纲领》中关于社会党思想来源,即基督教伦理、人道主义、古典哲学,或者社会党国际《法兰克福宣言》中关于信仰建立在马克思主义或其他社会分析方法、人道主义、宗教原则的表述来分析其价值观念。也有部分学者采用《法兰克福宣言》中关于民主的界定,《斯德哥尔摩宣言》《圣保罗宣言》《社会党国际基本价值宪章》和《全球社会的治理》等报告中社会民主主义新的三原则:可持续发展、人权和民主来阐述民主社会主义的价值理念。

就文本依据来说,社会党国际关于民主社会主义价值理念的集中阐述主要集中在《法兰克福宣言》《斯德哥尔摩宣言》《圣保罗宣言》三个宣言中,在其他文献如《21世纪人权日程》《全球社会的治理》《关于环境与可持续发展的宣言》《关于少数人群和人权的宣言》等文献中也有相当明确的价值观念表述。因此，关于民主社会主义的价值观念的研究应当以社会党国际的宣言为依据，并适当结合其专题文件中的相关思想进行分析。

从社会党国际的文献内容看，其关于价值观的表述在不断变化，这种变化既有价值内容的变化，也有立足点的变化。早期的社会党国际主要关注各国的国内政治经济和社会政策及其价值立场，关注的核心是自由、公正与团结；20 世纪 70 年代以后，社会党国际将重点转向具有普遍性的国际问题，如人权、环境保护、妇女问题、全球治理等，虽然也时常阐述民主、公正、自由、团结、和平的价值理念，但其视角有以人权统筹各种价值理念的趋势。但无论涉及的具体问题有什么不同，民主社会主义在阐述问题主张时最常用的价值理念就是民主、自由、公正、团结、和平、人权等，这些价值理念贯穿于民主社会主义的不同发展阶段。下面我们就依据社会党国际的文件对民主社会主义这些基本价值理念的内涵进行逐个分析。

第一，民主社会主义的民主观。"民主"的传统含义是人民主权，基本上是一个政治学的范畴，民主社会主义对"民主"的内涵进行了扩展和丰富。在 1951 年发表的《法兰克福宣言》中，社会党国际对"民主"进行了集中的阐述。在《法兰克福宣言》中，社会党国际提出了四种民主，即政治民主、经济民主、社会民主和国际民主。

从宣言的表述看，政治民主包括七方面内容，如保护私人权利不受国家任意侵犯；言论、结社和宗教信仰自由；选举权和被选举权；公民在法律面前一律平等；少数民族有使用自己语言的权利；受依法公开审判等。

"经济民主"方面，宣言没有明确列出具体内容，只是提出了一些原则，如公共利益高于私人利益；工人同所在产业部门民主地联合；经济权力的非集中化；工会、生产、消费者组织参与总经济政策的制定；对经济进行有效的民主监督等。

"社会民主"的内容比较广泛，除了我们常说的各种社会权利如工作、休息、养老、医疗、接受教育、住房、接受社会保障等之外，还包括取消各种与性别、种族、区域、社会集团、城乡等有关的歧视，从恐惧和忧虑中解放出来，解放人的个性，提高文化水平和精神创造愿望等。

社会党国际在《圣保罗宣言》中又把可持续发展、人权包括妇女和儿童充分和平等的就业、民主加入了社会民主的内涵之中。① 这是新的社会民主工程的实质,这一战略应建立在更好的治理和普及教育的巨大进步的基础上。

"国际民主"包括消除民族之间的剥削和奴役,具体措施包括反对帝国主义、促进落后国家和地区的政治、经济、文化发展等。

第二,民主社会主义的自由观。关于自由的内涵,社会党国际在宣言中并未有详细的表述。从《斯德哥尔摩宣言》文本表述来看,民主社会主义所说的"自由"内涵比较丰富,有我们常说的免于强制的自由,如信仰、言论、结社自由和免受拷打和贬损等政治权利方面的自由;免受饥饿与匮乏的自由,按照《法兰克福宣言》对社会民主内容的表述,应该属于社会权利方面。而追求个人目标、发挥个人潜力则属于积极自由,即按照自己的意愿行动的自由。因此,民主社会主义所说的自由基本上涵盖了积极自由和消极自由两个方面。就内容来说,消极自由的内容比较固定,而积极自由的内容则没有明确的共识,民主社会主义在表述积极自由时同样也含糊其词。

第三,民主社会主义的公正观。从《斯德哥尔摩宣言》的文本可以看出,社会党国际的公正观有两个特点:一是主张权利和机会的平等,而不是结果平等;二是主张自由平等,既要求对不平等进行补偿,同时还要求自由。从这两点看,社会党国际对公正的理解基本上与罗尔斯对"正义"的解释相似。

第四,民主社会主义的团结观。从《斯德哥尔摩宣言》看,它所说的团结指的是同情意识。② 这一点与早期的民主社会主义强调团结的依据有所不同。早期的民主社会主义站在工人阶级的立场上反对资产阶级,强调的是工人阶级的团结和国际社会左派的团结,目的在于加强工人运动的力量。而在20世纪80年代以后,随着西方民主化进程、社会结构变化和"冷战"的结束,民主社会主义所说的团结更多的是为了解决具有世界性的普遍问题,而团结的对象也不限于工人阶级和国家社会的左翼了,而是所有的利益相关方的团结。

---

① 参见《社会党国际重要文件选编》,当代世界出版社 2005 年版,第 272 页。
② 参见《社会党国际重要文件选编》,当代世界出版社 2005 年版,第 6 页。

第五，民主社会主义的和平观。从《法兰克福宣言》看，它的和平观主要指争取自由和维护和平。从其表述内容看，《法兰克福宣言》主张和平的目的和依据是争取自由。《斯德哥尔摩宣言》中所说的"和平"指的是国际和平，其依据是和平是人类社会的生存和发展的必要条件。①

关于如何实现和平，《法兰克福宣言》提出的是建立集体安全体系，而《斯德哥尔摩宣言》则对和平问题进行了丰富，首先是提出了国际和平和国内和平两种和平。其次是实现和平的手段，《斯德哥尔摩宣言》提出建立国际经济与政治新秩序是对和平的至关重要的贡献。而新秩序包括尊重国家主权和民族自治权，通过谈判解决争端，中止向冲突各方供应武器，建立全球性和地区性的合作和平解决世界各地冲突的体系，通过实现全球公正并建立新的和平解决世界各地冲突的制度来消除产生国际冲突的根本性的经济与社会原因。② 在《全球社会治理》中，社会党国际提出只有可持续发展、人权和民主在全世界所有国家和地区都实现时，和平才能得到保持。③ 这也被看作是有关实现和平的具体策略的设想。

第六，民主社会主义的人权观。社会党国际将人权作为一个重要内容进行阐述是在《斯德哥尔摩宣言》中，在以后的各种文件中，人权成为民主社会主义阐述价值观的一个重要维度。在《斯德哥尔摩宣言》中，民主社会主义对人权进行了界定，宣言指出："人权包括经济与社会权利；组织工会与进行罢工的权利；一切人的社会保障与福利权利，包括对母亲和儿童的保护；接受教育、培训与享受闲暇的权利；在适于居住的环境中享有够水准的住宅权利和经济保障的权利。至关重要的是，在全面和有用的就业机会中得到充分报酬的工作权利。"④同时，宣言还认为：人权是不可分的；一旦人权受到违反，也就危及了民主本身。宣言指出，如果个人被剥夺了人权，真正的社会福利是不能实现的；任何社会无论其发展水平如何，都必须尊重基本权利和自由。另外，每

---

① 参见《社会党国际重要文件选编》，当代世界出版社 2005 年版，第 9 页。
② 参见《社会党国际重要文件选编》，当代世界出版社 2005 年版，第 9 页。
③ 参见《社会党国际重要文件选编》，当代世界出版社 2005 年版，第 289 页。
④ 《社会党国际重要文件选编》，当代世界出版社 2005 年版，第 13—14 页。

当社会不平等威胁到和平时,人权就会受到危害。①

在 1992 年 9 月 6 日通过的社会党国际第十九次大会决议中有关于人权问题的专门论述。决议除了重申《斯德哥尔摩宣言》中有关人权的主要观点之外,还提出了从加强人权工作的一系列措施,包括加快落后国家的民主化进程、防止武器扩散、反对种族主义、贯彻执行各项国际条约、加强文化经济和社会权利国际合作,缩小贫富差距,加强教育工作扫除文盲等措施。在《21 世纪人权日程》中,社会党国际在重申人权具有普遍性、人权与其他权利不可分、相互依存的同时,还对发展和保护人权提出了具体的措施。这一切都反映了民主社会主义将人权视为基本价值观。

(二)当代西方培育和践行核心价值观的途径与方法

在经历了 20 世纪六七十年代的道德混乱之后,西方国家普遍开始探索道德教育的新途径、新方式和新内容,在这一实践过程中形成了很多有益的经验。科学地学习西方国家在道德建设过程中的经验和教训,对于我们培育和践行社会主义核心价值观具有重要借鉴意义。

我们这里主要从政府、民间组织、学校等几个方面对西方主要国家培育和践行本国核心价值观的方式进行探讨。

1. 政府通过法律、行政等手段培育和践行核心价值观

鉴于价值观问题对于社会生活的重要性,各国政府都会通过各种途径和方式干预价值观问题。特别是在社会价值观与社会发展阶段相脱节,产生严重社会问题的时候,政府对社会价值观的干预力度就会加大,方式也相应地会多样化。

西方国家政府对价值观的干预有多种方式,有国家宏观政策和发展战略层面的,有法律法规层面的,也有具体的行政管理措施层面的,还有不具有强制色彩的倡议和建议。这些不同层次的方式由于适用范围不同,效力不同,因而对培育和践行价值观的影响也有所不同。

就国家宏观政策和发展战略层面,如美国《独立宣言》提出的"人生而平

---

① 参见《社会党国际重要文件选编》,当代世界出版社 2005 年版,第 39 页。

等"观念对美国的发展和美国人的平等价值观有至关重要的影响。又如第二次世界大战后,西方国家普遍实行"民主社会主义"政策,提倡国家干预经济,保障劳工权益,通过强有力的社会再分配手段,推行全面的社会保障和建立福利国家。民主社会主义政策的实施为第二次世界大战后西方国家经济社会的平稳高速增长发挥了重要作用,同时由于这一策略所体现出的价值观得到具体体现,因而对于当时的西方社会形成自由、公正、平等的价值观念有深远的影响。

政府通过法律法规对价值观的发展状况和趋势进行干预是常见的方式。由于形势和问题的不同,法律法规干预的方式也有差异。如为应对20世纪六七十年代激烈的种族和宗教冲突,美国联邦最高法院出台了关于限制学校宗教教育的规定。首先是要求教会与世俗教育分离,禁止在各州公立学校中的课堂中传授宗教。1962年,美国联邦最高法院规定:禁止在公立中小学中进行课前宗教祈祷;1963年,禁令又进一步升级,甚至禁止在公立学校谈论圣经。这些禁令显然对于抑制由种族和宗教价值观问题引发的冲突有明显的效果。

上述美国的例子是用禁止某些行为的发生发挥对价值观的影响。更多的时候,法律法规是从建设性的方面发挥作用。如日本政府于1946年11月3日颁布新宪法,宪法第九条规定:日本追求基于正义与秩序的国际和平,永远放弃发动战争、武力威胁或行使武力解决国际争端的方式,同时,不保持陆海空军及其他军事力量,不承认国家的交战权。这一规定显然是为在日本培育和践行和平价值观念的最有力支持。1947年公布的日本《教育基本法》也对日本国民应具备的价值观念作了明确要求,该法指出:"教育必须以完成陶冶人格为目标,培养出作为和平的国家及社会的建设者,爱好真理和正义、尊重个人价值、注重劳动与责任、充满独立的自主精神的身心健康的国民。"[①]这一法律规定显然为日本社会各个方面培育和践行什么样的价值观提供了指南。

西方国家政府除了通过上述方式推动本国价值观建设之外,最常用的方式还是行政措施。例如,20世纪90年代,美国政府为支持品格教育运动采取

---

① 转引自王丽荣:《当代中日道德教育比较研究》,广东人民出版社2007年版,第149页。

了多种措施。如时任总统克林顿不但签署相关支持学校改革的法案,而且还和联邦信息委员会在白宫共同举办关于品格教育的会议并发表演讲表示支持。时任教育部部长赖利通过教育部给学校的校长们发文,解释在学校进行价值观教育并不违背联邦法院关于禁止在学校进行宗教教育的禁令。在给予声援的同时,美国教育部从 1994 年起开始给开展品格教育的 12 个州拨专款。这些措施显然对品格教育运动的开展产生了极大的促进作用。①

由于各国政治体制的差异,西方各国政府干预价值观问题的方式和手段也有较大差异。如美国由于实行联邦制,各州的权力相对来说较大,联邦教育部门并不能直接指令各州如何做。中央政府的措施主要是提倡和支持某种方案和形式,而不是直接参与具体事务的运作。德国的情况也是如此。

例如,1973 年西德各州教育部长联席会议第 824 号决议对道德(人格)教育的内容进行了规定,决议提出道德(人格)教育应包含以下方面:"(1)培养自由和民主的觉悟;(2)培养忍让、尊重他人的尊严、尊重他人的信仰;(3)激发民族和解的和平思想;(4)宣传伦理标准以及文化和宗教的价值;(5)激发参与社会活动的积极性和政治责任感;(6)了解社会中的权利与义务。"②

在日本这样的国家,中央政府的权力较为集中,对地方的干预就明显较为全面深入。如日本主管教育的文部省在价值观教育方面具有很大的权力,大到学校道德教育目标的制定、道德教育课程的设置、道德教育活动的开展,小到制定的目标或内容的每一个细节,都由文部省统一决定。为了贯彻文部省的规定,文部省主要运用调查和检查的方式督促地方学校认真执行相关规定。如为了监督道德课程的执行情况,文部省每年都要进行全国性的检查,检查内容包括道德教育计划的制定及计划落实情况、教材使用及开发情况、教师对道德教育的意见、儿童学生及家长以及当地的道德教育状况。检查结果会及时向社会公布并提出改正意见。③

---

① 魏贤超、王小飞等:《在历史与伦理之间——中西方德育比较研究》,浙江大学出版社 2009 年版,第 45—46 页。

② 转引自魏贤超、王小飞等:《在历史与伦理之间——中西方德育比较研究》,浙江大学出版社 2009 年版,第 197 页。

③ 参见王丽荣:《当代中日道德教育比较研究》,广东人民出版社 2007 年版,第 171—172 页。

西方国家政府除了通过具体的行政措施培育和践行价值观之外，还会通过一些不具备法律效力的报告指导和促进本国价值观的建设。

如日本临时教育审议会（简称"临教审"）就通过不断发布报告指导日本的教育与价值观建设。"临教审"成立于 1984 年，其主要职能是根据首相的建议，对教育以及与教育相关领域进行改革的方针政策进行调查审议，并提出咨询报告。应该指出的是："临教审"实际上是咨询机构，不具有行政权力，但是又是依据《临时教育审议会设置法》依法成立的（昭和五十九年法律第 65号）。在三年的任期内，"临教审"提交了三次报告，报告涉及内容众多，我们这里只分析涉及价值观教育的内容。

"临教审"在第一次咨询报告（1985 年 6 月）中提出：重视发展个性、改善教育环境、向终身教育体系过渡、实现教育的国际化等原则。

"临教审"在第二次咨询报告（1986 年 4 月）中提出：为应对 21 世纪国际化、信息化的发展趋势，日本的教育目标应确定为：培养具有广阔胸怀、健康体魄、丰富创造力和具有自由、自律、公共精神的国际社会中的日本人。针对这一目标，"临教审"提出了以下几方面的具体建议：一是向终身学习的教育体系过渡。具体方法是综合增加人们的学习机会，加强家庭、学校、社会教育职能部门之间的协作配合。二是恢复家庭教育的作用。报告认为，发挥家庭教育的作用主要是发挥家庭教育在培养学生自制能力、关心他人的精神等方面的重要作用。三是在初级和中等学校加强道德教育。具体建议是：重视对学生在礼仪、自制能力和自我教育方面能力的培养，促进学生参加多种社会服务活动，鼓励教师在进行道德教育时使用补助教材，学校和教师在教育内容和方法上要实现多样化、灵活化。①

需要指出的是："临教审"提出的建议是一个完整的体系，涉及内容庞大。其中关于价值观念的建议并不能完全独立于其他内容，没有其他方面措施的支持和配合，关于价值观教育的措施是难以奏效的。

2. 通过民间社会组织培养和践行核心价值观

在西方社会的价值观教育实践中，除了政府之外，一些民间社会组织也在

---

① 参见李守福：《临教审和日本教育改革》，《外国教育动态》1987 年第 3 期。

发挥着不可替代的重要作用。从西方国家的价值观教育实践效果看,西方国家的各种与价值观教育相关的协会、教师家长联合会、宗教组织和家庭都发挥了重要作用。

(1)通过社会性价值观教育组织培育和践行核心价值观①

在西方国家,存在着大量非政府性的价值观教育组织,他们的主要目标和服务对象各异,开展活动形式多样,但其最终目标都是为本国社会价值观教育服务。鉴于西方国家此类组织众多,我们这里主要介绍美国的"品格教育组织"的情况。

在20世纪,美国的品格教育运动经历了两次起落。第一次是在20世纪初期,针对社会急剧变化带来的传统价值观失落,美国一些学者提出利用学校培育和践行传统价值观的设想。其基本思路就是利用学校向学生灌输传统美德,如自立、友善、不怕失败、责任心、可靠、诚实、协作精神等。这一运动在20世纪30年代由于理论和实践多方面的不足陷入低潮。由于西方社会对20世纪六七十年代价值观状况的普遍不满,20世纪八九十年代,品格教育运动在美国又重新兴起,并受到了美国从政府到民间的广泛支持。

为支持品格教育运动,美国成立了众多的品格教育组织。截止到21世纪初期,在全美有25个品格教育组织。就地域来说,这些组织主要集中在华盛顿特区(包括:"美国教师联盟""公共社区成员网络""关怀社区""伦理资源中心""全国教育协会"等)、弗吉尼亚州(包括:"美国学校行政管理者协会""督导与课程开发协会""美国学校董事会协会""特别基金""全美初中校长协会"等)、加利福尼亚州(包括:"公民教育中心""开发研究中心""杰克逊人格教育中心""约瑟夫森伦理研究所""埃尔金和斯威特通讯与有线电视系统"等)、密苏里州(包括:"美国青年基金会""个人责任教育过程组织")、马里兰州(包括:"伦理道德和品格教育推进中心""传授社会责任感的教育者""东北儿童基金会"等),其他州则只有少数几个,如新罕布什尔州的"品格发展基金会""第四和第五个'R'中心"、德克萨斯州的"品格教育学院"、芝加哥的

_____

① 参见安钰峰:《美国地方品格教育组织》,《世界教育信息》2005年第4、5期。

"芝加哥教育基金会"、亚拉巴马州的"道德教育协会"。①

这些组织中,"公共社区成员网络""伦理资源中心""特别基金""公民教育中心""东北儿童基金会""品格发展基金会"等都是非营利性组织。其中一些是无党派、无教派组织,如"公共社区成员网络""伦理资源中心"等。还有的组织如"东北儿童基金会"是私立性质。

美国的品格教育组织开展活动的对象、内容和形式有很大差异:

有些组织是学术研究性质,如"道德教育协会"主要是从事道德发展和学校如何进行规划落实的学术研究,通过为杂志撰写论文和召开年会宣传研究成果,从而促进社会的价值观教育。

有些品格教育组织主要是从事品格教育重要性的宣传活动。如"美国教师联盟",该联盟主席阿尔伯特·珊克发表了大量文章和公开讲话宣传品格教育的意义和重要性,在支持品格教育方面发挥了有力的领导作用。"全国教育协会"的领导人凯斯·基格也经常在全国性报纸上发表文章支持品格教育运动。"公共社区成员网络"则利用其创办的杂志试图影响社会公共政策和人们的日常生活。其突出的成就是承担了 1994 年、1995 年美国白宫关于建立一种民主、公平社会的品格会议。"美国学校行政管理者协会""美国学校董事会协会"也都利用其主办的期刊支持品格教育运动和项目。这些宣传活动,对全社会关注品格教育,从而促进全社会品格教育有重要的推动作用。

更多的品格教育组织是针对特定群体提供品格教育方面的技术和资源支持。

如"伦理道德和品格教育推进中心"主要是向中小学教师提供资源,以向学生传授"正义""勇敢""诚实""节俭""耐心"等美德。"公民教育中心"主要为公立和私立初高中开发并实施公民教育项目,提供公民教育方面的课程材料、领导能力培训、教师教育、科研以及评估服务。"开发研究中心"通过实施儿童开发计划,内容包括:帮助学校促进儿童在伦理道德、智力、社交等方面的发展;帮助教师、学生改进纪律与教室管理办法,创造友好的教室氛围;加强学校与家长之间的联系,促使家长参与支持儿童的学习;为儿童提供学

---

① 参见安钰峰:《美国地方品格教育组织》,《世界教育信息》2005 年第 4、5 期。

习和实践积极进取的价值观念的机会；为老师提供教学资料和各种培训机会。

"教育基金会"则是面向公立学校的校长和老师提供品格教育资源。它开展的"品格教育计划"就是向校长们提供 15 项以普遍被接受的价值观为基础的辅导材料，内容包含从幼儿园到八年级的所有阶段的课程课件。每套课件都有详细的教学计划，包括课堂教学中的角色扮演、15 种价值观的讨论以及教学技能等。同时，"教育基金会"还开展教师在线培训项目，开发教师手册，主办校长工作研讨会，出版品格教育通讯。

"个人责任教育过程组织"则是一个企业—学校—社区的协作组织，它旨在通过提高学生的道德责任感来减少青少年的常见问题。"伦理资源中心"主要为公司和政府机构在伦理道德方面提供建设标准及应用，并为雇主提供相关的教育计划。

从实践效果看，美国的品格教育组织取得了很大的成绩。就政府层面来说，"品格教育运动"赢得了克林顿和小布什政府的支持。克林顿政府连续召开了四次（1995—1998 年）品德教育的白宫会议。美国教育部从 1994 年起开始给开展品格教育的 12 个州拨专款。有 25 个州正式立法规定进行品格教育，15 个州有了品格教育的合作者。小布什总统在任期伊始，就公布了名为《不让一个儿童落后》的教育规划，其中明确提到支持品格教育，具体措施是增加对各州和学区用于品格教育的经费，用于培训教师学会将各种品格养成课程和活动引入课堂。①

就微观层面来看，品格教育组织也产生了很好的社会影响。"个人责任教育过程组织"从 1988 年在圣路易斯城的 7 个学区开展活动起，到 1995 年，该组织的项目已经扩展到 30 多个公立学区，涉及 393 所学校、13487 名资格教师和 21330 名学生。截止到 1996 年 11 月，"教育基金会"在芝加哥的 160 个学校（约占芝加哥公立小学总数的 31%）实施了品格教育计划，向 3210 个课堂、95200 名学生提供了服务。②

---

① 参见魏贤超、王小飞等：《在历史与伦理之间——中西方德育比较研究》，浙江大学出版社 2009 年版，第 45—47 页。

② 参见安钰峰：《美国地方品格教育组织》，《世界教育信息》2005 年第 4、5 期。

（2）宗教组织对培育和践行核心价值观的作用

由于西方国家宗教流派众多,宗教对社会生活影响广泛,我们这里关于这一问题的分析主要以美国的状况为依据。

宗教组织在西方国家有着举足轻重的重要影响。就美国来说,据统计,在2000年,美国成人中有接近80%的为基督教徒,大约2%—3%的人信仰犹太教,穆斯林和佛教徒均约占1.5%,只有约16%的人声称自己没有宗教信仰,有多于90%的美国人表示相信上帝存在①。除了信仰宗教的人口众多之外,由于美国是移民国家且实行宗教信仰自由政策,因此,美国宗教流派也非常多。关于宗教派别的数量没有准确的统计数字,说法从300多到1000多个不等。除了基督新教、天主教、犹太教外,美国还有来自亚洲、非洲移民的东方宗教、非洲宗教、北美土著的宗教,以及在美国本土发展起来的宗教。就教徒来说,基督教人数最多,据纽约市立大学研究生院的统计:截止到1990年,全国48个州(阿拉斯加和夏威夷除外)18岁以上的总人口当中,基督教徒人数约为1.5122亿人,占被调查人口的86.2%。据皮尤论坛2007年的调查显示:在所有成年美国人中,基督教徒约占78.4%。②

除了信仰宗教的人口众多之外,宗教对美国社会生活的影响也非常广泛。就学校来说,教会创办的或隶属于宗教团体的私立中小学大约占全美的85%,500万就读于私立学校的中小学生中有85%的学生在教会学校。美国大约有1500所私立高校(占全美高校总数的75%),其中51%的高校有教会背景或归教会所有。③ 就慈善活动来说,1996年,美国约有各种宗教机构35万个,仅占全美所有慈善机构总数的30%,但其获得的捐款总额占全国慈善捐款的60%,获得志愿者捐献的义务工作时间占全国总额的40%,相当于240万个全职雇员的工时。④

美国宪法虽然规定政教分离,但总统就职都要把右手放在《圣经》上宣

---

① 转引自刘莹:《基督教与美国人的核心价值观》,《社会科学论坛》2011年第5期。
② 转引自刘澎:《当代美国宗教》(修订版),社会科学文献出版社2012年版,第3、8—9页。
③ 转引自刘澎:《当代美国宗教》(修订版),社会科学文献出版社2012年版,第333页。
④ 参见刘澎:《当代美国宗教》(修订版),社会科学文献出版社2012年版,第326页。

誓。美国军队中规定牧师是军官系列的组成部分。美国的各种公私机构,如大学、医院、监狱等都有牧师提供宗教服务。由此可见,宗教对美国社会的影响之大。

美国宗教组织传播其价值的途径有多种方式,主要是通过影响政治活动、学校教育和进行慈善活动的方式开展。

在美国,宗教与政治之间遵循政教分离原则。美国宪法第一修正案规定:"国会不得制订设立宗教或者限制其自由实践的法律"。这一规定有两层基本含义:一是政府坚持政教分离,平等对待各种宗教;二是宗教实践自由,法律不干涉宗教信仰和见解。但是,在社会实践中宗教组织对政治的影响却无处不在。由于美国有悠久的宗教传统、信仰宗教的人口众多,因此,宗教价值观对政治领导人和政治活动产生影响是很自然的事。就个人来说,用宗教价值观指导自己的政治活动和立场是教徒身份的自然体现;就宗教团体来说,对政府的公共政策施加影响,既是维护传统宗教道德的需要,也是实现本宗教团体团结的需要。正如托克维尔所指出的:"宗教在美国不直接参与社会政治,但它却被看成是国家政治机构最主要的部分。"①

美国宗教组织对政治活动的影响主要是通过向具有决策权的人士宣传相关观念,促使决策过程和最终结果能够体现宗教组织的价值观念的方式实现。另外,宗教组织通过动员本团体支持或反对某一候选人的方式对政治活动施加影响。具体方法有多种:直接的方式如通过院外游说政府、司法、立法机构的领导人,通过大众传媒宣传自身的立场,给政治领导人写信或打电话提建议,或者举行游行、静坐等;间接的方式是宗教组织通过广泛参与维持庞大的社会慈善服务体系如医院、孤儿院、老人中心、无家可归者收容中心、戒毒中心、移民和难民救济中心等,以及参与环保、儿童、少数族裔权利、社区建设、治安防范等活动来发挥对政治的影响。

美国宗教组织对学校的影响也非常显著。美国宗教组织对学校影响较大的一个原因是因为许多学校是教会创办的。美国私立中小学的85%、私立高等学校的51%都是由教会创办或有教派背景。在私立学校中,学校普遍开设

---

① [法]托克维尔:《论美国的民主》(上卷),董果良译,商务印书馆1988年版,第198页。

宗教课程,内容主要是讲授个人应具有的美德,鼓励学生成为品格高尚的人、帮助他人。在教会创办的高校中,宗教课也是必修课。美国法律禁止在公立学校中传播宗教,但经过宗教组织的不断抗争,1998 年,美国教育部发文对在公立学校进行宗教活动的原则和程度作了具体规定,文件规定:公立学校的学生有在不影响正常教学的情况下表达其宗教信仰或宗教观点的自由;学校和老师不得在课堂里组织或鼓励学生进行宗教活动。这等于维持了宗教组织在公立学校中的存在。①

为了适应高校教育世俗化、职业化的发展趋势,也为了应对现代生活方式变化带来的冲击,美国宗教组织对高校的影响方式也发生了变化,目前宗教组织主要通过两种方式施加对高校的影响:

一是通过资助高校中的学生宗教团体发挥宗教价值观对学生的影响。高校中的学生宗教团体活动方式具有很强的时代性,既有常规性的宗教聚会、圣经学习之类的活动,还有很多对青年人很有吸引力的活动方式,如野营、郊游、业余文艺演出、到社区和海外当志愿者、参与社会服务等。各宗教团体通过资助学生宗教团体的各种活动成功地将宗教价值观传播到了高校之中。例如,普林斯顿大学的 1/3 的学生"与校园里的某个宗教组织有着某种联系"。普林斯顿大学宗教研究中心 1996 年对美国大学生信教情况的调查显示:约 80%的被调查者在过去一年里进教堂参加过宗教活动,70% 的被调查者参加过教会组织的某种社会服务活动或当过志愿者,美国青年认为宗教在生活中意义重大。②

二是对大学教育、科研活动进行经济资助,对学生提供奖学金。这种资助活动是开放性的,无论什么性质的学校,只要申请都能得到资助。美国许多一流大学的科研经费中有很大比例都来自这类资助。宗教组织开展的这类资助活动既是宗教组织社会慈善服务的内容,也是维护基于宗教价值观基础上的社会规范、保持宗教价值观对学校以及社会长期影响的战略投资。

除了上述方式之外,美国宗教组织还充分利用大众传媒向社会传播宗教

① 刘澎:《当代美国宗教》(修订版),社会科学文献出版社 2012 年版,第 353 页。

② 参见刘澎:《当代美国宗教》(修订版),社会科学文献出版社 2012 年版,第 347 页。

价值观。宗教组织充分利用了所有的大众传媒方式进行价值观传播,报刊、图书、广播、电视、互联网站应有尽有。不仅如此,宗教组织时刻关注信息技术的发展,不断尝试将新的信息技术与宗教传播活动相结合。例如,随着互联网的兴起,宗教组织的宣传活动迅速与之相结合,传播宗教的网站和内容呈现出爆炸式增长的趋势。从 1992 年美国长老会建立世界上第一个虚拟教堂——第一虚拟空间教堂(The First Chureh of Cyberspae)起,到 2002 年,建有网站的美国教会比例已达到 45%。2004 年,在网上进行宗教活动的网民数量占全美总网民数量的 64%。① 互联网宗教活动的方式主要有:宗教类博客、宗教类虚拟社区、宗教类即时通信群组、虚拟教堂等形式,传播的内容包括:宗教的教义和经典、宗教领域的新闻与资讯、网络宗教仪式、关于宗教知识和宗教活动的感悟、宗教活动的通告等。这种传播方式对于扩大宗教组织的影响力、吸引力和覆盖面,从而扩大宗教价值观的影响具有强有力的推动作用。

(3)学校对培育和践行核心价值观的作用

在西方国家,由于普遍实行政教分离的政策,加之世俗化学校的快速发展,原本承担价值观教育功能的宗教组织在价值观教育方面的作用在逐渐弱化,而世俗化学校在承担传授知识和技能的同时,也逐渐承担起了价值观培育和践行的功能。由于政治体制的差异和历史传统的差异以及学校来源的不同,西方国家的学校在培育和践行本国核心价值观方面也有诸多不同。就培育和践行本国价值观的途径来说,基本上都运用以下几种方式,即运用课程教学、课外活动、环境营造、家校合作等方式进行价值观培育和践行。

由于政治体制和管理体制的不同,西方国家进行价值观教育的课程也有所不同。首先,不同的国家使用教材的方式不同。例如,以小学价值观教育为例,美国没有统一编写的教学大纲和教材,公立学校的课程内容由本州法律决定,具体课程设置则由学校自己决定。英国情形与美国类似,英国国家课程规定每个阶段学生应掌握的知识和技能,教材和教学参考资料则由各个学校的骨干教师根据国家课程的规定去选择。而在日本,价值观教育的教材和大纲都由主管教育的文部省统一决定。

---

① 转引自赵冰:《宗教的虚拟化传播与国家安全研究》,复旦大学博士学位论文,2011 年。

在课程方面,西方国家学校一般都开设两类课程:一类是与价值观直接相关的课程,国内常称之为显性德育课程。如英国、美国、德国等国普遍开设宗教课,德国中小学普遍开设伦理学课程。各个国家的中小学还会开设一些讲授价值观问题的课程,如美国一些小学开设"通向幸福的路""少儿哲学计划"课程,主要是为了培育学生有关传统美德。① 在高等院校还会针对不同专业的学生开设职业伦理课。这些课程都是为培养学生对美德和社会基本价值观认知和认可服务的。

另一类是关于本国社会制度、历史、地理、文化类的课程,这类课程一般被国内学界称为隐性德育课程。西方国家在中小学普遍开设的公民课、社会课、历史课、地理课就属于此类。此类课程的内容在不同国家具体内容有所不同,如德国中小学开设的社会课,其大纲通常是与历史、地理课综合在一起;政治课,包括政治制度和政治过程的内容,还包含法律和经济等内容。如英国中小学除了公民课外,还开设个人与社会教育课、健康教育课等。在中小学的不同学习阶段,这类课程的科目和内容都会有所变化。这类课程虽然不直接讲授价值观问题,但是能够通过对本国历史、地理、文化和政治制度的学习了解,增加学生对本国基本制度和历史文化的认同感、自豪感,从而培养学生对本国、本民族的热爱。这也是西方国家普遍开设此类课程的重要原因。

在大学阶段,这类课程主要是人文社会科学的相关课程,国外高校一般称之为通识课。这类课程内容广泛,各个学校开设的具体课程也各不相同。②

西方国家之所以重视德育以及相关人文课程与 20 世纪六七十年代整个西方社会的价值观危机有关,这场危机使西方主流社会普遍认识到只重视自然科学教育或者忽视价值观教育都会导致社会危机,即使社会物质财富丰裕。因此,从 20 世纪 80 年代起,西方社会普遍开始重视代表传统价值观的宗教教育和品格教育,同时,也开始重视利用人文社会科学克服自然科学在价值观教育内涵上的不足。

西方国家的学校在培育和践行本国核心价值观的过程中,普遍重视课外

① 参见冯增俊:《美国小学德育课程模式历史转型及启示》,《教育研究》2003 年第 12 期。
② 参见熊庆年、刘莉:《战后美国大学普通教育课程设置的价值取向》,《高教探索》2001 年第 4 期。

实践活动的方式。相对于课堂教授的价值观培养方式,课外实践活动以其形式多样、生动活泼的优点更容易获得青少年的喜爱。在实践活动中获得的价值观感悟对青少年的影响更为深刻,培育和践行价值观的效果也更有效,因此,学校和相关组织也都积极支持引导学生参与课外实践活动。

实践活动的形式和内容多样,一般可分为社会服务活动和社会政治活动。社会服务活动主要集中在社区,内容包括为非营利性机构服务,如为医院、养老院、各种救济中心、图书馆、公园、教堂提供各种服务,或者为社区内的学生提供学业或心理辅导。这类活动在社会服务活动中占比较大。社会政治活动,如英国的学生参加国际特赦组织、绿色和平组织、志愿活动组织和政党活动,也参加各种争取权益的请愿活动,如保护人权、反对核试验等。有的国家对社会服务活动有强制性的规定,如德国规定学生在家里必须从事一定程度的家务劳动(随年龄不同),在学校也必须参加户外劳动,如打扫校园,参加工厂、农场实习,假期中要到医院、养老院、福利院等地方服务一定时间。

除了这类社会服务类的课外活动之外,还有扩展培养个人意志或能力的实践活动,如日本学校广泛开展的"自然教室"生活活动。这一活动的内容就是要求学生每学期都要过一个星期左右的"自然教室"生活。学生在野外教育设施中住宿一周,从事野外观察,在篝火旁边露营。这一活动的目的就是通过观察自然界的变化,使学生能够正确理解人与自然的关系,同时,使学生增加对社会的了解,培养学生独立生活的能力和树立正确的生活态度。[1]

西方国家的学校还通过塑造特定的人文环境来培育和践行本国核心价值观。如在美国的一些学校,凡是学生出现的地方如教室、过道、餐厅、运动场、球馆等地方都插满了国旗,教室布置着多种与国旗有关的装饰,如国旗风筝、国旗木刻、国旗挂件、国旗窗帘、国旗台面、国旗评比表等。[2] 通过设置这样的人文环境,很容易激发学生们的爱国意识。

在英国,学校通过塑造"校园文化精神"来培育和践行社会主义核心价值观。英国的学校认为学校所秉承的价值观与学校的发展目标、工作计划和其

---

① 参见陈义禄:《日本德育教育对我们的启示》,《当代亚太》1999 年第 3 期。

② 参见郁明:《我看到的美国德育——基于对阿肯色州六个学区的德育考察》,《教学月刊 小学版》(综合) 2012 年第 10 期。

他工作是内在一致的。因此,英国的学校主张通过学校工作的所有方面共同塑造一种文化氛围,让学生潜移默化地接受校园文化精神的影响。

西方国家的学校还比较重视发挥家庭的作用来促进对学生价值观的培育和践行。在西方国家的历史上,家庭和教会是价值观培育的主要承担者,但随着公立学校的普及化,政教分离原则的普遍实行,对学生的价值观教育逐渐集中到学校行政部门的手里。随着西方社会对 20 世纪 60—70 年代价值观危机的深入反思,家庭的作用又重新受到了重视。应该指出的是,几乎所有的国家都重视家庭对价值观培育和践行的作用,但是,在广泛深入和有组织化地发挥家庭的价值观教育作用方面做得最好的是美国、英国和日本等国。

以美国为例,家庭的作用主要是通过发挥家校合作组织的作用来实现的。目前,家校合作已经成为美国的法律和制度。1994 年颁布的《美国教育改革法》第四部分就规定了家长协助办教育的条款。同年颁布的《目标:2000 年美国教育法》共确立了八项国家教育目标,第八项目标就是要求学校促进与家长的伙伴关系,让家长更积极地参与促进儿童全面发展的各种活动。

目前,美国的家校合作组织是美国家长教师协会。其组织模型是三级架构,第一级是全国家长教师协会,第二级是州级家长教师协会,基层是地方/学校家长教师协会。该协会成立于 1897 年,经过一百多年的发展,目前,在全美有 54 个州级协会,26000 多个地方/学校协会,每所公私立学校均建有家长教师协会。

美国全国家长教师协会的宗旨是:促进青少年在家庭、学校、社区和宗教场所的幸福与健康;完善保护青少年的法律;协调家庭与学校的关系,使家长与学校在教育过程中协作高效;团结教师与社会的力量,共同使青少年在身体、情感、社会和精神上获得最大的利益。①

具体来说,美国家长教师协会主要开展以下方面的工作:第一,为学校向政府争取财政资金支持或为学区向社会募捐,这一点对公立学校的正常运行影响很大。第二,通过课堂志愿活动或者项目活动的方式辅助学校的教学活

---

① 参见陈峥、王建梁:《家校合作的纽带——美国家长教师联合会研究》,《外国中小学教育》2003 年第 5 期。

动,帮助对象有的是针对老师,如有专业特长的家长进入课堂授课,有的是针对学生,如帮助学生提高阅读水平或者艺术素养。第三,为提高学生的营养、健康和安全提供服务,如制定监督学校的膳食标准,督促学校加强体育课教学和促进学生参加体育锻炼,为学校制定抵制校园霸凌、维护校园安全的行动计划。第四,制定参与决策为学校改革发展提供建议。主要是通过参与和监督学校的校长和教师聘任、教育与管理、经费使用等重要事项,促进学校的发展。[①]

美国家长教师协会通过上述活动一方面保障了学生的正当权益,为学生们的正常成长提供了良好的物质和精神方面的保障;另一方面,家长教师协会也通过自身的活动向学生们传递了美国主流社会的价值观,对学生们成长为具有美国价值观的人具有潜移默化的作用。

(三)当代资本主义核心价值观的实质

资本主义核心价值观,是建立在资本主义经济基础和政治法律制度基础之上的意识形态,是资本主义国家整合多元价值、维护政治统治、规范民众行为的重要工具。[②] 以"自由、民主、平等、人权"为口号的资本主义核心价值观,一方面,作为资产阶级反对封建专制主义和宗教神学的思想武器具有历史进步意义,是人类政治文明发展进程中的重要思想成果;另一方面,作为资产阶级进行政治统治和思想控制的工具呈现出抽象人性论、价值绝对化和阶级欺骗性的特性,体现了资本主义意识形态的唯心性与虚伪性。追溯资本主义核心价值观的形成历史,把握其内容实质,对于正确认识资本主义核心价值观、划清社会主义核心价值观与资本主义核心价值观的界限,具有重要意义。

1. 资本主义核心价值观的形成过程和基本内容

资本主义核心价值观的形成,始于两次思想运动。中世纪的欧洲,是神权和王权共同主宰的政教合一的封建社会,人身依附、教会宰制、等级世袭、禁欲主义等压抑着人的主体性和社会活力。随着资本主义因素的发育、成长,自给

---

① 参见魏叶美、范国睿:《美国家长教师协会参与学校治理研究》,《全球教育展望》2016 年第 12 期。

② 参见袁银传:《认清资本主义核心价值观》,《求是》2015 年第 8 期。

自足的自然经济、封建专制的政治制度以及封建宗教神学愈来愈成为资本主义发展的阻力和障碍。为了发展商品经济、争取政治地位和保护私有财产，新兴资产阶级同封建主义进行了两次思想斗争。一是始于14世纪以人文主义为中心内容的文艺复兴运动，宣扬人类理性、个性解放，反对宗教神性、禁欲束缚、等级桎梏。二是17、18世纪以自然法学说与社会契约论为思想基础的启蒙运动，从霍布斯的自然权利论、斯宾诺莎的理性自由观、洛克的民主平等思想，到孟德斯鸠、伏尔泰、卢梭、狄德罗等关于天赋人权、自然平等、生而自由、社会契约、主权在民的思想主张，"自由、民主、平等、人权"成为资产阶级向专制主义、等级制度、神学禁锢宣战的理论武器，并逐渐发展成为资本主义核心价值观。

资产阶级反对封建主义的思想运动的价值诉求，动摇了专制统治的精神支柱，成为英国资产阶级革命、美国独立运动与法国大革命的思想先导和重要推动力。1689年通过的《权利法案》标志着英国君主立宪制的确立。1776年美国发布的《独立宣言》以及随后的《联邦党人文集》，肯定了自由、民主、平等、追求个人幸福是人固有的权利。1789年法国通过的《人权宣言》，揭示了天赋人权、自由、平等、博爱的原则，成为资产阶级夺取政权和巩固政权的思想利器。作为资产阶级反封建斗争的纲领性文件，这三个国家的法案将资产阶级的核心价值观以法律形式固定下来，确立了资本主义社会的基本价值原则，以维护资产阶级的核心利益。

资本主义核心价值观的形成过程内嵌于资本主义的发展过程，除了资本主义国家机器的整合凝练，亦不乏资产阶级学者对其进行阐释宣扬。从自由主义经济学鼻祖亚当·斯密到新自由主义者哈耶克、弗里德曼，从政治学"三杰"的洛克、密尔、罗尔斯到卢梭、萨特、福山，无不在论证自由、民主、平等、人权作为资本主义核心价值观的必要性、可能性、操作性以及作为人类价值的"普适性"。500年来，虽然资本主义不断发生新的变化，资产阶级在不同历史阶段倡导和强调的价值观重点也有所不同，但其核心价值观的基本内容和维护资本主义经济基础和政治上层建筑的本质，始终没有发生根本改变。

2. 资本主义核心价值观的阶级实质

"自由、民主、平等、人权"的价值主张源于资本主义生产关系摆脱宗教神权束缚与封建专制禁锢的斗争需要,却在遵循资本逻辑追求利益最大化的增殖运动中走向自身的反面,日益暴露出拜金主义、享乐主义与极端个人主义的价值特征。

拜金主义是资本的必然逻辑和资本主义发展的必然归宿。在资本主义制度下,自由、民主、平等、人权等价值让位于金钱并成为谋利的幌子。以美国总统竞选为例,曾两度辅佐威廉·麦金莱当选总统的竞选经理马克·汉纳就坦言:要赢得选举,需要两样东西,一是金钱,第二个我就不记得了。而赢得选举的候选人,在就任总统后无不尽可能满足巨额捐助者的政策需求。"民主选举"实际演变成了"有钱人的游戏"。资本主义的政治腐化、经济欺诈、文化堕落、道德沦丧,都可以在拜金主义中找到思想根源。

享乐主义将物质享受与感官快乐视为人生目的价值追求。资本主义在摆脱封建束缚不到一百年的时间里创造了比过去一切时代都要多的物质财富,为享乐主义提供了现实的可能性。市场经济的自由竞争与平等交换原则、利益最大化的经济目标,不断地刺激着人们的声色口腹之欲,成为享乐主义的诱发因素。此外,文艺复兴时期倡导的自由意志与个性解放思想对中世纪禁欲主义的反叛,启蒙思想家对个体权利与幸福追求的肯定,以及资本主义大众文化的推波助澜,使享乐主义现实地成为资本主义意识形态的重要标签。

极端个人主义同拜金主义、享乐主义互为因果,构成资本主义核心价值观的本质特征。崇尚个性自由与个体权利的思想,曾经客观地推动了资产阶级革命与资本主义社会的发展。然而,资本逻辑主导下的极端个人主义,在经济上主张"个人利益至上",将个人特殊私利凌驾于社会、集体和他人利益之上;在政治上主张"个人意见第一",将个人意见置于对国家、民族的共同责任之上;在生活上主张"个性张扬为先",将个性张扬置于组织规范与社会秩序之上,由此可能堕入道德虚无主义。[1]

3.资本主义核心价值观的历史评价

资本主义核心价值观具有一定的历史进步意义,同时又存在根本缺陷。在不同的社会形态和制度环境之间,在不同的阶级地位、历史使命、实践主体

---

① 参见袁银传:《认清资本主义核心价值观》,《求是》2015年第8期。

及其发展阶段之间,"自由、民主、平等、人权"具有不同的价值内涵和适应性。如何正确认识资本主义核心价值观的历史局限性,批判地吸收其合理成分,是培育和践行社会主义核心价值观不可回避的一个现实问题。

就历史演进而言,资本主义核心价值观发源于西方古代文明,确立于近代资产阶级革命,自我异化于资产阶级对无产阶级的统治之中。资产阶级为冲破专制主义对资本主义生产关系的禁锢而提出的一整套核心价值观,作为反封建斗争的口号和旗帜,最终以统治立法的方式得以确立,这是具有重要历史进步意义的。同时,正因为"每一个企图取代旧统治阶级的新阶级,为了达到自己的目的不得不把自己的利益说成是社会全体成员的共同利益"①,"自由、民主、平等、人权"成为资产阶级以全社会代表的姿态在反封建斗争中赢得的、同无产阶级共有的胜利。然而,"占统治地位的思想不过是占统治地位的物质关系在观念上的表现"②,一方面,由于资本主义统治的确立使其"不再有必要把特殊利益说成是普遍利益"③,资产阶级开始褪去同无产阶级"共享""自由、民主、平等、人权"的权宜伪装;另一方面,在资本逻辑的主导下,社会经济中的自由流通遮蔽了生产资料私人占有下的"物的依赖",等价交换掩盖着资本对劳动的剥削,民主选举成为财团上位谋求政策空间的幌子,个体人权不过是特殊利益突破集体底线的借口。这既是资本主义核心价值观的阶级属性使然,亦是其囿于资本增殖旋涡从而走向自我异化的现实必然。

从逻辑维度审视,资本主义核心价值观在建构与推行的过程中暴露出其理论基础与社会性质的根本局限。资本主义核心价值观是以抽象人性论和价值绝对化为基础的,是一种历史唯心主义的价值观。抽象人性论的根本特点是脱离人的社会性和历史性来谈论普遍的人性,它撇开了人的具体历史条件和社会关系,离开了社会发展而大讲人性、人道和人权,以抽象的、永恒不变的"人性"作为观察历史的准绳和社会发展的动力。资产阶级所宣扬的"普遍人性"实际上是以资产者的现实要求为"模特儿"描绘出来的,只不过被粉饰为"一切人"共有的人性而已。在资产阶级心目中,最符合人性的社会就是资本

---

① 《马克思恩格斯文集》第 1 卷,人民出版社 2009 年版,第 552 页。
② 《马克思恩格斯文集》第 1 卷,人民出版社 2009 年版,第 550 页。
③ 《马克思恩格斯文集》第 1 卷,人民出版社 2009 年版,第 553 页。

主义社会。所谓自由,就是商品交换和贸易的自由,也就是资产者凭借生产资料所有权占有无产者创造的剩余价值的自由,以及无产者向资产者出卖劳动力的自由;所谓平等,就是流通领域中商品的等价交换,也就是资产者购买无产者劳动力时的等价原则;所谓博爱,就是剥削者与被剥削者的互爱和合作;所谓人权,本质上就是资产阶级的权利。这种以普遍形式、普世价值表述出来的价值观,本质上是资产阶级的意识形态,是为资本主义制度服务的。

在理论阐释上,资产阶级思想家是立足于自然权利学说对自由、民主、平等、人权等价值范畴进行论证的。这种脱离社会历史条件以人的自然属性与自然权利解释人的社会生存的理论,是一种典型的历史唯心主义。在制度性质上,资本主义国家的核心价值观建立于私有制的基础之上,以保障私有财产神圣不可侵犯为前提,演化为资产阶级利益不可侵犯。在资本逻辑的主导之下,自由是有产者对无产者进行剥削的自由,资产阶级才是民主的主体,平等仅限于资产阶级集团内部,人权则完全忽视集体人权而贴上个人主义的标签。在理论推广上,资产阶级以抽象的人性论为依据,以绝对的普遍性为方法,对内超阶级地宣扬自由、民主、平等、人权以掩饰阶级矛盾;对外借助其话语霸权,把反映资产阶级整体利益和价值诉求的价值观说成是代表整个人类社会普遍利益的"普世价值",向全世界兜售。这种用"普遍"的形式掩盖其"特殊"的阶级诉求和阶级内容的方式,具有很强的虚伪性与欺骗性。在制度实践上,西方国家竭力推行的自由市场、制度模式等,由于罔顾其存在的"土壤"——社会发展阶段、政治文化传统、社会文化基因等因素,往往造成水土不服,给许多国家带去混乱,甚至是灾难。

总之,对于资本主义核心价值观,我们应该采取历史唯物主义的态度,既要承认它具有一定的历史进步意义,批判地吸收其合理因素;又要认清资本主义核心价值观维护资产阶级根本利益和政治统治的阶级本质,划清社会主义核心价值观与资本主义核心价值观的界限,尤其要警惕"普世价值"的思想陷阱。

第三章 培育和践行社会主义核心价值观的历史经验

中国共产党自成立之日起,就以共产主义为社会理想和远大目标,以实现人的自由全面发展为终极价值追求。在领导中国革命、建设和改革的历史进程中,中国共产党始终把共产主义远大理想与中国现实的实际相结合,明确了不同历史阶段的具体的实践目标,也不断深化对社会主义核心价值观的认识,明确了在不同历史阶段具体的价值追求,并且努力将社会主义核心价值原则贯穿于制度的设计制定和具体的路线、方针、政策之中。中国共产党人一以贯之的最高纲领和根本宗旨,决定了党培育和践行的价值观具有内在的一致性、连续性和稳定性。

一、社会主义核心价值观建设的历史进程

在中国革命、建设、改革的不同历史阶段,中国共产党人根据所处历史时代和环境条件的不同以及党承担的历史使命、中心工作任务不同,对社会主义核心价值观的概括和表述也有差别,培育和践行社会主义价值观的方式和路径具有历史性的特点和特色。

(一)新中国成立前中国共产党对社会主义核心价值观的提炼与宣传

从 1921 年中国共产党成立到 1949 年建立社会主义新中国,中国共产党始终坚持以马克思列宁主义为指导,以实现民族独立、人民解放为己任,团结带领广大人民群众为建设一个现代化的社会主义的美好社会而不懈奋斗。在

长达 28 年的革命探索和艰苦奋斗中,中国共产党逐步确立把马克思主义基本原理与中国具体实际和时代特征相结合的思想理念,找到一条适合中国国情的革命道路,以建设一个人民当家作主的、具有中国特点的社会主义现代化国家作为新民主主义革命的目标,并且在毛泽东思想中对马克思主义的价值追求、对未来社会的憧憬设想进行了集中提炼和中国式的表达。同时,在领导中国革命过程中,中国共产党立足于"让科学的理论掌握群众",不断开展马克思主义宣传教育,从而使马克思主义的价值观、关于未来新社会的构想逐步渗入中国人民的思想观念和情感中,为社会主义价值观在中国的传播和确立奠定了基础。

1. 马克思主义价值观的转化与提炼

中国共产党从成立之日起,就把马克思列宁主义写在自己的旗帜上,作为自己的指导思想。这就意味着中国共产党认同马克思主义的社会理想和价值追求,把建立"自由人的联合体"、实现共产主义作为党奋斗的最高目标。1921 年 7 月《中国共产党第一个纲领》指出中国共产党的奋斗目标是:"(1)以无产阶级革命大军推翻资产阶级,由劳工阶级重建国家,直至阶级差别消灭。(2)采取无产阶级专政以完成阶级斗争的目的——消灭阶级。(3)推翻资本私有制,没收一切生产资料,如机器、土地、建筑物、半制成品等,将其归社会公有。"①1922 年 7 月,中国共产党的二大指出党的目的是要组织无产阶级,用阶级斗争的手段,建立工农专政的政治,铲除私有财产制度,渐次达到一个共产主义的社会。这明确了党的最高纲领和奋斗目标。为了实现党的最高纲领,大会提出在目前历史条件下的最低纲领,这就是:消除内乱,打倒军阀,建设国内和平;推翻国际帝国主义的压迫,达到中华民族完全独立;统一中国为真正的民主共和国。② 最高纲领和最低纲领的统一既反映了无产阶级政党的基本性质,体现在特定中国国情条件下中国共产党人的历史使命,彰显中国共产党人坚持马克思主义的价值追求是与党的具体的历史任务结合在一起的,

---

① 《中国共产党章程汇编(从一大——十六大)》,中共中央党校出版社 2006 年版,第 3 页。
② 参见《中国共产党章程汇编(从一大——十六大)》,中共中央党校出版社 2006 年版,第 5 页。

是把对共产主义的追求与争取民族独立、人民解放结合起来,将"实现人的自由全面发展"和共产主义转化为现实中完成党的任务、执行党的政策、保护人民群众的生命财产、带领人民群众推翻"三座大山"的具体实践。

在领导中国革命的过程中,中国共产党人不仅创造性运用马克思主义的基本立场、观点和方法来回答、解决中国现实的问题,而且要建设新民主主义的文化。新民主主义文化"只能由无产阶级的文化思想即共产主义思想去领导"①。中国共产党结合中国革命和新的文化建设的需要,创造性地将马克思主义(共产主义)的价值观进行了必要的转化和提炼,并以中国话语加以表述。主要表现在以下三个方面:

其一,提出"为人民服务"的宗旨。马克思主义认为,无产阶级政党没有自己的特殊利益要求,是无产阶级和广大劳动群众根本利益的忠实代表。中国共产党根据这一理论,自觉承担起代表、实现最广大人民群众根本利益的历史责任,形成了党的群众路线和为人民服务的思想。早在中共一大就已经有"依靠群众"的观念,明确提出"要把工人、农民和士兵组织起来";中共二大《关于共产党的组织章程决议案》提出"党的一切运动都必须深入到广大的群众里面去"。1928年11月李立三根据六大精神,同浙江地区负责人的一次谈话中使用了"群众路线"一词,1929年9月由陈毅起草经周恩来审定的《中共中央给红军第四军前委的指示信》中三次提到"群众路线"。毛泽东清楚地看到,在中国,"谁要是想撇开中国的无产阶级、农民阶级和其他小资产阶级,就一定不能解决中华民族的命运,一定不能解决中国的任何问题"②。毛泽东结合中国革命的实际,把唯物史观关于人民群众创造历史的基本原理系统地、创造性转化为中国共产党人的群众观点和群众路线,指出:"有无群众观点是我们同国民党的根本区别,群众观点是共产党员革命的出发点与归宿。从群众中来,到群众中去,想问题从群众出发就好办。"③"全心全意地为人民服务,一刻也不脱离群众;一切从人民的利益出发,而不是从个人或小集团的利益出

①　《毛泽东选集》第二卷,人民出版社1991年版,第698页。
②　《毛泽东选集》第二卷,人民出版社1991年版,第649页。
③　《毛泽东文集》第三卷,人民出版社1996年版,第71页。

发;向人民负责和向党的领导机关负责的一致性;这些就是我们的出发点。"①
后来,毛泽东在《为人民服务》《纪念白求恩》等文章中,对"为人民服务"做了
更加丰富的阐述。1945 年中国共产党第七次代表大会第一次明确了党的群
众路线的基本内容和基本要求,这就是:一切为了人民群众的观点,一切向人
民群众负责的观点,相信群众自己解放自己的观点,向人民群众学习的观点,
这标志着中国共产党把马克思主义的价值追求凝练为中国共产党的核心价值
观——全心全意为人民服务,并转化为党的工作路线,从而解决了革命"为什
么人的问题"。"为人民服务"集中体现了中国共产党的阶级性质、宗旨及历
史使命,是所有中国共产党人价值观中最核心、最稳定的部分。

其二,提出"人民民主"的思想。马克思主义认为,人民群众是历史的创
造者,社会的发展最终要体现在人的发展上;在未来社会,无产阶级将"上升
为统治阶级,争得民主"②,每一个人将实现"自由而全面的发展"。对此,中
国共产党在革命中不断深入认识"人民民主",并探索"人民民主"的实现形式
和实现途径。在第一次国内革命时期,中国共产党帮助工人农民组织工会、农
会,在各个根据地创建苏维埃政权,实行工农兵代表大会制度;在抗战期间,中
国共产党批评国民党的"一党专政",团结民主党派和人民团体要求民主建
国。在陕甘宁边区和各抗日根据地实行普选制和竞选制,按照普遍、平等、直
接、无记名投票的原则选出各级参议会参议员,然后由各级参议会选出政府组
成人员,建立"三三制"政权。各根据地创造了票选法、圈选法和投豆法等多
种民主选举方法,确保政治参与的广泛性。1945 年毛泽东在与黄炎培关于跳
出"历史周期律"谈话中,明确指出依靠人民民主才不会人亡政息;在解放战
争时期在各解放区建立民主联合政府,实行人民代表会议制度。在军队建设
方面,从"三湾改编"开始,就把"三大民主"(政治民主、军事民主和经济民
主)作为人民军队建设的基本内容,军队内部实现了民主生活的制度化。
1949 年毛泽东在《论人民民主专政》中,系统论述了新中国政权的性质、各阶
级在国家中的地位及其相互关系,阐明了人民民主专政的基本职能及其最近

---

① 《毛泽东选集》第三卷,人民出版社 1991 年版,第 1094—1095 页。
② 《马克思恩格斯选集》第 1 卷,人民出版社 2012 年版,第 421 页。

与将来的主要任务,并且对"人民民主"的价值追求和制度设计做了完整的论述。这些理论探索和实践探索彰显中国共产党对实现无产阶级和劳动人民掌握政权、共同管理和建设新的国家的坚定追求。

其三,赋予爱国主义新内涵。中华民族自古以来就有爱国传统。在封建社会,爱国是与忠君结合在一起的。近代以来,由于清政府的昏庸闭塞,以致中华民族被强制性地置于西方列强主导的、有资本逻辑规制的世界体系之中,任人宰割、屡遭欺凌,遭受到自中华民族形成以来从未遇到过的、异邦的强大挑战与攻击,以儒家学说为核心的中国传统价值体系在西方列强入侵及其资本主义文化冲击下土崩瓦解,由此直接引发中华民族的现代生存危机。无数仁人志士奋起救国,抛头颅、洒热血,从而赋予爱国以救亡为主要指向。中国共产党自成立之日起,就担负起民族救亡的历史使命,把马克思主义作为"解放我们民族的最好的武器"[1],"用无产阶级的宇宙观作为观察国家命运的工具,重新考虑自己的问题"[2],赋予中国爱国传统以"马克思列宁主义的伟大力量"[3]。中国共产党强调爱国,但明确"爱的是无产阶级的国家,不是资本的国家;是以国家为过渡到世界主义的工具,不是把它看做终极的偶像;是为了要反抗帝国主义压迫中国的无产阶级才爱国,不是想抱'大中华'的传统观念,步帝国主义的后尘"[4]。中国共产党把爱国主义作为组织、团结和动员广大人民群众的精神旗帜,在不同时期,结合阶段性任务,提出了不同要求。在党的初创至大革命时期,中国共产党把爱国救亡与共产主义相结合,号召人民群众走苏俄社会主义道路,以马克思主义救中国;在土地革命时期,面对国民党的白色恐怖和党长期处于农村环境,主要强调把爱国主义与集体主义相结合,在实践中形成并坚持党的集体领导,加强对农民的阶级性教育,以加强农民的集体意识和主人翁意识,消除小农意识,同时还强调军队的组织纪律建设,形成了"三大纪律八项注意"。抗日战争时期,中国共产党把爱国主义与建立最广

---

[1] 《毛泽东选集》第三卷,人民出版社 1991 年版,第 796 页。
[2] 《毛泽东选集》第四卷,人民出版社 1991 年版,第 1471 页。
[3] 《毛泽东选集》第三卷,人民出版社 1991 年版,第 534 页。
[4] 砍石:《讨论国家主义并质曾琦》,中国新民主主义青年团中央委员会办公厅编:《中国青年运动历史资料》(2),1957 年版,第 220 页。

泛的抗日民族统一战线结合起来,强调"爱国主义就是国际主义在民族解放战争中的实施"①,这既能调动一切积极力量,团结一切可以团结的力量共同抗日,又将中华民族自身的彻底解放同世界人民反法西斯斗争紧密联系起来。

可以说,经过新民主主义革命实践的砥砺,中国共产党人赋予爱国主义新的内涵,即:其一,爱国主义的内涵是具体的、历史的,爱国主义的具体内容、表现形式、范围、规模等,随着历史条件和历史阶段的变化而变化。其二,爱国主义不仅仅是一种道德情感,而且是具有约束力的政治准则,是处理个人利益与集体利益、民族利益、祖国利益之间关系的行为规范,昭示着每个党员对民族、国家和人民承担的义不容辞的责任。其三,中国共产党倡导的爱国主义以马克思主义为指导,与共产主义、集体主义、国际主义紧密结合在一起。

2. 创造性开展对党内和党外的价值观教育

由于中国社会半殖民地半封建社会的性质,决定了中国社会阶级斗争的复杂性。加上中国共产党领导的新民主主义革命长期在农村环境中、以农民为主体展开,中国革命实际是先进的无产阶级政党领导下的农民革命,这都决定了党员队伍和人民军队队伍中存在大量非无产阶级的价值观念,如小农意识、无政府主义、单纯军事观点、非组织观点、个人主义、山头主义、平均主义等。能否消除党内和人民军队中的各种非无产阶级思想,在全党全军确立无产阶级的价值观,使党能够担当起领导中国革命走向胜利的重任,把人民军队打造成能够坚定执行党的任务、践行党的宗旨的队伍,把农民小生产者、小资产阶级转变为无产阶级的先锋队成员,关系到党的生存和发展,关系到中国革命的成败。因此,加强对全党和人民军队的思想政治教育,用科学社会主义思想武装全党,用马克思主义价值观引领、培育党员和人民群众的价值观,是中国共产党在革命时期必须致力解决的重要问题。

中国共产党积极探索把价值观教育寓于党和军队的思想政治工作、纪律建设和作风建设之中,积极探索针对党内和党外群众多种教育对象的价值观教育方法和形式,从而使价值观教育具有鲜活的现实性和针对性。早在井冈山革命根据地时期,毛泽东撰写了《党内教育问题》和《红军宣传工作问题》,

---

① 《毛泽东选集》第二卷,人民出版社1991年版,第521页。

倡导多种宣传教育的方式和形式。主要包括：在党内教育方面，要把教育活动贯穿于党的全部组织活动中，其主要方法是编辑、发行党报、政治简报和各种学习手册；举办训练班；有组织地分配看书；个别谈话、开展批评和自我批评；召开小组会，支部大会，支部委、组联席会议及党员大会，政治讨论会等等，针对部分党员文化水平低，要对其读书读报。在党外教育方面，教育的对象包括农民群众、城市贫民、妇女群众、青年学生和流氓无产阶级，还有敌人队伍中的士兵，等等。在宣传方式上，主要采用发传单、布告和宣言，办壁报、画报和政治简报，编唱革命歌谣和文艺演出，办俱乐部等等，同时红军战士要以严明的纪律和良好的作风影响教育群众。毛泽东倡导的这些教育形式和方法在新民主主义革命中得到了实际应用和推广。

对于党员干部和军队主要采用以下几个方式：第一，举办各类学校加强教育。在中国革命中，需要全体党员和人民军队对党的任务有清醒的认识，对党的各项政策有正确的理解，对各项纪律能够自觉遵循，这就要求加强对全体党员干部和人民军队的思想教育，把党的核心价值观转化为每个个体的价值观念和自觉行为。为此，中国共产党探索出办学开展教育的基本形式。在建党初期，中国共产党就创办了湖南自修大学、湘江学校、上海大学、安源党校等学校，为党的事业发展，培养各种人才、造就领导干部。大革命时期，中国共产党创办了一些党校，如北京党校、上海区委党校、广东区委党校、湘区委党校、鄂区委党校等，推动、参与国民党创办了农民运动讲习所等，对党员干部和农民运动积极分子进行理论教育；20 世纪 30 年代，中国共产党在中央苏区瑞金创办了各个领域的干部学校，如培养红军干部的中国工农红军学校、中国工农红军大学、红军第一步兵学校、红军特科学校、卫生学校、通讯学校、地方武装干部学校等；培养党员干部的马克思主义大学、培养苏维埃干部的苏维埃大学、培养教育干部的中央列宁师范学校、培养农业建设的中央农业学校、培养文艺干部的高尔基戏剧学校等。此外，中央苏维埃政府还开办了各种形式的训练班，例如，在井冈山革命根据地，湘赣边界特委和各县就举办了党团训练班，红四军军委也举办了政治训练班，等等。在抗日战争时期，中国共产党创办延安大学、抗日军政大学、鲁迅艺术学院、陕北女子公学等等；解放战争期间，中国共产党在各地创办人民革命大学，如 1949 年 2 月在北京成立的华北人民革命大学,1949年5月在江苏镇江新丰镇创立的华东人民革命大学,1949年6月在湖北武昌成立的湖北人民革命大学,等等。在党校、各类学校和训练班都开设了政治课程或者理论课程,讲授马克思主义基本理论,帮助学员"提高阶级斗争觉悟""认识共产党的责任",树立无产阶级的价值观和对共产主义的理想信念。

第二,开展批评和自我批评。在革命年代,中国共产党为了保持党的先进性和纯洁性,探索形成了批评和自我批评的优良作风。批评是指对别人的不足、缺点甚至错误有针对性地提出意见,自我批评则是指政党或者个人对于自己的不足、缺点甚至错误进行的自我揭露和自我剖析。采用批评和自我批评的方法,就意味着对个人和组织思想、行为中偏离马克思主义价值观的问题作经常性的审查和清理。党内批评能够加强党内监督,解决党内矛盾,使党在马克思主义原则基础上巩固和加强党的团结,充满生机和活力。对于党内同志的缺点错误,从团结的愿望出发,采取正确的原则和方法,帮助其认识缺点、改正错误,从而达到"惩前毖后、治病救人"的目的。通过批评和自我批评,就能把党内各种不同的意见统一到共同的政治基础和思想基础之上。正如毛泽东指出的:"经常地检讨工作,在检讨中推广民主作风,不惧怕批评和自我批评,实行'知无不言,言无不尽','言者无罪,闻者足戒','有则改之,无则加勉'这些中国人民的有益的格言,正是抵抗各种政治灰尘和政治微生物侵蚀我们同志的思想和我们党的肌体的唯一有效的方法。"①

从中国共产党建党实践来看,无论是古田会议后,红四军各个部队对照古田会议决议的精神全面认真检查自己,许多干部自觉剖析自己的缺点和不足,纠正错误;还是在延安整风运动中,积极采取批评教育与自我批评教育相结合的形式,以大辩论、大讨论的方式将每一个党员纳入到了批评教育运动中,调动每个人的批评积极性;还是在1947年11月开始的人民解放军普遍开展新式整军运动,批评与自我批评在帮助广大党员干部和人民军队官兵正确认识自身不足,排除错误思想、改造不良行为方面都起了极大的推动作用,是有效抵御各种错误思想影响、解决内部矛盾、保证党内和军队内部统一认识的主要

---

① 《毛泽东选集》第三卷,人民出版社1991年版,第1096页。

方式。

第三,树立典型示范。在新民主主义革命过程中,中国共产党为使马克思主义的价值观能够为人正确理解、接受,积极探索多种鲜活、可供效仿的价值观表现形态,典型示范就是其中重要的一种。选择的典型往往是那些具有鲜明的共产主义价值观和自觉行为、为完成党在一定历史阶段任务而努力的人或者群体,他们就在人民中间,大多数从事普通的生产劳动和工作,例如,为人民利益而死的张思德、无私奉献的白求恩、面对死亡坚守秘密的刘胡兰、在工作中刻苦钻研技术的赵占魁、不畏艰难开垦南泥湾的三五九旅等等。同时,充分挖掘模范典型的思想行为所体现的价值观念、价值追求,并在理论上给予说明和提升。毛泽东和一些党的领导人亲自参与这项工作。毛泽东同志在张思德同志的追悼会上作了《为人民服务》的著名演讲,高度评价张思德"毫不利己、专门利人"的平凡中彰显的伟大,号召广大党员战士向张思德同志学习;他对白求恩给予高度评价,倡导"我们大家要学习他毫无自私自利之心的精神";他专门为刘胡兰题词"生的伟大、死的光荣";等等。这样用先进人物的事迹教育广大党员干部、军队和人民群众,使人们在学习模范榜样的过程中,进行自我检查、自我反省,明确努力的方向,也深化了对共产主义价值观的理解,从而提升自身的思想道德境界。

此外,中国共产党采用发传单、布告和宣言,办壁报、画报和政治简报,编唱革命歌谣和文艺演出,办俱乐部等等,积极向广大群众宣传党的宗旨和价值追求,赢得群众的理解和支持,推进马克思主义价值观的大众化。

总之,在新民主主义革命时期,中国共产党的主要任务是领导人民争取民族独立、人民解放,在极端恶劣的战争环境下中国共产党在重视军事斗争和政治斗争的同时,注重结合中国实际和中国传统文化,提炼、宣传马克思主义价值观,在文化上开展反对帝国主义、封建专制主义的斗争,这不仅构成了新民主主义文化建设的重要内容,而且为中华人民共和国成立之后进行社会主义核心价值观建设准备了基础,也积累了历史经验。

(二)新中国成立初期中国共产党社会主义核心价值观建设的探索

1949 年 10 月 1 日,中华人民共和国庄严成立,中国进入了由新民主主义社会向社会主义社会转变的过渡时期。这一时期,建立了工人阶级为领导、工农联盟为基础的人民民主专政的国家,中国共产党从过去的革命党转变为执政党。虽然"统治阶级的思想在每一时代都是占统治地位的思想"①,但统治阶级的思想不会自动地获得思想的统治地位,也不可能完全靠思想自身的力量来维系统治地位。在由新民主主义社会向社会主义社会的过渡时期,由于经济上存在着国营经济、合作社经济、个体经济、私人资本主义和国家资本主义等五种经济成分,社会主义所有制经济尚未在多样化的经济结构中占据优势,社会成员由工人、农民、城市小资产阶级和民族资产阶级构成,这决定了当时社会意识形态具有多样性和复杂性,社会成员的价值观处于多元多样多变的状态,反映旧制度的思想残余在人们的头脑中占有相当大的空间。正如毛泽东所指出的:"一个崭新的社会制度要从旧制度的基地上建立起来,它就必须清除这个基地。反映旧制度的旧思想的残余,总是长期地留在人们的头脑里,不愿意轻易地退走的。"②由于社会主义价值观与以往一切以私有制为基础的价值观根本对立,不可能从旧的价值观中生长出来,这就意味着社会主义价值观要成为社会的主流价值观、核心价值观,不仅有赖于建立社会主义的经济基础和政治上层建筑,而且要确立马克思主义的指导地位,需要大力宣传、培育和弘扬社会主义价值观,以多种方式对社会成员进行教育和引导,对各种非社会主义的价值观进行批判和斗争。因此,社会主义价值观的培育和弘扬必然是一个长期的、需要付出极大努力的过程。

在新民主主义社会时期,为了在"观念的"上层建筑完成整个社会价值观的深刻变革,中国共产党领导人民开展了一系列工作。

1. 初步凝练和表达社会主义价值观

1949 年 9 月中国人民政治协商会议第一届全体会议通过《中国人民政治协商会议共同纲领》(以下简称《共同纲领》),代行宪法。《共同纲领》对新中国的经济、政治、文化、军事等多方面作了明确规定。包括"为中国的独立、民主、和平、统一和富强而奋斗"③,"中华人民共和国境内各民族,均有平等的权

---

① 《马克思恩格斯文集》第 1 卷,人民出版社 2009 年版,第 550 页。
② 《毛泽东文集》第六卷,人民出版社 1999 年版,第 450 页。
③ 《建国以来重要文献选编》第 1 册,中央文献出版社 1992 年版,第 2 页。

利和义务"①、妇女在政治、经济各方面"均有与男子平等的权利"②等,这其中包含了"民主""富强""自由""平等"的价值取向。《共同纲领》规定中华人民共和国的公民有遵守法律、遵守劳动纪律、爱护公共财产的义务,"中华人民共和国的文化教育为新民主主义的,即民族的、科学的、大众的文化教育。人民政府的文化教育工作,应以提高人民文化水平、培养国家建设人才、肃清封建的、买办的、法西斯主义的思想、发展为人民服务的思想为主要任务"③。这里虽然是从任务的角度对各级人民政府的工作作出规定,实际包含了人民政府应坚持的价值追求。同时,《共同纲领》还"提倡爱祖国、爱人民、爱劳动、爱科学、爱护公共财物为中华人民共和国全体国民的公德"④,这实际是明确了新中国公民的基本道德规范和价值要求。

应该说,无论是对国家政府价值取向的说明,还是从国家层面和公民层面对社会道德规范与价值要求进行概括,都是在当时条件下对社会主义价值观的凝练和表达。因为新民主主义社会是一个过渡性质的社会,必然要向社会主义方向发展,需要在经济、政治、文化等各方面为进入社会主义做准备。中国共产党坚持以马克思主义(共产主义)为指导,建设一个新民主主义国家,必然要将我国社会主义社会在价值观上的内在要求融于现实的价值观建设之中。从对社会公德的规定来看,在这些规范中包含了人民平等、崇尚劳动、爱国主义、集体主义、社会主义等价值理念,体现了社会主义价值观建设的主要方向和基本要求。

2. 在全社会开展马克思主义理论教育

社会主义核心价值观的思想理论基础是马克思主义价值理论。在全社会进行马克思主义教育,是社会主义核心价值观普遍确立的必要前提和思想基础。中国共产党高度重视马克思主义理论教育,1951 年 2 月,中共中央发出了《关于加强党的宣传教育工作的指示》,明确规定各级党委宣传部门的职能首先是:领导或推广马克思列宁主义、毛泽东思想的宣传(包括爱国主义的宣

---

① 《建国以来重要文献选编》第 1 册,中央文献出版社 1992 年版,第 3 页。
② 《建国以来重要文献选编》第 1 册,中央文献出版社 1992 年版,第 3 页。
③ 《建国以来重要文献选编》第 1 册,中央文献出版社 1992 年版,第 10—11 页。
④ 《建国以来重要文献选编》第 1 册,中央文献出版社 1992 年版,第 11 页。

传),领导或推广对于反马克思主义思想的批判,领导各级各类干部的政治理论学习,组织党内外理论工作者的活动等等。强调指出:"我们党是领导着四万万七千五百万人民的党,必须经常向各界人民正确地宣传马克思列宁主义——毛泽东思想和党在目前的各项主张。"①1951年5月,全国第一次宣传工作会议召开,刘少奇在《党在宣传战线上的任务》的报告中指出,当前宣传工作的首要任务就是"用马列主义的立场、观点和方法来教育自己和全国的人民"②。在这一方针的指引下,中国共产党通过报纸刊物、出版、戏剧、电影、美术、音乐、广播、学校等文化传播载体,大力宣传马克思列宁主义、毛泽东思想,宣传符合社会主义价值观要求的人物和事迹。具体而言包括:

其一,把马克思主义理论教育融于国民教育体系中。1949年12月召开了第一次全国教育工作会议,这次会议重申了《共同纲领》中的教育的基本路线和方针政策,进一步明确中华人民共和国的教育目的是"为人民服务,首先为工农兵服务,为当前的革命斗争与建设服务"③。在1949—1957年间,中国共产党一方面改造了旧的教育制度,在全国范围内接受国民党所属学校,取消国民党对学校的法西斯管理制度,对外国在中国创办的大、中、小学统统加以接管和代管,大力发展小学和中学并且扩大吸收工农子弟入学,创办工农速成小学、速成中学、工农干部文化补习班和技术进修班,大力开展扫盲运动,逐步建立了向苏联学习的系统的教育体制,从而在制度上确立了无产阶级和共产党在政治文化传播上的领导地位,确立了马克思主义在新中国意识形态领域的指导地位。教育部明确要求思想教育要以培养辩证唯物主义世界观和共产主义道德为目标,发展学生为祖国效忠、为人民服务的思想,培养爱国主义和集体主义精神,养成"五爱"的社会公德,养成学生坚韧、谦虚、诚实、节俭等优秀品质。在全国中小学和高校直接开设德育课程,如全国中学开设的政治科目课程,包括《青年修养》《中国革命和中国共产党》《人生观》《社会发展简史》等,而且把"五爱"(爱祖国、爱人民、爱劳动、爱科学、爱护公共财物)的观念融于中小学和高校的各科目教学内容之中。1952年10月,教育部还发出

---

① 《建国以来重要文献选编》第2册,中央文献出版社1992年版,第75页。
② 《建国以来重要文献选编》第2册,中央文献出版社1992年版,第292页。
③ 《建国以来重要文献选编》第1册,中央文献出版社1992年版,第87页。

《关于全国高等学校马克思列宁主义、毛泽东思想课程的指示》,在全国高等院校普遍开设马克思主义理论课程。

其二,成立相关机构,推进马克思主义理论著作的翻译、出版和学习。中共中央于 1950 年 12 月和 1953 年 1 月,先后组织成立了人民出版社和中央编译局两大文化事业单位,作为马列著作和毛泽东著作出版的专门机构,并且开始全面启动《马克思恩格斯全集》《列宁全集》《斯大林全集》等三大全集系列以及与此相关著作的翻译和出版工作。中共中央编辑印刷了一套包括《社会发展简史》《政治经济学》《共产党宣言》《苏联共产党历史简要读本》《列宁斯大林论社会主义建设》《列宁斯大林论中国》《思想方法论》等共 12 种的"干部必读书"。1950 年上半年,这 12 种的"干部必读书"全部出齐,印数达到了300 万册。1953 年,中央还组织成立了民族出版社,用蒙语、藏语、维吾尔语、哈萨克语、朝鲜语五种民族文字来翻译出版马列著作和毛泽东著作;从中央到地方,纷纷成立马列学院和各级党校,建立了对领导干部和党员进行系统马克思主义教育的阵地。

其三,针对不同对象,采用多种形式进行马克思主义理论教育。党中央对于广大党员干部的学习有明确要求。1954 年,中共中央颁布了《关于轮训全党高、中级干部和调整党校的计划》,确定了党的各级干部的轮训培训制度,强调要有计划有步骤地把全党各方面的高、中级干部,调入党校进行轮训,才能有效地提高全党干部马克思列宁主义的水准,适应今后工作的需要[1]。干部的理论培训包括三个基本层次:一是中共中央直属的马列学院,轮训地委正副书记、专员和相当于这一级以上的高级干部;二是中级党校,轮训地委委员、县委正副书记、县长以及相当于这一级的干部;三是初级党校,轮训县委委员、区委正副书记、区长以及相当于这一级的干部。[2] 中共中央于 1950 年 5 月 1日,在《关于在全党全军开展整风运动的指示》中强调:要"用阅读若干指定文件"[3]的方法,"提高干部和一般党员的思想水平和政治水平,克服工作中所犯的错误,克服以功臣自居的骄傲自满情绪,克服官僚主义和命令主义,改善党

---

① 参见《建国以来重要文献选编》第 5 册,中央文献出版社 1993 年版,第 697 页。
② 参见《建国以来重要文献选编》第 5 册,中央文献出版社 1993 年版,第 697—703 页。
③ 《建国以来重要文献选编》第 1 册,中央文献出版社 1992 年版,第 256 页。

和人民的关系"①。

党和政府注意引导知识分子和民主党派人士学习马克思主义。从 1951 年开始,中国共产党通过举办各种学习培训班和政治培训班,在知识分子中开展系统的思想改造运动。1952 年 1 月 9 日,政协全国委员会常务委员会作出了《关于开展各界人士思想改造的学习运动的决定》,该决定规定民主党派人士要学习理论、学习政策及开展批评和自我批评。同时,"党组织他们去参加土地改革、镇压反革命、抗美援朝、'三反''五反'的斗争,参观工厂和农村,访问苏联,参加各种国际活动"②,使知识分子了解新中国和中国共产党的种种新政策、新举措,多方面感受新中国建设事业迅速发展的客观事实,这些措施对于推动知识分子的思想改造、思想转变以及促进知识分子接受马克思主义产生了巨大的效果。"使许多原来不相信苏联和不相信马克思列宁主义的教师改变了认识"③,逐步接受或者接近共产主义,"深刻体会到阶级立场和为人民服务的观点是改造社会的先决条件"④;逐步改变了原来的"轻视劳动,轻视劳动人民,轻视劳动人民出身的干部,不愿意同工人农民和工农干部接近"⑤的错误思想观念,自觉把自己同工人、农民联系起来,同社会主义事业联系起来,不断提高建设新中国的积极性。同时,党还"领导或推广对于反马克思主义思想的批判"⑥,帮助知识分子肃清封建主义、资本主义的思想影响,理解、认同和接受唯物史观,培养起对新生人民政权的政治认同和情感认同,树立为人民服务的观念,学会用马克思主义的立场、观点和方法分析问题和解决问题。

此外,对工人、农民的马克思主义理论教育也以多种形式展开。工人主要参加工厂组织的各种学习活动,农民则在农闲时,在乡村就近进入夜校、冬校进行学习。

---

① 《毛泽东文集》第六卷,人民出版社 1999 年版,第 72 页。
② 《周恩来选集》下卷,人民出版社 1984 年版,第 162 页。
③ 《周恩来选集》下卷,人民出版社 1984 年版,第 177 页。
④ 金善宝:《从土地改革谈到卫生事业》,《光明日报》1951 年 9 月 15 日,转引自杨凤城:《中国共产党的知识分子理论与政策研究》,中共党史出版社 2005 年版,第 81 页。
⑤ 《周恩来选集》下卷,人民出版社 1984 年版,第 175 页。
⑥ 《建国以来重要文献选编》第 2 册,中央文献出版社 1992 年版,第 77 页。

3. 结合重大实践活动大力宣传社会主义价值观

中华人民共和国成立后,对于社会领域中的多种社会意识和价值观念并存的局面,中国共产党始终坚持了积极引导的政策,紧密结合重大实践活动、开展思想宣传工作。

其一,结合抗美援朝加强爱国主义宣传。1950 年 10 月,伟大的抗美援朝战争开始。随着前线军事行动的展开,国内开展了声势浩大的宣传活动。在宣传内容上,主要包括两个方面:一是进行爱国主义和国际主义价值观教育,使广大人民群众懂得"抗美援朝"的重大意义。二是着重于反对美帝国主义,揭露美帝国主义的侵略本性和帝国主义外强中干的面目,增强民族自尊心和自信心。其中,最为突出的是对抗美援朝中英雄模范如黄继光、邱少云、杨连第、罗盛教等等的宣传,对广大人民群众产生了极大的影响力和感召力。在宣传方式上,除报刊、广播、演讲、报告之外,还举行游行示威,开展讨论,爱好和平的签名活动,组织赴朝慰问团、写慰问信、送慰问品、订立爱国公约等等。在宣传对象上,宣传教育活动深入到各个阶层和各个阶级,推动占全国总人口 70% 至 80% 的工人、农民、小资产阶级、民族资产阶级以及各民族和各宗教信仰界,以各种形式参加了抗美援朝的爱国行动。① 比如,广大铁路职工、汽车司机、医务工作者和大批农民,纷纷组成运输队、医疗队、担架队,开赴朝鲜前线,担任各种战勤工作。1951 年 6 月 1 日,中国人民抗美援朝总会发出关于"推行爱国公约、捐献飞机大炮运动,以支援中国人民志愿军"的口号,全国人民立即行动起来,积极响应。毛泽东同志的故乡湖南省湘潭地区各界人民群众捐献了"毛泽东故乡号"战斗机;国家副主席宋庆龄与天津地区各界妇女,为捐献"天津妇女号"飞机而进行集资;宗教界代表人士班禅额尔德尼也号召僧俗们积极捐献"佛教号"飞机;等等。在这一过程中,党还注重引导人民群众开展自我教育。例如,全国著名劳动模范齐齐哈尔重型机械厂工人马恒昌,山西省著名劳动模范李顺达,他们还向全国发出了爱国增产竞赛的挑战书,全国有 12000 多个互助组、2700 多个农业模范积极响应。总之,结合抗美援朝

---

① 参见王振国:《中国共产党公民教育理论与实践》,郑州大学出版社 2005 年版,第116 页。

开展的思想宣传工作和爱国主义活动,极大地激发了"祖国和人民利益高于一切、为了祖国和民族的尊严而奋不顾身的爱国主义精神,英勇顽强、舍生忘死的革命英雄主义精神,不畏艰难困苦、始终保持高昂士气的革命乐观主义精神,为完成祖国和人民赋予的使命、慷慨奉献自己一切的革命忠诚精神,以及为了人类和平与正义事业而奋斗的国际主义精神"①。

其二,结合社会主义改造加强集体主义宣传。集体主义是生产资料社会共同占有在人们观念上的必然反映,是共产主义道德的核心,也是社会主义价值观的重要原则。中华人民共和国成立以后,人民群众成为新社会的建设者和国家的主人,集体利益和国家利益代表了人民群众的长远的和根本的利益,与个人利益本质上是一致的。1953年我国开始社会主义改造,社会主义生产关系的确立能够为集体主义道德原则的实现提供条件,同时也需要集体主义道德原则来引导人们的行为,保证社会改造的顺利进行。因此,伴随生产资料所有制的变革,中国共产党加强了对集体主义的宣传教育,并探索了思想教育与日常工作生活实践相结合的方式,这种方式"教育作用最为广泛和直接"②。比如,在农村中开展增产竞赛活动、召开互助组代表会议,举办互助组骨干培训班等等。1952年还组织农业劳动模范赴苏联学习考察,重点考察了苏联集体农庄建设的经验。这些活动帮助农民逐步认识合作化的优势和必要性,认识到社会主义制度的优越性和集体主义的伟大力量,逐渐改变了原有的封建小农思想,积极支持和参与合作化运动。

其三,结合新中国建设宣传社会主义价值观念。在新民主主义社会时期,我国开展了大规模的"一五"计划建设。由于确立了人民群众当家作主的根本政治制度,鼓舞了广大工农群众的劳动积极性,各行各业涌现出了一批爱岗敬业、无私奉献、为了国家和集体不惜献出自己生命的英雄人物。中国共产党将爱国主义、集体主义和为人民服务的观念融于对工农模范的宣传中,增进人们对社会主义价值观念的理解,推动人们在效仿、学习英模人物中弘扬和践行社会主义核心价值观。比如,宣传钢铁劳模孟泰的勤俭节约、爱厂如家的"孟

---

① 习近平:《在纪念中国人民志愿军抗美援朝出国作战60周年座谈会上的讲话》,《人民日报》2010年10月26日。

② 《周恩来选集》下卷,人民出版社1984年版,第177页。

泰精神",鞍钢北部机修厂工人王崇伦的主人翁责任心、不断钻研、虚心学习和助人为乐的精神①,马恒昌先进小组注重质量、安全生产、和谐团结的工作态度,宣传农民先进典型李顺达勤奋创业的精神等等,都直接引发了全国工人、农民学习英模先进人物的热潮,一次次掀起爱国主义劳动竞赛活动,并使广大工人农民在学习活动中确立爱国、敬业、奉献的价值取向。

同时,党坚持"两个务必"的思想,高度关注如何保持艰苦奋斗的优良传统和清正廉洁的品格、防止资产阶级思想和生活方式的腐蚀的问题,于1951年年底开展"三反"运动;1952年开展了打击不法资本家的严重违法行为的"五反"运动。这两个运动虽然直接目标不是思想领域的改造,但向中国人民说明了中国共产党和人民政府对廉洁、守法、奉公、诚信的推崇,间接地教育了党员干部和人民群众。

树立新型社会风尚中传递社会主义价值观念。新中国成立后,中国给共产党领导人民努力进行移风易俗的社会改造,树立新型社会风尚。首先,新中国推动妇女解放,废除娼妓制度,颁布《中华人民共和国婚姻法》和一系列法律法规,如1950年9月发布的《关于加强工会女工工作的决定》《女工委员会组织条例》,1954年的《中华人民共和国宪法》等,保证了妇女在政治、经济、文化教育和家庭婚姻中的平等权利。其次,新中国先后发动大规模的清洁扫除运动(1950年)和爱国卫生运动(1952年),不仅改善了生活环境,而且推动文明生活方式的养成;国家倡导人人平等,没有尊卑贵贱之分,用新的"同志"称谓代替在旧社会具有封建等级色彩的"大人""老爷""下人"等等,将平等观念渗透到群众的日常生活。最后,国家开展宗教制度的改革,割断宗教与封建制度的联系、宗教与帝国主义的联系,推动宗教界"三自"爱国运动。

可以说,在中华人民共和国成立后的七年里,中国共产党努力从全方位打造改造思想、培育社会主义价值观念的社会环境和条件,初步奠定了社会主义阶段培育和践行核心价值观教育的基本内容和基本框架,即以马克思列宁主义为指导思想、以共产主义为最高理想和最终目标、以爱国主义集体主义社会主义为基本精神和基本道德规范的社会主义核心价值体系;初步确立了理论

---

①　《发扬王崇伦的工作精神,提前完成国家计划》,《人民日报》1954年2月8日。

与实际相结合的基本教育方法以及直接教育与间接渗透相结合的基本路径，为社会主义价值观最终成为社会主流价值观做好了准备。这一时期社会主义价值观教育的成绩突出，人民群众焕发出高度的政治热情和政治觉悟，投身于社会主义革命和建设之中。

（三）社会主义建设时期的社会主义核心价值观建设

1956年生产资料的社会主义改造基本完成，我国社会基本经济制度、社会经济结构和阶级关系发生了深刻变化。在此前提之下，以为人民服务、爱国主义、集体主义、人民民主为核心内容的社会主义价值观逐步成为社会价值观的主流。但由于社会意识具有相对独立性，中国有漫长的封建社会历史和近代帝国主义侵略的历史，各种非社会主义的价值观念在人们的思想观念中仍然会存在，并在一定的条件下会表现出来。因此，即使是在社会主义制度条件下，培育和践行社会主义价值观仍是一项长期的工作。在社会主义建设时期，中国共产党始终坚持强化全社会的思想道德建设，视"思想政治工作是其他一切工作的生命线"，在全党、全军、全国人民中加强思想政治工作，巩固社会主义价值观的地位、推进社会主义价值观功能的发挥。在这一过程中，由于对社会意识形态领域状况的判断出现失误，由于对马克思主义基本原理的教条化、程式化的理解，在反对非社会主义价值观中形成了一些"左"的观念和做法。

总体上看，可以把1956年社会主义改造完成到1978年改革开放启动这20多年划分为两个阶段，第一阶段是从1956年到1966年这10年，即全面建设社会主义时期。第二阶段是从1966年到1978年党的十一届三中全会之前。

在全面建设社会主义时期，社会主义价值观的培育和建设主要具有以下特点。

第一，通过大规模的社会主义教育运动传播培育社会主义价值观。

在全面建设社会主义时期里，中国共产党根据人民的思想状况和党的中心工作的需要，先后开展多次社会主义教育运动，培育和传播社会主义价值观。

第一次社会主义教育运动是在 1957 年。中共中央于 1957 年 8 月 8 日发出了《关于向全体农村人口进行一次大规模的社会主义教育的指示》,要求在农村开展一场关于社会主义道路与资本主义道路的两条道路的大辩论。这主要是针对社会主义改造完成后,一些农民在思想上有错误、模糊认识,对合作社的管理有意见、想回到过去个体单干的情况而展开的。该指示指出,这种大辩论是农民群众和乡村干部进行的自我教育,是农村的整风。群众就干部作风提出的意见和批判,各级党委要认真研究、适当处理、改进工作。此次教育活动的方式是在农业生产的间隙和休息时间,围绕合作社的优越性问题、粮食和农产品统购统销问题、工农关系问题、肃反和遵守法制问题等,通过提问题、提意见、摆事实、讲道理,回忆、对比新中国成立前后和合作化前后的生活变化,帮助广大农民和乡村干部提高社会主义觉悟、巩固集体主义观念。与此同时,在城市也开展了多种形式的社会主义教育活动。在教育的内容上具有鲜明的针对性。对于工人群众,主要是使工人认识自身的领导地位和领导责任,保持工人阶级的优良品质、发挥模范作用;在知识分子和高校中,教育活动的内容是批判资产阶级思想、向党交心、红专大辩论等;在工商界和民主人士中,以批判"抵制社会主义改造的思想和行为"为教育内容。

第二次社会主义教育运动是在 1962 年冬至 1966 年。这次运动主要是在农村地区开展,最初是要解决干部工作作风和经济管理方面存在的问题。从1962 年年底到 1963 年春,一些农村地区进行了整风整社、社会主义教育和小"四清"(即清账目、清仓库、清财物、清工分)的工作。1963 年 2 月,在中央工作会议上,毛泽东同志督促各地要注意抓阶级斗争和社会主义教育问题。1963 年 3 月 1 日,中共中央发出在全国城市逐步开展反贪污盗窃、反投机倒把、反铺张浪费、反分散主义、反官僚主义的"五反"运动。1963 年 5 月,毛泽东同志在浙江杭州召集部分政治局委员和大区书记参加的小型会议,集中讨论农村社会主义教育的问题,并且制定了《关于目前农村工作中若干问题的决定(草案)》(即"前十条")。"前十条"对当时农村和城市的阶级斗争形势作了过于夸大化的估计,对"四清"运动的任务、政策、方法提出了明确要求。1964 年 5—6 月间的中央工作会议在讨论"社教"运动问题时,对于全国基层的政治形势估计过于严峻,强调要放手发动群众进行彻底革命,追查"四不清"干部在上面的根子。1964年年底到1965年1月,中共中央政治局召集全国工作会议,在毛泽东主席的主持下讨论并且制定了《农村社会主义教育运动中目前提出的一些问题》(即"二十三条"),将"四清"的基本内容规定为"清政治、清经济、清组织、清思想",强调"四清"运动的性质是解决"社会主义和资本主义的矛盾",并且明确提出了"四清"运动的重点是整"党内那些走资本主义道路的当权派"等错误的观点。

两次社会主义教育运动都凸显了党员干部要为人民服务,人民群众有权监督党员干部、参与管理等要求,由此体现社会主义价值观对提高广大党员干部和人民群众的思想觉悟的作用,使其对社会主义的价值追求有更多更深刻的认识。但是,在教育宣传中有些不合实际的内容,也有忽视客观经济规律、夸大人的主观能动性、错误估计当时社会矛盾等因素,因而导致人们对社会主义及社会主义价值观的认识出现一些误区,如"搞社会主义就是精神崇高""社会主义就是要搞平均主义",在实践中造成严重的后果。

第二,在全国掀起学习毛泽东著作的热潮。

在全面建设社会主义时期,中国共产党一如既往地要求加强马克思主义理论学习。毛泽东多次向全党提出读书建议,亲自拟定书目,并亲自实践读书建议。从1959年秋到1960年上半年,中央领导、各部委的领导人都认真地开展了读书活动,主要阅读《苏联社会主义经济问题》《马恩列斯论共产主义社会》《苏联政治经济学教科书(社会主义部分)》等。全国的广大干部也积极地学习,形成理论联系实际的好风气。

1958年6月,中国共产主义青年团三届三中全会作出了《关于组织广大青年学习马克思列宁主义、学习毛泽东著作的决议》,号召全国青年在积极参加社会主义建设的同时,掀起一个学习马克思列宁主义理论、学习毛泽东著作运动的高潮。该决议指出了开展学习马克思列宁主义理论、学习毛泽东著作的运动的基本原则和基本要求:就是要求我们在工作和学习中坚持马克思列宁主义普遍真理同我国革命和建设的具体实践相结合的原则;就是要求我国青年一定要掌握这个加速社会主义革命胜利的伟大的思想武器。之后,在共青团的认真组织和积极推动下,在全国广大青年中广泛组织起了毛泽东著作学习小组。据团中央统计,到1960年3月,长期坚持学习毛泽东著作的青年已经达到了 2000 万人。

1960 年年初,中国人民解放军也开始掀起了学习毛泽东著作的热潮。3 月到 4 月,总政治部召开的全军政治工作会议,决定在全军加强理论工作和理论教育,以毛泽东思想为指导,以毛泽东同志对于马克思列宁主义原理所阐明所发展了的观点和他的许多具有普遍意义的独创性的见解为主要内容。1960 年 9 月,《毛泽东选集》第四卷出版,中共中央宣传部写了《关于〈毛泽东选集〉第四卷的宣传和学习的报告》。中央批准了这一报告,要求各地各部门有计划地安排对《毛泽东选集》第四卷的学习和宣传。这样学习毛泽东著作的热潮很快推向全国。

第三,学习先进典型、培育良好社会风尚。

在建设社会主义过程中,广大党员干部和人民群众以主人翁的姿态和饱满的热情投入到工作中,艰苦创业,勤奋工作,乐于奉献,公而忘私,涌现了一大批践行社会主义价值观的先进模范集体和个人。先进模范集体有大庆、大寨、"南京路上好八连"等等,先进模范个人如雷锋、王进喜、焦裕禄等等。党中央和各级党组织积极表彰这些集体和个人,提炼出这些先进集体和个人所具有的精神品格并加以宣传、推广。

在先进群体中,最为突出的是宣传大庆精神和大寨精神。1964 年 4—5 月间,《人民日报》连续发表文章介绍大庆精神和大庆人,将大庆人的工作作风概括为"三老四严、四个一样",即对待革命事业,要当老实人、说老实话、办老实事;对待革命工作,要有严格的要求、严密的组织、严肃的态度和严明的纪律;对待革命工作的认真精神,要做到黑夜白天一样、坏天气和好天气一样、领导在场和不在场一样、有人检查和没人检查一样;宣传大庆人"有条件要上,没有条件创造条件也要上"的精神、"先生产,后生活"的原则,等等。这些经验很快在我国工业、交通等领域得到了推广。

1964 年 2 月,《人民日报》发表《大寨之路》的长篇通讯报道,并在社论《用革命精神建设山区的好榜样》中介绍了山西省昔阳县大寨大队自力更生,艰苦奋斗,与穷山恶水作斗争的事迹和经验。社论指出,要学习大寨精神的四个方面:第一,远大的革命理想和对未来坚定不移的信心;第二,敢于藐视困难,同困难作斗争的顽强精神和实干苦干的优良作风;第三,自力更生、奋发图强的优良作风和严格要求自己、以整体利益为重的共产主义风格;第四,把伟大的科学精神和严格的科学态度结合起来。① 1964 年,毛泽东发出了"农业学大寨"的口号。周恩来在全国人大三届一次大会上,对大寨精神做出精辟概括:"大寨大队所坚持的政治挂帅、思想领先的原则,自力更生、艰苦奋斗的精神,爱国家爱集体的共产主义风格,都是值得大大提倡的。"②这些对大庆精神、大寨精神所做的概括,实际也是对其中蕴含的社会主义价值观的说明。

在学习先进个人方面,中国共产党做了长期号召、持续推动。其中最为突出的、在全国影响最为深远的是开展学雷锋运动。雷锋是中国人民解放军战士,中国共产党党员,1962 年 8 月 15 日因公殉职。雷锋以短暂的平凡的一生,实践了"把有限的生命投入到无限的为人民服务中去",在他身上所展现出来的艰苦奋斗、舍己为人、乐于助人、敬业爱岗、廉洁奉公、强烈爱国主义情怀和高度的社会责任感,充分体现了社会主义的价值追求,构成了代表社会主义思想品德的雷锋精神。1963 年 1 月 7 日,国防部命名雷锋所在班为"雷锋班"。2 月 8 日,《解放军报》以《伟大的战士》为题发表长篇通讯,向全国人民介绍了雷锋的模范事迹。2 月 15 日,共青团中央向全国青年发出了《关于在全国青少年中广泛开展"学习雷锋"的教育活动的通知》,指出团的组织要引导青少年着重学习雷锋同志的:"忠实于党,忠实于社会主义事业的无产阶级立场;自觉地服从祖国的需要,以人民的利益为重,做一个'永不生锈的螺丝钉',全心全意为人民服务的精神;关心同志,助人为乐,毫不利己,专门利人的共产主义风格;坚忍不拔、勇于克服困难和克勤克俭,艰苦朴素的作风;坚持又红又专的方向,下苦功夫,努力学习毛主席著作,刻苦钻研业务技术,模范地完成工作任务。"③中华全国总工会和全国妇联都发出了向雷锋学习的通知。1963 年 3 月 5 日,《人民日报》发表了毛泽东主席的亲笔题词:"向雷锋同志学习"。随后又连续发表了刘少奇、周恩来、朱德、陈云、邓小平、董必武等党和国家领导人对雷锋的题词,号召全国人民向雷锋同志学习。全国一些著名作

---

① 参见《用革命精神建设山区的好榜样》,《人民日报》1964 年 2 月 10 日。

② 《建国以来重要文献选编》第 19 册,中央文献出版社 1998 年版,第 469 页。

③ 《关于在全国青少年中广泛开展"学习雷锋"的教育活动的通知》,《中国青年报》1963 年 2 月 15 日。

家、诗人、音乐家也纷纷写诗、著文、谱曲,热情歌颂这位青年一代的楷模,"学习雷锋好榜样"的歌声迅速响遍全国。

"雷锋精神是中华民族传统美德和共产主义崇高理想的完美统一"①,它表明在中国社会主义发展阶段,"社会主义新人"应具有的道德品质和政治情操。开展全国性的学雷锋运动,将社会主义价值观念浸润于人们的日常工作和生活之中,使人民群众通过自主行为,感受、认同社会主义价值观念,在学习效仿雷锋的过程中,将社会主义价值观念内化为个人的理性认识,外化为自己的自觉行为,对于建立良好的民风、社会风尚起到了极大的推动作用。在学习雷锋运动中,"千万个雷锋在成长",全国涌现了一批成千上万的英雄模范人物和集体,如欧阳海、王杰、"草原英雄小姐妹"、"南京路上好八连",等等。

对于党员干部,党中央还要求向焦裕禄学习。焦裕禄在国民经济困难时期被组织调到生活极度贫困、自然环境极度恶劣的河南省兰考县任县委书记。他以强烈的事业心和高度的责任感,发扬全心全意为人民服务,鞠躬尽瘁、死而后已的精神,带领全县干部和群众镇风沙、治洪水、战灾荒,最后献出宝贵的生命,被群众誉为"党的好干部"。1966 年 2 月 7 日,《人民日报》以《县委书记的榜样——焦裕禄》为题,介绍了焦裕禄的先进事迹,并号召广大党员干部向焦裕禄学习,主要是学习他完全彻底地为人民服务的革命精神和坚持从群众中来到群众中去的工作方法。

总之,在全面建设社会主义时期,党树立先进典型模范,并大力宣传与之紧密联系的精神品格、价值观念,推动整个社会形成良好的道德风尚,推进了社会主义价值观的培育和践行,也调动了广大党员干部和人民群众积极高昂的精神状态,为建设社会主义国家努力工作。虽然这一时期思想文化领域"左"的倾向在不断发展,但是从整体上看,社会主义价值观的培育和践行取得了显著成果,广大党员干部和人民群众对建设一个强大的社会主义现代化国家达成了共识,社会共同遵守的道德规范确立起来。

在"文化大革命"中,中国共产党仍然坚持以往培育和践行社会主义价值

---

① 《中华人民共和国史稿·第二卷(1956—1966)》,人民出版社、当代中国出版社 2012 年版,第 235 页。

观的经验和有效做法，通过号召向先进模范集体和个人的学习，开展学习毛泽东著作、加强思想政治工作等方式，结合一波又一波的政治运动来传播社会主义价值观。但是由于极左思想和政治运动的影响，给社会主义价值观的宣传和培育带来多方面的消极影响。

其一，由于对"什么是社会主义"没有完全搞清楚，对社会主义的认识存在很多误区，导致人们对社会主义价值观的理解出现较多的偏差。在"文革"期间，"越穷越革命""凡是资本主义有的，社会主义就不能有""贫穷才是社会主义""宁要社会主义的草，也不要资本主义的苗"等等错误观点甚嚣尘上。这些观点忽视现实的生产力发展，把社会主义与生产力落后错误联系在一起，简单地从社会主义与资本主义的绝对对立中来认识社会主义，忽视了社会主义与资本主义在文明发展上的继承关系，违背了马克思主义关于生产力决定生产关系的基本原理。此外，脱离了当时中国经济社会发展水平，无视人们的温饱状态，宣扬"社会主义就是精神崇高"、要求人们"毫不利己、专门利人"等等，片面在价值观领域拔高，忽视精神崇高必要的物质前提和物质基础，对社会主义价值追求做简单化的理解，不可避免地导致人们对社会主义的认识带有极大的空想性。

其二，"文化大革命"造成社会主义价值观的扭曲。"文化大革命"期间，虽然倡导全心全意为人民服务，但实践中存在大量混淆敌我矛盾的情况。"文革"中盛行血统论，一方面是"老子英雄儿好汉""自来红"的观点喧嚣一时；另一方面，混淆了是非界限，混淆了业务探讨和政治是非的界限，混淆了思想问题和政治问题的界限，混淆了人民内部矛盾和敌我矛盾的界限，无限夸大、层层上纲，党长期依靠的许多积极分子和基本群众受到排斥，大量的人民群众被列为斗争对象，受到简单粗暴的对待。其结果是破坏了正常的同志间关系，造成人人自危、人民群众内部的尖锐对立；同时，名义上坚持人民民主，直接依靠群众，实际上在"全面内战""打倒党内资产阶级当权派""砸乱公检法"中破坏了社会主义法制，将民主置于混乱无序中，造成事实上的无政府主义状态，既脱离了党的组织，又脱离了广大群众，造成人们的价值观迷茫，败坏了党风和社会风气。

其三，"文化大革命"不利于正常的思想建设。"文化大革命"期间，学习马克思列宁主义和毛泽东思想是常态。但是实际上,存在着对马克思列宁主义毛泽东思想作教条主义的理解、对马克思主义经典作家的思想断章取义的严重倾向,把马克思主义经典作家基于当时具体历史条件下提出的个别观点和具体结论当作马克思主义基本原理,把马克思主义理论简单化、庸俗化,实质导致了形式主义、唯心主义和形而上学的泛滥。同时,"文化大革命"期间,在文化上搞闭关锁国,不加区别地把中华优秀传统文化和人类文明有益成果都视为"封资修""四旧",拒绝学习,开展批判,还大量破坏文化遗产。这些做法严重破坏了正常的思想建设,切断了树立社会主义价值观的文化根基和思想资源。

其四,思想政治教育和思想政治工作被推向极端。在科学理论指导下、运用科学方法开展的思想政治工作是培育社会主义价值观的基本路径。但是在"文化大革命"期间,思想政治工作的基础遭到破坏。主要是打着唯物主义和辩证法的旗号,实际上是唯心主义和形而上学的蔓延,出现了所谓的"顶峰论""天才论",破坏了思想政治工作的理论基础;搞"大鸣、大放、大字报、大辩论",违背思想政治工作的基本规律;取消党的领导,"踢开党委闹革命"等,破坏了思想政治工作的组织基础;搞形式主义、"假大空"的宣传,背离了思想政治工作的优良传统。思想政治工作陷于简单的口号式的宣传,缺乏实际上的效果,甚至引起党员干部和人民群众的不满。而"简单的口号式的宣传起不到思想教育的作用"[1],人们逐渐对空洞的说教产生了反感。

总之,"文化大革命"时期由于宣扬"斗争哲学",以单纯性的、疾风暴雨式的政治运动、群众运动取代经常性的、润物无声的思想道德建设和价值观培育与践行,忽视思想道德建设的系统性、持续性和长期性,破坏了整个社会赖以维系的价值共识。

(四)改革开放以来社会主义核心价值观建设

党的十一届三中全会以后,中国共产党总结历史经验、吸取历史教训,深刻认识到在全社会培育社会主义价值观需要坚持理论联系实际,从当代中国

---

[1]　《胡绳文集(1979—1994)》,中国社会科学出版社1994年版,第477页。

的现实国情出发,需要坚实的物质基础支撑、完善的制度体系规范和持续深入的思想教育引导。伴随改革开放的推进,特别是社会主义市场经济的发展,中国经济社会结构发生深刻变化,社会价值观日益多样化。因此,中国共产党坚持与时俱进,不断深化对培育和践行社会主义价值观的规律性认识,创新社会主义价值观的表达话语,采用适应科学技术进步的手段,抵御西方意识形态对我国进行的价值观渗透,在全社会积极倡导培育和践行社会主义核心价值观。

总体上看,改革开放以后,中国共产党对社会主义核心价值观的认识、概括和凝练,随着中国特色社会主义建设的实践推进而深化、调整、明确。根据改革开放的实践进程和社会主义价值观的认识演进,可以分为三个阶段:第一阶段是从 1978 年党的十一届三中全会到 1992 年邓小平"南方谈话",第二阶段是从党的十四大到十八大之前,第三阶段是从党的十八大至今。

第一阶段:从 1978 年党的十一届三中全会到 1992 年邓小平"南方谈话"。

在这一阶段中国共产党对社会主义价值观的认识和表达既继承了改革开放之前 30 年关于社会主义价值观的认识成果,同时又在反思"文化大革命"中"左"的错误和教条主义的基础上,纠正一些错误认识,并有所创新,主要成果体现在邓小平理论之中。

实事求是思想路线的重新确立,为科学认识社会主义价值观问题准备了理论前提和思想基础。从 1978 年 5 月开始,中国共产党开展了真理标准问题的大讨论。邓小平指出:"只有解放思想,坚持实事求是,一切从实际出发,理论联系实际,我们的社会主义现代化建设才能顺利进行,我们党的马列主义、毛泽东思想的理论也才能顺利发展。从这个意义上说,关于真理标准问题的争论,的确是个思想路线问题,是个政治问题,是个关系到党和国家的前途和命运的问题。"[1]在真理标准大讨论的基础上,1979 年 1 月,党的理论工作务虚会在北京召开,对"两个凡是"和思想僵化现象进行了尖锐批评。"真理标准大讨论"实际是一场规模广泛、意义重大、影响深远的思想解放运动和马克思主义理论教育运动,对于全党、全军和全国人民的思想从教条主义和个人崇拜的思想桎梏中解放出来,推动全党正确认识马克思列宁主义、毛泽东思想,从

---

① 《邓小平文选》第二卷,人民出版社 1994 年版,第 143 页。

实际出发而非从观念出发来思考中国的社会发展问题。经过真理标准大讨论，到党的十一届三中全会，实事求是的思想路线重新确立，坚持马克思主义基本原理与中国国情相结合，逐步成为全党的共识。实事求是的思想路线为在新的历史时期建设中国特色社会主义、探索建设社会主义核心价值观提供了科学的世界观和方法论指导。

邓小平理论对"什么是社会主义、怎样建设社会主义"作了初步系统的科学回答，也彰显党遵循实事求是的原则，将对社会主义价值观及其在当代中国具体体现的认识，建立在对马克思主义经典作家思想和现实中国国情的理解上。在邓小平理论中，包含着丰富的关于社会主义价值观及其培育的思考。其主要内容包括：

其一，坚持共产主义理想信念和革命、建设时期的优良传统。邓小平高度重视树立共产主义理想信念教育，指出"为什么我们过去能在非常困难的情况下奋斗出来，战胜千难万险使革命胜利呢？就是因为我们有理想，有马克思主义信念，有共产主义信念。我们干的是社会主义事业，最终目的是实现共产主义"①。因此，在中国的发展中，要教育青少年"一定要树立共产主义的远大理想"。面对苏联解体、东欧剧变及其造成的人们思想上的混乱，邓小平强调马克思主义是科学，相信世界上信仰马克思主义的人会越来越多。同时，邓小平肯定在中国革命、建设时期在价值观和精神风貌上留下的宝贵财富，认为这些财富应该在社会主义现代化建设中发扬光大。他指出："在长期革命战争中，我们在正确的政治方向指导下，从分析实际情况出发，发扬革命和拼命精神，严守纪律和自我牺牲精神，大公无私和先人后己精神，压倒一切敌人、压倒一切困难的精神，坚持革命乐观主义、排除万难去争取胜利的精神，取得了伟大的胜利。搞社会主义建设，实现四个现代化，同样要在党中央的正确领导下，大大发扬这些精神。"②

其二，坚持四项基本原则，抵制精神污染。改革开放以后，在反思"文化大革命"的历史教训过程中，我国思想领域出现了另一种倾向，即"散布形形

---

① 《邓小平文选》第三卷，人民出版社1993年版，第110页。

② 《邓小平文选》第二卷，人民出版社1994年版，第367—368页。

色色的资产阶级和其他剥削阶级腐朽没落的思想,散布对于社会主义、共产主义事业和对于共产党领导的不信任情绪"①。对此,1979年邓小平明确提出了四项基本原则,即"四个坚持"。1983年10月,党召开十二届二中全会,发出了关于整党的决定,指出整党的主要任务是:进一步统一思想,实现全党思想上政治上的高度一致,纠正一切违反四项基本原则的错误倾向;整顿党风,发扬全心全意为人民服务的精神;加强纪律,坚持民主集中制原则;纯洁组织,把反对党、危害党的分子清理出去。邓小平在全会上作了《党在组织战线和思想战线上的迫切任务》的重要讲话,明确反对抽象地谈人的价值和人道主义、将"异化"概念泛化适应在社会主义社会里、抽象地谈民主,并将民主与坚持党的领导对立起来、将党性与人民性对立起来和"一切向钱看",将精神污染成为"资产阶级自由化",明确指出了精神污染的主要危害在于模糊了人们的政治方向,动摇了人们的理想和信念,"腐蚀人们的灵魂和意志,助长形形色色的个人主义思想的泛滥,助长一部分人当中怀疑以至否定社会主义和党的领导的思潮"。②

其三,建设社会主义精神文明。改革开放初期,邓小平就强调"两个文明一起抓",认为我们要建设的社会主义国家,不但要有高度的物质文明,而且要有高度的精神文明。据此,1981年发布的《关于建国以来党的若干历史问题的决议》中将高度的精神文明视为社会主义的基本特征之一。邓小平指出,在社会主义国家,一个马克思主义政党执政后,不仅要大力发展生产力,建设社会主义物质文明,而且要建设社会主义精神文明,"最根本的是要使广大人民有共产主义的理想,有道德,有文化,守纪律。国际主义、爱国主义都属于精神文明的范畴"③。1986年中国共产党十二届六中全会通过了《中共中央关于社会主义精神文明建设指导方针的决议》,该决议明确指出:"社会主义精神文明建设的根本任务,是适应社会主义现代化建设的需要,培育有理想、有道德、有文化、有纪律的社会主义公民,提高整个中华民族的思想道德素质

---

① 《邓小平文选》第三卷,人民出版社1993年版,第40页。
② 《邓小平文选》第三卷,人民出版社1993年版,第44页。
③ 《邓小平文选》第三卷,人民出版社1993年版,第28页。

和科学文化素质。"①针对改革开放后社会上出现某些社会成员道德失范以及拜金主义、享乐主义、极端个人主义滋长,封建迷信活动和黄赌毒等丑恶现象沉渣泛起以及理想信念动摇、对坚持四项基本原则和反对资产阶级自由化的认识不足、贪污腐败等等现象,邓小平强调社会主义建设应该坚持社会主义物质文明和精神文明"两手抓,两手都要硬"。

其四,社会主义应该坚持"人民利益至上",追求"共同富裕"和"民主法治"。邓小平在总结我国和其他社会主义国家社会主义建设的经验教训基础上,重视马克思主义经典作家关于未来社会主义的科学论述,并且从中概括了社会主义应该坚持的价值原则。邓小平强调,要坚持为人民服务的党的宗旨,要尊重人民群众的首创精神,并且把人民群众赞成不赞成、拥护不拥护、高兴不高兴、答应不答应等作为党和政府制定各项路线方针政策的出发点和落脚点。他明确指出"贫穷不是社会主义,社会主义要消灭贫穷"②;认为公有制占主体和共同富裕是我国所必须坚持的社会主义的根本原则;他提出"没有民主就没有社会主义,就没有社会主义的现代化"③,"必须使民主制度化、法律化"④,"没有法治不行。民主和法治是统一的"⑤等等。由此彰显服务人民、富裕、民主、法治是社会主义价值观的题中应有之义。

在邓小平理论的指导下,中国共产党领导人民在推进改革中加强了社会主义精神文明建设,大规模、持续性地开展了社会主义价值观宣传教育实践活动。具体包括:

第一,开展爱国主义教育活动。针对因新中国成立以来党和国家工作中发生过的失误而对国家不满,对社会主义制度和党的领导等不满,盲目崇拜、向往西方的思想偏向,以邓小平同志为主要代表的中国共产党大力推动爱国主义教育活动,把爱国主义教育作为社会主义精神文明建设的重点。1982 年12 月,第五届全国人民代表大会第五次会议通过的《中华人民共和国宪法》第

---

① 《十二大以来重要文献选编》(下),人民出版社 1988 年版,第 1176 页。
② 《邓小平文选》第三卷,人民出版社 1993 年版,第 116 页。
③ 《邓小平文选》第二卷,人民出版社 1994 年版,第 168 页。
④ 《邓小平文选》第二卷,人民出版社 1994 年版,第 146 页。
⑤ 《邓小平年谱(一九七五——一九九七)》(上),中央文献出版社 2004 年版,第 505 页。

二十四条把"五爱"的国民公德要求调整为:"爱祖国、爱人民、爱劳动、爱科学、爱社会主义"。1983年7月,中共中央宣传部、中央书记处研究室发出了《关于加强爱国主义宣传教育的意见》。1983年8月,教育部发出了《关于学习贯彻〈关于加强爱国主义宣传教育的意见〉的通知》,指出爱国主义宣传教育的意义、内容、步骤、方法等,这是对爱国主义宣传教育在新时期的全面、深入而系统的阐释,回答了新的历史时期如何开展爱国主义宣传教育以及爱国主义与理想信念等其他价值规范之间的关系等问题。江泽民于1990年5月在首都青年纪念五四运动71周年报告会上发表了重要讲话,指出爱国主义是动员和鼓舞人民团结奋斗的旗帜,在当代中国,爱国主义与社会主义本质上是统一的。1991年4月,国家教委办公厅发出了《关于在中小学进一步开展爱国主义教育活动的意见》,提出围绕中国近代史进一步深入开展以热爱中国共产党为重点的爱国主义教育活动。由此全国持续在中小学和高校开展爱国主义教育活动。

第二,"五讲四美三热爱"活动。1981年2月25日,全国总工会、共青团中央、全国妇联、中国文联、全国爱卫会、中国伦理学会、中华美学学会等9个单位联合作出《关于开展文明礼貌活动的倡议》,号召全国人民特别是青少年开展以"讲文明、讲礼貌、讲卫生、讲秩序、讲道德"和"语言美、心灵美、行为美、环境美"为主要内容的"五讲""四美"文明礼貌活动。此后,这项活动又和"三热爱"(热爱祖国、热爱社会主义、热爱党)活动相结合。于是,从城市到农村、从内地到边疆,活动迅速开展起来。1983年3月11日,中央成立了以万里为主任的"五讲四美三热爱"委员会。"五讲四美三热爱"以简明的语言,不仅概括了一个中国公民在道德情操上的要求,而且也明确了价值观上的要求,如爱国、文明、诚实、守纪等。开展"五讲四美三热爱"活动,实际是帮助党员、干部和青少年树立爱祖国、爱集体、文明诚实、先公后私、助人为乐、劳动致富等价值观。

第三,普法教育。1985年以来,全国人大常委会先后四次作出关于开展全国普法教育的决议。国家自1986年起连续有计划地开展了四个五年法制宣传教育活动,目标是培养守纪守法的公民,为建设社会主义法治社会奠定社会基础和条件。这项活动强调学法同用法的结合。"一五"普法主要是普及法律常识,以"学"为主;"二五"普法是在学习宣传法律的基础上,广泛开展依法治理活动,学用结合,上了一个层次;"三五"普法中法律法规宣传步入专业化、规范化、制度化的轨道,在依法治国方略指导下,依法治理出现了整体实践、全面推进的新局面;"四五"普法鲜明地提出努力实现由提高全体公民法律意识向提高全体公民法制素质的转变,提高公民的法律素质,实现由注重依靠行政手段管理向注重运用法律手段管理的转变,全面提高社会法制化管理水平。其间,国家依法公开审理了林彪、江青两个反革命集团的案子,把审理视为向人民大众进行法制教育的重要方式。持续的普法教育帮助人民群众树立了法治观念,尊法、学法、守法等观念逐步形成。

第二阶段,从党的十四大到十八大之前。

20世纪90年代以来,国际国内形势发生了巨大变化,推动我国社会价值观呈现复杂状态。社会主义价值观建设在回应现实问题、克服价值观多元化制约中不断推进。

首先,世界社会主义阵营遭遇重大曲折,苏联解体、东欧剧变。苏东剧变不仅使马克思主义受到质疑、责难和批判,而且否定了社会主义价值观的实践基础。特别是在苏联解体、东欧剧变中暴露出这些国家在社会主义经济建设、民主法治建设和文化发展方面出现的曲折、犯下的错误,冲击着中国人对于社会主义、共产主义的理想信念,导致社会思想领域出现了很大的波动。国内既出现了对中国走社会主义道路的质疑,也出现了关于社会主义价值追求的讨论,"社会主义到底追求什么""社会主义是否以人为中心"等等成为当时社会成员普遍关注的问题。

其次,我国进入社会主义市场经济建设阶段。1992年党的十四大确定了我国经济体制改革的目标是建立社会主义市场经济体制。随着社会主义市场经济的发展,我国价值观领域出现了以下情况:(1)市场经济固有的价值观局限表现出来,追求利润最大化在人们思想观念中演变为"一切向钱看""有钱能使鬼推磨",在有些人心目中,金钱成为衡量个人社会价值的唯一标尺;市场经济"等价交换"原则进入社会生活各方面,导致大量的权力寻租现象和黄赌毒现象蔓延,由此提出了社会主义价值理念能否与市场经济相适应、相结合的问题,即社会主义市场经济条件下社会主义价值观是什么的问题。(2)由于经济结构的多样化造成社会结构和社会阶层的分化,由此导致社会成员价值观的多样化。在计划经济条件下的社会主义价值观念如"毫不利己、专门利人"、集体主义等面临难以规范和引导人们的行为、不能充分解释社会现象的困境。个人主义、拜金主义、自由主义、无政府主义等观念开始充斥人们的头脑,人们在多样化的价值观面前面临着迷茫和选择困惑。由此提出了如何对待和处理社会主义价值观与其他价值观的关系问题。

中国共产党日益注意到"市场经济活动存在的弱点及其带来的消极影响",积极从理论和实践两个层面探索回答社会主义市场经济条件下社会主义价值观的问题。

在理论上,中国共产党加强了对适应社会主义市场经济发展的社会主义核心价值观的探索。主要包括:强调我国搞的是社会主义市场经济。江泽民强调:"我们搞的是社会主义市场经济,'社会主义'这几个字是不能没有的,这并非多余,并非'画蛇添足',而恰恰相反,这是'画龙点睛'。所谓'点睛',就是点明我们市场经济的性质。"[①]这是强调要用社会主义的根本价值原则引领、规范市场经济的发展;提出依法治国与以德治国相结合的治国方略;以"爱国守法、明礼诚信、团结友善、勤俭自强、敬业奉献"为基本道德规范构建与社会主义市场经济相适应的道德体系。在 2004 年宪法和 2005 年党的十五大报告中,把国家层面的奋斗目标表述为"建设成为富强、民主、文明的社会主义国家"。2006 年 10 月,在中国共产党第十六届六中全会上,通过了《中共中央关于构建社会主义和谐社会若干重大问题的决定》,该决定第一次明确提出了"建设社会主义核心价值体系"这个重大命题和重大战略任务,明确社会主义核心价值体系的构成及其在中国整体社会价值体系中的核心地位和主导作用,并把民主法治、公平正义、诚信友爱、充满活力、安定有序、人与自然和谐相处[②],作为社会主义和谐社会的基本特征。决定指出"马克思主义指导思想,中国特色社会主义共同理想,以爱国主义为核心的民族精神和以改革创新为核心的时代精神,社会主义荣辱观,构成社会主义核心价值体系的基本内

---

① 《江泽民论有中国特色社会主义》(专题摘编),中央文献出版社 2002 年版,第 69 页。

② 参见《十六大以来重要文献选编》(下),中央文献出版社 2008 年版,第 650 页。

容"①,全面彰显了科学社会主义价值追求的内在要求及其在当代中国的转化。2007年6月25日,胡锦涛在中央党校省部级干部进修班发表重要讲话强调指出,要大力建设社会主义核心价值体系,巩固全党全国人民团结奋斗的共同思想基础。2011年10月,党的十七届六中全会强调,社会主义核心价值体系是"兴国之魂",建设社会主义核心价值体系是推动文化大发展大繁荣的根本任务。

在实践上,中国共产党注重加强思想道德建设,大力弘扬社会主义价值追求,努力维护社会主义价值观念的主导地位。具体表现为:

第一,继续深入开展爱国主义教育活动。1993年9月,中宣部等四单位联合发出通知,要求运用优秀影视片在全国中小学开展爱国主义教育。1994年8月,中共中央印发中宣部拟定的《爱国主义教育实施纲要》,论述了进行爱国主义教育的重要意义,提出了进行爱国主义教育的基本原则、主要内容、重点对象以及一系列具体措施,为在全社会广泛开展爱国主义教育活动提供了科学的指导。1994年9月,国家教委发出了《关于贯彻〈爱国主义教育实施纲要〉的通知》,强调了爱国主义内涵的包容性、丰富性和教育方法的创新性。《爱国主义教育实施纲要》拓宽了进行爱国主义教育的渠道,强调通过群众丰富多彩的实践活动取得教育成果,并着眼于建立长远的教育机制,体现了精神文明重在建设的方针,从而在1995年3月,民政部确定了第一批(100处)爱国主义教育基地。1995年5月,中宣部、国家教委、文化部、新闻出版署和共青团中央发出《关于向全国中小学推荐百种爱国主义教育图书的通知》。该通知把阅读百种爱国主义教育图书、观看百部爱国主义影片和学唱百首爱国主义歌曲,作为对中小学生进行爱国主义教育的重要途径。1996年10月,党的十四届六中全会通过的《中共中央关于加强社会主义精神文明建设若干重要问题的决议》,总结了新中国成立以来社会主义道德建设的经验和教训,分析了社会主义精神文明建设面临的形势和任务,勾勒了社会主义道德体系结构,并把"五爱"提升为社会主义道德的基本要求。1997年7月,中宣部向社会公布了首批百个爱国主义教育示范基地,并以此影响和带动全国爱国主义

---

① 《十六大以来重要文献选编》(下),中央文献出版社2008年版,第661页。

教育基地的建设。1999 年 9 月,中宣部等 6 单位举办"光辉的历程——中华人民共和国建国 50 周年成就展",极大激发了全国人民的民族自豪感和爱国主义热情。

第二,深入推进"五讲四美三热爱"活动。党中央组织和推动全国各行业继续开展"五讲四美三热爱"活动。中共中央宣传部和农业部于 1995 年在全国农村开展了以创建文明家庭、文明村镇和文明乡镇企业为主要内容的农村群众性创建精神文明活动。1996 年年底,又在铁路、民航、交通、邮电、卫生、内贸、电力、公安、建设、金融等十大"窗口行业"和部门率先实施了以"为人民服务,树行业新风"为主题的创建文明行业活动,相继推出 150 多项改进服务的措施和 300 余个文明服务示范窗口单位,受到社会各界的普遍关注和热情支持。1996 年党的十四届六中全会作出《中共中央关于加强社会主义精神文明建设若干重要问题的决议》;1997 年 1 月,新闻界公布了全国新闻系统 41 家精神文明示范单位,新闻出版署、中国出版工作者协会也联合公布了全国 10 家新华书店精神文明示范单位。1997 年 5 月,民政、工商、旅游、司法、水利等十大行业也相继向社会公布了本行业文明服务示范单位、服务标准和监督措施。从 1997 年 3 月开始,正式启动创建文明城市、文明村镇活动示范点的工作。中共中央宣传部公布了 100 个创建文明城市示范点和 200 个创建文明村镇示范点。1997 年 7 月,由中央精神文明建设指导委员会部署了"讲文明、树新风"活动。2001 年 9 月 20 日,中共中央印发的《公民道德建设实施纲要》(以下简称《纲要》)进一步强调:"爱祖国、爱人民、爱劳动、爱科学、爱社会主义作为公民道德建设的基本要求,是每个公民都应当承担的法律义务和道德责任。"①《纲要》还把公民基本道德规范概括为"爱国守法、明礼诚信、团结友善、勤俭自强、敬业奉献"。

第三,积极倡导向先进模范人物学习。在社会主义精神文明建设的进程中,全国各条战线涌现出大批先进个人和群体。蒋筑英、罗健夫、朱伯儒、孔繁森、李素丽、李国安、邹延龄等英模人物及张家港市、济南交警支队、徐州市"下水道四班"等,分别代表着不同行业的职业道德要求,也体现爱祖国、爱集

---

① 《十五大以来重要文献选编》(下),人民出版社 2003 年版,第 1985 页。

体、先公后私、助人为乐、劳动致富的社会主义价值观。党中央采用多种方式，号召、推动全国向他们学习，提高整个社会的精神风貌。

第四，在党内开展"三讲"教育活动。1995 年 9 月 27 日，江泽民在党的十四届五中全会召集人会议上发表讲话时强调指出："我们的高级干部，首先是省委书记、省长和部长，中央委员和中央政治局委员，一定要讲政治。我这里所说的政治，包括政治方向、政治立场、政治观点、政治纪律、政治鉴别力、政治敏锐性。在政治问题上，一定要头脑清醒。"[1]同年 11 月 8 日，他在北京视察工作时指出："根据当前干部队伍的状况和存在的问题，在对干部进行教育当中，要强调讲学习，讲政治，讲正气。"[2]1998 年，中共中央《关于在全党深入学习邓小平理论的通知》中指出，要在县级以上领导干部中深入进行以讲学习、讲政治、讲正气为主要内容的党性党风教育。随后，全党范围内的"三讲"活动全面展开。"讲学习、讲政治、讲正气"倡导的讲学习，就是要学习马列主义、毛泽东思想特别是邓小平理论。讲政治，就是要提高党性修养，端正思想作风。讲正气，就是要公正无私，刚直不阿，言行一致，坚持为人民谋福利的宗旨。这三个方面归结起来，既是对党员干部工作作风和能力的要求，更是对党员干部的思想信念、价值取向的要求。"三讲"教育活动的开展，表明党中央明确认识到党员干部的价值观念对整个社会具有一种示范作用和引导作用，把抓好党员干部教育视为提升整个社会思想道德水平的关键环节。

第五，开展公民道德建设。2001 年 9 月 20 日，中共中央印发了《公民道德建设实施纲要》。《纲要》指出实施公民道德建设是提高全民族素质的一项基础性工程，对弘扬民族精神和时代精神，形成良好的社会风尚，促进物质文明与精神文明协调发展，全面推进建设中国特色社会主义伟大事业，具有十分重要的意义。《纲要》阐明了公民道德建设的主要内容及其作用：从我国历史和现实的国情出发，社会主义道德建设要坚持以为人民服务为核心，以集体主义为原则，以爱祖国、爱人民、爱劳动、爱科学、爱社会主义为基本要求，以社会公德、职业道德、家庭美德为着力点。在公民道德建设中，应当把这些主要内

---

① 江泽民：《论党的建设》，中央文献出版社 2001 年版，第 185—186 页。

② 江泽民：《论党的建设》，中央文献出版社 2001 年版，第 188 页。

容具体化、规范化,使之成为全体公民普遍认同和自觉遵守的行为准则。提出了公民道德建设的方针原则:要坚持社会主义道德建设与社会主义市场经济相适应;要坚持继承优良传统与弘扬时代精神相结合;要坚持尊重个人合法权益与承担社会责任相统一;要坚持注重效率与维护社会公平相协调;要坚持把先进性要求与广泛性要求结合起来;要坚持道德教育与社会管理相配合。在《纲要》颁布两周年之际,经中央同意,中央精神文明建设指导委员会发出了《关于深入贯彻党的十六大精神 进一步加强公民道德建设的意见》,决定从2003年开始将9月20日定为"公民道德宣传日"。各大新闻媒体积极宣传公民道德,很多地方制定了《市民文明公约》,使公民道德建设深入到人民群众的日常生活中。

第三阶段:从党的十八大至今。

党的十八大以来,中国特色社会主义进入新时代,社会主义核心价值观建设进入了新阶段。在这一阶段,弘扬和培育社会主义核心价值观的任务更加重要和紧迫。这是因为:

其一,实现中华民族复兴的中国梦,客观上迫切要求加快构建充分反映中国特色、民族特性、时代特征的核心价值观,以有效整合社会意识,凝魂聚气、强基固本。而西方国家利用我国不断扩大对外开放之机,不断传播西方价值观,以致我国出现西方"普世价值论"错误思潮的误导。"普世价值"这一思潮以西方价值观为圭臬,宣扬西方价值观的普世性,企图诱导人们"以西为美""唯西是从",淡化甚至放弃对本民族精神文化的价值认同,从而造成人们价值观念的混乱,这在客观上提出了加强社会主义核心价值观建设、抵御西方价值观蔓延和侵蚀的紧迫性。

其二,随着经济全球化的推进,全球范围内各种思想文化和价值观念的交流、交融、交锋日益频繁。当今中国在世界舞台发挥越来越大的作用,不仅要以经济的快速发展"硬实力"证明中国特色社会主义的优越性,而且需要以强大的"软实力"彰显和向外塑造中国负责任大国的国际形象,增强中国的国际影响力和国际话语权。而国家文化软实力的核心就是价值观。在全社会弘扬和培育社会主义核心价值观,向国际社会讲好中国故事,传播中国声音,增强国际的文化软实力,是中国在国际竞争中赢得主动权和话语权的必然要求。

其三,社会主义核心价值体系经过几年的宣传,在人民群众中产生了良好影响。但同时也存在着如何更好地贴近人民群众的问题。以社会主义核心价值体系为基础,进一步凝练和概括出简明扼要、便于传播践行的社会主义核心价值观,反映了现阶段全国人民价值认同的"最大公约数",反映了广大人民群众的共同期待,以更好地教育、引导大众,是全社会思想道德建设中的现实要求。

党的十八大以来,社会主义核心价值观建设也具备了很多有利条件。比如国家经济保持持续快速发展,物质基础日益雄厚;学术界加强对社会主义核心价值观的提炼和研究,为社会主义核心价值观建设的实践提供了学理支撑,等等。最为重要的条件就是以习近平同志为核心的党中央高度重视意识形态工作,强调坚持社会主义核心价值体系,积极培育和践行社会主义核心价值观。强调党要掌握意识形态领导权、管理权和话语权,要增强社会主义意识形态的凝聚力和引领力,并且采取了切实可行的措施加强社会主义核心价值观建设,为在全社会培育和践行社会主义核心价值观提供了顶层设计、社会氛围、基本遵循和行动指南。

由于在我国仍处于社会主义初级阶段,以公有制为主体的多种私有制结构并存,这决定了社会成员价值观难免是多样的。要在这种条件下使社会主义价值观居于主导地位,就必须凝练出既反映社会主义价值追求、又体现特定时代要求的价值观表达,使其在张扬马克思主义的指导和中国共产党的追求的同时,能够被我国社会不同阶层所认同、所接受。2012年11月,党的十八大报告明确提出"三个倡导",即"倡导富强、民主、文明、和谐,倡导自由、平等、公正、法治,倡导爱国、敬业、诚信、友善,积极培育和践行社会主义核心价值观"①。2013年12月,中共中央办公厅在《关于培育和践行社会主义核心价值观的意见》中,明确提出了以"三个倡导"为基本内容的社会主义核心价值观,与中国特色社会主义发展要求相契合,与中华优秀传统文化和人类文明优秀成果相承接,是我们党凝聚全党全社会价值共识作出的重要论断。② 这

---

① 《十八大以来重要文献选编》(上),人民出版社2014年版,第25页。
② 参见《十八大以来重要文献选编》(上),中央文献出版社2014年版,第579页。

实际是将上述十二个词明确为社会主义核心价值观的集中表达。该文件说明了培育和践行社会主义核心价值观的重要意义和指导思想,提出把培育和践行社会主义核心价值观融入国民教育全过程、把培育和践行社会主义核心价值观落实到经济发展实践和社会治理中、加强社会主义核心价值观宣传教育、开展涵养社会主义核心价值观的实践活动、加强对培育和践行社会主义核心价值观的组织领导①等原则要求。

习近平总书记在一系列重要讲话中,对于社会主义核心价值观的重要地位、基本内容、思想渊源进行了深刻而系统的分析,他指出:"核心价值观是一个民族赖以维系的精神纽带,是一个国家共同的思想道德基础。如果没有共同的核心价值观,一个民族、一个国家就会魂无定所、行无依归。"②社会主义核心价值观是当代中国精神的集中体现,凝结着全体人民共同的价值追求。"我们提出的社会主义核心价值观,把涉及国家、社会、公民的价值要求融为一体,既体现了社会主义本质要求,继承了中华优秀传统文化,也吸收了世界文明有益成果,体现了时代精神。"③对于培育和践行社会主义核心价值观的意义、目标、原则、重点、载体、方法、环境等,习近平也做了系统论述,强调"把培育和弘扬社会主义核心价值观作为凝魂聚气、强基固本的基础工程,继承和发扬中华优秀传统文化和传统美德,广泛开展社会主义核心价值观宣传教育,积极引导人们讲道德、尊道德、守道德,追求高尚的道德理想,不断夯实中国特色社会主义的思想道德基础"④。"历史和现实都表明,构建具有强大感召力的核心价值观,关系社会和谐稳定,关系国家长治久安。"⑤要求通过长期而扎实的工作,注意把所提倡的社会主义核心价值观与人们日常生活紧密联系起来,从抽象的理论转变为人民大众喜闻乐见的"民间知识"和"价值共识",在落细、落小、落实上下功夫,使核心价值观在普通民众中落地生根,使社会主义核心价值观如同空气一样,无处不在、无时不有。

① 参见《十八大以来重要文献选编》(上),中央文献出版社2014年版,第580—588页。
② 习近平:《在文艺工作座谈会上的讲话》,人民出版社2015年版,第22页。
③ 《习近平谈治国理政》,外文出版社2014年版,第169页。
④ 《习近平谈治国理政》,外文出版社2014年版,第163页。
⑤ 《习近平谈治国理政》,外文出版社2014年版,第163页。

党中央高度重视培育和践行社会主义核心价值观的全面落实。2015年4月,中央宣传部、中央文明办印发《培育和践行社会主义核心价值观行动方案》,着眼践行、立足行动,强调要在深化拓展爱国、敬业、诚信、友善公民层面活动的基础上,向国家层面和社会层面延伸,进一步围绕富强、民主、文明、和谐的价值目标,围绕自由、平等、公正、法治的价值取向,设计工作抓手,组织开展活动,着力把培育和践行社会主义核心价值观的要求具体化。① 该行动方案明确了培育和践行社会主义核心价值观的具体要求,包括要立足中华优秀传统文化、广泛进行宣传教育、紧密联系群众生产生活实际、加强组织领导②等。2016年12月,中共中央办公厅、国务院办公厅印发了《关于进一步把社会主义核心价值观融入法治建设的指导意见》,围绕运用法律法规和公共政策向社会传导正确价值取向,把社会主义核心价值观融入法治建设作了具体部署。2018年3月,十三届全国人大一次会议通过宪法修正案,将宪法第二十四条第二款中"国家提倡爱祖国、爱人民、爱劳动、爱科学、爱社会主义的公德",修改为"国家倡导社会主义核心价值观,提倡爱祖国、爱人民、爱劳动、爱科学、爱社会主义的公德",标志着社会主义核心价值观成为国家意志的体现。2018年5月中共中央印发的《社会主义核心价值观融入法治建设立法修法规划》(以下简称《规划》),明确提出着力把社会主义核心价值观融入法律法规的立改废释全过程,确保各项立法导向更加鲜明、要求更加明确、措施更加有力。这些举措都为社会主义核心价值观建设提供了政策和制度方面的保障。

中国共产党的高度重视、系统认识和顶层设计,推动全国掀起培育和践行社会主义核心价值观的热潮,社会主义核心价值观建设进入了更为自觉、有规划的新阶段。在这一阶段,社会主义核心价值观的培育践行的路径既继承了以前的优良传统,但也较以前有拓展、有创新。这主要表现为:

其一,以构建系统多层次的制度提供强大保障。为了把社会主义核心价

---

① 参见《中央宣传部、中央文明办印发〈培育和践行社会主义核心价值观行动方案〉》,《人民日报》2015年4月17日。

② 参见《中央宣传部、中央文明办印发〈培育和践行社会主义核心价值观行动方案〉》,《人民日报》2015年4月17日。

值观建设真正落实,中国共产党根据全面依法治国的战略任务,注重利用宪法和法律、各方面的规章制度来提供保障。尤其是 2018 年明确在宪法中强调"国家倡导社会主义核心价值观",实际是以宪法作为其规范载体,从而推动从"话语共识"向具有实质性意义的宪法价值共识转化。同时,全国各地还在各种具体的在规章制度中体现社会主义核心价值观的精神与要求。这些做法,体现了德法共治的治国理念。正如习近平总书记指出:"使法治和德治在国家治理中相互补充、相互促进、相得益彰,推进国家治理体系和治理能力现代化。"①不仅为社会主义核心价值观的培育和践行提供强大的制度支持,而且使社会主义核心价值观在国家各个层面的制度中得到彰显。

其二,以学术研究提供坚实的学理支撑。我国学术界深入研究社会主义核心价值观的一系列重大理论和实际问题、深刻解读社会主义核心价值观的丰富内涵和实践要求、把社会主义核心价值观纳入马克思主义理论研究和建设工程、通过国家社科基金导向带动社会主义核心价值观的理论研究,推出了一系列有价值的研究成果。由于社会主义核心价值观在表述上与西方话语中的价值观如"民主""法治""公平"等等接近,因而我国学术界对社会主义核心价值观的内涵做了深入研究,以中国话语阐述中国的主导价值观取向,以划清与西方价值观的理论界限。

其三,以全媒体宣传营造氛围。舆论宣传是培育社会主义价值观的传统路径。在本阶段,这一路径呈现出新的特点。主要表现为实现传播理念、手段和方式的创新,媒体持续密集宣传,党报党刊、电台电视台、都市类媒体、网络媒体实现媒体全联动、舆论全覆盖,特别是充分利用互联网的特点和功能,加强网上宣传;对社会主义核心价值观的宣传渗透到日常形势政策宣传、成就宣传、主题宣传、典型宣传、热点引导和舆论监督中,贯穿到娱乐类、体育类节目和各类广告之中,形成了培育社会主义核心价值观的浓厚氛围。

其四,以创新实践养成方式推动培育和践行。在党中央的明确要求和有力领导下,一系列以宣传和弘扬社会主义核心价值观为主题、立足于走进日常生活、促进社会主义核心价值观社会认同的宣传活动和实践活动在全国广泛

---

① 《习近平谈治国理政》第二卷,外文出版社 2017 年版,第 133 页。

开展起来。例如，由中宣部指导，光明日报社、中国人民大学、中国伦理学会共同主办的"核心价值观百场讲坛"活动，在社会上产生了较大影响。另外，各地从自己的实际出发，创新核心价值观实践养成的方法和路径，比如：山东、河北等地的"道德建设名片"，江苏、安徽、江西等地的"好人文化"建设，昆山、巩义等地的"核心价值观区域化探索"，杭州等地的"最美"推荐，等等。这些活动体现了官方自上而下和民间自下而上的结合，反映了构建社会主义核心价值观的社会合力和活力，营造了见贤思齐、崇德向善的社会风气。

经过五年多时间的创建，社会主义核心价值观得到广泛弘扬，群众性精神文明创建活动扎实开展。习近平总书记在 2017 年党的十九大报告中以及2018 年的全国宣传思想工作中，对于培育和践行社会主义核心价值观的阶段性成绩给予了高度肯定。

展望未来，中国共产党团结带领人民将继续在实现中华民族伟大复兴之路上砥砺前行。坚持社会主义核心价值体系，以习近平新时代中国特色社会主义思想武装全党，进一步在全社会培育和践行社会主义核心价值观，是完成进行伟大斗争、建设伟大工程、推进伟大事业、实现伟大梦想的必然选择。

我们要以培养担当实现中华民族伟大复兴历史大任的时代新人为着眼点，"要切实把社会主义核心价值观贯穿于社会生活的方方面面。要通过教育引导、舆论宣传、文化熏陶、实践养成、制度保障等，使社会主义核心价值观内化为人们的精神追求，外化为人们的自觉行动"[1]。中华民族必将在伟大复兴的中国梦中向全世界彰显社会主义核心价值观的磅礴力量。

二、社会主义核心价值观建设的基本经验

在中国共产党长期革命、建设和改革的历程中，积累了建设社会主义核心价值观的丰富而宝贵的经验。纵观社会主义价值观建设的历史，可以将这些经验概括为"五个结合"。

---

[1]　《习近平谈治国理政》，外文出版社 2014 年版，第 164 页。

（一）坚持马克思主义价值原则与中国具体实际相结合

把马克思主义的基本原理与中国实际相结合，是中国共产党坚持马克思主义指导、推进马克思主义中国化的基本原则。这一原则浸润于中国共产党的全部理论探索活动和探索成果之中。具体在社会主义价值观建设上，就是坚持马克思主义的价值原则与中国国情、具体实践相结合，形成符合中国实际的价值观体系和建设价值观的基本路径。

第一，坚持马克思主义的价值追求并实现转化。马克思主义以实现"人的自由全面发展"为终极追求，并强调通过无产阶级革命，消灭私有制，建立无产阶级专政，发展社会生产力，实现与旧的思想观念的"决裂"，推动国家逐步消亡等，来实现这一目标，在解放全人类中也解放无产阶级，从而使人类摆脱"劳动的异化"，实现人的本质的回归。当然，马克思主义经典作家对这一追求只有原则性的表述，没有对这一价值理想作详细深入的说明。

中国共产党在领导中国革命、建设和改革的过程中，坚持以马克思主义为指导，其中一个重要方面就是坚持以马克思主义的价值原则为指导，以建设一个满足人的自由全面发展的社会为最高纲领。同时，中国共产党在实践中逐步认识到，终极价值目标的达成必须以完成具体的历史任务为前提，必须体现在现实的实践活动中。马克思主义的价值追求只有体现在维护中华民族根本利益、解决中国社会发展道路问题、提高人民物质文化生活水平之中，才能实现马克思主义的价值引领和思想指导功能。因此，中国共产党根据近代以来中国的国情以及由此产生的历史任务，结合中国传统价值观念，对马克思主义的价值原则在中国的转化和具体体现进行探索。在第一次国内革命时期，中国共产党把无产阶级解放转化为"劳工神圣""劳工解放"，以增强中国工人阶级和劳动大众的阶级意识，有利于广大工人阶级认知马克思主义、组织起来；在抗日战争时期，中国共产党提出要建立一个民主、独立、自由的国家，以激发中国人民爱国激情、坚持抵抗侵略者；在新中国成立初期用"五爱"来引导人们认识新中国、确立符合社会主义发展要求的价值观念；在改革开放过程中，提倡爱国主义、公平正义、共同富裕、民族复兴、和谐诚信等等，努力实现马克思主义的价值原则与社会主义市场经济健康发展的内在需要的结合。

中国共产党在不同历史时期,将马克思主义的价值原则与具体的奋斗目标、历史任务结合起来,实现了马克思主义价值原则的中国化、时代化、大众化。因此,尽管中国共产党在不同历史时期对社会主义价值观念的认识程度有差别,在语言表述上也不同,但在思想内涵上,一是具有鲜明的继承性,民族独立、人民解放,国家富强、人民幸福等核心指向一以贯之;二是具有丰富的实践内涵,改变半殖民地半封建社会现状,大力发展社会生产力,确立人民当家作主的社会制度,建立生产资料公有制,发展民族的、科学的、大众的新文化,构建社会主义和谐社会等等实践要求,都蕴含其中;三是具有突出的民族色彩,于国家"走社会主义道路、实现中华民族伟大复兴",于社会重视整体利益、维护人民民主、实现公平有序,于个人要求爱国、敬业、诚信等,都反映出中国传统"修齐治平"理念的意蕴、反映出中国人民现实的利益要求。完成马克思主义价值原则的转化,有利于中国人民对社会主义价值观的认知、理解和践行。

第二,坚持以马克思主义为指导开展社会主义价值观建设。马克思列宁主义、毛泽东思想、中国特色社会主义理论体系,既是社会主义价值观建设的根本内容,又是社会主义价值观建设的根本指导思想和理论基础。中国共产党一贯强调坚持马克思主义的指导,在社会主义价值观建设上"指导"包含着两个层面的要求:一是用完整准确的马克思主义指导社会主义价值观建设,在社会主义价值观建设中坚持和彰显马克思主义的本质规定性、基本原理和价值原则;二是要坚持马克思主义中国化的理论成果,即毛泽东思想和中国特色社会主义理论体系指导社会主义价值观建设,在社会主义价值观建设中面对时代要求、保持民族特色、回答现实问题。

中国共产党对社会主义价值观的理解和建设,与对马克思主义的理解密切相关。马克思主义是关于自然、社会和思维发展普遍规律的科学,是无产阶级实现自身解放和全人类解放的思想武器。中国共产党正确掌握这一思想武器,就能够在社会主义价值观建设中把握正确方向。在革命时期,中国共产党推动的社会主义价值观教育以马克思主义阶级斗争、无产阶级自身解放和全人类解放等学说为主要指导思想和主要内容,围绕革命目标和军事斗争需要展开工作,保证了革命的胜利。在社会主义制度确立阶段,社会主义价值观建设主要围绕无产阶级上升为统治阶级、争得民主、发展社会生产力展开;在改革开放阶段,社会主义价值观建设围绕大力发展生产力、巩固社会主义制度、坚持马克思主义在意识形态领域的指导地位展开。但是,在"文化大革命"中,由于对马克思主义存在教条化、庸俗化的理解,存在对经典作家思想断章取义甚至歪曲的情况,从而使对社会主义价值追求的理解背离了马克思主义,比如在生产力水平不高的条件下搞平均主义,以为就是追求"社会公平""人民幸福";忽视了人民群众物质文化水平的改善,单纯强调"精神崇高";简单地从资本主义与社会主义对立角度看待问题,将富裕、民主、法治等都视为"资产阶级观念",把群众改善物质文化生活的要求视为"追求资产阶级生活方式",甚至出现"社会主义就是贫穷"等错误观点。所以,"通观马克思主义中国化的历史和党的价值观建设的历史,不难发现这样一个带有规律性的认识:凡是党能够正确对待马克思主义的时候,马克思主义中国化就比较顺利,党的价值观建设就比较顺利;凡是党不能够正确对待马克思主义的时候,马克思主义中国化就会遭受挫折,党的价值观建设就会遭受挫折"①。

由于中国漫长的封建社会历史和西方列强入侵的历史,在中国社会思想领域存在大量非马克思主义、非社会主义,反马克思主义、反社会主义的思想观念。在马克思主义指导下开展社会主义价值观建设,必然要与大量非马克思主义、非社会主义思想发生冲突,必须对这些思想观点进行批判,以引领大众思想。以马克思主义批判这些思想观念,用集体主义抵制极端个人主义、用公有观念取代私有观念、用爱国主义取代狭隘的民族主义、用诚信互助代替欺诈自利等等,是社会主义价值观建设的必然要求,也是重要内容。由于社会意识的相对独立性,由于国际社会和我国现实存在着各种滋生错误思想观念的经济社会基础,因而马克思主义战胜各种谬误、社会主义价值观"掌握群众"的过程必然是艰巨的,特别是社会价值观多元多样多变的条件下,这一过程充满着思想观念的冲突与斗争。在新中国成立之初表现为知识分子的"思想改造运动",在当代中国则表现为以马克思主义立场、观点、方法批判各种错误思潮和基于私有制的思想观念。在现实的国情状态下,社会主义价值观建设

---

① 石国亮:《论中国共产党价值观建设的基本经验》,《长白学刊》2009 年第 3 期。

必将是长期的。

（二）坚持党的领导与发挥群众主体性相结合

社会主义价值观建设是中国共产党用马克思主义价值原则武装全党和全社会的活动。党的科学领导推动和人民群众学习实践是这一活动过程的两个密切联系、相辅相成的方面。坚持党的领导和发挥群众主体性相结合，是社会主义价值观建设的一条基本经验。

第一，充分发挥党作为社会主义价值观建设主导者的作用。中国共产党是中国社会主义事业的领导核心。开展社会主义价值观建设，用社会主义价值观武装、教育人民，关键在于不能脱离、放松中国共产党的领导。

首先，中国共产党是社会主义价值观的奉行者。中国共产党是以马克思主义为指导建立的中国工人阶级的先锋队，坚持以实现共产主义为最高纲领，坚持走社会主义道路实现中华民族的伟大复兴，是社会主义价值观的奉行者。在领导中国革命、建设和改革过程中，中国共产党积极倡导社会主义价值观，以全心全意为人民服务为宗旨，以实现中国人民根本利益为党的奋斗目标。无数共产党员自觉践行社会主义价值观，秉持宗旨，为民族独立、国家强大和人民解放幸福，不畏艰险、英勇战斗，勤奋工作、乐于奉献，公而忘私、舍己为人，以实际行动，甚至生命鲜血为社会主义价值观做了最好的注解。

其次，中国共产党是社会主义价值观建设的主导者。中国共产党致力于在中国发展具有民族特色的社会主义事业。

推动全社会树立社会主义价值观，为人的自由全面发展创造思想文化条件，是这一事业的主要组成部分。历史表明，中国共产党自成立以来，就是社会主义价值观建设的主导力量。党既在理论上概括社会主义价值观，明确社会主义价值观的内涵和功能，又在实践中日益自觉地组织对广大人民群众进行社会主义价值观的"灌输"，探索社会主义价值观建设的多种形式和途径，并积累了丰富经验。

纵观社会主义价值观建设历程，可以看到中国共产党始终在社会主义建设上保持积极主动的姿态，其领导作用主要体现在以下方面：其一，在理论上明确社会主义价值观的基本内容，说明社会主义价值观对于中国革命、建设和改革的重大意义,确定社会主义价值观建设的规划,部署社会主义价值观建设的实践活动;其二,总揽全局,协调各方利益,为社会主义价值观建设提供必要的物质保障和法律制度支撑;其三,以制度为保障、以教育活动为载体、以专门的机构和人员为基本队伍,组织开展对广大人民群众的宣传教育,包括社会教育和学校教育;其四,树立自觉践行社会主义价值观的模范榜样,发掘凝练其精神品格,号召全社会向模范榜样学习;其五,不断总结社会主义价值观建设的经验,自觉回应和处理社会主义价值观建设实践中出现的各类问题。

正是坚持中国共产党在社会主义价值观建设中的领导,我国在多个时期社会主义价值观建设取得了显著成绩。

第二,积极发挥人民群众的主体性。马克思主义认为,社会主义事业是人民群众共同的事业。人民群众是实践主体、历史主体。中国共产党"提出的各项重大任务,没有一项不是依靠广大人民的艰苦努力来完成的"[①]。同时,人民群众也是价值主体,即既是价值的创造者,也是价值的享有者、实践标准的评价者。一方面,社会主义事业的顺利推进,需要人民群众成为有觉悟的劳动者,发挥主体能动性、积极参与。另一方面,社会主义价值观建设属于精神文明建设的重要方面。社会主义价值观在内容上需要从广大人民群众的劳动创造成果中汲取养分,要反映广大人民群众的根本利益要求和思想道德境界,在表现上需要采用人民群众喜闻乐见的形式,在发展上要以人民群众对美好生活的向往、对高尚道德情操的不懈追求为不竭动力。可以说,人民群众是社会主义价值观建设的社会力量。

从我国社会主义价值观建设的历史进程来看,任何时期的建设活动都有赖于人民群众的参与,社会主义核心价值观必须依靠人民群众在实践中去实现。无论是革命时期马克思主义理论和社会主义价值观的传播,还是建设和改革时期社会主义价值观的宣传,都能看到人民群众积极参与的画面;无论是为民族独立、人民解放而献身牺牲的英雄,还是为了国家富强、人民幸福而勤奋工作、乐于奉献的先进人物、劳动模范,如邓稼先、王进喜、张秉贵、雷锋等等,都以实际行动承载着社会主义核心价值观的内涵,实现价值观的具体化、

---

① 《邓小平文选》第三卷,人民出版社 1993 年版,第 4 页。

形象化。在当代弘扬社会主义核心价值观的过程中,既可以看到学术界对社会主义核心价值观的深入研讨,也可以看到广大人民群众以多种方式如参加志愿者活动、建设和谐社区、扶贫支教、网络救助等等践行社会主义核心价值观。

中国共产党在推进社会主义价值观建设中,坚持了群众观点和群众路线,相信群众、依靠群众,"和人民群众商量着办事"。一方面,结合广大人民群众的利益诉求,动员群众参与社会主义价值观的建设;另一方面,积极吸取人民群众在实践中的创造,包括关于社会主义价值观的表述、各种宣传社会主义价值观的形式等,从而使社会主义价值观建设活动植根于人民群众的社会实践,渗透于人民群众的日常生活。

历史表明,社会主义价值观建设需要坚持党的领导和发挥人民群众主体性的紧密结合。一方面,党的领导离不开人民群众的支持,离不开人民群众的创造性活动,否则社会主义价值观就只能是中国共产党的价值观,不会获得社会共识,那么党的方针、路线和政策也难以得到人民群众的理解和认同;另一方面,人民群众创造性实践活动也离不开党的领导,离不开党的宏观规划和组织,这是避免无政府主义、保证价值观建设正确方向的根本要求。只有将两者有机结合起来,社会主义价值观建设才能有序持续地推进。

(三)坚持理论研究与教育普及相结合

由于价值观是具有一定理论基础的、系统的思想观念,因此社会主义价值观建设既有实践形态,又有理论形态。作为实践形态,它表现为中国共产党领导下的社会主义价值观宣传教育活动和人民群众践行价值观的实践活动;作为理论形态,它表现为中国共产党对社会主义价值观内涵的研究与提炼、围绕社会主义价值观进行的理论建构和对价值观建设实践经验的总结提升,还表现为人民群众对社会主义价值观的认识理解。两种形态密切结合,构成了社会主义价值观建设的实践—认识—再实践—再认识的基本线路。

从社会主义价值观建设的历史来看,对社会主义价值观的理论研究、升华与对人民群众进行宣传教育是同一过程的两个方面。坚持理论研究与教育普及相结合,是社会主义价值观建设的一条基本经验。

中国共产党高度重视对马克思主义的理论研究,不仅要把握马克思主义的真谛,而且要系统思考马克思主义在中国现实国情条件下的运用、思考马克思主义与中华优秀传统文化的结合。为此,中国共产党建立了马克思主义理论研究队伍,有组织有计划地推进对马克思主义价值原则及其中国化、时代化、大众化的研究。在社会主义价值观建设的历程中,中国共产党及其领导的哲学社会科学界开展相关研究从未停止。如在延安时期,1938年5月5日成立了马列学院,主要任务是开展马克思主义理论研究和教学。1941年7月,中央将马列学院改组为马列研究院,作为专门研究马克思列宁主义理论以及应用马列主义的方法研究中国历史与现实问题的公开学术机构。1941年9月8日,中央又将马列研究院改名为中央研究院,作为培养党的理论干部的高级研究机构,直属中央宣传部。中央研究院对马克思主义的深入研究,为全党正确认识马克思主义、推进马克思主义中国化提供了理论论证。又如2004年3月,中共中央发出《关于进一步繁荣发展哲学社会科学的意见》,提出实施马克思主义理论研究和建设工程。中共中央办公厅转发《中央宣传思想工作领导小组关于实施马克思主义理论研究和建设工程的意见》,对实施工程作出重大部署。这是党的十六大以来,以胡锦涛同志为总书记的党中央实施的最重大、最基础、最具有深远意义的思想理论建设工程,这项重大举措对于深入研究马克思主义、运用马克思主义回答当今重大理论问题和现实问题、培养马克思主义研究学术队伍、推动马克思主义理论学科建设起到了重要作用,是功在当代、利在千秋的战略工程、基础工程、生命工程。同时,自"社会主义核心价值体系"提出以来,国家哲学社会科学研究基金每年支持一批关于社会主义价值观的研究项目。这都大力推进了对社会主义核心价值体系、社会主义核心价值观的学术研究。在当前开展社会主义核心价值观建设的过程中,我国哲学社会科学界对社会主义核心价值观的原则凝练、内涵构成、语言表达、传播方式、传播效应等进行了系统而深入的研究,撰写了大量研究成果。在研究中深化对社会主义核心价值观的认识,厘清社会主义核心价值观与封建主义核心价值观、资本主义核心价值观的本质区别,总结社会主义价值观建设的历史经验,为社会主义价值观建设实践提供理论支持。这种理论研究展示了中国共产党和人民群众进行社会主义价值观建设的自觉,有利于把握社会主义价值观建设的规律。

社会主义价值观不能"只有零星的闪光点,却不能形成燎原之势,只有某些点或区域的提高和升华"①,它必须与人民大众"亲密接触",才有可能从政党的价值观念和学者的长篇大论转为社会的共同观念和行为。如果说建设社会主义价值观,在理论上进行研究,重在形成对社会主义价值观及其建设活动的理性认识,那么开展宣传教育,用社会主义价值观凝聚社会共识、确定社会规范,则体现着价值观建设的广泛性要求。借助一定的形式、途径将特殊的、先进的社会主义价值观念灌输到群众当中去,使人民群众经由认知、认识达到认同,进而内化为每个人的价值观、外化为每个人的行为,是社会主义价值观建设的必由之路。在我国社会主义价值观建设的过程中,中国共产党对社会主义价值观的教育普及从未停止。不仅形成了专门负责宣传普及的机构、有专门的教育普及队伍,把教育普及纳入国民教育体系之中,而且让社会主义价值观渗透到人民大众的日常生活之中,通过文艺演出、影视节目、节日纪念庆典、社会行为规范(如市民公约等)和模范人物示范等,使抽象的社会主义价值观以感性的形式呈现于人的感官,大大增强了社会主义价值观可亲可信可用可行的程度。尤其是在当代开展社会主义核心价值观建设,正努力按照"使社会主义核心价值观像空气一样无处不在"的要求,在教育普及上探索更多的方法和路径。

(四)坚持改造观念与满足利益要求相结合

历史唯物主义认为,社会存在决定社会意识。人们的思想观念往往受制于其生存的社会环境和物质生活状态。"'思想'一旦离开'利益',就一定会使自己出丑。"②"人们首先必须吃、喝、住、穿,然后才能从事政治、科学、艺术、宗教等等"③。毛泽东指出:"马克思列宁主义的基本原则,就是要使群众认识自己的利益,并且团结起来,为自己的利益而奋斗。"④一定的价值观是处于一

---

① 周向军等:《精神文明发展规律论》,山东大学出版社 2005 年版,第 282 页。
② 《马克思恩格斯文集》第 1 卷,人民出版社 2009 年版,第 286 页。
③ 《马克思恩格斯文集》第 3 卷,人民出版社 2009 年版,第 601 页。
④ 《毛泽东选集》第四卷,人民出版社 1991 年版,第 1318 页。

定经济关系之中的人们的利益和需要的反映,它决定着人们的思想取向和行为选择。社会主义核心价值观是反映人民群众根本利益的观念体系,它不是抽象空洞的口号,而是包含着人民对美好生活的憧憬和向往。社会主义价值观建设不是唱高调,更不是"将党的意志强加于人民",而是帮助人民群众排除一些错误思想观念的影响,形成对自身利益和社会发展的正确认识,以共同的行动追求美好的生活。能否结合人民大众的实际利益开展价值观教育,决定着价值观教育的有效性。因此,开展社会主义价值观建设,必须将改造观念与满足利益要求结合起来。

从不同的历史时期社会主义价值观教育实践来看,在大多数情况下,党能够注重将社会主义价值观教育与满足群众切身利益紧密结合,防止空洞说教,增强了社会主义价值观教育的实效性。正如邓小平指出:"不讲多劳多得,不重视物质利益,对少数先进分子可以,对广大群众不行,一段时间可以,长期不行。革命精神是非常宝贵的,没有革命精神就没有革命行动。但是,革命是在物质利益的基础上产生的,如果只讲牺牲精神,不讲物质利益,那就是唯心论。"①

中国共产党注重满足人们群众的利益要求,主要包括:

第一,注重满足人民群众的政治利益。如新中国成立初期,党致力于建立一个没有阶级剥削,人民当家作主的新社会。党把实现人民的民主权利作为民主政治建设的出发点,并以 1954 年第一届全国人大的召开和人民代表大会制度的确立,展现了对人民民主的价值追求。同时,国家政权机关和社会管理机构吸收了大量工农家庭出身的成员参与管理。这都使广大人民群众真实感受到什么是社会主义民主。

第二,注重满足人民群众的经济利益。在新中国成立初期,中国共产党领导土地改革运动,以解决人民群众的生存问题。在"土地改革运动中通过诉苦、挖苦根、算剥削账等办法对农民进行阶级观念教育,在实现'耕者有其田'的基础上,不仅使得农业生产得以恢复和发展,人民解放军的后方更加巩固,而且在'参军保田'、'发展生产、保障供给'等口号的鼓动下,广大农民群众的

---

① 《邓小平文选》第二卷,人民出版社 1994 年版,第 146 页。

思想觉悟、政治觉悟和组织程度空前提高,掀起了巨大的参军热潮和声势浩大的支前运动,出现了'前方打老蒋、后方挖蒋根'的生动局面,为赢得解放战争的胜利提供了基本保障"①。改革开放以来,中国共产党坚持以经济建设为中心,努力推动国家走向富强,提高人民物质生活水平。由于国家的国际地位提升、人民生活水平提高,社会主义核心价值观中的"富强"获得了人民群众的广泛认同。

第三,注重满足人民群众的文化利益。这就是在既有的社会历史条件下,通过发展社会主义先进文化、弘扬优秀文化传统,提供给人民在文化参与、创造和享受上的平等权利和机会,丰富人民群众的精神生活,提升人民群众的精神境界。如新中国成立以来,特别是改革开放以来,我国大力发展文化教育事业,实施义务教育以提高全社会受教育的水平,修建、开放大批博物馆、图书馆、群艺馆等文化设施,拍摄制作影视作品、繁荣出版事业、推动互联网健康发展,等等,这些都不断地改变中国人民的精神风貌,满足人民的精神需求,从而使"公平""文明"等价值观念得到实践的支撑,成为人民群众的共识。

当然,由于经济社会的发展,人们的现实利益要求会发生变化,也会不断提高。而且由于生产力发展状态不均衡,社会生产关系不会是单一的,多种生产关系必然导致社会出现多元的价值观念。这就要求社会主义价值观建设一定要正确把握社会的变动以及由此产生的群众观念变化,把握多元价值观共存的状态,不仅在理论上深化对社会主义价值观、对多元价值观之间关系的认识,能够用社会主义价值观合理解释现实社会现象,而且要在社会主义价值观的表达、传播和教育上积极创新,适应时代和社会变化。在价值观多元的社会条件下,要从不同利益主体的诉求中找到共同点,并将它们与社会主义价值观关联起来。当代中国出现多元利益主体并存的格局。对此,中国共产党一方面积极寻找各方利益的"最大公约数",明确提出实现中华民族伟大复兴的中国梦,围绕"中国梦"宣传社会主义核心价值观,以社会主义核心价值观凝聚共识,为在中国特色社会主义道路上实现"中国梦"提供强大精神力量。另一方面,用社会主义核心价值观教育引导人们理性地看待个人的物质利益与民

---

① 　王东维、张连侠:《延安时期党的思想道德建设的经验》,《理论探索》2010年第6期。

族利益的关系,说明"中国梦"也是每一个人的梦。这样"在思想上正视个人利益,重视整体利益,追求和谐发展。在实践中坚持物质鼓励与精神鼓励相结合。坚决反对不正当和非法的利益要求。在新型义利观的指导下积极协调改革开放进程中出现的利益矛盾"①。同时,在党和国家的各项政策和措施中,积极控制分配收入差距,倡导对贫困阶层、边缘群体和弱势群体的尊重和关爱。

(五)坚持宣传教育与制度规范相结合

马克思主义经典作家认为,无产阶级政党一天也不能放松对无产阶级的教育,使其保持清醒的阶级意识。马克思强调:"哲学把无产阶级当做自己的物质武器,同样,无产阶级也把哲学当做自己的精神武器"②。列宁认为自发的工人运动只能产生工联主义意识,所以,列宁特别强调对无产阶级政党和革命群众进行马克思主义理论教育和社会主义思想意识的教育即"灌输"的重要性。他指出:"俄国社会民主党所应该实现的任务:把社会主义思想和政治自觉性灌输到无产阶级群众中去,组织一个和自发工人运动有紧密联系的革命政党。"③开展社会主义价值观的宣传教育,正是遵循马克思主义经典作家的教育思想。宣传教育是社会主义价值观建设的一个基本路径,它通过启发人们的思想觉悟、转变思想观念、提升精神境界,使人们的行为选择由外在的他律转变为内在的自律。从我国社会主义价值观建设的历程来看,宣传教育的确起到了非常重要的作用,它帮助广大人民群众认知社会主义价值观,了解践行社会主义核心价值观的基本方式,效仿先进模范人物等等,因此它得到中国共产党长期重视,加强社会主义核心价值观的宣传教育一直是建设社会主义价值观的重要方面。而且在长期实践中,中国共产党探索了宣传教育的多种方式和多种载体。

但宣传教育对于改造人们的思想观念而言只是一种软性的约束机制,它

---

① 胡飒:《改革开放三十年思想政治教育的基本经验》,《思想政治工作研究》2008 年第 5 期。

② 《马克思恩格斯文集》第 1 卷,人民出版社 2009 年版,第 17 页。

③ 《列宁选集》第 1 卷,人民出版社 2012 年版,第 285 页。

对人们观念和行为的影响,最终取决于人们的认知能力、接受能力和情感态度。因此,中国共产党在长期探索中,也通过制度建设来引导人们的价值观、规范人们的行为。以制度的刚性约束作用强化社会主义核心价值观养成的效果。

第一,制度作为社会关系规范化的集中体现,本身就是价值观念的深刻体现,具有丰富的文化价值内蕴。"任何一种制度安排,无不以某种价值预设为前提,无不体现出某种价值取向。规范化的制度,实际上正是由在特定历史条件下形成的传统、生活习惯以及道德价值观念所凝聚形成的。"①可以说,一个社会的根本制度、具体体制和各种规定规范所反映的价值立场和价值导向,其规范、引导社会成员的价值取向,正是该社会价值观念的核心内容。要在一个社会树立社会主义价值观,就必须利用制度体系彰显和维护。

第二,制度规范在展现价值观要求方面更明确和清晰,它能够告诉人们什么是被允许鼓励提倡的、什么是被禁止和反对的明确信息,从而为社会成员的行为选择确立了一个合理的空间。特别是各种奖惩制度,"不断地对人们的行为进行双向的激励。当人们做出合乎制度规范要求的选择时,给予正向激励,使人们的选择获得合理的回报;当人们做出违反制度规范的选择时,则给予负向激励即惩罚,由此来对人们的行为选择加以引导"②。

第三,制度强制是进行有效的社会主义价值观教育的重要保证。社会主义价值观是与生产资料社会共同占有、无产阶级及广大劳动群众摆脱劳动异化、"上升为统治阶级"联系在一起的价值观。但是在现实的社会主义运动中,生产力的发展和社会关系的调整还达不到消除"劳动异化"的程度,生产资料私有制在世界范围内广泛存在,各种以私有制为基础的思想观念在社会思想领域还很有市场,在世界范围内资产阶级对马克思主义、社会主义的攻击从未停止,因此社会主义价值观在我国的确立不可避免是一个艰难的过程,仅仅依靠宣传教育的软性约束难以达到目的,必须用制度的力量强化效果。在社会主义价值观建设中,利用制度力量是一个重要途径。不过,社会主义价值

---

① 何显明:《制度建设与社会主义精神文明》,《哲学研究》1997 年第 9 期。
② 何显明:《制度建设与社会主义精神文明》,《哲学研究》1997 年第 9 期。

观建设中的强制并不是指一般的强迫、命令、压制,而是将社会主义价值准则转变为制度规范,以系统化的规则建构,强化职权责任关系,在制度中形成奖惩、督促等机制,并依靠制度的权威性、强制性来加以推广。具体体现在两个方面:一是在宏观层面,使国家的根本制度、具体体制和宪法法律承载社会主义价值观的内涵,彰显社会主义价值观的要求。比如以宪法确认社会主义核心价值观。二是在微观层面,根据建设社会主义价值观的现实需要,制定与人民群众日常工作生活密切联系的行为规范和准则。由此在整个社会形成一个规范性的价值观引导教育氛围,促使人们根据制度的要求来调整自己的观念和行为。

在社会主义价值观建设过程中,中国共产党不仅领导取得新民主主义革命的胜利,在中国从宏观层面建立体现社会主义核心价值追求的社会制度,如人民代表大会制度、中国共产党领导的多党合作和政治协商制度、民族区域自治制度、基层群众自治制度等,确立起维护社会主义价值观的法律制度,而且在微观层面也建立起大量的日常行为规范,如市民公约、行业自律准则、中小学生行为准则等等,努力以制度的强制推动社会主义价值观被广泛接受认同。尽管我国的具体体制还不够完善,微观层面的各种规范制度也存在这样那样的不足,但是我国的制度体系基本构成了一个强大的社会主义价值观支撑体系,以刚性力量配合宣传教育的柔性约束,推动社会主义价值观建设更有成效地开展。

上述"五个结合",从社会主义价值观建设的主体、内容、路径等多个角度反映了社会主义价值观建设的内在要求,反映了中国共产党探索社会主义价值观建设所取得的成绩,是我们今天和今后开展社会主义价值观建设的重要经验。

三、社会主义核心价值观建设的历史教训

回顾历史,中国共产党进行社会主义价值观建设在取得了大量成功经验的同时,但也有不少历史的教训。恩格斯说:"伟大的阶级,正如伟大的民族一样,无论从哪方面学习都不如从自己所犯错误的后果中学习来得快。"[①]科

---

① 《马克思恩格斯文集》第 1 卷,人民出版社 2009 年版,第 379 页。

学总结和吸取社会主义核心价值观建设历史教训,对于当前推进社会主义核心价值观建设、弘扬和培育社会主义核心价值观具有重要意义。

(一)要正确处理国家中心工作与价值观建设之间的关系

马克思主义认为,人类社会是充满矛盾的有机体。在考察社会发展中,应从纷繁复杂的社会矛盾中把握主要矛盾,把握影响社会发展的决定性因素,同时注意考察各种社会矛盾之间的关系,以获得对社会发展的深刻认识。在中国这样一个有半殖民地半封建社会历史、原来经济文化比较落后、现在仍然处于社会主义初级阶段的国家进行社会主义建设,培育和践行社会主义核心价值观,必须把握影响中国历史命运的根本性力量,由此确定中国共产党在一定历史时期的中心工作和主要任务,围绕中心工作和主要任务来设计、部署社会主义价值观建设的实践活动。

在中国共产党 90 多年的奋斗历程中,中国共产党在认识国情、把握主要矛盾和中心工作方面历经曲折历程。在中国共产党的幼年时期,由于党对中国国情的判断存在偏差,导致革命过程几经波折,对共产主义的宣传也存在脱离中国老百姓现实生活、脱离中国革命现实要求的情况。经过长期革命实践的探索,直至延安时期,以毛泽东同志为主要代表的中国共产党人确立实事求是的思想路线,立足于中国国情来运用马克思主义的基本原理,对中国社会的主要矛盾、中国共产党的中心工作和马克思主义中国化形成了系统、成熟的认识,明确了党的中心工作是领导人民经过武装斗争,推翻"三座大山",建立新民主主义共和国。由此对于马克思主义价值观的宣传传播摆脱了对马克思主义经典作家个别词句的照搬,主要围绕革命的现实任务展开,宣传的内容表达和形式方法则更加符合中国革命的主力军——工农群众的文化水平。社会主义制度在中国确立后,由于党对中国社会主要矛盾的判断出现失误,忽视中国现实生产力发展水平低下的事实,希望通过建立纯粹的生产资料公有制和提高人们的精神境界来建设社会主义,出现了人民公社化运动和"大跃进"运动。到 20 世纪 60 年代中期,把阶级矛盾视为国家和社会的主要矛盾,开始了"文化大革命"运动。在这种状态下,社会主义价值观建设被赋予了决定社会主义命运的功能,得到了从中央到地方各级组织的高度重视,对社会主义价值观的宣传教育呈现高强度的状态,社会主义价值观可谓无处不在,人们对马克思主义经典作家和党的领袖的语录也是耳熟能详。表面上看,社会主义价值观的建设是成功的。但实际上,社会主义价值观的宣传教育存在以下问题:其一是脱离中国现实生产力水平,脱离人民群众的物质生活状态,片面强调精神崇高,讲求"大公无私"的"共产主义觉悟";其二是对马克思主义的价值追求作了简单化、机械化、教条化的理解,对社会主义价值观的宣传充斥着唯心主义和形而上学;其三是片面强调社会主义价值观念与封建主义思想、资产阶级思想的"彻底决裂",忽视了对中华优秀传统文化和人类文明优秀成果有益成果的继承和借鉴。可以说,社会主义价值观建设处于非理性的状态。这种状态是不可能长期持续的。

在改革开放过程中,中国共产党纠正了忽视发展生产力的错误,坚持以经济建设为中心,坚持改革开放,强调对人类文明成果的学习、继承和借鉴,这是非常正确的。但是在实践中,又出现了另一种错误倾向,即片面强调经济建设的重要性,重视生产力发展和物质财富的增长,淡化、忽视社会主义精神文明的建设,社会主义价值观的宣传教育在内容上僵化、在形式上创新不够,对于各种非社会主义价值观的蔓延发展应对乏力,以致拜金主义、享乐主义、功利主义、极端个人主义蔓延,一些党员干部对马克思主义信仰缺失,社会主义和共产主义理想信念动摇,道德失范,甚至各种腐败和丑恶现象出现。正是针对这种状况,习近平总书记指出:"世界社会主义实践的曲折历程告诉我们,马克思主义政党一旦放弃马克思主义信仰、社会主义和共产主义信念,就会土崩瓦解。共产党人如果没有信仰、没有理想,或者信仰、理想不坚定,精神上就会'缺钙',就会得'软骨病',就必然导致政治上变质、经济上贪婪、道德上堕落、生活上腐化。"[1]他强调:"经济建设是党的中心工作,意识形态工作是党的一项极端重要的工作。面对改革发展稳定复杂局面和社会思想意识多元多样、媒体格局深刻变化,在集中精力进行经济建设的同时,一刻也不能放松和削弱意识形态工作,必须把意识形态工作领导权、管理权、话语权牢牢掌握在手中,

---

① 《习近平谈治国理政》第二卷,外文出版社 2017 年版,第 326 页。

任何时候都不能旁落,否则就要犯无可挽回的历史性错误。"①

可见,正确处理党和国家的中心工作与社会主义核心价值观建设的关系非常重要。如果脱离现实的物质经济状况,社会主义核心价值观建设就会成为无源之水、无本之木;如果只顾经济建设,淡化、削弱社会主义核心价值观建设,必然导致人们的思想和行为失去正确的方向,最终影响社会的发展。

(二)要正确对待中国传统价值观和当代西方价值观

在 5000 年历史发展中,中国形成了以儒家文化为核心的传统文化,其中包括以"仁义"为核心、以"三纲五常"为主要内容的价值体系。这一价值体系强调群体本位,尚"义"重"德",重视社会教化和个人修行等等。但是,以儒家文化为核心的中国传统文化是与自给自足的小农经济、封建君权专制政治、熟人社会相适应的,具有明显的历史局限性和阶级局限性。由于社会意识的相对独立性,即使是在封建专制主义制度已经在现代中国终结、小农经济的主体地位逐渐被现代工业经济所取代,中国传统价值观仍然广泛存在于社会成员的思想观念中,影响人们的价值观和行为方式。正如马克思在《路易·波拿巴的雾月十八日》中指出的:"一切已死的先辈们的传统,像梦魇一样纠缠着活人的头脑。"②鸦片战争以后,随着帝国主义的入侵,西方国家的宗教价值观和资本主义价值观传入中国,影响中国社会的多个阶级阶层,促使中国社会的价值观逐步呈现多元多样状态。20 世纪初,马克思主义传入中国,我国社会思想领域形成了马克思主义价值观、中国传统价值观和西方资本主义价值观并立的格局。这一格局在不同的阶段有不同的状态,各种价值观的影响力此消彼长。但即使是新中国成立到改革开放之前,在社会主义价值观认同程度很高、成为国家意识形态的阶段,中国传统价值观和西方资本主义价值观也没有销声匿迹。在中国进入改革开放历史新阶段之后,西方发达资本主义国家利用其长期积累的经济科技优势和话语强势,拥有价值观上的话语权,并将其特色价值观"普世化",采用多种方式影响我国社会的价值选择,诱导人们"以

---

① 《习近平关于社会主义文化建设论述摘编》,中央文献出版社 2017 年版,第 33—34 页。
② 《马克思恩格斯选集》第 1 卷,人民出版社 2012 年版,第 669 页。

西为美""唯西是从",淡化乃至放弃对社会主义核心价值观的认同。中国传统价值观则在抵御"西方化""现代病"的口号和旗帜下,努力传播和张扬自己的价值。这就意味着在中国开展社会主义核心价值观建设时,必然要面对中国传统价值观和西方价值观的影响,要正确对待中国传统价值观和西方价值观。

从历史来看,中国共产党在价值观多元的条件下,为传播马克思主义、宣传社会主义价值原则方面付出了大量的努力,对于中国传统价值观和西方价值观,基本态度是"取其精华、去其糟粕"。新中国成立后,毛泽东还提出了"古为今用,洋为中用""百家争鸣、百花齐放"的方针。但是,如何对待中国传统价值观和西方价值观,在社会主义核心价值观建设的实践中仍然存在很多问题。其中,主要有三种情形。

第一种,对中国传统价值观和西方价值观不作辩证分析,笼统地否定。中国传统价值观以儒家学说为理论基础,适应了自然小农经济和封建专制统治的需要。西方价值观反映了西方资产阶级的利益要求,为维护资本主义制度服务。它们在本质上的确与马克思主义指导下的社会主义核心价值观格格不入,甚至是根本对立的。但是,在中国传统价值观和西方价值观作为人类社会发展在一定历史阶段的观念上的产物,其中并非没有合理成分。例如,中国传统价值观中不仅有"三纲五常"等封建王权价值体现的糟粕,也有"厚德""自强""和谐"等丰富的包含民族品格的优秀价值观念。西方价值观中具有反封建专制主义和人身依附、倡导自由和民主、尊重科学和法治等的合理成分。这些合理成分和有益成果在经过辩证"扬弃"和创造性转化之后,可以用来丰富社会主义价值观的内容,以作为培育和弘扬社会主义核心价值观的思想资源。但是,在我国社会主义价值观建设中,特别是在"文化大革命"中,往往对中国传统价值观和西方价值观简单贴标签,缺乏深入细致的分析、厘清,对它们的批判也比较抽象和笼统,有些批判甚至是基于对这些价值观的误解。这往往导致人们思想上的困惑和反感。

第二种,否定社会主义核心价值观建设要继承人类文明成果,片面地从对立的角度看待社会主义价值观与中国传统价值观、西方价值观的关系。如"文化大革命"期间把中国传统文化中礼、义、仁、信等价值观和西方文化中的民主、自由、博爱、人权、法治等等统统当作"封资修"进行批判,将它们与社会主义价值观完全对立起来,"凡是资本主义有的、社会主义就不能有""宁要社会主义的草、不要资本主义的苗",忽视社会主义价值观的历史渊源,忽视社会主义价值观是在汲取人民文明成果和合理价值观精华的基础上实现对它们的整体超越。这既偏离马克思主义经典作家的思想,也不利于社会主义核心价值观的构建和发展。

第三种,把社会主义价值观与中国传统价值观和西方价值观混为一谈。这主要是无视中国传统价值观和西方价值观的阶级实质和时代条件,无视社会主义价值观与中国传统价值观、西方价值观的本质区别,简单生硬地把它们与社会主义价值观联系在一起。这种错误在当下社会主义价值观建设中时有所见。比如,在"弘扬中国优秀传统文化"的旗号下,要在当今中国恢复原汁原味的儒学,甚至是"儒化中国";在"继承人类文明成果"的名义下把西方价值观当作"普世价值";简单地从中国传统价值观和西方价值观中寻找社会主义价值观的依据;等等。这种做法同样造成了人们思想上的混乱。

上述错误表明,在社会主义价值观建设中,一定要正确处理社会主义价值观与中国传统价值观、西方价值观的关系。要在坚持"取其精华、去其糟粕""以我为主、为我所用"等方针的同时,在理论上要深入研究、区分中国传统文化和西方价值观中的"精华"与"糟粕",在实践上对于如何做到"古为今用,洋为中用"下功夫,既要反对简单抛弃割裂的错误,也要反对盲目照搬的错误。

(三)要不断创新社会主义核心价值观的宣传教育方式

在社会主义核心价值观宣传教育方面,可以说我国已经形成了一整套比较成熟的做法,也积累了很多经验。但是价值观宣传教育的方法、重点对象、途径和时效上仍然存在一些问题,制约了社会主义价值观宣传教育的实效。

其一,从价值观教育的方法来看,理论宣传、学校教育、榜样示范、文艺作品引导和群众性活动等都行之有效。但是,理论宣传存在话语老套、叙述程式化、内容结合实际不够的情况,过于注重宏观叙述而忽略微观描述,缺少生活话语、情感温度和人文情怀。不分人群对象的统一教育多,针对不同群体的分众化教育少;学校教育存在着目标过高,对大中小学生的价值观教育缺乏层次递进,过度强调价值观的认知,在教育中忽视学生的主观能动性和自我教育作用的发挥;以显性教育(设置课程、开展专题活动等)为主,隐性教育(营造环境氛围、间接影响)不足;对榜样的宣传往往存在拔高、"神化"倾向,似乎榜样模范都是"高大上"的道德上的"完人",给人感觉不是真实可信可效仿,而是高不可攀;文艺作品引导有的生硬简单、有的形不达意、有的似是而非。这都使社会主义核心价值观的教育效果不够理想。

其二,从价值观教育途径来看,我国一直以来沿用的是从社会、学校、家庭到个人的路径选择。在价值观教育的四个层面之中主要依赖于社会教育和学校教育,尤其是学校教育,轻视了家庭教育和个人教育,社会、学校、家庭、个人四个层面的价值观教育未能形成合力,甚至学校教育与家庭教育和个人教育"各说各话",造成学校教育的效果往往被家庭、个人等因素抵消。这表明社会主义核心价值观在深入老百姓的日常生活之中还存在一定的距离。

其三,从价值观教育的对象来看,我国开展社会主义核心价值观教育,往往将青少年作为重点对象。固然,青少年是国家的未来,价值观教育"从娃娃抓起"非常必要。但是青少年对整个社会发展方向和社会风气缺乏影响示范的能力。在现实社会生活中,中国共产党是执政党,党员干部思想观念、言行举止状态更能反映、引领社会的风气风尚。中国共产党是社会主义价值观的倡导者,党员干部理应成为践行社会主义价值观的榜样和楷模,在社会主义价值观的具体化、人格化方面发挥带头作用。而事实上,有些党员干部在价值观方面存在这样那样的问题和不足,党员干部的价值观发生偏差导致腐败的现象并不少见,也造成恶劣的社会影响。开展社会主义核心价值观教育,如果不把党员干部当作重要对象,忽视、放松对党员干部的教育,形成某种"灯下黑"的状况,无疑会使社会主义核心价值观教育的效果大打折扣。

其四,从价值观教育的时效来看,开展社会主义核心价值观教育,把握时效非常重要,这意味着话语权和主动权的确立。我国自改革开放以来,伴随社会主义市场经济体制的逐步确立、经济全球化的冲击、网络时代的到来和西方利用经济和科技优势推行其价值观念,导致我国社会价值碰撞、价值冲突异常激烈,社会主义价值观的话语权受到了严重挑战。但是我国社会主义核心价值观宣传教育在应对挑战方面不够及时,特别是在利用互联网传播和弘扬社会主义核心价值观、回应时代和现实问题方面相对被动,以致在民主、自由、公正、法治、人权等价值观的理解上,往往被西方话语所误导。

因此,提升社会主义价值观宣传教育的实效,必须善于发现既有工作中存在的问题,善于把握时代发展提出的新要求,善于把握社会主义建设实践中出现的新情况,善于把握各种非社会主义价值观的新动态,及时调整社会主义价值观宣传教育的策略,抓住重点对象,注重宣传教育的时效性,完善既有的方法和路径,根据时代发展和人民群众的喜闻乐见的需要及时进行创新。

(四)社会主义核心价值观建设要科学化常态化大众化

由于我国有着漫长的封建社会历史和 100 多年半殖民地半封建社会历史,有 56 个民族,有多种宗教信仰,并且目前城乡、地区、行业、居民收入之间也发展不平衡,社会的思想观念必然具有多样性和复杂性,这决定建设社会主义价值观不可能一蹴而就、立竿见影,必然是一项长期艰巨的历史过程。因此,社会主义核心价值观建设应立足于当前、着眼于长远,要作为一项常态化的工作,落细、落小、落实,并且要尊重认识发展规律,体现科学化。应该说,中国共产党一直没有忽视社会主义核心价值观的建设,在一些历史时期还特别重视这一工作,并在宏观上积极规划和部署。但在基层的实践中,常常出现以下三种不良倾向。

一是庸俗化倾向。社会主义核心价值观建设的一个重要内容就是使社会主义核心价值观融入大众日常生活,要落细、落小、落实。正如习近平总书记指出的:"一种价值观要真正发挥作用,必须融入社会生活,让人们在实践中感知它、领悟它。要注意把我们所提倡的与人们日常生活紧密联系起来,在落细、落小、落实上下功夫。"[①]社会主义核心价值观融入大众日常生活,并不是简单地、消极地让社会主义核心价值观消极被动适应甚至迎合大众的习惯,而是用一种先进的价值观去改造、提升、引领大众的思想观念和日常行为,达成整个社会的价值共识,并且引导、塑造、规范井然有序、和睦稳定的大众日常生活。为此,抽象的社会主义价值原则必须在呈现形式上通俗化,以日常生活的

---

① 《习近平谈治国理政》,外文出版社 2014 年版,第 165 页。

视角、口语化的语言、生动的形象去传播和表达。但是,通俗化绝不是庸俗化。通俗化和庸俗化的本质区别在于,通俗化观照大众的理解能力和体验感受,却无损于社会主义核心价值观的科学内容,无损于社会主义核心价值观的引导教育功能。而庸俗化则淡化价值观的科学内容,注重感官刺激和物质欲求,追求商业利润和剧场轰动效应,使人无法从中获得理性认知、情感认同和信仰提升。其具体表现包括学习宣传停留于读读报纸、念念文件、讲讲笑话,只求形式,不看效果,不注重解决大众思想上的困惑;甚至用个人主观主义理解、片面的观点、低俗的话语戏谑解释社会主义核心价值观的科学、丰富而深刻的内涵,把社会主义核心价值观弄得面目全非,甚至利用社会主义核心价值观的宣传传播来哗众取宠、谋取个人商业利益,等等。

二是"一刀切"倾向。我国是一个地域辽阔、民族众多、区域发展差异明显的国家。由于地理、历史、民族、文化等多种因素的影响,以及地区、城乡、社会成员之间发展不平衡,无论是处于相同地域、相同民族和文化传统中的大众,还是处于不同地域、不同民族、不同文化传统中的大众,其日常生活存在着明显差异。这在客观上要求传播社会主义核心价值观的具体内容和表现方式,必须采取差异化的策略,而不是简单的"一刀切""一锅煮"。"一刀切"倾向主要表现为不能根据不同地域、民族、宗教信仰的人民大众日常生活习惯,寻找与社会主义核心价值观的结合点;对于党员干部与普通群众不作区别,对党员干部的要求偏低;对于不同年龄、不同职业、不同文化水平的群众采用统一要求;等等。

三是"运动式"倾向。在我国政治生活中,长期存在着"群众运动式"的工作方法。它以鼓动群众为主要手段,通过进行社会舆论鼓动和政治动员,有组织地集中和整合社会资源以完成国家每一阶段的任务。这一做法虽然在短时间里能够产生一定的社会效果,但是具有比较浓厚的人治色彩,缺乏制度化的建设和细致的工作,往往难以保证成果的可持续性,最终导致工作的低效化、无效化或者"虎头蛇尾"。而且短时间内搞"临时突击",常常出现为了达成目标不尊重客观实际规律、"瞎指挥",甚至不惜牺牲群众的利益,打乱群众正常生产生活状态的现象,有的地方动不动搞"定期达标",把复杂的思想转化工作简单化为数字堆砌或者景观设计和包装。这都引起群众的反感。

这三种倾向不仅难以将社会主义价值观正确地传播给人民群众,而且还因为工作方法失当,导致群众对社会主义价值观建设活动产生误解,形成"搞形式主义""走过场"的判断,也不会在实际行动上配合支持。因此,在当今中国开展社会主义核心价值观建设中,一定要避免这三种倾向。在培育社会主义核心价值观的过程中,一段时间内高强度、密集化的宣传教育和专项活动是必要的,但更应着眼于长期、深入、细致的教化。为此,党政干部要确立对培育和践行社会主义核心价值观的正确认识,更加关注长效机制,尊重人民大众的自主性,做好相关制度建设、法制建设和日常行为规范建设,密切结合人民大众的日常生活中发掘多种方式和途径,在润物无声中凝聚全社会的价值共识。

(五)坚持社会主义核心价值观建设关键在党

在社会主义国家里,执政的共产党是社会主义核心价值观建设的倡导者、领导者和实践者,党的每一个基层组织和党员都应以实际行动模范践行社会主义价值观,从而为培育和践行社会主义核心价值观提供示范和表率。

从世界社会主义运动的历史来看,共产党坚持社会主义价值观并非是一件轻而易举的事情。这不仅是因为现实中的社会主义国家大多脱胎于有着浓厚封建主义传统的国家,封建主义价值观念会干扰人们对马克思主义、社会主义价值观的认识与认同。更重要的是,在"一球两制"的条件下,西方资本主义国家从未放弃对社会主义国家的意识形态渗透,采取多种方式输出其价值观,对外推销以所谓"普世价值"为内核的思想文化和意识形态,企图诱导人们接受西方资本主义的核心价值观。而在社会主义国家执政党的共产党如果不能保持政治定力,排除各种干扰因素,不能始终不移地坚持马克思主义的指导,在重大理论问题与现实问题面前保持清醒的头脑,就会在价值观上发生嬗变,最终导致政权的丧失。在此方面,苏联共产党留下了深刻的历史教训。

20世纪20年代,在苏共中央积极倡导下,苏联确立了以集体主义和爱国主义为主要内容的苏联社会主义价值观。列宁对共产主义道德有丰富的论述,他积极倡导"共产主义纪律""共产主义劳动",提倡团结互助、热爱劳动,反对利己主义,要求共产党员要成为共产主义劳动的模范,成为学习社会主义建设本领的模范,给非党工人树立榜样等等,奠定了苏联社会主义价值观的思想理论基础。苏共开展了一系列的宣传教育活动,尤其是以保尔、卓娅、马特洛索夫等英雄人物为模范,宣传社会主义价值观,鼓舞人民为实现共产主义和国家、集体的利益忘我劳动,从而为国家建设和政权巩固提供了强大的精神动力。在斯大林领导时期,苏联社会主义建设实践存在的一些问题,特别是片面强调国家利益至上,用国家利益淹没了个人利益和价值,不利于调动群众的积极性;社会主义价值观的宣传教育日益形式主义化,教育方式上采用自上而下的单向灌输,教育内容上只颂扬英雄,忽视对普通百姓的关注,引起了人民群众的反感;在处理民族问题上也出现了一些失误。

20世纪60年代初,苏联的价值观开始发生变化。苏联共产党的一些高级干部和学者在批判斯大林中,不加分辨地放弃了马克思主义的一些重要原则和科学方法,比如阶级分析方法,一些伦理学研究开始偏离马克思主义,突出抽象的"人性"和"人道主义"。例如,1962年赫鲁晓夫在最高苏维埃会议上作关于新宪法的报告中指出,伟大的共产主义的理想:各国人民的和平、劳动、自由、平等、博爱和幸福,这些对所有人民说来是神圣的原则,应该作为苏维埃社会主义共和国联盟新宪法的基础。这个报告实际诠释了全民民主、全民党、人道主义原则。到勃列日涅夫时期,苏联的价值观继续演变。文学艺术领域继续宣扬个人主义,许多报刊发表大量消沉的充满色情的作品,对青年产生了重要影响。虽然勃列日涅夫一度强调意识形态工作,但是毫无新意的教育内容无法吸引青年,一些宣传教育流于形式,收效甚微。苏联共产党内部的消极腐败现象,更加强化了青年对马克思主义、对社会主义核心价值观理解上的偏离。到20世纪80年代,苏共中央总书记戈尔巴乔夫搬出民主社会主义改革的"新思维",苏联的哲学社会科学研究完全背离马克思主义,否定道德的阶级性,否定十月革命的正当性和苏联社会主义建设的历史,鼓吹"全人类的利益高于一切"。在1988年6月,戈尔巴乔夫提出了"人道的、民主的社会主义"概念,实行"社会主义多元化"和"舆论多元化",要"根本改变我们的政治体制",这标志着苏联共产党放弃了以马克思主义为指导思想的社会主义核心价值观。此后苏联共产党在意识形态领域实行的一系列措施,鼓励西方价值观的传播,鼓励批判苏联社会主义历史,导致全社会的价值观全面裂变。

可见,苏联价值观领域的长期演化是苏联解体的重要内因,苏联共产党在意识形态领域的失误是导致苏共亡党、苏联解体的重要原因。从社会主义核心价值观建设的角度来看，苏联共产党在意识形态领域的失误，主要在于没有根据现实的经济社会发展和人民群众的利益需要，把马克思主义的价值追求转化为反映人民群众愿望、得到群众认可的社会主义核心价值观；没有根据时代发展和青年思想状况创新价值观教育，社会主义价值观教育空洞且脱离人民群众的日常生活；没有对思想文化领域非马克思主义、反马克思主义的价值观及时开展积极的思想斗争，没有加强对哲学社会科学研究、文学艺术创造的领导，而是放任资本主义价值观的蔓延发展。这样，党实际上是逐步放弃了对意识形态工作的领导权、管理器和话语权。苏共蜕变表现在，党的最高领导人不是坚定地信仰马克思主义、科学对待马克思主义，而是把苏联模式与马克思主义混为一谈，最终放弃马克思主义在意识形态领域的指导地位；苏共党员干部中长期盛行官僚主义、形式主义，在生活上享受特供特权待遇，严重脱离人民群众，实际是背离了社会主义核心价值观的要求，结果是导致人民群众丧失对社会主义的信心和对苏联共产党的信任。

苏联社会主义价值观的演变及苏联解体深刻说明坚持社会主义价值观关键在党。在当代中国，要实现社会主义国家长治久安，中国共产党必须深刻认识到意识形态工作的极端重要性，要求全党自觉加强马克思主义理论学习，提高马克思主义理论修养，坚定社会主义和共产主义理想信念；全面从严治党，使党员干部真正成为社会主义核心价值观的践行者，成为人民群众的榜样；深入持久地开展培育和践行社会主义核心价值观的实践活动，尊重人民群众的主体地位，不断创新宣传社会主义核心价值观的方式、方法和路径，特别是充分利用互联网的传播特点和优势，提高社会主义核心价值观传播的有效性；引导哲学社会科学的学术研究，引导文艺创作坚持正确的政治方向，为社会主义核心价值观的培育和践行提供学理支撑和思想文化基础；旗帜鲜明地与各种错误思潮思想开展积极的思想斗争，对于错误思潮"敢于亮剑"，捍卫马克思主义理论和社会主义核心价值观，保持思想引领的主动性和主导权；在经济全球化条件下，积极向世界传播中国的价值理念，讲好中国故事，传播中国声音，把中国的经济发展优势转化为话语优势，增强人民群众对于中国特色社会主义的道路自信、理论自信、制度自信和文化自信。

第四章　培育和践行社会主义核心价值观的现状调查

　　中国共产党十八大报告明确指出要"倡导富强、民主、文明、和谐,倡导自由、平等、公正、法治,倡导爱国、敬业、诚信、友善,积极培育和践行社会主义核心价值观"①。2013 年 12 月,中共中央办公厅印发《关于培育和践行社会主义核心价值观的意见》,对如何培育和践行社会主义核心价值观进行了全面系统的部署。自此,全国各省区市、各部门结合地区和部门的实际情况认真贯彻落实党中央上述文件精神,积极主动地开展了一系列各种各样的社会主义核心价值观培育和践行活动。那么,这些社会主义核心价值观培育和践行活动成效如何? 民众对社会主义核心价值观认知情况如何? 认同程度怎样? 这是全党和全国人民非常关心的重大问题。

一、社会主义核心价值观认知与认同现状调查

　　本课题组不仅对我国民众社会主义核心价值观认知认同状况进行了较为深入的调查研究,而且对证券行业培育和践行社会主义核心价值观的状况进行了较为深入的调查研究,②力求运用以点带面,点面结合的方法,较为深入

---

　　① 《十八大以来重要文献选编》(上),中央文献出版社 2014 年版,第 25 页。
　　② 于雨晴:《培育和践行社会主义核心价值观的活动载体探析》,湖北大学硕士学位论文,2016 年(课题组主要成员湖北大学马克思主义学院杨业华教授指导)和王菊丽:《证券行业培育和践行社会主义核心价值观的现状及对策研究》,湖北大学硕士学位论文,2018 年(课题组主要成员湖北大学马克思主义学院杨业华教授指导)。

地调查了解培育和践行社会主义核心价值观的现状,及时发现培育和践行社会主义核心价值观过程中存在的突出问题及其原因,并在此基础上提出解决问题的对策和建议。

(一)调查的基本情况

我们之所以选择对我国民众社会主义核心价值观认知认同状况进行调查研究,其原因是我国民众社会主义核心价值观认知认同状况,能够比较好地反映培育和践行社会主义核心价值观的效果。证券是经济的晴雨表,证券行业不仅是我国刚处于起步阶段的新兴行业,而且是当前我国虚拟经济的重要支柱产业。选择证券行业培育和践行社会主义核心价值观现状进行调查研究,不仅具有前瞻性,而且具有代表性。

1.调查问卷和访谈提纲的设计

本次调查运用了问卷调查法、访谈法和文献调查的方法。为了较为科学地编制出访谈提纲和调查问卷,课题组用了大量时间在中国知网、高校图书馆检索查阅与课题相关的文献资料,特别是相关问卷,并且对这些相关材料进行整理,提炼出调查和访谈的相关问题,然后进行筛选,经过课题组成员多次讨论,形成《民众社会主义核心价值观认知认同状况调查》问卷和访谈提纲的初稿。为了检测调查问卷和访谈提纲初稿的科学性,我们运用抽样调查的方法,发放了100多份问卷、访谈了10位调查对象进行测试,对测试的结果进行了认真仔细的统计分析,对测试中所反馈的信息进行了充分的讨论,在此基础上,对调查问卷和访谈提纲的内容进行了修改,最后确定正式的调查问卷和访谈提纲。

2.调查问卷的发放情况

本次问卷调查运用抽样调查的方法在我国农村、乡镇和城市进行。本次总共发放调查问卷1500份,回收调查问卷1200份,其中有效调查问卷1091份,有效回收率为90.91%。样本的分布情况如表1.1所示。

表 1.1　样本情况

家庭住址	频数（人）	百分比（%）
城　市	697	63.9
乡　镇	160	14.7
农　村	196	18.0
缺失样本量	38	3.5
合　计	1091	100

调查问卷的填写采取以下两种方式进行：第一种方式是问卷调查对象本人直接填写调查问卷，问卷调查人员回收调查问卷；第二种方式是问卷调查人员对问卷调查对象实行一对一的问卷调查方式，问卷调查对象回答，问卷调查人员帮助填写调查问卷。在问卷调查整个过程中，问卷调查人员对问卷调查过程进行了较为有效的控制，尽可能减少不必要的干扰，同时，问卷调查人员有目的、有意识地运用抽样调查的方法对各类问卷调查对象进行了抽样，尽可能保证调查问卷样本的代表性和全面性。

3.数据统计分析方法

此次问卷调查运用 SPSS17.0 统计软件进行数据的统计与分析，在问卷调查数据分析过程中运用定性和定量相结合的分析方法。其中问卷调查数据分析主要运用百分比、平均值、变量交叉、频数等方法分析我国民众社会主义核心价值观认知认同的状况，并且把问卷调查的统计数据与访谈情况、相关研究文献结合在一起进行比较分析。

（二）民众社会主义核心价值观认知状况调查与分析

我们主要采取问卷调查和访谈调查等方式，针对社会成员对于社会主义核心价值观认知状况进行调查，并且进行统计学分析。

1.多数人听说过社会主义核心价值观

在对"您听说过社会主义核心价值观吗？"的问题调查中，调查数据显示，有 87.1% 的调查对象听说过社会主义核心价值观，仅有 12.9% 没听说过这一价值观（如图 1.1 所示）。

（单位：%）

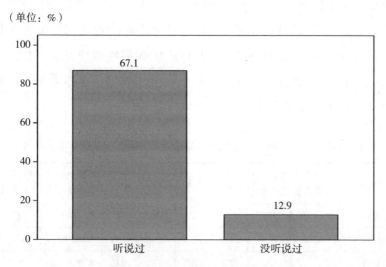

图 1.1　您听说过社会主义核心价值观吗?

通过不同年龄段调查对象的交叉比较,如表 1.2 所示,有 92% 的 65 岁以上老人听说过社会主义核心价值观,在所有年龄段调查对象中比率最高,远远高于 41—65 岁这个年龄段人群中听说过社会主义核心价值观的人数比率。

表 1.2　您听说过社会主义核心价值观吗?（年龄比较）

年　龄		18 岁及以下	19—40 岁	41—65 岁	65 岁以上	合计
听说过	计数(人)	151	651	99	23	924
	百分比(%)	86.3	87.7	83.2	92.0	87.1
没听说过	计数(人)	24	91	20	2	137
	百分比(%)	13.7	12.3	16.8	8.0	12.9

通过对不同职业人群的交叉比较,我们发现从事不同社会工作的群体对"您听说过社会主义核心价值观吗?"这一题的回答差异较明显。表 1.3 显示,"没听说过"社会主义核心价值观比例最高的职业是工人,达到了 23.8%,其次是下岗、待业或自由职业者,占到了该群体总人数的 20.0%,学生"没听说过"的比例最低,仅有 8.6%,说明对学生群体的社会主义核心价值观的宣

传教育工作完成较好,效果明显。但我们也应该看到,工人该项比例接近学生的三倍,工人跟学生之间比例差距过大,说明不同行业之间的宣传工作不平衡,某些行业的宣传工作有待加强。从图表中我们欣慰地发现,农民"没听说过"的人数占受访农民总人数的12.8%,除学生外仅高于事业单位工作人员的10.6%和国家机关工作人员的12.2%。

表1.3 您听说过社会主义核心价值观吗?(职业比较)

您的职业		国家机关工作人员	事业单位工作人员	公司职员	工人	农民	学生	下岗、待业或自由职业者	离退休人员	合计
听说过	计数(人)	36	126	171	32	116	360	64	19	924
	百分比(%)	87.8	89.4	82.2	76.2	87.2	91.4	80.0	86.4	87.1
没听说过	计数(人)	5	15	37	10	17	34	16	3	137
	百分比(%)	12.2	10.6	17.8	23.8	12.8	8.6	20.0	13.6	12.9

从表1.4中,我们能较为明显地发现,"听说过"社会主义核心价值观的百分比同文化程度大致呈现正相关趋势,文化程度越高,听说过社会主义核心价值观的人数在本文化程度群体总人数中的比例就越高,且与没听说过之间的比例差距越大,研究生未听说过社会主义核心价值观的比例为6.0%,与听说过的比例相差88.0%,而小学生中接近半数学生没有听说过社会主义核心价值观,与听说过的比例相差14.2%。但值得肯定的是,除小学外,各个文化程度的人群听说过社会主义核心价值观的比例都远大于没听说过的比例。

表1.4 您听说过社会主义核心价值观吗?(文化程度比较)

您的文化程度		小学	初中	高中(中专)	大专	大学本科	研究生	合计
听说过	计数(人)	12	59	148	82	485	141	927
	百分比(%)	57.1	77.6	85.1	82.8	89.2	94.0	87.1
没听说过	计数(人)	9	17	26	17	59	9	137
	百分比(%)	42.9	22.4	14.9	17.2	10.8	6.0	12.9

表1.5　您听说过社会主义核心价值观吗?（政治面貌比较）

政治面貌		群众	少先队员	共青团员	共产党员	民主党派	合计
听说过	计数(人)	220	8	414	273	6	921
	百分比(%)	79.1	57.1	89.0	95.5	60.0	87.5
没听说过	计数(人)	58	6	51	13	4	132
	百分比(%)	20.9	42.9	11.0	4.5	40.0	12.5

如表1.5所示,从政治面貌上来看,"听说过"社会主义核心价值观比例最高的是共产党员,为95.5%,其次是共青团员为89.0%,而"没听说过"比例最高的是少先队员,为42.9%,少先队员的主要组成人员是小学生,因此这一比例符合文化程度为小学生的该项比例。值得注意的是,民主党派人士没有听说过社会主义核心价值观的比例高达40.0%。

如图1.2所示,从家庭经济情况作交叉分析,我们发现家庭经济情况好、较好和一般的受访者没听说过社会主义核心价值观的比例差距不大,集中在10%—15%之间,呈依次下降趋势。而从家庭经济情况一般开始到情况较差再到差,"没听说过"的比例急剧上升,甚至接近60%。

（单位：%）

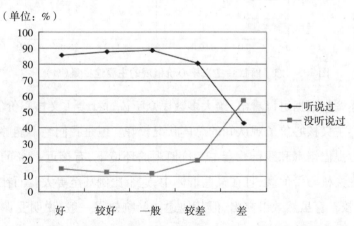

图1.2　您听说过社会主义核心价值观吗?（家庭经济情况比较）

2.民众了解社会主义核心价值观的主要途径

关于了解社会主义核心价值观的主要途径,如图1.3所示,选择通过学校教育途径了解社会主义核心价值观的人最多,达到了31.5%。其次是通过电视包括移动电子屏幕以及报纸书籍了解社会主义核心价值观的,这两种途径的比例相当,经统计分别是19.6%和18.7%。而比这两种途径占比稍低一点的途径是网络,调查显示,通过网络途径了解社会主义核心价值观的比例是14.6%。所占比例最低的三种途径是社区宣传教育、家庭教育以及其他方面的教育,分别占比5.8%、4.4%以及5.3%。由此可见,学校教育是了解社会主义核心价值观的最主要的途径,其次是电视包括移动电子屏幕、报纸书籍以及网络。与此同时,社区宣传教育、家庭教育以及其他方面的教育起到的作用较小。

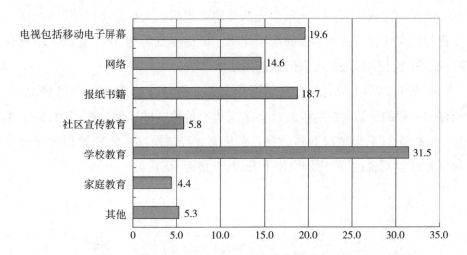

图1.3 您了解社会主义核心价值观的主要途径是(%)

从上述调查数据可以看出,绝大多数民众听说过社会主义核心价值观,他们对于社会主义核心价值观认知的总体状况较好。但是我们绝不能够忽视在党中央大力提倡培育和践行社会主义价值观的环境下,有接近13%的人没听说过社会主义核心价值观,且在某些群体中,这个比例甚至更大。而在获取渠道方面,学校教育虽然效果突出,但其他途径影响效果一般,说明受调查者没有很好地运用这些途径了解社会主义核心价值观,这表明社会主义核心价值观宣传渠道有待拓宽,宣传力度有待加强,同样也说明民众自身对党提倡的价值观、方针、政策的关注度还不够。

3. 多数民众知道社会主义核心价值观的具体内容

富强、民主、文明、和谐是国家层面的价值目标,在民众对国家层面的社会主义核心价值观具体内容了解程度的调查中,如图1.4所示,有58.6%的人认为"富强、民主、文明、和谐"属于国家层面的社会主义核心价值观。从上述调查数据可以看出,民众对国家层面的社会主义核心价值观具体内容了解程度是比较高的,接近60%。但是,不能忽视仍然有41.4%的民众不知道国家层面的社会主义核心价值观的具体内容。

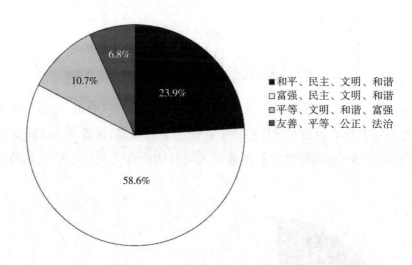

图1.4 选择出属于国家层面的社会主义核心价值观内容

"自由、平等、公正、法治",是对美好社会的生动表述,也是从社会层面对社会主义核心价值观基本内容的凝练。在民众对社会层面的社会主义核心价值观具体内容了解程度的调查中,调查显示(见图1.5),有60.5%的民众认为"自由、平等、公正、法治"属于社会主义核心价值观社会层面的内容。从上述调查数据可以看出,民众对社会层面的社会主义核心价值观具体内容了解程度是较高的,超过了60%。然而,不能忽视仍然有39.5%的调查对象不知道社会层面的社会主义核心价值观的具体内容。

"爱国、敬业、诚信、友善"是从个人层面对社会主义核心价值观基本内容的凝练。在民众对个人层面的社会主义核心价值观具体内容了解程度的调查中,根据图1.6所示,有58.5%的调查对象认为"爱国、敬业、诚信、友善"属于

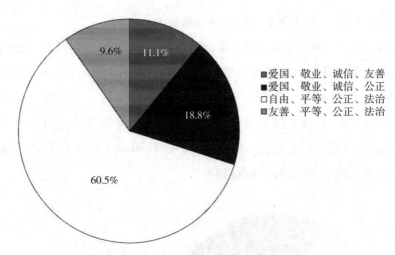

图 1.5　选择出属于社会层面的社会主义核心价值观内容

个人层面的社会主义核心价值观。从上述调查数据可以看出,民众对个人层面的社会主义核心价值观具体内容了解程度是较高的,接近 60%。但是不能忽视仍有 41.5%的调查对象不知道个人层面的社会主义核心价值观的具体内容。

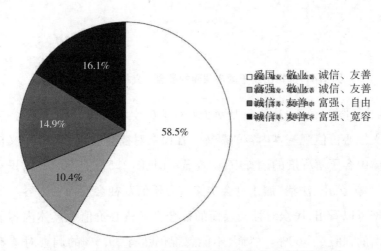

图 1.6　选择出属于个人层面的社会主义核心价值观内容

从以上分析可以看出,人们对于社会层面的社会主义核心价值观具体内容相较于国家层面和个人层面更为熟悉,但三者之间差距很小,民众对于社会主义核心价值观基本内容的完整认知程度可见一斑。

　　而对于能够正确选择出国家层面、社会层面和个人层面的社会主义核心价值观具体内容,我们从文化程度进行交叉分析,从表1.6中可以发现无论是对于国家层面、社会层面还是个人层面的价值观具体内容的选择,均是研究生正确率最高。而在选择属于国家层面的社会主义核心价值观的具体内容和社会层面的社会主义核心价值观的具体内容这两道题中,拥有大专学历的人群能正确选择"富强、民主、文明、和谐"和"自由、平等、公正、法治"的概率最低,分别是46.5%和50.5%,同样正确率很低的是初中,分别是53.4%和50.7%,对于个人层面的社会主义核心价值观具体内容选择正确率最低的是小学,其次是初中,分别仅有36.8%和45.2%的人能够正确选出"爱国、敬业、诚信、友善"。前两题中,小学、高中、大学本科的表现都不错,后一题中,高中(中专)、大专、大学本科表现尚可,总的来说高中(中专)、大学本科和研究生在社会主义核心价值观具体内容方面的调查结果比较理想。

表 1.6　正确选择社会主义核心价值观内容(文化程度比较)

文化程度		小学	初中	高中(中专)	大专	大学本科	研究生	合计
选择"富强、民主、文明、和谐"	计数(人)	12	39	108	46	316	94	615
	百分比(%)	63.2	53.4	62.8	46.5	58.6	63.9	58.6
选择"自由、平等、公正、法治"	计数(人)	11	37	102	50	341	93	634
	百分比(%)	57.9	50.7	59.6	50.5	62.8	63.3	60.3
选择"爱国、敬业、诚信、友善"	计数(人)	7	33	104	55	322	95	616
	百分比(%)	36.8	45.2	60.1	55.6	59.4	64.2	58.4

　　从家庭经济情况的角度进行交叉分析,观察表1.7,我们发现家庭经济情况差的群体很难正确选出社会主义核心价值观的基本内容,特别是国家层面和个人层面价值观基本内容的正确率极低,分别仅有30.8%和38.5%,虽然在社会层面价值观的正确率达到了53.8%,但仍然比家庭经济情况好、较好、一般和较差的群体的概率要低。家庭经济情况好、较好、一般和较差的群体在社会主义核心价值观三个层面基本内容的认知情况令人比较满意。

表 1.7　正确选择社会主义核心价值观内容（家庭经济情况比较）

您家庭的经济情况		好	较好	一般	较差	差	合计
选择"富强、民主、文明、和谐"	计数（人）	24	130	431	24	4	613
	百分比（%）	50.0	56.5	60.3	57.1	30.8	58.5
选择"自由、平等、公正、法治"	计数（人）	32	127	445	26	7	637
	百分比（%）	65.3	55.2	62.1	61.9	53.8	60.6
选择"爱国、敬业、诚信、友善"	计数（人）	34	126	430	23	5	618
	百分比（%）	69.4	55.0	59.9	54.8	38.5	58.7

　　从城乡区域角度进行交叉分析,观察表 1.8 我们发现,城市和农村对选择正确的社会主义核心价值观基本内容的比例非常相近,说明城乡居民对社会主义核心价值观基本内容的熟悉程度并无很大差别。就国家层面的内容看,他们的比例都为 59.9%,就社会层面的内容看,他们的比例分别为 61.2% 和 61.3%,就个人层面的内容看,他们的比例分别为 60.9% 和 58.3%,从上述调查数据中可以看出,城市和农村的民众对社会主义核心价值观具体内容的了解程度是较高的,而城乡之间乡镇的民众对社会主义核心价值观了解程度就相对较低,三个层次的正确率分别为 51.9%、57.0% 和 53.2%,均低于城市和农村的比例。仔细观察,我们还可以发现,无论是城市、乡镇还是农村的受访者均对社会层面的社会主义核心价值观基本内容更熟悉一点。

表 1.8　正确选择社会主义核心价值观内容（城乡区域比较）

您具体来自		城市	乡镇	农村	合计
选择"富强、民主、文明、和谐"	计数（人）	408	82	115	605
	百分比（%）	59.9	51.9	59.9	58.7
选择"自由、平等、公正、法治"	计数（人）	418	90	117	625
	百分比（%）	61.2	57.0	61.3	60.6
选择"爱国、敬业、诚信、友善"	计数（人）	416	84	112	612
	百分比（%）	60.9	53.2	58.3	59.2

（三）民众社会主义核心价值观认同状况调查与分析

1. 民众社会主义核心价值观认同总体状况良好

（1）多数民众认为社会主义核心价值观内容与每个人息息相关

社会主义核心价值观由党中央大力倡导,那么它与民众的生活会有怎样的关系呢？在对"社会主义核心价值观的内容体现在生活中,和我们每个人都息息相关"问题进行调查时,根据图1.7调查数据显示,有34.5%的调查对象表示非常同意社会主义核心价值观与日常生活紧密相连,有51.5%的调查对象表示基本同意与自身生活息息相关,有6.6%的调查对象不同意与每个人生活密切相关,有7.4%的调查对象表示不清楚。

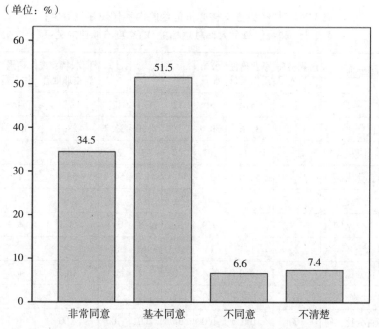

（单位：%）

图1.7　对"社会主义核心价值观的内容体现在生活中,
和我们每个人都息息相关"的态度

在对"社会主义核心价值观的内容体现在生活中,和我们每个人都息息相关"的态度与职业的交叉分析中,如表1.9所示,我们可以发现无论何种职业都至少有八成民众同意"社会主义核心价值观的内容体现在生活中,和我们每个人都息息相关"，其中"非常同意"比例最高的是离退休人员和农民，分别为65.2%和48.0%；"基本同意"比例最高的是下岗、待业或自由职业者，比例为56.4%，其次是学生和工人，比例分别为54.7%和54.5%；而"不同意"比例最高的是工人，高达18.2%，说明工人中认为社会主义核心价值观与我们生活并没有紧密联系的比例比其他职业的人要高，对该问题思考不多、感受不深，表现出迷茫。"不清楚"的群体比例较高的两个是下岗、待业或自由职业者和事业单位工作人员，分别为10.3%和10.0%。在这些职业群体中"不同意"与"不清楚"比例之和较低的是农民、离退休人员和国家机关工作人员，分别为8.0%、8.6%和9.8%，说明他们比较认同社会主义核心价值观与我们的生活有紧密的联系。

表1.9 对"社会主义核心价值观的内容体现在生活中，和我们每个人都息息相关"的态度与职业的关系

您的职业		国家机关工作人员	事业单位工作人员	公司职员	工人	农民	学生	下岗、待业或自由职业者	离退休人员	合计
非常同意	计数（人）	17	47	61	12	60	127	22	15	361
	百分比（%）	41.5	33.6	30.0	27.3	48.0	32.2	28.2	65.2	34.4
基本同意	计数（人）	20	70	107	24	55	216	44	6	542
	百分比（%）	48.8	50.0	52.7	54.5	44.0	54.7	56.4	26.1	51.7
不同意	计数（人）	2	9	20	8	6	20	4	1	70
	百分比（%）	4.9	6.4	9.9	18.2	4.8	5.1	5.1	4.3	6.7
不清楚	计数（人）	2	14	15	0	4	32	8	1	76
	百分比（%）	4.9	10.0	7.4	.0	3.2	8.1	10.3	4.3	7.2
合计	计数（人）	41	140	203	44	125	395	78	23	1049
	百分比（%）	100	100	100	100	100	100	100	100	100

在对"社会主义核心价值观的内容体现在生活中，和我们每个人都息息相关"的态度与家庭经济情况的交叉分析中，如表1.10所示，我们可以发现家庭经济情况好、较好和一般的群体在"非常同意"与"基本同意"的比例之和的结果上比较接近，分别为85.5%、84.9%和87.3%，家庭经济情况较差的群体

该项比例为 80.9%,略低于前三个群体。而家庭经济情况差的群体在"非常同意"和"基本同意"两项中的比例均是最低,都是 30.8%,两项比例之和为 61.6%,说明他们认为社会主义核心价值观的内容并没有很好地体现在生活中。

表 1.10 对"社会主义核心价值观的内容体现在生活中,和我们每个人都息息相关"的态度与家庭经济情况的关系

您家庭的经济情况		好	较好	一般	较差	差	合计
非常同意	计数(人)	21	84	234	19	4	362
	百分比	43.8	36.4	32.7	45.2	30.8	34.5
基本同意	计数(人)	20	112	391	15	4	542
	百分比(%)	41.7	48.5	54.6	35.7	30.8	51.6
不同意	计数(人)	2	20	41	4	2	69
	百分比(%)	4.2	8.7	5.7	9.5	15.4	6.6
不清楚	计数(人)	5	15	50	4	3	77
	百分比(%)	10.4	6.5	7.0	9.5	23.1	7.3
合计	计数(人)	48	231	716	42	13	1050
	百分比(%)	100	100	100	100	100	100

从上述调查数据可以看出,有 86.1% 的调查对象非常同意或是基本同意社会主义核心价值观与每个人生活息息相关,民众总体上是认同社会主义核心价值观的基本内容的,认为社会主义核心价值观与我们生活密切相关,体现在生活的方方面面。但是不能够忽视还有一部分人对其表现出迷茫、不清楚甚至是反对。这说明社会主义核心价值观基本内容仍需要更生活化、生动化,紧密贴近民众的生活,这样才能增强民众对其内容的认同度。

(2)多数民众认为社会主义核心价值观提出后公民价值观水平会提高

社会主义核心价值观的提出对民众整体价值观水平会产生怎样的影响呢? 在对"社会主义核心价值观提出之后,您认为未来公民整体价值观水平将会怎样?"问题进行调查时,根据图 1.8 数据显示,有 57.1% 的调查对象认为社会主义核心价值观提出之后,公民价值观水平会提高;有 16.3% 的调查对象认为公民价值观水平没有变化,有 2.8% 的调查对象认为公民价值观水平会降低,有 23.8% 的调查对象选择"说不清楚"。从上述调查数据可以看出,有近 60% 的人认为社会主义核心价值观提出后,公民的价值观水平会提高,这说明大多数民众认为培育和践行社会主义核心价值观对公民整体价值观水平的提高有促进作用,对党中央提出培育和践行社会主义核心价值观是认同的。但也不能够忽视有 42.9% 的民众认为说不清楚、没有变化和会降低,也就是说约有四成民众对社会主义核心价值观在提高民众整体价值观水平方面的作用持中立和怀疑的态度。这说明社会主义核心价值观在提高民众整体价值观水平的作用方面还有待进一步加强。

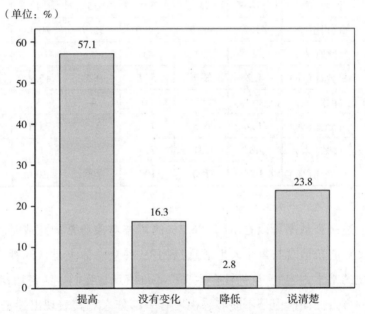

（单位：%）

图 1.8 对"社会主义核心价值观提出之后,您认为未来公民整体价值观水平将会怎样?"的看法

通过城乡区域间的比较来看,不同区域的人们对"社会主义核心价值观提出之后,您认为未来公民整体价值观水平净会怎样?"的看法,得出城乡居民对这个问题看法上的差异。观察表 1.11,我们能够发现,无论是城市、乡镇还是农村的受访者认为社会主义核心价值观提出后对公民整体价值观水平将有提高的都达到半数以上,来自农村的受访者中认为社会主义核心价值观提出后对公民整体价值观水平将有提高作用的比例最大,达到 60.1%,高于城市的 57.8% 和乡镇的 53.8%。而来自乡镇的受访者中有 18.4% 的人认为社会主义核心价值观提出之后未来公民整体价值观水平没有变化,甚至 6.3% 的乡镇受访者认为社会主义核心价值观的提出反而会降低公民整体价值观水平。这两项比例均为同类最高,说明乡镇民众对社会主义核心价值观提高公民价值观水平的效果的看法与城市和农村民众相比略显消极。

表 1.11 对"社会主义核心价值观提出之后,您认为未来公民
整体价值观水平将会怎样?"的看法(城乡区域比较)

您具体来自		城市	乡镇	农村	合计
提高	计数(人)	392	85	116	593
	百分比(%)	57.8	53.8	60.1	57.6
没有变化	计数(人)	108	29	27	164
	百分比(%)	15.9	18.4	14.0	15.9
降低	计数(人)	14	10	4	28
	百分比(%)	2.1	6.3	2.1	2.7
说不清	计数(人)	164	34	46	244
	百分比(%)	24.2	21.5	23.8	23.7
合计	计数(人)	678	158	193	1029
	百分比(%)	100	100	100	100

2. 多数民众对国家层面的核心价值观表示认同

在对"富强、民主、文明、和谐的国家一定能够建成"的态度问题进行调查时,根据图 1.9 调查数据显示,有 30.9% 的调查对象非常同意"富强、民主、文明、和谐"的国家一定能够建成,有 38.8% 的调查对象比较同意这一观点,有 23.6% 的调查对象保持中立,其中非常反对、比较反对、说不清"富强、民主、文明、和谐的国家一定能够建成"的比例依次为:1.3%、1.3%、4.0%。从上述调查数据可以看出,有 69.7% 的民众非常同意和比较同意"富强、民主、文明、和谐的国家一定能够建成",说明大部分民众对于国家层面的社会主义核心价值观是比较认同的。但也不能够忽视有 30.3% 民众对建成"富强、民主、文

明、和谐"的社会主义现代化国家保持中立态度,甚至持反对态度。

（单位：%）

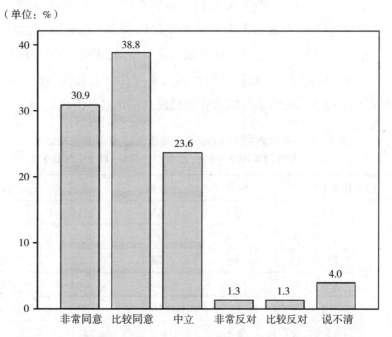

图 1.9　对"富强、民主、文明、和谐的国家一定能够建成"的态度

　　从不同年龄层次的角度来比较他们对"富强、民主、文明、和谐的国家一定能够建成"的态度上的差异,观察表 1.12 中的数据,我们可以发现各个年龄层次的民众认同国家层面的社会主义核心价值观内容的比例都超过 60%,其中年龄越大的受调查者选择同意"富强、民主、文明、和谐的国家一定能够建成"的比例越大,65 岁以上的老人选择同意这一命题能够实现的比例为 88.0%,其中"非常同意"占了 64.0%,"比较同意"占了 24.0%;其次是 41—65 岁之间的中年民众,比例为 81.5%,其中"非常同意"为 45.4%,"比较同意"为 36.1%;19—40 岁的青年和 18 岁及以下的青少年受调查者同意"富强、民主、文明、和谐的国家一定能够建成"的比例较为相近,分别为 67.5% 和 66.9%。这说明 40 岁及以上的民众,特别是 65 岁以上的民众中有更多人认同国家层面的社会主义核心价值观的内容。但我们同时也发现,持反对态度（包括非常反对和比较反对）的民众中 65 岁以上的受调查者比例也是最高的,达到了 8.0%。40 岁以下民众对该命题保持中立态度的比例也非常高,18

岁及以下为 24.4%,19—40 岁为 26.6%,65 岁以上持中立态度的人最少,占 4.0%。这说明 40 岁以下的青少年中有一定比例人群对国家层面的社会主义核心价值观内容的认同度不高;41—65 岁人群中对这一命题思考不充分、感受不深刻的情况较其他年龄段多;而 65 岁以上受调查者态度更为明确,同意和反对的比例相比其他年龄段的受调查者都是最高的。所以要加强不同年龄段民众对国家层面社会主义核心价值观的认同需要采取不同的方法。

表 1.12　对"富强、民主、文明、和谐的国家一定能够建成"的态度(年龄比较)

您的年龄		18 岁及以下	19—40 岁	41—65 岁	65 岁以上	合计
非常同意	计数(人)	51	200	54	16	321
	百分比(%)	29.7	27.4	45.4	64.0	30.7
比较同意	计数(人)	64	292	43	6	405
	百分比(%)	37.2	40.1	36.1	24.0	38.8
中立	计数(人)	42	194	12	1	249
	百分比(%)	24.4	26.6	10.1	4.0	23.8
非常反对	计数(人)	4	8	1	1	14
	百分比(%)	2.3	1.1	0.8	4.0	1.3
比较反对	计数(人)	5	7	1	1	14
	百分比(%)	2.9	1.0	0.8	4.0	1.3
说不清	计数(人)	6	28	8	0	42
	百分比(%)	3.5	3.8	6.7	0	4
合计	计数(人)	172	729	119	25	1045
	百分比(%)	100	100	100	100	100

从不同职业的角度来分析他们对"富强、民主、文明、和谐的国家一定能够建成"的态度的差别,观察表 1.13 中的数据,我们可以发现不同职业的人群对这个命题的态度差异较大。"非常同意""富强、民主、文明、和谐的国家一定能够建成"的比例最大的是离退休人员,占比为 65.2%,其次是工人,占比为 48.8%,比例较高的是国家机关工作人员和下岗、待业或自由职业者,分别为 43.9% 和 42.3%,而"非常同意"比例较低的是公司职员、事业单位工作人

员和学生,分别为 28.1%、27.0% 和 24.4%,而对这一命题表示反对的(包括非常反对和比较反对)比例最高的群体是离退休人员,达到了 4.3%,其次是学生,达到了 3.5%。持中立态度比例最高的也是学生,达到了 31.5%,其次是公司职员,达到了 25.6%,学生和公司职员同样在态度为同意(包括非常同意和比较同意)的比例中是最低的。这说明学生和公司职员对国家层面的社会主义核心价值观内容相较于其他职业认同度较低,同时他们希望能够建成"富强、民主、文明、和谐"的国家,却对这个愿景信心不足。学生作为思想政治教育的重点对象,作为国家未来的建设者,对建成富强、民主、文明、和谐的国家所持态度最消极,这种现象应该采取措施加以改变。而"说不清",表现出迷茫比例最高的是国家机关工作人员,达到了 7.3%,作为领导国家的重要群体,这样高的比例应该引起重视。

表 1.13　对"富强、民主、文明、和谐的国家一定能够建成"的态度(职业比较)

您的职业		国家机关工作人员	事业单位工作人员	公司职员	工人	农民	学生	下岗、待业或自由职业者	离退休人员	合计
非常同意	计数(人)	18	37	57	21	45	96	33	15	322
	百分比(%)	43.9	27.0	28.1	48.8	36.0	24.4	42.3	65.2	30.8
比较同意	计数(人)	14	61	80	15	51	153	25	5	404
	百分比(%)	34.1	44.5	39.4	34.9	40.8	38.8	32.1	21.7	38.7
中立	计数(人)	6	26	52	4	21	124	14	2	249
	百分比(%)	14.6	19.0	25.6	9.3	16.8	31.5	17.9	8.7	23.9
非常反对	计数(人)	0	1	2	0	1	8	2	0	14
	百分比(%)	0	0.7	1.0	0	0.8	2.0	2.6	0	1.3
比较反对	计数(人)	0	3	1	1	2	6	0	1	14
	百分比(%)	0	2.2	0.5	2.3	1.6	1.5	.0	4.3	1.3
说不清	计数(人)	3	9	11	2	5	7	4	0	41
	百分比(%)	7.3	6.6	5.4	4.7	4.0	1.8	5.1	0	3.9
合计	计数(人)	41	137	203	43	125	394	78	23	1044
	百分比(%)	100	100	100	100	100	100	100	100	100

　　通过表 1.14 分析不同家庭经济情况的群体对"富强、民主、文明、和谐的国家一定能够建成"的态度,我们可以得出家庭经济情况差的民众认同国家层面的社会主义核心价值观内容的人数比例最低,非常同意和比较同意"富强、民主、文明、和谐的国家一定能够建成"的比例之和仅有 38.5%,而家庭经济情况好、较好、一般和较差的受调查者中非常同意和比较同意"富强、民主、文明、和谐的国家一定能够建成"这一命题的人数占该群体受调查人数的六成以上,远远高于家庭经济情况差的受调查者。同时持"说不清"态度的比例最高的也是家庭经济情况差的受调查者,达到了 30.8%,说明家庭经济情况差的民众相较于其他经济情况的人群对国家层面的社会主义核心价值观内容更容易产生迷茫的心理,因此要加强对家庭经济情况差的民众社会主义核心价值观、国情国家政策、理想信念等方面的教育。

表 1.14　对"富强、民主、文明、和谐的国家一定
能够建成"的态度(家庭经济情况比较)

您的家庭经济情况		好	较好	一般	较差	差	合计
非常同意	计数(人)	19	66	222	11	5	323
	百分比(%)	38.8	28.9	31.0	27.5	38.5	30.9
比较同意	计数(人)	18	92	279	17	0	406
	百分比(%)	36.7	40.4	39.0	42.5	0	38.9
中立	计数(人)	11	59	167	7	2	246
	百分比(%)	22.4	25.9	23.4	17.5	15.4	23.5
非常反对	计数(人)	1	2	9	1	1	14
	百分比(%)	2.0	0.9	1.3	2.5	7.7	1.3
比较反对	计数(人)	0	2	10	1	1	14
	百分比(%)	0	0.9	1.4	2.5	7.7	1.3
说不清	计数(人)	0	7	28	3	4	42
	百分比(%)	0	3.1	3.9	7.5	30.8	4.0
合计	计数(人)	49	228	715	40	13	1045
	百分比(%)	100	100	100	100	100	100

3. 多数民众认同社会层面的核心价值观

在对"自由、平等、公正、法治的社会一定能够实现"的看法进行调查时，如表1.15数据所示，有26.8%的调查对象非常同意"自由、平等、公正、法治的社会一定能够实现"，有33.6%的调查对象比较同意这一观点，有30.8%的调查对象选择了保持中立态度，有1.6%的调查对象选择了非常反对"自由、平等、公正、法治的社会一定能够实现"，有2.3%的调查对象比较反对，有4.9%的调查对象表示说不清。从上述调查数据可以看出，有60.4%的民众非常同意和比较同意"自由、平等、公正、法治的社会一定能够实现"，说明大部分民众对于社会层面的社会主义核心价值观是比较认同的。但也不能够忽视有39.6%民众对建成"自由、平等、公正、法治"的社会持说不清、保持中立态度，甚至持反对态度。

表1.15　对"自由、平等、公正、法治的社会一定能够实现"的看法

	频数（人）	百分比（%）
非常同意	281	26.8
比较同意	352	33.6
中　立	323	30.8
非常反对	17	1.6
比较反对	24	2.3
说不清	51	4.9
缺失人数	43	—
合　计	1091	100

通过对社会层面的社会主义核心价值观与职业的交叉比较，观察表1.16，我们发现不同职业的群体对"自由、平等、公正、法治的社会一定能够实现"这一命题的态度有着不同的倾向性。"非常同意"这一命题比例最高的是离退休人员，达到了52.2%，其次是农民和下岗、待业或自由职业者，比例分别为33.6%和32.1%，持同意态度比例（"非常同意"与"比较同意"比例之和）最高的职业是离退休人员和国家机关工作人员，分别为78.3%和70.8%；持明确反对态度比例（"非常反对"和"比较反对"比例之和）最高的是事业单

位工作人员,达到了9.3%;持中立态度比例最高的是学生,为37.4%,"说不清"比例最高的是工人,为9.6%。说明工人和学生对社会层面的社会主义核心价值观的内容认同度相较于其他职业低。这里需要注意的是学生群体的态度,虽然持明确反对态度的比例较低,但同时明确同意这一命题的比例不高,学生群体对这类问题有较独立的思考,不太受到大众态度的影响;有近四成的学生对该命题持中立态度,表明他们具有实现自由、平等、公正、法治的社会的愿望,却又对这一愿望信心不足。

表1.16 对"自由、平等、公正、法治的社会一定能够实现"的看法(职业比较)

您的职业		国家机关工作人员	事业单位工作人员	公司职员	工人	农民	学生	下岗、待业或自由职业者	离退休人员	合计
非常同意	计数(人)	12	32	52	11	42	94	25	12	280
	百分比(%)	29.3	23.5	25.9	25.6	33.6	23.9	32.1	52.2	26.9
比较同意	计数(人)	17	52	66	14	44	126	23	6	348
	百分比(%)	41.5	38.2	32.8	32.6	35.2	32.1	29.5	26.1	33.5
中立	计数(人)	9	33	64	11	29	147	24	4	321
	百分比(%)	22.0	24.3	31.8	25.6	23.2	37.4	30.8	17.4	30.9
非常反对	计数(人)	0	1	4	3	1	7	1	0	17
	百分比(%)	0	0.7	2.0	7.0	0.8	1.8	1.3	0	1.6
比较反对	计数(人)	0	5	3	1	1	8	3	1	24
	百分比(%)	0	3.7	1.5	2.3	2.4	2.0	3.8	4.3	2.3
说不清	计数(人)	3	13	12	3	6	11	2	0	50
	百分比(%)	7.3	9.6	6.0	7.0	4.8	2.6	2.6	0	4.8
合计	计数(人)	41	136	201	43	125	393	78	23	1040
	百分比(%)	100	100	100	100	100	100	100	100	100

从不同的家庭经济情况来划分群体,分析他们对"自由、平等、公正、法治的社会一定能够实现"这一命题的不同态度倾向。表1.17显示,家庭经济情况差的民众同意(包括"非常同意"和"比较同意")的比例最低,仅有30.8%,大大低于家庭经济情况好、较好、一般和较差的群体,反对(包括"非常反

对"和"比较反对")的比例为 15.4%,远高于其他群体。同时,对这个问题了解较少,感受不深,思考不足,参与感低,表现出迷茫,从而选择"说不清"的比例为 38.5%,远远超过该项比例的平均水平 4.9%。但因家庭情况差的受调查者个案较少,得出比例存在偏差,现实中的情况或许没有调查结果表现出来的严重,不过家庭经济情况差的民众所表现出来的较低认同状况值得注意。

表 1.17　对"自由、平等、公正、法治的社会一定能够实现"的看法(家庭经济情况比较)

您的家庭经济情况		好	较好	一般	较差	差	合计
非常同意	计数(人)	22	48	190	16	3	279
	百分比(%)	44.9	21.1	26.7	40.0	23.1	26.8
比较同意	计数(人)	12	92	237	9	1	351
	百分比(%)	24.5	40.5	33.3	22.5	7.7	33.8
中立	计数(人)	14	66	225	11	2	318
	百分比(%)	28.6	29.1	31.6	27.5	15.4	30.6
非常反对	计数(人)	1	4	11	0	1	17
	百分比(%)	2.0	1.8	1.5	0	7.7	1.6
比较反对	计数(人)	0	5	16	2	1	24
	百分比(%)	0	2.2	2.3	5.0	7.7	2.3
说不清	计数(人)	0	12	32	2	5	51
	百分比(%)	0	5.3	4.5	5.0	38.5	4.9
合计	计数(人)	49	227	711	40	13	1040
	百分比(%)	100	100	100	100	100	100

通过表 1.18 我们可以发现,城市、乡镇和农村各项比例都比较相近,同意(包括"非常同意"和"比较同意")的比例三者分别为 61.5%、62.3% 和 56.6%,农村略低,"中立"和"说不清"的比例农村略高,为 34.6% 和 5.8%,而"反对"的比例略高的是城市,为 4.3%。说明城市、乡镇和农村对"自由、平等、公正、法治的社会一定能够实现"的态度并没有非常大的差异。

表 1.18　对"自由、平等、公正、法治的社会一定能够实现"的看法(城乡区域比较)

您具体来自		城市	乡镇	农村	合计
非常同意	计数(人)	190	39	49	278
	百分比(%)	28.1	25.3	25.7	27.2
比较同意	计数(人)	226	57	59	342
	百分比(%)	33.4	37.0	30.9	33.5
中立	计数(人)	202	47	66	315
	百分比(%)	29.9	30.5	34.6	30.9
非常反对	计数(人)	13	2	2	17
	百分比(%)	1.9	1.3	1.0	1.7
比较反对	计数(人)	16	3	4	23
	百分比(%)	2.4	1.9	2.1	2.3
说不清	计数(人)	29	6	11	46
	百分比(%)	4.3	3.9	5.8	4.5
合计	计数(人)	676	154	191	1021
	百分比(%)	100	100	100	100

4. 多数民众认同个人层面的核心价值观

"爱国、敬业、诚信、友善"是个人层面的社会主义核心价值观。在对"全球化背景下要弘扬爱国主义精神"的态度进行调查时,如表 1.19 所示,有52.2%的调查对象非常同意"全球化背景下要弘扬爱国主义精神",有28.9%的调查对象比较同意这一观点,其中态度中立、非常反对、比较反对、说不清"全球化背景下要弘扬爱国主义精神"的比例依次为:15.2%、1.2%、0.7%、1.8%,持比较反对与非常反对态度的只占1.9%。从上述调查数据可以看出,有81.1%的民众非常同意和比较同意"全球化背景下要弘扬爱国主义精神",说明大部分民众对于爱国的社会主义核心价值观是比较认同的。但也不能够忽视有18.9%的民众对"全球化背景下要弘扬爱国主义精神"持说不清、保持中立态度,甚至持反对态度。

表 1.19 对"全球化背景下要弘扬爱国主义精神"的态度

	频数（人）	百分比（%）
非常同意	544	52.2
比较同意	301	28.9
中 立	159	15.2
非常反对	13	1.2
比较反对	7	0.7
说不清	19	1.8
缺失人数	48	—
合 计	1091	100

将民众对爱国的社会主义核心价值观的态度与他们的政治面貌作交叉比较，如表 1.20 所示，我们可以知道以小学生和低年级初中生为主的少先队员"非常同意""全球化背景下要弘扬爱国主义精神"的比例最高，为 61.5%，其次是共产党员，为 59.8%。民主党派人士"非常同意"和"比较同意"比例之和最高，为 88.9%，且"非常反对"和"比较反对"比例之和最低，为 0，但"说不清"的比例是最高的，为 11.1%。政治面貌为少先队员的受调查者中没有反对这一命题的，也没有持说不清态度的，但持中立态度的比例比其他政治面貌的受调查者要高出许多。值得注意的是，共产党员中也有 12.8% 的受调查者持中立态度，表示"说不清"的有 0.7%，明确表示"非常反对"的有 1.1%。

表 1.20 对"全球化背景下要弘扬爱国主义精神"的态度与政治面貌的关系

您的政治面貌		群众	少先队员	共青团员	共产党员	民主党派	合计
非常同意	计数（人）	115	8	241	168	5	537
	百分比（%）	43.2	61.5	52.7	59.8	55.6	52.3
比较同意	计数（人）	84	1	134	72	3	294
	百分比（%）	31.6	7.7	29.3	25.6	33.3	28.7
中立	计数（人）	49	4	68	36	0	157
	百分比（%）	18.4	30.8	14.9	12.8	0	15.3

您的政治面貌		群众	少先队员	共青团员	共产党员	民主党派	合计
非常反对	计数(人)	4	0	6	3	0	13
	百分比(%)	1.5	0	1.3	1.1	0	1.3
比较反对	计数(人)	4	0	3	0	0	7
	百分比(%)	1.5	0	0.7	0	0	0.7
说不清	计数(人)	10	0	5	2	1	18
	百分比(%)	3.8	0	1.1	0.7	11.1	1.8
合计	计数(人)	266	13	457	281	9	1026
	百分比(%)	100	100	100	100	100	100

将受调查者对"全球化背景下要弘扬爱国主义精神"的态度与他们的家庭经济情况作交叉比较,如表1.21所示,"非常同意"和"比较同意"比例之和最高的是家庭经济情况好的受调查者,而比例最低的是家庭经济情况差的受调查者,分别为87.5%和46.2%。家庭经济情况较好、一般和较差的受调查者同意"全球化背景下要弘扬爱国主义精神"的比例相近,分别为80.7%、81.5%和82.5%。我们还可以很容易发现家庭经济情况差的民众选择"中立"和"说不清"态度的比例远高于其他经济情况的民众在同选项上的比例,持"中立"态度的比例占30.8%,"说不清"占23.1%,这些调查结果需要引起重视,值得欣慰的是家庭经济情况差的受调查者没有人持反对态度。

表1.21 对"全球化背景下要弘扬爱国主义精神"的态度与家庭经济情况的关系

您的家庭经济情况		好	较好	一般	较差	差	合计
非常同意	计数(人)	34	115	369	17	6	541
	百分比(%)	70.8	50.4	52.2	42.5	46.2	52.2
比较同意	计数(人)	8	69	207	16	0	300
	百分比(%)	16.7	30.3	29.3	40.0	.0	29.0
中立	计数(人)	5	35	108	4	4	156
	百分比(%)	10.4	15.4	15.3	10.0	30.8	15.1

您的家庭经济情况		好	较好	一般	较差	差	合计
非常反对	计数（人）	1	3	8	1	0	13
	百分比（%）	2.1	1.3	1.1	2.5	.0	1.3
比较反对	计数（人）	0	1	6	0	0	7
	百分比（%）	0	0.4	0.8	0	0	0.7
说不清	计数（人）	0	5	9	2	3	19
	百分比（%）	0	2.2	1.3	5.0	23.1	1.8
合计	计数（人）	48	228	707	40	13	1036
	百分比（%）	100	100	100	100	100	100

在对"要尊重热爱自己的职业"的态度进行调查时，如表 1.22 所示，有 57.4%的调查对象表示非常同意要尊重热爱自己的职业，有 29.3%的调查对象表示比较同意要热爱自己的职业，其中态度中立、非常反对、比较反对、说不清的比例依次为：9.9%、0.9%、0.9%、1.7%。从上述调查数据可以看出，有 86.7%的民众非常同意和比较同意"要尊重热爱自己的职业"，说明大部分民众对于个人层面中"敬业"的社会主义核心价值观是比较认同的。但也不能够忽视有 13.4%的民众对"要尊重热爱自己的职业"持说不清、保持中立态度，甚至持反对态度。

表 1.22　对"要尊重热爱自己的职业"的态度

	频数（人）	百分比（%）
非常同意	605	57.4
比较同意	309	29.3
中　立	104	9.9
非常反对	9	0.9
比较反对	10	0.9
说不清	18	1.7
缺失人数	36	—
合　计	1091	100

　　将民众对敬业的态度与他们的职业作交叉分析,如表1.23所示,"非常同意""要尊重热爱自己的职业"可按比例高低分为三等,第一是离退休人员和农民,他们持"非常同意"态度的比例高达78.3%和72.0%,第二是下岗、待业或自由职业者,国家机关工作人员,学生,公司职员和事业单位工作人员,比例分别为59.0%、58.5%、58.5%、53.0%和51.4%,比例最低的是工人,仅有36.4%,而"非常同意"和"比较同意"比例之和最低的也是工人,为75.0%,说明职业为工人的受调查者对个人层面的社会主义核心价值观中"敬业"的认可程度相较于其他职业要低,也看出工人中不满意自己职业的比例要高于其他职业的人群。对"敬业"认可度最高的是农民,为92.8%,其次是国家机关工作人员和公司职员,为90.2%和89.6%。

表1.23　对"要尊重热爱自己的职业"的态度与职业的关系

您的职业		国家机关工作人员	事业单位工作人员	公司职员	工人	农民	学生	下岗、待业或自由职业者	离退休人员	合计
非常同意	计数(人)	24	72	107	16	90	230	46	18	603
	百分比(%)	58.5	51.4	53.0	36.4	72.0	58.5	59.0	78.3	57.6
比较同意	计数(人)	13	44	74	17	26	109	19	2	304
	百分比(%)	31.7	31.4	36.6	38.6	20.8	27.7	24.4	8.7	29.1
中立	计数(人)	3	15	15	7	6	46	9	3	104
	百分比(%)	7.3	10.7	7.4	15.9	4.8	11.7	11.5	13.0	9.9
非常反对	计数(人)	0	3	1	2	1	1	1	0	9
	百分比(%)	0	2.1	0.5	4.5	0.8	0.3	1.3	0	0.9
比较反对	计数(人)	0	4	0	2	0	1	1	0	8
	百分比(%)	0	2.9	0	4.5	0	0.8	1.3	0	1.0
说不清	计数(人)	1	2	5	0	2	4	2	0	16
	百分比(%)	2.4	1.4	2.5	0	1.6	1.0	2.6	0	1.5
合计	计数(人)	41	140	202	44	125	393	78	23	1046
	百分比(%)	100	100	100	100	100	100	100	100	100

　　在对"一诺千金"的态度进行调查时,如表1.24所示,有55.2%的调查对

象表示非常同意做人要一诺千金,有30.1%的调查对象比较同意这一观点,其中表示态度中立、非常反对、比较反对、说不清的比例依次为:11.5%、1.0%、1.0%、1.2%。从上述调查数据可以看出,有85.3%的民众非常同意和比较同意"一诺千金",说明大部分民众对于个人层面中"诚信"的社会主义核心价值观是比较认同的。但也不能够忽视有14.7%的民众对"一诺千金"持说不清、保持中立态度,甚至持反对态度。

表1.24 对"一诺千金"的态度

	频数(人)	百分比(%)
非常同意	577	55.2
比较同意	315	30.1
中 立	120	11.5
非常反对	10	1.0
比较反对	10	1.0
说不清	13	1.2
缺失人数	46	——
合 计	1091	100

对个人层面的社会主义核心价值观中"诚信"的态度,城乡区域之间的差别并不是很大,八成以上的民众都认同"诚信",乡镇认同的比例稍低于农村和城市。如表1.25所示,对"一诺千金"持"非常同意"和"比较同意"的比例最高的是农村,为87.3%,其次是城市,为86.0%,再次是乡镇,为81.9%。而中立和反对比例最高的是乡镇,分别为14.8%和2.6%,"说不清"比例最高的则是农村的受调查者,为2.1%。总体看来,城乡不同区域的民众对于"诚信"的态度差异不大。

表1.25 对"一诺千金"的态度与城乡区域的关系

您具体来自		城市	乡镇	农村	合计
非常同意	计数(人)	389	71	104	564
	百分比(%)	57.7	45.8	55.0	55.4

续表

您具体来自		城市	乡镇	农村	合计
比较同意	计数（人）	191	56	61	308
	百分比（%）	28.3	36.1	32.3	30.3
中立	计数（人）	76	23	17	116
	百分比（%）	11.3	14.8	9.0	11.4
非常反对	计数（人）	5	2	1	8
	百分比（%）	0.7	1.3	0.5	0.8
比较反对	计数（人）	6	2	2	10
	百分比（%）	0.9	1.3	1.1	1.0
说不清	计数（人）	7	1	4	12
	百分比（%）	1.0	0.6	2.1	1.2
合计	计数（人）	674	155	189	1018
	百分比（%）	100	100	100	100

　　在对"微笑是我们的语言，文明是我们的信念"的态度进行调查时，如表1.26所示，有60.5%的调查对象非常同意"微笑是我们的语言，文明是我们的信念"，有28.3%的调查对象比较同意这一观点，有7.8%的调查对象持中立态度，有1.3%的调查对象非常反对，有0.8%的调查对象比较反对，有1.3%的调查对象说不清。从上述调查数据可以看出，有88.8%的民众非常同意和比较同意"微笑是我们的语言，文明是我们的信念"，说明大部分民众对于个人层面中"友善"的社会主义核心价值观是比较认同的。但也不能够忽视有11.2%的民众对"微笑是我们的语言，文明是我们的信念"持说不清、保持中立态度，甚至持反对态度。

表1.26　对"微笑是我们的语言，文明是我们的信念"的态度

	频数（人）	百分比（%）
非常同意	637	60.5
比较同意	298	28.3

	频数（人）	百分比（%）
中　立	82	7.8
非常反对	14	1.3
比较反对	8	0.8
说不清	14	1.3
缺失人数	38	—
合　计	1091	100

　　将受调查者对"微笑是我们的语言，文明是我们的信念"的态度与他们的职业进行交叉制表，如表1.27，可以看出不同职业的民众对个人层面的社会主义核心价值观中"友善"的认同情况。表中显示，除了工人，其他职业的受调查者同意"微笑是我们的语言，文明是我们的信念"这一命题的人数都达到了八成以上，说明"友善"是受到民众普遍认可的。其中同意比例最高的职业是国家机关工作人员，达到了95.0%。而同意比例最低、反对比例最高的职业是工人，在这两项的比例分别为70.5%和13.6%，中立态度比例最高的也是工人群体，为15.9%，这表明工人对"友善"的认同情况不容乐观。

表1.27　对"微笑是我们的语言，文明是我们的信念"的态度与职业的关系

您的职业		国家机关工作人员	事业单位工作人员	公司职员	工人	农民	学生	下岗、待业或自由职业者	离退休人员	合计
非常同意	计数（人）	26	78	116	15	89	244	46	19	633
	百分比（%）	65.0	56.9	57.4	34.1	71.2	61.8	59.0	82.6	60.6
比较同意	计数（人）	12	41	66	16	24	116	19	2	296
	百分比（%）	30.0	29.9	32.7	36.4	19.2	29.4	24.4	8.7	28.4
中立	计数（人）	2	10	15	7	8	28	9	2	81
	百分比（%）	5.0	7.3	7.4	15.9	6.4	7.1	11.5	8.7	7.8
非常反对	计数（人）	0	2	1	4	2	3	2	0	14
	百分比（%）	0	1.5	0.5	9.1	1.6	0.8	2.6	0	1.3

续表

您的职业		国家机关工作人员	事业单位工作人员	公司职员	工人	农民	学生	下岗、待业或自由职业者	离退休人员	合计
比较反对	计数(人)	0	2	1	2	0	1	1	0	7
	百分比(%)	0	1.5	0.5	4.5	0	0.3	1.3	0	0.7
说不清	计数(人)	0	4	3	0	2	3	1	0	13
	百分比(%)	0	2.9	1.5	0	1.6	0.8	1.3	0	1.2
合计	计数(人)	40	137	202	44	125	395	78	23	1044
	百分比(%)	100	100	100	100	100	100	100	100	100

综上所述,大多数民众认同"爱国、敬业、诚信、友善"的个人层面的社会主义核心价值观,但仍有少数人不能认同,这个问题值得引起注意。工人群体和家庭经济情况差的群体在这一方面的认同表现不太令人满意。

(四)影响民众社会主义核心价值观认知认同的因素分析

1. 民众文化素质对社会主义核心价值观认知有较大影响

在对"您听说过社会主义核心价值观吗?"问题进行调查时,如图1.10所示,调查对象学历是小学的,听说过社会主义核心价值观的比例为1.3%,没听说过的为6.6%;学历是初中的,听说过的比例为6.4%,没听说过的比例为12.4%;学历是高中(中专)的,听说过的比例为16.0%,没听说过的比例为19.0%;学历是大专的,听说过的比例为8.8%,没听说过的比例为12.4%;学历是大学本科的,听说过的比例为52.3%,没听说过的比例为43.1%;学历是研究生的,听说过的比例为15.2%,没听说过的比例为6.6%。从上述调查数据可以看出,小学、初中、高中(中专)、大专程度听说过社会主义核心价值观的在整个听说过的民众中比没有听说过的在整个没有听说过的民众中的比例要少,而大学本科、研究生听说过的在所有听说过的受调查者中的比例比没听说过的在所有没有听说过的受调查者中的要多,这说明了文化程度对社会主义核心价值观的认知有比较大的影响。对文化程度在大学本科以上的民众来说,有更多的机会和渠道来接触社会主义核心价值观的基本内容。而对于其他的民众来说,很少有机会能接触到社会主义核心价值观,就算接触到了,也很难理解其内容和精髓。所以要想民众对社会主义核心价值观有更好的认知认同,还需从各个方面来帮助他们提升其自身的文化素质。

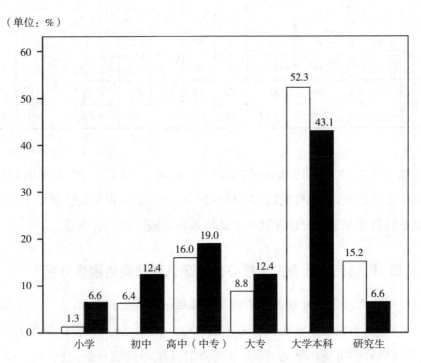

（单位：%）

图 1.10　文化程度对民众认知社会主义核心价值观的影响

2. 社会主义核心价值观内容对民众的认同有一定影响

在对"您认同/不认同社会主义核心价值观的主要原因是内容过多,不容易记忆"问题进行调查时,有 20.5% 的民众表示赞同;对"您认同/不认同社会主义核心价值观的主要原因是不够通俗易懂"的问题进行调查时,有 15.8% 的民众选择了肯定的回答;同时,在被问到"您认同/不认同社会主义核心价值观的主要原因是内容不够科学"的问题时,有 90.1% 的民众认为是科学的,但是仍有 9.9% 的民众认为社会主义核心价值观的内容仍然存在欠缺,不够科学。从上述调查数据可以看出,社会主义核心价值观内容的多少、是否通俗易懂等问题,对于民众认同社会主义核心价值观起着一定的影响作用。

3. 实践教育是民众培育和践行社会主义核心价值观最有效途径

在被问及"您认为最有利于培育和践行社会主义核心价值观的途径是"时,如图 1.11 所示,有 71.4% 的调查对象认为实践教育是最有效也最容易接受的,选择传播教育的调查对象占了 16.9%,选择自我教育的仅占 7.1%,而选择理论教育的只有 4.7%,后三者加起来也不及实践教育的一半。从上述调查数据可以看出,民众认为,理论教育、传播教育和自我教育的效果远远不如实践教育,人们欣然且乐意接受实践教育,传播教育次之,自我教育和理论教育基本不被人们接受,表明人们想摆脱空洞枯燥的理论教育,对自我教育的作用认识不足,对主要利用大众传媒手段的传播教育乐于接受,更对理论联系实际的生活化的实践教育饱含期待,这就从侧面反映了理论教育不被人们所重视,人们对理论教育的认识略显不足。

（单位：%）

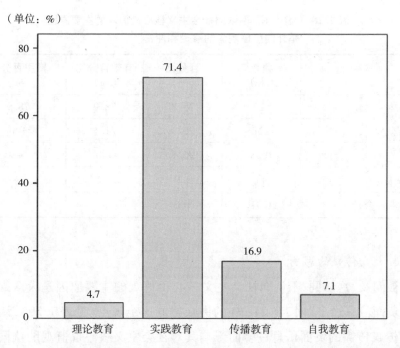

图 1.11　对"您认为最有利于培育和践行社会主义核心价值观的途径是"的看法

4. 学校教育贴近实际不够

学校教育具有科学性、长期性和专业性,而成为一切教育中的主要阵地,但是目前中国学校教育重视理论的传输,过于理论性,不贴近生活实际。在调查过程中,被问及"您认同/不认同社会主义核心价值观的主要原因是学校社会主义核心价值观教育的内容不贴近实际,方法不科学,针对性不强"时,有32%的民众赞同这个说法,而在获取有关社会主义核心价值观知识的途径方面,学校教育占了49.2%,说明了学校教育对民众认知认同社会主义核心价值观的重要性极大。

5. 西方价值观的影响

当被问及"您认同/不认同社会主义核心价值观的主要原因是外国价值观念的渗透和冲击"时,根据表1.28数据显示,其中有21.1%的民众认同这一观点,认为外国价值观念的渗透和冲击影响了他们对社会主义核心价值观的认同感。这充分说明外国价值观念(主要是以美国为首的西方价值观念)的渗透和冲击与民众对社会主义核心价值观认知认同情况有一定的联系。

表 1.28 "您认同/不认同社会主义核心价值观的主要原因
是外国价值观念的渗透和冲击"

		频数 (人)	百分比 (%)	有效百分比 (%)	累积百分比 (%)
有效	否	827	75.8	78.9	78.9
	是	221	20.3	21.1	100
	合计	1048	96.1	100	—
缺失	系统	43	3.9	—	—
合计		1091	100	—	—

6. 大众传媒的影响

被问及"您认同/不认同社会主义核心价值观的主要原因是大众媒体传播的负面信息过多"时,有23.2%的民众赞同这个观点(见表1.29),认为是大众传媒传播的负面信息过多而影响其对社会主义核心价值观的认同。而关于认知社会主义核心价值观的途径方面,选择报纸、书籍的有309人,网络的241人,电视的324人,很多民众都是通过大众传媒认知到社会主义核心价值观,这说明大众传媒传播对民众认知认同社会主义核心价值观有重要影响。

表 1.29 "您认同/不认同社会主义核心价值观的主要原因是大众媒体传播的负面信息过多"

		频数（人）	百分比（%）	有效百分比（%）	累积百分比（%）
有效	否	805	73.8	76.8	76.8
	是	243	22.3	23.2	100
	合计	1048	96.1	100	—
缺失	系统	43	3.9	—	—
合计		1091	100	—	—

手机是继互联网之后发展起来的通信工具,特别是随着智能手机的兴起,手机作为大众传媒的多种功能和特性日益被发掘出来。在人人都有手机的时代下,手机成为继报纸、广播、电视、互联网之后的"第五媒体"。因此,我们特意在问卷中设计了有关手机文化的题目。在"您认同/不认同社会主义核心价值观的主要原因是手机、网络等新媒体的不良影响",根据表 1.30 数据显示,有 20.1% 的民众赞同了这一观点。

表 1.30 "您认同/不认同社会主义核心价值观的主要原因是手机、网络等新媒体的不良影响"

		频数（人）	百分比（%）	有效百分比（%）	累积百分比（%）
有效	否	837	76.7	79.9	79.9
	是	211	19.3	20.1	100
	合计	1048	96.1	100	—
缺失	系统	43	3.9	—	—
合计		1091	100	—	—

由此可见,摸清手机、网络等新媒体对民众认知认同社会主义核心价值观的影响,对于社会主义核心价值观深入人心具有重要意义。众所周知,越来越多的普通民众加入"低头族"行列。一方面,民众借助手机快速便捷的信息交

换与传播、时空压缩等优势拓宽视野、将手机作为生活调味品。另一方面,手机传播的负面文化信息也严重挑战民众的价值观和道德观,直接影响民众的世界观、人生观和价值观。例如各种手机新闻客户端,为了迎合普通民众"凑热闹""幸灾乐祸"等亚健康心理,使其 APP 具有更多的手机用户,大肆报道各种消极负面的新闻。更有甚者,针对民众手机看新闻的时效性,对新闻报告进行片段报道,并对积极正面的新闻一笔带过,致使许多普通民众对社会现状缺乏理性认识。因此,在人人都有手机的时代,不可小视手机特别是手机文化对普通民众的影响。

(五)提升民众社会主义核心价值观认知认同的对策

1. 提升民众自身素质

要想提升民众对社会主义核心价值观的认知认同,首先要提升民众自身的素质,尤其是文化素养。第一,文化素养直接反应为民众的受教育程度,想要进一步提高民众的文化素养,必须按照中共中央办公厅《关于培育和践行社会主义核心价值观的意见》的要求"把培育和践行社会主义核心价值观融入国民教育全过程。培育和践行社会主义核心价值观要从小抓起、从学校抓起。坚持育人为本、德育为先,把社会主义核心价值观纳入国民教育总体规划之中,贯穿于基础教育、高等教育、职业技术教育、成人教育等各领域,落实到教育教学和管理服务各环节"[1]。第二,民众要加强自身理论学习。理论是政治的基础,要提高政治素养首先就是要提高理论素养,在我国,就是要努力学习马克思列宁主义理论、毛泽东思想、邓小平理论和习近平新时代中国特色社会主义思想,特别是习近平关于培育和践行社会主义核心价值观的重要论述,使社会主义核心价值观内化为自身的行动指南。同时,要按照新时代社会主义道德规范的要求进行自我改造和自我锻炼,懂得什么是应该做的,什么是不应该做的,学会正确区分和评判哪些行为是不道德的行为,哪些行为是道德的行为;另外要坚持按新时代培育和践行社会主义核心价值观的要求来规范

---

① 《中共中央办公厅印发〈关于培育和践行社会主义核心价值观的意见〉》,《人民日报》2013 年 12 月 24 日。

自己的行动,提高自己的价值观水平,升华自己的思想境界。只有人民群众不断提高自身素质,才能用最先进的文化把握住社会主流意识。

2. 深化社会主义核心价值观内容研究

党的十八大报告中提出了"倡导富强、民主、文明、和谐,倡导自由、平等、公正、法治,倡导爱国、敬业、诚信、友善,积极培育和践行社会主义核心价值观"①。这二十四个字,可以说是我党基于我国的历史文化和现实情况,理论联系实际提出的具有广泛代表性的表述。然而,社会主义核心价值观的凝练和概括不是一次完成的,更不是一劳永逸的。就这二十四个字而言,仍有不少民众提出其内容过多,不够通俗,不易记忆。因此,对这二十四个字进一步进行科学凝练是摆在社会主义核心价值观理论研究者面前的重要任务。

3. 以社会主义核心价值观引领大众传媒创新

谁拥有了话语权,谁就能引导民众。有人说,20 世纪 60 年代之前,谁掌控了纸质媒体,谁就拥有话语权;20 世纪 90 年代之前,谁掌控了电视媒体,谁就拥有更多话语权;而进入 21 世纪后,谁掌控了互联网尤其是微媒体资源,谁就拥有最大的话语权。今天的互联网已经成为各种思潮斗争的主战场,"西方敌对势力妄图以这个'最大变量'来'扳倒中国'。各种反主流意识形态思潮混杂在政治性谣言甚至'心灵鸡汤'之中,在互联网上竞相发声,而且极具蛊惑力"②。要将社会主义核心价值观融入大众传媒之中,夺取大众传媒话语权,就必须重视舆论生态和媒体格局的深刻变化,以社会主义核心价值观引领大众传媒创新。

第一,鼓励大众传媒改革创新。"三俗文化"、西方价值观念等由于其迎合民众追逐物欲社会的心理而受到人们的青睐。在市场经济条件下,各媒体为了提高收视率、争夺用户资源、提升大众影响力竞相激烈竞争,盲目迎合民众娱乐的需求和通俗的口味,纷纷打法律擦边球,制造一些低俗的电视剧、娱乐节目,渲染暴力、情色和非主流价值观,隐秘植入宣扬"三俗文化"、西方价值观的内容,对民众价值观产生极大负面影响。针对这种情况,首先,应鼓励

---

① 《十八大以来重要文献选编》(上),中央文献出版社 2014 年版,第 25 页。

② 杨金鸢:《新形势下加强和改善广电行政管理的思考》,《湖南大众传媒职业技术学院学报》2013 年第 6 期。

大众媒体结合社会主义核心价值观的内容进行改革创新,增加文化底蕴,将纯娱乐化的传播方式转变为"娱乐+教育"的娱乐传播方式。在宣传社会主义核心价值观的同时,增加其社会市场占有份额;使民众在娱乐放松的同时,又引发他们对社会主义核心价值观和非主流价值观的反思。其次,在宣传社会主义核心价值观时,应转变以前"高大上"的典型宣传方式,采用真实普通人物自身事迹呈现社会主义核心价值观的内容,拉近民众与社会主义核心价值观的情感距离,在民众中产生共鸣,引发他们的思考、践行。例如公益广告,结合"小人物"日常生活中的简单事例,宣传尊老爱幼、爱岗敬业、自由平等、富强民主等社会主义核心价值观,更易受到民众的青睐。最后,应扩展宣传社会主义核心价值观的途径,利用新型的传播方式,如地铁口广告牌、街道社区宣传栏、移动 LED 灯、大型商场、的士显示屏等等。在武汉,由于武汉新建基础设施较多,在围栏、围墙上面粘贴、涂画关于社会主义核心价值观的海报、漫画,使武汉市民时时刻刻感受到社会主义核心价值观的冲击,也不失为一种宣传社会主义核心价值观的创新方式。武汉市的这样一种方法值得学习推广。

第二,树立榜样、先进人物。榜样的力量是无穷的。榜样的力量如同一面旗帜,引领人们不断提升自我、塑造高尚的品德情操。不同年代,总有人们不同的崇拜和信仰。在树立榜样、先进人物的过程中,大众传媒作为核心力量应表现出其应有的社会功能。近年来,武汉市规范了先进典型宣传工作管理办法,找准典型定位,精心选择,制定典型宣传详细方案,使典型宣传既符合社会主义核心价值观,也宣扬武汉"敢为人先"的城市精神,通过媒体的各种形式的报道形成合力,掀起宣传、学习典型的社会热潮。例如,一心为民的好干部吴天祥、人民英雄警察谭纪雄、"暴走妈妈"陈玉蓉、好医生王争艳、生死接力送薪"信义兄弟"……这都是武汉近年来涌现出的一批自觉践行社会主义核心价值观、体现时代精神、奉行"敢为人先"的先进典型,行业、阶层各异,引起了市民的强烈反响及认同。因此,大众传媒要肩负树立榜样、先进人物的重任,形式多样地宣传普通民众中涌现出来的"小人物",在民众中营造学习先进、崇尚先进、争当先进的良好氛围。

第三,增强媒体人社会责任感。在社会主义市场经济体制下,报道什么,不报道什么,媒体人都有一定的自主选择权。因此,增强媒体人社会责任感,使其自觉担当报道符合社会主义核心价值观的内容就显得尤为重要。一方面,除了追求新闻的客观、公正,媒体人还要考虑到新闻的普遍、完整,不能断章取义、凭借个人喜好报道新闻。另一方面,新闻媒体人要放弃"眼球经济",承担社会责任感。标新立异的东西会吸引观众,奇装异服者会引人注目,但是如果过多地报道宣传这些"另类",形成不良的社会舆论氛围,会导致民众走向"非主流",与主流价值观相悖。再者,媒体除了供大家了解、娱乐之外,还要起到舆论导向作用。媒体人不能维护某个政权、集团或者追求即时利益,要维护民众心中的"真、善、美",大力弘扬社会主义核心价值观。

第四,加大对大众传媒监管力度。近年来,虚假报道、虚假广告层出不穷,"我国的一些媒体工作者缺乏职业感,新闻寻租现象普遍。对一些明显的传媒违规行为,例如记者拉广告、接受被采访方提供的各种好处、在利益驱动下不履行舆论监督职责等"①在行业内屡禁不止,更有不断翻滚之势。"有偿新闻""有偿不新闻"成为媒体界的"潜规则"。因此,武汉市为坚决制止虚假新闻报道,建立防范虚假新闻产生长效机制,根据中宣部和省委宣传部精神,报经市委同意,制定了下列对武汉市大众传媒的监管制度:核实把关制度、署名规范制度、更正道歉制度、社会监督制度以及纠错奖惩制度。另外,通过组织媒体参加专项教育活动、学习制定了关于大众传媒规范的规章制度,并建立违纪违规新闻采编人员档案,严禁依据道听途说编造新闻或凭借猜测想象改变、扭曲新闻真相,凡主观恶意造假的,应对其进行教育,严重者取消新闻从业资格。必须进一步倡导新闻工作者职业规范的教育,加强媒体自律,从观念上强化新闻从业者的职业规范,并通过行业监督和法律规范来强化新闻工作机制。

第五,提升民众媒介素养。媒介素养是指人们获取、分析、评价和传播各种媒介信息的素质、品格,好的媒介素养指人们获取、评价和传播符合社会主义核心价值观并且宣传社会正能量和优秀传统文化的素质和品格。民众对社会主义核心价值观的认知认同,不仅需要大众传媒的大力宣传,还需要拥有良好媒介素养的公众参与。民众通过微博、微信、微电影等微媒体的利用和转发,传播资源并对自身及其他民众产生影响。选择、传播何种资源,则主要由

---

① 陈力丹:《论传媒在构建社会主义和谐社会中的作用》,《红旗文稿》2005 年第 16 期。

民众的媒介素养决定。社会主义核心价值观既对民众的媒介素养起着引导作用,具有良好媒介素养的民众又有助于对社会主义核心价值观的理解、接受和传播。因此,提升民众的媒介素养,对民众认知认同社会主义核心价值观,使民众培育和践行社会主义核心价值观具有重要意义。充分发挥大众传媒在培育和践行社会主义核心价值观方面的引领作用,不能仅仅只强调大众媒体自身,更要强调不断提升民众的媒介素养。信息时代的大众传媒,已经成为民众生活必需品。民众对传媒的选择、利用,对传媒内容的鉴别、判断、参与,对传媒信息的转发、传播,不仅关系到民众自身的日常生活质量,关系到民众自身对社会主义核心价值观的认知认同,而且影响其他民众的日常生活质量,影响其他民众对社会主义核心价值观的认知认同。只有当民众了解大众传媒的功能,了解大众传媒传播什么,自己应转发什么,不应转发什么,才能对社会主义和谐社会的构建出自己的一分力,形成培育和践行社会主义核心价值观的良好社会舆论氛围。

4.创新学校核心价值观教育

在新的形势下,我们要深刻理解和准确把握社会主义核心价值观的科学内涵和精神实质,创新学校社会主义核心价值观教育,把社会主义核心价值观融入学校思想政治课教学之中,融入学生社会实践之中,融入学校校园文化建设之中,融入学校教师队伍建设之中,融入理论研究与宣传工作之中,不断把学校社会主义核心价值观教育引向深入。

一是将社会主义核心价值观融入学校思想政治课教学之中,充分发挥思想政治课在学生社会主义核心价值观教育中的主阵地和主渠道作用。要根据党的十九大精神,"按照充分体现新时代社会主义核心价值观科学内涵和精神实质的要求,坚持贴近实际、贴近生活、贴近学生的原则,针对学生不同年龄阶段生理心理特点、认知水平和课程特点,以社会主义核心价值观为主线,对学校思想政治理论课进行整体规划和修订完善,使社会主义核心价值观进教材、进课堂、进大学生头脑"①。

---

① 杨业华:《把培育和践行核心价值观融入大学生思想政治教育全过程》,《光明日报》2014年1月15日。

　　二是将社会主义核心价值观融入新时代青少年学生的社会实践过程之中，充分发挥社会实践在青少年学生培育和践行社会主义核心价值观中的作用。"理论联系实际是青少年学生思想政治教育的根本原则，也是青少年学生社会主义核心价值观教育的根本原则。青少年学生参加社会实践，了解社会、认识国情，增长才干、奉献社会，锻炼毅力、培养品格，对于加深对社会主义核心价值观的理解，深化对社会主义核心价值体系建设的认识，坚定在中国共产党领导下，走中国特色社会主义道路，实现中华民族伟大复兴的共同理想和信念，增强历史使命感和社会责任感，具有不可替代的重要作用。"[1]青少年学生社会实践要以中国特色社会主义理论为指导，坚持育人为本的思想，按照党的十九大对"社会主义核心价值体系建设的要求，系统设计社会主义核心价值观实践教育教学体系。要坚持课内与课外相结合，集中与分散相结合，确保每一个学生都能参加社会实践，确保社会主义核心价值观贯穿于学生社会实践的全过程。要深入挖掘学校和社会两种资源，充分发挥学校和社会两种力量，形成全社会共同加强学生社会主义核心价值观教育的良好局面"[2]。各级党委和政府要高度重视学生社会主义核心价值观实践教育，要为学生社会主义核心价值观实践教育创造条件，提供便利。各地宣传部门、文明办、教育部门和共青团组织要在党委、政府统一领导下，明确各自任务，形成学生社会主义核心价值观教育工作合力。要重视青少年学生社会实践基地建设，要把公益性文化设施、爱国主义教育基地、各类校外活动场所，建成为教育引导青少年学生培育和践行社会主义核心价值观的实践基地，"积极引导学生走出校园，深入基层、深入群众、深入实际，开展教学实践、专业实习、军政训练、社会调查、生产劳动、志愿服务、公益活动、科技发明、勤工助学"[3]，升华对社会主义核心价值观的体验感受和认知理解。

　　三是将社会主义核心价值观融入校园文化建设之中，充分发挥文化化人

---

　　① 杨业华：《把培育和践行核心价值观融入大学生思想政治教育全过程》，《光明日报》2014年1月15日。

　　② 杨业华：《把培育和践行核心价值观融入大学生思想政治教育全过程》，《光明日报》2014年1月15日。

　　③ 杨业华、于雨晴：《论大学生敬业价值观的培育和践行》，《思想教育研究》2015年第2期。

的功能。校园文化活动是学生社会主义核心价值观教育的重要载体。学校要重视校园文化建设在社会主义核心价值观教育中的作用,"要把学生社会主义核心价值观教育纳入学校校园文化建设的规划之中,充分发挥校园文化建设和思想政治理论课的作用,形成二者之间的合力。长期以来,我国学校思想政治理论课一直以直接、公开、显性为特征,其局限性明显。这就要求我们要与时俱进,不断加强和改进思想政治理论显性课程,积极发展以校园文化活动为核心的隐性课程,使思想政治理论显性课程和隐性课程相互渗透、相互补充,共同在学生社会主义核心价值观教育中发挥最佳效益。学校思想政治理论课教学实践证明,以校园文化活动为核心的隐性课程在人的情感等非智力因素的发展中有着潜移默化的作用,能使学生在不知不觉中形成正确的价值观"①。要根据社会主义核心价值观教育的要求,"本着'着眼未来,充足现实,着重建设'的精神,整体设计校园文化建设。要运用系统论和关联性的原则,把参与校园文化建设的各方面力量组织好、布置好,形成思想统一、步调一致的整体,从而发挥各方面力量在校园文化建设中的整体效应"②,形成学生社会主义核心价值观教育"合力"。要以优良校风、学风、教风为核心,以优化美化校园环境为重点,以开展丰富多彩的校园文化活动为载体,按照社会主义核心价值观教育的要求,积极开展丰富多彩、健康向上的校园文化活动。要重视校园物质文化在学生社会主义核心价值观教育中的作用,"在校园物质文化建设进行规划时,应充分考虑校内建筑、校园自然环境和校内人文景观对学生影响的多样性,不能把它仅仅作为一种校园规划"③,而应把它作为学生社会主义核心价值观教育的重要载体来进行系统规划,从校园物质文化和精神文化如何协调发展,如何有助于学生社会主义核心价值观培育的角度进行考虑,使校园物质文化真正成为学生社会主义核心价值观教育的载体,成为促进学生社会主义核心价值观培育的具有教育意义的一种环境。"要充分利用五

---

① 杨业华、于雨晴:《论大学生敬业价值观的培育和践行》,《思想教育研究》2015 年第 2 期。

② 杨业华、于雨晴:《论大学生敬业价值观的培育和践行》,《思想教育研究》2015 年第 2 期。

③ 杨业华、于雨晴:《论大学生敬业价值观的培育和践行》,《思想教育研究》2015 年第 2 期。

四青年节、七一建党节、十一国庆节、一二·九运动纪念日等重大节庆日和纪念日,开展社会主义核心价值观主题教育活动,唱响社会主义主旋律。要深入开展'创建文明校园、文明班级、文明宿舍,做文明学生'活动,把社会主义核心价值观教育的要求和任务融入学生的学习生活之中,引导学生从具体事情做起,养成文明行为,培养良好的道德情操,形成正确的价值观。"①要将社会主义核心价值观融入校园网络文化建设之中,充分发挥网络等新型媒体在学生社会主义核心价值观教育中的作用。要根据社会主义核心价值观教育的要求,建设好融思想性、知识性、趣味性、服务性于一体的校园网站,不断拓宽学生社会主义核心价值观教育的渠道和空间,在社会主义核心价值观引领下,积极开展健康向上、丰富多彩的网络校园文化活动,使网络成为学生社会主义核心价值观教育的新阵地。

四是要切实加强教师的社会主义核心价值观教育。"教育者要先受教育,是我们党思想政治教育的一个重要原则。教师价值观的正确与否,能力的高与低,直接关系到学生社会主义核心价值观教育的效果。要做好学生社会主义核心价值观教育,提升学生对社会主义核心价值观的认同感,必须要抓好提升教师素质这个关键环节。要切实加强对学校思想政治教育工作者的社会主义核心价值观教育,提高他们对学生社会主义核心价值观教育的认识,加深他们对社会主义核心价值观的理解,教育引导他们把真理的力量与人格的力量结合起来,做学习践行社会主义核心价值观的表率和模范。要把社会主义核心价值观教育与师德建设相结合,在师德建设中突出开展社会主义核心价值观教育活动,提高学校教师队伍整体的思想政治道德素质,使他们真正做到既教书又育人,自觉把社会主义核心价值观融入到高校各门课程之中去,既言传又身教,以良好的师德师风影响学生、教育学生、感染学生。"②

五是要加强对教育引导青少年学生培育和践行社会主义核心价值观的理论研究。教育引导青少年学生培育和践行社会主义核心价值观需要强有力的

---

①　杨业华、于雨晴:《论大学生敬业价值观的培育和践行》,《思想教育研究》2015 年第2 期。

②　杨业华、于雨晴:《论大学生敬业价值观的培育和践行》,《思想教育研究》2015 年第2 期。

理论支撑。教育引导青少年学生培育和践行社会主义核心价值观是一个系统工程，涉及方方面面，这就要求学校理论工作者深入开展教育引导青少年学生培育和践行社会主义核心价值观的理论研究工作，不仅要深刻阐述社会主义核心价值观提出的时代背景、发展历史及其理论根据，深入阐述社会主义核心价值观的基本内容，而且要深入阐述教育引导青少年学生培育和践行社会主义核心价值观的意义、教育的途径与方法，产生一批有创新价值的理论成果。在深入研究的基础上，学校宣传部门要充分利用校园网、报纸、广播台、板报、政治学习等多种途径，针对学生在价值观上普遍关注的热点难点问题，不断创新教育引导青少年学生培育和践行社会主义核心价值观的形式和方法，把宣传普及与释疑解惑、排忧解难有机统一起来，不断增强教育引导青少年学生培育和践行社会主义核心价值观的针对性和实效性。[①]

5. 充分发挥社区教育在社会主义核心价值观教育中的作用

要将社会主义核心价值观融入到社区教育之中，充分发挥社区在民众社会主义核心价值观教育中的作用。

第一，以社会实践活动为载体，加强社区群众对培育和践行社会主义核心价值观的认识。马克思主义认为，我们每一个人都是社会的人，人是社会实践的产物。对于民众来说了解国情、了解社会、锻炼能力、增长才干、培养品格、奉献社会、增强社会责任感具有不可替代的作用。基于此，我们要在社区教育中抓好社会主义核心价值观教育的实践环节。通过一系列社会实践活动加强社区群众对社会主义核心价值观的认识和理解，树立广大人民群众的责任感、历史使命感和民族自尊心、自信心和自豪感。有组织、有计划地引导社区群众走出家门，深入社会，进行志愿服务、参观调查等活动，使社区群众在社会实践活动中受教育、长才干、作贡献。只有通过参加各种形式的社会考察和社会实践活动，社区群众才会亲眼看到、亲身体会到祖国日新月异的巨变和发展。社区应该从自身的特点出发开展社会实践活动，在增强民众热情的同时也可以提升职业素养。

---

① 参见杨业华：《把培育和践行核心价值观融入大学生思想政治教育全过程》，《光明日报》2014年1月15日。

第二,完善社区教育,为宣传社会主义核心价值观提供保障。社区教育深入人民群众生活的各个角落,任何人都离不开社会教育的影响,社会主义核心价值观的宣传更离不开社区教育,要完善社区教育,为其提供保障。要加强社区师资队伍的建设,壮大社会主义核心价值观宣传者的队伍。社区教育的教师是社会主义核心价值观的宣传者,但是,目前社区教育缺乏专职教师,不仅要扩大专职教师的队伍,而且对社区教育的专职教师要定期进行培训,学习相关的社区教育理论,阅读大量社区教育的书籍,并与周边的教育工作者讨论、交流教育经验,使社会主义核心价值观的宣传生动活泼,途径更加有效。要完善保障机制,激励社会主义核心价值观宣传者的积极性。社区教育是公益性的事业,政府的资金支持至关重要,政府每年给予社区教育一定的资金资助,为社区教育提供更好的资源,增强教师的积极性,同时还要建立社区教育激励机制,社区教育委员会每年对在社区教育工作中表现突出的基层单位和个人进行及时表彰,好的教学环境与一定形式的激励机制,使社区教育工作者全身心投入工作,更有利于社会主义核心价值观的传播;整合各类资源进行社区教育,为宣传社会主义核心价值观提供好的环境。社区教育资源包括人力资源、环境资源、文化资源、设施资源、信息资源等。目前,社区教育的这些资源未能得到充分的整合利用,因此,必须整合社区内现有的一切资源,实行优化配置,统一管理,综合利用,创造社会主义核心价值观宣传的良好环境。[1]

二、证券行业培育和践行社会主义核心价值观的现状调查

证券行业作为我国刚处于起步阶段的新兴行业,它是当前我国虚拟经济的重要支柱产业,证券行业从业人员作为证券市场的主体,是奋斗在最前线的工作人员,其思想与行为直接影响证券市场的进步与发展。但是证券行业的高风险性、高投机性、不稳定性,容易导致证券行业从业人员在证券行业活动

---

[1] 参见于雨晴:《培育和践行社会主义核心价值观的活动载体探析》,湖北大学硕士学位论文,2016 年(课题组主要成员湖北大学马克思主义学院杨业华教授指导)。

中重经济效益而忽视道德准则,这种现象十分不利于证券行业的发展。因此,重视证券行业培育和践行社会主义核心价值观不仅是社会主义核心价值观建设发展的必然要求,而且是新时期证券行业健康发展的必然要求。进行证券行业培育和践行社会主义核心价值观现状调查及对策研究,有利于充分发挥社会主义核心价值观在我国证券行业中的作用,促进我国证券行业健康发展。

(一)调查的基本方法

1. 调查问卷的编制

本次调查以问卷调查为主,结合个别访谈。问卷调查采取抽样调查的方法。通过查阅、整理国内有关证券行业培育和践行社会主义核心价值观的大量相关资料,经过与导师的反复讨论,编制了《证券行业培育和践行社会主义核心价值观的现状调查问卷》的初稿并试投了 100 份问卷,根据试投结果,总结、分析并与导师讨论试投问卷所反馈的信息进行调整和修改,形成了最终的问卷。问卷分为两个部分,第一部分为受调查者的基本个人信息,共 5 个问题。依据受调查者的性别、文化程度、家庭经济状况、单位所在地、在单位中的地位五个因素,对其进行区分,以方便从以上维度进行交叉分析。第二部分为证券行业培育和践行社会主义核心价值观的现状调查,共 29 个问题,主要针对在证券行业培育和践行社会主义核心价值观的过程中,证券行业从业人员对社会主义核心价值观的认知认同情况、对于证券行业培育和践行社会主义核心价值观的目标、方法、条件、环境的满意度情况、对所在单位开展培育和践行社会主义核心价值观工作的评价及建议进行调查。

2. 问卷调查与访谈的基本情况

为了了解证券行业中培育和践行社会主义核心价值观的状况,自 2017 年7—9 月,在湖北省武汉市、孝感市、黄冈市共发放问卷 800 份,回收 750 份,回收率为 93.75%,其中有效问卷 707 份,有效率为 94.27%。本次问卷调查采用SPSS17.0 数据统计软件对调查问卷进行分析,数据分析方法主要采取描述统计法中的频率分析及交叉分析法。其中,由于本次调查对象主要为证券行业从业人员,根据 2003 年 2 月国务院颁布的《证券业从业人员资格管理办法》中对行业从业人员从业资格的要求可知,需年满 18 周岁并具有高中以上文化程度,故调查对象的学历水平为高中及以上。其次,通过实地走访可知,证券行业中绝大多数证券公司业务都会面向上市或者挂牌的企业,由于乡镇及农村的人口基数和经济发展水平有限,目标客户群体较为缺乏,在乡镇和农村几乎没有证券行业金融机构,因此此次问卷调查的对象单位所在地主要以大城市、中等城市、县城为主。有效问卷中受调查对象的基本情况见表2.1。

表 2.1　有效问卷调查对象的基本情况　　　　　（单位:%）

项　目	基本情况
性　别	男(52.8);女(47.2)
文化程度	高中(中专)(7.0);大专(15.7); 本科(50.1);研究生(27.2)
家庭经济状况	好(22.8);比较好(34.7);一般(30.8); 比较差(7.5);差(4.2)
单位所在地	大城市(48.1);中等城市(37.5);县城(14.4)
单位地位	领导班子成员(5.8);中层干部(24.4); 一般员工(69.8)

此外,选取了20名证券行业从业人员进行了个别访谈,深入了解其对社会主义核心价值观的认知、认同、践行的情况,了解其对所在单位社会主义核心价值观的培育和践行现状的看法,并做了详细记录,以便后期与问卷调查统计数据相结合进行综合分析。

(二)证券行业从业人员对培育和践行社会主义核心价值观必要性的认识

1.总体分析

为了了解证券行业从业人员对证券行业培育和践行社会主义核心价值观必要性的认识,我们设计了"你认为当前证券行业有没有必要培育和践行社会主义核心价值观"这一问题,调查数据如图2.1所示。通过调查发现,有87.6%的证券行业从业人员认为"有必要",8.2%的证券行业从业人员认为"说不清",有4.2%的证券行业从业人员认为"没必要"。从上述调查数据可以看出,有80%以上的证券行业从业人员认识到了证券行业培育和践行社会主义核心价值观的必要性,这是值得高兴的,但是不能够忽视有 4.2% 的证券行业从业人员认为证券行业培育和践行社会主义核心价值观"没必要",还有 8.2% 的证券行业从业人员认为"说不清",需要下大力气加强教育,提高他们对证券行业培育和践行社会主义核心价值观必要性的认识。

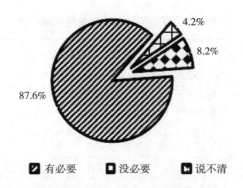

4.2%

8.2%

87.6%

▨ 有必要   ▪ 没必要   ▨ 说不清

图 2.1   你认为当前证券行业有没有必要培育和践行社会主义核心价值观

2. 对比分析

(1)从性别角度对比分析

为了了解不同性别证券行业从业人员对证券行业培育和践行社会主义核心价值观必要性的认识,有必要对他们进行对比分析,从中发现他们之间的差异,以便进行有针对性的教育。通过不同性别证券行业从业人员之间的对比,调查数据如图 2.2 所示,有 85.8% 的男性证券行业从业人员认为证券行业有必要培育和践行社会主义核心价值观,有 89.4% 的女性证券行业从业人员认为证券行业有必要培育和践行社会主义核心价值观;有 10.7% 的男性证券行业从业人员认为"说不清",有 5.7% 的女性证券行业从业人员认为"说不清";有 3.5% 的男性证券行业从业人员认为"没必要",有 4.9% 的女性证券行业从业人员认为"没必要"。从上述调查数据中可以看到,女性被调查者认为证券行业中培育和践行社会主义核心价值观有必要的比例要略高于男性被调查者,认为证券行业培育和践行社会主义核心价值观"没必要"的被调查者女性略高于男性,认为证券行业培育和践行社会主义核心价值观"说不清"的被调查者男性接近女性的一倍。

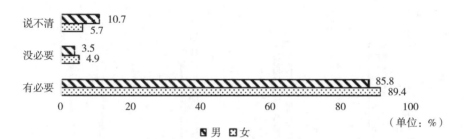

图2.2　你认为当前证券行业有没有必要培育和践行社会主义核心价值观（性别）

（2）从文化程度角度对比分析

为了了解不同文化程度证券行业从业人员对证券行业培育和践行社会主义核心价值观的必要性认识，有必要对他们进行对比分析，从中发现他们之间的差异，以便进行有针对性的教育。通过不同的文化程度证券行业从业人员之间的对比，调查数据如图2.3所示，认为证券行业"有必要"培育和践行社会主义核心价值观比率由高到低的分别是研究生学历的人，比率为91.3%；本科学历的人，比率为88.3%；大专学历的人，比率为85.8%；高中（中专）学历的人，比率为85.3%。其中，研究生学历、本科学历的人中认为证券行业中"没必要"培育和践行社会主义核心价值观的人数比率较低，但是大专学历、高中（中专）学历中认为证券行业中"没必要"培育和践行社会主义核心价值观的人数比率较高。从上述数据中可看出，学历的高低对证券行业从业人员对证券行业培育和践行社会主义核心价值观的必要性认识有着较大的影响，学历越高的证券行业从业人员对证券行业培育和践行社会主义核心价值观的必要性认识越高，学历越低的证券行业从业人员对证券行业培育和践行社会主义核心价值观的必要性认识越低，具有明显的正相关性。由此可见，提高低学历证券行业从业人员对证券行业培育和践行社会主义核心价值观必要性的认识，是当前证券行业培育和践行社会主义核心价值观的重中之重。

（3）从家庭经济状况角度对比分析

为了了解不同家庭经济情况证券行业从业人员对证券行业培育和践行社会主义核心价值观的必要性认识，有必要对他们进行对比分析，从中发现他们之间的差异，以便进行有针对性的教育。通过不同的家庭经济情况证券行业

（单位：%）

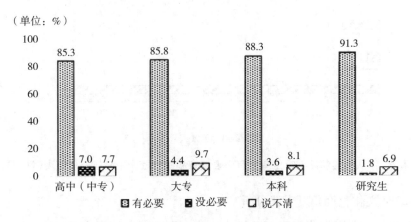

**图2.3　你认为当前证券行业有没有必要培育和
践行社会主义核心价值观（文化程度）**

从业人员之间的对比，调查数据如图2.4所示，认为当前证券行业"有必要"培育和践行社会主义核心价值观比率由高到低的分别是家庭经济情况"好"的证券行业从业人员，比率为97.4%；家庭情况"比较好"的证券行业从业人员，比例为89.2%；家庭情况"一般"的证券行业从业人员，比例为86.5%；家庭情况"比较差"的证券行业从业人员，比例为84.2%；家庭情况"差"的证券行业从业人员，比例为80.7%。由此可见，受调查者认为当前证券行业"有必要"培育和践行社会主义核心价值观的比例随着家庭情况好、比较好、一般、比较差、差的比例呈递减趋势。由此可见，提高家庭情况"比较差"的证券行业从业人员对证券行业培育和践行社会主义核心价值观必要性的认识，是当前证券行业培育和践行社会主义核心价值观的重中之重，要求证券行业在培育和践行社会主义核心价值观过程中要重视了解证券行业从业人员的家庭经济情况，把解决思想问题与解决实际问题结合起来。

（4）从单位所在地角度对比分析

为了了解不同单位所在地的证券行业从业人员对证券行业培育和践行社会主义核心价值观的必要性认识，有必要对他们进行对比分析，从中发现他们之间的差异，以便进行有针对性的教育。通过不同单位所在地的证券行业从业人员之间的对比，调查结果如图2.5所示，认为当前证券行业"有必要"培育和践行社会主义核心价值观的比例最高的是单位所在地位于大城市的证券

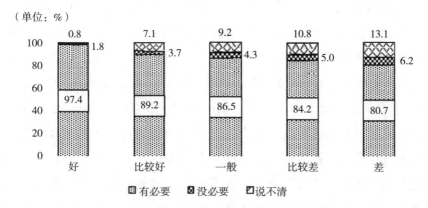

图 2.4　你认为当前证券行业有没有必要培育和践行
社会主义核心价值观（家庭经济情况）

行业从业人员,比例为 92.4%,单位所在地位于中等城市的证券行业从业人员比例为 88.1%,单位所在地位于县城的证券行业从业人员比例为 82.3%。从上述调查数据可以看出,单位所在地位于县城的证券行业从业人员认为证券行业有必要培育和践行社会主义核心价值观的比例最低,因此,提高单位所在地位于县城的证券行业从业人员对证券行业培育和践行社会主义核心价值观必要性的认识,是当前证券行业培育和践行社会主义核心价值观的重点内容。

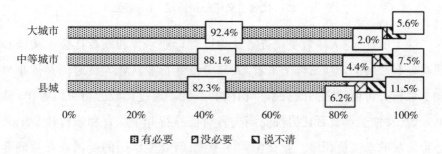

图 2.5　你认为当前证券行业有没有必要培育和
践行社会主义核心价值观（单位所在地）

（5）从证券行业从业人员在单位地位的角度对比分析

为了了解不同单位地位的证券行业从业人员对证券行业培育和践行社会主义核心价值观的必要性认识,有必要对他们进行对比分析,从中发现他们之

411

间的差异,以便进行有针对性的教育。就单位地位不同对"你认为当前证券行业有没有必要培育和践行社会主义核心价值观"问题进行比较分析,调查数据如图2.6所示,认为当前证券行业中"有必要"培育和践行社会主义核心价值观比例最高的是领导班子成员,比例为96.2%,其次是中层干部,比例为85.6%,一般员工的比例为81.0%。从上述调查数据可以看出,绝大多数受调查者对证券行业培育和践行社会主义核心价值观的必要性表示认同,领导班子成员对证券行业培育和践行社会主义核心价值观的必要性表示认同程度比中层干部及一般员工更高。但是也不能忽视的是,有少数领导班子成员和中层干部对证券行业培育和践行社会主义核心价值观的必要性认识不足。

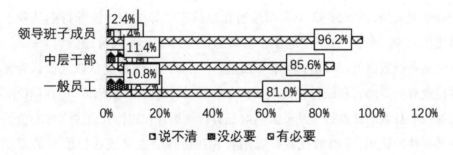

图2.6 你认为当前证券行业有没有必要培育和
践行社会主义核心价值观(单位地位)

综上所述,绝大多数受调查者认为证券行业培育和践行社会主义核心价值观是有必要的。从总体上来看,大部分证券行业从业人员对证券行业与社会主义核心价值观之间的关系持积极的态度。通过比较分析可以看出,就性别来说,女性受调查者比男性受调查者对证券行业中培育和践行社会主义核心价值观的态度更积极。就文化程度来说,研究生学历的受调查者对证券行业中培育和践行社会主义核心价值观的态度更加积极,学历越高的人越认为社会主义核心价值观有必要融入证券行业的建设中,学历越低的人越觉得没有必要或者说不清。因此,对于证券行业中大专学历、高中(中专)学历的从业者进行社会主义核心价值观相关的教育应当引起重视。就家庭经济状况来说,家庭经济情况好的证券行业从业人员对证券行业培育和践行社会主义核心价值观的态度比家庭情况差的证券行业从业人员更为积极,家庭经济情况不好的证券行业从业人员对于社会主义核心价值观的认可度稍低,相较于经济情况较好的家庭,家庭经济情况较差的证券行业从业人员对于社会主义核心价值观的主动关注度更低。因此,应当加强对家庭经济情况较差的从业人员的社会主义核心价值观的宣传教育。就单位所在地来说,单位所在地位于大城市和中等城市的受调查者对待证券行业中培育和践行社会主义核心价值观的态度比单位所在地位于县城的受调查者的态度更为积极。从单位地位角度来看,领导班子成员对社会主义核心价值观融入证券行业的态度比中层干部及一般员工更加积极,少部分中层干部及一般员工甚至认为证券行业中没必要培育和践行社会主义核心价值观,值得深思。

(三)证券行业与社会主义核心价值观结合的程度

1.总体分析

为了了解社会主义核心价值观与证券行业的结合程度,我们设计了"你认为当前证券行业与社会主义核心价值观之间的结合程度如何"这一问题,调查情况如图2.7所示。通过调查发现,有31.5%的受调查者认为证券行业与社会主义核心价值观"结合度较高,两者联系十分紧密";有45.0%的受调查者认为"结合度一般,两者关系不够紧密";有18.8%的受调查者认为"结合度较低,两者没有联系";4.7%的受调查者表示对证券行业与社会主义核心价值观之间的关系并"不关心",觉得无所谓。从上述调查数据可以看出,有接近半数的人认为证券行业与社会主义核心价值观的"结合度一般,两者联系不够紧密";但是也有31.5%的受调查者认为证券行业与社会主义核心价值观"结合度较高,两者联系十分紧密",比例相加有76.5%。这说明证券行业与社会主义核心价值观结合度中等偏上。现状不容乐观,两者的结合度有待进一步加强。

2.对比分析

(1)从性别角度对比分析

为了了解不同性别证券行业从业人员对证券行业与社会主义核心价值观结合程度的看法,有必要对他们进行对比分析,从中发现他们之间的差异,以

48.8%

4.7%

45.0%

31.5%

☑ 结合度较高，两者联系十分紧密　☑ 结合度一般，两者联系不够紧密

☑ 结合度较低，两者没有联系　　　☑ 不关心

图2.7　你认为当前证券行业与社会主义核心价值观之间的结合程度如何

便进行有针对性的教育。通过不同性别证券行业从业人员之间的对比，调查数据如图2.8所示，认为"结合度较高，两者联系十分紧密"的男性证券行业从业人员比例为35.8%，女性证券行业从业人员比例为27.2%，男性比例略高于女性；认为"结合度一般，两者联系不够紧密"的男性证券行业从业人员比例为41.5%，女性证券行业从业人员为48.5%，女性比例略高于男性；认为"结合度较低，两者没有联系"的男性证券行业从业人员比例为16.8%，女性证券行业从业人员比例为20.8%，女性比例略高于男性；认为对此问题"不关心"的男女性证券行业从业人员比例分别为5.9%、3.5%。由以上数据表明男女性证券行业从业人员对于该问题的看法有一定的差异，但是差异不是很大。认为证券行业与社会主义核心价值观两者结合度较高的比例男性高于女性，认为两者结合度一般甚至结合度较低的比例均是女性高于男性。由此表明，在认为当前证券行业与社会主义核心价值观的结合程度上，男性的态度更为积极，女性的态度则较为消极。

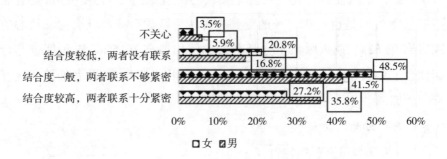

图2.8　你认为当前证券行业与社会主义核心价值观之间的结合程度如何

（2）从文化程度角度对比分析

为了了解不同文化程度证券行业从业人员对证券行业与社会主义核心价值观结合程度的看法，有必要对他们进行对比分析，从中发现他们之间的差异，以便进行有针对性的教育。通过不同的文化程度证券行业从业人员之间的对比，调查数据如表2.2所示，认为当前证券行业与社会主义核心价值观之间"结合度较高、两者联系十分紧密"的受调查者比例从高到低分别是研究生48%、本科41.7%、大专27.0%、高中（中专）9.3%；认为"结合度一般，两者联系不够紧密"的受调查者比例从高到低分别是高中（中专）58.0%、大专49.3%、本科39.5%、研究生33.3%。对于这一问题表示"不关心"的比例最高的是本科学历受调查者。通过数据分析可以看出，研究生学历、本科学历的受调查者认为证券行业与社会主义核心价值观结合程度较高的比例远高于高中（中专）与大专文化程度的受调查者们。由上述数据中可看出，不同文化程度的受调查者对证券行业与社会主义核心价值观的结合程度的看法及态度存在着显著差异，文化程度越高的受调查者认为证券行业同社会主义核心价值观的结合程度较高，文化程度越低的受调查者认为两者联系不够紧密甚至没有联系。因此，对证券行业与社会主义核心价值观之间结合程度的认识与证券行业从业人员文化程度有非常大的相关性。

表2.2　你认为当前证券行业与社会主义核心价值观之间的结合程度如何

（单位:%）

文化程度	结合度较高,两者联系十分紧密	结合度一般,两者联系不够紧密	结合度较低,两者没有联系	不关心	合计
高中（中专）	9.3	58.0	27.2	5.5	100
大专	27.0	49.3	19.0	4.7	100
本科	41.7	39.5	13.2	5.6	100
研究生	48.0	33.3	15.7	3.0	100
合计	31.5	45.0	18.8	4.7	100

（3）从家庭经济情况角度对比分析

为了了解不同家庭经济情况证券行业从业人员对证券行业与社会主义核

心价值观结合程度的看法,有必要对他们进行对比分析,从中发现他们之间的差异,以便进行有针对性的教育。通过不同的家庭经济情况证券行业从业人员之间的对比,调查数据如表2.3所示,认为当前证券行业与社会主义核心价值观"结合度较高,两者联系十分紧密"的比例最高的是家庭经济情况"好"的受调查者,随着家庭经济越差,认为两者结合程度较高的比例也呈下降趋势,依次为家庭情况"比较好"46.7%,家庭情况"一般"34.2%,家庭情况"比较差"19.5%,家庭情况"差"6.2%。认为"结合度一般,两者联系不够紧密"的比例最高的是家庭情况"差"的受调查者,比例为61.4%,认为"结合度较低,两者没有联系"的比例最高的是家庭经济情况"差"的受调查者,比例为31.6%。由上述数据可知,家庭经济状况越好的受调查者认为证券行业同社会主义核心价值观的结合度越高,家庭经济情况越差的受调查者对证券行业结合社会主义核心价值观的态度更加冷淡,甚至不关心两者关系如何。因此,对证券行业与社会主义核心价值观之间结合程度的认识与证券行业从业人员家庭经济状况有非常大的相关性。

表2.3　你认为当前证券行业与社会主义核心价值观的结合程度如何

（单位:%）

家庭经济情况	结合度较高,两者联系十分紧密	结合度一般,两者联系不够紧密	结合度较低,两者没有联系	不关心	合计
好	50.9	31.7	7.4	10.0	100
比较好	46.7	39.4	10.6	3.3	100
一般	34.2	42.5	21.7	1.6	100
比较差	19.5	50.0	22.7	7.8	100
差	6.2	61.4	31.6	0.8	100
合计	31.5	45.0	18.8	4.7	100

（4）从单位所在地角度对比分析

为了了解不同单位所在地证券行业从业人员对证券行业与社会主义核心价值观结合程度的看法,有必要对他们进行对比分析,从中发现他们之间的差异,以便进行有针对性的教育。通过不同单位所在地的证券行业从业人员之

间的对比,调查数据如表2.4所示,认为"结合度较高,两者联系十分紧密"的
比例最高的是单位所在地位于大城市的受调查者,比例为44.5%,比例最低
的是单位所在地位于县城的受调查者,比例为11.7%;认为"结合度一般,两
者联系不够紧密"的比例最高的是单位所在地位于县城的受调查者,比例为
64.2%,比例最低的是单位所在地位于大城市的受调查者,比例为33.7%;认
为证券行业与社会主义核心价值观之间"结合度较低,两者没有联系"比例最
高的是来自中等城市的受调查者,比例为20.5%,比例最低的是来自大城市
的受调查者,比例为17.9%。由以上数据可看出,单位所在地位于大城市的
受调查者对证券行业与社会主义核心价值观之间的结合认同度高于单位所在
地位于中等城市、县城的受调查者,认为证券行业与社会主义核心价值观两者
之间"结合度一般,两者联系不够紧密""结合度较低,两者没有联系"的比例
较高的是单位所在地位于县城和中等城市的受调查者。

表2.4 你认为当前证券行业与社会主义核心价值观的结合程度如何

(单位:%)

单位所在地	结合度较高,两者联系十分紧密	结合度一般,两者联系不够紧密	结合度较低,两者没有联系	不关心	合计
大城市	44.5	33.7	17.9	3.9	100
中等城市	38.3	37.1	20.5	4.1	100
县城	11.7	64.2	18.0	6.1	100
合计	31.5	45.0	18.8	4.7	100

(5)从证券行业从业人员在单位地位的角度对比分析

为了了解不同单位地位的证券行业从业人员对证券行业与社会主义核心
价值观结合程度的看法,有必要对他们进行对比分析,从中发现他们之间的差
异,以便进行有针对性的教育。通过不同单位地位的证券行业从业人员之间
的对比,调查数据如表2.5所示,认为证券行业与社会主义核心价值观"结合
度较高,两者联系十分紧密"比例最大的是领导班子成员,比例为58.7%,比
例最小的是一般员工,比例为14.0%;认为"结合度一般,两者联系不够紧密"
比例最大的是一般员工,比例为56.9%,比例最小的是领导班子成员,比例为

30.1%;认为"结合度较低,两者没有联系"比例最大的是一般员工,比例为26.0%,比例最小的为领导班子成员,比例为8.0%。上述调查数据说明,领导班子成员更加关注证券行业与社会主义核心价值观之间的关系,也更加能感受到两者之间的联系,中层干部及一般员工对社会主义核心价值观与证券行业之间的联系关注度不高。因此,不同单位地位的证券行业从业人员对证券行业与社会主义核心价值观结合程度的看法是不一致的。

表 2.5　你认为当前证券行业与社会主义核心价值观的结合程度如何

（单位:%）

单位地位	结合度较高,两者联系十分紧密	结合度一般,两者联系不够紧密	结合度较低,两者没有联系	不关心	合计
领导班子成员	58.7	30.1	8.0	3.2	100
中层干部	21.8	48.0	22.4	7.8	100
一般员工	14.0	56.9	26.0	3.1	100
合计	31.5	45.0	18.8	4.7	100

综上所述,绝大部分受调查者认为证券行业与社会主义核心价值观之间结合度一般,两者的紧密关系应当进一步加强,有不超过半数的受调查者认为结合度高,两者关系十分紧密,同时,还有一小部分受调查者对证券行业与社会主义核心价值观两者之间的联系持不关心的态度。通过性别对比分析可以看出,男性和女性对于证券行业与社会主义核心价值观联系程度的看法差异较大,但男性受调查者对证券行业与社会主义核心价值观的结合程度的满意度更高,女性调查者对两者之间结合程度的满意度较低。就文化程度对比来看,文化程度越高的受调查者认为证券行业同社会主义核心价值观的结合程度较高,研究生学历、本科学历的受调查者认为证券行业与社会主义核心价值观结合程度较高的比例远高于其他文化程度的受调查者,大专、高中(中专)学历的受调查者大多数都表示没有时间关注这一问题,同时也不关心两者之间的联系。就家庭经济情况来看,家庭经济状况越好的受调查者认为证券行业同社会主义核心价值观的结合度越高,家庭经济情况越差的受调查者对证券行业结合社会主义核心价值观的态度更加冷淡,认为证券行业与社会主义

核心价值观之间的结合与自己无关。就单位所在地来看,单位所在地位于大城市的受调查者认为证券行业与社会主义核心价值观的结合度较高,中等城市、县城的工作人员对证券行业与社会主义核心价值观的结合程度评价相对较低。就单位地位来看,领导班子成员更加关注证券行业与社会主义核心价值观之间的关系,也更加能感受到两者之间的联系,对证券行业与社会主义核心价值观的结合程度评价相对较高;中层干部及一般员工对社会主义核心价值观与证券行业之间结合程度评价相对较低,特别是一般员工绝大多数认为证券行业与社会主义核心价值观的结合程度低。

(四)证券行业从业人员接触和了解社会主义核心价值观的途径

1. 总体分析

为了了解证券行业从业人员接触和了解社会主义核心价值观的方式和途径,我们设计了"你主要通过什么方式接触和了解社会主义核心价值观的相关内容"这一问题。调查数据如图 2.9 所示,受调查者选择"电视"这一选项的比例最高,比例为 26.0%,其他选项选择比例从高到低依次为:"电脑"20.8%,"手机"18.9%,"工作单位组织的学习活动"16.0%,"阅读书籍和报纸"10.4%,"其他"7.9%。参与访谈的部分受调查者表示,"随着手机等移动设备越来越智能化,信息的实时更新让大家能随时随地了解国家关于培育和践行社会主义核心价值观的相关政策最新动向了,能感觉到国家对社会主义核心价值观的重视程度十分高","现在不管是居民区,还是商业街,甚至是路边的小店里,随时随地都能看到滚动播放的社会主义核心价值观 24 字的标语,感觉社会主义核心价值观真的已经是像空气一样无处不在了","现在每天看报纸,都能在报纸的封面上看到社会主义核心价值观的 24 字"。由调查数据及访谈内容可知,绝大多数的受调查者主要通过电视、电脑、手机来接触和了解社会主义核心价值观的相关内容,只有极少部分受调查者是通过工作单位组织的学习活动及阅读书籍和报纸来接触和了解社会主义核心价值观,说明证券行业中单位对于社会主义核心价值观内容的宣传及学习力度有待进一步加强。

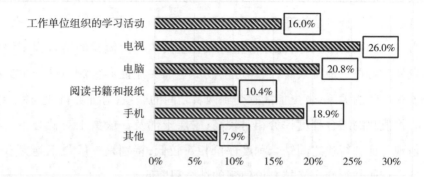

图 2.9　你主要通过什么方式接触和了解社会主义核心价值观的相关内容

2. 对比分析

（1）从性别角度对比分析

为了了解不同性别证券行业从业人员接触和了解社会主义核心价值观的方式和途径，有必要对他们进行对比分析，从中发现他们之间的差异，以便进行有针对性的教育。通过不同性别证券行业从业人员之间的对比，调查数据如图 2.10 所示，有 18.8% 的男性证券行业从业人员和 13.2% 的女性证券行业从业人员通过"工作单位组织的学习活动"来接触和了解社会主义核心价值观；有 22.0% 的男性证券行业从业人员和 30.0% 的女性证券行业从业人员选择了"电视"这一选项；有 25.6% 的男性证券行业从业人员和 16% 的女性证券行业从业人员选择了"电脑"这一选项；有 8.4% 的男性证券行业从业人员和 12.4% 的女性证券行业从业人员选择了"阅读书籍和报纸"这一选项；有 21.2% 的男性证券行业从业人员和 16.6% 的女性证券行业从业人员选择了"手机"这一选项；有 4.0% 的男性证券行业从业人员和 11.8% 的女性证券行业从业人员选择了"其他"。从上述调查数据中可以看出，不同性别证券行业从业人员接触和了解社会主义核心价值观的方式和途径有一定的差异。在男性证券行业从业人员接触和了解社会主义核心价值观的方式和途径中，通过"电脑"了解社会主义核心价值观相关内容的人数最多。在女性证券行业从业人员接触和了解社会主义核心价值观的方式和途径中，通过"电视"了解社会主义核心价值观相关内容的人数最多。由此表明，在工作和日常生活中，男性和女性了解社会主义核心价值观的途径是不同的。值得注意的是，男性从业人员和女性从业人员选择"工作单位组织的学习活动"这一选项的比例均不高,可以看出,只有少部分人能通过所在单位组织的学习活动中接触和了解社会主义核心价值观。因此,加强工作单位对社会主义核心价值观学习活动的重视显得尤为重要。与此同时,也可以看出随着社会快速发展,证券行业从业人员接触和了解社会主义核心价值观的方式和途径呈现多样化,传统的通过"工作单位组织的学习活动"接触和了解社会主义核心价值观的方式的作用越来越小。

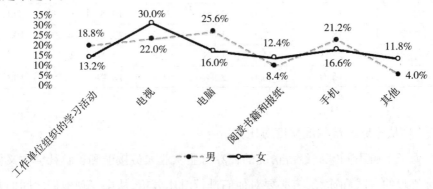

图 2.10 你主要通过什么方式接触和了解社会主义核心价值观的相关内容(性别)

(2)从文化程度角度对比分析

为了了解不同文化程度证券行业从业人员接触和了解社会主义核心价值观的方式和途径,有必要对他们进行对比分析,从中发现他们之间的差异,以便进行有针对性的教育。通过不同文化程度证券行业从业人员之间的对比,调查数据如表 2.6 所示,高中(中专)学历的证券行业从业人员选择"电脑"这一选项的比例最大,比例为 36.6%;大专学历的证券行业从业人员选择"电视"这一选项的比例最大,比例为 29.0%;本科学历的证券行业从业人员选择"手机"这一选项的比例最大,比例为 23.0%;研究生学历的证券行业从业人员选择"工作单位组织的学习活动"这一选项的比例最大,比例为 25.3%。由此可看出,就不同的文化程度来说,接触和了解社会主义核心价值观的方式和途径是不一样的,但是绝大多数证券行业从业人员主要通过"电脑""电视""手机"来接触和了解社会主义核心价值观。学历越高的证券行业从业人员更倾向于通过工作单位组织的学习活动以及电视来了解社会主义核心价值观,学历越低的证券行业从业人员则更倾向于通过电脑、手机、电视此类的媒体来接触社会主义核心价值观。

表 2.6 你主要通过什么方式接触和了解社会主义核心价值观的相关内容

（单位:%）

文化程度	工作单位组织相关的学习活动	电视	电脑	阅读书籍和报纸	手机	其他	合计
高中(中专)	7.0	28.0	36.6	2.5	21.0	4.9	100
大专	13.1	29.0	21.0	3.1	19.5	14.3	100
本科	18.6	22.9	14.1	17.2	23.0	4.2	100
研究生	25.3	24.1	11.5	18.8	12.1	8.2	100
合计	16.0	26.0	20.8	10.4	18.9	7.9	100

（3）从家庭经济状况角度对比分析

为了了解不同家庭经济情况的证券行业从业人员接触和了解社会主义核心价值观的方式和途径,有必要对他们进行对比分析,从中发现他们之间的差异,以便进行有针对性的教育。通过不同家庭经济状况证券行业从业人员之间的对比,调查数据如表 2.7 所示,家庭经济情况"好"的证券行业从业人员选择"电脑"接触和了解社会主义核心价值观的比例最高,比例为 26.8%;家庭经济情况"比较好"的证券行业从业人员选择"工作单位组织的学习活动"的比例最高,比例为 37.1%;家庭经济情况"一般"的证券行业从业人员选择"电脑"的比例最高,比例为 28%;家庭经济情况"比较差"的证券行业从业人员选择"电视"的比例接近半数,比例为 40.8%;家庭经济情况"差"的证券行业从业人员选择"电视"的比例最高,比例为 50%。由以上数据可以看出,家庭经济情况"较好"的证券行业从业人员绝大多数通过"工作单位组织的学习活动"、"电脑"及"阅读书籍和报纸"来接触和了解社会主义核心价值观,而家庭经济情况"比较差"和"差"的证券行业从业人员接触和了解社会主义核心价值观的方式较为单一,基本上都是通过电视、手机,很少一部分人会通过电脑、书籍和报纸来接触社会主义核心价值观,而通过"工作单位组织的学习活动"来了解社会主义核心价值观的比例则更低。因此,拓宽家庭经济条件较差的证券行业从业人员接触和了解社会主义核心价值观的渠道是十分重要的。

表 2.7　你主要通过什么方式接触和了解社会主义核心价值观的相关内容

（单位:%）

家庭经济状况	工作单位组织的学习活动	电视	电脑	阅读书籍和报纸	手机	其他	合计
好	11.0	13.6	26.8	20.8	15.1	12.7	100
比较好	37.1	10.0	31.0	8.3	6.9	6.7	100
一般	20.6	15.6	28.0	7.6	21.2	7.0	100
比较差	8.0	40.8	13.2	7.3	24.6	6.1	100
差	3.3	50.0	5.4	8.0	26.7	6.6	100
合计	16.0	26.0	20.8	10.4	18.9	7.9	100

（4）从单位所在地角度对比分析

为了了解不同单位所在地的证券行业从业人员接触和了解社会主义核心价值观的方式和途径，有必要对他们进行对比分析，从中发现他们之间的差异，以便进行有针对性的教育。通过位于不同单位所在地证券行业从业人员之间的对比，调查数据如表 2.8 所示，单位所在地位于"大城市"的证券行业从业人员选择"工作单位组织的学习活动"的比例最高，比例为 22.5%，其次是"电脑"这一选项，比例为 20.4%；单位所在地位于"中等城市"的证券行业从业人员选择"电脑"的比例最高，比例为 24.5%，其次是"电视"这一选项，比例为 21.4%；单位所在地位于"县城"的证券行业从业人员选择"电视"的比例最高，比例为 39.2%，其次是"手机"这一选项，比例为 22.3%。由以上数据可以看出，与大城市相比，中等城市从业人员和县城从业人员使用电视及手机接触和了解社会主义核心价值观的频率更高，对工作单位组织的社会主义核心价值观学习活动及社会主义核心价值观相关书籍报纸的接受度较低。因此，单位所在地位于中等城市及县城的工作单位应当注重创新学习社会主义核心价值观的方式方法，积极引导行业从业人员了解社会主义核心价值观。

表 2.8 你主要通过什么方式接触和了解社会主义核心价值观的相关内容

（单位:%）

单位所在地	工作单位组织的学习活动	电视	电脑	阅读书籍和报纸	手机	其他	合计
大城市	22.5	17.4	20.4	15.6	15.5	8.6	100
中等城市	17.7	21.4	24.5	10.0	18.9	7.5	100
县城	7.8	39.2	17.5	5.6	22.3	7.6	100
合计	16.0	26.0	20.8	10.4	18.9	7.9	100

（5）从证券行业从业人员在单位地位的角度对比分析

为了了解不同单位地位的证券行业从业人员接触和了解社会主义核心价值观的方式和途径,有必要对他们进行对比分析,从中发现他们之间的差异,以便进行有针对性的教育。通过不同单位地位的证券行业从业人员之间的对比,调查数据如表 2.9 所示,在单位中为领导班子成员的从业人员选择"电视"这一选项的比例最高,比例为 22.6%,其次是"工作单位组织的学习活动"这一选项,比例为 21.8%;在单位中为中层干部的从业人员选择"电脑"这一选项的比例最高,比例为 27.0%,其次是选择"电视"这一选项的,比例为 24.3%;在单位中为一般员工的从业人员选择"电视"这一选项的比例最高,比例为 31.1%,其次是选择"手机"这一选项的,比例为 28.9%。由上述数据可以看出,领导班子成员在通过"工作单位组织的学习活动"了解社会主义核心价值观这一方面比中层干部和一般员工做得更好,尤其是单位中为一般员工的从业人员选择"工作单位组织的学习活动"这一选项比例仅为 10.2%,绝大多数人通过电视、电脑和手机接触了解社会主义核心价值观。因此,提高中层干部及一般员工对于工作单位组织的社会主义核心价值观相关学习内容的重视程度,加强工作单位组织的学习活动的效果是当前证券行业培育和践行社会主义核心价值观工作的重中之重。

表2.9 你主要通过什么方式接触和了解社会主义核心价值观的相关内容

（单位:%）

单位地位	工作单位组织相关的学习活动	电视	电脑	阅读书籍和报纸	手机	其他	合计
领导班子成员	21.8	22.6	15.3	13.8	10.0	16.5	100
中层干部	16.0	24.3	27.0	10.2	17.8	4.7	100
一般员工	10.2	31.1	20.1	7.2	28.9	2.5	100
合计	16.0	26.0	20.8	10.4	18.9	7.9	100

综上所述,从总体上来看,绝大多数证券行业从业人员主要通过电视、电脑和手机来接触和了解社会主义核心价值观的相关内容,不到三分之一的受调查者通过单位组织的相关活动和阅读书籍报纸来了解社会主义核心价值观。因此,证券行业单位在培育和践行社会主义核心价值观的过程中应当注重方法和形式,提高行业从业人员自觉培育和践行社会主义核心价值观的主体意识。通过对比分析可以看出,男性和女性证券行业从业人员接触和了解社会主义核心价值观的方法存在差异,男性从业人员主要通过"电脑",女性主要通过"电视"来接触了解社会主义核心价值观。就文化程度的对比可以看出,文化程度越高的证券行业从业人员越倾向于通过工作单位组织的学习活动以及电视中的信息来了解社会主义核心价值观,文化程度越低的证券行业从业人员接触社会主义核心价值观的方式越偏向于通过手机、电视、电脑来接触和了解社会主义核心价值观。其中,除了研究生学历以外的其他学历对于通过工作单位组织相关学习活动来了解社会主义核心价值观都表现得较为冷淡。就家庭经济状况的对比可以看出,家庭经济状况越好的从业人员会通过阅读相关的书籍报纸、参加工作单位组织的相关学习活动以及电脑来了解社会主义核心价值观,家庭经济状况越差的从业人员绝大多数通过电视和手机来了解社会主义核心价值观内容,然而跟家庭状况较好的从业人员相比,家庭经济状况较差的从业人员对于工作单位组织相关学习活动的态度则表现得不够重视。就单位所在地的对比可以看出,单位位于大城市的从业人员绝大多数通过电脑、书籍报纸以及单位学习活动来了解社会主义核心价值观的内容,单位位于中等城市和县城的从业人员对于电视、手机中的社会主义核心价

值观内容的接受度更高。就单位地位的对比可以看出,在单位中为领导班子成员地位的从业人员绝大多数通过电视以及工作单位组织的学习活动来接触了解社会主义核心价值观,单位中的中层干部主要通过电脑和电视来接触了解社会主义核心价值观,单位中的一般员工绝大多数人选择了电视和手机。可见,在单位中为中层干部和一般员工的从业人员对于工作单位组织的相关学习活动应当主动参与并自觉学习社会主义核心价值观相关精神。

(五)证券行业从业人员自觉践行社会主义核心价值观的状况

1. 总体分析

为了了解证券行业从业人员自觉践行社会主义核心价值观的状况,我们设计了"在从事证券行业经营活动中,你会自觉践行社会主义核心价值观精神吗"这一问题,通过这一问题的调查来了解证券行业从业人员是否接受社会主义核心价值观内容,是否会自觉在经营活动中践行社会主义核心价值观相关精神。调查数据如图 2.11 所示,调查显示,40.5%的受调查者选择了"几乎不会"自觉践行社会主义核心价值观精神这一选项;认为在从事证券行业经营活动中,"经常会"自觉践行社会主义核心价值观精神的比例为 15.9%;25.8%的受调查者选择了"偶尔会"自觉践行社会主义核心价值观精神;17.8%的受调查者选择了"说不清"。说明绝大多数受调查者在从事证券行业的经营过程中,自觉践行社会主义核心价值观精神的主动性不够强。主要原因在于,一是大多数从业人员都认为在从事证券行业经营过程中,社会主义核心价值观与行业之间的结合程度,与自己并无太大关联,故没有引起高度重视;二是受调查者和受访者表示比起学习和践行社会主义核心价值观的精神,自己更关心经济金融方面的知识和信息资讯,并认为学习社会主义核心价值观相关内容并且在工作过程中践行相关精神对于工作的开展并无太大影响。在社会主义核心价值观像空气一样无处不在的今天,每个人都是社会主义核心价值观精神的受教育者,从事证券行业经营活动的从业者如果不能积极主动地培育和践行社会主义核心价值观,或者对社会主义核心价值观内容毫无兴趣并未积极接受其教育内容,那么将不利于证券行业从业人员思想道德素质的提升。因此,提高证券行业从业人员在经营过程中积极践行社会主义核心价值观精神的自主意识十分重要。

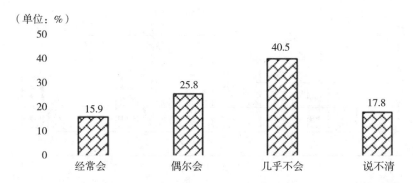

（单位: %）

图 2.11　在从事证券行业经营活动中,你会自觉践行社会主义核心价值观精神吗

2. 对比分析

（1）从性别角度对比分析

为了了解不同性别证券行业从业人员自觉践行社会主义核心价值观的状况,有必要对他们进行对比分析,从中发现他们之间的差异,以便进行有针对性的教育。通过不同性别证券行业从业人员之间的对比,调查数据如图 2.12所示,有 11.7%的男性证券行业从业人员和 20.1%的女性证券行业从业人员在从事证券行业经营活动中,"经常会"自觉践行社会主义核心价值观精神,百分比尽管不高,但是女性比男性比例高出近一倍;有 30.0%的男性证券行业从业人员和 21.6%的女性证券行业从业人员在从事证券行业经营活动中,"偶尔会"自觉践行社会主义核心价值观精神;有 48.7%的男性证券行业从业人员和 32.3%的女性证券行业从业人员在从事证券行业经营活动中,"几乎不会"自觉践行社会主义核心价值观精神;有 9.6%的男性证券行业从业人员和 26.0%的女性证券行业从业人员选择了"说不清"这一选项。由以上数据可以看出,不同性别的证券行业从业人员对于自觉践行社会主义核心价值观的态度也存在一定的差异,选择"经常会"这一选项的女性高于男性,选择"几乎不会"这一选项的男性高于女性。由此可看出,女性证券行业从业人员在从事证券经营活动中,对于自觉培育和践行社会主义核心价值观的精神的态度比男性从业人员更为积极,因此,加强男性证券行业从业人员自觉培育和践行社会主义核心价值观的意识十分重要。

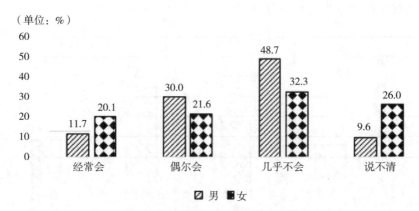

（单位：%）

图 2.12　在从事证券行业经营活动中,你会自觉践行
社会主义核心价值观精神吗(性别)

（2）从文化程度角度对比分析

为了了解不同文化程度证券行业从业人员自觉践行社会主义核心价值观的状况,有必要对他们进行对比分析,从中发现他们之间的差异,以便进行有针对性的教育。通过不同文化程度证券行业从业人员之间的对比,调查数据如表 2.10 所示,选择"经常会"自觉践行社会主义核心价值观这一选项的证券行业从业人员比例由高到低分别为:研究生比例为 31.2%、本科比例为 20.7%、大专比例为 7.9%、高中(中专)比例为 3.8%;选择"偶尔会"自觉践行社会主义核心价值观这一选项的证券行业从业人员比例由高到低分别为:研究生比例为 36.6%、本科比例为 29.5%、大专比例为 19.3%、高中(中专)比例为 17.8%;选择"几乎不会"自觉践行社会主义核心价值观这一选项的比例由高到低分别为:高中(中专)比例为 58.8%、本科比例为 42.2%、大专比例为 39.3%、研究生比例为 21.7%;选择"说不清"这一选项的证券行业从业人员比例由高到低分别为:大专比例为 33.5%、高中(中专)比例为 19.6%、研究生比例为 10.5%、本科比例为 7.6%。由以上数据可以看出,学历的高低对证券行业从业人员自觉培育和践行社会主义核心价值观有着较大的影响,学历越高的证券行业从业人员对于自觉践行社会主义核心价值观这一方面做得更好,学历越低的证券行业从业人员对于自觉践行社会主义核心价值观大多数

都选择了"几乎不会"和"说不清",表明学历越低的证券行业从业人员对于自觉践行社会主义核心价值观的态度更为消极。因此,提高低学历证券行业从业人员自觉践行社会主义核心价值观的意识应当引起足够的重视。

表 2.10　在从事证券行业经营活动中,你会自觉践行社会主义核心价值观精神吗

（单位:%）

文化程度	经常会	偶尔会	几乎不会	说不清	合计
高中(中专)	3.8	17.8	58.8	19.6	100
大专	7.9	19.3	39.3	33.5	100
本科	20.7	29.5	42.2	7.6	100
研究生	31.2	36.6	21.7	10.5	100
合计	15.9	25.8	40.5	17.8	100

（3）从家庭经济状况角度对比分析

为了了解不同家庭经济情况证券行业从业人员自觉践行社会主义核心价值观的状况,有必要对他们进行对比分析,从中发现他们之间的差异,以便进行有针对性的教育。通过不同的家庭经济情况角度进行比较分析,调查数据如表 2.11 所示,在从事证券行业经营活动中,选择"经常会"自觉践行社会主义核心价值观精神这一选项的比例由高到低分别为:家庭经济情况"好"的证券行业从业人员,比例为 28.4%,家庭经济情况"比较好"的证券行业从业人员,比例为 21.5%,家庭经济情况"一般"的证券行业从业人员,比例为 11.4%,家庭经济情况"比较差"的证券行业从业人员,比例为 9.8%,家庭经济情况"差"的证券行业从业人员,比例为 8.4%;选择"几乎不会"自觉践行社会主义核心价值观精神这一选项的比例由高到低分别为:家庭经济情况"差"的证券行业从业人员,比例为 63.4%,家庭经济情况"比较差"的证券行业从业人员,比例为 51.6%,家庭经济情况"一般"的证券行业从业人员,比例为 44.5%,家庭经济情况"比较好"的证券行业从业人员,比例为 23.0%,家庭经济情况"好"的证券行业从业人员,比例为 20.0%。由以上数据可以看出,家庭经济状况较好的证券行业从业人员对于自觉践行社会主义核心价值观精神表现得更为积极,家庭经济状况较差的证券行业从业人员则表现得更为消极

甚至是不关心这一问题。因此,引导家庭经济状况较差的证券行业从业人员树立自觉践行社会主义核心价值观的意识十分重要。

表 2.11　在从事证券行业经营活动中,你会自觉践行社会主义核心价值观精神吗

（单位:%）

家庭经济状况	经常会	偶尔会	几乎不会	说不清	合计
好	28.4	38.9	20.0	12.7	100
比较好	21.5	33.6	23.0	21.9	100
一般	11.4	19.0	44.5	25.1	100
比较差	9.8	20.9	51.6	17.7	100
差	8.4	16.6	63.4	11.6	100
合计	15.9	25.8	40.5	17.8	100

（4）从单位所在地角度对比分析

为了了解不同单位所在地的证券行业从业人员自觉践行社会主义核心价值观的状况,有必要对他们进行对比分析,从中发现他们之间的差异,以便进行有针对性的教育。通过位于不同单位所在地证券行业从业人员之间的对比,调查数据如表 2.12 所示,选择"经常会"自觉践行社会主义核心价值观这一选项的比例由高到低分别为:单位所在地位于"大城市"的证券行业从业人员,比例为 29.5%,单位所在地位于"中等城市"的证券行业从业人员,比例为 15.7%,单位所在地位于"县城"的证券行业从业人员,比例为 2.5%;选择"偶尔会"自觉践行社会主义核心价值观这一选项的比例由大城市、中等城市、县城呈递减趋势;选择"几乎不会"自觉践行社会主义核心价值观这一选项的比例由大城市、中等城市、县城呈递增趋势。由以上数据可以看出,单位所在地位于中等城市和县城的证券行业从业人员自觉践行社会主义核心价值观精神的比例低于单位所在地位于大城市的证券行业从业人员。因此,提高中等城市和县城证券行业从业人员自觉践行社会主义核心价值观的意识十分重要。

表 2.12　在从事证券行业经营活动中,你会自觉践行社会主义核心价值观精神吗

（单位:%）

单位所在地	经常会	偶尔会	几乎不会	说不清	合计
大城市	29.5	36.9	17.1	16.5	100
中等城市	15.7	28.4	38.7	17.2	100
县城	2.5	12.1	65.7	19.7	100
合计	15.9	25.8	40.5	17.8	100

（5）从证券行业从业人员在单位地位的角度对比分析

为了了解不同单位地位的证券行业从业人员自觉践行社会主义核心价值观的状况,有必要对他们进行对比分析,从中发现他们之间的差异,以便进行有针对性的教育。通过不同单位地位的证券行业从业人员之间的对比,调查数据如表 2.13 所示,选择"经常会"自觉践行社会主义核心价值观这一选项的比例由高到低分别为:在单位中为领导班子成员的证券行业从业人员,比例为 28.4%,在单位中为中层干部的证券行业从业人员,比例为 16.2%,在单位中为一般员工的证券行业从业人员,比例为 3.1%;选择"几乎不会"自觉践行社会主义核心价值观这一选项的比例由高到低分别为:在单位中为一般员工的证券行业从业人员,比例为 65.4%,在单位中为中层干部的证券行业从业人员,比例为 40.7%,在单位中为领导班子成员的证券行业从业人员,比例为 15.4%。由以上数据可看出,与在单位中为领导班子成员的证券行业从业人员相比,在单位中为中层干部和一般员工的证券行业从业人员对于自觉践行社会主义核心价值观的态度有待进一步提升。

表 2.13　在从事证券行业经营活动中,你会自觉践行社会主义核心价值观精神吗

（单位:%）

单位地位	经常会	偶尔会	几乎不会	说不清	合计
领导班子成员	28.4	35.2	15.4	21.0	100
中层干部	16.2	25.6	40.7	17.5	100
一般员工	3.1	16.6	65.4	14.9	100
合计	15.9	25.8	40.5	17.8	100

综上所述,从总体上来看,只有少数证券行业从业人员能够做到在从事证

券行业经营活动中自觉践行社会主义核心价值观,大多数证券行业从业人员没有做到在从事证券行业经营活动中自觉践行社会主义核心价值观。通过对比分析可以看出,就性别之间的差异来看,女性证券行业从业人员对于自觉践行社会主义核心价值观所表现出来的态度比男性证券行业从业人员更为积极,接近半数的女性证券行业从业人员会自觉践行社会主义核心价值观,而男性证券行业从业人员对于自觉践行社会主义核心价值观的态度有待进一步加强。就文化程度之间的差异来看,学历越高的证券行业从业人员自觉践行社会主义核心价值观的意识比学历低的证券行业从业人员更强烈,学历越低的证券行业从业人员越是表现出十分消极和不关心的态度。因此,加强低学历证券行业从业人员自觉践行社会主义核心价值观的意识十分重要。就家庭经济状况间的差异而言,家庭经济状况越好的证券行业从业人员越是会主动自觉地践行社会主义核心价值观,而家庭经济状况较差的证券行业从业人员对在从事证券行业经营中自觉培育和践行社会主义核心价值观则表现出无所谓或者不关心的态度。因此,对家庭经济状况较差的证券行业从业人员进行社会主义核心价值观相关精神的解读和学习,并促使其自觉践行社会主义核心价值观是十分有必要的。就单位所在地之间的差异来说,单位所在地位于大城市的证券行业从业人员自觉践行社会主义核心价值观的主动性高于单位所在地位于中等城市和县城的证券行业从业人员,尤其是单位所在地位于县城的证券行业从业人员,不会自觉践行社会主义核心价值观的比例超过半数,应当引起相当的重视。就证券行业从业人员在单位地位的差异来看,在单位中为领导班子成员的证券行业从业人员对于自觉培育践行社会主义核心价值观的态度相较于在单位中为中层干部和一般员工的证券行业从业人员来说,更为积极和主动,但不能忽略的是,在单位中为一般员工的证券行业从业人员对于自觉践行社会主义核心价值观的态度十分消极并认为与自己无关,应当引起重视。

(六)证券行业从业人员对所在单位培育和践行社会主义核心价值观工作的评价

1.总体评价

为了了解证券行业从业人员对当前所在单位培育和践行社会主义核心价

值观工作的评价及看法,我们设计了"你对所在单位培育和践行社会主义核心价值观工作的评价"这一问题。调查数据如图 2.13 所示,有 10.2% 的证券行业从业人员选择了当前所在单位培育和践行社会主义核心价值观"工作开展得非常好"这一选项,16.9% 的证券行业从业人员选择了当前所在单位培育和践行社会主义核心价值观"工作开展得比较好"这一选项,有 47.4% 的证券行业从业人员选择了当前所在单位培育和践行社会主义核心价值观"工作开展得一般"这一选项;有 14.3% 的证券行业从业人员选择了当前所在单位培育和践行社会主义核心价值观"工作开展得不好"这一选项,11.2% 的证券行业从业人员选择了"说不清"。从上述调查数据可以看出,只有 27.1% 证券行业从业人员选择了当前所在单位培育和践行社会主义核心价值观"工作开展得非常好"和"工作开展得比较好",接近半数证券行业从业人员选择了当前所在单位培育和践行社会主义核心价值观"工作开展得一般"。当在访谈中问到"你认为你们单位在培育和践行社会主义核心价值观方面做得怎样"这一问题时,部分访谈对象表示,"平常在电视节目,及周围的环境中都能看到与社会主义核心价值观相关的标语,但是工作过程中往往顾及不到,单位中组织相关的学习活动时,大部分人也只是去随便听听,单位也不会强行要求必须去学习相关内容,所以大家对社会主义核心价值观的学习态度都不够积极","感觉社会主义核心价值观是政治方面的,跟从事经济金融行业的事情不搭边,单位开展的培育和践行社会主义核心价值观的相关活动在我看来没什么必要","现在的证券行业中,金融诈骗事件和内部交易越来越多,导致证券的经营过程中,很多投资者对我们从业人员的专业服务存在质疑,认为我们不公正、不诚信,甚至还有投资者认为我们从业人员不够敬业,所以,我认为单位中组织学习社会主义核心价值观的精神是十分有必要的,但是目前看来,大部分单位都不太关心这个事"。由调查数据及访谈内容可知,对于所在单位培育和践行社会主义核心价值观工作的评价及看法,绝大多数证券行业从业人员表示工作开展得十分一般,认为所在单位培育和践行社会主义核心价值观工作"好"和"比较好"的受调查者的比例不到三分之一,甚至还有一小部分证券行业从业人员认为单位开展培育和践行社会主义核心价值观的相关工作是没有必要的,对这一问题持较为冷漠的态度。让人欣慰的是,大部分证券行业从业人员虽然认为所在单位培育和践行社会主义核心价值观的工作开展得一般,但是受调查者纷纷表示希望单位能加强社会主义核心价值观的培育和践行工作,让公正、法治、诚信等精神融入证券行业中。

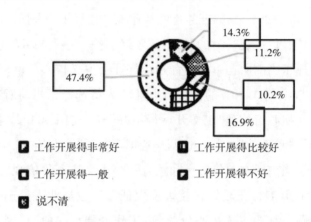

图 2.13　你对所在单位培育和践行社会主义核心价值观工作的评价

2. 证券行业从业人员对所在单位培育和践行社会主义核心价值观工作目标的评价

为了了解证券行业从业人员对当前所在单位开展培育和践行社会主义核心价值观工作目标的评价及看法,我们设计了"你对所在单位开展培育和践行社会主义核心价值观工作目标的评价"这一问题,通过这一问题来了解证券行业从业人员对所在的单位培育和践行社会主义核心价值观的工作目标的看法及满意度。调查数据如图 2.14 所示,调查结果显示有 12.2% 的证券行业从业人员选择了"目标非常明确"这一选项,24.6% 的证券行业从业人员选择了"目标比较明确"这一选项,上述两个选项比例之和为 36.8%,没有超过半数;有 35.8% 的证券行业从业人员选择了"目标不明确"这一选项;选择"一般"和"说不清"的比例分别为 16.8% 和 10.6%。从上述调查数据可以看出,大多数证券行业从业人员认为当前所在单位开展培育和践行社会主义核心价值观工作目标不够明确。部分接受访谈调查的证券行业从业人员表示,"关心所在单位开展培育和践行社会主义核心价值观的工作目标这个事是领导应该关心的事,我们做员工的,对这方面关注得少,也觉得开展培育和践行社会主义核心价值观工作目标明不明确这个事对我们的工作没有产生太大影响","证券行业培育和践行社会主义核心价值观的工作目标,这个工作目标的呈现形式、表达方法、受众群体都是不明确的,这就导致大家对社会主义核心价值观工作的开展缺乏兴趣,如何将这项工作更好地开展也是一条任重道远的路"。由此表明,绝大多数证券行业从业人员认为所在单位开展培育和践行社会主义核心价值观的工作目标不够清晰明确,并且认为这项工作目标离自己的本职工作过于遥远,自己不需要关心这一问题,所以导致证券行业从业人员认为所在单位开展培育和践行社会主义核心价值观的工作目标与日常生活是相分离的。但是,在证券行业中制定培育和践行社会主义核心价值观的工作目标,不仅有利于行业人员更加明确地了解在从业过程中应当遵循的社会责任,也有利于对照工作目标不断完善自身的思想道德素质,更加客观公正地服务于证券行业。因此,明确证券行业中培育和践行社会主义核心价值观的工作目标应当引起足够的重视。

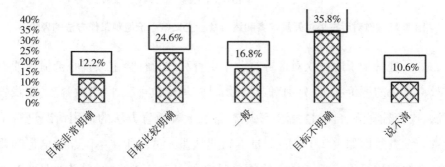

图 2.14　你对所在单位开展培育和践行社会主义核心价值观工作目标的评价

3. 证券行业从业人员对所在单位培育和践行社会主义核心价值观工作方法的评价

为了了解证券行业从业人员对当前所在单位开展培育和践行社会主义核心价值观工作方法的评价及看法,我们设计了"你对所在单位开展培育和践行社会主义核心价值观工作方法的评价"这一问题。调查数据如图 2.15 所示,有 16.8% 的证券行业从业人员认为"方法科学具体",有 19.3% 的证券行业从业人员认为"方法比较科学具体",两个选项的比例之和为 36.1%,没有超过半数;有 30.2% 的证券行业从业人员认为所在单位开展培育和践行社会主义核心价值观的工作"方法不科学具体",有32.0%的受调查者选择了"方法一般",有1.7%的证券行业从业人员对此问题表示"说不清"。总体来看,绝大多数证券行业从业人员认为所在单位开展培育和践行社会主义核心价值观的工作方法不科学具体,只有少部分证券行业从业人员认为方法比较科学具体。加强和改进培育和践行社会主义核心价值观工作方法是当前证券行业所在单位需要重视的问题。

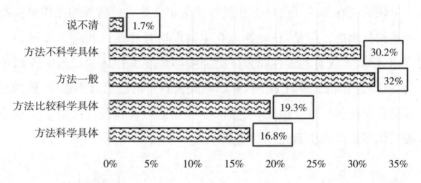

图 2.15 你对所在单位开展培育和践行社会主义核心价值观工作方法的评价

为了进一步了解民众对证券行业中培育和践行社会主义核心价值观的不同教育方法的评价状况,分别对典型教育法、理论教育法、网络教育法、实践教育法、比较教育法、自我教育法、激励教育法七种教育方法的运用情况进行了调查。调查数据如表2.14所示,证券行业从业人员对所在单位开展培育和践行社会主义核心价值观工作方法评价最高的是理论教育法,认为"理论教育法"运用得"很好"的比例最高,为40.5%,其次选择运用得"很好"的比例从高到低依次为自我教育法(30.7%)、典型教育法(22.8%)、激励教育法(20.6%)、实践教育法(11.4%)、网络教育法(10.3%)、比较教育法(6.7%);选择运用得"比较好"的比例由高到低依次为自我教育法(20.6%)、典型教育法(20.5%)、激励教育法(19.7%)、理论教育法(18.3%)、实践教育法(15.8%)、网络教育法(10.4%)、比较教育法(10.2%)。说明绝大多数受调查者认为在证券行业中,通过理论教育法及自我教育法进行社会主义核心价值观教育的运用情况最好。认为教育方法运用"一般"的比例最高的是"典型教育法",比例为41.8%,比例最低的为"自我教育法"比例为10.2%;认为教育方法运用得"不好"的比例最高的是"网络教育法",比例为 30.5%,比例最低的为"理论教育法",比例为 10.3%。通过以上数据分析可以看出,证券行业从业人员认为所在单位中培育和践行社会主义核心价值观的教育方法运用得最好的是"理论教育法"及"自我教育法",而"典型教育法""实践教育法""激励教育法"的运用程度则较为一般,对"比较教育法""实践教育法"的满意度最低。由此可见,如何加强和改进"典型教育法""实践教育法""激励教育法",一步步充分发挥"典型教育法""实践教育法""激励教育法"在证券行业培育和践行社会主义核心价值观中的作用,是亟须重视的问题。

表 2.14 你对证券行业进行社会主义核心价值观教育的方法评价是

（单位:%）

	很好	比较好	一般	不好	不关心	总计
典型教育法	22.8	20.5	41.8	10.9	4.0	100
理论教育法	40.5	18.3	22.5	10.3	8.4	100
网络教育法	10.3	10.4	30.2	30.5	18.8	100
实践教育法	11.4	15.8	40.7	22.0	10.1	100
比较教育法	6.7	10.2	30.8	31.2	21.1	100
自我教育法	30.7	20.6	10.2	23.5	15.0	100
激励教育法	20.6	19.7	30.8	23.8	5.1	100
总　计	20.4	16.5	29.6	21.8	11.7	100

4. 证券行业从业人员对所在单位培育和践行社会主义核心价值观工作环境的评价

为了了解证券行业从业人员对当前所在单位开展培育和践行社会主义核心价值观工作环境的评价及看法,我们设计了"你对所在单位开展培育和践行社会主义核心价值观工作环境的评价"这一问题。调查数据如图 2.16 所示,选择"环境氛围不好"的比例最高,为 38.0%,其次是选择"一般",比例为 24.2%,选择"环境氛围比较好"的比例为 19.4%,选择"环境氛围很好"的比例为 15.8%,认为"说不清"的比例为 2.6%。从上述调查数据可以看出,认为当前所在单位开展培育和践行社会主义核心价值观工作"环境氛围很好"的和"环境氛围比较好"的比例为 35.2%,没有超过半数;大多数证券行业从业人员认为当前所在单位开展培育和践行社会主义核心价值观工作环境"一般"和"环境氛围不好"。因此,加强证券行业培育社会主义核心价值观的环境建设,营造良好的证券行业培育和践行社会主义核心价值观工作的环境是当前需要解决的十分重要的问题。

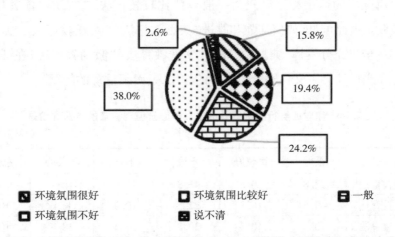

2.6%　　15.8%　　19.4%　　24.2%　　38.0%

■ 环境氛围很好　　□ 环境氛围比较好　　▤ 一般
▦ 环境氛围不好　　▨ 说不清

图 2.16　你对所在单位开展培育和践行社会主义核心价值观工作环境的评价

(七)证券行业培育和践行社会主义核心价值观存在的主要问题及原因

1.证券行业从业人员培育和践行社会主义核心价值观存在的问题及原因

(1)证券从业人员对培育和践行社会主义核心价值观的认识不足

通过对问题"你了解社会主义核心价值观的相关内容吗"和"你对所在单位开展培育和践行社会主义核心价值观工作的态度是"进行调查,调查显示,受调查者选择"非常了解"的比例和"积极参加"的比例分别为 17.4% 和 28.9%,选择的比例均较低;选择"比较了解"的比例和"比较积极"的比例分别为 26.0% 和 19.0%;选择"一般了解"的比例和"一般"态度的比例分别为 44.4% 和 32.5%;有 12.2% 和 19.6% 的受调查者选择了"不了解"和"不积极"。由此可以看出,大部分人对社会主义核心价值观内容都是"一般了解"和"不了解"的,且对于单位组织的社会主义核心价值观相关活动的态度不够积极,对社会主义核心价值观的认知度、参与度都较低。在对"你如何看待证券行业单位中培育和践行社会主义核心价值观这一活动?"这一问题进行访谈时,部分证券行业从业人员表示,"对于社会主义核心价值观的内容,虽然随时随地都能看到,但是谈不上非常了解,大部分人也只是知道24字的内容,但是对于每一个词的内涵,很多人也是不会深入地去了解,更不用谈去学习。当单位组织社会主义核心价值观相关的学习时,大家也只是像完成任务一样去听一下,态度也不够积极"。"正是因为每天随时随地都能看到社会主义核心价值观24字,所以反而对其敏感度降低了,每天各大电视节目,手机新闻,报纸头条都会循环强调社会主义核心价值观精神,反而让人产生视觉疲劳,所以当单位组织相关学习的时候,就会觉得有些抵触情绪。"

证券行业从业人员对于社会主义核心价值观的认识不足。究其原因,绝大多数证券行业从业人员认为社会主义核心价值观内容的概念过于理论,不够贴近现实生活,置身于社会主义核心价值观内容的日常中,容易产生自动忽视和麻木的心理,且基于工作压力下,从业人员会把工作重心放在提高自身工作能力和工作水平上,而忽略了对社会核心价值观内容的学习。

(2)证券行业从业人员主动学习社会主义核心价值观的积极性不高

通过问题"你是否经常主动参加与社会主义核心价值观内容相关的学习活动"调查结果可以发现,有30.7%的证券行业从业人员选择了"经常参加"这一选项,有31.1%的证券行业从业人员选择了"偶尔参加",38.2的证券行业从业人员选择了"没有参加过"。由此可见,只有三分之一的受调查者对于主动学习社会主义核心价值观的积极性比较高。通过对"你认为你自己在培育和践行社会主义核心价值观方面做得怎样?"这一问题进行访谈时,受访者对于在工作中培育和践行社会主义核心价值观表示动力不足,对证券市场中经济利益的关注度远高于对自身思想政治工作的关注度,绝大多数接受访谈的证券行业从业人员认为自身在工作中培育和践行社会主义核心价值观做得不够理想。

究其原因,首先,证券行业从业人员每天身处于最新的时事信息与经济讯息中,网络上各种吸引眼球的新闻层出不穷,面对社会主义核心价值观纯理论的学习,容易提不起兴趣,更不用提将所学习到的社会主义核心价值观的内容与实际工作结合起来。其次,证券行业从业人员对于社会主义核心价值观与行业之间的相互促进作用认识不够,对于证券行业与社会主义核心价值观之间的结合缺乏理性的思考。绝大多数从业人员认为学不学习社会主义核心价值观对自身从事的证券经营活动并不会产生太大的影响,甚至觉得没有必要花太多的时间在与经济活动无关的事情上,在工作之余,更愿意把业余时间花在浏览新闻、时事等信息上,而较为抗拒在工作之余将时间用于学习社会主义核心价值观的内容。所以,随着证券行业从业人员这种抗拒心理的愈演愈烈,从业人员逐渐失去学习社会主义核心价值观精神的动力,如此一来,在证券行业中培育和践行社会主义核心价值观这一过程受到了极大的阻碍。

(3)证券行业从业人员对行业与社会主义核心价值观之间的结合理解不到位

通过图 2.7 对证券行业与社会主义核心价值观之间的结合程度的调查,可以看出,45.0%的证券行业从业人员认为行业与社会主义核心价值观之间的结合程度有待进一步提高,18.8%的证券行业从业人员对行业与社会主义核心价值观之间的结合程度表示不满意,认为结合不够紧密。当谈及"你认为'富强、民主、文明、和谐'在工作中的体现程度如何? 你认为'自由、平等、公正、法治'在工作中的体现程度如何? 你认为'爱国、敬业、诚信、友善'在工作中的体现程度如何?"这一问题时,接受访谈的证券行业从业人员表示难以将社会主义核心价值观精神与具体的实际工作相结合,即使平常学习了单位组织的社会主义核心价值观相关活动,但真正在经济活动中运用起来却觉得无从下手。

究其原因,首先,在证券行业从业人员看来,社会主义核心价值观属于政治的领域,而证券行业则是绝对的经济领域,如何理清两者之间的联系并在证券行业中对社会主义核心价值观精神加以运用,是较难理解的。其次,在证券行业从业人员看来,证券行业的经营活动是只与经济相关的活动,不需要与政治联系起来,当证券市场中出现一些利益纠纷的问题,绝大多数证券行业从业人员只看得到经济上的利益纠纷只是因为物质纠纷,并未理解到这种不良的社会风气与行业从业人员的思想道德素质之间的关系,甚至觉得社会主义核心价值观在经济中的作用并未得以体现。如此一来,就出现证券行业从业人员在接受社会主义核心价值观教育中教育效果不明显的问题。

（4）证券行业从业人员文化程度地区分布失衡

通过将受调查者的文化程度与单位所在地进行对比分析,了解行业从业人员文化素质情况。调查数据显示,单位所在地位于大城市的受调查者文化程度比例分别为:高中(中专)3.2%、大专15%、本科31.2%、研究生50.6%,说明单位所在地位于大城市的受调查者文化素质较高,大多数为研究生学历。单位所在地位于中等城市的受调查者文化程度比例分别为高中(中专)4.5%、大专12.6%、本科55.7%、研究生27.2%,说明单位所在地位于中等城市的受调查者文化素质中等,文化程度主要以本科学历为主;单位所在地位于县城的受调查者文化程度比例分别为高中(中专)26.5%、大专38.3%、本科16.8%、研究生18.4%,文化程度主要以大专为主。由以上调查数据可以看出,单位所在地位于大城市、中等城市的受调查者文化程度高于单位所在地位于县城的受调查者,经济条件较差的县城里的证券行业从业人员的文化程度多是以高中(中专)、大专为主。

对于证券行业从业人员来说,学历是进入证券行业的敲门砖,证券从业资格证是准入证。随着我国金融业的快速发展,对证券行业从业人员的学历要求显著高于其他行业,证券行业从业人员每天接触国内外最新的经济讯息,受过良好的高等教育、拥有专业的文化素养是保证工作顺利开展的基础。但是,通过前面的调查发现,当前我国证券行业从业人员存在严重的文化程度分布不平衡的现状。究其原因,首先,不同地区之间经济发展水平的差异导致证券行业中不同的单位对所需从业人员的文化素质和专业素质要求不同,位于大城市的证券行业所在单位中对于证券行业从业人员的学历要求及专业素养要求更高,出于对单位经济效益的考虑,大城市及中等城市的证券行业单位会更愿意招聘高学历的人才,录取工作人员的门槛相对于县城会更高。其次,文化程度较高的受调查者表示更愿意往中等城市及大城市发展,面对大城市的证券行业单位严格的晋升要求和淘汰机制,文化素养较高的从业人员会更加努力地提升自身的业务能力,从而适应与时俱进的金融市场,文化程度较低的受调查者则认为中等城市和大城市的经济发展水平较高,生活压力大,更倾向于留在县城单位。因此,位于大城市的证券行业从业人员文化程度与位于中等城市及县城的证券行业从业人员文化程度的差异越来越大。

2. 证券行业社会主义核心价值观教育者存在的问题及原因

(1)证券行业教育者对培育和践行社会主义核心价值观的重视度不够

通过调查"你所在单位领导是否重视培育和践行社会主义核心价值观工作"来了解证券行业单位领导对培育和践行社会主义核心价值观工作的重视程度如何。调查数据显示,有14.4%的证券行业从业人员选择了"非常重视"这一选项,22.3%的证券行业从业人员选择了"比较重视",35.8%的证券从业人员选择了"一般",26.3%的证券行业从业人员选择了"不重视"这一选项,1.3%的证券行业从业人员选择了"说不清"这一选项。从上述调查数据可以看出,只有小部分证券行业从业人员认为单位领导重视培育和践行社会主义核心价值观,超过半数以上的证券行业从业人员认为单位领导对培育和践行社会主义核心价值观重视度一般,从整体上来看,证券行业单位领导对培育和践行社会主义核心价值观工作的重视程度不尽如人意。

究其原因,主要是因为单位领导的政治修养欠缺,忽视自身的理论学习。近年来,在市场经济环境中,证券行业发展迅猛,行业中各经营机构之间竞争愈发激烈,来自证券行业的各个单位竞争压力也越来越大。作为证券行业单位的领导,承担着单位经济效益任务、负担着单位管理责任,难免会将精力倾注于单位的盈利能力和信誉维护中,而放松对社会主义核心价值观理论学习,对于国家要求的积极培育和践行社会主义核心价值观的任务,他们往往只是象征性地响应,却相应地放松了对于自身政治素养的提升,忽视了将培育践行社会主义核心价值观在证券行业实际工作中落实落地的重要性。

(2)证券行业教育者忽视培育和践行社会主义核心价值观的实际效果

"培育"一词指的是"培养和教育"之意。在证券行业中培育和践行社会主义核心价值观是为了更好地促进两者共同发展,所以既要注重培养形式,也要注重教育效果。但是通过调查研究可知,大部分教育者对实施培育过程相对重视,却忽视了实际的培育效果。在对"你认为证券行业组织者对培育社会主义核心价值观的形式和效果重视程度如何"进行调查时,64.8%的证券行业从业人员认为行业的组织者"更重视培育形式",30.1%的证券行业从业人员认为"更注重培育效果",5.1%表示"说不清"。在对"你认为你们单位在培育和践行社会主义核心价值观方面做得怎样?哪些方面做得比较好?哪些方面做得不好？你认为如何改进?"这一问题进行调查时,部分受访者表示,"单位所组织的与社会主义核心价值观内容相关的学习活动,只是在简单地灌输社会主义核心价值观精神及其内容,而没有将核心价值观中与证券行业相关的内容进行结合,且单位的组织者也并不关心从业人员在学习社会主义核心价值观内容过程中的思想动态和实际想法,因此,我感觉即使在单位学习了社会主义核心价值观相关的内容,但是依旧感受不到这个与我们实际的工作有什么关系"。可知相较于培育社会主义核心价值观的培育效果,绝大多数证券从业教育者更注重培育形式。

究其原因,尽管单位领导者积极响应国家号召,组织社会主义核心价值观相关的学习活动,但是由于行业的工作群体内部构成不同,不同单位的从业人员的年龄阶段、文化程度、家庭经济情况等的不同,每个人对社会主义核心价值观内容的接受程度、接受途径、学习完之后的消化程度都不一样。由于教育者没有深入地了解行业从业人员结构的实际情况,因此无法因人而异地制定相关学习内容。其开展社会主义核心价值观的学习活动方式过于模式化,往往只是千篇一律地通过开展社会主义核心价值观学习讲座,举行社会主义核心价值观主题辩论,观看社会主义核心价值观系列视频发表观后感。尽管这些培育社会主义核心价值观的方式看似多样化,但实则形式主义浓厚。随着证券行业从业人员接受讯息的渠道越来越多,单纯的灌输式教育已经无法满足证券行业从业人员接受教育的需求,这种无差异笼统的填鸭式思想政治教育并不适用于不同文化程度、不同家庭经济状况、不同教育背景、不同政治面貌的行业中所有从业人员,难以保证培育的实效。

（3）培育和践行社会主义核心价值观内容的吸引力和感染力不够

在对"你认为在证券行业中社会主义核心价值观教育通俗化、生动化,增强吸引力和感染力方面做得怎样"这一问题进行调查时,13.3%的证券行业从业人员选择了"很好",20.1%的证券行业从业人员选择了"比较好",32.0%的证券行业从业人员选择了"一般",20.6%证券行业从业人员选择了"不好",14.0%的证券行业从业人员选择了"说不清"。由此可以看出,超过半数的证券行业从业人员中认为行业中培育和践行社会主义核心价值观的方法缺乏吸引力与感染力。当对"你认为你自己在培育和践行社会主义核心价值观方面做得怎样？哪些方面做得比较好？哪些方面做得不好？你应该如何改进?"这一问题进行访谈时,部分证券行业从业人员表示,由于在证券行业中,作为工作人员自己本身每天的工作都是在与数据、文字打交道,对于单位组织的与社会主义核心价值观相关的纯理论类学习活动,感觉毫无吸引力,难免产生抵触和反感的心理,所以更加会对在工作中培育和践行社会主义核心价值观产生逆反心理,不愿意主动自觉地学习社会主义核心价值观的内容。

究其原因,首先,证券行业社会主义核心价值观教育者在组织相关学习时所运用的教育方法较为单一,多以灌输教育为主,忽略了证券行业从业人员主观能动性的发挥,缺乏对证券行业中培育和践行社会主义核心价值观方式方法的创新。根据图 2.15 可以看出,超过半数的证券行业从业人员认为所在单位中培育和践行社会主义核心价值观"方法一般"和"方法不科学具体"。根据表 2.14 可以看出,绝大多数证券行业从业人员主要通过"理论教育法"和"自我教育法"来接触社会主义核心价值观的内容,对"比较教育法""实践教育法""典型教育法""网络教育法"等教育方法接触的机会较少。其次,教育者在组织教育活动时,对教育内容没有进行细化,所组织的学习活动中证券行业相关的主题不够突出,忽略了从业人员在实际工作中的关注点。简而言之,教育者在培育和践行社会主义核心价值观的过程中培育内容针对性不足,缺乏对培育内容的细化、培育主题的把握、培育形式的创新。证券行业中培育和践行社会主义核心价值观的教育活动是否具有吸引力,对证券行业从业人员接受社会主义核心价值观教育的积极性具有直接影响。

(4)培育和践行社会主义核心价值观的目标不够明确

通过图 2.14 的调查数据可知,35.8%的证券行业从业人员认为所在单位开展培育和践行社会主义核心价值观工作"目标不明确",16.8%的证券行业从业人员认为目标"一般"。对证券行业单位中的领导及中层干部进行"你认为你自己在培育和践行社会主义核心价值观方面做得怎样？哪些方面做得比较好？哪些方面做得不好？你应该如何改进?"这一问题的访谈,部分受访者表示,"在实际的工作中,对于在证券行业中培育和践行社会主义核心价值观需要达到怎么样的目标缺乏清晰的认识,对于学习效果也没有具体的审核标准来检验,往往都是大家一起学习过之后就没有了下文"。可见,不少证券行业从业人员学习社会主义核心价值观的过程十分盲目,没有可参照的目标,也不了解在证券行业中践行社会主义核心价值观的目的。

究其原因,证券行业中缺乏具有专业素养的社会主义核心价值观教育者。在证券行业中,专门从事对证券行业从业人员进行思想政治教育的专业教育者比较少。对于社会主义核心价值观的学习,绝大多数证券行业从业人员主要以集体学习与自我学习为主。大部分集体学习以观看社会主义核心价值观相关视频、文件或组织专题讨论为主,极少数单位会专门安排专业权威的从事思想政治教育工作的教育者对社会主义核心价值观的精神进行详细解读。因此,证券行业从业人员对于社会主义核心价值观的学习缺乏专业的引导,对社会主义核心价值观知识的理解只流于表面,难以深刻理解其中的内涵,无法深究社会主义核心价值观与自身所从事的证券行业之间的关联。因此,证券行业各单位在培育和践行社会主义核心价值观的过程中,可以邀请从事社会主义核心价值观方面研究的教育者,通过专家学者对社会主义核心价值观精神的解读,使从业人员体会到证券行业中培育社会主义核心价值观的重要性,明确培育目标。这种直接讲解的互动方式也能让受教育者在受教育过程中及时反馈信息,提出问题并解决问题,对于不理解的内容有机会主动沟通和交流,避免毫无目的、毫无追求麻木地去学习社会主义核心价值观精神,提高社会主义核心价值观教育的时效性。

3. 证券行业培育和践行社会主义核心价值观环境存在的问题及原因

对"你认为在证券行业中进行社会主义核心价值观教育最应该加强哪项工作?"这一问题进行调查,有39.7%的证券行业从业人员选择了"加强环境建设"这一选项。绝大多数证券行业从业人员认为当前的证券行业为培育和践行社会主义核心价值观提供的环境不佳。当被问到"你认为你自己在培育和践行社会主义核心价值观方面做得怎样? 哪些方面做得比较好? 哪些方面做得不好? 你应该如何改进?"时,部分证券行业从业人员表示,当今社会存在一些不良的社会风气,如行业中的道德失范、诚信缺失、理想信念淡漠、人生观价值观扭曲,拜金主义、享乐主义、极端个人主义等社会思潮的出现,恶化了证券行业培育和践行社会主义核心价值观的社会环境。证券行业培育和践行社会主义核心价值观环境存在的突出问题体现在以下两个方面。

（1）证券行业诚信状况不佳

"马克思在《资本论》中指出,竞争和信用是资本集中的两个最强有力的杠杆,而诚信正是信用制度的基础,诚信会计对企业的发展尤为重要。诚信度越高,交易的成本就越低,企业的竞争力也就越强。这是亘古不变的市场法则。"①证券行业经营机构在向目标客户提供金融服务的过程中,掌握大量企业真实信息和客户身份信息,对投资者的真实信息绝对保密是证券行业从业人员最基本的诚信义务。但是,当前证券行业的诚信状况不佳。2013 年 9 月 26 日,中国证券业协会公布了 134 个假冒证券投资机构的名单。2017 年 11 月 13 日,中国证券业协会公布了《非法仿冒证券公司、证券投资咨询公司等机构黑名单》一文,其中包括 92 个非法仿冒证券机构网站、网页、博客,其中有的是专业诈骗团伙,其中不乏一些行业托儿。"在 2017 年中国证监会对多位上市公司实际控制人、董事长各类违规违法行为进行严重处罚,处罚案例有:雅百特财务造假案、卫东环保控股股东操纵市场案、金亚科技财务造假案、登云股份信息披露违规案、中信证券融资融券业务违规被罚 3 亿等等。"②尽管我国《公司法》及《证券法》中对证券行业从业人员的责任和义务做出了明确规定,但还是有不法分子会利用互联网非法流转投资者的个人身份信息,并对其进行骚扰、荐股,甚至是诈骗,还有不法从业人员利用职务之便套取客户交易密码或短信验证码来进行诈骗。

究其原因,一是证券行业券商与投资者之间信息不对称,导致投资者在获取交易信息时容易受到不法分子错误信息的误导。二是不法中介机构过分追求经济利益,置投资者的合法权益于不顾,借用工作之便,做出违反法律和职业道德之事,这种不诚信的行为带坏了整个证券行业的风气。三是从法律规定的处罚措施可以看出,证券行业中对于证券市场违法违规行为的处罚力度太轻。我国《证券法》第一百八十九条规定:"发行人不符合发行条件,以欺骗手段骗取发行核准,尚未发行证券的,处以三十万元以上六十万元以下的罚款;已经发行证券的,处以非法所募资金金额百分之一以上百分之五以下的罚

---

① 钱明星:《从法学角度看诚信会计的缺失与重构》,《理论建设》2004 年第 2 期。
② 肖岳:《2017:那些被处罚的上市公司实控人》,《法人》2018 年第 1 期。

款。对直接负责的主管人员和其他直接责任人员处以三万元以上三十万元以下的罚款。"与证券市场中动辄几十倍的获益率相比,法律中规定的违法成本与实际中违法收益存在严重不平衡的现象,使得证券行业中违法行为屡禁不止。

（2）证券行业网络监管不足

随着信息化时代的到来,人们的生活方式与交易方式也在与时俱进地不断转变,证券交易场所也逐渐由实体的传统交易所、交易大厅向虚拟的计算机交易系统转变,证券市场由原来的实体化交易发展成为如今的网络化交易,证券交易电子化在给投资者、券商带来便利的同时,也面临着由网络环境监管不力带来的风险与挑战。对于不法分子为了牟取利益在网络上散布的虚假投资信息,不少缺乏投资经验和专业知识的投资者常常会偏听偏信,对于一些所谓的股市大牛盲目追随,追涨杀跌,对证券行业网络风险缺乏正确认识,这种现象无疑增加了证券行业监管机构对证券市场的监管难度,加大了网络环境中证券交易的风险。尽管证券网络化交易既简化了投资过程,也降低了投资成本,投资者对于权力的转移不再是通过传统的实物凭证,而是通过虚拟的电子证券来完成,但这种虚拟化的交易方式也存在着一定的安全问题。网络信息纷繁复杂,许多不安全、不规范的信息泛滥其中,如何保证证券网络交易的真实性有效性,为广大投资者提供平等、公正的网络交易平台是当前优化网络环境的重中之重。

（八）证券行业培育和践行社会主义核心价值观的对策

1. 调动证券行业从业人员培育和践行社会主义核心价值观的积极性

（1）调动证券行业从业人员自我教育的积极性

"自我教育法是受教育者按照思想政治教育的目标和要求,主动提高自身思想认识和道德水平以及自觉改正自己错误思想和行为的方法,简单地说就是人们自己教育自己的方法。"①教育与自我教育是相互联系的,要想通过社会主义核心价值观教育,使证券行业从业人员树立正确的价值取向,形成积

---

① 郑永廷主编:《思想政治教育方法论》(修订版),高等教育出版社2010年版,第154页。

极向上的生活态度,必须调动证券行业从业人员自我教育的积极性,促使证券行业从业人员主动提升自身思想道德水平。

调动自我教育的积极性,首先,要激发证券行业从业人员自我教育意识,引导证券行业从业人员由他律向自律转变,鼓励证券行业从业人员将个体自我教育与集体自我教育相结合。通过单位中对社会主义核心价值观精神开展集体自我教育,集体成员之间对学习社会主义核心价值观的方法、经验的分享,不仅能调动证券行业从业人员互相进步、互相监督的热情,也让学习过程避免枯燥无趣。其次,要引导证券从业人员在学习社会主义核心价值观内容后,发挥主观能动性,自觉主动对自身在从事证券经营活动中的思想和行为进行自我省察,通过自我小结、自我鉴定、自我批评的方法引导证券从业人员增强社会责任感。

（2）增强证券行业从业人员对社会主义核心价值观的认同感

党的十九大报告中指出,要把社会主义核心价值观融入社会发展各方面,转化为人们的情感认同和行为习惯。可见,提高证券从业人员对社会主义核心价值观的认同度,是促使证券行业从业人员将社会主义核心价值观精神转化为情感认同和行为习惯的第一步,也是最重要的一步。

研究如何增强证券行业从业人员对社会主义核心价值观的认同感,首先必须科学地界定社会主义核心价值观认同的内涵。"社会主义核心价值观认同是指社会成员通过生产生活、交往互动、逐步调整自身的价值结构以接受、遵循核心价值观,并用以规范自己行为的过程。"[1]增强证券行业从业人员对社会主义核心价值观的认同感,首要任务是要引导证券行业从业人员正确认识社会主义核心价值观的内涵,通过专家对社会主义核心价值观精神进行详细解读,使证券行业从业人员体会到社会主义核心价值观与证券经营活动之间的密切联系,促使证券行业从业人员将社会主义核心价值观的要求贯彻到实际工作中。其次,对证券行业从业人员进行社会主义核心价值观不能忽视实践教育,鼓励证券行业从业人员积极参与各种形式的社会主义核心价值观

---

[1] 冯留建:《社会主义核心价值观培育的路径探析》,《北京师范大学学报》(社会科学版)2013年第2期。

实践教育活动,丰富教育载体,利用网络媒体等多种教育方式,将社会主义核心价值观教育融入到日常的工作中去,增强社会主义核心价值观教育的吸引力。比如可以举办辩论赛,通过列举一些证券经营过程中的问题,来考察其中蕴含的社会主义核心价值观精神。组织与社会主义核心价值观精神相契合的文艺活动来吸引受教育者的兴趣,鼓励证券行业从业人员参加社会主义核心价值观相关的论坛活动等。

(3)加强证券行业从业人员思想道德教育的针对性

在当前证券行业中,部分从业人员认为社会主义核心价值观与证券行业之间的联系不够紧密,结合度不高,并且对所在单位组织的社会主义核心价值观相关的学习活动不感兴趣,归根到底,是由于对社会主义核心价值观的认识不足,其本身的思想道德修养有待进一步加强。不同社会阶层证券行业从业人员对于培育和践行社会主义核心价值观认知程度的分化,以及了解和接触社会主义核心价值观方式的差异,很大一部分原因是证券行业从业人员文化素质存在差异,因人而异地加强证券行业从业人员的素质教育,是弱化社会各阶层证券行业从业人员对社会主义核心价值观认知分化的重要手段。

首先,要加强证券行业中高中(中专)、大专学历的证券行业从业人员思想素质方面的教育。对于高中(中专)、大专学历的证券行业从业人员进行思想道德素质教育要避免过度使用纯理论式灌输教育,将理论与实践相结合,引导高中(中专)、大专学历的证券从业人员提升自身修养,加强自我管理。其次,要加强单位所在地位于县城的证券行业从业人员的思想道德教育,根据其受教育水平,充分利用好网络新媒体,通过简单通俗的言语,在传播社会主义核心价值观过程中潜移默化地对其进行思想道德教育。最后,对于家庭经济状况较差的证券行业从业人员,对其进行思想道德教育时应当充分了解其现实诉求,要坚持以人为本,在对其生活情况以及思想状况进行充分了解的前提下,因材施教,正面引导其提升思想道德素质。

2.充分发挥证券行业社会主义核心价值观教育者作用

(1)发挥领导干部培育和践行社会主义核心价值观的带头作用

中共中央办公厅印发《关于培育和践行社会主义核心价值观的意见》中明确指出:"党员、干部特别是领导干部要在培育和践行社会主义核心价值观方面带好头,以身作则、率先垂范,讲党性、重品行、作表率,为民、务实、清廉,以人格力量感召群众、引领风尚。"①证券行业领导干部必须深入贯彻落实这一文件精神,在培育和践行社会主义核心价值观过程中作好带头作用。在证券行业中,领导干部充当着行业发展与经济计划决策者和制定者的重要角色,在证券行业从业人员心中有着举足轻重的地位。领导干部对培育和践行社会主义核心价值观活动的重视程度,不仅影响着证券行业培育和践行社会主义核心价值观的效果,而且对证券行业从业人员自觉培育和践行社会主义核心价值观的积极性具有直接影响。因此,证券行业领导干部必须在培育和践行社会主义核心价值观过程中时刻发挥带头作用,为证券行业从业人员树立正确的榜样。只有证券行业单位领导自身充分认识到证券行业培育和践行社会主义核心价值观的重要性,才能教育引导证券行业从业人员认识到证券行业培育和践行社会主义核心价值观的重要性,才会促使证券行业从业者在日常生活及工作中自觉主动地接受社会主义核心价值观的教育。

"领导干部在社会中的地位和作用,决定了领导干部要在学习践行社会主义核心价值观中起表率作用。"②领导干部应当积极学习社会主义核心价值观的相关内容,做到真学、真懂、真信、真用,在实际工作中对社会主义核心价值观精神做到言传身教。如果领导干部自身对社会主义核心价值观精神认知程度不够,自身的思想政治品德素养不过关,必然会对培育对象造成负面影响。因此,证券行业组织者和实施者必须自觉加强社会主义核心价值观理论方面的知识学习,认真贯彻和执行国家下发的有关社会主义核心价值观的相关文件精神,严格要求自身,在工作领域和实际生活中做到将社会主义核心价值观精神内化于心、外化于行、知行合一。

(2)加强和改进培育和践行社会主义核心价值观的方法

由调查可知,证券行业从业人员对培育社会主义核心价值观积极性不高的主要原因在于,单位培育和践行社会主义核心价值观的方式方法比较单一,

---

① 刘婕:《以核心价值观引领"严以修身"》,《当代贵州》2015年第31期。

② 杨业华:《领导干部要做践行核心价值观的表率》,《光明日报》2013年1月26日。

不够通俗化,吸引力不足,难以实现预期的教育目标。因此,丰富证券行业培育和践行社会主义核心价值观的方法就显得十分重要。生动的教育形式有利于充分调动证券行业从业人员学习的自主能动性和接受社会主义核心价值观的积极性,促使证券行业从业人员将学习与运用结合起来。通过调查研究发现,在证券行业日常工作环境中,运用最普遍的是理论教育法和自我教育法。但是绝大多数证券行业从业人员表示,理论教育法只适用于纯理论的学习,很难帮助自己深入了解其内涵,也很难将其与实际工作结合在一起,而自我教育法也只是平常随意浏览网上信息,并不能真正地深入去思考和吸收社会主义核心价值观所要表达的精神。因此,必须进一步加强和改进教育方法,在加强和改进理论教育法和自我教育法的同时,在培育和践行社会主义核心价值观的过程中灵活运用典型教育法、榜样教育法、网络教育法。

灵活运用典型教育法,"培育和践行社会主义核心价值观,需要把抽象的原则变成具体的要求,把理论上的阐述变为实践上的行动,这样才能让人们真正理解、接受、掌握和运用"[1]。因此,培育和践行社会主义核心价值观要注重理论与实践相结合,运用典型教育法对证券行业从业人员进行社会主义核心价值观教育。通过搜集培育和践行社会主义核心价值观先进人物事迹对证券行业从业人员进行教育,如"诚实守信模范李泽英""敢担当的女才俊薛冬梅""最美乡村教师王新发"等等,对培育和践行社会主义核心价值观的模范人物的先进事迹进行解读和学习,使证券行业从业人员明确道德标杆,引导证券行业从业人员向模范道德人物看齐。

灵活运用榜样教育法,借助榜样的力量带动证券行业从业人员自觉向榜样看齐。通过评选从业人员身边所熟悉的人,使人们更加直观地了解到生活中和工作中的培育和践行社会主义核心价值观的标杆和榜样,有助于证券行业从业人员对其精神加以学习和借鉴。对于具有先进道德素质的榜样人物的评选不能只是单纯地依照工作业绩,而是要根据综合素质尤其是思想道德品质来加以评判,在评选过程中,应当鼓励广大从业人员积极参与投票,

---

[1]　杨业华:《新时代培育和践行核心价值观的新要求》,《长江日报》2018 年 1 月 21 日。

并且在评选结果确定后,要注重宣传的及时性,在整个行业中塑造良好的社会主义核心价值观氛围,以此来提升证券行业从业人员主动进行自我教育的积极性。

灵活运用网络教育法,充分运用网络教育法对证券行业从业人员进行社会主义核心价值观教育。首先,证券行业各单位不仅要做好社会主义核心价值观的理论宣传和引导工作,还要通过网络渗透式疏导方式,结合传播社会主义核心价值观相关内容的网站,有目的、有意识地对证券行业从业人员共同关注的问题进行疏通和引导。其次,积极运用网站、微博、微信、QQ 等新媒体手段来吸引从业人员参与互动,将社会主义核心价值观巧妙融入到多种生动的培育形式中,让从业人员在日常生活和工作中感受到社会主义核心价值观的日常化。

(3)增强培育和践行社会主义核心价值观教育内容的针对性

经济活动是整个证券行业发展的出发点与落脚点,证券行业培育和践行社会主义核心价值观的内容只有与证券行业相关的经济活动紧密相连,结合证券行业从业人员的现实诉求,解决证券行业从业人员工作中思想政治素质方面的实际问题,才能更好地促进社会主义核心价值观在证券行业相关的经济活动中的发展。

在证券行业进行社会主义核心价值观教育,不能脱离证券行业本身的特点和当前社会主义核心价值观教育存在的突出问题,要紧紧扣住证券行业本身的特点和当前社会主义核心价值观教育存在的突出问题来进行。一方面,要针对证券行业本身的特点和当前存在的突出问题来进行。例如,当前在证券行业由于诚信缺失而导致的违反职业道德的现象屡禁不止。教育者在进行社会主义核心价值观教育过程中应当加强对证券行业从业人员诚信价值观的教育,培养证券行业从业人员的诚信意识。通过增强证券行业从业人员的诚信意识,使证券行业从业人员在面对经济利益的诱惑时,保持清醒的头脑,坚决抵制违反职业道德的行为。此外,还要加强敬业价值观的教育,培养证券行业从业人员的敬业精神。"构建敬业精神必须要从个人做起,从点滴做起。每一个社会主义的公民都应当树立正确的人生观和价值观,调整和转变职业态度,培养健康的职业情感,提升职业素养和技能,自觉遵守职业道德,将敬业精神落实到日常工作中去。"[1]另一方面,要加强对证券行业中频繁发生的违法违规行为的针对性教育。教育者在社会主义核心价值观教育过程中应当加强对证券行业从业人员法治价值观的教育,培养证券行业从业人员的法治意识。近几年,证券行业中违规行为频繁发生,主要由于针对我国证券行业从业人员的法治价值观教育不足,证券监管机构对于不法分子违法行为的处罚力度不够,相对于违规行为中获取的巨额利润,行业中的违规成本显得微不足道。因此,一些有违规倾向的证券行业从业人员容易抱有侥幸心理而利用自身工作之便做出违法犯罪之事,对整个证券行业的发展造成了十分恶劣的影响。因此,证券行业社会主义核心价值观教育者应当加强对证券行业从业人员法治价值观的教育,教育引导证券行业从业人员在工作中自觉树立"法治"意识,对投资者的权益负责,做到知法守法。

3. 优化证券行业培育和践行社会主义核心价值观的环境

优化证券行业培育和践行社会主义核心价值观环境,当前要重点抓好诚信环境建设和网络环境建设两个突出问题。以点带面,点面结合,逐步对证券行业培育和践行社会主义核心价值观环境进行优化。

(1)优化证券行业诚信环境

优化证券行业诚信环境不能局限于行业本身,须内外结合、标本兼治,才能够取得成效。因此,优化证券行业诚信环境既要优化证券行业外部诚信环境,也要优化证券行业内部诚信环境。

第一,加强政府诚信建设。优化证券行业培育和践行社会主义核心价值观环境,须加强政府诚信建设,增强各级政府的诚信意识。"政府诚信是指政府管理机关对法定权利和职责的正确履行程度,政府管理部门在自身能力的限度内实际的践约状态,包括政府管理部门的科学民主程度、政府管理部门行政的依法程度、政府管理部门行政的依法程度、政府管理部门作为公共权力代表的公正程度、政府官员的公信力等。"[2]因此,各级政府要带头加强政府诚信

---

① 韩志明:《敬业精神的社会建构》,《光明日报》2013 年 4 月 18 日。

② 李和中、杨雅琳:《公共危机下政府形象的塑造》,《湖北社会科学》2010 年第 11 期。

建设,增强各部门领导和工作人员诚信意识,使其自觉遵守诚信原则。在市场经济的发展中,政府诚信对于经济发展正常运行具有重要的促进作用,诚信是促进证券行业健康稳定发展的润滑剂。作为管理国家和社会公共事务的各级政府,在自身诚信建设方面要做出表率,坚持依法行政,打造诚信政府,重视证券行业的环境建设问题,重点关注证券行业中的违法犯罪行为,避免出现诚信危机。各级政府领导对于证券行业中出现的违法行为,必须严厉惩治,提高证券行业从业人员对于政府部门的信赖度。

第二,完善证券行业诚信体系建设。优化证券行业培育和践行社会主义核心价值观环境要进一步完善证券行业诚信体系建设。首先,制定证券行业诚信建设工作目标及工作方案,明确证券行业诚信建设责任者。其次,完善诚信管理信息管理系统,建立和完善证券行业单位信用管理体系、个人信用管理体系,通过行政和立法手段对证券行业各单位以及证券行业从业人员个人进行信用认证。再次,政府可以对各市、各区、各县证券行业中的诚信单位进行表彰,提高证券行业中诚信单位的知名度和影响力,对不诚信的证券单位和从业人员提出批评并严厉打击,将其列入证券行业诚信黑名单中,并对黑名单中的单位和个人给予"特别关注",使其在今后再次进入证券市场时受到严格限制,警示有违法犯罪倾向的证券单位及个人。最后,证券行业诚信建设状况应当在证券行业投资者与参与者的监督下进行,让证券行业经营活动在阳光下运行。

第三,加大证券行业违规处罚力度。优化证券行业培育和践行社会主义核心价值观环境要进一步加大证券行业的违规处罚力度。"市场主体的诚信,不仅需要从道德层面上宣扬,在全社会树立诚信理念,更重要的是要从制度层面建立健全法律、法规、规则等一系列'硬约束',建立和完善惩戒机制,提高失信成本,让诚信天平回归平衡。"①因此,对于证券行业中的违规行为,不能只在道德层面进行约束,还应加大对证券行业中违法违规行为的惩处力度。首先,加大对证券行业违规单位领导及高管的处罚力度。在现实工作中,证监会对证券行业违规单位的相关责任人的处罚,仅仅只是没收违法所得并

---

① 李永森:《强化证券监管中的诚信体系建设》,《中国金融家》2011 年第 2 期。

处以罚款,违法成本远远低于涉案金额,惩罚力度不足以对其他不法分子起到威慑作用。其次,在处罚个人的同时,须加重对违法单位领导及高管的处罚力度,做到违法必究,更好地督促证券行业各单位领导及高管在平常工作中恪尽职守,减少证券行业诚信缺失的现象。

(2)优化证券行业网络环境

优化证券行业网络环境也不能够局限于行业本身,要内外结合、标本兼治,才能够取得成效。

第一,运用新媒体加大社会主义核心价值观宣传力度。证券行业从业人员与投资者作为网络用户的主体,应当自觉维护网络环境。但是随着网络科学技术的快速发展,网络信息越来越鱼龙混杂,混淆着投资者的视线,助长了不文明风气的盛行,在网络环境中培育和践行社会主义核心价值观精神刻不容缓。在加大社会主义核心价值观"法治"精神的宣传力度的同时,也要加大证券行业相关法律法规的宣传力度,提高证券行业行业参与者法治意识,提高证券从业人员的自觉守法意识,使证券投资者懂得运用法律维护自身的合法权益。加大社会主义核心价值观"敬业"精神的宣传力度,促使证券行业单位将责任落实到个人,防止失职渎职的现象发生,通过网络发挥舆论监督和道德规范的作用,对于证券行业中不敬业不作为的单位及个人,及时给予批评,减少证券行业从业人员违反职业道德行为的发生。

第二,加强网络信息监管。"网络环境是基于人们的网络信息传播而发生的一种新型环境,较自然环境及传统的社会环境相比,它具有虚拟性与现实性、丰富性与开放性、多样性与即时性等特点。"[1]可见,与社会环境相比,网络环境更为复杂多变。针对网络环境中虚假投资信息泛滥的现象,为了保障网络传播证券信息的真实性,应当加强网络信息监管,对于虚假诈骗信息,应当严格把关,运用先进的金融信息技术手段对网络信息进行审查,实时监控网络中有关证券行业信息。对于在网络上散布投资者隐私的违法违规信息,一经发现,网络后台应当立即删除并对发布违规信息者处罚,提高网络监管的时效

---

[1]　封莎:《网络环境下思想政治教育要素理论丰富化研究》,东北师范大学博士学位论文,2016年。

性,减少损害投资者权益的违规行为。

第三,提升网络安全防护能力。"网络环境的基础是信息技术,不断提高抗病毒、反黑客、防入侵等信息安全技术、传递技术、获取技术,是建立安全可靠的网络环境的前提。"①网络上频繁出现的证券行业违法犯罪信息,以及投资者信息泄露问题,归根到底,是由于网络信息技术安全防护不到位所导致的。因此,证券行业要抓好不良信息的源头治理,设置专人专岗24小时对网络信息进行监查,结合网络安全技术对外部传递过来的不良信息进行查堵并删除,防止违法信息大肆扩散,从根本上切断违法犯罪信息的来源,净化证券行业网络环境。提升网络安全防护能力。

附录1:我国民众社会主义核心价值观认知认同情况调查问卷

亲爱的朋友:

您好!为了更好地了解我国民众社会主义核心价值观认知认同情况,并据此向有关部门提出政策建议,我们特邀您参加此次问卷调查。此次调查问卷采用不记名的方式进行,所有数据只用于研究,不会对您的生活产生任何影响。

为了保证问卷统计的有效性和分析的准确性,我们衷心地希望您能完整地填写本问卷。

非常感谢您的合作!

第一部分:基本情况调查(请您仔细阅读以下问题,并在您认为合适的选项前标记"√",单选题)

1. 您的性别:A. 男　　　　　　　　　　　B. 女

2. 您的年龄:A. 18 岁及以下　　　　　　　B. 19—40 岁

C. 41—65 岁　　　　　　　　　D. 65 岁以上

---

① 关洁:《社会主义核心价值观的网络培育途径》,《当代世界与社会主义》2013 年第 2 期。

3.您的职业：A.国家机关工作人员　　　　B.事业单位工作人员

C.公司职员　　　　　　D.工人

E.农民　　　　　　　　F.学生

G.下岗、待业或自由职业者　H.离退休人员

4.您的文化程度：A.小学　　　B.初中　　　C.高中（中专）　　　D.大专

E.大学本科　F.研究生

5.您的政治面貌：A.群众　　　　B.少先队员　　　　C.共青团员

D.共产党员　E.民主党派人士

6.您家庭的经济情况：A.好　　　B.较好　　C.一般　　D.较差　　E.差

7.您具体来自：A.城市　　B.乡镇　　C.农村

第二部分：民众对社会主义核心价值观认知认同情况调查（请您仔细阅读以下问题，并在您认为合适的选项前标记"√"，单选题，标明"可多选"的除外）

1.您听说过社会主义核心价值观吗？

A.听说过　　　　　B.没听说过

2.您了解社会主义核心价值观的主要途径是（多选）：

A.家庭教育　　　B.学校教育　　　C.社区宣传教育

D.报纸、书籍　　E.网络　　　　　F.电视（包括移动电子屏幕）　G.其他

3.属于个人层面的社会主义核心价值观的是：

A.爱国、敬业、诚信、友善　　　B.富强、敬业、诚信、友善

C.诚信、友善、富强、自由　　　D.诚信、友善、富强、宽容

4.属于社会层面的社会主义核心价值观的是：

A.爱国、敬业、诚信、友善　　　B.爱国、敬业、诚信、公正

C.自由、平等、公正、法治　　　D.友善、平等、公正、法治

5.属于国家层面的社会主义核心价值观的是：

A.和平、民主、文明、和谐　　　B.富强、民主、文明、和谐

C.平等、文明、和谐、富强　　　D.友善、平等、公正、法治

6.以下观点，您的态度是：

	非常同意	比较同意	中立	非常反对	比较反对	说不清
富强、民主、文明、和谐的国家一定能够建成						
中国梦一定能够实现						
人与人之间要诚信友善、互帮互助						
自由、平等、公正、法治的社会一定能够实现						
中国实行人民代表大会制度						
全球化背景下要弘扬爱国主义精神						
一诺千金						
微笑是我们的语言,文明是我们的信念						
要尊重热爱自己的职业						

7. 社会主义核心价值观的内容体现在生活中,和我们每个人都息息相关:

    A. 非常同意　　　　B. 基本同意　　　　C. 不同意　　　　D. 不清楚

8. 社会主义核心价值观提出之后,您认为未来公民整体价值观水平将会怎样?

    A. 提高　　　　　　B. 没有变化　　　C. 降低　　　　　D. 说不清

9. 您认同/不认同社会主义核心价值观的主要原因是(可多选):

认同的原因	不认同的原因
A. 内容科学	A. 内容不够科学
B. 通俗易懂,易于接受	B. 不够通俗易懂
C. 内容精炼,容易记忆	C. 内容过多,不容易记忆
D. 国家文明和谐的需要	D. 腐败现象、不正之风泛滥
E. 社会法制健全的需要	E. 外国价值观念的渗透和冲击
F. 中国社会发展的需要	F. 大众媒体传播的负面信息过多
G. 人际交往的需要	G. 家庭的负面因素影响
H. 综合国力日益增强的需要	H. 学校社会主义核心价值观教育的内容不贴近实际,方法不科学,针对性不强
I. 目前所取得的效果明显	I. 手机、网络等新媒体的不良影响

10. 作为一个中国公民要为建设富强、民主、文明、和谐的国家作出贡献:

A. 应该　　　　B. 不应该　　　　C. 说不清

11. 作为一个中国公民要为建成自由、平等、公正、法治的社会出一分力:

A. 应该　　　　B. 不应该　　　　C. 说不清

12. 作为一个中国公民要自觉遵循爱国、敬业、诚信、友善的价值观:

A. 应该　　　　B. 不应该　　　　C. 说不清

13. 您认为最有利于培育和践行社会主义核心价值观的途径是:

A. 理论教育　　B. 实践教育　　C. 传播教育　　D. 自我教育

14. 下列对您的价值观影响最大的是:

A. 体育明星　B. 电影电视明星　C. 政治领袖　D. 榜样、先进人物

E. 说不清

15. 对于中央电视台举办的感动中国人物评选活动,您的评价是:

A. 以人物为榜样,生动形象,鼓舞人心

B. 觉得人物形象不太真实,有点作秀的感觉　　　C. 不清楚

16. 您对中央电视台播放的关于社会主义核心价值观的公益广告的看法是:

A. 很喜欢,生动形象　　B. 一般,可以接受　　C. 无所谓　　D. 不喜欢

17. 您喜欢看有关社会主义核心价值观的书籍、报纸(党报党刊)吗?

A. 喜欢,很有价值　　B. 一般,可以接受　　C. 无所谓　　D. 不喜欢

E. 没看过

18. 您对在公共场所中用移动电子屏幕宣传社会主义核心价值观:

A. 喜欢,方式很新颖,印象深刻　　　　B. 一般,可以接受

C. 无所谓　　　　D. 不喜欢

19. 近年来,"藏独""疆独"分裂势力活动频繁,发生了多起暴力事件,您的看法是:

A. 这是企图以恐怖手段分裂国家的行为,应坚决打击

B. 这是少数民族争取民族自由的行为,可以理解　　　C. 说不清

20. 国家主席习近平说,中国是一头睡醒了的"和平的、可亲的、文明的狮子":

A. 非常赞同　　B. 基本赞同　　C. 不赞同　　D. 说不清

21. 当您不得已向别人撒谎后,您的感觉是:

A. 没什么感觉　　　　　　　B. 有点害怕,怕谎言揭穿

C. 感到愧疚,并想办法弥补　　D. 当时愧疚,时间久了就无所谓

22. 假设您与政府部门产生矛盾纠纷时,您认为最有效的解决方式是:

A. 按正常途径与有关部门积极沟通　　B. 找关系疏通

C. 向法院起诉　　　　　　　　　　　D. 越级上访

E. 寻求媒体帮助

非常感谢您的积极参与,衷心祝您身体健康,万事如意!

附录2：证券行业培育和践行社会主义核心价值观的现状调查问卷

亲爱的朋友：

你好! 为了深入了解证券行业培育和践行社会主义核心价值观的现状,我们进行此次问卷调查,问卷用于科学研究,希望得到你的支持和协助。本问卷填写采取匿名方式,所有答案只用于统计分析,绝不会泄露你的个人隐私。你只需根据自己的实际情况,在给出的答案中选择合适的答案打"√"。

衷心感谢你的支持!

第一部分:基本情况调查

1. 你的性别

A. 男　　　　　　　　B. 女

2. 你的文化程度

A. 高中(中专)　　B. 大专　　　　C. 本科　　　　D. 研究生

3. 你的家庭状况

A. 好　　　　　　B. 比较好　　　C. 一般　　　　D. 比较差

E. 差

4. 你的单位所在地

A. 大城市　　　　B. 中等城市　　C. 县城

5.你在单位地位

A.领导班子成员　　　　B.中层干部　　　　C.一般员工

第二部分:证券行业培育和践行社会主义核心价值观的情况调查

1.你了解社会主义核心价值观的相关内容吗

A.非常了解　　　　B.比较了解　　　　C.一般了解　　　　D.不了解

2.你认为当前证券行业有没有必要培育和践行社会主义核心价值观

A.有必要　　　　B.没有必要　　　　C.说不清

3.你认为当前证券行业与社会主义核心价值观之间的结合程度如何

A.结合度较高,两者联系十分紧密　　　　B.结合度一般,两者联系不够
紧密

C.结合度较低,两者没有联系　　　　D.不关心

4.你对所在单位培育和践行社会主义核心价值观工作的评价

A.工作开展得非常好　　　B.工作开展得比较好　　　C.工作开展得一般

D.工作开展得不好　　　E.说不清

5.你所在单位领导是否重视培育和践行社会主义核心价值观工作

A.非常重视　　　B.比较重视　　　C.一般　　　D.不重视　　　E.说不清

6.你认为证券行业组织者对培育社会主义核心价值观的形式和效果重视
程度如何

A.更重视培育形式　　　B.更重视培育效果　　　C.说不清

7.你对所在单位开展培育和践行社会主义核心价值观工作的态度是

A.积极参加　　　B.比较积极　　　C.一般

D.不积极　　　E.说不清

8.你对所在单位开展培育和践行社会主义核心价值观工作观念的评价

A.观念先进　　B.观念比较先进　　C.一般　　D.观念比较落后　　E.说不清

9.你对所在单位开展培育和践行社会主义核心价值观工作目标的评价

A.目标非常明确　　　　B.目标比较明确　　　　C.一般

D.目标不明确　　　　E.说不清

10.你对所在单位开展培育和践行社会主义核心价值观工作内容的评价

A. 内容针对性强　　　　　　B. 内容针对性比较强　　C. 一般

D. 内容针对性不强　　　　　E. 说不清

11. 你对所在单位开展培育和践行社会主义核心价值观工作方法的评价

A. 方法科学具体　　　　B. 方法比较科学具体　　　　C. 方法不科学具体

D. 方法一般　　　　　　E. 说不清

12. 你对所在单位开展培育和践行社会主义核心价值观工作环境的评价

A. 环境氛围很好　　　　B. 环境氛围比较好　　　　　C. 一般

D. 环境氛围不好　　　　E. 说不清

13. 你认为所在单位对社会主义核心价值观精神的宣传力度如何

A. 宣传力度大　　　B. 宣传力度比较大

C. 宣传力度一般　　D. 宣传力度不大

14. 你主要通过什么方式接触和了解社会主义核心价值观的相关内容

A. 工作单位组织的学习活动　　　　B. 电视　　　C. 电脑

D. 阅读书籍和报纸　　　　　　　　E. 手机　　　F. 其他

15. 你是否经常主动参加与社会主义核心价值观内容相关的学习活动

A. 经常参加　　　B. 偶尔参加　　　C. 没有参加过

16. 你认为社会主义核心价值观内容在与证券行业发展相关的目标及规划中体现的程度如何

A. 很多　　　B. 比较多　　　C. 很少　　　D. 没有

17. 你认为社会主义核心价值观内容在与证券行业发展相关的具体措施中体现的程度如何

A. 很多　　　B. 比较多　　　C. 很少　　　D. 没有

18. 在从事证券行业经营活动过程中,你会自觉践行社会主义核心价值观精神吗

A. 经常会　　　B. 偶尔会　　　C. 几乎不会　　　D. 说不清

19. 你对证券行业运用典型教育法进行社会主义核心价值观教育的评价

A. 很好　　　B. 比较好　　　C. 一般

D. 不好　　　E. 说不清

20. 你对证券行业运用理论教育法进行社会主义核心价值观教育的评价

A. 很好　　　　B. 比较好　　　　C. 一般

D. 不好　　　　E. 说不清

21. 你对证券行业运用网络教育法进行社会主义核心价值观教育的评价

A. 很好　　　　B. 比较好　　　　C. 一般

D. 不好　　　　E. 说不清

22. 你对证券行业运用实践教育法进行社会主义核心价值观教育的评价

A. 很好　　　　B. 比较好　　　　C. 一般

D. 不好　　　　E. 说不清

23. 你对证券行业运用比较教育法进行社会主义核心价值观教育的评价

A. 很好　　　　B. 比较好　　　　C. 一般

D. 不好　　　　E. 说不清

24. 你对证券行业运用自我教育法进行社会主义核心价值观教育的评价

A. 很好　　　　B. 比较好　　　　C. 一般

D. 不好　　　　E. 说不清

25. 你对证券行业运用激励教育法进行社会主义核心价值观教育的评价

A. 很好　　　　B. 比较好　　　　C. 一般

D. 不好　　　　E. 说不清

26. 你认为在证券行业中社会主义核心价值观教育通俗化、生动化,增强吸引力和感染力方面做得怎样

A. 很好　　　　B. 比较好　　　　C. 一般

D. 不好　　　　E. 说不清

27. 你认为当前的社会环境有利于社会主义核心价值观融入证券行业的发展吗

　　A. 有利于,当前社会环境促进了社会主义核心价值观融入证券行业的发展

　　B. 不利于,当前社会环境阻碍了社会主义核心价值观融入证券行业的发展

　　C. 两者的发展没有必然联系,不会互相影响

28. 你认为在证券行业发展进程中融入社会主义核心价值观的目的主

要是

　　A. 更好地促进两者的共同发展

　　B. 更好地促进证券行业的发展

　　C. 更好地促进社会主义核心价值观的发展

　　D. 不清楚

29. 你认为在证券行业中进行社会主义核心价值观教育最应该加强哪项工作

　　A. 提高员工的认识　　　　B. 加强改进教育方法

　　C. 加强改进教育内容　　　D. 加强环境建设

　　E. 目标要科学

附录3：证券行业培育和践行社会主义
核心价值观的现状访谈提纲

1. 你了解社会主义核心价值观相关内容吗？

2. 你在工作中会关注社会主义核心价值观相关的内容吗？

3. 你如何看待证券行业单位中培育和践行社会主义核心价值观这一活动？

4. 你认为你们单位在培育和践行社会主义核心价值观方面做得怎样？哪些方面做得比较好？哪些方面做得不好？你认为如何改进？

5. 你认为你自己在培育和践行社会主义核心价值观方面做得怎样？哪些方面做得比较好？哪些方面做得不好？你应该如何改进？

6. 你认为"富强、民主、文明、和谐"在工作中的体现程度如何？你认为"自由、平等、公正、法治"在工作中的体现程度如何？你认为"爱国、敬业、诚信、友善"在工作中的体现程度如何？

第五章 社会主义核心价值观的
凝练与整合

自从党的十六届六中全会首次明确提出"建设社会主义核心价值体系"①的重大命题以来，社会主义核心价值观问题成为国内理论界近年来研究和关注的热点问题之一，凝练和培育、弘扬和践行社会主义核心价值观更是成为学术界和社会大众高度聚焦的中心话题。由《光明日报》理论部、《学术月刊》杂志社、中国人民大学书报资料中心等学术机构在盘点 2011 年度国内十大学术热点时，由《光明日报》发起和推动的"社会主义核心价值观凝练大讨论"被评为 2011 年度中国十大学术热点问题之首。② 中国共产党第十八次全国代表大会召开之前，学术界关于社会主义核心价值观问题的研究主要集中于社会主义核心价值观与社会主义核心价值体系之间的关系、如何凝练和表达社会主义核心价值观等问题的探讨。在党的十八大提出"三个倡导"③24 个字的社会主义核心价值观之后，学术界关于社会主义核心价值观研究由如何"凝练和表达社会主义核心价值观"转向如何"培育和践行社会主义核心价值观"，并且同时强调对于社会主义核心价值观继续凝练。党的十九大之后，学术界围绕如何充分发挥社会主义核心价值观的引领作用、如何充分发挥中华优秀传统文化的滋养作用、如何充分发挥法律和政策的保障作用、如何充分发挥党员干部的示范作用、如何充分发挥家庭的基础作用等问题，对于培育和践行社会主义核心价值观问题作了多层面的展开研究，取得了比较丰富的研究成果。

---

① 《十六大以来重要文献选编》(下)，中央文献出版社 2008 年版，第 661 页。
② 参见蔺宏涛:《社会主义核心价值观的源流研究》，湖南大学博士学位论文，2016 年。
③ 《十八大以来重要文献选编》(上)，中央文献出版社 2014 年版，第 579 页。

一、凝练社会主义核心价值观的基本根据①

关于社会主义核心价值观的凝练,党的十八大之前学术界的注意力主要集中于凝练社会主义核心价值观的基本原则、内容方法、文字表达等问题的探讨。② 从十八大前后对于凝练社会主义核心价值观的原则和方法的讨论中可以看出,凝练社会主义核心价值观的原则与方法的区分只具有相对性,二者本质上是一致的。学者们所主张的凝练的原则与方法,多是基于社会主义的本质特色、制度属性及其在经济、政治、文化、社会、生态、道德等不同领域、不同层面的体现。例如,有的主张从社会主义国家制度、社会主义社会的基本价值等宏观层面来凝练和概括社会主义核心价值观,有的则主张从个人行为道德规范等微观层面凝练和概括社会主义核心价值观;有的认为目前社会主义核心价值体系内容的表述比较宏观和抽象,可以撇开社会主义核心价值体系来重新凝练和表述社会主义核心价值观,有的则认为社会主义核心价值观就存在于社会主义核心价值体系之中,不需要"另起炉灶";有的主张从应然层面来凝练社会主义核心价值观,强调社会主义核心价值观的先进性、规范性和引领性,有的则主张从实然层面凝练社会主义核心价值观,强调社会主义核心价值观的广泛性、共识性和操作性;有的主张可以借鉴中国传统儒家的核心价值观(仁、义、礼、智、信或者忠、孝、仁、爱、礼、义、廉、耻)和西方资本主义的核心价值观(自由、民主、平等、博爱、人权)来表述社会主义核心价值观,有的则认为中国传统核心价值观和当代西方核心价值观的合理思想只是凝练社会主义核心价值观的思想资源,不能简单地搬运封建主义价值观和资本主义价值观的词语,即使借用也应该赋予其社会主义的新的制度属性和价值内涵③;有的主张应该区分价值和价值观,认为党的十八大提出的"三个倡导"24 个字是社

---

① 参见袁银传、韩玲:《凝练社会主义核心价值观的基本根据》,《马克思主义研究》2013 年第 1 期。

② 参见袁银传、韩玲:《凝练社会主义核心价值观的基本根据》,《马克思主义研究》2013 年第 1 期。

③ 参见袁银传、韩玲:《凝练社会主义核心价值观的基本根据》,《马克思主义研究》2013 年第 1 期。

会主义核心价值,而不是社会主义核心价值观,社会主义核心价值观需要进一步凝练和概括。如此等等,莫衷一是。

在党的十八大召开之前,中国社会科学院中国社会科学网还专门开展了"社会主义核心价值观概述语"征文活动,得到学术界的广泛响应。关于社会主义核心价值观的概述和表达已经达到几十种甚至上百种,具体如:"劳动优先、人民至上、共同富裕、形式平等与事实平等的统一、每一个人的自由全面发展","坚持科学理论,凝聚共同理想,弘扬民族精神,明辨荣辱是非,崇尚集体主义,服务人民群众","民主、平等、集体主义、人的自由全面发展","利益、能力、理性、自立","以人为本、以和为贵、以法为基、以公为善、以劳为美、以家为安","以人为本、共同富裕、公平正义、文明和谐","以人为本、实事求是、独立自主","以人为本、公平正义、文明和谐、民主法治","以人为本、民主公正","以人为本、共同富裕、民主法治、公平正义、团结和谐、开放包容","人民民主、共同富裕、中华复兴、世界大同","天下为公,爱国为先;以人为本,创新发展;尊严廉耻(八荣八耻),立身之道;民主富强,和谐大同","人民至上、劳动光荣、团结进步、追求理想","人民民主、勤劳共富、真善美健、公正和谐","自由平等、民主法治、共同富裕、公平正义、和谐互助、全面发展","自由、民主、文明、和谐、富强","民主、公正、和谐、进取","发展、富强、和谐、仁爱","为公、诚信、人本、民主、公平、正义、仁爱、和谐","友爱、平等、互助、共富","爱国、守法、明理、诚信","富强、民主、文明、和谐","公正、友爱、发展、和谐","仁爱、正义、守法、诚信","仁爱、诚信、平等、民主、公正","民主、公正、和谐","国强、民富、人发展","人本、富裕、公正、民主、和谐、自由",等等。

从上述关于社会主义核心价值观内容的表达看,学术界的认知与表述大同小异,基本上是社会主义核心价值体系的外延举例,是"人本、富强、民主、公平、正义、诚信、友爱、文明、和谐、发展"等词语的不同排列组合,区别在"一字式""两字式""四字式"或"五字式"概括。字数太少,虽可高度概括,但难以表达清楚其丰富内涵;字数太多又不利于记忆和传播。①

---

① 参见袁银传、韩玲:《凝练社会主义核心价值观的基本根据》,《马克思主义研究》2013 年第 1 期。

在学术界探讨和凝练社会主义核心价值观的同时,全国各部门、各地区、各行业、各城市也在根据自己的特点总结提炼和具体践行自己的核心价值观和行业精神、城市精神。如,当代军人的核心价值观是"忠诚于党、热爱人民、报效国家、献身使命、崇尚荣誉";司法系统的核心价值观是"公正、廉洁、为民";民主党派的核心价值观是"参政为民、协商为本、合作共赢、发展进步";北京精神是"爱国、创新、包容、厚德";上海精神是"海纳百川、追求卓越";重庆精神是"重山重水、重情重义";武汉精神是"敢为人先、追求卓越";广州精神是"务实、求真、宽容、开放、创新";等等。这种概括总结活动对于提炼社会主义核心价值观并结合自身实际进行社会主义核心价值观教育是很有必要的。

从相关行业和城市评选结果看,有以下特点:一是内容多突出时代特点,如开放、诚信、求实、创新等;二是力图突出地方历史、自然、行业特色;三是表述方式多用两字、四字词,多数用三个到四个词语进行排比,易于诵读和记忆。但是也存在一些问题:关于行业精神和城市精神的有些概括和定位,没有能够很好地体现出该行业、该城市的历史文化特点,缺乏体现该行业、该城市的独特个性;有的概况比较抽象空洞而没有明确的具体目标,缺乏具体性和操作性;有的概括如"诚信"本是公民的基本价值准则和行为道德规范,却被作为一个行业或城市的核心精神,存在歧义性;等等。

在深入调查研究和系统总结学术界凝练社会主义核心价值观活动取得的丰富成果基础上,经过反复论证,综合各个方面的意见,党的十八大报告对社会主义核心价值观进行了高度概括和集中凝练,强调"倡导富强、民主、文明、和谐,倡导自由、平等、公正、法治,倡导爱国、敬业、诚信、友善,积极培育和践行社会主义核心价值观"①。从而将中国特色社会主义所倡导的核心价值观明确表述为三个基本方面、二十四个字:富强、民主、文明、和谐,自由、平等、公正、法治,爱国、敬业、诚信、友善。党中央从国家、社会、个人三个层面对社会主义核心价值观进行高度概括,既为培育和践行社会主义核心价值观提供了基本范畴和基本遵循,也进一步明确了凝练社会主义核心价值观的基本原则

---

① 《十八大以来重要文献选编》(上),中央文献出版社 2014 年版,第 25 页。

和方向。正如习近平指出的："我们提出的社会主义核心价值观,把涉及国家、社会、公民的价值要求融为一体,既体现了社会主义本质要求,继承了中华优秀传统文化,也吸收了世界文明有益成果,体现了时代精神。"①

从历史唯物主义的观点来看,社会主义核心价值观不是飘浮在天上,也不在思辨的云雾中,其深刻根源存在于社会主义的经济的事实之中,存在于社会主义生动鲜活的实践及其内在的逻辑中,存在于广大人民群众的根本利益诉求及其价值追求的表达中,同时存在于马克思主义经典作家和中国化马克思主义理论文本的论述中。② 凝练社会主义核心价值观具有以下五个方面的基本根据。

(一)文本根据

马克思主义经典作家以及中国化马克思主义关于社会主义核心价值观的经典论述,是凝练社会主义核心价值观的文本根据。富强、民主、文明、和谐,自由、平等、公正、法治,反映了社会主义国家和社会的基本属性和本质要求,始终是共产党人和社会主义国家奉行的核心价值理念。

马克思恩格斯是在批判旧世界中发现新世界,他们在批判资本主义社会人的异化和社会异化过程中,将未来社会核心价值观的构想可以高度概括为人的自由而全面发展。从价值目标的角度看,马克思恩格斯的发展理论的最深层意蕴,在于它提出了人的自由而全面的发展是人的发展的理想状态和人类社会的终极价值目标。在《德意志意识形态》中,马克思恩格斯将未来社会称之为"个人的独创的和自由的发展不再是一句空话的唯一的社会"③。马克思恩格斯在《共产党宣言》中,强调无产阶级政党和一切剥削阶级政党的根本区别在于"过去的一切运动都是少数人的,或者为少数人谋利益的运动。无产阶级的运动是绝大多数人的,为绝大多数人谋利益的独立的运动"④。"共

---

① 《习近平谈治国理政》,外文出版社 2014 年版,第 169 页。
② 参见袁银传、韩玲:《凝练社会主义核心价值观的基本根据》,《马克思主义研究》2013 年第 1 期。
③ 《马克思恩格斯全集》第 3 卷,人民出版社 1960 年版,第 516 页。
④ 《马克思恩格斯选集》第 1 卷,人民出版社 2012 年版,第 411 页。

产党人为工人阶级的最近的目的和利益而斗争,但是他们在当前的运动中同时代表运动的未来。"①在《法兰西内战》中,马克思总结了巴黎公社的基本原则,强调把官僚国家改造为工人阶级领导的崭新的劳动人民当家作主的新式国家,消灭任何官僚特权,把国家官僚改造为全心全意为人民服务的人民公仆,由人民自己选举并可随时罢免的人民代表取代旧式官僚来管理国家,使人民代表置于人民的监督之下,向他的选民和人民负责,定期向人民汇报工作,由人民来决定他们的工作岗位和职责,决定他们的去留。这些精辟论述和科学概括,深刻揭示了无产阶级政党的价值追求是为无产阶级和最广大人民的根本利益而奋斗,实现最广大人民的根本利益、实现人的自由全面发展是共产党人的核心价值观。在《共产党宣言》中,马克思恩格斯明确把"人的自由全面发展"作为未来社会主义(即共产主义)的核心价值目标,指出:"代替那存在着阶级和阶级对立的资产阶级旧社会的,将是这样一个联合体,在那里,每个人的自由发展是一切人的自由发展的条件。"②马克思在《1857—1858年经济学手稿》中,强调理想社会的最高成果是建立在个人全面发展和他们共同的社会生产能力成为他们的社会财富这一基础上的自由个性③;在《资本论》中,马克思进一步重申共产主义是"以每一个个人的全面而自由的发展为基本原则的社会形式"④。在《哥达纲领批判》中,马克思强调"个人的全面发展"并把它作为共产主义社会的基本特征之一。在《给〈祖国纪事〉杂志编辑部的信》中,马克思再次把未来共产主义社会称之为"在保证社会劳动生产力极高度发展的同时又保证每个生产者个人最全面的发展的这样一种经济形态"⑤。由此可见,把共产主义理想与人的自由而全面的发展相联系,把实现无产阶级和全人类的解放作为人类社会的终极价值追求和理想目标,是马克思恩格斯一以贯之的思想。它像一道"普照的光",贯穿在他们的思想理论体系之中。尽管马克思恩格斯只是作了理论上的设想和探讨,但他们论述的科

---

① 《马克思恩格斯选集》第1卷,人民出版社2012年版,第434页。
② 《马克思恩格斯选集》第1卷,人民出版社2012年版,第422页。
③ 参见《马克思恩格斯全集》第30卷,人民出版社1995年版,第107—108页。
④ 《马克思恩格斯全集》第44卷,人民出版社2001年版,第683页。
⑤ 《马克思恩格斯选集》第3卷,人民出版社2012年版,第730页。

学思想与理论观点,把人类对自身全面发展的认识提高到了一个前所未有的高度和层面,从而使关于人的自由全面发展学说成了马克思主义理论的核心和灵魂。①

马克思恩格斯毕生在理论和实践上追求人类的解放和人的自由而全面发展。但其科学社会主义理论转化为现实、真正贯彻实施,是在十月革命胜利、建立社会主义制度之后。列宁把社会主义理想目标和价值追求转化为苏维埃俄国建设社会主义的具体历史任务,即"现实的人应当做什么"。列宁高度重视"培养共产主义社会的全面发展的成员"。他把自由全面发展的人看作是"会做一切工作的人",强调要"消灭人与人之间的分工,教育、训练和培养出全面发展的和受到全面训练的人,即会做一切工作的人"②。列宁在领导俄国社会主义革命和建设的实践中,为塑造社会主义的一代新人,实现人的自由全面发展进行了艰辛探索和不懈努力,形成了列宁社会主义价值观中极具特色的内容。新经济政策的实施标志着列宁扬弃了抽象的社会主义价值原则,开始正视在一个经济文化比较落后、农民小生产者占人口绝大多数的农业大国建设社会主义的长期性艰巨性复杂性问题。以商品经济、民主政治和文化革命为骨骼的列宁的"政治遗嘱",形成了列宁关于建设社会主义物质基础、大力发展社会主义生产力的社会主义经济价值观,建立新型民主制度、由人民自己管理国家与社会的社会主义政治价值观,以及造就自由全面发展共产主义新人的社会主义文化价值观。③

在革命、建设和改革的伟大实践过程中,中国共产党人丰富和发展了马克思主义经典作家关于社会主义核心价值观的基本思想。从毛泽东的"全心全意为人民服务"到邓小平的"三个有利于"标准,从江泽民的"三个代表"重要思想到胡锦涛"以人为本"的科学发展观再到习近平"以人民为中心"的思想,"为人民服务""实现人的自由而全面发展""以最广大人民群众的根本利益为

---

① 参见袁银传、韩玲:《凝练社会主义核心价值观的基本根据》,《马克思主义研究》2013 年第 1 期。

② 《列宁全集》第 39 卷,人民出版社 1986 年版,第 29 页。

③ 参见袁银传、韩玲:《凝练社会主义核心价值观的基本根据》,《马克思主义研究》2013 年第 1 期。

本""以人民为中心",成为中国共产党人始终坚持的价值理念和信仰追求。

毛泽东 1942 年在《在延安文艺座谈会上的讲话》中,第一次明确提出了"为人民服务"的概念。1945 年在党的七大会议开幕词《两个中国之命运》中,毛泽东第一次明确使用了"全心全意为人民服务"的概念,他指出:"我们应该谦虚,谨慎,戒骄,戒躁,全心全意地为中国人民服务"①。党的七大将"全心全意为人民服务"这一中国共产党人的宗旨写进了党章。1957 年 3 月,毛泽东在《坚持艰苦奋斗,密切联系群众》一文中再次强调,共产党就是要奋斗,就是要全心全意为人民服务,不要半心半意或者三分之二的心三分之二的意为人民服务。毛泽东把"全心全意为人民服务"作为党的根本宗旨和共产党人办事的根本出发点与落脚点。为人民服务、社会平等、共同富强、人的全面发展等,构成了毛泽东社会主义价值观的基本内核。②

在 1992 年著名的南方谈话中,邓小平提出了判断社会主义改革开放得失成败以及我们党和政府工作好坏的价值标准:"判断的标准,应该主要看是否有利于发展社会主义社会的生产力,是否有利于增强社会主义国家的综合国力,是否有利于提高人民的生活水平。"③"三个有利于"的核心是人民群众的根本利益,最广大人民根本利益的实现程度是社会主义制度的优越性、判断社会主义改革开放得失成败以及党和政府工作好坏的根本价值标准。④ 以人民群众为主体、解放和发展社会主义生产力、消灭剥削、消除两极分化、实现共同富裕、两个文明一起抓、人的全面发展,构成了邓小平社会主义核心价值观的基本点。

党的十三届四中全会以来,以江泽民同志为主要代表的中国共产党人,高举中国特色社会主义伟大旗帜,在坚持和发展邓小平理论的基础上,继续回答"什么是社会主义、怎样建设社会主义",创造性地回答了"建设一个什么样的党、怎样建设党"的问题,形成了"三个代表"重要思想。"三个代表"重要思想

---

① 《毛泽东选集》第三卷,人民出版社 1991 年版,第 1027 页。

② 参见袁银传、韩玲:《凝练社会主义核心价值观的基本根据》,《马克思主义研究》2013 年第 1 期。

③ 《邓小平文选》第三卷,人民出版社 1993 年版,第 372 页。

④ 参见袁银传、韩玲:《凝练社会主义核心价值观的基本根据》,《马克思主义研究》2013 年第 1 期。

蕴含着丰富的社会主义核心价值观思想。代表先进生产力的发展要求是基础,代表先进文化的前进方向是动力和方向,代表最广大人民的根本利益是落脚点和最终归宿。因为,代表先进生产力的发展要求和代表先进文化的前进方向,归根到底都是为了实现好、维护好、发展好最广大人民的根本利益。始终代表中国最广大人民群众的根本利益,是"三个代表"重要思想的出发点和落脚点,也是检验中国共产党人和政府一切工作、一切言行的最终价值标准。重视价值理想实现的物质基础和前提条件、崇尚先进文化和思想道德建设、以人民根本利益为旨归,体现了"三个代表"重要思想的社会主义价值取向。①

　　从党的十六大到党的十八大,以胡锦涛同志为主要代表的中国共产党人,高举中国特色社会主义伟大旗帜,以邓小平理论和"三个代表"重要思想为指导,在贯彻落实科学发展观过程中,提出坚持以人为本,树立全面、协调、可持续的发展观,促进社会经济和人的全面发展,这无疑是在新的条件下对马克思主义社会主义价值观的进一步回归和高扬。党的十六届六中全会通过的《中共中央关于构建社会主义和谐社会若干重大问题的决定》,首次明确提出社会主义核心价值体系的重大命题和构建社会主义和谐社会的战略任务,并且强调"必须坚持以人为本"的价值理念。该决定强调:"始终把最广大人民的根本利益作为党和国家一切工作的出发点和落脚点,实现好、维护好、发展好最广大人民的根本利益,不断满足人们日益增长的物质文化需要,做到发展为了人民、发展依靠人民、发展成果由人民共享,促进人的全面发展。"②党的十七大报告进一步指出:"社会主义核心价值体系是社会主义意识形态的本质体现"③,强调"建设社会主义核心价值体系,增强社会主义意识形态的吸引力和凝聚力"④,要求全党"积极探索用社会主义核心价值体系引领社会思潮的有效途径,主动做好意识形态工作,既尊重差异、包容多样,又有力抵制各种错误和腐朽思想的影响"⑤。党的十八大报告则对社会主义核心价值观进行了

---

①　参见袁银传、韩玲:《凝练社会主义核心价值观的基本根据》,《马克思主义研究》2013 年第 1 期。
②　《十六大以来重要文献选编》(下),中央文献出版社 2008 年版,第 651 页。
③　《十七大以来重要文献选编》(上),中央文献出版社 2009 年版,第 26 页。
④　《十七大以来重要文献选编》(上),中央文献出版社 2009 年版,第 26 页。
⑤　《十七大以来重要文献选编》(上),中央文献出版社 2009 年版,第 27 页。

高度凝练和科学概括，强调"倡导富强、民主、文明、和谐，倡导自由、平等、公正、法治，倡导爱国、敬业、诚信、友善，积极培育和践行社会主义核心价值观"①。这充分体现了党中央对建设社会主义核心价值体系、培育和践行社会主义核心价值观的高度重视②和理论自觉。

党的十八大以来，以习近平同志为主要代表的中国共产党人，从新时代坚持和发展中国特色社会主义、实现中华民族伟大复兴的中国梦的战略高度，提出了关于社会主义核心价值观及其凝练、培育和弘扬的一系列重大战略思想。在 2014 年 5 月 4 日在北京大学师生座谈会上，习近平发表了《青年要自觉践行社会主义核心价值观》的重要讲话，对于十八大前后凝练社会主义核心价值观活动作了深刻的总结。他指出："在当代中国，我们的民族、我们的国家应该坚守什么样的核心价值观？这个问题，是一个理论问题，也是一个实践问题。经过反复征求意见，综合各方面认识，我们提出倡导富强、民主、文明、和谐，倡导自由、平等、公正、法治，倡导爱国、敬业、诚信、友善，积极培育和践行社会主义核心价值观。富强、民主、文明、和谐是国家层面的价值要求，自由、平等、公正、法治是社会层面的价值要求，爱国、敬业、诚信、友善是公民层面的价值要求。这个概括，实际上回答了我们要建设什么样的国家、建设什么样的社会、培育什么样的公民的重大问题。"③在党的十九大报告中，习近平深刻阐述了社会主义核心价值观的丰富内涵和实践要求，指出："社会主义核心价值观是当代中国精神的集中体现，凝结着全体人民共同的价值追求。"④强调："要以培养担当民族复兴大任的时代新人为着力点，强化教育引导、实践养成、制度保障，发挥社会主义核心价值观对国民教育、精神文明创建、精神文化产品创作生产传播的引领作用，把社会主义核心价值观融入社会发展各方面，

---

① 《十八大以来重要文献选编》（上），中央文献出版社 2014 年版，第 25 页。
② 参见袁银传、韩玲：《凝练社会主义核心价值观的基本根据》，《马克思主义研究》2013 年第 1 期。
③ 《习近平谈治国理政》，外文出版社 2014 年版，第 168—169 页。
④ 习近平：《决胜全面建成小康社会　夺取新时代中国特色社会主义伟大胜利——在中国共产党第十九次全国代表大会上的报告》，人民出版社 2017 年版，第 42 页。

转化为人们的情感认同和行为习惯。"①习近平总书记对新时代坚持社会主义核心价值体系、培育和践行社会主义核心价值观,做出了许多新的重大部署,充分反映了中国共产党人对于社会主义核心价值观的认识和理解上达到了一个新的理论高度,为我们深刻理解和自觉践行社会主义核心价值观提供了理论指导和基本遵循。

马克思主义经典作家对社会主义价值观做出了许多科学而经典的论述,中国共产党人结合中国特色社会主义建设具体实际和时代特征,对社会主义核心价值观提出了许多新思想,丰富和发展了马克思主义价值理论。这些重要思想论述是我们全面准确理解和科学凝练社会主义核心价值观的指导思想和文本根据。我们只有以马克思主义经典作家和中国共产党人关于社会主义价值观的经典论述为理论基础和行动指南,凝练社会主义核心价值观才能既有深厚的理论根基和深刻内涵,又能充分体现鲜明的时代特征和中国特色,从而实现继承与创新的有机统一。

(二)理论根据

辩证唯物主义和历史唯物主义的基本原理,特别是马克思主义关于社会存在与社会意识、经济基础与上层建筑辩证关系的原理是凝练社会主义核心价值观的理论根据。② 辩证唯物主义和历史唯物主义坚持社会存在与社会意识、经济基础与上层建筑的辩证统一关系。一方面,强调社会存在决定社会意识、经济基础决定上层建筑。马克思在《〈政治经济学批判〉序言》中指出:"人们在自己生活的社会生产中发生一定的、必然的、不以他们的意志为转移的关系,即同他们的物质生产力的一定发展阶段相适合的生产关系。这些生产关系的总和构成社会的经济结构,即有法律的和政治的上层建筑竖立其上并有一定的社会意识形式与之相适应的现实基础。物质生活的生产方式制约着整个社会生活、政治生活和精神生活的过程。不是人们的意识决定人们的存在,

---

① 习近平:《决胜全面建成小康社会　夺取新时代中国特色社会主义伟大胜利——在中国共产党第十九次全国代表大会上的报告》,人民出版社 2017 年版,第 42 页。
② 参见袁银传、韩玲:《凝练社会主义核心价值观的基本根据》,《马克思主义研究》2013 年第 1 期。

相反,是人们的社会存在决定人们的意识。"①另一方面,社会意识反作用于社会存在,上层建筑反作用于经济基础。因此,尽管社会意识归根结底是由社会物质生产力发展水平决定的,但是任何思想观念一旦产生之后,就具有相对的独立性,并且对物质生产的条件和进程发生能动的反作用。社会主义核心价值观,是以辩证唯物主义和历史唯物主义为指导,反映社会主义经济基础和政治法律制度的本质要求和人民群众价值期待而形成的广泛社会价值共识。

首先,经济基础决定上层建筑,有什么样的社会存在和经济基础,就会有什么样的核心价值观。社会主义核心价值观是立足于社会主义经济基础和政治法律制度之上的社会价值认同系统,涉及经济、政治、文化、社会、生态文明等方方面面,受社会主义经济基础的决定和政治上层建筑的影响,并服务于社会主义经济基础和政治上层建筑。作为一种价值现象,社会主义核心价值观虽然有其相对稳定性和超越性,但它绝不是人们主观臆造的产物,而是真真切切地植根于中国特色社会主义生活实践中。社会主义核心价值观最深刻的经济根源就在于社会主义的经济事实之中,就在于中国特色社会主义的实践逻辑之中。社会主义核心价值观必须反映我国社会主义初级阶段的基本国情和人民日益增长的美好生活需要同不平衡不充分发展之间的主要矛盾,并且"要准确把握我国经济社会发展新要求,准确把握当今时代文化发展新趋势,准确把握各族人民精神文化生活新期待"②。如果脱离社会主义初级阶段这个基本国情和最大实际,抛开新时代中国经济社会发展的现实而抽象地谈论核心价值观,不仅不会科学而合理地凝练出社会主义核心价值观,即使是主观人为地建构起来也很难落地生根、赢得广大人民群众的广泛认同。因此,凝练社会主义核心价值观,要遵从生活实践的逻辑,在中国特色社会主义现实实践中寻找支持和证明。富强、民主、文明、和谐,是中国特色社会主义国家的奋斗目标,是国家层面的价值要求;自由、平等、公正、法治,是中国特色社会主义社会的价值追求,是社会层面的价值要求;爱国、敬业、诚信、友善,是中国特色社

---

① 《马克思恩格斯文集》第2卷,人民出版社2009年版,第591页。
② 《中共中央关于深化文化体制改革　推动社会主义文化大发展大繁荣若干重大问题的决定》,《人民日报》2011年10月26日。

会主义主体行为的基本道德规范①,是公民层面的价值要求。这三个方面二十四个字集中回答了"建设什么样的国家、怎样建设国家""建设什么样的社会、怎样建设社会""培育什么样的公民、怎样培育公民"等重大理论和现实问题,体现了中国特色社会主义实践及其主体的价值目标、价值追求和行为规范,既体现了社会主义的本质要求,又彰显中国特色社会主义共同价值理想,还是一个能够凝聚起亿万人民群众智慧力量并且可以实现的现实价值目标。

其次,社会主义核心价值观作为国家意识形态的精髓,是当代中国精神的集中体现,凝结着全体人民共同的价值追求,对我国经济社会的发展发挥着巨大的作用。核心价值观是一个国家基本社会制度之价值取向的根本体现,是一个社会中居统领地位、起引领作用的价值理念,是一种社会基本制度、社会形态应该长期普遍遵循、相对稳定的根本价值原则和行为准则,是政治决策、法律制定、制度设计、文化发展、公民教育的最终的价值依托,是巩固全党全国人民团结奋斗共同思想理论基础的关键所在②,是凝魂聚气、强基固本、有效整合社会意识的"黏合剂",是一个民族、一个国家文化心理认同最持久、最深层的力量。一个没有核心价值观的民族和国家必然会成为一盘散沙,不可能强盛和发展、自立于世界民族之林。

当前,我国正处在全面建成小康社会和基本实现社会主义现代化的关键时期,处在为实现中华民族伟大复兴而奋斗的历史时期,处在经济社会大发展大调整大变革的历史时期,处在思想大活跃、观念大碰撞、文化大交融的历史时期。在这一时期,经济发展之快,社会变化之大,矛盾问题之多,人们的思想之复杂,超出了以往任何一个时代。当今中国社会矛盾交织叠加,既要解决不发展的矛盾,又要解决发展起来的矛盾;既要解决前现代的矛盾和问题,又要解决现代性和后现代的矛盾和问题。经济社会转型为我国群众价值观念的更新提供了物质条件,同时导致了社会价值观的急剧变化,这些发展变化既为社会主义核心价值观建设提供了新机遇和新条件,同时也对社会主义核心价值

---

① 参见袁银传、韩玲:《凝练社会主义核心价值观的基本根据》,《马克思主义研究》2013 年第 1 期。

② 参见袁银传、韩玲:《凝练社会主义核心价值观的基本根据》,《马克思主义研究》2013 年第 1 期。

观建设提出了严峻的挑战。尤其是随着社会主义市场经济的发展,社会一定程度上出现"分化有余而整合不足"的局面。社会核心价值观的缺失与迷失,是当前中国社会面临的严重问题之一。

人类文明传播、发展的历史和实践都表明,作为一个民族、一个国家的核心价值观,必须是高度凝练和整合的。惟其如此,我们才能有效应对当今世界多极化、经济全球化、社会信息化所带来的文化价值观念多元化的挑战,体现中国特色社会主义的发展要求和方向,真正发挥其"统一的指导思想、共同的理想信念、强大的精神力量、基本的道德规范"作用。党的十八大报告对社会主义核心价值观的高度凝练,就是在新的形势下鲜明地亮出我们党在思想文化和精神价值上的旗帜;就是在社会主义市场经济迅速发展、社会成员的思想独立性和观念差异性不断增强、中外文化交流交融交锋的情况下,明确地树立一个同中国特色社会主义根本制度相适应的价值准则,一个主导全社会思想和行为的价值观念。它以马克思主义科学的世界观与方法论为理论根据,从我国基本国情和社会制度出发,深刻反映中国特色社会主义经济基础和政治上层建筑的本质要求,深刻反映全体人民的共同心声,从而凝聚人心、激励斗志。[①]

(三)思想资源[②]

社会主义核心价值观不是从天上掉下来的,也不是人们头脑中主观臆想的结果,而是"把涉及国家、社会、公民的价值要求融为一体,既体现了社会主义本质要求,继承了中华优秀传统文化,也吸收了世界文明有益成果,体现了时代精神"[③]。中国传统价值观的优秀思想和当代西方价值观的合理思想是社会主义核心价值观的思想资源。胡锦涛在《求是》杂志 2012 年第 1 期撰文指出,社会主义核心价值体系,是根源于民族优秀文化和社会主义先进文化并

[①] 参见袁银传、韩玲:《凝练社会主义核心价值观的基本根据》,《马克思主义研究》2013 年第 1 期。

[②] 参见袁银传、韩玲:《凝练社会主义核心价值观的基本根据》,《马克思主义研究》2013 年第 1 期。

[③] 《习近平谈治国理政》,外文出版社 2014 年版,第 169 页。

吸收人类文明成果发展起来的,是我国社会主义文化的引领和主导。习近平强调指出:"中华文明绵延数千年,有其独特的价值体系。中华优秀传统文化已经成为中华民族的基因,植根在中国人内心,潜移默化影响着中国人的思想方式和行为方式。今天,我们提倡和弘扬社会主义核心价值观,必须从中汲取丰富营养,否则就不会有生命力和影响力。"①社会主义核心价值观具有极大的包容性,它既继承发轫于先秦时期、具有鲜明中国特色的中国传统价值观的合理思想,也借鉴肇始于古希腊文明和基督教文化的西方价值观的合理内核,是在广泛吸收中华优秀传统文化、借鉴世界文明有益成果的基础上形成和发展起来的。

中国传统社会各民族、各地域、各时段、各流派、各宗教文化及社会的精英阶层与大众阶层的价值主张与追求各不相同,呈现出"百花齐放、百家争鸣"的局面,但从总体上来说,中国传统文化占主导地位的还是以"仁、义、礼、智、信""忠、孝、仁、爱、礼、义、廉、耻"为核心的儒家核心价值观。经过两千多年长期实践和丰富发展,中国传统核心价值观最终积淀成为中华民族的文化传统、民族性格、思维方式、精神信仰等特质,并且植根于中国人的内心,潜移默化地影响中国人的思维方式和行为方式。中国传统核心价值观的优秀成果是我们今天凝练和弘扬社会主义核心价值观的思想文化资源。如果社会主义核心价值观不能与中国优秀传统文化相衔接,就不能对中国人产生一种根本的吸引力和向心力,就会成为悬浮于空中的海市蜃楼,让人"可望不可及",社会主义核心价值观的凝练和弘扬就会成为无本之木、无源之水,难以形成民族特色和民族气派。因此,我们在凝练、培育和弘扬社会主义核心价值观时,千万不能割断历史,而必须从中国传统价值观中汲取合理营养,很好地继承这份历史血脉和价值传统。正如习近平指出的:"中华文明绵延数千年,有其独特的价值体系。中华优秀传统文化已经成为中华民族的基因,植根在中国人内心,潜移默化地影响着中国人的思想方式和行为方式。今天,我们提倡和弘扬社会主义核心价值观,必须从中汲取丰富营养,否则就不会有生命力和影

---

① 《习近平谈治国理政》,外文出版社 2014 年版,第 170 页。

响力。"①

当然,对于中国传统核心价值观必须进行批判性改造,要剔除其封建主义的糟粕,吸收其民主主义的精华,并且对其进行创造性转化和创新性发展,赋予其科学、民主的时代内涵。

当代西方"自由、民主、平等、公正、法治、人权、博爱"等核心价值观中不少有价值的合理思想,并不是资产阶级的专利,也不是某个民族、某个国家的"非卖品",而是人类文明发展进程中的重要成果。如何吸收世界文明的成果,正确对待和批判借鉴西方核心价值观,是凝练社会主义核心价值观不可回避的一个现实问题。② 西方核心价值观从古希腊和古罗马时代便开始萌芽,恩格斯曾经指出:"没有希腊文化和罗马帝国所奠定的基础,也就没有现代的欧洲。"③古希腊文明中关于自由、民主、科学、理性、秩序、节制等价值观念,古罗马文明中关于私有财产、公正、法治、权利、义务、共和等重要理念,都构成了当代西方核心价值观的思想渊源。资产阶级在反对封建主义专制主义和等级特权、建立资产阶级统治的过程中,提出了与当时社会生产力发展水平和资本主义经济基础与政治上层建筑相适应的一整套核心价值观,如美国的《独立宣言》、法国的《人权宣言》、英国的《人民宪章》等,较为完整地表述了资本主义的这种核心价值观:"自由、民主、平等、博爱、人权"。对资本主义核心价值观的作用,列宁曾肯定地说:"资本主义和封建主义相比,是在'自由'、'平等'、'民主'、'文明'的道路上向前迈进了具有世界历史意义的一步。"④

然而,资本主义核心价值观的历史局限性、阶级局限性和虚伪性,并不在于"自由、平等、博爱"这些价值理念本身,而在于资产阶级以抽象的人性论为依据,以绝对的普遍性为方法,借助西方资产阶级强大的文化力和话语霸权,把"自由、民主、平等、博爱"说成是代表整个人类社会普遍利益的"普世价值",向全世界兜售,企图诱导人们"以西为美""唯西是从",淡化乃至放弃对

① 《习近平谈治国理政》,外文出版社 2014 年版,第 170 页。
② 参见袁银传、韩玲:《凝练社会主义核心价值观的基本根据》,《马克思主义研究》2013 年第 1 期。
③ 《马克思恩格斯选集》第 3 卷,人民出版社 2012 年版,第 561 页。
④ 《列宁全集》第 37 卷,人民出版社 1986 年版,第 109 页。

自己本民族精神文化的价值认同。马克思曾一针见血地指出：以"自由、平等、博爱"为核心价值观的资产阶级意识形态，具有虚伪性、唯心性和欺骗性，因为在这些价值理念中，现实的个人利益往往被说成是普遍利益，因此"愈发下降为唯心的词句、有意识的幻想和有目的的虚伪"①。列宁也曾一针见血地指出："资产阶级民主同中世纪制度比较起来，在历史上是一大进步，但它始终是而且在资本主义制度下不能不是狭隘的、残缺不全的、虚伪的、骗人的民主，对富人是天堂，对被剥削者、对穷人是陷阱和骗局。"②资本主义核心价值观是建立在资本主义经济基础和政治法律制度基础之上的意识形态，是资本主义私有制在价值观念上的集中体现和反映，其目的是维护资本主义的经济基础和政治上层建筑。资本主义核心价值观形式上是自由、民主、平等、公正、法治、人权，实质上是拜金主义、享乐主义、个人主义。资本主义核心价值观既具有反封建的历史进步性，也具有阶级局限性、虚伪性和欺骗性。

在凝练社会主义核心价值观的过程中，中国传统核心价值观和当代西方资本主义核心价值观是我们必须正确认识而不能回避的问题，批判地吸收、借鉴其合理成果并且超越这两大核心价值观，就成为凝练和弘扬社会主义核心价值观的现实要求和重要任务。我们要批判地吸收借鉴中国传统和当代西方价值观的思想，继承中华优秀传统价值观，吸收西方合理有益的价值观，并且赋予其社会主义的新的价值内涵，从而形成科学而合理的中国特色社会主义核心价值观。富强、民主、文明、和谐，自由、平等、公正、法治，爱国、敬业、诚信、友善，包含着社会主义最基本、最核心、最重要的价值理念。这一表述反映了我国社会主义制度的本质规定，体现了中国特色社会主义事业的发展要求，昭示了中国共产党长期奋斗的一贯主张，继承了中华传统文化精华，汲取了人类文明优秀成果，既坚持了社会主义本质属性的共性，又涵盖着中国特色社会主义的个性；既坚守国家、社会层面的价值目标，又彰显人的主体性和行为规范；既传承深厚的中华传统底蕴，吸收世界文明的有益成果，又反映鲜明的时代精神；既符合历史、合乎实践，又贴近民情、顺乎民意。因而，能够发挥出广

---

① 《马克思恩格斯全集》第 3 卷，人民出版社 1960 年版，第 331 页。
② 《列宁选集》第 3 卷，人民出版社 1995 年版，第 601 页。

泛的感召力、强大的凝聚力和持久的引导力。

（四）现实根据

人民群众对社会主义核心价值观的认知认同和表达习惯是凝练和概括社会主义核心价值观的现实根据。一个社会的核心价值观，只有"内化为人们的精神追求，外化为人们的自觉行动"①，真正成为整个社会成员的基本遵循和行为准则，被社会大多数成员所认同、信奉，并深刻影响广大人民群众的日常生活实践，成为广大人民群众的自觉实践，才能发挥其功用。正如习近平指出的："一种价值观要真正发挥作用，必须融入社会生活，让人们在实践中感知它、领悟它。要注意把我们所提倡的与人们日常生活紧密联系起来，在落细、落小、落实上下功夫。"②凝练社会主义核心价值观不能只追求某种形式上"新颖""热闹""剧场效应"，不能闭门造车、自说自话、简单排列语词，而是应该面向日常生活、面向社会基层、面向人民群众，坚持以人民为中心，要回应新时代广大人民群众的新期待，把其根本利益诉求作为出发点和落脚点，使社会主义核心价值观既能够科学揭示出社会主义的本质和发展规律，反映和表达新的时代精神，具有高度的科学性和鲜明的时代性；又能够反映和表达最广大人民群众的根本利益和价值诉求，具有广泛性和大众性。③ 只有这样，凝练出的社会主义核心价值观才富有科学性、吸引力和感召力，才能获得广大人民群众的价值认同、情感认同和思想认同。④

在《〈黑格尔法哲学批判〉导言》中，马克思曾经指出："理论一经掌握群众，也会变成物质力量。理论只要说服人，就能掌握群众；而理论只要彻底，就能说服人。所谓彻底，就是抓住事物的根本。而人的根本就是人本身。"⑤马克思还强调指出："理论在一个国家实现的程度，总是决定于理论满足这个国

---

① 《习近平谈治国理政》，外文出版社 2014 年版，第 173 页。

② 《习近平谈治国理政》，外文出版社 2014 年版，第 165 页。

③ 参见袁银传、韩玲：《凝练社会主义核心价值观的基本根据》，《马克思主义研究》2013 年第 1 期。

④ 参见袁银传、韩玲：《凝练社会主义核心价值观的基本根据》，《马克思主义研究》2013 年第 1 期。

⑤ 《马克思恩格斯选集》第 1 卷，人民出版社 2012 年版，第 9—10 页。

家的需要的程度。"①"'思想'一旦离开'利益',就一定会使自己出丑。"②而这个"需要",说到底就是最广大人民群众的根本利益需要。只有充分反映和集中表达人民群众根本利益,并且为人民群众喜闻乐见的核心价值观,才能引起人民群众的理性和情感上的共鸣,才能为人民群众心悦诚服地接受,从而人民群众才会自觉地弘扬和践行这种核心价值观。

改革开放 40 多年来,中国社会的结构发生深刻变动,利益格局深刻调整,思想观念深刻变化,人们的价值观念日益多样化,价值选择也日益多变。这种价值冲突既凸显了凝练和弘扬社会主义核心价值观的必要性和紧迫性,也体现了凝聚和整合当代中国价值共识的艰巨性和复杂性。因此,社会主义核心价值观要有广泛的认同性与实践性,必须突出人民群众的主体性,体现"以人民为中心"的价值导向。广大人民只有真正认识和感觉到社会主义核心价值观与自己根本利益的紧密相关,才会自觉地主动认同社会主义核心价值观。③

社会核心价值观的传播效果,固然取决于其内容本身,但与其表达形式也密切相关。一般来说,高度凝练、简洁明快的话语表达,便于大众的接受和传播,有利于全社会各阶层人群的理解和领会,便于口口相传。社会主义核心价值观要在人民群众的日常生活中生根发芽、开花结果,就必须是反映社会主义本质要求、反映人民群众的价值期待、反映中华民族共同的精神家园,并与社会主义核心价值体系相衔接的共识价值观。由于社会主义核心价值观要为社会不同文化程度和水平的人所接受,语言表述上一定不能过长,越简洁明快越好。比如五四精神,就是"民主与科学",或称为"德先生""赛先生"。又比如,毛泽东将中国共产党人的根本宗旨和核心价值观表达为"为人民服务",既内容丰富深刻,又通俗易懂、简洁明快。大道至简,越简单,越质朴,越贴近和反映广大群众要求的价值观,越具有感召力、影响力、践行力和生命力。

现有的社会主义核心价值体系表述,虽然内容丰富、全面、深刻,但是内容

---

① 《马克思恩格斯选集》第 1 卷,人民出版社 2012 年版,第 11 页。
② 《马克思恩格斯全集》第 2 卷,人民出版社 1957 年版,第 103 页。
③ 参见袁银传、韩玲:《凝练社会主义核心价值观的基本根据》,《马克思主义研究》2013 年第 1 期。

宏大、结构复杂、过于抽象,不仅普通群众不甚了了,就连有些领导干部、专家学者也难以记全,参与度、操作性、亲和力不够。如果社会主义核心价值观表述太长、不便于记忆,就会停留在学术界,或者仅仅被少数领导干部、专家学者所掌握,不能为广大群众所掌握和记忆,就难以大众化。我们党在推进马克思主义大众化的历史进程中,积累了许多成功的经验,社会主义核心价值观的凝练,应该继承这个传统。习近平在中央党校 2010 年春季学期第二批入学学员开学典礼上特别强调,要力戒"长、空、假"文风,力倡"短、实、新"文风,这对于凝练和弘扬社会主义核心价值观也具有极大的启示。凝练社会主义核心价值观要深入浅出、言简意赅,要说出人民群众喜闻乐见的话而不是说人民群众不想听、不愿听、听不懂的话,要运用人民群众喜闻乐见的形式、手段、风格、话语来表达、阐释、传播社会主义核心价值观,依据人民群众的理解能力、认知水平、接受习惯等对社会主义核心价值观进行高度凝练,赋予社会主义核心价值观通俗易懂的表现形式和入耳入脑的传播效果,使其内化为广大人民群众的精神追求,外化为广大人民群众的行为自觉,从而推动社会主义先进文化的建设。党的十八大报告凝练出的社会主义核心价值观,以两字四词为一个层次,分为国家、社会、公民三个层次的表述,虽然是短短二十四个字,但既层次分明、内涵丰富,又简洁明快、便于记忆,就是希望用贴近老百姓的精炼语言,易于普通百姓理解,更易于转化为行动。①

(五)相对稳定性与动态开放性的统一

社会主义核心价值观既具有相对稳定性又是一个动态的开放系统。社会主义社会是不断发展的社会,是与时俱进的社会。社会主义核心价值观作为社会主义本质在精神层面上的集中体现,同样也不是一成不变的僵死的教条,而要随着社会主义实践的发展而不断丰富和发展。因此,我们要用发展的眼光和发展的理念来凝练和概括社会主义核心价值观,即社会主义核心价值观既具有本质的规定性和相对稳定性,又要随着实践的发展而发展;社会主义核

---

① 参见袁银传、韩玲:《凝练社会主义核心价值观的基本根据》,《马克思主义研究》2013 年第 1 期。

心价值观是一个动态的开放系统,要随着社会主义实践的发展不断总结、概括、提炼社会主义核心价值观。① 凝练和概括中国特色社会主义核心价值观,既要坚持科学社会主义的基本原则,又要根据中国实际和时代特征赋予其鲜明的中国特色。②

首先,社会主义核心价值观反映社会主义本质的规定性和相对稳定性,表现为社会主义最终理想的统一性、最高目标的一致性和普遍表现形式的共同性,但并不排斥人们的价值目标在现实过程中的层次性、实践手段上的多样性和特殊内容结构上的差异性或丰富性。核心价值观应该是一个社会最基本的、"最大公约数"、相对比较稳定的价值观。从人类历史看,人类以往社会形态的核心价值观都具有相对稳定性的特征。所以,社会主义核心价值观一旦确立,就应当具有相对稳定性。要使凝练出来的核心价值观既具有前瞻性和相对稳定性,又具有现实指导性和操作性;既反映过去,又指导现在,还展望和引领未来。随着时间的发展,社会主义核心价值观可以随着社会主义社会发展阶段的变化在表述上适当进行不断调整或完善,但其基本原则和基本精神不能变。因而,凝练社会主义核心价值观要慎之又慎。

其次,理论体系的开放性充分体现了马克思主义的本质要求,也为社会主义核心价值观伴随实践和时代的发展而与时俱进地凝练,提供了源泉和动力。从根本上讲,社会主义核心价值观绝不是一成不变的、静态的、封闭的、抽象的观念体系,而是一个不断丰富和发展的开放体系,其凝练与弘扬、培育和践行也是一个不断充实、不断完善的过程,它必将随着社会主义实践的推进而不断发展变化。

再次,作为新时代团结凝聚广大人民群众的共同思想基础和价值共识,社会主义核心价值观离不开中国特色社会主义的伟大实践。中国特色社会主义实践是社会主义核心价值观的源头活水,这就要求我们在凝练和弘扬社会主义核心价值观时,必须坚持马克思主义与时俱进的理论品质,将社会主义在价

---

① 参见袁银传、韩玲:《凝练社会主义核心价值观的基本根据》,《马克思主义研究》2013 年第 1 期。

② 参见袁银传、韩玲:《凝练社会主义核心价值观的基本根据》,《马克思主义研究》2013 年第 1 期。

值观上的理论抽象与当代中国的发展阶段、基本国情、发展主题、历史使命、现实任务相结合,既不能忽视"社会主义"的本质规定和要求,也不能漠视当代中国"初级阶段"的发展实际,要充分彰显中国特色社会主义核心价值观的时代特征和中国特色。

历史和实践都表明,一种核心价值观总是需要一个实践发展和理论总结相互转换、相互推动的较长历史过程,从而达到完备、圆熟的状态,并逐渐实现社会化、大众化。党的十八大对社会主义核心价值观采取这样一种开放性的表述方式,体现了马克思主义与时俱进的时代特色和旺盛生命力,展示了我们党进行实践探索和理论创新的勇气和智慧。现在的这种表述,既将我们现在倡导的理念鲜明地提了出来,有利于推动社会主义核心价值体系建设,又为实践的发展留有充分余地,推动社会主义核心价值观的培育和践行。

凝练社会主义核心价值观不是一蹴而就的,仅从某一方面出发来确立社会主义核心价值观凝练的根据,显然不尽准确。我们在凝练社会主义核心价值观的过程中,既要关注马克思主义理论的经典论述,也要着眼其在社会主义中国的创新发展;既要关注马克思主义世界观方法论的现实运用,也要吸收人类文明发展的积极成果;既要考量人民大众的理论需求,也要把握中国特色社会主义实践的现实要求。党的十八大报告就是坚持把"政治的高度""理论的深度"与"大众的广度"结合起来,凝练出既反映文化传统、时代精神、实践发展又能被人们广泛认同,经得起时间、实践和人民检验的科学而合理的社会主义核心价值观。①

恩格斯曾经指出:"所谓'社会主义社会'不是一种一成不变的东西,而应当和任何其他社会制度一样,把它看成是经常变化和改革的社会。"②中国特色社会主义也不是一个封闭系统,因此,随着社会主义实践的发展,需要对社会主义核心价值观进行不断凝练和做出新的表达。党的十八大以来,随着中国特色社会主义经济建设、政治建设、文化建设、社会建设、生态文明建设"五位一体"总体布局的推进,中国特色社会主义进入新时代,需要在党的十八大

---

① 参见袁银传、韩玲:《凝练社会主义核心价值观的基本根据》,《马克思主义研究》2013 年第 1 期。

② 《马克思恩格斯选集》第 4 卷,人民出版社 2012 年版,第 601 页。

"24 个字"的社会主义核心价值观基础上继续凝练。

首先,可以将社会主义核心价值观集中凝练为"以人民为中心",以体现社会主义核心价值观与封建主义核心价值观、资本主义核心价值观的本质区别。因为封建主义核心价值观的本质是"以等级特权为中心",强调封建的"礼制"即"君君臣臣、父父子子";资本主义核心价值观的本质是"以金钱为中心",追求剩余价值和利润的最大化是资本主义生产铁的规律;而社会主义核心价值观则是"以人民为中心",全心全意为人民服务是共产党人的根本宗旨,满足人民日益增长的美好生活需要是社会主义的根本价值追求。

其次,可以增加"美丽"作为国家层面的社会主义核心价值观以体现中国特色社会主义"五位一体"建设的整体性要求。中国特色社会主义建设是包括经济建设、政治建设、文化建设、社会建设、生态文明建设的"五位一体"的有机统一整体,"富强"是中国特色社会主义经济活动追求的价值目标,"民主"是中国特色社会主义政治活动追求的价值目标,"文明"是中国特色社会主义活动追求的价值目标,"和谐"是中国特色社会主义社会建设活动追求的价值目标,而"美丽"则是中国特色社会主义生态文明建设活动追求的价值目标,同时也是中国特色社会主义建设的整体目标和落脚点。另外,增加"美丽"作为社会主义核心价值观也与中国特色社会主义进入新时代、我国社会主要矛盾变化发展相一致,新时代我国社会主要矛盾已经转化为人民日益增长的美好生活需要和不平衡不充分的发展之间的矛盾,"美丽"价值观与"美好"生活需要相对应、相一致,既符合逻辑,也是大众化,人民群众也好理解和接受。

二、社会主义核心价值观的概括与表达

社会主义核心价值观可以集中概括为"以人民为中心"(或者"以人民为本"),通俗表达是"为人民服务"。"以人民为中心""为人民服务"集中体现了社会主义核心价值观的实质、核心和灵魂。"以人民为中心"的价值观体现在人民本位、人民主体、人民立场、人民取向、人民目标等多个价值层面。"以人民为中心"(或者"以人民为本")的价值观是在同封建主义"以权为本"的价值观(特权中心、一切向"权"看、"克己复礼为仁"、维护封建等级

尊卑秩序的"礼")以及资本主义"以钱为本"的价值观(金钱中心、一切向"钱"看、拜金主义、享乐主义、个人主义)的对立与比较中,获得其内在的规定性的。

马克思主义视域中的"以人为本"实际是"以人民为本""以人民为中心",其在中国共产党人的话语表达中是"为人民服务",基本遵循和价值原则是集体主义。"以人民为中心""为人民服务""集体主义"是对社会主义的价值主体、价值目标、价值原则在不同层面上的表达,它们是"三位一体"的有机统一整体。① "以人民为中心"的价值观是对中国传统民本价值观中合理思想的继承和发展,是对近代以来西方人本主义价值观的辩证否定与历史超越②,是马克思主义和社会主义价值观的核心与灵魂。

(一)以人为本与中国传统民本主义③

在中国的传统思想文化中,民本、人本的思想资源非常丰富。中国传统文化价值系统的确立、中国传统文化主体内容的嬗变、中国古代各种哲学流派、思想文化思潮的关注焦点,以及整个中国传统文化的政治主题和伦理主题,都始终围绕着人与自然的关系特别是人与社会之间的关系、人与人之间以及人的心性关系而展开。人为万物之灵,天地之间人最为可贵,以人为本,是中国传统文化特别是儒家文化的基调。

民本思想萌芽于殷周时期,形成于春秋战国,发展于汉唐,成熟于明清,传承了几千年,可谓源远流长。《尚书·泰誓》记载,"惟天地万物父母,惟人万物之灵"据考证,这是中国文字记载中最早对人的价值的肯定。"民本"一词,语出《尚书·五子之歌》:"民惟邦本,本固邦宁。"《管子·霸业》曰:"夫霸王之所始也,以人为本,本治则国固,本乱则国危。"这是现在从中国古代文献中

---

① 参见袁银传:《马克思主义视域中的以人为本及其对民本主义和人本主义的超越》,《学校党建与思想教育》2016 年第 9 期。

② 参见袁银传:《马克思主义视域中的以人为本及其对民本主义和人本主义的超越》,《学校党建与思想教育》2016 年第 9 期。

③ 参见袁银传:《马克思主义视域中的以人为本及其对民本主义和人本主义的超越》,《学校党建与思想教育》2016 年第 9 期。

找到的直接使用"以人为本"的话语。①

春秋战国时代,儒、道、墨、法家都具有以"民为贵"的重民思想,对后世的影响非常深远。其中尤其是以儒家孔子提出的"仁者爱人"、孟子的"民贵君轻"的"变置论"以及荀子的"舟水之喻"最为著名。孔子极其重视民众的力量。在他看来,治国安邦,头等重要的事情是得民心;而得民心,最要紧的又是不要失信于民,把民心的得失视为治国安邦的根本。孔子强调"仁者人也",仁者"爱人",提倡"爱民""养民""惠民""裕民"等等,提出"节用而爱人,使民以时"②,并有"修己以安人""修己以安百姓"的主张,在"民、食、丧、祭"③中,民列第一。

孟子在继承孔子人本思想的基础上,提出了"民为贵,社稷次之,君为轻"④的著名民贵思想,把民本思想发展到了一个新的阶段,并且影响了中国几千年,成为历代封建社会开明统治者维护其政治统治的座右铭。孟子教导统治者说:"桀纣之失天下也,失其民也。失其民者,失其心也。得天下有道,得其民,斯得天下矣。得其民有道,得其心,斯得民矣。"⑤孟子强调:"得民心者得天下","失其民者失天下",进而主张统治阶级要"制民之产""保民而王"。荀子继承了孟子的民本思想,认为"天之生民,非为君也。天之立君,以为民也"⑥,彰显人民群众的主体价值。他把君民关系比喻成舟与水之间的关系,他说:"君者,舟也,庶人者,水也。水则载舟,水则覆舟。"⑦提醒封建统治阶级不可忽视人民的力量和作用,要想维持统治阶级的稳固政权,就必须重视人民群众的作用。⑧

儒家的后继者们进一步发展民本主义理论,使其内涵更加丰富和完备。

---

① 参见袁银传:《马克思主义视域中的以人为本及其对民本主义和人本主义的超越》,《学校党建与思想教育》2016 年第 9 期。

② 《论语·学而》。

③ 《论语·尧曰》。

④ 《孟子·尽心下》。

⑤ 《孟子·离娄上》。

⑥ 《荀子·大略》。

⑦ 《荀子·王制》。

⑧ 参见袁银传:《马克思主义视域中的以人为本及其对民本主义和人本主义的超越》,《学校党建与思想教育》2016 年第 9 期。

西汉贾谊提出："夫民者,万世之本也。""国以民为本,社稷亦为民而立。"①唐太宗李世民认定"君依于国,国依于民"②,进而强调:"凡事皆须务本。国以人为本"。③ 白居易在总结历史经验教训的基础上,进一步阐述了荀子的"舟水"之论。他说:"得其人,失其人,非一朝一夕之故,其所由来者渐矣。天地不能顿为寒暑,必渐于春秋;人君不能顿为兴亡,必渐于善恶。善不积,不能勃焉而兴;恶不积,不能忽焉而亡。善与恶,始系于君也;兴与亡,始系于人也。何则?君苟有善,人必知之;知之又知之,其心归之;归之又归之,则载舟之水,由是积焉。君苟有恶,人亦知之;知之又知之,其心去之;去之又去之,则覆舟之水,由是作焉。""邦之兴,由得人也;邦之亡,由失人也。"④苏轼通过自己丰富的政治实践也认识到人心的重要性,"人主之所恃者,人心而已。人心之于人主也,如木之有根,如灯之有膏,如鱼之有水,如农夫之有田,如商贾之有财。木无根则槁,灯无膏则灭,鱼无水则死,农夫无田则饥,商贾无财则贫,人主失人则亡,此必然之理,不可逭之灾也。其为可畏,从古以然。"⑤

北宋张载宣传"民胞物与"⑥;司马光则认为民是"国之堂基"⑦;朱熹也指出"天下之务莫大于恤民"⑧;"闻之于政也,民无不为本也。国以为本,君以为本,吏以为本。故国以民为安危,君以民为威侮,吏以民为贵贱。此之谓民无不为本也"⑨。明末清初的王夫之说:"君以民为基……无民而君不立。"⑩明末清初早期的启蒙思想家唐甄更明确地指出:"自天子至于县丞史,皆食于农""府库民充之""官职民养之"⑪。认为如果丧失民心,民众起来造反,是任何力量也阻挡不住的。"天下之大可恃乎? 甲兵之多可恃乎? 君惟不义无道

---

① 《贾谊新书卷九·大政上》
② 《资治通鉴》卷一九二。
③ 《贞观政要·务农》。
④ 《白居易集》卷六二。
⑤ 《苏轼文集》。
⑥ 《西铭》。
⑦ 《惜时》。
⑧ 《宋史·朱熹传》。
⑨ 《孟子集注·尽心下》。
⑩ 《周易外传》卷二。
⑪ 《潜书·明鉴》。

于民,虽九州为宅,九川为防,九山为阻,破之如椎雀卵也。虽尽荆蛮之金以为兵,尽畿省之籍以为卒,推之如蹶弱童也。"①

20世纪中国的民本主义传承了传统儒家的民本主义,同时,它又是中西文化相结合的产物。其中最具代表性的当推孙中山先生提出的三民主义:民族、民权、民生。特别是他所倡导的以民生问题为核心的民生主义思想,是其三民主义思想宝库中的瑰宝之一。在孙中山看来:"民生就是人民的生活、社会的生存、国民的生计、群众的生命。"②孙中山的民生主义思想,是以中国几千年的传统思想文化为基础,并且吸收了近代欧美资本主义发展的经验教训,为中国社会发展规划了一条较为符合国情的发展道路。孙中山试图通过三民主义,使中国既能够走上民富国强的现代化道路,又能够摆脱欧美资本主义发展中出现的动荡和危机。尽管三民主义终究不能引导中国走向现代化道路,但却是孙中山先生终其一生为之奋斗的建设强盛中国的社会理想。③

由上可见,民本思想贯穿于整个中国传统思想文化中,是中华民族传统文化所包含的一个基本价值理念。正如金耀基所指出的:"中国自孔孟以迄黄梨洲、谭嗣同,一直都有一极强的民本思想贯串着。任何一位大儒,都几乎是民本思想的鼓吹者。"④民本思想在我国历史上曾经发生过重要影响,发挥过巨大的历史作用,具有重要的历史价值。它重视民众的作用,维护民众的利益,具有深刻的民本性、人民性和进步性。在中国的封建社会中,民本思想对于缓和当时的阶级矛盾和冲突、维护社会政治稳定、恢复和发展社会生产,都发挥着重要的作用。长期以来,民本主义思想像一条中轴线,中国历代封建统治者的政策措施都是围绕这根轴线波动。因此,民本思想的提出和发展,对于中国传统社会的发展进步和传统政治思想的形成有一定的积极意义,在今天也仍然具有重要的现实价值。但是,民本思想虽然强调了人民的重要作用,客

① 《潜书·远谏》。
② 孙中山:《三民主义》,岳麓书社2000年版,第167页。
③ 参见袁银传:《马克思主义视域中的以人为本及其对民本主义和人本主义的超越》,《学校党建与思想教育》2016年第9期。
④ 金耀基:《从传统到现代》,中国人民大学出版社1999年版,第21页。

观上有利于维护人民的利益,从总体上看,它并没有把人民群众作为社会历史的主体和真正的主人,而是从封建统治阶级立场出发,以稳定现存社会的秩序,维护剥削阶级的统治地位为归宿,倡导民本只是一种统治手段。历代统治者都热衷于宣扬"民本",推崇儒学,并逐渐使之成为占统治地位的意识形态和禁锢人民思想的舆论工具,大多因为这些民本思想所致力于构建的是一个纲常有序、人有差等的人伦社会,其爱民、体民、恤民、保民的目的是为了劳民、驭民以达到"君子安位",最终目的是为了实现"君君臣臣"的"君本主义",因而具有无法克服的历史局限性和阶级局限性。作为中国阶级社会开明统治者推崇的治国理政的基本理念,民本思想同样打上了阶级和时代的烙印,这是民本思想的严重缺陷,它与以人为本所蕴含的现代民主、平等、公正等价值理念有着本质的区别。

"以人为本"与中国传统的民本思想有着内在的一致性,是一个富有中国文化底蕴的理念,它充分继承和发展了民本思想中合理的思想内容。但是,中国传统民本思想因其时代与阶级的局限,已经不足以满足今天新时代发展的实际需要。因此,我们在继承和弘扬民本思想的合理内容的同时,必须清醒认识到其不足之处,并着眼于现实的需要,用时代发展的最新成果去进行创造性转化和创新性发展。"以人民为中心"思想正体现了中国特色社会主义进入新时代的特点和时代要求,是对中国传统民本思想的超越和升华。①

(二)以人为本与近现代西方人本主义②

在西方思想发展史中,人本主义历史观具有悠久的传统和深远的历史影响。③ 早在古希腊时期,政治家伯里克利就主张:"人是第一重要的,其他都是人的劳动成果。"智者派普罗泰戈拉更明确指出:"人是万物的尺度"。这一命题标志着智者派把哲学研究的对象由外在自然转向了作为主体的人,标志着

---

① 参见袁银传:《马克思主义视域中的以人为本及其对民本主义和人本主义的超越》,《学校党建与思想教育》2016 年第 9 期。
② 参见袁银传:《马克思主义视域中的以人为本及其对民本主义和人本主义的超越》,《学校党建与思想教育》2016 年第 9 期。
③ 参见袁银传:《马克思主义视域中的以人为本及其对民本主义和人本主义的超越》,《学校党建与思想教育》2016 年第 9 期。

人作为主体的自我意识的觉醒,最终确立了人的主体性地位和价值。① 此后,苏格拉底将古希腊哲学由自然哲学转向伦理学,全方位地彰显人的主体性。对此,美国著名学者安·邦纳曾经作过这样的评论:"全部希腊文明的出发点和对象是人,它从人的需要出发,它注意的是人的利益和进步,为了求得人的利益和进步,它同时既探索世界也探索人,通过一方探索另一方。"②

在西方中世纪,哲学成为"神学的婢女",人的主体地位被神所湮没。直到近代,以人文主义思潮兴起为标志的欧洲文艺复兴思潮,把人对神的敬畏,转向对人自身的崇尚。文艺复兴,从根本上讲,是在资本主义兴起的条件下对古希腊罗马哲学中以人为中心的思想的复兴。启蒙思想家们通过复兴古代希腊的文化教育艺术,宣扬人性和人道,歌颂人的伟大,赞扬人的价值,重视人的地位,维护人的尊严,追求人的解放和幸福。他们提出理性是人性的基础,人是有自由意志的;强调应该满足人的欲望和需求,使人能够自由地发展自己的个性,造就多才多艺、全知全能的人;等等。文艺复兴运动使人本主义发展成为一种较系统的思想理论体系,人本主义(Humanism)这个词也是在这个时期才出现的。人本主义作为反对中世纪宗教神权统治的意识形态工具,使整个社会意识发生从"神本位"向"人本位"的转变,成为欧洲资产阶级革命的思想理论先导。到17—18世纪,反封建的启蒙运动思想家和政治家们进一步弘扬文艺复兴时期的人文主义传统,把它提升成为以自由、民主、平等、博爱、人权为核心的资产阶级革命的政治纲领。③

到德国古典哲学,康德和费尔巴哈都阐发了哲学形态的比较完整的人本主义思想。康德重视人的生存和价值,强调人是目的而不是手段,人为自然立法。费尔巴哈虽然不理解人的社会关系,但他把人看成是至高无上的存在和哲学研究的对象。他以抽象的自然的人为对象,以此为基础建立起人本主义哲学体系,并且提出了合理的利己主义的道德观点、国家学说和唯心主义的社

---

① 参见袁银传:《马克思主义视域中的以人为本及其对民本主义和人本主义的超越》,《学校党建与思想教育》2016年第9期。
② [美]安·邦纳:《希腊文明》,转引自[苏]鲍·季·格里戈里扬:《关于人的本质的哲学》,汤侠声等译,生活·读书·新知三联书店1984年版。
③ 参见袁银传:《马克思主义视域中的以人为本及其对民本主义和人本主义的超越》,《学校党建与思想教育》2016年第9期。

会历史观,强调人在生物学意义上对自然界、他人和社会的依赖。费尔巴哈的人本主义哲学吸取了人类历史上的唯物主义特别是 18 世纪法国唯物主义的传统,站在唯物主义的角度,恢复了人的自然形象和地位,批判了黑格尔思辨哲学的客观唯心主义体系,为马克思的人学理论及 20 世纪的人本学说提供了思想资源。①

与西方近代人本主义的理性主义传统不同,现代西方人本主义极力宣扬非理性主义,强调人的意志、情感、直觉、顿悟等非理性心理体验及其作用。现代人本主义对于世界前途与人的现实生活,在一定程度上持悲观主义态度,在人生、伦理、价值问题上缺乏积极向上的精神追求。因此,现代西方人本主义在人的问题上与传统人本主义的偏离,既表现出西方资本主义社会种种病态现象,又是当代西方资本主义经济发展、政治矛盾、社会危机在文化上的反映。

总的来说,人本主义以人性反对神性、人道对抗神道、人权反对神权和封建特权、以民主反对封建专制、自由反对禁锢,弘扬人的主体性和创造性,反对宗教神学的束缚和封建专制主义压迫,具有历史进步性。但是,尽管人本主义者都试图给出一个关于"人"的合理答案,最终都无法摆脱唯心主义历史观的窠臼而具有极端的片面性和抽象性,也无法摆脱其资产阶级局限性而带有欺骗性。正因为人本主义的哲学基础是历史唯心主义的抽象人性论,因此,人本主义虽然在反对封建主义过程中具有历史进步性和革命性,但其所谓的"人本"最终实际上走向"资本",它不可能超越历史的局限和阶级的局限,难免陷入无法解脱的困境和危机。

总之,现今被称为中国"民本主义"和西方"人本主义"的两种思潮,都是曲折流传,派别多样,观点复杂。但需要肯定的是,他们都在不同程度上包含有现在我们所说的"以人为本"的思想因素,同时又都有各自所处时代的局限性和阶级的局限性,都没有超越封建主义或资本主义的历史局限性。作为社会主义核心价值观的"以人为本",要借鉴吸收中国"民本主义"和西方"人本

---

① 参见袁银传:《马克思主义视域中的以人为本及其对民本主义和人本主义的超越》,《学校党建与思想教育》2016 年第 9 期。

主义"价值观的合理因素和有益成果,创造性地转化和创新性地发展"以人为本"的合理思想,赋予"以人民为本"的阶级本质和科学内涵。①

(三)马克思主义视域中的以人为本实质是以人民为本②

真正超越"民本"思想和人本主义,对"以人为本"做出科学说明的是马克思。马克思主义的唯物史观本质上就是以人民为本的历史观,马克思走向历史的深处,从物质资料生产方式出发科学揭示人类社会发展规律的同时,也指明了物质资料生产的主体——人民群众创造历史的活动规律。历史唯物主义强调人民群众是历史的创造者,是推动社会发展的决定力量;人民群众是生产力中最活跃、最能动、最革命的因素,是先进生产力的代表,是社会物质财富和精神财富的创造者,是社会变革的决定性力量。这就摆脱了启蒙思想家和思辨哲学关于人本、人道的抽象空洞的议论,第一次将"以人为本"的思想奠定在历史唯物主义的科学基础之上,赋予"以人为本"科学而实际的内涵,成为无产阶级及其政党认识世界和改造世界的重要指导原则。③

唯物史观是关于现实的人及其发展规律的科学,人的自由全面发展是其理论的核心要义和最终归宿。在马克思看来,历史进步是社会发展与人的发展相统一的自然历史过程,人的需要及其引发的社会基本矛盾是社会发展的源泉和动力,社会发展的最终目的是为了实现人的自由而全面的发展。马克思主义认为"以人为本"实际上是以人的本质为本,就是要根据人的本质来引导和规范社会和人自身的发展。④ 关于什么是人的本质,马克思在《关于费尔巴哈的提纲》中指出:"人的本质不是单个人所固有的抽象物,在其现实性上,它是一切社会关系的总和。"⑤在《1844 年经济学哲学手稿》中,马克思强调:

---

① 参见袁银传:《马克思主义视域中的以人为本及其对民本主义和人本主义的超越》,《学校党建与思想教育》2016 年第 9 期。

② 参见袁银传:《马克思主义视域中的以人为本及其对民本主义和人本主义的超越》,《学校党建与思想教育》2016 年第 9 期。

③ 参见袁银传:《马克思主义视域中的以人为本及其对民本主义和人本主义的超越》,《学校党建与思想教育》2016 年第 9 期。

④ 参见袁银传:《马克思主义视域中的以人为本及其对民本主义和人本主义的超越》,《学校党建与思想教育》2016 年第 9 期。

⑤ 《马克思恩格斯选集》第 1 卷,人民出版社 2012 年版,第 139 页。

"自由的有意识的活动恰恰就是人的类特性。"①在《德意志意识形态》中,马克思指出:"各个人的世界历史性的存在,也就是与世界历史直接相联系的各个人的存在。"②从这些论述中我们可以看出,马克思认为人的本质是个人、群体、类相统一的现实的人的实践活动,是自然因素、社会因素和精神因素统一的世界历史性的存在。在《1844年经济学哲学手稿》中,马克思指出:"共产主义是私有财产即人的自我异化的积极的扬弃,因而是通过人并且为了人而对人的本质的真正占有;因此,它是人向自身、向社会的(即人的)人的复归,这种复归是完全的、自觉的而且保存了以往发展的全部财富的。"③在《共产党宣言》中,马克思恩格斯写道:"代替那存在着阶级和阶级对立的资产阶级旧社会的,将是这样一个联合体,在那里,每个人的自由发展是一切人的自由发展的条件。"④由此可见,在马克思看来,实现"人的全面而自由的发展",达到人的自由全面发展以及人与自然、人与社会、人与人之间的真正和谐⑤,才是社会发展和人类实践活动的最终目的。马克思主义视域中的"以人为本",充分肯定了人特别是人民群众在社会历史发展中的主体地位和创造者作用,强调人的自由全面发展是人类一切活动的最终目的。

人是未完成的,人的存在、本质及其具体内涵是不断发展变化的。马克思主义视域中的"人"和"以人为本"是一个历史范畴,在不同国家及其发展的不同历史阶段,有着不同的内容和形式。中国共产党人继承和发展了马克思主义经典作家的人学思想,赋予其"以人民为中心""为人民服务"的中国式表达。⑥

以毛泽东同志为主要代表的中国共产党人,在领导中国革命和建设过程中,深刻认识到人在社会发展中的主体作用,对人的地位、人的作用、人的价值

---

① 《马克思恩格斯选集》第1卷,人民出版社2012年版,第56页。

② 《马克思恩格斯选集》第1卷,人民出版社2012年版,第167页。

③ 马克思:《1844年经济学哲学手稿》,人民出版社1985年版,第77页。

④ 《马克思恩格斯选集》第1卷,人民出版社2012年版,第422页。

⑤ 参见袁银传:《马克思主义视域中的以人为本及其对民本主义和人本主义的超越》,《学校党建与思想教育》2016年第9期。

⑥ 参见袁银传:《马克思主义视域中的以人为本及其对民本主义和人本主义的超越》,《学校党建与思想教育》2016年第9期。

以及人性、人的自由和平等、教育的目的和方针等,作了科学而深刻的论述。毛泽东指出,人是人世间最重要的要素,明确提出:"世间一切事物中,人是第一个可宝贵的。"①,并深刻指出:"人民,只有人民,才是创造世界历史的动力。"②毛泽东把马克思主义基本原理同中国具体实际相结合,提出了"全心全意为人民服务"的科学论断,认为共产党人除了人民的利益之外没有自己的特殊利益。毛泽东以"为人民服务"五个大字,简洁通俗而又深刻地表达了共产党人的根本宗旨和"以人为本"的深刻内涵。③

以邓小平同志为主要代表的中国共产党人,坚持把社会发展与人的发展有机统一起来。④ 邓小平创立的中国特色社会主义理论,将"什么是社会主义,怎样建设社会主义"作为两个首要的基本问题提了出来,并对社会主义的本质作了创造性的回答和表述:"社会主义的本质,是解放生产力,发展生产力,消灭剥削,消除两极分化,最终达到共同富裕。"⑤把发展生产力、摆脱贫困作为人的全面发展的首要前提,把消灭剥削、消除两极分化,最终达到共同富裕作为社会主义追求的根本价值目标,把人民"赞成不赞成""拥护不拥护""高兴不高兴""答应不答应"作为判断社会主义改革开放得失成败以及党和政府各项工作的根本价值标准。邓小平旗帜鲜明地反对从抽象的人道主义角度,来看待和评价我国社会主义建设过程中的失误,把物质文明和精神文明一起抓、促进人的发展作为建设中国特色社会主义的重要任务,把"是否有利于提高人民的生活水平"作为判断社会主义改革开放过程中是非得失的"三个有利于"标准之一,从而进一步丰富了"为人民服务"的时代内涵。他还倡导要尊重群众的首创精神,要尊重知识、尊重人才,充分调动发挥人民群众社会主义建设的积极性。⑥

---

① 《毛泽东选集》第四卷,人民出版社 1991 年版,第 1512 页。
② 《毛泽东选集》第三卷,人民出版社 1991 年版,第 1031 页。
③ 参见袁银传:《马克思主义视域中的以人为本及其对民本主义和人本主义的超越》,《学校党建与思想教育》2016 年第 9 期。
④ 参见袁银传:《马克思主义视域中的以人为本及其对民本主义和人本主义的超越》,《学校党建与思想教育》2016 年第 9 期。
⑤ 《邓小平文选》第三卷,人民出版社 1993 年版,第 373 页。
⑥ 参见袁银传:《马克思主义视域中的以人为本及其对民本主义和人本主义的超越》,《学校党建与思想教育》2016 年第 9 期。

党的十三届四中全会以来,以江泽民同志为主要代表的中国共产党人,牢牢把握发展这个时代主题和第一要务,总结社会主义建设的历史经验,借鉴发达国家的发展经验,适时提出了"促进人的全面发展"重要思想,并且明确提出"两个历史过程"相统一,亦即社会的全面发展与人的全面发展过程相统一的重要思想。江泽民指出:"社会生产力和经济文化的发展水平是逐步提高、永无止境的历史过程,人的全面发展程度也是逐步提高、永无止境的历史过程。这两个历史过程应相互结合、相互促进地向前发展。"①可以说,明确提出"两个历史过程"相统一的重要思想,并且用来指导社会主义建设实践,这在马克思主义的发展史上还是第一次。江泽民集中全国全党的集体智慧提出"三个代表"重要思想作为党的执政理念,强调"中国共产党要始终代表最广大人民的根本利益",并且将人的自由全面发展与经济社会发展紧密结合起来,强调我们建设中国特色社会主义的各项事业,我们进行的一切工作,既要着眼于人民现实的物质文化生活需要,又要着眼于人民群众素质的提高,也要努力促进人的全面发展。"发展是党执政兴国的第一要务"、人的自由全面的发展与经济社会发展互动的理论、"三个代表"重要思想,都从更深的层次上体现了对人民主体地位的尊重和弘扬。江泽民强调:"全心全意为人民服务,立党为公,执政为民,是我们党同一切剥削阶级政党的根本区别。任何时候我们都必须坚持尊重社会发展规律与尊重人民历史主体地位的一致性,坚持为崇高理想奋斗与为最广大人民谋利益的一致性,坚持完成党的各项工作与实现人民利益的一致性。"②

从党的十六大到党的十八大,以胡锦涛同志为主要代表的中国共产党人,提出并且贯彻落实科学发展观,强调"科学发展观的核心是以人为本",并且明确提出:全心全意为人民服务是党的根本宗旨,党的一切奋斗和工作都是为了造福人民。要始终把实现好、维护好、发展好最广大人民的根本利益作为党和国家一切工作的出发点和落脚点,尊重人民主体地位,发挥人民首创精神,保障人民各项权益,走共同富裕道路,促进人的全面发展,做到发展为了人民、

---

① 《江泽民文选》第三卷,人民出版社 2006 年版,第 295 页。
② 《江泽民文选》第三卷,人民出版社 2006 年版,第 279 页。

发展依靠人民、发展成果由人民共享。①

　　党的十八大以来，以习近平同志为主要代表的中国共产党人，始终坚持"以人民为中心"的思想和价值理念，自觉践行全心全意为人民服务的根本宗旨。在论述治国理政基本理念时，习近平指出："必须牢记我们的共和国是中华人民共和国，始终要把人民放在心中最高的位置，始终全心全意为人民服务，始终为人民利益和幸福而努力工作。"②在论述党和政府工作目标和历史责任时，习近平指出："我们的人民热爱生活，期盼有更好的教育、更稳定的工作、更满意的收入、更可靠的社会保障、更高水平的医疗卫生服务、更舒适的居住条件、更优美的环境，期盼孩子们能成长得更好、工作得更好、生活得更好。人民对美好生活的向往，就是我们的奋斗目标。"③必须始终"坚持中国特色社会主义理论体系中贯穿的马克思主义立场，始终站在人民大众立场上，立党为公、执政为民，把服务群众、造福百姓作为最大责任"④。在论述中国梦时，习近平指出："中国梦归根到底是人民的梦，必须紧紧依靠人民来实现，必须不断为人民造福。"⑤在谈到改革开放问题时，习近平强调，改革开放是亿万人民自己的事业，必须坚持尊重人民首创精神，善于从人民的实践创造和发展要求中完善政策主张。"只要与人民同甘共苦，与人民团结奋斗，就没有克服不了的困难，就没有完成不了的任务。"⑥在论述评价党和政府工作成效标准时，习近平指出："检验我们一切工作的成效，最终都要看人民是否真正得到了实惠，人民生活是否真正得到了改善，这是坚持立党为公、执政为民的本质要求，是党和人民事业不断发展的重要保证。"⑦在党的十九大报告中论述新时代中

　　① 参见袁银传：《马克思主义视域中的以人为本及其对民本主义和人本主义的超越》，《学校党建与思想教育》2016 年第 9 期。

　　② 《习近平在第十三届全国人民代表大会第一次会议上的讲话》，《人民日报》2018 年 3 月 21 日。

　　③ 《人民对美好生活的向往就是我们的奋斗目标》，《人民日报》2012 年 11 月 16 日。

　　④ 习近平：《深入学习中国特色社会主义理论体系　努力掌握马克思主义立场观点方法》，《求是》2010 年第 7 期。

　　⑤ 《习近平在第十二届全国人民代表大会第一次会议上的讲话》，《人民日报》2013 年 3 月 18 日。

　　⑥ 《习近平接受金砖国家媒体联合采访》，《人民日报》2013 年 3 月 20 日。

　　⑦ 习近平：《全面贯彻落实党的十八大精神要突出抓好六个方面工作》，《求是》2013 年第 1 期。

国特色社会主义思想的基本内涵和基本方略时,习近平强调,全党要深刻领会新时代中国特色社会主义思想的精神实质和丰富内涵,在各项工作中全面准确贯彻落实"坚持以人民为中心"①等基本方略。

从党的十八大以来以习近平同志为核心的党中央治国理政的理路可以看出,从"中国梦是人民梦"的提出到"改革开放必须坚持尊重人民首创精神"的强调,从密切联系群众、加强党的作风建设到确立"共享"发展理念和"坚持以人民为中心"的基本方略,都充分彰显了以习近平同志为主要代表的中国共产党人积极培育和自觉践行"以人民为中心"的人民主体价值观的高度自觉。②

(四)以人民为中心与社会主义核心价值观的集中凝练和通俗表达

在党的十八大"三个倡导"24 个字的社会主义核心价值观基础上,可以将社会主义核心价值观集中凝练和通俗表达为"以人民为中心"(或者"为人民服务")。这种凝练和概括表达既有文本依据,也有现实依据;既简明扼要,又通俗易懂。

马克思恩格斯在《共产党宣言》中明确把无产阶级的运动(国际共产主义运动)看作是绝大多数人的、为绝大多数人谋利益的独立的运动,共产党"没有任何同整个无产阶级的利益不同的利益"③。马克思在《法兰西内战》总结了巴黎公社的基本原则:把官僚国家改造为工人阶级领导的崭新的劳动人民当家作主的新式国家,消灭任何官僚特权,把国家官僚改造为全心全意为人民服务的人民公仆,由人民自己选举并可随时罢免的人民代表取代旧式官僚来管理国家,使人民代表置于人民的监督之下,向他的选民和人民负责,定期向人民汇报工作,由人民来决定他们的工作岗位和职责,决定他们的去留。④

---

① 习近平:《决胜全面建成小康社会 夺取新时代中国特色社会主义伟大胜利——在中国共产党第十九次全国代表大会上的报告》,人民出版社 2017 年版,第 21 页。

② 参见袁银传:《马克思主义视域中的以人为本及其对民本主义和人本主义的超越》,《学校党建与思想教育》2016 年第 9 期。

③ 《马克思恩格斯文集》第 2 卷,人民出版社 2009 年版,第 44 页。

④ 参见袁银传、韩玲:《凝练社会主义核心价值观的基本根据》,《马克思主义研究》2013 年第 1 期。

以毛泽东同志为主要代表的中国共产党人在领导中国人民取得民主革命胜利之后，在探索社会主义道路的过程中，逐渐认识到人在社会发展中的作用，对人的地位、人的作用、人的价值、人性、人的自由和平等、教育的目的和方针作了深入阐述。毛泽东把马列主义基本原理和中国具体实际相结合，提出了"全心全意为人民服务"的科学论断，认为共产党人除了人民的利益之外没有自己特殊的利益。毛泽东以"为人民服务"通俗而深刻地表达了共产党人的根本宗旨和社会主义核心价值观。在《论联合政府》的政治报告中，毛泽东指出："我们共产党人区别于其他任何政党的又一个显著的标志，就是和最广大的人民群众取得最密切的联系。全心全意地为人民服务，一刻也不脱离群众；一切从人民的利益出发，而不是从个人或小集团的利益出发；向人民负责和向党的领导机关负责的一致性；这些就是我们的出发点。共产党人必须随时准备坚持真理，因为任何真理都是符合于人民利益的；共产党人必须随时准备修正错误，因为任何错误都是不符合于人民利益的。"①

以邓小平同志为主要代表的中国共产党人，坚持把社会发展与人的发展统一起来。邓小平创立的中国特色社会主义理论，将"什么是社会主义，怎样建设社会主义"作为两个首要的基本问题提了出来，并对社会主义的本质作了创造性的回答，把发展生产力、摆脱贫困作为人的全面发展的首要前提，把消灭剥削、消除两极分化，最终达到共同富裕作为社会主义的追求目标，把人民"拥护不拥护""赞成不赞成""高兴不高兴""答应不答应"作为判断社会主义改革开放得失成败以及党和政府制定各项方针政策的出发点和落脚点；他旗帜鲜明地反对从抽象的人道主义角度来看待我们在社会主义建设过程中的失误，把促进人的发展作为我们建设中国特色社会主义的重要任务；以听取群众呼声、了解群众情绪、代表群众利益，作为我们一切工作的出发点；把"是否有利于提高人民的生活水平"作为判断社会主义改革开放过程中是非得失的"三个有利于"标准之一；进一步丰富了"为人民服务"的内涵，倡导要尊重群众的首创精神，要尊重知识、尊重人才，充分发挥人民群众的社会主义建设的积极性。

---

① 《毛泽东选集》第三卷，人民出版社 1991 年版，第 1094—1095 页。

党的十三届四中全会后,以江泽民同志为主要代表的中国共产党人,牢牢把握发展这个时代主题,借鉴西方资本主义国家的发展经验,根据我国经济社会发展取得巨大成就的情况,适时提出了"促进人的全面发展"思想,并明确提出"两个历史过程"相统一,亦即社会的全面发展与人的全面发展过程相统一的重要思想。江泽民指出:"社会生产力和经济文化的发展水平是逐步提高、永无止境的历史过程,人的全面发展程度也是逐步提高、永无止境的历史过程。这两个历史过程应相互结合、相互促进地向前发展。"①可以说,明确提出这一思想,并用来指导党的实践,这在马克思主义的发展史上还是第一次。江泽民集中全国全党的集体智慧提出"三个代表"重要思想作为党的执政理念,要求"中国共产党要始终代表最广大人民的根本利益",并将人的自由全面发展和经济社会发展紧密联系起来,强调我们建设中国特色社会主义的各项事业,我们进行的一切工作,既要着眼于人民现实的物质文化生活需要,又要着眼于人民素质的提高,也要努力促进人的全面发展。"发展是执政兴国的第一要务"、人的自由全面的发展与经济社会发展互动的理论、"三个代表"重要思想,都从更深的层次上体现了对人民主体地位的尊重与弘扬。江泽民强调:"全心全意为人民服务,立党为公,执政为民,是我们党同一切剥削阶级政党的根本区别。"②

胡锦涛强调科学发展观的核心是以人为本,并且明确提出:全心全意为人民服务是党的根本宗旨,党的一切奋斗和工作都是为了造福人民。要始终把实现好、维护好、发展好最广大人民的根本利益作为党和国家一切工作的出发点和落脚点,尊重人民主体地位,发挥人民首创精神,保障人民各项权益,走共同富裕道路,促进人的全面发展,做到发展为了人民、发展依靠人民、发展成果由人民共享。正是在对人的发展有了充分认识的基础上,以胡锦涛同志为主要代表的中国共产党人提出了"以人为本"的科学发展观,以最大限度地为人民谋利益为价值取向,以实现人的自由全面发展为最终目标,以全面推进社会主义物质文明、政治文明、精神文明和生态文明建设为现实出发点,不断向党

---

① 《江泽民文选》第三卷,人民出版社 2006 年版,第 295 页。
② 《江泽民文选》第三卷,人民出版社 2006 年版,第 279 页。

的最终目标迈进,从而使科学发展观具有了与以往传统发展观不同的新特点。

党的十八大以来,以习近平同志为主要代表的中国共产党人,始终坚持马克思主义群众史观,尊重人民群众的主体地位,坚持人民主体的价值理念,自觉践行全心全意为人民服务的宗旨,把毛泽东"全心全意为人民服务"思想、邓小平"三个有利于标准"思想、江泽民"三个代表"重要思想、胡锦涛"以人为本"思想,创造性地发展为"以人民为中心"的发展思想。"以人民为中心"发展思想是马克思主义群众史观的新时代发展和表达,集中体现了人民群众主体论、人民群众价值论、人民群众目的论、人民群众方法论的有机统一。党的十九大报告在论述新时代中国特色社会主义思想的基本内涵和基本方略时指出,全党要深刻领会新时代中国特色社会主义思想的精神实质和丰富内涵,在各项工作中全面准确贯彻落实"坚持以人民为中心"①等基本方略。习近平总书记在第十三届全国人民代表大会第一次会议上的讲话中强调:"必须牢记我们的共和国是中华人民共和国,始终要把人民放在心中最高的位置,始终全心全意为人民服务,始终为人民利益和幸福而努力工作。"②

倡导以人为本的科学发展观和价值观,既继承和坚持了马克思主义的基本原理,又表达了中国共产党人的"初心",还凝结了党执政兴国的新的经验,体现了新的时代精神的精华,是中国共产党人对国内外社会主义建设的历史经验及苏联共产党执政经验教训的概括和总结,也是领导全国人民全面建设小康社会、实现中华民族伟大复兴的必然要求,表明了我们党对人类社会发展规律、社会主义建设规律和执政党执政规律的认识的深化,进一步丰富和发展了马克思主义,在社会主义现代化建设新的历史条件下为马克思主义发展观注入了崭新的时代内涵,是马克思主义的社会发展理论在当代中国的新发展。

将社会主义核心价值观集中凝练和通俗表达为"以人民为中心"(或者"为人民服务")有现实依据。从现实情况看,"以人民为中心""为人民服务"

① 习近平:《决胜全面建成小康社会　夺取新时代中国特色社会主义伟大胜利——在中国共产党第十九次全国代表大会上的报告》,人民出版社2017年版,第21页。

② 《习近平在第十三届全国人民代表大会第一次会议上的讲话》,《人民日报》2018年3月21日。

简洁明快、通俗易懂,为人民群众喜闻乐见。事实上,目前我们各级党委、政府门口一般都树立了"为人民服务"的标牌,"为人民服务"作为社会主义核心价值观的本质内涵已经深入人心。

"以人民为中心""为人民服务"具有可以操作性。目前关于社会主义核心价值体系的四条、五个方面的表达比较抽象、不好操作,"三个倡导"24个字的社会主义核心价值观字比较多、普通老百姓也不容易记住。而"以人民为中心"(或者"为人民服务")具有很大的操作性。例如,作为党和国家机关工作人员,"以人民为中心""为人民服务"就体现在服务基层群众,"为官一任、造福一方";作为工人、农民,就要把工业产品做好、把粮食种好,通过奉献高数量、高质量产品、粮食达到"以人民为中心""为人民服务"的目标;作为教师,就是要"教书育人",把教学、科研搞好,"以学生为中心""为学生服务";作为商人,就要"公平交易、童叟无欺",做好"售后服务","以消费者为中心"(或者"顾客就是上帝")、"为消费者服务";作为军人,就要"保家卫国",保卫国家领土完整和国家安全,"以爱国主义为中心""为国家和民族的安全服务";等等。

三、社会主义核心价值观的基本规定

社会主义核心价值观,是中国共产党带领人民在马克思主义价值理论指导下,通过吸收中国传统价值观和当代西方价值观的合理性因素,总结中国共产党人建设社会主义核心价值观的历史经验的基础上,逐步凝练、形成和发展起来的。中华优秀传统文化以及建立在此基础上的中国传统价值观,是涵养社会主义核心价值观的重要源泉,但它并不能代替社会主义核心价值观;西方资本主义核心价值观可以为我们凝练和培育社会主义核心价值观的思想资源,但它与社会主义核心价值观又有着本质的区别。社会主义核心价值观是建立在社会主义经济基础和政治上层建筑基础上的社会意识形态,是社会主义先进文化的核心和灵魂,是当代中国精神的集中体现,凝结着全体人民共同的价值追求,具有内在的本质规定性。

（一）社会主义核心价值观的基本内涵

党的十八大报告从国家、社会和个人三个层面对社会主义核心价值体系的精神内核和本质规定进行了抽象提炼，提出了"三个倡导"的社会主义核心价值观，即"倡导富强、民主、文明、和谐，倡导自由、平等、公正、法治，倡导爱国、敬业、诚信、友善"①。这24个字反映现阶段全国人民"最大公约数"的精神理念、价值追求和行为规范，以高度的通俗化、大众化、生活化、可操作性来积极弘扬、培育和践行社会主义核心价值观。

1. 国家层面的价值要求——富强民主文明和谐

社会主义核心价值观的一个重要主题就是中国特色社会主义的共同理想，中国特色社会主义共同理想，就是在中国共产党领导下，坚持中国特色社会主义道路，把我国"建成富强民主文明和谐美丽的社会主义现代化强国"②，实现中华民族的伟大复兴。"富强、民主、文明、和谐"是国家主导价值观，党的十九大之后修订的新宪法又增加了"美丽"，并且写入十九大修订的党章和2018年新修订的宪法。"富强"价值观反映和表达了近代以来中华民族和中国人民实现国家富强、人民富裕、民族复兴的愿望，是全体中华儿女的共同心声，在社会主义核心价值观中居于统领地位。

"富强"即富足而强盛。在中国传统典籍文献中有很多关于"富强"的论述。例如，《管子·形势解》就指出"正主之所以为功者，富强也。故国富兵强，则诸侯服其政，邻敌畏其威"③。《史记·李斯列传》指出"孝公用商鞅之法，移风易俗，民以殷盛，国以富强，百姓乐用，诸侯亲服"④。"富强"主要是指人民改造自然界所创造的物质财富的积累，一般可以用国民生产总值（GDP）或者人均GDP来评价，例如，我国2010年经济总量进入世界第二位，仅次于美国，目前稳居世界第二位。但是，我国目前人均GDP只是排名世界

---

①　《十八大以来重要文献选编》（上），中央文献出版社2014年版，第25页。

②　习近平：《决胜全面建成小康社会　夺取新时代中国特色社会主义伟大胜利——在中国共产党第十九次全国代表大会上的报告》，人民出版社2017年版，第19页。

③　《管子·形势解》。

④　《史记·李斯列传》。

第78位。所以,在中国特色社会主义进入新时代的今天,我们继续深化改革开放,大力发展社会主义市场经济,实现经济由高速增长向高质量发展,由全面建设小康社会向全面建成高水平小康社会迈进,为实现社会主义现代化和中华民族伟大复兴而努力奋斗。这都体现了中华民族、中国特色社会主义对于"富强"的价值追求。新中国成立后,中国共产党人先后提出了"工业化""四个现代化""富强民主文明"等奋斗目标的表达。2002年,党的十六大把社会主义现代化奋斗目标从"富强民主文明"进一步拓展为"富强民主文明和谐",并提出21世纪前20年建设更加全面的小康社会,其目标是"经济更加发展、民主更加健全、科教更加进步、文化更加繁荣、社会更加和谐、人民生活更加殷实"①。党的十八大报告指出:"根据我国经济社会发展实际,要在十六大、十七大确立的全面建设小康社会目标的基础上努力实现新的要求。"②并且指出根据中国特色社会主义建设的新发展近期追求"富强"的价值目标,"实现国内生产总值和城乡居民人均收入比二〇一〇年翻一番"③。党的十九大在"富强民主文明和谐"基础上又增加了"美丽",提出"在全面建成小康社会的基础上,分两步走在本世纪中叶建成富强民主文明和谐美丽的社会主义现代化强国"④的奋斗目标。如今,我们对"富强"的追求,体现了社会主义初级阶段的最大国情,体现了当代中国人民从未有过的文化自信与自强、道路自信与自觉。

民主一词,源于希腊字"demos"(意为"人民")。或译民主制、民主主义,也被译为德谟克拉西(或曰"德先生")。它的基本含义是人民主权,或者由人民当家作主。民主是社会公共资源、公共权力的配置方式,是指按照大多数人(或者说"人民群众")的意志、愿望、利益来配置公共资源和公共权力的社会制度。实现人民作主,按照人民群众的意志、愿望、利益来配置公共资源和公共权力是中国共产党人的初心,是社会主义制度的本质特征。社会主义民主,

---

① 《十六大以来重要文献选编》(上),中央文献出版社2005年版,第14页。
② 《十八大以来重要文献选编》(上),中央文献出版社2014年版,第13页。
③ 《十八大以来重要文献选编》(上),中央文献出版社2014年版,第13页。
④ 习近平:《决胜全面建成小康社会　夺取新时代中国特色社会主义伟大胜利——在中国共产党第十九次全国代表大会上的报告》,人民出版社2017年版,第19页。

是马克思列宁主义的民主理论与社会主义政治实践相结合的产物。它是对封建主义专制制度的根本否定,是对于资本主义民主的根本扬弃和整体超越,是人类历史上最先进、最合理、更高类型的民主。中华人民共和国的国体是人民民主专政的国家政权,其政体是人民代表大会制度,充分体现了马克思主义民主理论的本质,也具有鲜明的中国特色,是马克思主义民主政治理论与中国具体政治实践相结合的产物。在当代中国,要通过政治体制改革不断完善人民代表大会制度、中国共产党领导的多党合作和政治协商制度、民族区域自治制度和基层群众自治制度,但是,政治体制改革必须坚持四项基本原则,坚持从中国国情出发,不能迷信西方的宪政民主制度。

"文明"一词,源于拉丁文"Civis",是与"愚昧""野蛮"相对立,是人类改造自然界、社会和主体自身的一切积极成果的总和,它包括物质文明、政治文明、精神文明、社会文明、生态文明等。在中国古代汉语中,"文明"这个概念最早出自《易经》,其中提及"见龙在田,天下文明"①。文明与文化紧密相关,文化是人类改造自然界、社会和主体自身的一切成果的总和,而文明特指"积极成果"。改革开放40多年来,中国共产党领导人民在中国特色社会主义建设实践过程中,根据中国特色社会主义实践发展进程的推进,先后提出社会主义物质文明、社会主义精神文明、社会主义政治文明、社会主义社会文明、社会主义生态文明等概念,并把它作为中国特色社会主义"五位一体"总体布局的内容。

"和谐"的基本含义是"和睦协调"。在中国古代典籍《诗经·周南·关雎》就有"关关雎鸠,在河之洲。窈窕淑女,君子好逑"②。汉代郑玄的"笺"中,有"后妃说乐君子之德,无不和谐"的话语表达。在马克思主义经典作家马克思恩格斯看来,生产资料私有制以及在此基础上产生的阶级剥削和阶级压迫,是导致社会不和谐的主要原因,因此,马克思恩格斯在《共产党宣言》中指出:"共产党人可以把自己的理论概括为一句话:消灭私有制。"③国家富强、民族复兴、社会和谐、人民幸福,一直是中国共产党人的初心和价值追求。党

---

① 《易·乾·文言》。

② 《诗经·周南·关雎》。

③ 《马克思恩格斯选集》第1卷,人民出版社2012年版,第414页。

的十六届六中全会通过的《中共中央关于构建社会主义和谐社会若干重大问题的决定》，提出了构建社会主义和谐社会的目标和任务："到二〇二〇年，构建社会主义和谐社会的目标和主要任务是：社会主义民主法制更加完善，依法治国基本方略得到全面落实，人民的权益得到切实尊重和保障；城乡、区域发展差距扩大的趋势逐步扭转，合理有序的收入分配格局基本形成，家庭财产普遍增加，人民过上更加富足的生活；社会就业比较充分，覆盖城乡居民的社会保障体系基本建立；基本公共服务体系更加完备，政府管理和服务水平有较大提高；全民族的思想道德素质、科学文化素质和健康素质明显提高，良好道德风尚、和谐人际关系进一步形成；全社会创造活力显著增强，创新型国家基本建成；社会管理体系更加完善，社会秩序良好；资源利用效率显著提高，生态环境明显好转；实现全面建设惠及十几亿人口的更高水平的小康社会的目标，努力形成全体人民各尽其能、各得其所而又和谐相处的局面。"①党的十八大强调"社会和谐是中国特色社会主义的本质属性"②党的十九大在此基础上，特别强调"人与自然是生命共同体"③，"我们要建设的现代化是人与自然和谐共生的现代化"④。

2.社会层面的价值要求——自由平等公正法治

"自由"在马克思主义经典作家的话语系统中有三种含义：第一，是人类学本体论意义上的自由，这是一种"类自由""意志自由"，是人与动物的本质区别，因为动物的活动是盲目的、本能的活动，动物没有意志，没有自由可言，而人的活动是有意识、有目的的活动。正如马克思在《1844年经济学哲学手稿》中指出的："自由的有意识的活动恰恰就是人的类特性。"⑤第二，是政治自由，政治自由是人作为主体在社会关系中得到保障的按照自己的意志进行活动的权力，它一般被明文规定在国家宪法和法律之中，即"政治自由"。第

① 《十六大以来重要文献选编》（下），中央文献出版社2008年版，第651页。
② 《十八大以来重要文献选编》（上），中央文献出版社2014年版，第12页。
③ 习近平：《决胜全面建成小康社会 夺取新时代中国特色社会主义伟大胜利——在中国共产党第十九次全国代表大会上的报告》，人民出版社2017年版，第50页。
④ 习近平：《决胜全面建成小康社会 夺取新时代中国特色社会主义伟大胜利——在中国共产党第十九次全国代表大会上的报告》，人民出版社2017年版，第50页。
⑤ 《马克思恩格斯选集》第1卷，人民出版社2012年版，第56页。

三,是哲学认识论意义上的自由,它是对客观必然性的认识和对于世界的改造。正如恩格斯在《反杜林论》中指出的:"自由就在于根据对自然界的必然性的认识来支配我们自己和外部自然"①。

实现人的自由全面发展和共产主义,是马克思主义的终极价值目标。马克思恩格斯在《共产党宣言》中指出了无产阶级和共产党人奋斗的目标共产主义社会:"代替那存在着阶级和阶级对立的资产阶级旧社会的,将是这样一个联合体,在那里,每个人的自由发展是一切人的自由发展的条件。"②社会主义社会是共产主义社会的初级阶段,中国特色社会主义是社会主义的初级阶段,我们要在中国特色社会主义实践进程中不断推进人的自由全面发展。

"平等"意指两个事物之间的比较,含有齐一、均等、相等之义。就字面意义而言,公平、平等意味着一事物与另一事物的等同。这种等同首先表现为事物本质相同;其次表现为量上的相等。③ 社会平等是人与人之间社会地位的比较。社会平等既可以从静态角度考察,也可以从动态角度区分。从静态角度可以将社会平等区分为经济平等、政治平等、文化平等、人格平等。④ 从动态角度可以将平等区分为条件(起点)平等、机会平等(过程平等)、结果平等(终点平等)。⑤ 马克思主义的平等观不仅强调政治法律平等,而且强调经济和社会的平等,不仅强调程序平等,而且强调实际结果的平等。社会主义平等观是人们之间经济地位平等、政治地位平等、文化地位平等、人格地位平等的统一,是条件(起点)平等、机会平等(过程平等)和结果平等(终点平等)的统一。

"公正",公平、正义的含义,即不偏私。"公正"是社会主义制度的首要价值,资本主义私有制是导致资本主义社会不公平、不正义的根本原因,而社会主义公有制的建立,为社会的公平正义奠定了基础。社会公平正义是中国特色社会主义的本质要求,使广大人民群众共享改革发展成果、实现全体人民的

① 《马克思恩格斯选集》第3卷,人民出版社2012年版,第492页。
② 《马克思恩格斯选集》第1卷,人民出版社2012年版,第422页。
③ 参见石云霞主编:《当代中国价值观论纲》,武汉大学出版社1996年版,第44页。
④ 参见石云霞主编:《当代中国价值观论纲》,武汉大学出版社1996年版,第44—45页。
⑤ 参见石云霞主编:《当代中国价值观论纲》,武汉大学出版社1996年版,第44—46页。

共同富裕是社会主义公平正义的集中体现。党的十九大报告强调："必须始终把人民利益摆在至高无上的地位，让改革发展成果更多更公平惠及全体人民，朝着实现全体人民共同富裕不断迈进。"①

"法治"即依法治国，它是现代社会治理的主要方式。传统社会是熟人社会，人与人之间的关系主要依靠道德维持，社会治理主要依靠礼俗、习惯、道德进行治理，即所谓"德治"。而现代社会是契约社会，人与人之间的关系需要法律来规范，社会治理在传统道德的基础上，还需要法治进行治理。社会主义市场经济既是道德经济，需要讲良心、讲道德；同时，社会主义市场经济也是法治经济，需要依法治国。党的十八大报告将"全面推进依法治国"确立为推进政治建设和政治体制改革的重要任务，强调"法治是治国理政的基本方式。要推进科学立法、严格执法、公正司法、全民守法，坚持法律面前人人平等，保证有法必依、执法必严、违法必究"②。党的十九大提出"坚持全面依法治国"的基本方略，强调"全面依法治国是中国特色社会主义的本质要求和重要保障"③。

总体而言，"自由、平等、公正、法治"反映了我们党以"全心全意为人民服务""执政为民、为民执政""以人为本""以人民为中心"的执政理念，"自由、平等、公正、法治"是社会主义核心价值观在"社会层面的价值要求"。④

3. 公民层面的价值要求——爱国敬业诚信友善

在社会主义社会，"爱国、敬业、诚信、友善是公民层面的价值要求"。

"爱国"即热爱自己的祖国，这是人的真挚情感。对于爱国主义，列宁曾经下了一个经典定义："爱国主义是由于千百年来各自的祖国彼此隔绝而形成的一种极其深厚的感情。"⑤这说明，爱国首先是一种情感。其次，爱国也是一种基本道德规范和道德评价标准。邓小平指出："中国人民有自己的民族

---

① 习近平：《决胜全面建成小康社会　夺取新时代中国特色社会主义伟大胜利——在中国共产党第十九次全国代表大会上的报告》，人民出版社 2017 年版，第 45 页。
② 《十八大以来重要文献选编》（上），中央文献出版社 2014 年版，第 21 页。
③ 习近平：《决胜全面建成小康社会　夺取新时代中国特色社会主义伟大胜利——在中国共产党第十九次全国代表大会上的报告》，人民出版社 2017 年版，第 22 页。
④ 《习近平谈治国理政》，外文出版社 2014 年版，第 168—169 页。
⑤ 《列宁选集》第 3 卷，人民出版社 2012 年版，第 579—580 页。

自尊心和自豪感，以热爱祖国、贡献全部力量建设社会主义祖国为最大光荣，以损害社会主义祖国利益、尊严和荣辱为最大耻辱。"①爱国主义还是一种精神支柱和价值信仰，"这种精神支柱和价值信仰是建立在爱国主义情感基础上的。人们以爱国主义作为精神寄托，以祖国作为自己安身立命的根，在祖国大家庭的怀抱里，人们才有安全感，才能找到人生的意义和价值"②。爱国主义是一个历史范畴，在不同的历史时期具有不同的含义，被赋予不同的内容。③ 在现阶段，"爱国主义主要表现为献身于建设和保卫社会主义现代化的事业，献身于促进祖国统一的事业"④。

"敬业"就是热爱自己的本职工作，把自己的职业当作事业。由于人与社会紧密相联，"人的本质不是单个人所固有的抽象物，在其现实性上，它是一切社会关系的总和"⑤。每一个人只有热爱自己的本职工作，才能实现人生的价值。

"诚信"即诚实守信。诚信是一个人安身立命的根本，是契约社会的基本精神和道德要求。社会主义市场经济是契约经济和法治经济，必须奉行诚实守信的价值原则和道德规范。在当今"世界多极化、经济全球化、社会信息化、文化多样化深入发展"⑥的背景下，"诚信"已不再局限于传统的个体道德修养和行为品格，而是防范社会风险的"安全阀"。

"友善"即友好、善良之义，是指人与自然之间、人与社会之间、人与人之间友好合作、相亲、相近、相爱。中国古代文化典籍中有《汉书·息夫躬传》"皇后父特进，孔乡侯、傅晏与躬同郡，相友善"⑦的记载。"友善"历来是中华民族优秀的传统美德之一，是中国特色社会主义必须弘扬的基本价值原则，也

---

① 《邓小平文选》第三卷，人民出版社1993年版，第3页。
② 参见顾海良主编：《从十四大到十六大——马克思主义在当代中国的新发展》，高等教育出版社2004年版，第84—85页。
③ 参见顾海良主编：《从十四大到十六大——马克思主义在当代中国的新发展》，高等教育出版社2004年版，第85页。
④ 《十三大以来重要文献选编》（中），人民出版社1991年版，第1048页。
⑤ 《马克思恩格斯选集》第1卷，人民出版社2012年版，第139页。
⑥ 习近平：《决胜全面建成小康社会　夺取新时代中国特色社会主义伟大胜利——在中国共产党第十九次全国代表大会上的报告》，人民出版社2017年版，第58页。
⑦ 《汉书·息夫躬传》。

是社会主义公民的基本道德要求。

（二）社会主义核心价值观的本质特征

社会主义核心价值观是社会主义核心价值体系的内核,是社会主义核心价值体系的高度凝练和集中表达,也是当代中国时代精神的旗帜,有着自身独特的属性和特征,有别于中国传统的价值观和当代西方资本主义核心价值观。马克思在批判黑格尔法哲学的抽象思辨体系时说过:"真正哲学的批判……不在于像黑格尔所想像的那样到处去寻找逻辑概念的规定,而在于把握特殊对象的特殊逻辑"①,分析和揭示社会主义核心价值观的本质特征也在于紧紧抓住社会主义核心价值观的"特殊逻辑",即有别于其他价值观的特殊性。从社会主义核心价值观的特定内涵来看,社会主义核心价值观的人民性、民族性和时代性最为凸显。

1. 社会主义核心价值观是人民的价值观

根据马克思主义唯物史观的基本原理,核心价值观作为意识形态的内核,与意识形态一样,属于思想上层建筑,它的内涵与实质是由该社会的经济关系和政治法律制度所决定的②,而政治法律制度所反映的仍然是该社会的经济关系,归根到底是由经济关系(利益结构)所决定的。因此,有什么样的经济关系就会有什么样的核心价值观,经济关系的变迁决定了核心价值观的变迁。

马克思恩格斯指出:"统治阶级的思想在每一时代都是占统治地位的思想"③,而"'思想'一旦离开'利益',就一定会使自己出丑"④。因此,一个时代、一个地区的核心价值观所反映的都是该时代、该地区统治阶级的核心利益。在中国古代,基于"孝"和"仁"所构建起来的以"三纲五常"为核心的中国传统价值观,实质上是反映了以封建君主为中心的统治阶级的核心利益。

---

① 《马克思恩格斯全集》第 1 卷,人民出版社 1956 年版,第 359 页。
② 参见袁银传、田亚:《培育和践行社会主义核心价值观的基本路径》,《思想理论教育》2014 年第 10 期。
③ 《马克思恩格斯选集》第 1 卷,人民出版社 2012 年版,第 178 页。
④ 《马克思恩格斯文集》第 1 卷,人民出版社 2009 年版,第 286 页。

中国传统价值观与封建宗法制度一道,在中国两千多年的封建历史长河中建立了一种超稳定结构。直到近代,随着中国日益被迫卷入资本主义体系,随着生产力发展所带来的经济基础的变化,加上民族生死存亡所带来的危机感,才使这种价值观出现松动直至瓦解。同样,基于"自由"和"平等"所构建起来的西方资本主义核心价值观也是建立在资本主义经济关系和政治法律制度基础上的,集中反映着资产阶级的核心利益。自由所反映的是资本家剥削的自由和工人出卖劳动力的自由,平等所反映的是资本家与工人在法律面前的抽象权利的平等和事实上的不平等,马克思对此在《资本论》中曾做过精辟的论述:"那里占统治地位的只是自由、平等、所有权和边沁。自由!因为商品例如劳动力的买者和卖者,只取决于自己的自由意志。他们是作为自由的、在法律上平等的人缔结契约的。契约是他们的意志借以得到共同的法律表现的最后结果。平等!因为他们彼此只是作为商品占有者发生关系,用等价物交换等价物。所有权!因为他们都只支配自己的东西。边沁!因为双方都只顾自己。"①

社会主义核心价值观既不同于中国传统的封建主义的核心价值观,也不同于当代西方资本主义核心价值观。社会主义核心价值观反映社会主义经济基础和政治上层建筑的要求,是社会主义本质的集中体现,其实质是"以人民为中心"的价值观。马克思恩格斯指出:"过去的一切运动都是少数人的,或者为少数人谋利益的运动。无产阶级的运动是绝大多数人的,为绝大多数人谋利益的独立的运动。"②作为无产阶级运动的成果之一的社会主义核心价值观,也同样反映的是绝大多数人的利益,社会主义核心价值观反映社会主义生产资料社会主义公有制的基本要求和人民民主专政的政治上层建筑,保证了社会主义核心价值观的人民性。社会主义核心价值观的人民性是通过社会主义制度来保障的,从科学社会主义理想的提出与社会主义制度建立那天起,就把颠覆资本发展逻辑,确立劳动人本的逻辑,克服由资本主义制度所导致的"异化"现象和各种社会矛盾,实现社会的真正公平正义的社会主义和共产主

---

①　《马克思恩格斯选集》第2卷,人民出版社1995年版,第176页。
②　《马克思恩格斯选集》第1卷,人民出版社2012年版,第411页。

义作为自己的历史使命。① 社会主义制度,在经济领域,建立生产资料的社会主义公有制,从根本上保证了在生产资料面前的共同占有和劳动能力的社会化使用,从而为实现社会财富的"共建共享"、保障社会成员机会均等和事实公平提供了前提条件。② 在政治领域,社会主义真正实现人民当家作主,充分保障社会成员的基本权利,使得社会成员平等地参与国家政治生活、管理社会事务成为可能。③ 社会主义核心价值观突破了封建传统价值观和资本主义核心价值观的狭隘的阶级性和历史的局限性,具有人民的广泛性和真实性,社会主义的自由不仅强调个人自由和个人权利,而且更加强调集体自由;社会主义的民主不是少数人的民主、有钱人的游戏,而是人民民主即人民当家作主;社会主义平等不仅强调形式平等、程序正义,而且更强调起点平等、事实平等、实质正义;社会主义当然要追求经济效益的最大化、富强和富裕,但是追求的是经济效益、社会效益和生态效益的统一,是全体人民的共同富裕。④

2. 社会主义核心价值观是中国的价值观

社会主义核心价值观,既反映了社会主义经济基础和政治上层建筑的本质要求,又传承与弘扬了中华优秀传统文化。社会主义核心价值观深深根植于中国优秀的传统文化之中。习近平指出:"中华文明绵延数千年,有其独特的价值体系。中华优秀传统文化已经成为中华民族的基因,植根在中国人内心,潜移默化影响着中国人的思想方式和行为方式。今天,我们提倡和弘扬社会主义核心价值观,必须从中汲取丰富营养,否则就不会有生命力和影响力。"⑤中华优秀传统文化构成了中国民族独特的历史记忆和文化标识,具有鲜明的民族特色,具有连续性和稳定性,是涵养社会主义核心价值观的重要源泉。中国优秀传统文化中,关于道法自然、天人合一的思想,天下为公、大同世

① 参见袁银传、田亚:《论十月革命的世界历史意义——纪念十月革命 100 周年》,《思想理论教育》2017 年第 9 期。

② 参见袁银传、田亚:《论十月革命的世界历史意义——纪念十月革命 100 周年》,《思想理论教育》2017 年第 9 期。

③ 参见袁银传、田亚:《论十月革命的世界历史意义——纪念十月革命 100 周年》,《思想理论教育》2017 年第 9 期。

④ 参见袁银传、田亚:《俄国民粹主义价值观评析》,《马克思主义哲学研究》2018 年第 1 期。

⑤ 《习近平谈治国理政》,外文出版社 2014 年版,第 170 页。

界的思想,自强不息①、厚德载物②的思想,以民为本、民惟邦本③的思想,以德治国、以文化人的思想,革故鼎新、与时俱进的思想,经世致用、知行合一的思想,集思广益、群策群力的思想,仁者爱人、与人为善的思想,以诚待人、诚实守信的思想,清廉从政、勤勉奉公的思想,俭约节约、力戒奢华的思想,求同存异、和而不同的思想,己所不欲、勿施于人④的思想,出入相友、守望相助的思想,实事求是、和谐相处的思想,等等,都是我们凝练和弘扬社会主义核心价值观的重要思想资源。从某种程度上讲,社会主义核心价值观就是以马克思主义指导,对中国传统价值观进行创造性转化和创新性发展的产物,具有鲜明的民族特色。

社会主义核心价值观是以中国特色社会主义的伟大实践为基础的,它是与中国的特色社会主义道路、中国特色社会主义理论体系、中国特色社会主义制度紧密联系在一起的,是中国特色社会主义道路、理论体系、制度的集中概括和积淀,是中国精神的集中体现。中国的发展模式和发展战略既有别于西方发达国家,有别于广大亚非拉发展中国家,也有别于传统的社会主义发展模式。在中国的发展模式和发展战略的选取上,政府在协调地区发展差异,平衡不同行业、不同群体的利益关系,管理国有资产,制定发展战略,进行制度供给和制度创新等方面扮演了极为重要的角色。政府之所以能较为成功地发挥其作用,在很大程度上又得益于中国特色社会主义道路、中国特色社会主义理论体系、中国特色社会主义制度为政府行为所提供的合法性,它是发展中国家的社会主义发展模式,这些无疑都给社会主义核心价值观打上了深深的中国烙印。当然,说社会主义核心价值观是中国的价值观,这并不代表社会主义核心价值观就排斥包括西方在内的人类文明的有益成果。"和平、发展、公平、正义、民主、自由,是全人类的共同价值"⑤,这是习近平总书记在第70届联合国大会一般性辩论的讲话中对"共同价值观"作的经典表述,社会主义核心价值

---

① 参见《周易·乾》。
② 参见《周易·坤》。
③ 参见《尚书·五子之歌》。
④ 参见《论语·颜渊》。
⑤ 《十八大以来重要文献选编》(中),中央文献出版社2016年版,第695页。

观必须容纳而且能够容纳作为人类文明有益成果的"共同价值观"。

3. 社会主义核心价值观是当代中国的价值观

社会主义核心价值观是当代中国的价值观,深深根植于中国优秀的传统文化,中国的优秀传统文化是涵养社会主义核心价值观的重要源泉,但这并不代表社会主义核心价值观与中国传统价值观没有区别,两者最根本的区别就是各自所处时代背景。"每个时代都有每个时代的精神,每个时代都有每个时代的价值理念"①,社会主义核心价值观就是当代中国时代精神的旗帜,是当代中国精神的集中体现,具有鲜明的时代特征。

德国哲学家黑格尔曾指出:"每一个阶段都和任何其他阶段不同,所以都有它的一定的特殊的原则。在历史当中,这种原则便是'精神'的特性——一种特别的'民族精神'。"②马克思强调:"任何真正的哲学都是自己时代精神的精华"③。社会主义核心价值观就是当代中国时代精神的集中体现和鲜明旗帜。中国的传统价值观,不乏诸多优秀的思想因子,这是涵养社会主义核心价值观的重要源泉。但是,中国传统价值观毕竟是封建时代自给自足的小农经济的产物,建立在封建"礼制"的基础上的礼乐制度、宗法关系和家国同构体系,强调封建等级尊卑秩序,排斥"自主性"和"平等性"原则。

社会主义核心价值观既坚持科学社会主义基本原则,又根据中国实际和时代特征赋予其鲜明的中国特色。每一个时代有每一个时代的精神,每一个时代有每一个时代的价值观念。放眼世界,世界多极化、经济全球化、社会信息化、文化多样化深入发展④,和平和发展依然是时代的主题。在国内,随着社会主义市场经济的深入发展和改革开放迈入深水区、进入攻坚阶段,与此相伴随的是,中国社会开始呈现不发展的矛盾和发展起来的矛盾并存,前现代、现代和后现代矛盾和问题等各种社会矛盾和问题交织叠加⑤,对改革开放的

---

① 《十八大以来重要文献选编》(中),中央文献出版社 2016 年版,第 3 页。

② [德]黑格尔:《历史哲学》,王造时译,上海书店出版社 2006 年版,第 59 页。

③ 《马克思恩格斯全集》第 1 卷,人民出版社 1956 年版,第 121 页。

④ 习近平:《决胜全面建成小康社会 夺取新时代中国特色社会主义伟大胜利——在中国共产党第十九次全国代表大会上的报告》,人民出版社 2017 年版,第 58 页。

⑤ 参见袁银传、田亚:《俄国民粹主义价值观评析》,《马克思主义哲学研究》2018 年第 1 期。

进程以及党和政府的执政能力提出严峻挑战。马克思曾说过："问题就是公开的、无畏的、左右一切个人的时代声音。问题就是时代的口号，是它表现自己精神状态的最实际的呼声。"①新时代中国所呈现出来的复杂性矛盾和问题，就是中国当前最真实的时代的声音，社会主义核心价值观就是根据时代的呼声所提炼出来的，是当今时代精神的体现和表达。培育和弘扬社会主义核心价值观，以社会主义核心价值观凝聚价值共识的根本目的，就是用社会主义核心价值观来引领当代中国多样化社会思潮，为中国特色社会主义"凝魂聚气、强基固本"②，形成中国特色社会主义建设的正能量。具体来说，就是根据社会主义核心价值观的科学内涵和根本原则来指导中国特色社会"五位一体"总体布局，为全面建成小康社会、实现社会主义现代化和中华民族的伟大复兴提供强大精神动力。

（三）社会主义核心价值观的功能定位

社会主义核心价值观一个由国家、社会、公民三个层面组成的逻辑严密的完整的价值体系。"富强、民主、文明、和谐"是国家层面的价值要求，回答了我们要"建设什么样的国家"的问题；"自由、平等、公正、法治"是社会层面的价值要求，回答了我们要"建设什么样的社会"的问题；"爱国、敬业、诚信、友善"是公民层面的价值要求，回答了我们要"培育什么样的公民"的问题。作为当代中国时代精神的集中体现和鲜明旗帜，社会主义核心价值观把涉及国家、社会、公民的价值要求融为一体，既反映了社会主义的本质要求，又体现了当今时代精神，在培育现代公民意识，优化社会治理结构，巩固全民族共同奋斗的思想基础，实现中华民族的伟大复兴等方面具有重要的社会功能和价值。

1. 以价值共识塑造公民行为准则

中国特色社会主义进入新时代，中国社会的主要矛盾发生转化："我国社会主要矛盾已经转化为人民日益增长的美好生活需要和不平衡不充分的发展

---

① 《马克思恩格斯全集》第 40 卷，人民出版社 1982 年版，第 289—290 页。
② 《习近平谈治国理政》，外文出版社 2014 年版，第 163 页。

之间的矛盾。"①当今中国进入了一个多重利益相互交织、多种社会矛盾交织叠加的时期,由此带来了人们思想文化和价值观念的日益多样化。从积极方面讲,思想文化和价值观念的多样化,使得人们自主选择性更加多样化,文化生活的内容更为丰富;从消极方面讲,思想文化和价值观念的多样化,带来了人们行为方式的多样化,使得社会矛盾和社会冲突更为频繁和剧烈,给一个国家的社会治理提出了诸多挑战。培育和弘扬社会主义核心价值观,用社会主义核心价值观来凝聚价值共识,以此来塑造现代公民行为准则成为必然要求。

人无德不立,国无德不兴,无规矩则不成方圆。在古代中国,以儒家的"孝"和"仁"为基础而构建的"礼"是中国人民的基本道德规范,后来这种"礼"简单化约为我们通常所熟悉的"三纲五常"("三纲"即君为臣纲、父为子纲、夫为妻纲,"五常"即仁、义、礼、智、信),具体规定了君臣、父子、兄弟、夫妇、朋友之间的行为准则。客观来讲,这些"纲""常"在当时中国传统的农业社会中,提供了基本的行为准则和规范,对维护当时的社会秩序还是发挥了其应有的作用。但是,自近代以来,尤其是改革开放以来,中国社会已经走上了艰难转型之路。具体来说,就是中国社会正在由一个农业社会向工业社会和信息社会转变,由传统计划经济体制向社会主义市场经济体制转变,由一个封闭半封闭的社会向一个全方位开放的社会转变。由社会转型、体制转轨所带来的个体意识、主体意识、独立意识等价值观念的变化,已经突破了传统伦理道德的"纲"和"常",它们变得不再适用,因为它们排斥了现代性中在某种程度上居于核心地位的"自主性"和"平等性"原则。在"旧者已逝,新者未立"的情况下,中国社会进入了一个令几乎所有人都感到焦虑和不安的"道德滑坡""社会失范""价值扭曲""信仰迷失"的"失序社会"时期。

传统伦理道德的动摇一方面使我们产生了道德上的危机感,另一方面也为我们的道德转型提供了契机。1894年中日甲午战争的失败,中国这个

---

① 习近平:《决胜全面建成小康社会 夺取新时代中国特色社会主义伟大胜利——在中国共产党第十九次全国代表大会上的报告》,人民出版社2017年版,第11页。

历史上的"老师"突然被"学生"击败,这在当时社会各界,尤其是知识分子中间引起极大震撼,使当时中国知识分子对传统的伦理道德中所谓的"国粹"不再迷恋,由此而开启了塑造新的"国民性"的讨论,虽然其间因革命战争和外敌入侵几次遭到中断,但是并没有停止,直到今天仍然在继续。今天,中国已经稳居全球第二大经济体,与世界各国已经形成"你中有我,我中有你"的"命运共同体",比起过去,我们有着更好的和平环境和更宽广的国际视野来重新塑造我们的价值观和道德规范。用社会主义核心价值观来凝聚价值共识,学会去尊重他人的独立人格,尊重他人的自由选择权,以平等对话和民主协商的精神来处理分歧,以合理有序的方式进行政治参与,热爱祖国,爱好和平,遵纪守法,诚实守信,善待他人,弘扬社会公德、职业道德、家庭美德和个人品德。要在尊重他人自由的基础上去重建共同体的物质生活、政治生活、精神生活和社会生活,培育自尊自信、和平理性和积极向上的社会心态,朝着不断改善的方向去塑造现代社会所需要的文明素养。

2. 通过引领社会思潮优化社会治理

一部中国特色社会主义的思想史就是同各种非马克思主义、反马克思主义理论流派和社会思潮斗争的历史。紧紧围绕高举中国特色社会主义伟大旗帜这个根本要求,加强对社会主义核心价值观的深入研究,才有助于深化对中国特色社会主义道路的认识,有助于划清科学社会主义同各种非科学社会主义的界限,有助于提高我们的鉴别、分析和批判能力,增强发展中国特色社会主义的自觉性和坚定性。只有坚定对中国特色社会主义道路的信心,才能在中国社会发展的旗帜和道路、社会主义的前途和命运等重大问题的理论是非上坚定正确的方向。

当前,在关于社会主义前途命运以及中国特色社会主义性质方向等重大问题上,以迷信新自由主义和民主社会主义为代表的"洋教条"(或"西教条")、以现代新儒学(所谓儒学"第四代")为代表的文化保守主义("儒教条"或"古教条")以及怀疑否定改革开放的"左"倾教条主义("左教条"),对中国特色社会主义旗帜与道路的干扰,尤其值得我们警惕和注意。迷信新自由主义和民主社会主义的"西式教条主义"("洋教条"或者"西教条")的主要理论特征,是离开马克思主义基本原理和科学社会主义基本原则,离开中国国情、实际和中国特色,片面强调"时代潮流和时代特征",而在"西式教条主义"视域中所谓的"时代潮流和时代特征"就是"华盛顿共识"确立的经济全球化的游戏规则和美国的价值理念或者瑞典的民主社会主义模式。以现代新儒学为代表的文化保守主义("儒教条"或者"古教条")的主要理论特征,是离开马克思主义基本原理和科学社会主义基本原则,离开时代潮流和时代特征,片面强调"中国特色",而在文化保守主义视域中所谓的"中国特色",只不过是"孔孟老庄"的新瓶装旧酒,实际上是中国传统的封建主义特色。而"左"倾教条主义("左教条")则以反思改革开放的名义怀疑和否定改革开放,其离开中国国情和实际,离开时代潮流和时代特征,只是固守马克思主义经典作家基于当时具体历史条件和当时的实际情况得出的个别论断、具体结论和行动纲领,用经典作家的个别论断、具体结论和行动纲领来剪裁和评价现实,而不能与时俱进地发展马克思主义。三种教条主义实质上是一种形而上学的思维方式。因此,深化研究社会主义核心价值观,着力体现社会主义核心价值观的科学性、时代性、大众性的内在要求,体现社会主义核心价值观的民族特色、时代特色和实践特色的统一。

弘扬社会主义核心价值观,与各种非马克思主义社会思潮和价值观进行交流、交融、交锋,用社会主义核心价值观来引领多样的社会思潮,是优化社会治理的题中应有之义。当前,侵犯人民权益、暴力执法,践踏人的尊严,公权腐败以及收入分配不公等现象的大面积存在,容易使人们在中国社会发展的旗帜与道路、前途与命运等重大问题上产生疑虑和误区,从而被新自由主义("洋教条")、文化保守主义("儒教条")以及"左"倾教条主义("左教条")所裹挟,对中国特色社会主义造成干扰。如果深入地培育和弘扬社会主义核心价值观,用社会主义核心价值观来引领社会思潮,就可以尽快地扭转制度的功利主义倾向,使其回归到社会主义制度最初设计的"正义"的轨道上来,确保社会的制度设计、制度变迁符合社会主义核心价值观的基本原则。正如美国政治哲学家约翰·罗尔斯所说:"正义是社会制度的首要价值,正象真理是思想体系的首要价值一样。一种理论,无论它多么精致和简洁,只要它不真实,就必须加以拒绝或修正;同样,某些法律和制度,不管它们如何有效率和有条理,只要它们不正义,就必须加以改造或废除"①。而这需要我们立足于既有的社会主义制度,根据社会主义核心价值观的基本原则,通过制度创新的方式来完善社会主义制度。②"我们自己创造着我们的历史,但是第一,我们是在十分确定的前提和条件下创造的。其中经济的前提和条件归根到底是决定性的。"③在当前中国,这一确定的"前提和条件"就是中国特色社会主义制度的制度体系,通过制度创新的方式来完善社会主义制度就是要坚持和完善中国特色社会主义的制度体系,从而推动国家治理能力和治理体系现代化,优化社会治理,从而坚定中国特色社会主义的道路自信、理论自信、制度自信和文化自信。

3. 通过巩固思想基础助推中华民族复兴

培育和弘扬社会主义核心价值观深深地嵌入在实现中华民族伟大复兴的中国梦之中,2012 年 11 月 29 日,习近平总书记在参观《复兴之路》展览时说:"每个人都有理想和追求,都有自己的梦想。现在,大家都在讨论中国梦,我以为,实现中华民族伟大复兴,就是中华民族近代以来最伟大的梦想。这个梦想,凝聚了几代中国人的夙愿,体现了中华民族和中国人民的整体利益,是每一个中华儿女的共同期盼。"④实现中华民族的伟大复兴是几代中华儿女的共同目标。

当今世界正处在大发展、大变革、大调整时期,世界多极化和经济全球化深入发展,科学技术日新月异,国际金融危机影响深远,世界经济格局发生新变化,国际力量对比出现新态势,全球思想文化交流交融交锋呈现新特点,文化在综合国力竞争的地位和作用更加凸显。⑤ 西方大国利用其长期积累的经济科技优势和话语优势,对外推销以所谓"普世价值"为内核的思想文化,加

---

① ［美］约翰·罗尔斯:《正义论》,何怀宏、何包钢、廖申白译,中国社会科学出版社 1988 年版,第 1 页。

② 参见袁银传、田亚:《培育和践行社会主义核心价值观的基本路径》,《思想理论教育》2014 年第 10 期。

③ 《马克思恩格斯选集》第 4 卷,人民出版社 2012 年版,第 604—605 页。

④ 《十八大以来重要文献选编》(上),中央文献出版社 2014 年版,第 84 页。

⑤ 参见袁银传:《论深化中国特色社会主义理论体系研究阐释的意义》,《思想政治教育研究》2010 年第 6 期。

紧对我国进行意识形态渗透,企图诱导人们"以西为美""唯西是从",淡化乃至放弃对中国特色社会主义的文化认同,因此意识形态领域的斗争十分激烈①,维护国家意识形态安全的任务更加艰巨,增强国家文化软实力、中国特色社会主义吸引力的要求更加紧迫。当代中国进入全面建成小康社会的关键时期和深化改革开放、加快转变经济发展方式的攻坚时期,使得当前中国呈现出前现代、现代和后现代各种社会矛盾的同时聚焦和思想观念的冲突激荡,在国内也产生了一些与社会主义主流意识形态、与社会主义核心价值观不和谐的噪音和杂音。在世界形势复杂多变和我国经济社会深刻变革的过程中,从国家意识形态安全的视角切入②,积极培育和践行社会主义核心价值观,对于在全党全社会形成统一的指导思想、共同理想信念、强大精神力量、基本道德规范,增强和巩固全党全国人民团结奋斗的共同思想理论基础,实现中华民族伟大复兴具有重大意义。

核心价值观是一个社会运行的精神动因,是社会秩序和社会文化有序发展的主导性的图式,同时还是国家机体安全性和制度稳定性的保障因素,"人类社会发展的历史表明,对一个民族、一个国家来说,最持久、最深层的力量是全社会共同认可的核心价值观"③。对于我们来说,强调社会主义核心价值观的建设,正是基于社会主义核心价值观对于整个社会主义事业的发展所具有的极端重要性而做出的必然选择。在当前对于社会主义核心价值观的凝练与研究中,学术界对社会主义核心价值观的具体内涵、理论表达、性质功能、本质特征、重要作用等做出多方面的深入研究,能够对社会主义核心价值观与大众文化的关系、与意识形态的关系、与日常生活的关系、与人们行为模式的关系等等展开多样化的研究,能够对社会主义核心价值观与传统文化的关系、与时代的关系等做出系统的研究,这些研究在帮助人们全面了解社会主义核心价值观及其重要性的同时,也会在社会主义现代化实践中引领并规范人们自觉

---

① 参见袁银传:《论深化中国特色社会主义理论体系研究阐释的意义》,《思想政治教育研究》2010 年第 6 期。

② 参见袁银传:《论深化中国特色社会主义理论体系研究阐释的意义》,《思想政治教育研究》2010 年第 6 期。

③ 《十八大以来重要文献选编》(中),中央文献出版社 2016 年版,第 2 页。

地用社会主义核心价值观指导人们的价值选择,从而实际地促进社会核心价值观应有功能的实现。

社会主义核心价值观是兴国之魂,是社会主义先进文化的精髓,是社会主义意识形态的本质体现,决定着中国特色社会主义发展方向。确立和保证社会主义核心价值观在当代中国社会意识形态的主导地位,是当代中国意识形态建设的核心内容和根本支点。[①] 尽管与社会主义主流意识形态不和谐的种种社会思潮都试图以多元多变的思想挑战和博弈意识形态指导思想的一元化格局,消解社会主义核心价值观,但这些思想武装能否真正上升为意识形态或者成为其中的积极因素,取决于国家对这些理论的真实需要程度以及这些理论能否代表最广大人民群众的根本利益。历史事实证明,中国社会发展的历史进程内在地包含了马克思主义中国化的实际进程,这种理论与实践一致性的历史逻辑是任何理论思潮所不具备的。深入研究社会主义核心价值观与中国传统封建主义核心价值观、当代西方资本主义核心价值观之间的本质区别,从而在理论上划清马克思主义与反马克思主义的界限,以及社会主义思想文化同封建主义、资本主义腐朽思想文化的界限,对于巩固马克思主义在意识形态领域的指导地位,提高用社会主义核心价值观武装全党和教育人民,用中国特色社会主义共同理想凝聚力量、增进社会共识,对实现中华民族的伟大复兴具有重要意义。

四、当代中国价值共识的整合机制[②]

当今中国社会正处在由传统的计划经济向社会主义市场经济、由传统农业文明向现代工业文明和信息文明、由传统礼俗社会向现代法治社会、由全面建设小康社会到全面建成小康社会的大转轨时期。中国特色社会主义进入新时代,发展不平衡不充分的问题更加凸显,各种社会矛盾交织叠加。随着社会

---

① 参见袁银传:《论深化中国特色社会主义理论体系研究阐释的意义》,《思想政治教育研究》2010 年第 6 期。
② 参见袁银传、郭亚斐:《试论当代中国价值共识的凝聚机制》,《思想理论教育导刊》2018 年第 7 期。

主义市场经济的纵深发展和改革开放的持续推进,当代中国前现代(农业社会)、现代(工业社会)、后现代(信息社会)等各种社会矛盾和问题同时聚焦,经济体制的转轨、社会阶层的分化、利益格局的调整、思想观念的碰撞,使得人们的价值观念日趋多样化。如何在多种利益并存和价值观念冲突的格局下凝聚社会价值共识,形成社会主义核心价值观的整合机制以及中国特色社会主义建设的强大合力,是社会主义文化建设的重要课题,也是中国特色社会主义现代化建设的重要任务。

习近平指出:"任何一个社会都存在多种多样的价值观念和价值取向,要把全社会意志和力量凝聚起来,必须有一套与经济基础和政治制度相适应、并能形成广泛社会共识的核心价值观。"①人们在社会实践活动中所形成的共同利益关系是价值共识形成的基础,利益的协调整合是价值共识形成的核心,围绕利益协调整合而进行的教育引导、制度规范和实践养成则是凝聚和整合社会价值共识的基本手段和主要机制。

所谓价值共识,是指不同的价值主体在社会生产和社会生活实践过程中,就某种或某类价值问题达成相对一致的共同理解和认同,形成社会成员价值观的"最大公约数"或者"重叠性共识"的过程。价值共识可以从以下几个方面进行理解:第一,价值共识形成的基础是社会实践活动。价值共识是主体对于客体的评价性活动,它本质上属于人的认识范畴,而人的认识又来源于实践,社会实践是认识活动的源泉和基础。价值共识就是主体在社会实践活动过程中,为了解决共同体面临的共同问题、完成共同体面临的共同任务而产生和形成的。第二,价值共识是不同价值主体之间共同性的认识。由于主体所处自然和社会环境的不同以及其文化心理结构的不同,特别是不同主体的物质利益关系和社会地位不同,不同主体往往会对同一客体对象产生不同的认识和评价,形成不同的价值认识甚至产生价值观的冲突,而价值共识则是不同主体价值观中的那些相互交叉和重叠的部分。第三,价值共识具有不同的层次性。既可以是宏观层面的民族、国家、人类的价值观,也可以是中观层面的阶级、阶层、政党、社会集团的价值观,还可以是微观层面的单位、家庭、个人的

---

① 《习近平关于社会主义文化建设论述摘编》,中央文献出版社 2017 年版,第 106 页。

价值观,等等。

"机制"一词,原指机器的基本构造和工作原理,生物学和医学借用这个概念表达生物有机体在发生生理变化时,机体的各个器官之间相互联系、相互作用、相互影响和相互调节的方式。现在学术界借用"机制"一词,主要指称的是事物的内在运行方式,是系统内部各个构成要素之间相互联系、相互作用、相互转化及其发展变化的方式。所谓价值共识的凝聚机制,是指在凝聚和形成价值共识的过程中,影响价值共识形成的结构形式和功能发挥的作用过程及其作用原理,即凝聚价值共识的有规律的模式与途径。探寻当代中国价值共识的凝聚机制,就是要探讨"观念—利益—制度—实践"这四大要素的基本结构、基本功能及相互联系,以及这四大要素在凝聚价值共识过程中的作用过程和作用原理。①

(一)完善利益协调机制以破除价值共识的利益藩篱②

利益,作为与主体生存和发展最直接、最紧密的社会存在,是主体的思想和价值观形成的基础。思想和价值观则是利益的反映和表达,利益决定着思想和价值观的性质、内容及其发展变化。马克思在创立唯物史观时,就碰到了苦恼的疑问即"利益"问题。通过社会实践,马克思深刻地发现:"人们为之奋斗一切,都同他们的利益有关"③。"'思想'一旦离开'利益',就一定会使自己出丑。"④从一定程度上讲,利益整合机制是凝聚价值共识的核心机制。西方思想界所宣扬的所谓"普世价值"实际上只不过是西方资产阶级的"价值共识",而这种"价值共识"是从资产阶级的自利性推导出来的,他们宣称"自我保全的欲求乃是一切正义和道德的唯一根源"⑤。根据人的这种自私性、利己

---

① 参见袁银传、郭亚斐:《试论当代中国价值共识的凝聚机制》,《思想理论教育导刊》2018年第 7 期。

② 参见袁银传、郭亚斐:《试论当代中国价值共识的凝聚机制》,《思想理论教育导刊》2018年第 7 期。

③ 《马克思恩格斯全集》第 1 卷,人民出版社 1995 年版,第 187 页。

④ 《马克思恩格斯文集》第 1 卷,人民出版社 2009 年版,第 286 页。

⑤ [美]列奥·施特劳斯:《自然权利与历史》,彭刚译,生活·读书·新知三联书店 2016年版,第 185 页。

性,每个人都应当天然享有免遭他人侵害的生命权、财产权和自由权,而根据这种天赋人权提出了自由、民主、平等、博爱、人权等"普世价值",人性的"普遍性"保证了价值的"共识性"。这种"价值共识",只不过是以"人类的自利性"掩盖了"资本的逐利性"、以"资本主义核心价值观"取代了"人类共同价值观"的结果,其背后所反映的本质是少数资产阶级利益群体的价值关切和利益诉求。正如马克思在《资本论》中深刻指出的:"那里占统治地位的只是自由、平等、所有权和边沁。自由!因为商品例如劳动力的买者和卖者,只取决于自己的自由意志。他们是作为自由的、在法律上平等的人缔结契约的。契约是他们的意志借以得到共同的法律表现的最后结果。平等!因为他们彼此只是作为商品占有者发生关系,用等价物交换等价物。所有权!因为他们都只支配自己的东西。边沁!因为双方都只顾自己。使他们连在一起并发生关系的唯一力量,是他们的利己心,是他们的特殊利益,是他们的私人利益。"①

当代中国价值共识的整合离不开利益协调机制。但是,整合当代中国价值共识的出发点决不能是少数利益群体的个人利益和特殊利益,而必须立足于最广大人民群众的集体利益、共同利益、长远利益和根本利益。当今中国正处在由传统的计划经济向社会主义市场经济的社会转轨时期,社会阶层不断分化,各种利益关系错综复杂,不同的社会阶层、利益集团、党派以及社会群体由于其利益关系的不同,有着不同的利益诉求,因而也有着不同的价值取向和价值立场。社会主义制度的建立使得最广大人民群众在根本利益问题上是一致的,但是在面临具体情况和问题时,个人利益与集体利益、局部利益与整体利益、眼前利益与长远利益、经济效益与社会效益之间也经常发生矛盾甚至相互冲突。由于价值观冲突的根源和基础是利益冲突,因此要社会成员之间达成价值共识,就必须首先协调好个人利益与集体利益、局部利益与整体利益、眼前利益与长远利益、经济效益与社会效益之间的关系问题。

个人利益与集体利益、局部利益与整体利益、眼前利益与长远利益、经济效益与社会效益之间是矛盾统一体:一方面,它们之间相互矛盾和冲突,如果

---

① 《马克思恩格斯选集》第 2 卷,人民出版社 1995 年版,第 176 页。

只顾及个人利益、局部利益、眼前利益、经济效益就会忽视甚至损害集体利益、整体利益、长远利益、社会效益;另一方面,两者之间又可以相互贯通和相互转化,正确处理好个人利益、局部利益、眼前利益、经济效益,也能够兼顾以至于促进集体利益、整体利益、长远利益、社会效益的实现和发展。就协调局部利益与整体利益的关系而言,当前就是要统筹协调区域之间的发展,正确处理好东部沿海地区与中西部内陆地区之间的利益关系;要统筹协调城乡之间的发展,正确处理好城市发展与农村发展之间的利益关系;要统筹协调不同产业之间的发展,正确处理好工业与农业、服务业之间的利益关系。就协调眼前利益与长远利益的关系而言,就是要转变经济发展方式,实现经济由高速增长到高质量发展,实现经济社会的可持续发展;要调整产业结构,促进产业结构优化升级,以信息化带动新型工业化的实现。就协调经济效益与社会效益的关系而言,就是要解决好民生问题,缩小贫富差距,逐步实现全体人民的共同富裕;要大力加强社会主义生态文明建设,坚持"绿水青山就是金山银山"的发展理念,努力建设美丽中国,实现中华民族的永续发展;要深入贯彻落实科学发展观,牢固树立和自觉践行创新、协调、绿色、开放、共享的新发展理念,坚持创新发展、协调发展、绿色发展、开放发展、共享发展。

(二)完善教育引导机制以巩固价值共识的思想基础

教育是引导社会成员对个人利益与集体利益、局部利益与整体利益、眼前利益与长远利益、经济效益与社会效益形成正确认识的基本路径,教育引导是整合社会成员价值共识的基础性工作。当代中国,要通过加强教育引导和文化宣传在全社会范围内整合价值共识、形成价值认同。

中国特色社会主义进入新时代,各种社会矛盾和问题不断彰显并且交织叠加。经济体制的转轨、社会阶层的分化、利益格局的调整,使得人们价值观念也多元多样多变,各种思想文化相互激荡,社会思潮呈现出复杂变化的态势和局面。随着互联网等现代新媒体技术的迅速发展以及传播渠道的新拓展,西方各种非马克思主义甚至反马克思主义的社会思潮也不断涌入中国,消解社会主义的主流意识形态,使马克思主义在意识形态领域的指导地位受到严峻冲击,社会主义意识形态的领导权、管理权、话语权遇到挑战。正如江泽民指出的:"思想文化阵地,马克思主义、无产阶级的思想不去占领,各种非马克思主义、非无产阶级的思想甚至反马克思主义的思想就会去占领。"①要凝聚当代中国价值共识,就必须适应命题传播新变化,充分占领和利用一切思想文化阵地,精心打造凝聚和整合价值共识的思想基础和舆论环境,不断增强意识形态领域主导权和话语权,因为"人们做出自己的选择时所依据的基本心理模式,才是开创变革的真正着力点"②。

要充分重视和有效发挥国民教育在弘扬和培育社会主义核心价值观中的基础性作用和主渠道作用。国民教育是关于世界观、人生观、价值观的教育,目的在于提高社会成员的科学文化水平和思想道德水平,引导社会成员树立正确的世界观、历史观、民族观、国家观、文化观、人生观、价值观,形成对主流意识形态的价值认同。因此,通过国民教育,可以对社会成员进行全面而系统的价值观熏陶和价值观引导,使其在理性上深刻认知、情感上深切认同、价值上坚定信仰社会主义核心价值观,从而为全社会范围内形成价值共识奠定共同的思想文化基础。在国民教育的理念上,必须坚持以马克思主义为指导,牢固树立共产主义远大理想和中国特色社会主义共同理想,不断增强意识形态的主导权和话语权,坚持、巩固和壮大社会主义主流思想舆论阵地,弘扬新时代主旋律;要以正面宣传为主,积极传播正能量,充分发挥正面宣传鼓舞人、激励人、鞭策人的作用,激发起全社会团结奋进的磅礴精神力量。在国民教育的内容上,要大力宣传和弘扬中国特色社会主义先进文化特别是以社会主义核心价值体系为核心的主流意识形态,增强中国特色社会主义道路自信、理论自信、制度自信、文化自信,更好地构筑中国精神、中国价值、中国力量,最大范围内凝聚和整合价值共识,为人民群众提供精神指引。

中国特色社会主义先进文化是指以马克思主义为指导的面向现代化、面向世界、面向未来的文化,是民族的、科学的、大众的社会主义文化,它决定着中国文化的发展性质和前进方向。社会主义核心价值体系是社会主义先进文化的旗帜,是当代中国主流意识形态的核心和灵魂。社会主义核心价值观具

---

① 《江泽民文选》第三卷,人民出版社 2006 年版,第 97 页。

② [美]塞缪尔·亨廷顿、劳伦斯·哈里森主编:《文化的重要作用——价值观如何影响人类进步》,程克雄译,新华出版社 2010 年版,第 354 页。

有强大的生命力、凝聚力、感召力，能够为价值共识的凝聚提供思想保证和舆论支持。因此，坚持社会主义核心价值体系，积极培育和弘扬社会主义核心价值观，是有效整合社会意识，调动一切积极因素，化消极因素为积极因素，从而在最大范围内形成价值共识的重要路径。在国民教育的对象上，必须面向全体社会成员，同时以青少年为重点，以立德树人为根本价值目标，注重引导社会成员特别是青少年树立正确的历史观、民族观、国家观、文化观，要大力加强社会主义、集体主义和爱国主义教育，加强国家意识、民族团结意识、法治意识、社会责任意识、科学精神等方面的教育，注重社会公德、职业道德、家庭美德、个人品德教育，培养又红又专、德才兼备、全面发展的社会主义的合格建设者和可靠接班人。在国民教育的方式上，要将显性教育与隐性教育有机结合起来，形成相向而行的教育合力机制，提高教育的针对性和有效性。

长期以来，我国国民教育多是采用正面的、直接的、灌输式的显性教育方式，虽然取得了很大成效，但也存在一定的局限性，单纯的"灌输式"教育容易引起受教育者的逆反心理和审美疲劳。隐性教育则采用更加隐蔽的手段，以生动活泼、喜闻乐见的形式，将国民教育的内容渗透到受教育者的日常生活之中，起到潜移默化、润物无声的作用。要充分利用新闻、出版、期刊、广播、电视、电影、网络等大众传媒和文化设施，采用人民群众喜闻乐见的方式进行宣传引导，传播社会主义先进文化、引领多样化社会思潮。同时，在宣传教育过程中，要注重在服务引导中加强宣传教育，把解决人民群众的思想认识问题与解决人民群众实际利益问题有机结合起来，既讲道理又办实事，从而在社会范围内形成价值共识的思想基础和物质条件。要将国民教育的内容融入人民群众的日常生活中，在解决人民群众日常所关心的收入分配、住房、医疗、教育、社会保障、生态环境等现实问题的过程中，让人民群众真切感受到实实在在的核心价值观及其作用，从而增强人民群众对社会主义核心价值观的理性认知、情感认同和价值信仰。

（三）完善制度规范机制以强化价值共识的制度保障

如果说教育是塑造社会成员对个人利益与集体利益、局部利益与整体利益、眼前利益与长远利益、经济效益与社会效益形成正确认识并且做出正确判断和价值选择的"软约束",那么,制度则是规范社会成员具体行为,保障社会价值共识实现的"硬控制"。正如习近平指出的:"培育和引扬社会主义核心价值观,不仅要靠思想教育、实践养成,而且要用体制机制来保障。……要发挥政策导向作用,使经济、政治、文化、社会等方方面面政策都有利于社会主义核心价值观的培育。要把社会主义核心价值观的要求转化为具有刚性约束力的法律规定,用法律来推动核心价值观建设。"①

在制度经济学家看来,无论是正式制度还是非正式制度,制度无非是约束和规范个人行为的一套规则体系,例如,美国制度经济学家道格拉斯·C.诺思就认为:"制度是一系列被制定出来的规则、守法程序和行为的道德伦理规范,它旨在约束追求主体福利或效用最大化利益的个人行为。"②英国社会学家吉登斯也认为:"规范是反映和体现某一文化的价值的行为规则。价值和规范共同塑造了一个文化的成员在其环境中的举止。"③而马克思主义则走向社会历史的深处,从物质资料生产出发解释制度的产生、形成和发展,在马克思恩格斯看来,制度是以生产关系为基础的各种社会关系的产物,"是各个人之间迄今为止的交往的产物"④。制度作为一种社会的"游戏规则",反映的是不同阶级、阶层和社会集团的利益关系,是一定历史时期统治者和社会成员在主流意识形态和文化价值观念的基础上所制定并且遵守的一整套社会规则体系。从制度的起源来看,无论是制度的演化主义还是制度的建构主义,都认为制度的产生是为了协调、平衡和整合社会共同体内部的利益关系和基本价值的分配,"社会制度不断发展的最好解释,不是集体目标或利益的帕累托最优结果,而是分配利益冲突的副产品"⑤。从制度的本质和功能来看,制度设计和制度变迁的根本目的,则是通过制度的良性运行来协调推进社会共同体成员之间的利益关系,进而促进共同体成员对主流意识形态和

① 《习近平关于社会主义文化建设论述摘编》,中央文献出版社2017年版,第111页。

② [美]道格拉斯·C.诺思:《经济史中的结构与变迁》,陈郁等译,上海三联书店、上海人民出版社1994年版,第225—226页。

③ [英]安东尼·吉登斯:《社会学》(第4版),赵旭东等译,北京大学出版社2003年版,第30页。

④ 《马克思恩格斯选集》第1卷,人民出版社2012年版,第202页。

⑤ [美]杰克·奈特:《制度与社会冲突》,周伟林译,上海人民出版社2010年版,第19页。

文化价值观念的认同,维系社会的正常运转。因此,建立健全旨在保障人民群众基本权益的制度规范体系是凝聚价值共识的重要着力点,而与公共政策直接相关的则是利益表达和民主决策这两个基本层面的制度设计和运行机制。①

健全利益表达机制,确保利益主体在利益表达上的平等话语权,是维护全体社会成员的共同利益,形成价值共识的基础。所谓利益表达机制,是指不同社会阶层的代表,通过合法有序的渠道与方式向政党和政府表达自身的利益诉求,从而影响政治系统公共决策的机制。因此,利益表达机制有助于执政党和政府根据利益主体的利益诉求,对不同社会阶层和社会成员的利益进行整合和协调,使个别的、分散的、特殊的利益整合为社会整体的共同利益,使得公共决策体现全体社会成员的共同利益和愿望,从而在全社会范围内达成价值共识,形成社会成员共同认同的价值观"最大公约数"。要提供相关的利益表达和协商平台,支持、引导社会成员以理性、合法、有序的形式表达自身利益诉求;要加强立法,规范利益表达的途径、形式、方法;要保持利益表达渠道的畅通,更新表达渠道的形式和路径;等等。要充分发挥工会、共青团、妇联、行业协会等社会团体和中介组织在利益表达过程中的代表作用,集中表达、维护广大人民群众的切身利益和价值诉求。同时,要有效发挥大众媒体在利益表达过程中的窗口作用,充分利用网络、电视、报刊等大众媒体的社会性、开放性和便捷性,开设"市民心声""在线投诉"等专题栏目,来集中反映人民群众的心声、表达人民群众的利益关切。

完善民主决策机制,增强公共决策透明度,减少社会摩擦和冲突,在全社会范围内形成价值观"最大公约数",是形成价值共识的关键。健全完善民主决策机制,是发展社会主义民主政治、建设社会主义政治文明的客观要求,是加强党的执政能力和执政水平的重要环节,也是充分表达民情民意,实现人民当家作主的重要体现。民主决策机制是通过预定的程序、规则和方式,广泛听取各阶层、各集团、各代表的意见和建议,集中最广大人民群众的智慧和经验,

① 参见袁银传、郭亚斐:《试论当代中国价值共识的凝聚机制》,《思想理论教育导刊》2018年第7期。

确保决策的公开性、透明性、程序性、民主性和科学性。民主决策机制是包括民主决策制度、民主决策程序、民主决策机构在内的完整统一体系,其中,民主决策制度处于核心地位。民主决策制度是民主决策机制的重要内容和具体体现,通过民主决策制度来体现,并通过民主决策制度来规范和保障这一机制的有效、合法运行。民主决策制度主要包括民主集中制度、责任追究制度、调查研究制度、专家咨询制度、社会公示制度、听证制度、巡视制度、监督反馈制度等。民主决策程序是决策过程中的一系列相互衔接、必不可少的环节和步骤,这些环节和步骤是保障民主决策机制正常有效运行的重要关节点,如果被简化、省略或颠倒,便会造成决策过程的不完整,最终影响决策的公正性、有效性和合法性。民主决策程序主要包括发现问题、确定目标、调查研究、形成预案、咨询评估、确定方案、宣传动员、实施方案、监督反馈、修正完善等具体环节。民主决策机构是民主决策机制的载体,是决策制度、决策程序的具体依托。民主决策机构既包括各级党委、政府等决策机构,也包括咨询机构、调研机构、论证评估机构等决策辅助机构。

(四)完善实践养成机制以推进价值共识的落地生根

如果说教育引导是凝聚价值共识的基础性工作,制度规范是凝聚价值共识的根本保障,那么,实践养成则是凝聚价值共识的落脚点和最终目的。在《德意志意识形态》中,马克思恩格斯就曾经强调指出:"意识在任何时候都只能是被意识到了的存在,而人们的存在就是他们的现实生活过程。"[①]社会成员只有在社会实践中坚持教育与自我教育相结合,通过日常生活实践体验使社会主义核心价值观内化于心、外化于行,才能深刻认同、主动接受和自觉践行社会主义核心价值观,从而达到培育和弘扬社会主义核心价值观的最终目的。正如习近平指出的:"要切实把社会主义核心价值观贯穿于社会生活方方面面。要通过教育引导、舆论宣传、文化熏陶、实践养成、制度保障等,使社会主义核心价值观内化为人们的精神追求,外化为人们的自觉行动。"[②]价值

---

① 《马克思恩格斯选集》第 1 卷,人民出版社 2012 年版,第 152 页。
② 《习近平谈治国理政》,人民出版社 2014 年版,第 164 页。

共识需要在日常生活实践中逐步形成,实践养成是当代中国价值共识形成的重要机制。①

首先,完善实践养成机制,要坚持教育与自我教育相结合。在价值共识的形成过程中,要坚持对社会成员进行系统性国民教育与社会成员的自我教育相结合,并且发挥社会成员的主体作用,注重社会成员的自我教育和自我完善。在价值共识形成过程中,一方面,要加强社会主义核心价值体系的引导作用,加强对社会成员的价值观教育,传播和弘扬社会主义核心价值观,增强社会成员的认同感、归属感;另一方面,要不断完善价值观教育的内容和形式,激发社会成员自我教育的动机,引导社会成员主动进行价值判断和价值选择,深刻认同和自觉接受社会主义核心价值观,在潜移默化中达到自我体会、自我教育和自我完善的目的。②

其次,完善实践养成机制,要坚持内化与外化相统一的原则。思想是行为的理论指导,行为是思想的外在表现。价值共识的凝聚过程,不仅仅是内在思想观念的认同和接受,而且是外在行为规范的学习、养成和实现。因此,要完善实践养成机制,坚持内化与外化相结合,实现内化于心、外化于行,将普遍的价值认同转化为每一个主体自觉的价值行动。在价值共识形成过程中,一方面要注重价值观念的内化,广泛开展宣传教育,大力培育和弘扬社会主义核心价值观,将社会主义核心价值观融入国民教育全过程以及全体社会成员的日常生活中,特别是在落细、落小、落实上下功夫,使社会主义核心价值观家喻户晓、人人皆知、入脑入心,使全体社会成员普遍认同和广泛接受,从而为价值共识的形成奠定共同的思想基础。正如习近平指出的:"一种价值观要真正发挥作用,必须融入社会生活,让人们在实践中感知它、领悟它,达到'百姓日用而不知'的程度。……我们要注意把我们所提倡的与人们日常生活紧密联系起来,在落细、落小、落实上下功夫。"③另一方面,要注重价值观念的外化,将

---

① 参见袁银传、郭亚斐:《试论当代中国价值共识的凝聚机制》,《思想理论教育导刊》2018年第7期。

② 参见袁银传、郭亚斐:《试论当代中国价值共识的凝聚机制》,《思想理论教育导刊》2018年第7期。

③ 《习近平关于社会主义文化建设论述摘编》,中央文献出版社2017年版,第109—110页。

社会主义核心价值观外化为人们的自觉行动。引导社会成员以社会主义核心价值为价值标准和行为准则,来规范和约束自身的行为,从自我做起、从身边做起、从小事做起,通过实实在在的行动来践行社会主义核心价值观,形成人人践行、时时践行、处处践行社会主义核心价值观的良好氛围,从而为价值共识的形成奠定良好的社会风尚,并促进价值共识观念广泛的社会传播。通过内化与外化的相互作用、相互影响和双向互动,使得社会主义核心价值观内化为人们的精神追求,外化为人们的自觉行动,在全社会范围内形成最广泛的价值共识,真正实现价值共识内化于心,外化于行的有机统一。①

---

① 参见袁银传、郭亚斐:《试论当代中国价值共识的凝聚机制》,《思想理论教育导刊》2018年第7期。

第六章　培育和践行社会主义核心价值观的基本路径

　　"路径"是一个外来词,意思与途径相近。路径,其含义比较明白,是指道路或者途径。"培育和践行社会主义核心价值观的路径"是指在实现培育和践行社会主义核心价值观的目的和任务过程中所要经历的基本过程和采取的基本方法。它是对培育和践行社会主义核心价值观具体方法的抽象,是选择与运用培育和践行社会主义核心价值观载体的基本渠道。

　　由于人脑中的各种思想、观念、价值观的获得,主要来自四个方面,即正规系统的教育、亲身经历、群体之间相互交往的影响、大众传媒和文化娱乐等渠道。因此,培育和践行社会主义核心价值观的基本路径主要包括教育路径、实践活动路径和传播路径三个方面。当前,学界对培育和践行社会主义核心价值观的路径研究主要集中在理论层面,在培育和践行社会主义核心价值观实践中选择了哪些路径? 这些路径运用状况如何? 这是一个摆在我们面前的重大理论问题和实践问题。本部分将运用调查研究的方法对上述基本路径进行深入系统的研究,力求总结成功的经验、发现存在的问题及其原因,在此基础上提出具有一定针对性的对策与建议,其目的是进一步优化培育和践行社会主义核心价值观的路径,增强培育和践行社会主义核心价值观的效果。

一、培育和践行社会主义核心价值观的教育路径

　　习近平总书记在党的十九大报告中不仅把培育和践行社会主义核心价值

观作为新时代中国特色社会主义文化建设的核心内容,而且强调要强化教育引导,"发挥社会主义核心价值观对国民教育、精神文明创建、精神文化产品创作生产传播的引领作用"①。中共中央办公厅印发《关于培育和践行社会主义核心价值观的意见》指出:"培育和践行社会主义核心价值观要从小抓起、从学校抓起。坚持育人为本、德育为先,围绕立德树人的根本任务,把社会主义核心价值观纳入国民教育总体规划,贯穿于基础教育、高等教育、职业技术教育、成人教育各领域,落实到教育教学和管理服务各环节,覆盖到所有学校和受教育者,形成课堂教学、社会实践、校园文化多位一体的育人平台,不断完善中华优秀传统文化教育,形成爱学习、爱劳动、爱祖国活动的有效形式和长效机制,努力培养德智体美全面发展的社会主义建设者和接班人。适应青少年身心特点和成长规律,深化未成年人思想道德建设和大学生思想政治教育,构建大中小学有效衔接的德育课程体系和教材体系,创新中小学德育课和高校思想政治理论课教育教学,推动社会主义核心价值观进教材、进课堂、进学生头脑。完善学校、家庭、社会三结合的教育网络,引导广大家庭和社会各方面主动配合学校教育,以良好的家庭氛围和社会风气巩固学校教育成果,形成家庭、社会与学校携手育人的强大合力。"②从上述论述可以看出,培育和践行社会主义核心价值观的教育路径主要包括学校教育、家庭教育和社会教育三个方面,其中学校教育是重中之重,关键是完善学校、家庭、社会三结合的教育网络,精心打造全民性的社会主义核心价值观教育载体,形成学校、家庭、社会教育的合力。

本课题运用调查研究的方法以学校教育为核心对培育和践行社会主义核心价值观的教育路径进行研究,在此基础上提出优化培育和践行社会主义核心价值观的教育路径的对策。③

---

① 习近平:《决胜全面建成小康社会 夺取新时代中国特色社会主义伟大胜利——在中国共产党第十九次全国代表大会上的报告》,人民出版社2017年版,第42页。

② 《十八大以来重要文献选编》(上),中央文献出版社2014年版,第580页。

③ 参见于雨晴:《培育和践行社会主义核心价值观的活动载体探析》,湖北大学硕士学位论文,2016年(课题组主要成员湖北大学马克思主义学院杨业华教授指导)和冯岑:《培育和践行社会主义核心价值观的传播途径探析》,湖北大学硕士学位论文,2016年(课题组主要成员湖北大学马克思主义学院杨业华教授指导)。

（一）调查地点、样本及统计方法

1.调查地点及样本

本次调查的核心对象是学生,因为中共中央文件中论述的国民教育重点是学校教育。具体抽样调查对象涉及中学生、大学生、老师、家长、社区相关人员,涉及农村与城市。此次调查采用系统分层抽样和随机抽样方法。其中系统分层抽样方法是:先按学龄阶段,将学生分为大学、高中、初中三个阶段,再按各个阶段以 0.0336%的比例抽样。在每个区域、每个学龄阶段确定比例之后,其调查就采取随机抽样调查的方法。本次调查学生抽样样本为 700 份,回收 650 份,有效问卷 638 份,有效问卷率91%。

由于社会主义核心价值观融入国民教育全过程主要是靠学校、家长、社会、自我的合力作用。对此我们也调查老师、家长、社区相关人员;其中教师、家长采取随机抽样的方法,各抽样 100 份。还从大学自主培养大学生社会主义核心价值观的 QQ 群(托起明天太阳 QQ 群的聊天记录)进行整理分析大学生社会主义核心价值观自我教育的现状及社会主义核心价值观融入高等教育全过程的现状。除此之外,利用大众媒体、文献等手段查阅相关文件进行分析、思考社会主义核心价值观融入国民教育全过程的现状。我们还采用个案访谈、小组座谈等方式开展此次调查。

2.统计分析方法

本研究采用SPSS17.0统计软件进行数据统计分析,在分析过程中采用定性和定量分析法。其中数据分析主要利用频数、平均值、百分比、变量交叉等分析社会主义核心价值观融入国民教育全过程的现状。

（二）社会主义核心价值观融入国民教育全过程的现状

1.社会主义核心价值观融入课堂教学现状

在"社会主义核心价值观融入学校教育全过程的方式"的问卷调查中,调查数据显示:学生认为培育和践行社会主义核心价值观采取融入课堂教学的方式占44.7%,培育和践行社会主义核心价值观采取融入校园文化建设的方式占 28.5%,培育和践行社会主义核心价值观采取融入社会实践的方式占

16.3%,培育和践行社会主义核心价值观采取融入学校服务管理的方式占10.5%;其均值为1.9843,标准差为1.09791。同时,在教师关于"社会主义核心价值观融入学校教育全过程的方式"问卷调查中,我们得到了这样的比例:认为培育和践行社会主义核心价值观采取融入思想政治理论课的占了26.9%、培育和践行社会主义核心价值观采取融入社会实践活动占了30.8%、培育和践行社会主义核心价值观采取师生对话交谈占了34.6%、培育和践行社会主义核心价值观采取融入校园文化占了7.7%。通过学生、教师对社会主义核心价值观融入学校教育全过程方式的评述过程的调查数据,可以看出,课堂教学在社会主义核心价值观融入学校教育全过程中发挥了重要作用,但还有待提升;而培育和践行社会主义核心价值观采取融入社会实践活动,在教师调查中占了很大比例,而学生认为融入社会实践活动的比例却居第二位,这就说明不同的调查对象对此问题有不同的认识。

表1.1　社会主义核心价值观融入学校课堂的现状

		有效N（份）	极小值	极大值	均值	标准差
社会主义核心价值观融入课堂的主要方式		638	1.00	4.00	1.9843	1.09791
在课堂上,教师是否进行社会主义核心价值观教育		638	1.00	4.00	2.4702	0.84509
在课堂上,老师讲爱国主义精神所采取的方式		638	1.00	4.00	2.1787	1.01606
社会主义核心价值观融入班会的主要内容	校园建设我的责任	313	0.00	1.00	0.4906	0.50030
	纪念雷锋系列主题活动	290	0.00	1.00	0.4561	0.49846
	爱国主义教育活动	267	0.00	1.00	0.4185	0.49370
	法制宣传教育活动	217	0.00	1.00	0.3401	0.47412
	其　他	83	0.00	1.00	0.1301	0.33667
班上对做好人好事和科技小发明的同学有无奖励		638	1.00	4.00	2.5313	1.21792
你对老师在课堂上讲爱国主义等精神有何感受		638	1.00	4.00	2.4765	0.93857
学校在核心价值观融入学校教育全过程中侧重点		638	1.00	4.00	2.6959	1.08725

注:由于调查问卷设计时按照A—E选项的顺序设计。为了便于统计,我们将其按调查问卷选项赋值转化为定序1—5数字符号代替。针对这种定序变量,此调查报告通过SPSS软件计算出相关样本的极值、平均值以及标准差。

在学生认为在社会主义核心价值观融入学校教育全过程的影响因素调查中,调查显示:社会风气占 53.3%,自我教育占 15.2%,教师教育占 13.2%,家长的思想教育占 10.5%,思想政治理论课的影响占 7.8%。从中可以看出在社会主义核心价值观融入学校教育全过程中,学校是关键,但社会风气对其产生了不可估量的影响。教师教育和思想政治理论课对社会主义核心价值观融入学校教育全过程的影响力只占 21%,这反映出社会主义核心价值观融入课堂教学的过程中思想政治理论课的主阵地和主渠道作用发挥不够。

学校教育是社会主义核心价值观融入国民教育全过程的主阵地,课堂是社会主义核心价值观融入国民教育全过程的主渠道,因此在将社会主义核心价值观融入国民教育全过程中要抓好课堂这一重要载体。经过调查发现影响社会主义核心价值观融入课堂教学的因素主要有以下几点:

其一,课堂教学很少坚持贴近时事、贴近生活、贴近学生的原则。调查显示:在关于社会主义核心价值观在融入思想道德教育课堂教学的主要不足的调查中,学生认为"很少坚持贴近时事、贴近生活、贴近学生的原则"占 34.6%,"学生参与此类专题教育活动的积极性不高"以及"学校对课堂思想道德教育考察的标准和监督体系仍存在诸多的缺陷"各占 26.9%,"很少将专题教育活动与日常活动相结合"占 11.5%。

其二,教师在教学过程中对社会主义核心价值观融入学校教育过程重视不够。调查显示:教师在课堂教学中对学生进行社会主义核心价值观教育时,"以知识讲解为主、偶尔进行思想道德教育"占 42.8%,知识讲解和思想道德教育并重占 34%,思想道德教育为主、知识讲解为辅占 12.1%,整堂课只注重知识讲解占 11.1%。

其三,融入方式比较单一,形式不够新颖,未能激发学生兴趣。调查显示:在将社会主义核心价值观融入学校教育全过程的方式调查中,采取"师生对话交谈"占 34.6%,"社会实践活动"占 30.8%,"思想政治理论课"占 26.9%,"将思想道德教育内容融入文化活动"占 7.7%。"当老师在课堂上宣讲爱国主义精神时,感兴趣就听,不感兴趣就不听"占 35.9%,"觉得有意义,但形式不够新颖"占 32.6%,"觉得无聊,无实质内容"占 16%,"觉得有意义,形式新颖"的仅占 15.5%。

2. 社会主义核心价值观融入校园文化的现状分析

在"社会主义核心价值观融入校园文化的现状"调查中,调查显示:有48.7%的学生认为融入得比较好,33.5%的学生认为融入得不怎么好,11.9%的学生认为融入得很好,有5.8%的学生认为融入得不好(如图1.1所示)。而在"你所在学校以核心价值观为基础的校园文化建设主要内容集中在哪方面"的调查时,调查显示:学校在以社会主义核心价值观为基础的校园文化建设中,校风、学风、班风占39.8%,形势政策、爱国主义教育占38.2%,校园文化活动占15.4%,绿化建设占3.1%,校园网络文化建设占3.4%。由此可知当前学校在社会主义核心价值观融入校园文化过程中主要是通过树立良好的校风、学风、班风和进行形势政策教育、爱国主义教育,校园文化活动、绿化建设及校园网络文化建设重视得不够。就教师问卷调查的数据显示:教师主要通过相关课程、社会实践、校园文化建设、融入班主任工作、学校服务管理等措施将社会主义核心价值观融入学校教育的全过程,其中以社会实践为主,占了教师样本的38.5%。这些数据说明了社会主义核心价值观融入校园文化建设途径、内容的多样化。综上所述,就不难发现社会主义核心价值观在融入校园文化中的总体状况还比较好,但也存在一些问题。

（单位：％）

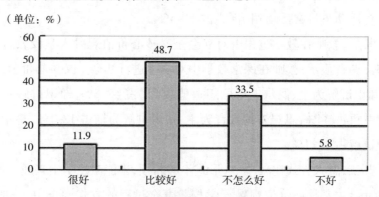

图 1.1　社会主义核心价值观融入校园文化的现状

出现上述问题的主要原因是学校在以社会主义核心价值观为基础的校园文化建设时大多流于形式,未能真正发挥校园文化建设对于社会主义核心价值观融入学校教育全过程中的作用。调查显示:学校在社会主义核心价值观融入校园文化建设中,有26.8%的学生认为是组织不力,学生参与度不高;

11.4%的学生认为是形式太单一了;还有 7.5%的学生认为是观念落后,缺乏与时俱进。因此,学校的教育机制还有待改善,良好的教育机制才能为社会主义核心价值观融入校园文化提供保障。在学校以社会主义核心价值观为基础的校园文化建设的机制保障中,校团委、班委等组织机构占 35.0%,校规、班规等规章制度占 38.1%,升旗、开学典礼等仪式占 5.6%,班主任、团委老师等文化建设队伍占 21.3%。

3. 社会主义核心价值观融入学校服务管理过程的现状分析

在"推进社会主义核心价值观融入学校服务管理全过程的目标"调查中,调查显示:有 47.5%的学生认为其目标在于"思想道德教育为先,立德树人",有 23.8%的学生认为是"以人为本,为师生服务",有 17.6%的学生认为是"为了促进学生健康成长",还有 11.1%的学生认为是"唯分数论"。从这些数据中可以反映出学校服务管理机构的目标总体是好的,但也有一些目标偏离了社会主义核心价值观的方面,如"唯分数论"(如表 1.2 所示)。

表 1.2　社会主义核心价值观融入学校服务管理过程的现状

分类	调查选项	频率（份）	百分比（%）	有效百分比（%）	累积百分比（%）
社会主义核心价值观融入学校服务管理过程中的目标（有效 N=638）	为了促进学生健康成长	112	17.6	17.6	17.6
	思想道德教育为先,立德树人	303	47.5	47.5	65.0
	以人为本,为师生服务	152	23.8	23.8	88.9
	唯分数论	71	11.1	11.1	100
在推进社会主义核心价值观融入学校管理的全过程中,学校服务管理集中的内容（有效 N=638）	教育教学管理	267	41.8	41.8	41.8
	学生思想道德教育管理	265	41.5	41.5	83.4
	后勤管理	73	11.4	11.4	94.8
	环境管理	33	5.2	5.2	100
你认为学校服务管理对社会主义核心价值观融入全过程的现状（有效 N=638）	很好	76	11.9	11.9	11.9
	比较好	311	48.7	48.7	60.7
	不怎么好	214	33.5	33.5	94.2
	不好	37	5.8	5.8	100

分类	调查选项	频率 （份）	百分比 （%）	有效百分比 （%）	累积百分比 （%）
在推进社会主义核心价值观融入学校管理的全过程中的主要不足 （有效 N=638）	没有坚持社会主义核心价值观的指导	83	13.0	13.0	13.0
	流于形式	297	46.6	46.6	59.6
	没有坚持理论与实际相结合	189	29.6	29.6	89.2
	学校服务管理者不管不顾，注重自身利益	69	10.8	10.8	100

与此同时，"社会主义核心价值观融入学校服务管理过程中服务管理主要集中在哪方面"的调查中，调查显示：有41.8%的学生认为其集中在教育教学管理，有41.5%的学生认为其集中在学生思想道德教育管理，11.4%的学生认为其集中在后勤管理，5.2%的学生认为其集中在环境管理。从这些数据可以看出在教育教学、学生思想道德教育管理方面，学校服务管理者还是在比较认真地履行职责，但其对环境管理的重视程度还不够。培育和践行社会主义核心价值观的过程是内在转化与外在制约的结果，环境对于青少年学生的价值观形成发展具有重要作用，良好的生长环境具有感染、促进和制约作用，有助于促进青少年学生培育和践行社会主义核心价值观。

经过上述分析可以看出，青少年学生认为社会主义核心价值观融入学校教育的现状总体是比较好的，但仍然存在一些问题。就学校服务管理对社会主义核心价值观融入学校教育全过程状况的调查而言，有48.7%的青少年学生认为学校做得比较好，33.5%的青少年学生认为学校做得不怎么好，6.4%的青少年学生认为学校做得不好，有11.9%的青少年学生认为学校做得很好。这些数据反映出社会主义核心价值观融入学校服务管理方面还存在一些缺陷，几乎有一半的青少年学生认为其做得不好。教育与管理是相辅相成的，学校服务管理是保持学校各项活动顺利进行的保障，没有良好的服务管理，就不能真正发挥学校在促进社会主义核心价值观融入学校教育全过程中的重大作用。

究其原因在于学校管理比较重视形式，没有真正地坚持以社会主义核心价值观为指导,没有将理论与实践相结合,有的甚至只注重个人利益而不管不顾青少年学生的利益。在推进社会主义核心价值观融入学校管理全过程调查中,调查显示:有 46.6%的青少年学生认为其是"流于形式",29.6%的青少年学生认为"没有坚持理论与实际相结合",有 13.0%的青少年认为"没有坚持社会主义核心价值观的指导",还有 10.8%的青少年学生认为"学校服务管理者不管不顾,只注重自身利益"。

4. 社会主义核心价值观融入家庭教育的现状分析

家庭是孩子成长的摇篮,父母更是孩子的第一任老师,因此,良好的家庭教育对青少年学生的成长而言,显得尤为重要。而社会主义核心价值观融入家庭教育主要体现在家庭教育的内容、方式以及评价标准等方面。其具体现状分析如下:

调查结果显示,有 89.8%的家长赞同"孩子掌握知识很重要,但是个人思想道德更需要提高"的观点。据学生反映,27%的父母在孩子成长的过程中主要关注其道德品质,仅次于身体健康。在教育方法上,89.8%的家长采取鼓励孩子多看书、多思考,经常与孩子沟通交流,了解孩子的情况。65.3%的家长以身作则,用行动来教育孩子。此外,超过半数的家长鼓励孩子向道德模范学习,这样可以培养孩子良好的精神品质。这表明,青少年学生的思想道德素质得到了家长的重视。思想道德素质和科学文化素质二者相互作用,相辅相成,二者缺一不可。这不仅是加强青少年学生思想道德的需要,更是提高全民族文化素质,建设新时代中国特色社会主义文化的需要。调查显示,有 83.7%的家长用自己的行动去孝敬父母,引导孩子树立"百善孝为先"的观念。同时,超过半数的家长教导孩子要诚信爱幼。由此可以看出,在家庭教育的过程中,家长非常重视中华民族传统美德教育。同时有 44.9%的家长认为,社会主义荣辱观对提高孩子的思想道德水平"作用很大",是中国传统美德的浓缩(如表 1.3 所示)。此外,95.9%的家长鼓励孩子创新。从青少年学生的角度来看,41.1%的青少年学生认为家庭教育应该主要侧重于社会主义荣辱观方面。其次是共同理想、民族精神和时代精神。显然,家长和青少年学生之间的教育观念存在着共同之处。

表 1.3　家长认为社会主义荣辱观对提高青少年思想道德水平的作用

	频率 （份）	百分比 （%）	有效百分比 （%）	累积百分比 （%）
作用很大	22	44.9	44.9	44.9
有一定作用,但有限	15	30.6	30.6	75.5
不清楚	11	22.4	22.4	98.0
没作用	1	2.0	2.0	100

从总体上来看,社会主义核心价值观融入家庭教育过程的情况比较好,形势比较乐观。家长树立了比较正确的育人观念,坚持把个人思想道德品质放在家庭教育重要的位置。同时,家庭还采取了较为科学的教育方式,摒弃了"不打不成才"的传统做法,取而代之的是激励和沟通交流,加强彼此之间的了解。然而,家长对社会主义核心价值观的认知程度不够。调查发现,仅有10.2%的家长完全了解社会主义核心价值观的基本内容,不完全了解的家长占据了71.4%。但69.4%的家长认为有必要在家庭教育中对孩子进行社会主义核心价值观教育。从家长自身的素质来看,家长的学历主要集中在初中和高中水平阶段,其中,65.3%的家长的政治面貌是群众。这就极大地影响了社会主义核心价值观在家庭方面的传播。因此,在不完全了解社会主义核心价值观的基本内容的情况下,家长往往依照自己的世界观、人生观、价值观教育青少年学生。从学校及社会相关职能部门来看,它们对家长进行社会主义核心价值观教育的方式,调查显示:49%是通过家长会;28.6%是通过宣传资料;对于开发课程资源、完善家长办学制度,仅仅占到了12.2%。

家庭和学校是青少年学生接受教育的主要场所,学校和家庭对青少年学生的成长教育起到至关重要的作用。因此,在社会主义核心价值观融入学校教育过程中,不能将学校和家庭割裂开来,要加强二者之间的交流与联系,全方位了解青少年学生的思想道德状况,由此形成合力,积极推动社会主义核心价值观融入学校教育过程中。

5.社会主义核心价值观融入社会教育的现状分析

社会是青少年学生社会主义核心价值观教育的大舞台,社会教育是社会主义核心价值观教育的重要载体。社会主义核心价值观融入社会教育全过程的现状可以从地域(主要是社区或村)、政府及相关职能部门的政策文件及相关行为规范等方面获取。其融入现状主要体现在以下几点：

调查显示：有36.5%的学生认为社会对青少年学生进行教育的目的主要侧重于培养复合型人才,35.1%的人认为其目的主要是培养社会主义"四有新人",传播社会主义意识形态仅占11.9%。从上述调查数据可以看出,学生认为社会对青少年学生进行教育的目的主要侧重于培养复合型人才,其次是培养社会主义"四有新人"。这说明社会对青少年学生进行教育的目标侧重点存在着不容忽视的问题,亟须进一步完善(如表1.4所示)。

表1.4　社会对青少年学生进行教育的目标侧重点

	频率 (份)	百分比 (%)	有效百分比 (%)	累积百分比 (%)
培养专业技能人才	104	16.3	16.3	16.3
培养复合型人才	233	36.5	36.5	52.8
传播社会主义意识形态	76	11.9	11.9	64.7
培养社会主义"四有新人"	224	35.1	35.1	99.8
缺　失	1	0.2	0.2	100

造成此现象的表面原因是青少年学生自身出现概念模糊,未区分复合型人才和"四有新人"的概念。其更深层次的原因则是对社会主义核心价值观教育的力度不够,青少年学生对社会主义核心价值观的了解还有待进一步提高。培育"四有"公民,不仅是提高全体公民的素质,促进人的全面发展的需要,更是我国文化建设面临的一项长期而艰巨的任务。在新时代我们要教育引导青少年学生正确认识时代赋予我们的历史使命,认清自己所肩负的社会责任。逐步确立在习近平新时代中国特色社会主义思想引领下坚持走中国特色社会主义道路、为实现中华民族伟大复兴而奋斗的远大理想和坚定信念,把个人的成才梦同中华民族伟大复兴的中国梦紧密结合在一起,积极主动承担起建设中国特色社会主义、实现中华民族伟大复兴的光荣使命。在调查过程中,有27.6%的被调查者认为社会对青少年进行社会主义核心价值观教育的

具体内容主要侧重于爱国主义教育,有 28.5% 的人认为其具体内容侧重于素质教育。此外,道德教育占 25.4%,人格教育占 18.5%。这表明,我国青少年学生对社会主义核心价值观的具体内容整体把握比较到位,认识比较清楚。以爱国主义为核心的民族精神和以创新为核心的时代精神是社会主义核心价值体系的精髓,是社会主义核心价值观的重要内容。作为当代中国青少年,作为祖国未来的希望,青少年学生必须肩负起心中光荣而艰巨的使命,继承中华民族的优秀品质,始终保持昂扬向上的精神状态,为中华民族的伟大复兴而努力奋斗。

表 1.5　你所在地区在核心价值观融入青少年学生思想道德教育过程中所采取措施

	频率 (份)	百分比 (%)	有效百分比 (%)	累积百分比 (%)
学校与地区进行共同教育	116	18.2	18.2	18.2
提供活动空间,开展形式 新颖的教育活动	119	18.7	18.7	36.8
完善学校和社区的合作方式	96	15.0	15.0	51.9
通过大众传媒加强思想道德教育	206	32.3	32.3	84.2
综合治理校园及周边治安秩序	101	15.8	15.8	100

与此同时,在"你所在地区在核心价值观融入青少年学生思想道德教育过程所采取措施"的调查中,调查显示:有 32.3% 的做法集中在通过大众传媒加强思想道德教育,18.7% 的方法集中在为青少年学生提供活动空间,开展形式新颖的教育活动,有 18.2% 的社区实行学校与地区对青少年学生进行社会主义核心价值观的共同教育(如表 1.5 所示)。这表明,当地不仅重视理论教育,而且重视实践教育。当地很好地运用了现有的大众传媒方式,大力宣传加强理论教育,同时还通过教育活动,使理论与实践紧密结合在一起,在活动中渗透社会主义核心价值观的具体内容。此外,当地还加强与学校的联系,实行二者共同教育。社区青少年社会主义核心价值观教育工作是一项社会系统工程,有赖于方方面面的合力,尤为紧要的是社区、学校和家庭"三位一体"的联动共建,以形成合力。但这方面的比重稍低,必须进一步巩固和提高。在社会主义核心价值观融入青少年学生思想道德教育的过程中,不能单靠一方面的

力量,必须要通过加强学校、家庭、社区三方的力量,才能推动青少年学生思想道德素质的提高。调查发现,青少年学生认为社会对其进行社会主义核心价值观教育主要通过学校教育的占47%。其次是电视新闻和书籍报刊,而网络教育仅占到11.3%,居于最低位。

6.社会主义核心价值观融入自我教育的现状分析

在推进社会主义核心价值观融入青少年学生自我教育的影响因素的调查中,调查显示:思想道德素质占73.7%,具有绝对的优势。此外,科学文化素质占17.1%,成为继思想道德素质之后又一重要影响因素;身体素质占5.8%,也受到一些学生的青睐;最少的是审美素质,占总百分比的3.4%。通过这些数据的对比,我们不难看出思想道德素质在推进社会主义核心价值观融入青少年学生自我教育中具有重要的作用(如表1.6所示)。

在个人对社会主义核心价值观践行的调查过程中,在所有的受调查者当中,有8.3%的人表示经常践行社会主义核心价值观要求的内容,30.1%的人表示践行比较多,56.0%的人表示只是偶尔践行,另有5.6%的人表示从没践行过社会主义核心价值观。从上述调查数据可以看出,青少年学生对社会主义核心价值观践行方面的自觉性有待进一步提高。

表1.6　推进社会主义核心价值观融入青少年学生自我教育的影响因素

	频率 (份)	百分比 (%)	有效百分比 (%)	累积百分比 (%)
审美素质	22	3.4	3.4	3.4
科学文化素质	109	17.1	17.1	20.5
思想道德素质	470	73.7	73.7	94.2
身体素质	37	5.8	5.8	100

从青少年学生在独处无人监督情况下能否比较自觉地按照社会主义核心价值观来思考行动来看,调查显示:在独处无人监督的情况下能够完全自觉按照社会主义核心价值观来行动的占7.7%,独处能力较强;能够比较自觉地遵守的占61.3%,独处能力较好;不怎么自觉的占27.4%,独处能力较差;完全不自觉的占3.6%,独处能力很差。独处,即在没有他人在场,没有第二者监

督的情况。在有他人在场或监督的情况下，人们往往会自动约束自己的行为，表现出符合社会规范的一面。但是，一旦处于只有自我的空间，由于缺乏监督，人们往往难以对自身进行有效约束，这就对自身的思想道德品质提出了更高的要求。所以，中国古代才会有"慎独"一说，就是要求人们在独处的情况下注意对自身进行严格和有效的约束。中国社会正处于转型期，在此期间各种思想观念纷繁复杂，争先恐后地要占据人们的大脑。由于网络等媒体的日益发达，青少年学生在价值观方面容易出现混乱。社会主义核心价值观吸收了中国优秀传统文化的精髓，对青少年学生的世界观、人生观、价值观有重要的引导作用，因此加强对青少年学生自我教育显得十分重要。

从以上调查数据我们可以看出，社会主义核心价值观在青少年学生自我教育过程中的实践程度或者说频率并不是很高，整体情况不容乐观。社会主义核心价值观是党在新的时代背景下对人们提出的一种要求或希望，以期提高人们的自身素质，构建社会主义和谐社会。它作为一种科学理论，既来源于我国社会发展的实践，又需要接受实践的检验。而实践又是一种将理论内化的过程。当代中国社会正处于转型期，青少年学生作为推动社会发展的重要力量，负有更大的责任。为此，社会对青少年学生的自我教育提出了更高的要求。青少年学生在自我教育的过程中，如果不积极培育和践行社会主义核心价值观，就无法真正理解社会主义核心价值观的深层内涵，就无法进一步发挥社会主义核心价值观在促进青少年学生自我教育和自我成长中的重要作用。

（三）优化培育和践行社会主义核心价值观教育路径的对策

"没有调查，就没有发言权"，通过前面对调查数据的分析，我们得出一点很重要的结论：社会主义核心价值观融入国民教育全过程的影响因素中，社会风气占了相当大的比例（占53.3%），其次是学校教育（包括教师教育和思想政治理论论教育），再次是自我教育和家庭教育。而另外一份"关于社会通过什么方式加强青少年学生社会主义核心价值观教育"的调查结果显示：在社会诸多教育方式如学校教育、电视新闻、书籍报刊、网络教育中，学校占47.0%，其次是电视新闻（占29.9%）。

由此可见，我们认为采取切实有效的措施优化培育和践行社会主义核心价值观教育路径具有重要的现实意义和社会价值。这就需要构建和谐的培育和践行社会主义核心价值观教育新机制，从根本上保障青少年学生健康成长，从而促进青少年学生思想品德的完善与发展。那么我们该如何优化培育和践行社会主义核心价值观教育路径呢？就此，我们认为构建优化培育和践行社会主义核心价值观新机制就是青少年学生自身发展的内部因素与思想道德教育的外部环境相互协调、相互促进、相互影响、相互作用的联结互动机制，即青少年学生在加强自我思想道德教育的同时也需要学校、家庭、社会构建和谐的教育网络，营造良好的优化培育和践行社会主义核心价值观的环境。为此，社会是社会主义核心价值观融入学校教育全过程的平台，学校是其关键，家庭是基础，青少年学生自身是主体。因此，我们从以下四个方面来分析优化培育和践行社会主义核心价值观教育路径的对策。

1. 加强自我教育，发挥学生在核心价值观教育中的主体作用

"在现实的思想政治教育活动中，思想政治教育者和教育对象都在不断变化，并且随一定的时空条件或双方在活动中的地位和作用的变化而相互转化。也就是说，在特定的时空条件下，在两者相互作用的过程中，思想政治教育者会转化为思想政治教育对象，即思想政治教育者客体化；或者思想政治教育会转化为思想政治教育者，即思想政治教育对象主体化。"①。这种客体"主体化"或者主体"客体化"相互转化，相互作用、相互渗透、相互吸收，从而实现二者的互动与共同发展。这就是说青少年学生是教育的客体，也是自我教育的主体。面对纷纭复杂的西方思潮和非主流价值观，为了提高青少年学生思想道德教育的目的，需要青少年学生对教育者的合理建议和意见的"原材料"进行认知、选择、接受、认同并内化为自我价值观，然后付诸实践。只有这样，青少年学生才能更好地养成良好品德和行为习惯。在"青少年学生在加强社会主义核心价值观融入自我教育"的调查过程中，我们发现青少年学生主要从自律、自我学习以及社会实践的角度加强自我教育。如"加强自身修养、提高自身素质；加强思想文化建设，杜绝形式主义，不断提升自己，明确目标，坚

---

①　陈万柏、张耀灿主编：《思想政治教育学原理》（第二版），高等教育出版社 2007 年版，第 169 页。

定信念,不断进步";"努力学习是最主要的,提升自我的思想素质,规范自我言行,做到提高自身素质,提高道德修养,完善自己的人生观、世界观";"自制、自律,理论与实践相结合,先学会做人,其次是学习知识"。对此,我们认为应当从以下几方面优化社会主义核心价值观融入青少年学生自我教育的过程。

其一,青少年学生必须加强自律教育。在调查中,一名受访者认为通过"自我约束,严格要求自己,在生活中自觉地贯彻社会主义核心价值观的要求,在实践中逐步加强自我教育"。而在西方思潮的充斥中,缺乏理性判断、易受外界不良信息诱惑的青少年学生需要切实加强自我约束、自我监督、自我调整、自我评价的自律教育机制,从而实现青少年学生自我发展的需要,促进青少年学生自身素质的发展和社会发展的需要。这样青少年学生才能切实内化教育者思想道德教育的合理建议,进而付诸实践活动,以至于养成良好的行为习惯、提高自我教育的信念以及培养高尚的爱国情操。

其二,必须加强自我学习,提高自我素养。在自我学习过程中,青少年学生需要培养坚强的意志,克制欲望、抵制不良诱惑,进而加强自我意识的培养,从而提高学习的积极性、主动性与创造性。除此之外,在青少年学生社会主义核心价值观培育过程中,监护人与教师需要建立良好的沟通机制,及时把握学生思想动态、行为习惯以及政治倾向,从而积极引导他们加强自身社会主义核心价值观学习,形成良好的政治观念、思想动态与行为习惯。

其三,理论联系社会实践,培养知识运用能力。任何理论都应该接受实践的检验,在实践中获得长远发展。社会主义核心价值观也不例外。青少年学生要以社会主义核心价值观为指导,积极投身社会实践,这样学习社会主义核心价值观才具有意义。除了参与学校组织的相关实践活动以外,青少年学生自身要积极主动融入社会,参加一些符合社会主义核心价值观要求的实践活动,使自身所学在实践中得到升华。

2. 构建社会、学校、家庭齐抓共管的机制,形成教育的合力

社会主义核心价值观融入国民教育的全过程中需要构建社会、学校、家庭齐抓共管的教育机制,形成教育的合力。为此需要切实发挥作为青少年学生思想道德教育的主阵地和传播先进文化的主渠道学校的作用;也需要切实关

注家庭及社会环境的合力作用。

（1）创新学校教育，发挥学校在核心价值观教育中的关键作用

学校是育人的直接场所，是教育最普遍最常用的基地。学校教育具有专业化、规模化、体系化、直接化以及时效性等优点，因此，青少年学生培育和践行社会主义核心价值观，有赖于学校教育发挥关键作用。在"为促进社会主义核心价值观融入学校教育过程中，学生认为学校最应该注重什么"这一题调查过程中，开展丰富的校园文化活动和组织社会实践占了 68.5%，净化学校周边环境及营造良好学习氛围占了 21.3%，而理论教育和以应试教育为主仅占了 10%。从这些数据表明，学校在青少年学生社会主义核心价值观教育过程中关键作用的发挥，具体应该做好以下几点：

其一，优化课堂教学环境，提高教学质量。课堂教学是目前社会主义核心价值观融入学校教育全过程的主要方式。例如，接受调查的学生中，认为社会主义核心价值观融入学校教育全过程的主要方式是课堂教育的占 44.7%，课堂教育包含教师、教材和课程以及同学间的相互影响。从教师方面来看，教师是教育的主体，将社会主义核心价值观融入学校教育全过程，需要一支专业化的教师队伍。首先，要加强教师自身社会主义核心价值观的培育和践行，教师对社会主义核心价值观的内容要融会贯通并且努力躬行，为人师表，强化教师人格力量的榜样效应；其次，要更新教学方式，注重教育艺术的运用，采取丰富多样的，新颖的教学形式，寓教于乐；第三，要对学生采取公正平等的态度，不以分取人，不一味以学习成绩取人，要对学习成绩上所谓的优差生在道德水平上公平对待；第四，要关注学生成长，尤其是要关注学生的心理发展，积极开展相关的心理辅导，引导其树立正确的世界观、人生观和价值观。要合理安排教育教学内容，思想道德教育为先，立德树人。课堂教学不仅仅是要向同学们传达一般的知识，更重要的是要做好思想道德教育，不仅仅是要学书本知识，还要学做人。就社会主义核心价值观融入学校教育全过程来看，课堂教育要注意课程的合理安排和教材的适当选取。另外，在平时的教育教学中，也应该渗透社会主义核心价值观的思想道德教育内容。在接受调查的学生中，虽然有34.0%的人认为在课堂中老师"知识讲解与思想道德教育并重"，但是却有42.8%的人认为课堂教育中老师是"以知识讲解为主，偶尔进行思想道德教

育"。因此,平时教育中,思想道德教育工作要落到实处,课堂教育教学内容要渗透着社会主义核心价值观的相关内容。在接受采访的教育工作者中,一位老师认为课堂教育教学要遵循"育人为本,思想道德教育为先"的原则,另两位受采访老师也认为:要摆脱应试教育的束缚,反对一考定终身,成人与成才二者,成人更重要。

其二,重视校园文化建设,形成深厚的培育和践行社会主义核心价值观的文化底蕴。校园文化在反映一个学校的精神面貌的同时,也对青少年学生价值观的形成产生重要影响。校园文化建设在很多方面是与社会主义核心价值观相一致的,因此,搞好校园文化建设,与社会主义核心价值观融入学校教育全过程是相互促进、相得益彰的。例如,在调查中,认为校园文化建设对社会主义核心价值观融入学校教育的促进作用好和比较好的共占 60.7%。校园文化建设要靠以下因素来实行:首先要靠合理的校规班规等规章制度;其次要靠校团委、班委等组织机构的领导;再次要靠班主任等老师的以及全体学生组成校园文化建设队伍来参与;最后要以校园的一些活动和校园网络为载体来推动。校园文化建设的过程中,要克服以下不足:一是重形式而不重实质;二是学校组织不力,学生参与度不高;三是形式单一,千篇一律;四是观念落后,缺乏与时俱进的精神。

其三,搞好学校服务管理,健全学校规章管理制度。学校服务管理是学校教育的重要因素,好的学校服务管理有助于社会主义核心价值观融入学校教育的顺利进行。据此次调查,从社会主义核心价值观融入学校教育全过程这一个角度来看,学校服务管理存在以下不足:形式主义严重;缺乏理论联系实际的态度;没有坚持社会主义核心价值观的指导;过于强调学校自身的利益,对学生发展不太关心。针对以上问题,我们有如下建议:要注重学校服务管理的实效,端正学校服务管理的态度,狠抓学校思想道德教育管理与教学管理,思想道德教育为先,立德树人;要坚持以社会主义核心价值观为指导,以学生的健康成长为出发点,以人为本,为师生服务;要健全学校的规章管理制度,为学校服务管理提供制度保障。尤其要制定合理的奖惩制度,对学生思想道德状况的考察要兼顾思想和实际行动两个方面。

其四,学校要组织社会主义核心价值观实践活动,将思想转化为具体行动。社会主义核心价值观不是一个口号，思想品德教育状况的考察也不仅仅靠书面考试，需要实际考察。学校应该多组织一些社会实践活动，让学生在实践中来体会社会主义核心价值观的必要性，来体会在社会主义核心价值观指导下进行实践的快乐。具体说来，学校可以从校内和校外两个方面来开展社会主义核心价值观实践。从校内来看，学校坚持每周的升国旗仪式，动员学生开展社会主义核心价值观相关主题演讲、辩论等；定期开展学校大扫除，整理图书馆志愿活动；每学期开展学生创意大赛；组织观看爱国主义影片以及发表观后感；评选校园思想道德模范等。从校外来看，组织社区志愿者活动；开展探望革命烈士家属和孤寡老人活动；义务卖报；西部支教活动等。

（2）营造良好的家庭教育环境，发挥家庭在社会主义核心价值观教育中的基础作用

恩格斯指出："忽视一切家庭义务，特别是忽视对孩子的义务，在英国工人中是太平常了，而这主要是现代社会制度促成的。对于在这种伤风败俗的环境中——他们的父母往往就是这环境的一部分——像野草一样成长起来的孩子，还能希望他们以后成为道德高尚的人！"①由此窥知，家庭教育是对青少年学生进行以社会主义核心价值观为核心的思想道德教育的细胞，父母在孩子思想道德教育的示范和启蒙过程中发挥着重要作用。这就说明在家庭教育中，父母必须严于律己、规范自己的行为，对子女的教育起着示范作用和引导作用。对于现代核心家庭来说，在子女教育过程中父母应根据时代变化，以社会主义核心价值观为指导，转变传统教育观念，注重运用科学教育规律，注重教育方式方法的改进。尤其是周末，父母应当切实履行自己思想道德教育的职责，加强子女思想道德教育，从而摆脱"5+2=0"的现象。在"学生认为家长对子女成长最关键的影响在哪方面"调查中，有30.9%的同学认为其重点是家长努力提升自身素质，为子女树立榜样；有46.4%的同学认为其关键是树立正确的亲子观，鼓励子女全面发展；加强与老师间的交流和与子女间的沟通、交流占了22.8%。除此之外，在家长调查中，有65.3%的家长认为"父母应该以身作则，父母是孩子的第一任老师"。这些数据都表明，优化家庭教育

① 《马克思恩格斯全集》第2卷，人民出版社1957年版，第416页。

环境,发挥家庭在青少年学生社会主义核心价值观教育中的基础作用特别重要。

其一,增强长辈引导示范作用。俗话说,父母是孩子最好的老师。其实不光是父母,家庭中的长辈的示范作用,对青少年学生的思想道德的形成发展具有重要意义。要促进社会主义核心价值观融入家庭教育全过程,家中的长辈具有不可推卸的责任。在以身作则中,父母应当从以下几点入手:作为长辈,要积极主动提高自身对社会主义核心价值观的认知水平,并且要严格要求自身,按照社会主义核心价值观的相关要求来为人处事,为孩子树立榜样;要树立正确的育子观,不要一味地强调孩子的考试分数,也不要认为读书无用,要更加注重孩子的思想道德素质的提高;要注意引导孩子向着正确的方向发展,对孩子的成长要进行关注和引导,以免孩子误入歧途;要加强和孩子之间的沟通交流,要关注孩子的心理健康。除此之外,父母也需要尊重孩子,对孩子的正确想法要表示支持,对孩子的错误想法要帮忙纠正。

其二,要营造健康和谐的家庭环境。家庭环境对青少年的影响是最早最直接的,一个人的家庭环境往往会影响他的一生。健康和谐的家庭环境,有利于青少年学生的健康成长,正常发展。社会主义核心价值观融入家庭教育全过程要落到实处,需要家庭环境的潜移默化的作用,受到健康和谐环境熏陶的青少年学生更容易接受社会主义核心价值观,也更容易在实际生活中去落实其相关内容。要营造健康和谐的家庭环境,要做到如下几点:一是父母长辈之间和谐相处,其乐融融;二是父母和孩子之间沟通交流是合理的,关系是平等的;三是邻里关系融洽,团结互助,相互谦让。

(3)创新社会教育形式,发挥社会在核心价值观教育中的平台作用

社会主义核心价值观融入社会教育是一项长期、复杂的系统化工程,"它牵涉到方方面面、上上下下,这其中矛盾和冲突就在所难免,为此,必须进行协调"。在进行"为促进核心价值观融入网络教育,政府应当采取何种措施"调查中,调查显示:有22.1%的同学认为需要打造主流红色网站,加强社会主义核心价值观宣传力度;加强网络功能建设占了46.2%;强化网络管理占了25.6%。结合前面数据分析,优化社会教育环境及发挥社会在青少年学生社会主义核心价值观教育中的平台作用需要从以下几点入手:

其一，优化网络管理，创新网络教育形式。在网络视域下需要构建和谐的社会主义核心价值观教育机制，"网络社会的虚拟仍是一种真实的存在，'网上社会'不过只是'网下社会'的延伸和扩展"①。网络社会与现实社会的这种特殊关系，使得现实社会中的各种矛盾可能在网络社会中得以呈现和发展，从而使得青少年学生不知不觉之中陷入了网络行为失范之中。这就说明，在网络化时代，加强青少年学生社会主义核心价值观教育需要净化网络舆论环境，从而构建和谐的网络社会主义核心价值观教育机制。然而，网络在为我们带来便利的同时，也加大了社会主义核心价值观教育的难度。网络在社会主义核心价值观教育过程中的副作用相当大。在大数据时代，网络发展不仅快速，而且网络上的信息是泥沙俱下、良莠并存，这些信息中有不少信息不仅夹杂着个人主义、拜金主义和享乐主义思想等错误思想，而且夹杂着暴力、色情、淫秽等不良内容。在社会主义核心价值观融入社会教育过程中，首先要加强网络信息管理。要对网络信息进行必要的筛选，去除网络垃圾信息，对网上的信息要进行严格审核，同时要将社会主义核心价值观的相关内容以符合网络特点的形式上传，让广大青少年在不知不觉、潜移默化中受到社会主义核心价值观的熏陶。其次要加强对相关网络运营商的经营管理。对青少年学生的影响中，最常见的是网吧，要特别加强对网吧的管理。网吧要对上网的青少年学生进行限制，青少年学生的上网时间、上网年龄以及上网的内容要加以限制，同时，青少年上网要在相关监护人的监督下进行。网吧自身的经营活动应该要自觉接受社会、政府、学校以及家庭的监督。再次要制定实施相关的网络管理条例，甚至是网络法律法规。依法规范社会上各个主体的网上行为，对于有损网络健康的行为要严厉制止和惩处。最后要善于发挥网络的积极作用。进入信息时代，思想政治教育要跟上时代潮流。要借助网络这个重要的渠道来推动社会主义核心价值观融入社会教育的进程。

其二，重视区域管理，整合区域教育资源。社会主义核心价值观融入社会教育全过程要做到整体与局部相统一。社会主义核心价值观融入社会教育全过程，事关国家大局，在全国统一的前提下，要做好局部社会主义核心价值观教

①　李一：《网络行为失范》，社会科学文献出版社2007年版，第232页。

育工作。社会主义核心价值观教育不能一概而论,也不能"一风吹",需要每个小局部加强自身管理。以社区为例,社区应该加强社会主义核心价值观的宣传,开展必要的活动向居民讲解社会主义核心价值观的相关内容,以提高居民的认知水平。在调查过程中,调查组队员发现社区等有一些居民对社会主义核心价值观的内容相当模糊,这说明有必要采取上述措施来提高居民的认知。另外,区域内部要成立专门的组织部门,定期开展社区思想道德教育活动,传达社会主义核心价值观的相关内容,并通过人们喜闻乐见的形式来教育社区居民。

其三,营造良好氛围,树立良好社会风气。社会风气是指整体或局部社会在一个阶段内所呈现的习俗、风貌。在关于社会主义核心价值观融入学校教育全过程的影响因素的调查中,接受调查的人中,有53.3%的人认为,社会风气是最主要的因素。这充分说明了社会风气的重要性,良好的社会风气有助于青少年学生树立正确的价值观念。良好社会风气的树立首先需要政府大力加强社会主义精神文明建设,要发现问题,深析问题产生的根源,找出相应的解决对策,制定实施方案,最重要的是落实好各项政策。针对不同的地区,采取适合各个地区的措施,优化社会环境。另外,政府要重视我国的传统节日,在全社会倡导尊重传统节日,并采取一定的形式庆祝传统节日,保持我国文化精髓。整个社会也应当弘扬优良的作风,坚决反对崇洋媚外。

综上所述,社会主义核心价值观融入国民教育全过程,是社会、学校、家庭以及青少年自身共同努力的过程,在这一个过程中,无论哪个环节出了差错,都会对社会主义核心价值观教育产生严重影响。也正因为我们的社会、学校、家庭以及青少年学生自身存在一些问题,社会主义核心价值观融入国民教育全过程才会变得缓慢。当然,一种社会价值的形成与融入人群中本来就需要一个相当长的时期,也会遇到困难与挫折。因此,社会主义核心价值观融入国民教育全过程对于我们整个国家和社会仍然任重道远。

二、培育和践行社会主义核心价值观的实践活动路径

培育和践行社会主义核心价值观的实践活动路径是指教育者为达到一定

的培育和践行社会主义核心价值观目标,有目的、有意识开展各种实践活动,将社会主义核心价值观内容寓于实践活动之中,使受教育者在进行实践活动的同时受到社会主义核心价值观教育,提高价值观水平的过程。

(一)培育和践行社会主义核心价值观实践活动路径的含义和类型

培育和践行社会主义核心价值观的实践活动路径大致可分为四大类型。①

1. 直接为培育和践行社会主义核心价值观而有意识地开展的实践活动

第一大类型的实践活动是直接为培育和践行社会主义核心价值观而有意识地开展的实践活动。比如精神文明创建活动、道德模范评选活动等。国家层面,大张旗鼓地开展各类精神文明创建活动,表彰先进,宣传先进。例如连续进行十几年的《感动中国》节目,就取得了巨大的影响力和社会效益。再如道德模范评选活动,从 2007 年开始,截止到 2015 年,全国道德模范的评选已经进行了五届,涵盖了助人为乐、见义勇为、诚实守信、敬业奉献、孝老爱亲等个人、家庭、社会的主要优良道德内容,涌现出了如丛飞、洪战辉等一大批家喻户晓的先进人物。榜样的力量是无穷的,在这些道德模范的带动下,周围越来越多的人受到影响,自觉学习先进,努力培育和践行社会主义核心价值观。②

2. 结合经济工作和各项实际工作开展的各种实践活动

第二大类型的实践活动是结合经济工作和各项实际工作开展的各种实践活动。比如志愿服务活动,有大众所广泛认识和积极参与的汶川抗震救灾志愿服务、奥运会志愿服务、慈善捐赠活动;鼓励大学生发挥其自身的优势,积极投身国家扶贫规划,到西部贫困地区支教,实现其社会价值;倡导城市民众从身边事做起,为需要的人提供力所能及的帮助。再比如各种技术竞赛活动、企业增效益、行业树新风以及文化下乡、企业科技扶贫等等。这些结合经济工作以及本职工作所开展的各种活动对培育和践行民众的敬业观、友善观具有重

---

① 参见于雨晴:《培育和践行社会主义核心价值观的活动载体探析》,湖北大学硕士学位论文,2016 年。

② 参见于雨晴:《培育和践行社会主义核心价值观的活动载体探析》,湖北大学硕士学位论文,2016 年。

大意义。在如今万众创业的新形势下,作为政府机关,要进一步改进工作作风,提高办事效率,切实为广大企业和创业人员着想。努力为他们创造一个平等、公正的经济环境,切实践行社会主义核心价值观。作为科研院所,不应该只埋头于书斋实验室,应该鼓励本单位人员积极走出去,努力为工人、农民和其他一线行业的工作者们,提供技术指导和帮助,以自身特长为广大人民群众服务,更好地体现社会主义核心价值观中的"友善"这一理念。作为各条战线上的普通工作人员,单位要采取措施加强职业道德教育,把敬业奉献,作为衡量员工优劣的重要标准。①

3. 国家政治庆典活动

第三大类型的实践活动是含有政治意义的国家政治庆典活动。社会主义核心价值观作为中国特色社会主义内在精神与价值的反映,需要借助于具有政治意义的国家政治庆典活动进行有效传播。具有政治意义的国家政治庆典活动以其深厚的价值承载、宏阔的仪式展演、强大的精神熔铸力契合了社会主义核心价值观传播的要求,是进行社会主义核心价值观教育的有效路径。比如 2014 年,全国人大以立法的形式先后将每年的 9 月 3 日、9 月 30 日、12 月13 日分别设定为"中国人民抗日战争胜利纪念日""烈士纪念日"和"南京大屠杀死难者国家公祭日"。近年来的国家公祭日,纪念中国人民抗日战争胜利暨世界人民反法西斯战争胜利七十周年大阅兵等等,这类活动是民族精神塑造和保持的重要路径,更是民族文化和价值观的重要体现方式。它神圣的仪式性和强大的感召力能震撼人民的内心情感,凝聚人民的民族精神、文化共识、价值认同,增进人民的国家认同感,激发人民无限的爱国热情,对于民众社会主义核心价值观的培育,尤其是爱国观的培养,具有不可忽视的意义。②

4. 文娱体育类活动

第四大类型的实践活动是文娱体育类活动。比如积极开展各类培育和践行社会主义核心价值观的各类知识竞赛、演讲比赛等等,是吸引群众深入了解

---

① 参见于雨晴:《培育和践行社会主义核心价值观的活动载体探析》,湖北大学硕士学位论文,2016 年。
② 参见于雨晴:《培育和践行社会主义核心价值观的活动载体探析》,湖北大学硕士学位论文,2016 年。

和践行社会主义核心价值观的有效载体,让大家在娱乐的同时认知社会主义核心价值观的理论知识。再比如央视一套打造的《等着我》节目,开创了通过全媒体合作方式寻人的电视公益新模式,彰显了媒体公益价值;首次尝试融合历史文化、纪录片、真人秀等多种元素的《客从何处来》,呈现了中华儿女一脉相承的家国情怀;《喜乐街》首次将街坊家常用即兴喜剧的方式搬上舞台,展现了与人为善的邻里文化。央视一套用多元的节目形式和活泼的文艺元素将传统文化道德与当代价值贯通起来,强化电视的公益性,全面深入地传播社会主义核心价值观,一系列精品节目的推出收获了业界及观众的良好口碑。[①]

(二)培育和践行社会主义核心价值观实践活动运用的现状

目前,全国各地区各部门结合实际认真贯彻落实党中央文件精神,开展了一系列培育和践行社会主义核心价值观的实践活动。那么,这些培育和践行社会主义核心价值观的实践活动效果如何?民众对培育和践行社会主义核心价值观的实践活动参与情况怎样?满意程度如何?这是全党和全体中国人民普遍关心的重大理论问题和现实问题。为此,我们对培育和践行社会主义核心价值观的活动运行状况进行了调研,通过对不同形式的社会主义核心价值观实践活动的现状进行问卷调查,以求摸清当前培育和践行社会主义核心价值观的活动的运行整体状况,总结和归纳出当前培育和践行社会主义核心价值观的活动运行中存在的主要问题及其原因,并在此基础上提出优化培育和践行社会主义核心价值观活动路径的对策。[②]

1. 调查的基本情况

(1)问卷设计

本次调查的形式是以问卷调查为主,结合文献调查和访谈调查。首先,利用大量的时间查阅、整理相关资料,经过调查者成员反复讨论,形成了《培育和践行社会主义核心价值观的活动运行状况调查》问卷的初稿。然后,发放

---

① 参见于雨晴:《培育和践行社会主义核心价值观的活动载体探析》,湖北大学硕士学位论文,2016年。

② 参见于雨晴:《培育和践行社会主义核心价值观的活动载体探析》,湖北大学硕士学位论文,2016年。

约 100 份问卷进行测试,并总结、分析和讨论测试问卷所反馈的信息,来进一步调整和修改问卷的内容。最后,完善各个细节确定正式问卷。①

（2）问卷发放

此次问卷调查采取抽样调查的形式在我国城市、乡镇和农村进行。此次共发送问卷 1500 份,回收 1200 份,其中有效问卷 1013 份,有效回收率 84.4%,男、女性别占比较为均衡,男 55%,女 45%。②

问卷填写分两种形式:一是受访者直接填写问卷,调查员回收问卷;二是调查员对受访者实行一对一调查模式,受访者作答,调查员填写。在整个调查过程中,调查员对调查现场都进行了有效的控制,尽量减少不必要的干扰,同时,有意识地对各类受访者做了一定的分配,保证调查样本的全面性和代表性。③

（3）数据统计方法

本次调查研究的统计软件是 SPSS20.0,采取定性分析法、定量分析法运用该软件进行数据的统计和分析。其中数据分析主要利用百分比、频数、平均值、变量交叉等,并将问卷调查统计数据与相关研究文献、访谈结合起来进行分析和研究。④

2. 不同形式的社会主义核心价值观实践活动的现状

培育和践行社会主义核心价值观活动的类型丰富、形式多样,有直接为培育和践行社会主义核心价值观而有意识地开展的活动,如精神文明创建活动、道德模范评选活动等;有结合经济工作和各项实际工作开展的各种活动,如志愿服务活动,奥运会志愿服务、慈善捐赠活动等;有具有政治意义的国家政治庆典活动,如阅兵式活动等;有文娱体育活动,如各类培育和践行社会主义核

① 参见于雨晴:《培育和践行社会主义核心价值观的活动载体探析》,湖北大学硕士学位论文,2016 年。
② 参见于雨晴:《培育和践行社会主义核心价值观的活动载体探析》,湖北大学硕士学位论文,2016 年。
③ 参见于雨晴:《培育和践行社会主义核心价值观的活动载体探析》,湖北大学硕士学位论文,2016 年。
④ 参见于雨晴:《培育和践行社会主义核心价值观的活动载体探析》,湖北大学硕士学位论文,2016 年。

心价值观的知识竞赛、演讲比赛等。在对"您认为下列不同形式的社会主义核心价值观的实践活动中最具代表性的是"问题进行调查时,排名前五的分别是精神文明创建活动,道德模范评选活动,志愿服务活动,国家政治庆典活动,社会主义核心价值观知识竞赛、演讲比赛。① 本部分从民众对开展的这些活动的重要性、满意度、参与度、存在的不足这四个方面对这五种不同形式的社会主义核心价值观的实践活动的现状进行调查、统计和分析。②

（1）精神文明创建活动的现状

民众在对"您认为开展精神文明创建活动对实践社会主义核心价值观的重要性是"一题中,调查显示:选择"很有必要"的比例为 57.1%;选择"有必要"的比例为 38.9%;选择"无所谓"和"不必要"的比例分别为 3.4% 和 0.6%。说明绝大部分群众都认为开展精神文明创建活动对社会主义核心价值观的培育和践行是有必要的,有效果的。③

在"您对当前开展的精神文明创建活动的满意度如何?"一题进行统计时,调查显示:选择"满意"和"基本满意"的民众比例分别为 18.2% 和 69.4%;选择"不满意"和"无所谓"的民众比例分别为 10.3% 和 2.1%。由此说明大部分民众对所开展的精神文明创建活动基本满意,但是离达到满意的程度还是有一定的差距,还有部分民众对所举办的活动不满意,也需要引起重视。④

在"您是否参加过社区、单位、学校举办的有关于精神文明创建的活动?"一题的选择中,调查显示:选择"经常参加"的民众比例为 29.2%;选择"偶尔参加"的民众比例为 59.5%;选择"没参加过"的民众比例为 11.3%。由此得知民众参与精神文明创建活动的情况良好,但也需要进一步的组织和宣传,让

---

① 参见于雨晴:《培育和践行社会主义核心价值观的活动载体探析》,湖北大学硕士学位论文,2016 年。

② 参见于雨晴:《培育和践行社会主义核心价值观的活动载体探析》,湖北大学硕士学位论文,2016 年。

③ 参见于雨晴:《培育和践行社会主义核心价值观的活动载体探析》,湖北大学硕士学位论文,2016 年。

④ 参见于雨晴:《培育和践行社会主义核心价值观的活动载体探析》,湖北大学硕士学位论文,2016 年。

更多更广的民众参与进来,争取做到全民参与。①

为了更加有效地开展精神文明创建活动,调研组设计了"您认为当前精神文明创建活动开展存在的不足是哪些?"一题,调查结果如表2.1所示。②

表2.1　关于当前精神文明创建活动开展存在的不足

选　项	赞同(%)	不赞同(%)
群众认识不足	61.8	38.2
经费投入不足	35.2	64.8
活动方式没有与时俱进	49.8	50.2
活动内容不贴近生活	47.5	52.5
领导重视不足	28.4	71.6
活动重形式轻内容	44.8	55.2
宣传力度不足	34.7	65.3

由上表可知,当前精神文明创建活动开展存在不足的每个选项被民众选择赞同的比例都不少,特别是选择"群众认识不足"和"活动方式没有与时俱进"的民众比例达到了61.8%和49.8%。选择"活动内容不贴近生活""活动重形式轻内容"的民众比例也达到了47.5%和44.8%,说明当前精神文明创建活动的影响因素还是需要进一步的改进和完善。③

(2)道德模范评选活动的现状

民众在对"您认为开展道德模范评选活动对实践社会主义核心价值观的重要性是"一题中,调查显示:选择"很有必要"和"有必要"的比例分别为52.5%和43.9%;选择"无所谓"和"不必要"的比例分别为3%和0.6%。④

①　参见于雨晴:《培育和践行社会主义核心价值观的活动载体探析》,湖北大学硕士学位论文,2016年。
②　参见于雨晴:《培育和践行社会主义核心价值观的活动载体探析》,湖北大学硕士学位论文,2016年。
③　参见于雨晴:《培育和践行社会主义核心价值观的活动载体探析》,湖北大学硕士学位论文,2016年。
④　参见于雨晴:《培育和践行社会主义核心价值观的活动载体探析》,湖北大学硕士学位论文,2016年。

在对"您对开展的道德模范评选活动的满意度如何?"进行统计时,调查显示:选择"满意"的民众比例为22.2%;选择"基本满意"的比例为65.4%;选择"不满意"和"无所谓"的民众比例分别为9.8%和2.6%。①

在"近年来,您是否参加过社区、单位、学校组织的倡导社会公德、职业道德、家庭美德、个人品德方面的教育实践活动?"一题的选择中,调查显示:选择"都参加过"的民众比例为13.4%;选择"部分参加过"的比例为70.4%;选择"都没参加过"的比例为16.2%。

由上述数据可得知,大部分民众都认为开展道德模范评选活动对社会主义核心价值观的培育和践行是很有必要的,对开展的道德模范评选活动的内容和形式也都基本满意,也乐意参与到活动中去,但也有少部分民众对活动的认识不足,对活动抱着无所谓的态度,参与的积极性也不高,需要对这部分群众做进一步的宣传和引导。②

近些年,道德模范的评选活动在全国和地方开展得如火如荼,每年国家都会评选全国十佳道德模范并大力宣传,希望人民群众向他们学习,他们的形象和事迹也深入民心,在群众之中引起了相当大的反响。为了了解民众对道德模范评选活动中存在的不足之处,调研组设计了"您认为在评选道德模范的活动中,存在着哪些不足?"一题,统计的结果如表2.2所示。③

表2.2 关于道德模范评选的活动中存在的不足

选 项	赞同(%)	不赞同(%)
评选标准不合理	28.2	71.8
活动方案不科学	27.8	72.2
评选范围不普遍	50.1	49.9
表彰奖励不到位	28.0	72.0

---

① 参见于雨晴:《培育和践行社会主义核心价值观的活动载体探析》,湖北大学硕士学位论文,2016年。

② 参见于雨晴:《培育和践行社会主义核心价值观的活动载体探析》,湖北大学硕士学位论文,2016年。

③ 参见于雨晴:《培育和践行社会主义核心价值观的活动载体探析》,湖北大学硕士学位论文,2016年。

选　项	赞同(%)	不赞同(%)
道德模范形象单一	48.8	51.2
道德模范宣传方式不得当	28.8	71.2
评选结果不透明	43.8	56.2
评选活动形式单一	36.0	64.0
评选活动无共鸣	22.7	77.3

由上表可知,民众认为道德模范评选活动的不足之处主要是"评选范围不普遍""道德模范形象单一"和"评选结果不透明",比例分别为50.1%、48.8%和43.8%。选择"评选活动形式单一"的比例也较高,达到了36.0%。其他各项的选择比例也均超过了20%,这也需要引起活动举办方和组织者的重视。①

调研组为了了解民众认为道德模范评选活动中最应该加强的是因素,设计了"为了促进全民思想道德提升,让道德模范评选活动更真实有效,您认为最应该加强的是"一题,其中选择"宣传到位人人参与"的民众比例为44.5%;选择"提高组织机构的重视度"的民众比例为22.5%;选择"核实评选严格执行"的民众比例为23.3%;选择"展开传播大力表彰"的民众比例为9.7%。说明道德模范评选活动要产生良好的正向带动效应,还是需要加大力度在群众之中宣传和普及,使群众感受到榜样的力量,并效仿其行为,带动我国社会主义文明社会的建设。②

(3)志愿服务活动的现状

民众在对"您认为志愿服务活动对实践社会主义核心价值观的重要性是"一题的选择中,调查显示:选择"很有必要"和"有必要"的比例分别为51.7%和45.7%;选择"无所谓"和"不必要"的比例为2.0%和0.6%。说明绝大部分群众都认为开展志愿服务活动对社会主义核心价值观的培育和践行是

---

① 参见于雨晴:《培育和践行社会主义核心价值观的活动载体探析》,湖北大学硕士学位论文,2016年。

② 参见于雨晴:《培育和践行社会主义核心价值观的活动载体探析》,湖北大学硕士学位论文,2016年。

有必要的,有效果的。①

在"您对当前开展的志愿服务活动的满意度如何?"一题中,调查显示:选择"满意"的民众比例为23.5%,选择"基本满意"的民众比例为65.8%,选择"不满意"和"无所谓"的比例分别为8.9%和1.8%。说明大部分民众对所开展的活动基本满意,但是离达到满意的程度还是有一定的差距,不容忽视的是也有部分民众对所举办的活动持有不满意和无所谓的态度,需要引起重视。②

在对"您对于参加志愿服务活动的态度是"一题中,调查显示:选择"极力支持,基本上每次都愿意参加"的民众比例为25.9%;选择"比较支持,偶尔在自己的空余时间参加"的民众比例为67.6%;选择"不太感兴趣,极少参加相关活动"和"比较浪费时间,不愿意参加相关活动"的民众比例分别为3.5%、3.0%。由此得知,绝大部分民众愿意在空闲时间参加志愿服务活动,志愿服务活动的民众参与情况较好,只有极少部分人对活动参与的热情不是很高。③

为了了解当前开展的志愿服务活动存在的不足,调研组设计了"您认为目前开展的志愿服务活动或社会公益活动存在的不足是哪些?"一题,统计的结果如表2.3所示。④

表2.3　关于志愿服务活动或社会公益活动存在的不足

选　项	赞同(%)	不赞同(%)
没有资金保障	61.1	38.9
活动形式单一	51.3	48.7
某些商业色彩浓重	46.7	53.3
信息渠道欠缺	35.9	64.1
活动主题不突出	22.8	77.2

---

①　参见于雨晴:《培育和践行社会主义核心价值观的活动载体探析》,湖北大学硕士学位论文,2016年。

②　参见于雨晴:《培育和践行社会主义核心价值观的活动载体探析》,湖北大学硕士学位论文,2016年。

③　参见于雨晴:《培育和践行社会主义核心价值观的活动载体探析》,湖北大学硕士学位论文,2016年。

④　参见于雨晴:《培育和践行社会主义核心价值观的活动载体探析》,湖北大学硕士学位论文,2016年。

选 项	赞同(%)	不赞同(%)
受到激励较少	21.5	78.5
组织机构不健全	16.1	83.9

其中,选择"没有资金保障"的民众比例为61.1%,选择"活动形式单一"的民众比例为51.3%,选择"某些商业色彩浓重"的民众比例为46.7%,选择"信息渠道欠缺"的民众比例为35.9%,选择"活动主题不突出"的民众比例为22.8%;选择"受到激励较少"的民众比例为21.5%,选择"组织机构不健全"的民众比例为16.1%。说明民众主要是认为参加志愿服务的资金不足,活动形式单一,具有商业色彩,渠道有所欠缺,需要政府加大资金投入,丰富活动形式,加大宣传的力度,使更多的民众都能参与其中,其次志愿服务活动的举办方和组织者在保障和激励方面也需要给予一定的支持,使志愿服务活动组织更加健全,使民众能更放心地参与志愿服务活动。①

(4)国家政治庆典活动的现状

在对"您认为开展国家政治庆典活动对实践社会主义核心价值观的重要性是"一题的调查统计中,调查显示:选择"很有必要"和"有必要"的民众比例分别为39.7%和53.0%;选择"无所谓"和"不必要"的民众比例为5.5%和1.8%。②

在"您对当前开展的国家政治庆典活动的满意度如何?"一题中,调查显示:选择"满意"的民众比例为19.5%,选择"基本满意"的民众比例为67.8%,选择"不满意"和"无所谓"的比例分别为10.7%和2.0%。③

在对"您是否参加过社区、单位、学校举办的有关于政治性庆典的活动?"一题中,调查显示:选择"经常参加"的民众比例为17.8%;选择"偶尔参加"的

---

① 参见于雨晴:《培育和践行社会主义核心价值观的活动载体探析》,湖北大学硕士学位论文,2016年。

② 参见于雨晴:《培育和践行社会主义核心价值观的活动载体探析》,湖北大学硕士学位论文,2016年。

③ 参见于雨晴:《培育和践行社会主义核心价值观的活动载体探析》,湖北大学硕士学位论文,2016年。

民众比例为 47.2%;选择"没参加过"的民众比例为 35%。①

由此可知,绝大部分民众认为开展国家政治庆典活动对实践社会主义核心价值观的培育和践行是有必要的,对举办的国家政治庆典活动的内容和形式也基本满意,也比较乐意参加相关的国家政治庆典活动,国家政治庆典活动方面整体呈现出良好的态势。②

为了了解民众对开展的国家政治庆典活动中的看法,以及了解国家政治庆典活动开展的不足之处,调研组设计了"您认为在当前开展的国家政治庆典活动存在着哪些不足?"一题,统计结果如表 2.4 所示。③

表 2.4　关于国家政治庆典活动存在的不足

选　项	赞同(%)	不赞同(%)
经费不足	29.2	70.8
缺乏专业人才	41.5	58.5
机构不健全	33.0	67.0
脱离实际情况	29.6	70.4
群众参与度较低	53.8	46.2
活动形式缺乏创新	40.0	60.0
组织管理不规范	27.0	73.0

由此得知,民众认为国家政治庆典活动中的不足之处主要是"群众参与度较低""缺乏专业人才"和"活动形式缺乏创新",选择的比例分别为 53.8%、41.5%和 40.0%。其次"机构不健全""脱离实际情况""经费不足"和"组织管理不规范"这几个方面民众选择的比例也较多,说明举办国家庆典活动还是有些实际的问题需要举办方进一步完善和解决,特别是要提高民众的参与

①　参见于雨晴:《培育和践行社会主义核心价值观的活动载体探析》,湖北大学硕士学位论文,2016 年。

②　参见于雨晴:《培育和践行社会主义核心价值观的活动载体探析》,湖北大学硕士学位论文,2016 年。

③　参见于雨晴:《培育和践行社会主义核心价值观的活动载体探析》,湖北大学硕士学位论文,2016 年。

度,使民众尽量能参与其中,并有所体会和感悟。①

(5)社会主义核心价值观知识竞赛、演讲比赛的现状

民众在对"您认为开展社会主义核心价值观知识竞赛、演讲比赛活动对实践社会主义核心价值观的重要性是"一题中,调查显示:选择"很有必要"的比例为26.1%;选择"有必要"的比例为47.8%;选择"无所谓"和"不必要"的比例分别为16.3%和9.8%。说明近七成的民众都认为开展社会主义核心价值观知识竞赛、演讲比赛活动对社会主义核心价值观的培育和践行是有必要的,有效果的,但是有26.1%的民众表达了无所谓和不必要的态度,值得引起重视。②

在"您对开展的社会主义核心价值观知识竞赛、演讲比赛的满意度如何?"一题中,调查显示:选择"满意"的民众比例为21.5%,选择"基本满意"的民众比例为64.5%,选择"不满意"和"无所谓"的比例分别为11.5%和2.5%。说明大部分民众对举办的社会主义核心价值观知识竞赛、演讲比赛还是基本满意的,但是也有14.1%的民众不满意或是抱着无所谓的态度,需要做进一步的引导。③

在对"您是否参加过有关社会主义核心价值观知识竞赛、演讲比赛的活动?"一题中,调查显示:选择"经常参加"的民众比例为10.3%;选择"偶尔参加"的民众比例为39.8%;选择"没有参加过"的民众比例为49.9%。有近一半的民众参加过社会主义核心价值观知识竞赛、演讲比赛的活动,说明此类活动的参与度整体上良好,但是也有近三成的民众从没参加过,参与范围小,参与的积极性和主动性对比上面几种类型的价值观教育活动较低,说明理论性较强的活动没有上面形式活泼、内容生动的活动较受人们欢迎,对此应该给予重视。④

---

① 参见于雨晴:《培育和践行社会主义核心价值观的活动载体探析》,湖北大学硕士学位论文,2016年。

② 参见于雨晴:《培育和践行社会主义核心价值观的活动载体探析》,湖北大学硕士学位论文,2016年。

③ 参见于雨晴:《培育和践行社会主义核心价值观的活动载体探析》,湖北大学硕士学位论文,2016年。

④ 参见于雨晴:《培育和践行社会主义核心价值观的活动载体探析》,湖北大学硕士学位论文,2016年。

知识竞赛、演讲比赛是一项实效性较强的活动,能收到立竿见影的效果,为此调研组设计了"您认为当前开展的社会主义核心价值观知识竞赛、演讲比赛对培育和践行社会主义核心价值观的实际效果是"一题,其中选择"很好,富有实效"的民众比例为32.2%;选择"宣传很热烈,但实效性不佳"的民众比例为41.2%;选择"能够学到很多理论,但没有做到理论应用于实际"的民众比例为21.1%;选择"不满意,很机械,没有起到作用"的民众比例为5.5%。由统计的数据来看,虽然有部分民众认为社会主义核心价值观知识竞赛、演讲比赛富有实效,但大部分民众认为理论与实际没有有效衔接,实效性并不是很强,甚至少部分民众认为根本没有起到相应的作用,这都需要引起重视和重新审视。①

为了了解社会主义核心价值观知识竞赛、演讲比赛等活动中存在的不足之处,提高演讲比赛和知识竞赛的实效性,调研组设计了"您认为在您参加的关于社会主义核心价值观知识竞赛、演讲比赛等活动中存在哪些不足?"一题,具体的统计情况如表2.5所示。②

表2.5　关于社会主义核心价值观知识竞赛、演讲比赛活动存在的不足

选　项	赞同(%)	不赞同(%)
活动形式单一	48.8	51.2
比赛制度不完善	29.9	70.1
参与人员被动,不积极	57.3	42.7
内容空泛,千篇一律	53.1	46.9
缺少指导	12.1	87.9
参与范围小,不能做到人人参与	48.5	51.5
缺少表彰激励制度	18.6	81.4

由表2.5可知,社会主义核心价值观知识竞赛、演讲比赛主要存在"参与

---

①　参见于雨晴:《培育和践行社会主义核心价值观的活动载体探析》,湖北大学硕士学位论文,2016年。

②　参见于雨晴:《培育和践行社会主义核心价值观的活动载体探析》,湖北大学硕士学位论文,2016年。

人员被动,不积极""内容空泛,千篇一律""活动形式单一"以及"参与范围小,不能做到从参与"等问题,民众选择的比例分别为 57.3%、53.1%、48.8%、48.5%,这些比例均在 50%左右。说明虽然社会主义核心价值观知识竞赛、演讲比赛是针对性比较强的活动,但由于活动所组织的内容和形式较单一等因素,导致民众参与的积极性不高,大大降低了活动的实效性,这都需要引起活动举办方和组织者的高度重视。①

3.培育和践行社会主义核心价值观实践活动运用取得的成绩

(1)大多数民众认识到实践活动对社会主义核心价值观的培育和践行的重要性

通过对以上关于不同形式社会主义核心价值观活动对实践社会主义核心价值观的重要性调研的对比分析,如图 2.1 所示,认为精神文明创建活动,道德模范评选活动,志愿者服务活动,国家政治庆典活动,社会主义核心价值观知识竞赛、演讲比赛活动对实践社会主义核心价值观"很有必要""有必要"的民众的比例分别为 96%、96.4%、97.4%、92.7%、73.9%,大都基本接近九成,这说明大部分民众认识到活动对社会主义核心价值观的培育和践行具有重要作用。②

(2)大多数民众认同当前开展的社会主义核心价值观实践活动

通过对以上关于不同形式社会主义核心价值观活动对实践社会主义核心价值观的满意度调研的对比分析,如图 2.2 所示,民众对当前开展的精神文明创建活动,道德模范评选活动,志愿者服务活动,国家政治庆典活动,社会主义核心价值观知识竞赛、演讲比赛活动等社会主义核心价值观活动表示"满意""基本满意"的比例分别为 87.6%、87.6%、89.3%、87.3%、86.0%,由数据可以看出,有八成以上的民众都对当前开展的活动表示满意,这说明大多数民众对当前开展的不同形式的社会主义核心价值观活动是认同的。③

---

① 参见于雨晴:《培育和践行社会主义核心价值观的活动载体探析》,湖北大学硕士学位论文,2016 年。

② 参见于雨晴:《培育和践行社会主义核心价值观的活动载体探析》,湖北大学硕士学位论文,2016 年。

③ 参见于雨晴:《培育和践行社会主义核心价值观的活动载体探析》,湖北大学硕士学位论文,2016 年。

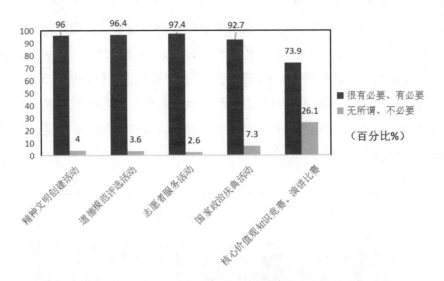

图 2.1　民众对社会主义核心价值观培育活动重要性的态度

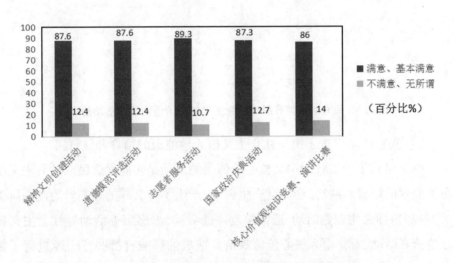

图 2.2　民众对当前开展的社会主义核心价值观培育活动的满意度

（3）实践活动增强了社会主义核心价值观的培育效果

对于"您对上述开展精神文明创建活动、道德模范评选活动，志愿服务等活动进行社会主义核心价值观教育的态度是"一题中，如图 2.3 所示，选择"很好，将价值观内容活化有助于树立正确的价值观念，富有实效"的比例为40.2%；选择"赞同以活动方式进行价值观教育，但效果有待加强"的比例为

50.3%;选择"很机械,没有起到作用"和"无所谓"的比例分别为 6.7% 和 2.8%。选择说明大部分民众对以活动进行社会主义核心价值观的教育的方式是赞同的,认为社会主义核心价值观活动比起传统的教育方法更有利于增强社会主义核心价值观培育和践行的实效性。社会主义核心价值观活动能使社会主义核心价值观的内容得以生动、形象、具体地体现出来,使民众能够直接感知它,并将对价值观内容的理解与感性认识有机结合起来,增强了社会主义核心价值观的培育效果。①

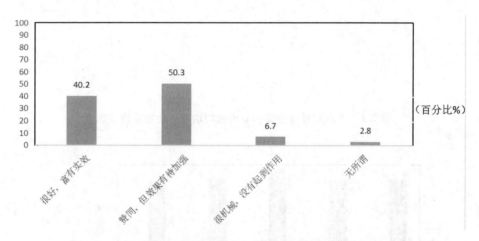

图 2.3 民众对当前开展的社会主义核心价值观培育活动的态度

(4)实践活动促进了民众社会主义核心价值观的培育和践行

调研组为了了解社会主义核心价值观的活动是否能促进民众社会主义核心价值观的培育和践行,会不会产生影响,产生了什么样的影响? 为此调研组对"参加精神文明创建活动、道德模范评选活动,志愿服务活动等社会主义核心价值观活动,对您个人核心价值观培育造成的影响有哪些?"一题进行了统计,统计结果如表 2.6 所示。②

---

① 参见于雨晴:《培育和践行社会主义核心价值观的活动载体探析》,湖北大学硕士学位论文,2016 年。

② 参见于雨晴:《培育和践行社会主义核心价值观的活动载体探析》,湖北大学硕士学位论文,2016 年。

表 2.6　社会主义核心价值观活动对个人核心价值观培育的影响

选　项	赞同(%)	不赞同(%)
传递了爱心与文明	66.3	33.7
塑造了正确的价值观	63.7	36.3
爱国意识增强	57.1	42.9
更深刻理解社会主义核心价值观的内涵	58.8	41.2
道德修养得到提升	58.6	41.4
工作责任感提高	40.7	59.3
法治意识增强	38.3	61.7
没有什么影响	9.3	90.7

　　由表 2.6 可知,在社会主义核心价值观活动的影响下对民众的价值观的塑造、爱国意识的增强和道德修养的提升方面产生了积极正面的影响,得到了民众大部分的认同,达到了预期的效果。民众的法治意识和敬业意识等方面也有了明显的提高。由此可见,如果能够很好地运行培育和践行社会主义核心价值观的活动,便可以较好地发挥其让广大民众形成良好的思想道德修养和品德认知,促进社会主义核心价值观的培育和践行的长处。但是也有民众选择不赞同的比例高于赞同的比例,这也说明社会主义核心价值观的培育和践行及其相关活动的开展要涉及的范围更宽泛,拓展活动内容的广度和深度,对民众影响更加深刻,从社会的各个方面给广大民众带来积极正面的效果。[1]

　　4.培育和践行社会主义核心价值观实践活动存在的问题

　　(1)培育和践行社会主义核心价值观实践活动的应用不足

　　现已经开发的各类培育和践行社会主义核心价值观的活动存在应用不足的问题,主要表现在培育和践行社会主义核心价值观的活动运用范围不广和运用影响力不够深两方面。[2]

　　① 参见于雨晴:《培育和践行社会主义核心价值观的活动载体探析》,湖北大学硕士学位论文,2016 年。

　　② 参见于雨晴:《培育和践行社会主义核心价值观的活动载体探析》,湖北大学硕士学位论文,2016 年。

第一,活动运用范围不广。培育和践行社会主义核心价值观的活动运用范围不广主要表现在民众参与核心价值观培育活动的形式范围不广泛和核心价值观培育活动的参与人员社会覆盖面不广这两方面。[①]

民众参与社会主义核心价值观培育活动的形式范围不广泛。通过对不同类型社会主义核心价值观活动载体参与度调研的对比分析,如表 2.7 所示,在精神文明创建活动,道德模范评选活动,志愿者服务活动,国家政治庆典活动,社会主义核心价值观知识竞赛、演讲比赛活动中,志愿服务活动和精神文明创建活动参加的民众人数分别达到 93.5% 和 88.7%,参加过道德模范评选活动的民众有 83.8%,国家政治庆典活动和社会主义核心价值观知识竞赛、演讲比赛参与的民众分别有 65.0% 和 50.1%。从数据可以看出,志愿服务活动、精神文明创建活动、道德模范评选活动这三种类型的核心价值观培育活动参与的人数最多,而后两种类型的核心价值观培育活动参与的民众较少,其中社会主义核心价值观知识演讲类的活动最不受欢迎,由此说明民众参与核心价值观培育活动的形式范围不广泛,核心价值观培育活动不能只针对部分实践活动,应该扩大民众参与核心价值观培育活动形式的广泛程度。[②]

表 2.7　民众对不同形式社会主义核心价值观活动的参与情况

不同形式的核心 价值观实践活动	经常参加 (%)	偶尔参加 (%)	没参加过 (%)
精神文明创建活动	29.2	59.5	11.3
道德模范评选活动	13.4	70.4	16.3
志愿服务活动	25.9	67.6	6.5
国家政治庆典活动	17.8	47.2	35.0
社会主义核心价值观 知识竞赛、演讲比赛	10.3	39.8	49.9

核心价值观培育活动的参与人员社会覆盖面不广。通过关于培育和践行

---

① 参见于雨晴:《培育和践行社会主义核心价值观的活动载体探析》,湖北大学硕士学位论文,2016 年。

② 参见于雨晴:《培育和践行社会主义核心价值观的活动载体探析》,湖北大学硕士学位论文,2016 年。

社会主义核心价值观活动参与度与参与者年龄、职业、地区的对比分析以及访谈调查,可以发现,虽然当前参加过核心价值观培育活动的人员表现出多元化的趋势,但是实际仍旧以青年为主要群体,其中的主力军是学生,而参与的地区差异也比较明显,大多数的参与者来自城市,其次是乡镇,农村参与度最低,由此可以说明参与培育和践行社会主义核心价值观培育活动的主体力量单薄,参与人员社会覆盖面狭窄。核心价值观培育活动参与范围不广影响了培育和践行社会主义核心价值观的活动载体的影响的深度性,无论参与人员的年龄、职业、社会地位如何,都有需要而且应该通过核心价值观活动载体的作用促进社会主义核心价值观培育和实践。①

第二,活动运用影响力不够深。培育和践行社会主义核心价值观的活动的影响力不够深、不够宽泛,具体表现在,其一各种类型的核心价值观培育活动的参与程度还不够高,其二许多民众在参加社会主义核心价值观活动的时候并没有很高的积极性,部分民众参加相关活动都是处于被动状态。②

不同形式的核心价值观培育活动的参与程度还不够高。通过对表2.7的数据分析,民众对精神文明创建活动,道德模范评选活动,志愿服务活动,国家政治庆典活动,社会主义核心价值观知识竞赛、演讲比赛活动的参与的比例来看,多数民众参与过核心价值观培育活动,说明培育和践行社会主义核心价值观活动参与度整体情况良好,但是仅有最多不到30%的民众核心价值观培育活动参与的频率较高,而有一大半民众是偶尔参加、没参加过,可见培育和践行社会主义核心价值观活动的参与度情况良好,但是参与程度不够,对于参与活动的积极性不高,反映出培育和践行社会主义核心价值观的活动载体在运用过程中影响力不够,吸引力不强。③

部分民众参加核心价值观培育活动的积极性、主动性不高。在对"您认为精神文明创建活动开展存在的不足是"进行调研时,有43.5%的民众赞同

① 参见于雨晴:《培育和践行社会主义核心价值观的活动载体探析》,湖北大学硕士学位论文,2016年。

② 参见于雨晴:《培育和践行社会主义核心价值观的活动载体探析》,湖北大学硕士学位论文,2016年。

③ 参见于雨晴:《培育和践行社会主义核心价值观的活动载体探析》,湖北大学硕士学位论文,2016年。

"群众主动参与性不够"这一项;在对"您认为评选道德模范的活动中,存在着哪些不足?"一题进行调研时,有61.1%的民众认为"群众参与度较低";在对"您认为在当前开展的国家政治庆典活动存在着哪些不足?"一题进行调查时,有53.8%赞同"群众积极性不高";在对"您认为在您参加的社会主义核心价值观知识竞赛、演讲比赛等活动中存在哪些不足?"进行调查时,有57.3%赞同"参与人员被动,不积极"这一项。由上述数据说明,部分民众参加相关核心价值观培育活动缺乏主动性,处于被动状态。这也从某种程度反映出核心价值观培育类活动组织在开展活动过程中由于活动形式单一、活动质量不高或宣传不到位等原因,使其对民众的吸引力不强,对培育和践行社会主义核心价值观的作用没有充分发挥。[①]

(2)培育和践行社会主义核心价值观的活动运用认识不足

第一,组织者对活动运用不足。为了进一步了解社会主义核心价值观活动开展中组织者存在的不足和缺陷,调研组设计了"您认为精神文明创建活动、道德模范评选活动,志愿服务活动等培育和践行社会主义核心价值观的活动开展中,组织者存在哪些不足?"统计结果如表2.8所示。[②]

表2.8　组织者存在的不足

选　项	赞同(%)	不赞同(%)
组织能力不强	19.7	80.3
道德素养较低	13.3	86.7
活动执行过程中重形式轻内容	65.2	34.8
执行能力不强	28.0	72.0
协调能力不强	24.1	75.9
忽略参与者的感受和建议	36.1	63.9
对活动认识不够	43.3	56.7

---

① 参见于雨晴:《培育和践行社会主义核心价值观的活动载体探析》,湖北大学硕士学位论文,2016年。

② 参见于雨晴:《培育和践行社会主义核心价值观的活动载体探析》,湖北大学硕士学位论文,2016年。

由表2.8可知,社会主义核心价值观活动中组织者不足之处主要集中在活动执行过程中重形式轻内容、对活动认识不够以及忽略参与者的感受和建议。特别是"活动执行过程中重形式轻内容"这一项选择赞同的比例大于不赞同的比例,民众选择赞同的比例达到了65.2%,说明组织者在开展核心价值观培育活动的过程中有走过场的情况,活动的开展往往浮于表面,流于形式,具有浓重的形式主义色彩。有接近一半的民众认为组织者对活动认识不够,这说明组织者对核心价值观培育活动的初衷、形式、目标等问题较为模糊,对活动内涵的把握不到位,对活动的各方面准备不够充分。有36.1%的民众认为组织者忽略参与者的感受和建议,说明组织者在进行核心价值观培育的活动中还存在着组织者参与活动的比重超过参与者的现象,没有注重参与者的主体性,常常以自我为中心,未能充分发挥参与者的主动性和创造性。除此之外,组织者在核心价值观培育活动具体开展过程中,组织能力、道德素养、执行能力、协调能力等方面也有所欠缺。我们在访谈中还了解到,有的活动运用过度,过多过滥,不讲求实效,让民众不厌其烦;有的活动运用不足,数量过少;有的活动没有从群众的实际需求出发,单纯为活动而活动,针对性不强,目的不明确;还有不少组织者不善于运用活动对民众进行社会主义核心价值观的培育,他们往往将价值观培育与活动区别开来,比如说要举办一场社会主义核心价值观知识讲座活动,他们更习惯于通过开会、谈话的形式进行所谓的培育核心价值观活动的开展,不注重将核心价值观培育与活动相融合,而是一味开会、谈话去讲大而空的话。由上述可说明,组织者关于培育和践行社会主义核心价值观的认识不足,对活动运用的不恰当,影响了活动对社会主义核心价值观培育和践行的功能,必须引起重视。①

第二,参与者对活动认识不足。在对"您认为精神文明创建活动、道德模范评选活动、志愿服务活动等培育和践行社会主义核心价值观活动中参与者的主要问题是"的调研时,统计情况如图2.4所示,对活动认识不足所占的比例最大,有44.1%,接近民众人数的一半,说明关于参与者的主要问题在于对

---

① 参见于雨晴:《培育和践行社会主义核心价值观的活动载体探析》,湖北大学硕士学位论文,2016年。

核心价值观培育活动的认识不足。一方面由于参与者对核心价值观培育活动的认识不足直接导致了民众参与活动的积极性不高,态度不端正,在活动中缺乏主动学习和主动合作的精神,这不仅影响了核心价值观培育和践行活动的实效性,也使活动流于形式,使活动在民众对社会主义核心价值观认识及行为习惯的养成上无法发挥应有的作用。[1]

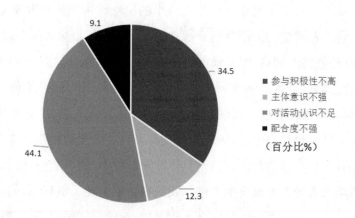

图 2.4 参与者存在的主要问题

另一方面由于民众缺乏对培育和践行社会主义核心价值观的活动的正确认识,也间接导致了民众参与活动的动机不端正,民众一旦被这些消极动机所左右,很容易产生其他方面的问题,更是大大削弱了核心价值观培育活动的实效性。关于"您参与精神文明创建活动、道德模范评选活动、志愿服务活动等培育和践行社会主义核心价值观活动的原因是"的调研,统计情况如表 2.9 所示。[2]

表 2.9 民众参与核心价值观培育活动的原因

选 项	赞同(%)	不赞同(%)
树立正确的人生观、价值观	94.8	5.2
增长知识、促进个人成长	63.7	36.3

---

① 参见于雨晴:《培育和践行社会主义核心价值观的活动载体探析》,湖北大学硕士学位论文,2016 年。

② 参见于雨晴:《培育和践行社会主义核心价值观的活动载体探析》,湖北大学硕士学位论文,2016 年。

续表

选　项	赞同(%)	不赞同(%)
增加工作经验和竞争力	48.5	51.5
扩展了人际圈	32.6	67.4
增强他人的认同感	45.5	54.5
积极响应国家号召	38.3	61.7
受家人、亲友的影响	40.7	59.3
迫于学校、单位要求,不得不应付	40.5	59.2
从众心理,随大流	21.5	78.5
消磨时光	15.1	84.9

　　根据调研数据,其中94.8%民众赞同"树立正确的人生观、价值观"这一项,63.7%的民众选择了"增长知识、促进个人成长",说明这两项是民众参与核心价值观培育活动的重要意愿。另外,还有大约五成民众是为了增加工作经验和竞争力,约四成民众是为了完成学校、单位规定的任务,被迫选择参与活动;出于消磨时光或者只是随大流的盲目从众的原因而选择参加的民众也分别有15.1%和21.5%。从上述数据中我们可以看出,民众选择参与核心价值观培育活动,大部分是为了树立了正确的人生观、价值观的意愿。同时,增长知识、促进个人成长,增加工作经验和竞争力以及希望他人认同的个人发展和价值的需求考量也体现出极大的比重。但不能忽视的是,某些民众出于消极动机参加活动依然占有不小的比例,由此可见,民众对培育和践行社会主义核心价值观活动的认识不充分,参加活动并非出自促进个人核心价值观提高的目的,而是出于盲目跟风,或纯粹是为了在学校、单位评奖评优时能够给自己加分,或是为了完成学校、单位的任务等,这些消极动机功利性较强,表现出高度的个人主义和利己主义。一方面使核心价值观培育活动无法真正起到价值导向的作用;另一方面,这样的动机和行为示范容易影响其他的参与者,造成行为导向上的偏差。①

---

　　① 参见于雨晴:《培育和践行社会主义核心价值观的活动载体探析》,湖北大学硕士学位论文,2016年。

（3）培育和践行社会主义核心价值观的活动运行实效性不够理想

第一，部分活动运用效果不佳。培育和践行社会主义核心价值观的活动的类型多种多样，哪些形式的效果更好呢？我们对此进行了进一步的调查，"请您对精神文明创建活动，道德模范评选活动，志愿服务活动，国家政治庆典活动，社会主义核心价值观知识竞赛、演讲比赛的效果进行评价，选择您认为实效性最强的前三项并排序"。统计结果见表2.10，根据数据显示，从总入选率来看，志愿服务活动是82.6%占比例最高，其次是精神文明创建活动为70.1%，随后依次是国家政治庆典活动比例为54.2%，道德模范评选活动比例为53.3%，社会主义核心价值观知识竞赛、演讲比赛比例为19.4%。但从第一重要的选项来看，国家政治庆典活动被选比例最高是44.5%，其次是志愿服务活动33.0%，随后依次是精神文明创建活动19.5%，道德模范评选活动19.2%，社会主义核心价值观知识竞赛、演讲比赛3.2%。由此说明志愿服务活动和国家政治庆典活动的实效性比较好，受到民众的较高的评价，而社会主义核心价值观知识竞赛类理论教育活动的效果明显低于其他活动，由数据可以看出社会主义核心价值观知识竞赛、演讲比赛活动的总入选率和第一重要项的比例都是最低的，民众对其实效性评价度较低，这说明传统的核心价值观教育活动对民众的吸引力越来越弱势，这类活动的运用效果不理想。因此可以看出，并不是所有的培育和践行社会主义核心价值观的活动运用起来效果都会理想，需要不断进行活动载体的实践创新来增强其实效性。①

表2.10　培育和践行社会主义核心价值观活动的效果评价

不同形式的核心价值观实践活动	第一位（%）	第二位（%）	第三位（%）	总入选率（%）
志愿服务活动	33.0	36.7	29.2	82.6
精神文明创建活动	19.5	25.7	25.8	70.1
国家政治庆典活动	44.5	15.7	14.1	54.2
道德模范评选活动	19.2	27.1	11.0	53.3

① 参见于雨晴：《培育和践行社会主义核心价值观的活动载体探析》，湖北大学硕士学位论文，2016年。

不同形式的核心 价值观实践活动	第一位 （%）	第二位 （%）	第三位 （%）	总入选率 （%）
社会主义核心价值观 知识竞赛、演讲比赛	3.2	6.3	13.4	19.4

第二,活动运用的积极效果缺乏可持续性。培育和践行社会主义核心价值观的活动形式多样且灵活,具有较强的吸引力和感染力,通常比较受广大民众的喜欢和参与。民众亲身参与组织的实践活动过程,感受活动的氛围,较易引起心灵的震撼和情感的共鸣,因此社会主义核心价值观的培育也较易出现立竿见影的效果,但活动往往直接作用于民众的感性认识,若不进行适时引导,将感性认识上升到理性认识,最后社会主义核心价值观教育积极效果的持续性往往不尽如人意。①

在对"您参加的精神文明创建活动、道德模范评选活动、志愿服务活动等培育和践行社会主义核心价值观的活动,对您产生积极影响的时效性是"的问题进行调研时,数据如图2.5所示,39.5%的民众认为"影响时间较短,过两三个星期就没有了",31.3%的民众认为"一段时间内影响较大,过几个月后逐渐减退",15.4的民众认为"时间短暂,两三天后恢复如常",仅仅只有13.8%的民众选择了"至少有一年以上,影响长远",由此可以说明,培育和践行社会主义核心价值观的活动运用的效果不够稳定,作用缺乏长久的持续性。②

（4）培育和践行社会主义核心价值观的活动载体运行条件不充分

目前开展的各种核心价值观培育活动缺乏必要的物质条件,尤其是经费不足和活动场所匮乏已成为制约活动顺利开展和运行的关键性问题。③

第一,经费支撑不足。在对"精神文明创建活动""道德模范评选活动"

---

① 参见于雨晴:《培育和践行社会主义核心价值观的活动载体探析》,湖北大学硕士学位论文,2016年。

② 参见于雨晴:《培育和践行社会主义核心价值观的活动载体探析》,湖北大学硕士学位论文,2016年。

③ 参见于雨晴:《培育和践行社会主义核心价值观的活动载体探析》,湖北大学硕士学位论文,2016年。

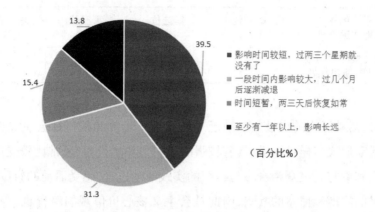

图 2.5　核心价值观活动对民众产生积极影响的时效

"志愿服务活动""国家政治庆典活动""社会主义核心价值观知识竞赛、演讲比赛"不足之处进行调研时,分别有 35.2% 的民众认为精神文明创建活动的经费投入不足,有 28.0% 的民众认为道德模范评选活动的表彰奖励不到位,有 61.1% 的民众认为志愿服务活动没有资金保障,有 29.2% 的民众认为国家政治庆典活动的经费不足,有 18.6% 的民众认为社会主义核心价值观知识竞赛、演讲比赛缺少表彰激励制度。通过上面调研数据和访谈调研,可以看出社会主义核心价值观活动的开展在经费方面存在不同程度的问题。虽然国家历来对核心价值观培育活动都比较重视,但各种类型的核心价值观培育活动的开展依然或多或少面临经费不足的困境。有很多活动由于经费紧张而被迫放弃组织开展,或是减少规模开展。尤其是自发组织的活动更是面临较大的经费问题。以志愿服务活动为例,由上面调研数据可以看出,有 61.1% 的民众认为志愿服务活动没有资金保障,而且资金问题在志愿服务活动存在问题的调研中排名第一,因此资金不足是当前志愿服务活动开展中存在的主要问题。我国青年志愿者组织的资金来源主要来源于政府拨款,但是也需要社会的资助和募捐才能得以维持和发展。志愿服务是一种爱心活动,也是一种无酬劳服务。然而,这并不代表志愿服务项目不会产生任何费用。志愿者的交通成本、就餐成本以及支援组织招募、培训、管理、奖励、评估等都需要资金支持。我国首批"扶贫接力计划"的志愿者希望通过在山西省静乐县建立一些农、科、教基地用来帮助当地群众改善生活条件,但由于资金短缺最终不能实现,令人惋惜。志愿服务若想有效地、顺利地开展和进行,发挥志愿服务的社会性功能,需要充足的经费支持。①

志愿服务活动经费的不足直接影响到其活动的规模和质量,更有甚者,很多社会自发的志愿服务活动为了解决经费紧缺问题拉赞助,使得公益志愿活动蒙上了商业化色彩。在对"您认为目前志愿服务活动或社会公益活动的存在的问题是哪些?"进行调研时,有59.4%的民众认为有些志愿服务活动具有浓重的商业色彩,失去了本心,可见类似拉赞助以填补资金短缺的行为让志愿服务的商业气氛太浓厚,好像在做商业营销活动,对民众友善、文明、奉献等价值观的培育就失去了意义。②

第二,活动场地欠缺。有效运用培育和践行社会主义核心价值观的活动不仅需要一系列的经费保障,还必须有一定的场所作保证,否则活动就无法正常开展。比如,要对民众进行爱国价值观的教育,必须具备开展爱国主义教育活动的物质基础设施和活动场所,如博物馆、纪念馆、展览馆、烈士陵园等;要开展志愿服务活动,须有一定的志愿服务实践基地。而目前核心价值观培育活动开展和运行普遍存在着活动场所不足、活动基地匮乏的问题,这势必会对培育和践行社会主义核心价值观的活动载体的运用产生较大的制约。在对"您参与过的精神文明创建、道德模范评选、志愿服务等培育和践行社会主义核心价值观的活动,拥有稳定的活动场所吗?"进行调研时,如图2.6所示,有78.9%的民众选择了"没有稳定的活动场所",由此说明当前核心价值观培育活动开展的场所匮乏。根据访谈调查,有的是因为社会建立的活动基地数量不足,民众的发展需求得不到充分满足,有的是因为活动组织单位没有与可进行核心价值观培育活动的合作单位建立长期合作关系等等,而这些情况都使培育和践行社会主义核心价值观的活动载体的运用受

---

① 参见于雨晴:《培育和践行社会主义核心价值观的活动载体探析》,湖北大学硕士学位论文,2016年。

② 参见于雨晴:《培育和践行社会主义核心价值观的活动载体探析》,湖北大学硕士学位论文,2016年。

到限制,其作用难以得到充分发挥。①

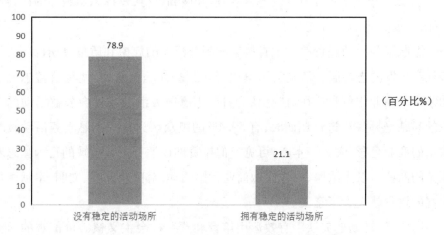

（百分比%）

图 2.6　核心价值观活动的开展是否拥有稳定的场所

（5）培育和践行社会主义核心价值观的活动运用的环境氛围不佳

人离不开环境。自然,一个人的价值观的形成也离不开一定环境的影响。活动载体的有效发挥也需要有一个良好的环境氛围支撑。良好的环境,能极大地促进活动的良性运行,反之,则会抑制活动发挥应有的功能。因此,萦绕在活动载体的外部环境,对社会主义核心价值观能否深入人心,最终内化为人们的行为准则有重大的意义。因此,调研组设计了"您认为当前的社会环境是对精神文明创建活动、道德模范评选活动、志愿服务活动等培育和践行社会主义核心价值观的活动开展的影响是"一题,如图 2.7 所示,考察当前核心价值观培育活动的社会环境情况。有 58.2%的民众选择"一定程度上制约了活动开展",有 26.8%的民众选择了"成为活动开展的主要障碍之一",仅有 9.3%和 5.7%的民众认为"社会环境良好,大大促进了活动的开展"和"没影响"。从数据可以看出,大多数的民众对当前的社会环境氛围持否定的态度,认为当前的社会环境不利于甚至阻碍了核心价值观培育活动开展,由此说明培育和践行社会主义核心价值观的活动运行的社会环境氛围不佳,

---

① 参见于雨晴:《培育和践行社会主义核心价值观的活动载体探析》,湖北大学硕士学位论文,2016 年。

应当引起重视。①

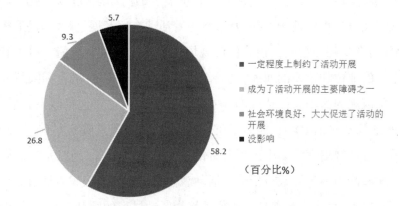

图 2.7　社会环境对核心价值观活动的开展的影响

5.培育和践行社会主义核心价值观活动存在问题的原因

（1）组织者、参与者重视度不够

培育和践行社会主义核心价值观的活动运行中部分问题的存在,最重要的原因之一就是组织者和参与者都对培育和践行社会主义核心价值观活动不够重视。对培育和践行社会主义核心价值观活动重视度不够,会导致不管是组织者还是参与者,都对活动没有形成足够的认识。对培育和践行社会主义核心价值观的活动的重视度和认识度与活动的运行最终效果是成正比的。对于参与者,只有其对培育和践行社会主义核心价值观活动有了足够的重视度和认识度,才会有兴趣去积极地参与到其中去;对于组织者来说,只有组织者自身对整个活动的运行有着足够的重视度和认识度,才会促使其更好地对活动的运行进行更好评估和设计,才能更好地使培育和践行社会主义核心价值观活动发挥其作用,产生积极影响。②

（2）组织者、参与者综合素质欠缺

组织者和参与者的各方面的综合素质的欠缺影响着培育和践行社会主义

---

　　①　参见于雨晴:《培育和践行社会主义核心价值观的活动载体探析》,湖北大学硕士学位论文,2016 年。

　　②　参见于雨晴:《培育和践行社会主义核心价值观的活动载体探析》,湖北大学硕士学位论文,2016 年。

核心价值观的活动的运用。

组织者是培育和践行社会主义核心价值观的活动运行过程的引导者,在活动载体运行过程中处于主导地位,承担着活动有序开展、保障活动取得有效性、使参与者受到社会主义核心价值观培育和养成的重要职能。组织者的这种决定性的地位和重要的职能,需要组织者应该具备适应培育和践行社会主义核心价值观的活动载体特点的基本品质和能力。主要包括政治素质、道德素质、思想素质、知识素质、能力素质、身体素质和心理素质等方面。组织者在开展核心价值观培育活动中出现各种的不足之处,主要原因就是组织者综合素质欠缺和能力不足导致对价值观活动载体运用不当。组织者综合素质的好坏、强弱、优劣,直接影响着核心价值观培育活动过程的顺利进行,也影响着选择、运用培育和践行社会主义核心价值观活动的积极性、主动性和实效性。[1]

参与者文化素质及道德素质的欠缺也是影响培育和践行社会主义核心价值观活动有效开展的重要因素。首先,参与者文化素质较低会直接导致对核心价值观培育活动载体的认识不足。在对"您对精神文明创建活动、道德模范评选活动、志愿服务活动等培育和践行社会主义核心价值观活动的内涵理解吗?"进行调研时,如图2.8所示,调查对象学历是小学的,理解核心价值观培育活动载体内涵的比例为1.2%,不理解的比例为7.7%;学历是初中的,理解核心价值观培育活动载体内涵的比例为6.4%,不理解的为13.4%;学历是高中(中专)的,理解的比例为14.1%,不理解的比例为26.8%;学历是大专的,理解的比例为8.8%,不理解的比例为12.4%;学历是大学本科的,理解的比例为53.3%,不理解的比例为33.1%;学历是研究生的,理解的比例为16.2%,不理解的比例为6.6%。由此可见,小学、初中、高中(中专)、大专程度的民众理解核心价值观培育活动载体内涵的比不理解的比例要少,而大学本科、研究生理解核心价值观培育活动载体内涵的比不理解的要多,这说明了文化程度对核心价值观培育活动载体内涵的认知有比较大的影响,说明民众自身的文化素质的欠缺会影响对核心价值观培育活动的充分认识,对核心价

---

[1] 参见于雨晴:《培育和践行社会主义核心价值观的活动载体探析》,湖北大学硕士学位论文,2016年。

值观培育活动没有足够的认识会使得核心价值观培育活动的积极作用难以得到充分发挥。其次,参与者道德素质的欠缺会导致参与活动的动机不纯,降低参与者的积极性、主动性,也减弱了价值观培育活动的实效性。①

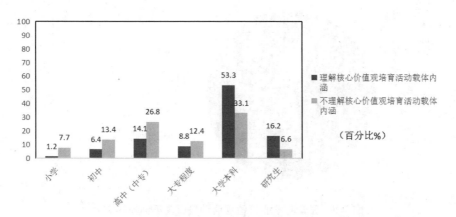

图 2.8　文化程度对核心价值观活动的内涵理解的影响

(3)培育和践行社会主义核心价值观活动的创新性不足

不同时期下社会主义核心价值观培育和践行面临的任务和现实问题都是不一样的。人们在新时期下对核心价值观培育活动的需求也是不一样的。以往核心价值观培育活动在内容上存在着高、大、空,脱离群众,脱离现实,在形式上存在着形式陈旧、单一,缺乏多样性的问题,这就说明核心价值观培育活动的形式和内容缺乏创新性。在对"您认为当前精神文明创建活动、道德模范评选活动、志愿服务活动等核心价值观培育活动的内容和形式是否需要创新?"进行调研时,如图 2.9 所示,有 92.8% 的民众认为内容和形式单一,亟须创新;有 4.6% 的民众认为已经很好了,丰富多彩,不需要创新;有 2.6% 的民众认为无所谓,从数据可以看出这之间的差别显而易见。如今社会在进步,经济在快速发展,在就要求培育和践行社会主义核心价值观的内容和形式要及时创新,增强时代感和现实感。如果在核心价值观培育活动的运用过程中,不能及时地将目前培育和践行社会主义核心价值观的活动内容和形式创新性不

---

① 参见于雨晴:《培育和践行社会主义核心价值观的活动载体探析》,湖北大学硕士学位论文,2016 年。

足的问题进行转化,那么由于核心价值观培育活动承载内容的陈旧、形式单一,将直接影响培育和践行社会主义核心价值观活动的推行和进展。①

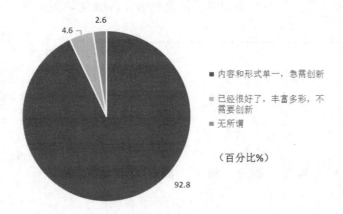

图 2.9　民众对核心价值观活动是否需要创新的态度

（4）培育和践行社会主义核心价值观活动保障机制不健全

培育和践行社会主义核心价值观的活动保障机制还不够健全,这是一个非常现实的问题,尤其是物质保障机制不健全如经费和场地的缺乏,对培育和践行社会主义核心价值观活动的发展具有严重影响。②

关于缺乏物质保障的问题,在目前培育和践行社会主义核心价值观活动的运用过程中会经常出现"有多少钱干多少事"的无奈现象,也会出现由于资金短缺和活动场地缺乏而寻求商业帮助导致活动出现商业化色彩浓重的现象。还有由于保障机制的不健全,导致许多核心价值观培育活动出发点很好,但是因其受到限制,推行过程中遇到种种问题无法解决,只能选择避重就轻,或者缩减流程,导致核心价值观培育活动效果不够突出,有创新无法落实,最终不能达到寓教于乐的目的,削减了其教育意义。③

---

　　①　参见于雨晴:《培育和践行社会主义核心价值观的活动载体探析》,湖北大学硕士学位论文,2016 年。

　　②　参见于雨晴:《培育和践行社会主义核心价值观的活动载体探析》,湖北大学硕士学位论文,2016 年。

　　③　参见于雨晴:《培育和践行社会主义核心价值观的活动载体探析》,湖北大学硕士学位论文,2016 年。

保障机制乏力也进一步减弱了民众对参与核心价值观培育活动的积极性和主动性,落入了一个由于保障不够而不愿意参加活动、主观惰性越来越强的恶性循环的怪圈。这些保障机制不健全的问题对于培育和践行社会主义核心价值观活动的发展与丰富有着不可低估的副作用。①

(5)市场经济和多元化思潮的负面影响

当今社会是一个获取信息渠道多样化的现代社会,人们的思想观念受到前所未有的冲击和影响。特别是互联网技术的繁荣和普及,使各种西方思潮大量涌入,试图对人们进行资本主义意识形态的渗透和影响,一些错误思潮乘虚而入,甚至在一些领域对社会主义主流意识形态造成了威胁,也影响了核心价值观培育活动载体的运行环境,致使培育和践行社会主义核心价值观活动的功能得不到有效发挥,进而也使社会主义核心价值观培育的效果不尽理想。②

而且我国目前正处于市场经济的快速发展的新时期,在这个新的历史时期下,新旧体制转轨尚未全面完成,市场体系尚未完全建立,市场运行法律尚未整体健全等等。市场经济本身的弱点和消极因素会深刻影响人们的思维方式、交往方式和生活方式,使得人们在思想上和行为上也呈现出了许多新特点,比如,道德认知能力强,道德实践能力弱;自我意识强,责任意识弱;内心情感丰富,心理承受能力差;等等。市场经济负面影响下人们的新变化会使许多原本效果良好的核心价值观培育活动载体的影响力有所下降,这是新时期培育和践行社会主义核心价值观的活动运用遭遇的前所未有的挑战之一。③

(三)优化培育和践行社会主义价值观活动路径的对策

1.提高对活动路径运用的重视度

要加强培育和践行社会主义核心价值观活动路径的运用,增强培育和践

---

① 参见于雨晴:《培育和践行社会主义核心价值观的活动载体探析》,湖北大学硕士学位论文,2016年。

② 参见于雨晴:《培育和践行社会主义核心价值观的活动载体探析》,湖北大学硕士学位论文,2016年。

③ 参见于雨晴:《培育和践行社会主义核心价值观的活动载体探析》,湖北大学硕士学位论文,2016年。

行社会主义核心价值观活动路径运用的效果,必须提高组织者、参与者乃至全社会对培育和践行社会主义核心价值观活动路径的重视度。①

目前,组织者、参与者乃至社会上很多民众、单位和部门都忽视培育和践行社会主义核心价值观活动的运用对于人们价值观提高的重要意义,或忽视推动培育和践行社会主义核心价值观活动发展的情况。重视培育和践行社会主义核心价值观活动的运用与建设,给核心价值观培育活动的运用提供更多的支持和帮助,才能真正发挥其促进人们思想道德的提高,促进正确价值观形成的功能。正确认识培育和践行社会主义核心价值观的活动,合理运用核心价值观培育的活动,通过行之有效的核心价值观培育的活动,把社会主义核心价值观教育的目标、任务具体化,把思想、道德、观念等无形的东西融入活动载体之中,才能使社会主义核心价值观的培育和践行落到实处。②

2. 提高活动路径运用者的综合素质

对于培育和践行社会主义核心价值观活动的组织者来说:首要的是提高自身的思想政治素质。具备完备的思想政治素质是进行核心价值观培育活动运用的首要因素。只有具备坚定的政治立场和扎实的理论素养,其才能使核心价值观培育活动在运用中经受住各种诱惑,避免活动世俗化、庸俗化和娱乐化,这也是开展社会主义核心价值观教育活动与一般性社会活动的重要区别。同时,核心价值观培育活动的组织者也要提高对不同形式的活动类别的认知,既要避免进入活动万能论的误区,又要避免活动开展形式化,而且在实际的运用过程中,要提高自己根据具体条件和实际情况来运用不同形式的活动开展社会主义核心价值观培育活动的能力。此外,核心价值观培育活动的组织者也要提高组织协调能力,增强平等协作意识。对活动良好的组织和协调,能有效消除由于活动开展不当引发的群体冲突,保证活动开展的同步性,增强活动的吸引力。良好的平等协作意识能较快消除活动组织者和参与者的心理隔

---

① 参见于雨晴:《培育和践行社会主义核心价值观的活动载体探析》,湖北大学硕士学位论文,2016年。

② 参见于雨晴:《培育和践行社会主义核心价值观的活动载体探析》,湖北大学硕士学位论文,2016年。

阅,密切二者联系,畅通反馈渠道。①

对于培育和践行社会主义核心价值观活动的参与者来说:首先要提高自身的文化素养。文化素养直接反映为民众的受教育程度,想要进一步提高民众的文化素养,必须把社会主义核心价值观教育融入国民教育全过程。社会主义核心价值观教育要从小抓起、从学校抓起,把其纳入国民教育总体规划之中,贯穿于基础教育、高等教育、职业技术教育、成人教育等各领域,落实到教育教学和管理服务各环节。其次要提高自己的品格修养和道德素质。良好的品格修养可以自觉提升其对核心价值观培育活动的重视程度和参与意识,以诚实守信、协作团结立身,营造活动参与者之间的和谐氛围。较高的道德素质能保证活动参与者坚持以正确的利益观作为自己的行为准绳,避免参与核心价值观培育活动唯物质利益是从。②

3.促进活动载体的创新与整合

(1)合理利用新兴媒体

信息全球化时代,新媒体作为一种全新的传播手段,比传统媒体传播范围和传播受众要广,传播模式更丰富,效果更显著,新兴媒体的合理利用是加强培育和践行社会主义核心价值观活动运用的有效措施。

第一,微言微语,彰显"微时代"宣传力量。微时代是指利用微博、微信、APP 等传播媒介,以短小简练的文字为特征的信息传播时代。2009 年之后,'微时代'这个词开始进入人们的视野,很多传播形式都加了一个"微"字,如微信、微博、微电影等。这种形式的特点是具有强大的针对性和互动性,传播范围广,速度快,极大地扩大了社会主义核心价值观网络传播的影响力和覆盖面积。培育和践行社会主义核心价值观的活动载体创新,要合理利用微言微语,彰显"微时代"宣传力量。以微博为例,建立关于宣传核心价值观培育活动的微博,通过关注某个账号,在获取其他信息的同时传播和分享关于核心价值观培育活动的各类信息。微博用户可以发布关于核心价值观培育活动的简

---

① 参见于雨晴:《培育和践行社会主义核心价值观的活动载体探析》,湖北大学硕士学位论文,2016 年。

② 参见于雨晴:《培育和践行社会主义核心价值观的活动载体探析》,湖北大学硕士学位论文,2016 年。

要文字、图像、音频和视频等信息,还可以根据自身喜好分享、评论、转发这一信息,通过这样的方式,个人关于核心价值观培育活动的观点和行为方式会演变成巨大的群体意识,形成强大的关于核心价值观培育活动的舆论网络,微博的这一特点为快速传播核心价值观培育活动提供了开放的数据平台。政府部门可以建立官方微博,分享核心价值观培育活动过程中的正能量信息,接受公众评论,及时知晓反馈信息。还可以利用微信和 APP,建立关于核心价值观培育活动的微信公众账号和建立核心价值观培育活动的 APP,利用它们开展有关于核心价值观培育活动的调查、讨论,为培育和践行社会主义核心价值观的活动载体运行提供正确的舆论导向。

第二,利用指尖媒体,传递社会主义核心价值观的正能量。随着信息技术的发展,以手机为代表的指尖媒体开始崭露头角,指尖媒体具有高度便携性和私密性,成为快速及时获取和传递信息、表达观点的最佳方式。手机已经取代电脑成为第一大上网终端设备。有资料现实,截止到 2014 年的 6 月份,我国的网民已超过六亿,其中手机网民占据的比例高达 80% 以上。所以,在培育和践行社会主义核心价值观的活动载体运行过程中,要充分利用指尖媒体,传播各种核心价值观培育活动的信息,使之成为核心价值观培育活动载体强有力的传声器,传递社会主义核心价值观的正能量。①

(2)创新活动载体形式

当前培育和践行社会主义核心价值观培育活动的形式多种多样,但如何让这些活动深入人心、形成一种标志就需要进行创新。市场经济体制下,产品想要获得认可,就要打造品牌,利用品牌效应现已成为许多商家的选择之一。在进行核心价值观培育活动建设时也可以借鉴这种方式,因为弘扬社会主义核心价值观与销售商品类似,都是让越来越多的人了解、熟知然后得到认可,最后成为日常生活中不可或缺的一部分。因此,可以打造核心价值观培育活动的品牌,让其成为人所共知的标识。就以河北省一直在做的"善行河北"这个活动为例。

---

① 参见于雨晴:《培育和践行社会主义核心价值观的活动载体探析》,湖北大学硕士学位论文,2016 年。

"善行河北"这个活动启动于 2012 年,是河北省培育和践行社会主义核心价值观的初步探索。"善行河北"主题道德实践活动与社会主义核心价值观在本质上具有内在一致性。一方面,"善行河北"活动是社会主义核心价值观的实践形态。另一方面,作为要弘扬确立的价值目标和价值评价的根本标准,社会主义核心价值观也是一种善,是"大善",是"至善",最终决定并制约着"善行河北"。"善行河北"活动实践几年来,在河北省范围内已经深入人心。河北省利用"善行河北"这个活动品牌进行了一系列的子活动,覆盖广,渠道多,辐射密。首先,充分发挥主流媒体的作用,作为宣传主渠道在《河北日报》、河北电视台等为主的省内主要媒体上在重要时段和主要版面与频道开辟专题和专栏,把日常宣传、典型报道、热点分析和舆论监督全方位包围公民日常生活。其次,依托长城网创建"善行河北"主题网站,聚焦网络声音、开展网络访谈、回应网民关切,营造良好的网络生态环境。再次,重视发挥精神文化产品的教育功能。创作了一系列内载社会主义核心价值观的作品《约定无期限》《爱心小院》等。打造"善行河北"品牌不可能一蹴而就,培育和践行社会主义核心价值观也绝非一朝一夕之功,需要长久不懈的努力才能让核心价值观培育活动的品牌深入人心。[①]

(3)科学设计活动内容

寓社会主义核心价值观教育内容于活动之中,使其具有社会主义核心价值观的教育性才能实现培育和践行社会主义核心价值观的目的,这是培育和践行社会主义核心价值活动跟其他一般活动相区别的重要标志。所以在开展核心价值观培育活动之前,要按照社会主义核心价值观培育的要求,制作科学的活动方案,设计好活动的主题,明确该活动对社会主义核心价值观的培育有何意义,群众通过参与活动在思想、道德、素质方面是否得到提高。要将社会主义核心价值观的内容融入活动之中,避免为活动而活动,走过场,搞形式主义,而导致活动效果不佳或无效果状态。由上述可见,最关键的是要分析群众的需求状态,确定活动内容。活动组织者要通过调查、访问等途径掌握并分析

---

① 参见于雨晴:《培育和践行社会主义核心价值观的活动载体探析》,湖北大学硕士学位论文,2016 年。

群众的思想动态,了解群众的当前需求,在此基础上确定活动内容。我们要设计符合社会群众心理特点的活动内容。认知心理学告诉我们,任何知识的学习,"没有兴趣就没有记忆"。人们如果缺乏学习社会主义核心价值观的兴趣和积极性,各种核心价值观培育活动的效果就会大打折扣。如果各种核心价值观培育活动与大众的心理特点不相适应,那么势必会影响人们培育社会主义核心价值观的积极性。人具有自主、灵活、个性以及喜欢新颖、直观形象内容和交流互动等特点,单向、抽象、教条、陈旧的活动内容不会受到他们的欢迎,因此我们要科学设计活动载体的内容,增强培育和践行社会主义核心价值观的活动载体运行的实效性。以公主岭市开展的培育和践行社会主义核心价值观的活动为例。①

公主岭市科学设计的"送温暖献爱心"志愿服务等实践活动,引导干部群众将正确的价值观融入日常学习、工作、生活中,让"爱国、敬业、诚信、友善"等理念成为日常的行为准则。除此之外,公主岭市还组织开展"机关干部结对帮扶困难群众"活动,深入开展学雷锋志愿服务活动,广泛帮扶弱势群体,有力地践行了社会主义核心价值观,取得了丰硕的社会成果。该市以社会主义核心价值观为主题,开展了一系列教育实践活动。广泛听取意见找准突出问题"病因",并围绕社会主义核心价值观开展了以"公与私、对与错、荣与辱"为主题的大讨论,深刻剖析了自身的缺点与不足。通过设置意见箱,发放征求意见表,召开恳谈会、老干部座谈会等,广泛征求意见建议,切实改变工作作风,厉行社会主义核心价值观。②

4. 整合不同类型的活动的优势

培育和践行社会主义核心价值观活动的具体形态是相异的,有各自的特点、功能、适用范围和价值,对社会主义核心价值观的教育意义也有所不同。但是,它们之间又相互联系、互相渗透、互相作用,培育和践行社会主义核心价值观活动都是围绕社会主义核心价值观教育这个中心任务展开的,共同为培

---

① 参见于雨晴:《培育和践行社会主义核心价值观的活动载体探析》,湖北大学硕士学位论文,2016年。

② 参见于雨晴:《培育和践行社会主义核心价值观的活动载体探析》,湖北大学硕士学位论文,2016年。

育和践行社会主义核心价值观服务。因此,我们要善于整合各种形式的核心价值观培育活动,综合运用不同类型的活动开展社会主义核心价值观培育工作。例如,为了增强群众对社会主义核心价值观的理论认识,可以采用社会主义核心价值观知识讲座、社会主义核心价值观演讲比赛等活动;为了进一步提高人们的价值观水平,促进群众的友善观、文明观、和谐观的培育,可以综合运用志愿者服务、精神文明创建、道德实践等活动。同时,组织者也应当注意不同类型活动载体的综合运用不是一哄而上、随意使用,而是有计划性和针对性地层层推进。①

当运用一个类型的活动达到教育的要求或目标后,再考虑运用另外一个活动载体来强化之前的教育行为,循序渐进,最大化地实现活动在社会主义核心价值观教育方面的实效性。充分运用各种核心价值观培育活动的优点,实现培育和践行社会主义核心价值观活动运用的系统化、功能的最大化,增强核心价值观培育活动的常态化和持续性,使其积极效果产生较长时间的影响力。②

5. 完善活动保障机制

完善的保障机制是事物能正常运转和进步的必要条件和基本前提,具体到培育和践行社会主义核心价值观活动的保障机制,主要分为经费保障机制和基地保障机制两类。③

（1）健全经费保障机制

为提高培育和践行社会主义核心价值观活动在运用过程中的实效性,政府和社会各界需要在物质方面提供一定的支持和保障。第一,各级政府需大力推进和开展社会主义核心价值观的实践活动工作,提供相关的优惠政策和鼓励措施,吸引社会力量和企业集团参与其中,并为社会主义核心价值观活动提供帮助和支持。第二,社会主义核心价值观活动的开展需量入为出,根据实

---

① 参见于雨晴:《培育和践行社会主义核心价值观的活动载体探析》,湖北大学硕士学位论文,2016年。

② 参见于雨晴:《培育和践行社会主义核心价值观的活动载体探析》,湖北大学硕士学位论文,2016年。

③ 参见于雨晴:《培育和践行社会主义核心价值观的活动载体探析》,湖北大学硕士学位论文,2016年。

际需要合理调整支出需求,利用自身的优势和影响力有条件地接纳社会资金的赞助,适当增加对核心价值观培育活动载体的经费投入。第三,核心价值观培育活动载体经费的使用情况需要一套完善的管理体制,在活动过程中经费的使用情况需加强审计和监督,保障活动经费的使用规范化,落实到位,切实有效。只有完善和健全经费保障机制体制,才能保证社会主义核心价值观活动的顺利开展和进行,发挥其所具有的实效性和影响力。①

(2)健全基地保障机制

建立稳定的社会主义核心价值观活动基地,使核心价值观培育活动的运用具有规范化和制度化的属性,对社会主义核心价值观的相关活动是否能深入持久开展下去,是否能发挥其应有的作用和影响具有重要的意义。首先,相关方面要充分利用与企业集团的合作关系,本着双向受益的双赢原则,从地方的现实情况和社会主义核心价值观活动的实际需求出发,建设一些专门进行社会主义核心价值观活动的基地,充分发挥其积极作用,对民众进行社会主义核心价值观教育。其次,充分利用基地的稳固性整合各种资源,使其对社会主义核心价值观活动的实效性产生促进作用,带来正面影响。利用各个基地不同的风格和特点,因地制宜,促进与社会团体和校企单位中的志愿服务机构相互合作,多元化地开展社会主义核心价值观活动,带动基地稳定、健康、持续地发展和壮大。第三,健全和完善基地管理体制,社会主义核心价值观活动的基地需要规范化管理,提高基地场地的使用率和利用率,从制度层面保障社会主义核心价值观活动基地的稳定建设和发展。②

6. 重视和推广特色活动载体

(1)培育和推广具有特色的纪念活动

习近平指出:"要建立和规范一些礼仪制度,组织开展形式多样的纪念庆典活动,传播主流价值,增强人们的认同感和归属感。"③利用一些具有特色的

---

① 参见于雨晴:《培育和践行社会主义核心价值观的活动载体探析》,湖北大学硕士学位论文,2016年。

② 参见于雨晴:《培育和践行社会主义核心价值观的活动载体探析》,湖北大学硕士学位论文,2016年。

③ 《习近平谈治国理政》,外文出版社2014年版,第165页。

纪念活动提高核心价值观的弘扬范围和力度,是国家价值观念的高度凝聚和仪式化表达,为社会主义核心价值观培育提供了有效载体。2014 年 12 月 13 日,国家以崇高的国家仪式为在南京大屠杀中遇难的 30 万同胞举行公祭仪式,昭昭前事、惕惕后人,牢记历史、勿忘国耻。参加公祭仪式的公众、国家公祭鼎、和平宣言、三千羽和平鸽、肃穆的气氛等等共同构成了一个强大的传播场域,民众在体验国家仪式庄严隆重场面的同时也强烈地体认到仪式所传递的社会主义核心价值观:国家只有富强才能抵御外辱强敌,才能让国民活得更有尊严,爱国就是爱我们的国土、爱我们的同胞、爱我们的文化。世界各国都在运用具有本国特色的纪念活动培养国民的国家观念和民族意识,如俄罗斯的"纪念苏联卫国战争胜利日",英美两国的"阵亡将士纪念日""停战纪念日",等等。因此,借助于具有特殊意义的纪念活动将社会主义核心价值观内化为公众的价值信仰,变成引领社会价值和规约社会行为的有效力量,是弘扬和培育社会主义核心价值观的现实选择。[①]

(2)培育和推广公益性志愿活动,提升社会主义核心价值观认同感

志愿服务与社会主义核心价值观教育具有高度的内在一致性,公益性志愿活动促进了社会主义核心价值观认同感的提升。我国的志愿服务与国外的相比,最突出的特点是具有一定的"政府"色彩,志愿服务活动在开展的过程中始终围绕我国社会主义建设和发展的大局,围绕着党的方针政策,坚持党的领导。它致力于消除贫困,扶助弱势群体,保护环境,普及科学文化知识,促进社会协调发展和全面进步,在践行"奉献、友爱、互助、进步"的志愿精神的同时也阐释了社会主义核心价值观理念,是我国现阶段社会主义核心价值观的体现。如 2008 年奥运会的时候,有 147 万志愿者参与到服务奥运会中,是历届奥运会志愿者人数最多的一届。志愿者们不分职业、年龄和地域,展示了中华民族的热情好客和团结友善,赢得国际社会赞誉的同时也提高了民族凝聚力和向心力。"5·12"汶川地震发生后,志愿者们从祖国的四面八方为抗震救灾出钱出力,付出艰辛与汗水,让我们的民族精神又一次得到极大弘扬。在

---

① 参见于雨晴:《培育和践行社会主义核心价值观的活动载体探析》,湖北大学硕士学位论文,2016 年。

志愿服务过程中,民众由被动接受转变成主动探寻,在实践中检验了理论的正确性,接受并认同了社会主义核心价值观的内容、任务、目标。志愿者们走进社区、走进农村、走进学校、走进弱势群体,了解社会、了解国情、了解群众、了解生活,在志愿服务过程逐渐理解社会主义核心价值观的内容,逐渐学会运用社会主义核心价值观的相关内容来约束自己的言行,并在自我约束的过程中将社会主义核心价值观的内容内化为自己的价值观,达到自我教育、自我体悟、自我提升的作用,在改造客观世界的同时达到改造了主观世界的目的。①

三、培育和践行社会主义核心价值观的传播路径

(一)社会主义核心价值观传播路径的内涵

1.传播路径的内涵

要弄清楚传播路径的内涵,首先我们要弄清楚“传播”一词的概念。传播文化源远流长,自人类文明开始便有了传播,中华上下五千年,中华文化本身便是流传最广、成就辉煌的文化遗产。从黄帝时代的古文明到后来的尧帝、舜帝,再到孔孟之说,中华文化延绵至今,无不体现着传播功效的强大。唐虞时代更是被誉为中华传播智慧与思想的开端。②

“传”者,纵向播散之意;“博”广泛播散之意,分别侧重于深度与广度,二者合二为一,即为“传播”。“传播”一词最早出现于《北使·突厥传》:“宜传播天下,咸使知闻。”即要广泛散布之意,此时对于“传播”的解释已与近代相近。③

英文中,“Communication”主要有通讯、通信、交流的意思。它除了指关于单方面的物质与精神内容的扩散,更指双向的信息共享、人际交流、物质互换

---

① 参见于雨晴:《培育和践行社会主义核心价值观的活动载体探析》,湖北大学硕士学位论文,2016年。

② 参见冯岑:《培育和践行社会主义核心价值观的传播途径探析》,湖北大学硕士学位论文,2016年。

③ 参见冯岑:《培育和践行社会主义核心价值观的传播途径探析》,湖北大学硕士学位论文,2016年。

等含义。而在本文中,我们将"传播"定义为传播是人类通过各种不同的符号和媒介交换信息以期发生相对应变化的活动。①

路径,其含义比较明白,是指道路或者途径,就是指一件事与另一件事发生联系时所需要的条件。任何事物都处于相互联系之中,而缺乏途径,那么事物之间、人与人之间、人与社会之间、人与自然之间则无法发生联系。②

综上所述,传播路径,我们将其理解为通过符号或者媒介等传播载体和传播方法进行信息、物质、精神、思想的共享的一种途径。我们对社会主义核心价值观的传播路径进行探析,就是要在传播领域,寻求到一条将其内容进行双向交流,将其内涵进行共享和互动的有效途径。③

2.传播路径的主要类型

传播活动的广泛性决定了传播路径的多样性,依照不同的内容、角度、方向,传播途径的类型也有所差异。譬如,依据现代传播的习惯我们可以将传播分为政治传播、经济传播和文化传播。而在本节的分析中,我们主要根据传播范围的大小,将传播途径分为自身传播、人际传播、群体与组织传播以及大众传播途径。④

(1)自身传播

自身传播,又称人内传播,它是一个人脑内"主我"与"客我"之间信息的双向互动的过程,是一个人将自身以外所接收到的信息进行内化,通过对该信源的解读、选择、诠释、储存并强化,最终化为自身一部分的一种复杂的人类认知机制。⑤

自身传播途径是进行社会主义核心价值观传播途径研究中最基础的部

---

① 参见冯岑:《培育和践行社会主义核心价值观的传播途径探析》,湖北大学硕士学位论文,2016年。
② 参见冯岑:《培育和践行社会主义核心价值观的传播途径探析》,湖北大学硕士学位论文,2016年。
③ 参见冯岑:《培育和践行社会主义核心价值观的传播途径探析》,湖北大学硕士学位论文,2016年。
④ 参见冯岑:《培育和践行社会主义核心价值观的传播途径探析》,湖北大学硕士学位论文,2016年。
⑤ 参见冯岑:《培育和践行社会主义核心价值观的传播途径探析》,湖北大学硕士学位论文,2016年。

分,每一个不同的个体共同创造的一个社会整体,人内传播途径正是每个个体内部的信息接收和处理的活动,它的重点在于认知、选择并理解外部世界,并将其内化,从而构建自我内在世界,同时,在构建自我内在世界后,更加有效地创造一个合理的外部世界,如此循环往复。我们说人每时每刻都在进行传播活动,比如大多数现代人每天早上起床第一件事就是打开手机,比如我们看新闻、上班、上课、开会、听讲座、与邻居朋友聊天等等,每个人几乎每天都在进行各种各样的信息分享与交流活动,这其中有刻意的,有无意识的,有正式的,也有非正式的,有通过语言文字来描述的,也有通过肢体行为来传达的,有人际间的传播活动,有群体间的信息传递,也有有计划的组织传播活动,而当我们孤身一人时,不论你是清醒或者在睡梦中,这样的信息处理活动会依旧在我们自身体内持续进行,这就是我们的人内传播活动。其他任何传播途径都必须以此为基础来进行信息的传递。[1]

(2)人际传播

人际传播就是人与人之间的信息交互的过程,可以是面对面的直接传播,也可以是借助相应媒介来进行的传播行为。分析发现,人际传播大体上具有以下三个特点:[2]

第一,交流与反馈的及时性。人际传播尤其是面对面进行的此类传播活动,传播者可以第一时间通过受众的语言、表情、肢体行为、周边环境氛围等因素,在第一时间接收到受众关于传播信息的所想所感,更能在第一时间更加确切地知道传播的最终效果,对于不好的方面进行及时的改正,确保达到最终的传播目的。面对面的传播效率,远比通过媒介作为载体的传播来得有效及时,即使在新媒体相当发达的今天,诸如电子邮件及远程视讯等这样的方便快捷的手段,仍不可避免地出现收发不及时或者接收对象不在客户端前等情况。但是相对于其他的传播途径,如群体传播或者大众媒介的广泛性传播,人际传播由于受传双方大多数情况下被限定为两人,所以通常会获得较好

---

[1] 参见冯岑:《培育和践行社会主义核心价值观的传播途径探析》,湖北大学硕士学位论文,2016年。

[2] 参见冯岑:《培育和践行社会主义核心价值观的传播途径探析》,湖北大学硕士学位论文,2016年。

的传播效果。①

第二，双向交流，目的在于意义共享。人际传播具有强烈的双向性意义，信源与信宿，传播者与受众角色随时在进行互换，以确保交流的持续。通常情况下，具有稳定人际传播关系的受传双方都具有相通的文化素养和生活背景，二者对同一事物、语言或者文字的理解大体上是相近的，只有这样才能确保长期稳定的人际关系，我们这里说的相通并非是完全的一模一样，而是在认知领域具有某些能够联系起来的共通点，因为人际传播的最终目的在于意义的共享，这其中包含了传播者大量的个人情感和个体实践的经验，不是事实材料的单一堆砌。传播者在将内化了的思想和情感传递出来的过程中，加深了对自我的认知，正如美国社会学家库利所提出的"镜中我"概念，他认为："人的行为在很大程度上取决于对自我的认识，而这种认识主要是通过与他人的社会互动形成的。"②同时，受传者对其回馈和呼应又能够再次强化或者改变这种认知，使传播者在意义共享的过程中强化自我认知。③

第三，人际传播受环境影响明显。影响人际传播的环境不仅仅指周边的现实环境，还包括传播双方主观世界的环境因素影响。在平时的交谈过程中，大多数人会根据在不同的场合，如在人群密集的场合或者较为隐蔽的场合，往往会选择不同的话题进行交谈，嘈杂的环境同样对我们传递信息会产生较大的干扰。当然，除开外界客观环境，每个人根据自身的受教育程度、文化素养、知识构成、成长背景、个人心理、社会角色期望等因素，都会形成自身固有的内在环境，这也会对人际传播的效果产生巨大影响。④

（3）群体与组织传播

群体传播与组织传播既有相同点也有所区别，群体传播是非正式的组织传播，它是由具有共通的社会属性的成员聚在一起形成，但不具有严密的组织

---

① 参见冯岑：《培育和践行社会主义核心价值观的传播途径探析》，湖北大学硕士学位论文，2016年。

② 郭庆光：《传播学教程》，中国人民大学出版社1999年版，第82页。

③ 参见冯岑：《培育和践行社会主义核心价值观的传播途径探析》，湖北大学硕士学位论文，2016年。

④ 参见冯岑：《培育和践行社会主义核心价值观的传播途径探析》，湖北大学硕士学位论文，2016年。

形式。而组织传播则具备专门的分工、专业的管理和决策,是具有严密分配方式的传播。①

第一,群体传播。马克思认为人的本质是一切社会关系的总和,社会这个大的整体是由每一个个体的人组成,通常每个人都生活在一定的社会关系网中,但不能简单地将这样的关系网称之为群体。群体的概念与个体相对,不同的个体根据一定的共同特征,共同的心理期许、信念等因素聚在一起,并且互相之间存在一定互动,才能够被称为群体。②

日本社会学家岩原勉将群体定义为"具有特定的共同目标和共同归属感、存在着互动关系的复数个人的集合体"③。因此,群体首先在成员上是有限制的,必须是两人或者两人以上,并且成员间能够进行共同的活动和相互的交往,群体传播必然包含自身传播和人际传播。其次,群体具有稳定性。群体关系应该是一个长期的稳定的关系,同时乘坐一辆公交车的人是不能被称作群体的。同时,群体成员必须有一定共同的价值取向、社会属性等,只有具备这些,精神意识层面取得一致,才能在后面的交往过程中形成稳定的社会关系,即群体。④

群体传播具有其鲜明的特点:首先,少数服从多数原则。在这里我们必须提到群体规范这样一个概念,即任何群体最终都会形成属于该群体所特有的规范,用以排除和筛选出那些不符合此群体的价值观念和社会属性的个体成员。任何一个个体,当其处于某个群体之中时,其自身所持有的对某个人或者事物的观念和态度都将受到群体环境的影响,例如,面对一个问题,当参与解答的成员大多数选择了 A,此时未进行选择的少数成员的意见观点会在很大程度上受到影响,更加偏向于选择 A,而只有少数人会坚持己见,选择其他的选项,这也是我们常常谈到的群体压力或者趋同心理。伊丽莎白·诺尔-诺

---

① 参见冯岑:《培育和践行社会主义核心价值观的传播途径探析》,湖北大学硕士学位论文,2016年。

② 参见冯岑:《培育和践行社会主义核心价值观的传播途径探析》,湖北大学硕士学位论文,2016年。

③ 转引自郭庆光:《传播学教程》,中国人民大学出版社1999年版,第89页。

④ 参见冯岑:《培育和践行社会主义核心价值观的传播途径探析》,湖北大学硕士学位论文,2016年。

依曼的"沉默的螺旋"便是基于这样的一个假设,大多数个人会力图避免由于单独持有某些态度和信念而产生的孤立。因为害怕孤立,他便不太愿意把自己的观点说出来。① 个体成员出于从众心理,往往会在不自觉的情况下迎合群体观念,对大多数的观点表示沉默或者妥协,而这种妥协大多数不是在理性思考的情况下发生,故可能会错失正确的选择而走向错误,有时在信息的传达过程中,甚至会产生信息扭曲的问题,将不正确的观念和信息传达出去,一传十,十传百,最终造成极其严重的后果,就像 2014 年的上海外滩踩踏事件和2015 年的麦加朝觐者踩踏事件,不论最初是由何种原因引起,最终由于多数人对于事件错误信息的传播,导致谣言四起,引起恐慌,导致事件的扩大化,使更多的现场群众沦为受难者。其次,传播的信息容易被成员接受。群体成员大多具有相通的认识、文化素养、生活背景和价值观念等,这样,同样的信息在传递的过程中更加容易被同一个群体的成员所接受。再次,群体传播责任规范不完善。在群体传播中,群体成员具有匿名性,成员个体所传播的扭曲的信息难以得到证实,群体中往往不具备专业和完善的责任制度,群体中的领导层或者管理层难以找到谣言的源头,并将责任具体落实到某一个人身上,谣言的信源和信宿不用对这一种扭曲信息的传播负有责任,这也是群体传播的局限性。②

第二,组织传播。组织,广义上可以将其理解为多种因素因为某种共同的原因相互连接起来成为一个有机整体。狭义上,可以将其看作单个的人为了实现某一个共同的目标,或者因为有共同的信念聚在一起形成一个集体,如学校组织、党员组织、职工组织、社团组织,包括现下十分流行的广场舞团体等。相较于群体传播,组织传播具有更加专业的分工、管理和决策,具有更加明确的目标、信念和制度,是具有严密组织形式的传播方式。③

组织传播可以细分为组织内传播和组织外传播。组织类传播可以通过正

---

① ［德］伊丽莎白·诺尔-诺依曼:《沉默的螺旋:舆论——我们的社会皮肤》,董璐译,北京大学出版社 2013 年版,第 97 页。

② 参见冯岑:《培育和践行社会主义核心价值观的传播途径探析》,湖北大学硕士学位论文,2016 年。

③ 参见冯岑:《培育和践行社会主义核心价值观的传播途径探析》,湖北大学硕士学位论文,2016 年。

式的传播途径,其多作用于领导层对下属的任务分配、会议通知等,一般会通过电子邮件、发布公告等形式进行;也存在非正式传播途径的情况,多作用于组织内个体成员的人际交往活动,或者部分成员即小群体间私下的活动。组织内部传播的目的在于维护内部成员的人际协调性;组织外传播主要是组织与外部环境进行的信息传递活动,多作用组织向外学习其他团体或者集体的先进方面、获取竞争企业的信息等以应对外部不断变化的竞争环境,同时,也包括对外宣传本组织的优秀文化和先进理念等,以获得知名度和美誉度等,提升企业形象,获得更大利益。①

(4)大众传播

大众传播是现代传播学中最重要,也是应用最广的一种传播方式,我国学者毛峰将大众传播视作"传播的极致"。大众传播顾名思义,即某些传播机构或者个人,通过一些传播载体,如广播、电视、报刊、网络等将所获得的信息传递到广大的受众中去的社会活动全过程。②

人类的传播活动度过了一个漫长的历史发展阶段,从最初的口语、文字、印刷和电子传播,到现当代最为流行和普遍的网络和数字传播途径。传播伴随着人类文明的发展,更可以说传播途径的变革推动、刺激甚至导致了人类文明的发展,传播的变革不是一种大鱼吃小鱼的关系,新模式的出现并不意味着传统模式的消亡。③

在人类所有的传播发展阶段,口语传播居于首位,是人类最基本的传播方式,语言的产生使人类能够以直接的方式进行信息的传递,组成有效的集合体,进行生产活动,口语传播的出现直接导致了大规模的农业社区的产生,及时在新媒体相当发达的今天,我们也不能忽视口语传播惊人的广泛性。然而,口语传播也存在其特有的局限性。第一,空间的局限性。语言传播受到人体机能的限制,由于人体的发声音量有限,其传播的距离和空间受到局限。第

---

① 参见冯岑:《培育和践行社会主义核心价值观的传播途径探析》,湖北大学硕士学位论文,2016年。

② 参见冯岑:《培育和践行社会主义核心价值观的传播途径探析》,湖北大学硕士学位论文,2016年。

③ 参见冯岑:《培育和践行社会主义核心价值观的传播途径探析》,湖北大学硕士学位论文,2016年。

二,时间的局限性。口语传播的内容无法长时间保存,同一个信息经过多人的传播常常会发生扭曲,导致信息的失真,同时,对于珍贵的具有记录性的信息无法持久保存。从结绳记事、岩壁作画慢慢演变而来的文字传播,在口语传播的基础上,使人类进入了更高的文明世界。而文字的产生正好克服了口语传播在时空上的局限性,首先,文字使信息能够相对完整且持久地留存下来,不需要单凭人体机能的强制记忆。其次,文字传播能够确保信息的完整性和正确性,即使受传双方不在同一情景,信息仍然可以被传递到受众,并且不再受到空间地域的局限,能够传递到更远的地方。①

文字传播的优越性,使人类不断钻研能够使文字保存更加完整、传递更加便捷的技术,印刷传播技术正是在这样的需求中诞生的,而印刷的源头正是拥有悠久文明的中华古国。自此,人类的传播活动进一步摆脱了时空上的束缚,获得了更大的自由。②

在 1837 年莫尔斯发明电报后,电子传播时代宣告来临,在其后的一百年中,传播领域最终完成了"惊险的一跃",尤其是电视的发明,成为大众传播新时代的开端。电视传播的文化主要以娱乐大众为重,当然其也被赋予了重要的教育职责,电视传播的新闻和消息被广泛大众所接受,电视开阔了人们的视野,但同时也将社会中不为人知的黑暗面,如黄色、暴力、腐败等负面消息更多地暴露在人们面前,对受众的生活乃至思想情感都产生了重要影响。以广播电视为代表的传统大众传播媒介特点鲜明:首先,传统媒体的传播者一般是具有专业能力的特定工作者,如杂志社、电视台、新闻工作者等,我们将其称为新闻消息的"把关人",他们会将传达给大众的消息进行过滤、筛选和分类。其次,其受众一般是分散在社会各个领域的社会大众,传播的讯息具有单向性,受众无法对获得的消息进行及时的反馈。1946 年,计算机的出现,使大众传播媒介的使用达到顶峰,计算机将其他传播媒介的功能集于一身,实现了融

---

① 参见冯岑:《培育和践行社会主义核心价值观的传播途径探析》,湖北大学硕士学位论文,2016 年。

② 参见冯岑:《培育和践行社会主义核心价值观的传播途径探析》,湖北大学硕士学位论文,2016 年。

视、听、说、读、写、画等功能为一体。①

3. 社会主义核心价值观传播路径的内涵

根据上述分析,我们将社会主义核心价值观传播路径定义为在传播社会主义核心价值观过程中传受双方沟通和交流信息的各种渠道,它主要由自身传播、人际传播、群体与组织传播、大众传播四个方面的内容构成。②

方法论,是指人们认识世界、改造世界的根本方法。传播社会主义核心价值观的途径即从传播学角度,寻求到使人民群众认识、赞同,并最终将社会主义核心价值观付诸实际行动的根本方法。③

传播是培育和践行社会主义核心价值观的生命线,没有传播,无论其内涵如何优良,无论社会主义核心价值观对我国社会发展有多大的作用,都不过是一个无人知晓的空壳罢了,浮于云端,社会大众无法触及。只有对其进行传播,使其扎根于民,深入民心,立足于社会实际,才能获得最好的效果。④

关于传播社会主义核心价值观路径的研究属于方法论的领域,与载体和方法两个概念既相互联系又彼此区别。从广义的角度,培育和践行社会主义核心价值观的路径、载体和方法,都属于培育和践行社会主义核心价值观的方法,是培育和践行社会主义核心价值观方法论体系的重要组成部分。路径和方法离不开载体,载体渗透于途径和方法之中,离开了载体,路径和方法就失去了依托;从宏观上,路径与途径相连,从微观上,路径与方法相连。提出培育和践行社会主义核心价值观的路径、载体和方法,就使其方法论体系具有了不同层次的方法。⑤

从狭义的方法的角度,培育和践行社会主义核心价值观的路径是建立在

---

① 参见冯岑:《培育和践行社会主义核心价值观的传播途径探析》,湖北大学硕士学位论文,2016 年。

② 参见冯岑:《培育和践行社会主义核心价值观的传播途径探析》,湖北大学硕士学位论文,2016 年。

③ 参见冯岑:《培育和践行社会主义核心价值观的传播途径探析》,湖北大学硕士学位论文,2016 年。

④ 参见冯岑:《培育和践行社会主义核心价值观的传播途径探析》,湖北大学硕士学位论文,2016 年。

⑤ 参见冯岑:《培育和践行社会主义核心价值观的传播途径探析》,湖北大学硕士学位论文,2016 年。

具体的方法之上的方法,是规范具体方法之上的方法。它们既相互联系,又相互区别,在培育和践行社会主义核心价值观方法论体系中都有着不可替代的独特作用。①

(二)社会主义核心价值观传播路径调查与分析

为了更好地了解社会主义核心价值观传播的情况,课题组进行了问卷调查,此次共发放问卷 600 份,回收问卷 589 份,有效回收率 98%。数据的统计采用 SPSS17.0 统计软件进行,在分析过程中采取定性和定量分析法,其中数据分析主要采用平均值、百分比、变量交叉等方法。②

本次问卷分为两个部分,第一部分为受调查者的基本个人信息,共计 6 个问题,包括其性别、年龄、职业等基本信息;第二部分涉及具体内容的探析调查,共计 17 题,主要是在培育和践行社会主义核心价值观的过程中,受访者主要接触到哪些基本传播路径,这些路径获得的成效是否显著,进而产生的对社会主义核心价值观的一系列认知认同状态,同时包括受众认为可以从哪些新路径来传播使其获得更好的效果。③

1.社会主义核心价值观传播取得的成绩

(1)以学校教育为代表的群体与组织传播取得了良好的效果

群体传播是由具有共通的社会属性的成员聚在一起形成,但不具有严密组织形式的传播;组织传播是具备专门的分工、专业的管理和决策,是具有严密组织方式的传播,学校教育属于典型的组织传播。如图 3.1 所示,针对是否通过"学校教育"获得关于社会主义核心价值观的相关信息的问卷调查,有76.0%的受访者选择是,24.0%的受访者选择不是通过学校教育获得其相关信息;针对是否通过"广播电视等传统媒体传播"获得关于社会主义核心价值观的相关信息的问卷调查显示,有 65.0%受访者选择是,35.0%选择否;调查

① 参见冯岑:《培育和践行社会主义核心价值观的传播途径探析》,湖北大学硕士学位论文,2016 年。
② 参见冯岑:《培育和践行社会主义核心价值观的传播途径探析》,湖北大学硕士学位论文,2016 年。
③ 参见冯岑:《培育和践行社会主义核心价值观的传播途径探析》,湖北大学硕士学位论文,2016 年。

数据显示,有 55.0% 的受访者通过"社会环境"的影响感受社会主义核心价值观的内容及内涵,有 45.0% 的受访者选择不是通过该途径。其他途径按接触量大小,依次还包括:"父母亲人"传播,48.0% 选择是,52.0% 选择否;"网络微博等新媒体传播"途径,47.5% 选择是,52.5% 选择否;通过"听讲座等"形式接触,32.0% 选择是,68.0% 选择否;"榜样楷模"途径与"朋友同学"传播更是分别仅有 28.0% 和 24.0% 选择是。①

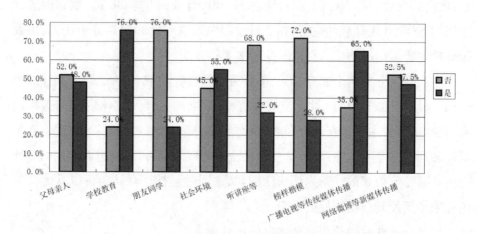

图 3.1 您获了解社会主义核心价值观的主要传播途径是

现实生活中,传播的途径可以具体到生活的方方面面,通过调查数据可以发现,受访者接触最多的是学校教育。从 1978 年恢复高考起,国民教育越发受到重视,民众的受教育程度不断提高,由城市到农村受教育的范围也在不断扩大,在社会主义核心价值观传播的过程中,学校教育具有不可忽视的地位,在实际传播过程中,以学校教育为代表的群体与组织传播取得良好的效果,其扩散范围广,具有一定的规模性。②

(2)传统媒体在社会主义核心价值观传播中发挥了主要作用

社会主义核心价值观的大众传播途径可以分为两类,即传统媒体和新媒

① 参见冯岑:《培育和践行社会主义核心价值观的传播途径探析》,湖北大学硕士学位论文,2016 年。

② 参见冯岑:《培育和践行社会主义核心价值观的传播途径探析》,湖北大学硕士学位论文,2016 年。

体。传统媒体包括电视、广播与报纸杂志等,新媒体包括手机、网络等。随着科技的变化更新,新媒体越来越受到人们的关注。但是,我们调查发现,面对新媒体的快速发展,传统媒体在传播社会主义核心价值观过程中发挥了主要作用。如图3.2所示,在传播社会主义核心价值观的过程中,受访者最常接触的大众传播方式依次是:电视46.5%,网络38.5%,书籍7.0%,报刊5.0%,广播2.5%,其他0.5%。①

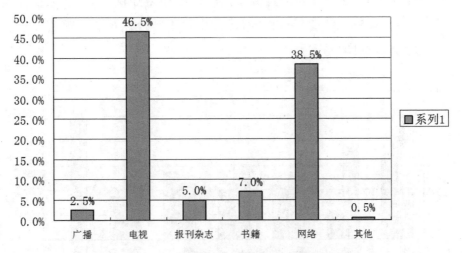

图3.2　大众传播领域您最常接触的传播途径是

对比发现,在受众心中,电视等传统媒体仍然是接受度最广泛的传播方式,在目前传播社会主义核心价值观的过程中,较之新媒体,传统媒体已经打下了牢固的群众基础并且依旧占有市场的主导权,其传播的范围更广。②

(3)群体与组织传播和传统媒体传播途径获得受众高度信赖

培育和践行社会主义核心价值观要想取得良好的传播效果,仅仅有广泛的传播度是不够的,广泛的传播度能够提高受众对社会主义核心价值观的认知程度,而受众对传播途径的信赖程度直接决定其认同程度。问卷涉及"您

---

① 参见冯岑:《培育和践行社会主义核心价值观的传播途径探析》,湖北大学硕士学位论文,2016年。

② 参见冯岑:《培育和践行社会主义核心价值观的传播途径探析》,湖北大学硕士学位论文,2016年。

觉得您最信赖认同并愿意身体力行的传播途径"这一问题,从图 3.3 调查数据中我们可以看出,在传播社会主义核心价值观的途径中,最受到受访者信赖并且愿意将其获得信息付诸实践的传播途径分别是:学校教育受信赖度最高,选择"是"的占到 69.0%,"否"31.0%;广播、电视、书籍、报刊等传统媒体其次,选择"是"的占到 55.0%,"否"占到 45.0%;排到第三位的是家庭教育,选择是与否的分别占到 46.0% 和 54.0%;其他的主要传播途径的信赖度依次是:选择信赖社区/公共场所的宣传、网络/手机/微博等新媒体和朋友交流途径的分别有 39.5%、34.5% 和 23.5%。其中对于其他途径的信赖程度仅有1.5%的受访者选择"是"。①

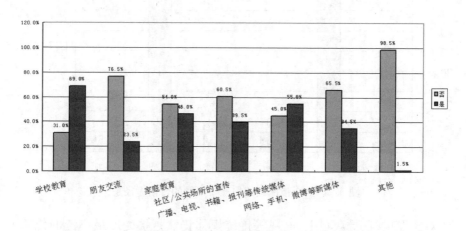

图 3.3　您觉得您最信赖认同并愿意身体力行的传播途径是

从上述调查数据我们不难发现,以学校教育为代表的群体与组织传播途径以及传统媒体传播途径,在目前社会主义核心价值观传播过程中不仅具有广泛的传播度,并且已取得了良好的受众信赖度,其传播效果显著。②

2.社会主义核心价值观传播路径存在的问题

(1)自身传播的自觉性不强

自身传播是一切人际传播、群体和组织传播以及大众传播等外向型传

---

　　① 参见冯岑:《培育和践行社会主义核心价值观的传播途径探析》,湖北大学硕士学位论文,2016 年。

　　② 参见冯岑:《培育和践行社会主义核心价值观的传播途径探析》,湖北大学硕士学位论文,2016 年。

播方式的前提和基础。在调查中当被问及"您私下有没有思考过或者与人探讨过社会主义核心价值观"时,如图 3.4 所示,有 67.5%的受访者选择"偶尔",只有 26.5%的受访者选择"经常",有 6.0%的受访者选择"从不"。从上述调查数据可以看出,在传播社会主义核心价值观时,大众并未意识到其自身就是社会主义核心价值观最基础的传播载体,大众在日常生活中未主动将获得的社会主义核心价值观相关信息内化为自我意识的一个部分。

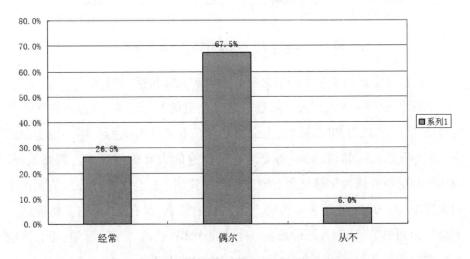

图 3.4　您私下有没有思考过或者与人探讨过社会主义核心价值观

　　调查数据显示,造成这一现象的主要原因在于:大众进行自身传播的自觉性不够强。问卷涉及问题"您在接收内化社会主义核心价值观的过程中,自身的哪个因素会对您产生主要影响",如图 3.5 所示,有 71.0%的人选择了思想道德素质的影响,25.0%的人选择了科学文化素质,2.5%的人选择了审美素质,1.5%的人选择了身体素质。大众自身的各方面素质影响其对社会主义核心价值观的接收,直接导致对其内化动力不足,社会主义核心价值观的传播要想取得好的效果,当务之急是要不断提高大众的各方面素质,发挥其主观能动性,积极主动地接受社会主义核心价值观。①

---

① 参见冯岑:《培育和践行社会主义核心价值观的传播途径探析》,湖北大学硕士学位论文,2016 年。

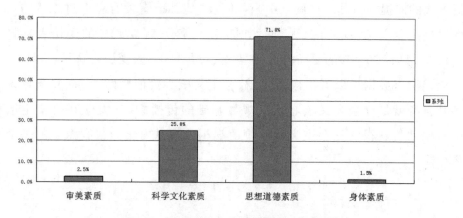

图 3.5　自身的哪个因素对您产生主要影响

（2）自身主观意识对社会主义核心价值观人际传播影响比较

人际传播是一种人与人之间进行信息交流的社会活动,普遍存在于人们的日常生活中,培育和践行社会主义核心价值观离不开人际传播。现实生活中,与父母、朋友、邻居、同事的交流是最普遍的人际传播形式。调查发现,62.0%的受访者认为父母与朋友的言行会对其塑造社会主义核心价值观产生很大影响,37.0%的受访者认为会产生一般的影响,仅有1.0%的受访者认为不会产生影响。因此,人际传播在一个人的知识、意见、情感、愿望、观念形成和塑造过程中扮演着重要角色,潜移默化地影响人。[①]

然而,由于人际传播受到多方因素的影响,在社会主义核心价值观领域的传播现状不尽如人意,问卷中针对主要的影响因素进行调查分析后发现,如图3.6所示,69.5%的受访者认为带有个人的主观看法是影响其了解社会主义核心价值观的主要因素,仅30.5%的受访者不认为如此;排在第二位的影响因素是个人已有的认识影响,肯定者占到52.0%;其余依次是他人的权威性、周围环境的影响以及他人的表述不清晰,肯定者分别占到33.5%、33.5%和11.5%。[②]

---

① 参见冯岑:《培育和践行社会主义核心价值观的传播途径探析》,湖北大学硕士学位论文,2016年。

② 参见冯岑:《培育和践行社会主义核心价值观的传播途径探析》,湖北大学硕士学位论文,2016年。

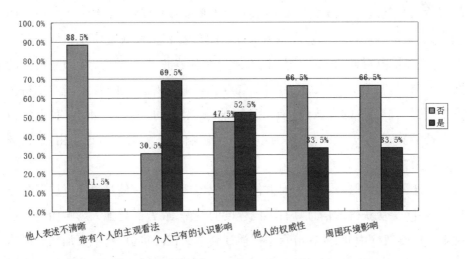

图3.6　人际交往过程中影响您了解社会主义核心价值观的主要因素

主观意识,也就是自我意识,是对客观事物有了感知后,在头脑中产生的思想观念总和,人的主观活动就是在这种意识下产生的,不论是带有个人的主观看法还是已有的认识影响都属于主观意识的范畴,不良的主观意识会使大众在接收社会主义核心价值观的过程中产生抵触情绪,如利己主义意识的存在,会使大众在向他人传达社会主义核心价值观的过程中产生歧义,影响传播效果。①

（3）群体与组织传播途径存在的问题

第一,群体与组织传播信息易失真。群体与组织传播的过程十分复杂,作为一种等级传播的模式,它包括纵向的等级传播,即群体与组织内部不同权利、地位、职能的成员所进行的垂直传播体系,也包括横向传播,即处于同等程度的成员中进行的传播。维克（C.Weikc,1978）试图用"二次互动"论来解释群体与组织传播,然而事实证明群体与组织传播不仅是"一级传播"和"二次互动"的简单相加,更包括等级传播、多次互动和多级传播等,而在层层的传播过程中,传播者（群体与组织成员）对信息无意识的加工、外部环境影响等因素将造成所传播信息的失真。2015年9月3日,我国天安门前的胜利日大

---

① 参见冯岑:《培育和践行社会主义核心价值观的传播途径探析》,湖北大学硕士学位论文,2016年。

阅兵活动无疑是当天微博上最热门的话题,问卷中(如图3.7所示),"9·3阅兵当天,微博上许多台湾艺人因为未针对阅兵发表感言或是所发微博与阅兵无关,许多网友对此表示不满",当大众以个体身份进入微博,看到网友们的舆论导向时,有9.5%的人认为网友观点会影响其对艺人的看法,会"觉得艺人不爱国";33.5%的人认为"有一定影响";5.5%的人认为"不会,我也觉得艺人是不爱国";49.5%的人认为不会产生影响,"艺人具有言论自由";2.0%的人认为"无所谓"。

上述调查数据显示,在面对群体与组织传播时,统一信息再经过层层的传递后,不同受众获得的信息具有不同程度的偏差,或者受到他人影响而导致自身观点的改变。因此,要在群众中传播社会主义核心价值观,就要加强对群体与组织传播途径的关注和管理,要积极引导其形成和弘扬符合社会主义发展规律的价值观,尽量减少因歪曲和不实言论的传播导致的信息失真,充分发挥群体与组织传播的积极效用,使不断加入这些群体和组织的人能够获得正面的引导,打造良好的群众基础。①

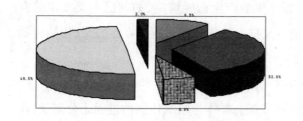

图3.7 网友的看法会影响您的判断吗

第二,群体与组织活动不够丰富。群体与组织活动是传播社会主义核心价值观最直接的途径。在群体性和组织性活动中正面进行传播教育,能够使大众切身感受到社会主义核心价值观的内涵,是最直观有效的传播活动。在调查问卷中"您认为开展哪种活动最有利于培育和践行社会主义核心价值观",如表3.1所示,有41.5%受访者选择"送温暖献爱心志愿服务和公益活

---

① 参见冯岑:《培育和践行社会主义核心价值观的传播途径探析》,湖北大学硕士学位论文,2016年。

动”,15.5%受访者选择"道德模范评选或精神文明创建活动",14.0%受访者选择"百姓宣讲和社区宣传活动",12.5%受访者选择"形势政策教育和革命传统文化宣传教育活动",9.5%和7.0%依次选择了"社会主义核心价值观知识演讲比赛"和"媒体宣传活动"。①

表 3.1　您认为开展哪种活动最有利于培育和践行社会主义核心价值观

（单位:%）

道德模范评选或精神文明创建活动	15.5
形势政策教育和革命传统文化宣传教育活动	12.5
送温暖献爱心志愿服务和公益活动	41.5
社会主义核心价值观知识演讲比赛	9.5
百姓宣讲和社区宣传活动	14.0
媒体宣传活动	7.0
共　计	100

　　不论是志愿服务还是社区宣传都是群体和组织性的传播活动,由此可以看出大众本身对群体和组织传播在培育和践行社会主义核心价值观中的重要性是持肯定态度的,然而,这一系列的活动开展并不如大众想象中那般丰富,并不能满足大众对此类活动的需求。调查数据显示,关于"您觉得提高社会主义核心价值观的传播效果首先要做到什么"的问题中,如表 3.2 所示,居于前三位的分别是:"提高自我修养"选择肯定的占到 79.5%,否定的占到 20.5%;"重视家庭传播教育"选择"是"的占到 64.0%,"否"36.0%;"加强有关社会主义核心价值观活动的开展"选择"是"的占到 62.5%,"否"37.5%。②

---

①　参见冯岑:《培育和践行社会主义核心价值观的传播途径探析》,湖北大学硕士学位论文,2016 年。

②　参见冯岑:《培育和践行社会主义核心价值观的传播途径探析》,湖北大学硕士学位论文,2016 年。

表 3.2　您觉得提高社会主义核心价值观的传播效果首先要做到什么

（单位:%）

	否	是
提高自我修养	20.5	79.5
重视家庭传播教育	36.0	64.0
加强有关社会主义核心价值观活动的开展	37.5	62.5
加强网络制度管理	53.0	47.0
大众传播形式多样化发展	58.0	42.0
优化大众传播环境	56.0	44.0

"您觉得提高社会主义核心价值观的传播效果首先要做到什么"即目前的当务之急,数据显示,排在前三位的不论是家庭教育还是活动开展都属于群体和组织传播途径的范畴,受访者普遍认为要想提高社会主义核心价值观的传播效果首要任务就是开展群体与组织活动,之所以放在首位除了证明群体与组织传播途径本身的重要性,更说明目前的群体与组织传播活动的开展并不尽如人意,活动不够多,不够丰富,亟须改善是目前的真实现状。[①]

第三,对文化程度低的受众宣传不够。社会主义核心价值观的群体与组织传播途径表现在现实中,最常见的传播途径为面向大众的社区宣传或讲座等形式,但是一个大的社区中包含各种不同年龄、不同职业、不同文凭等等的成员,笼统的传播其成效并不显著。不同文化程度的受众对于社会主义核心价值观的接收程度是有差异的,通过社区宣传讲座听说过社会主义核心价值观的受众中,如图 3.8 所示,小学文化程度的人听说过的比例为 1.3%,没听说过的为 6.6%;初中文化程度的人听说过的比例 6.4%,没听说过的比例为 12.4%;高中(中专)文化程度的人听说过的比例为 16.0%,没听说过的比例为 19.0%;大专文化程度的人听说过的比例为 8.8%,没听说过的比例为 12.4%;大学本科文化程度的人听说过的比例为 52.3%,没听说过的比例为 43.1%;研究生文化程度的人听说过的比例为 15.2%,没听说过的比例为

---

① 参见冯岑:《培育和践行社会主义核心价值观的传播途径探析》,湖北大学硕士学位论文,2016 年。

6.6%。从上述数据可以看出小学、初中、高中（中专）、大专程度的武汉市民通过社区宣传讲座听说过社会主义核心价值观的比没有听说过的比例要少，而大学本科、研究生文化程度的人听说过的比没听说过的要多，笼统的群体与组织传播对于不同的受众，其传播效果是不同的，还有很大一部分受众在这样的传播过程中获得的传播效果并不理想。①

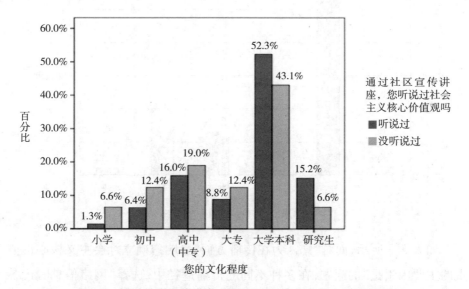

图 3.8　通过社区宣传讲座,您听说过社会主义核心价值观吗?

（4）大众传播途径中存在的问题

社会主义核心价值观是符合我国国情的价值准则与取向,要想广泛迅速地传播开并获得良好的效果,必然要依靠大众传播的各种载体来进行,大众传播是现代传播学中最重要,也是应用最广的一种传播方式,其存在的问题也较多,以下依据数据分析概括出了目前培育和践行社会主义核心价值观的大众传播路径中的两大突出问题。②

第一,以网络为代表的新媒体的负面信息是影响民众确立社会主义核心价值观的主要因素。如图 3.9 所示,数据显示,受众最信赖的大众传播路径依次

①　参见冯岑:《培育和践行社会主义核心价值观的传播途径探析》,湖北大学硕士学位论文,2016 年。
②　参见冯岑:《培育和践行社会主义核心价值观的传播途径探析》,湖北大学硕士学位论文,2016 年。

是:电视 57.0%,网络 16.0%,书籍 13.0%,报刊 9.5%,广播 2.5%,其他 2.0%,受众对以网络为代表的新媒体信赖程度不及传统媒体,在前面已经谈到过,不做过多论述,在下面的数据中我们对造成这一现象的原因进行分析。①

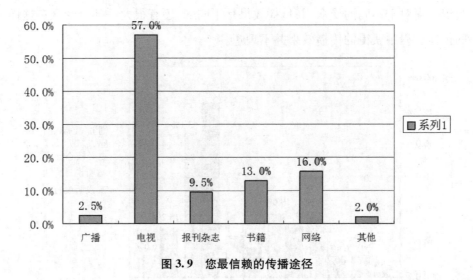

图 3.9　您最信赖的传播途径

如表 3.3 所示,面对"您认为在传播方面,影响您确立社会主义核心价值观的主要因素是"的问题,在多种不同的传播途径中,选择"网络信息时代各种媒体传播的负面信息的作用和影响"的受访者最多,肯定者达到 70.5%,否定的只有 29.5%。②

表 3.3　您认为在传播方面,影响您确立社会主义核心价值观的主要因素是

（单位:%）

	否	是
全球化背景下西方价值观念的渗透和冲击	60.0	40.0
网络信息时代各种媒体传播的负面信息的作用和影响	29.5	70.5
学校价值观教育效果不好	65.0	35.0
家庭教育的缺乏	57.0	43.0

---

① 参见冯岑:《培育和践行社会主义核心价值观的传播途径探析》,湖北大学硕士学位论文,2016 年。

② 参见冯岑:《培育和践行社会主义核心价值观的传播途径探析》,湖北大学硕士学位论文,2016 年。

	否	是
当代大学生自身存在的弱点	71.5	28.5
宣传中的社会主义核心价值观与现实反差非常大	54.0	46.0

正是由于大众传播媒体,尤其是以网络为代表的新媒体在管理制度方面的不完善,导致一些未经过证实的不实报道,或者是由"水军""营销账号"等为了利益而制造的虚假话题充斥在互联网上,受众无法分辨所获得信息的真实性,而导致受众逐渐对新媒体上的信息失去信任。对比而言,传统媒体由于存在时间长、模式更加固定,其管理模式和制度已相对成熟;而以网络为代表的新媒体是在近几十年迅速发展起来的,加之其信息海量性、成员匿名性、形式多样化等特征,目前还未出台行之有效的管理制度,由此产生的虚假信息的泛滥导致受众出现不信赖心理,对社会主义核心价值观的传播效果造成不良影响。①

第二,形式单一,传播缺乏持续性。培育和践行社会主义核心价值观是一个漫长的过程,不能一蹴而就,不是一朝一夕就能够达成的,需要持续不断地研究新方法新方式,根据实际情况持续不断地推广宣传,才能够使其内涵深入人心,但是,目前对于社会主义核心价值观的宣传过于形式化,缺乏持续性。调查数据显示,当被问及"距离武汉申请文明城市过去一年,与申请之前相比,现在武汉街头对社会主义核心价值观的宣传力度"时,有28.0%的人认为社会主义核心价值观的各方面宣传力度比以往更大,而46.5%的人认为相较于申请文明城市时,现在的宣传力度明显减少了,25.5%的人表示不清楚。②

针对这一现象,如图3.10所示,有32.0%的人认为是"国家社会对核心价值观不够重视",68.0%的人认为不是这一原因导致的;75.5%的人认为是由于"宣传过于形式主义",仅有24.5%的人持不同意见;58.0%的人认为"宣

---

①　参见冯岑:《培育和践行社会主义核心价值观的传播途径探析》,湖北大学硕士学位论文,2016年。

②　参见冯岑:《培育和践行社会主义核心价值观的传播途径探析》,湖北大学硕士学位论文,2016年。

传形式单一效果差",42.0%的人持不同意见。①

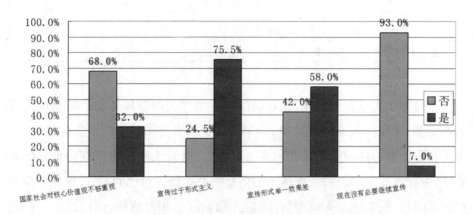

图3.10　您觉得这一现象出现的主要影响因素是什么

　　从上述调查数据可以看出,大部分人觉得目前对社会主义核心价值观的宣传仅仅是在特定的时间内为了短期目标而进行的,宣传持续性差,形式固化单一,社会主义核心价值观的传播需要我党与人民高度重视,将其融入社会生活中,通过各种途径持续不断地宣传,使之更好地获得传承。②

　　第三,大众传播环境复杂。人类总是处于信息传播的环境中,信息传播存在于我们生存发展的每一个角落,然而随着网络科技的不断发展,微博、微信等新媒体的出现,当今社会传播环境逐渐进入大众传播时代,大众传媒的广泛应用已经成为当今社会的普遍现象,新旧媒体的交互作用,网络的匿名性、及时行、互动性和信息的海量性等特征对传播界限的模糊,都造就了复杂的大众传播环境。在表3.2中,关于"您觉得提高社会主义核心价值观的传播效果首先要做到什么"的问题中,面对"优化大众传播环境"一项,有44.0%的受访者选择了肯定。调查数据显示,有一部分人认为要想提高社会主义核心价值观的传播效果,目前的大众传播环境还需得到进一步的优化。③

---

　　①　参见冯岑:《培育和践行社会主义核心价值观的传播途径探析》,湖北大学硕士学位论文,2016年。

　　②　参见冯岑:《培育和践行社会主义核心价值观的传播途径探析》,湖北大学硕士学位论文,2016年。

　　③　参见冯岑:《培育和践行社会主义核心价值观的传播途径探析》,湖北大学硕士学位论文,2016年。

（三）优化社会主义核心价值观传播途径的对策

从古至今，主流价值观的传播方式一直在不断地演变发展，在不同的时代背景和不同的国情下，价值观的传播方式或多或少都在进行着变革，尤其在科技发展迅速的今天，一些过去的传播途径已经不再适用，而许多传播路径的精髓仍旧需要坚持并在不断优化的过程中传承下去。因此，必须以调查数据为基准，针对问题进行对策研究，不断优化社会主义核心价值观传播路径，使其深入人心。①

1.要进一步增强自我传播自觉性

（1）提升自我修养是前提

自身传播作为个体在自身体内进行的信息处理活动，个体本身即是载体，想要通过自我传播达到培育和践行社会主义核心价值观的良好效果，必须加强对自我修养的提升，这包括提升自身对辩证唯物主义和历史唯物主义的认识，坚持科学的马克思主义世界观，坚持用辩证唯物主义的基本观点和基本方法去面对问题和解决问题，用历史唯物主义的眼光去看待生活中的事情，积极地思考和改造世界。②

只有这样，才能够更好地理解和执行党的方针政策，才能够对自我和周围的大环境有清晰的认识，在处理个人与集体的关系时做出正确的判断，才能形成明确的人生方向，塑造良好的生活态度，才能准确地把握社会主义核心价值观的精神实质，认识社会主义民主、更好地行使民主权利，自觉地遵守法律法规。在持续的自我提升中，完善人本身这样一个完整的信息系统和意义载体，使社会主义核心价值观在体内得到良性的循环传播。③

（2）促进价值观内化是保障

在传播学中，符号互动论的代表米德认为人可以与自我进行沟通和对话，

---

①　参见冯岑:《培育和践行社会主义核心价值观的传播途径探析》,湖北大学硕士学位论文,2016 年。

②　参见冯岑:《培育和践行社会主义核心价值观的传播途径探析》,湖北大学硕士学位论文,2016 年。

③　参见冯岑:《培育和践行社会主义核心价值观的传播途径探析》,湖北大学硕士学位论文,2016 年。

将自我当成是"其他人",一体内同时产生教育者和教育对象,米德将其视为"主我"与"客我","主我"的发展不是短时间内可以形成的,需要一个长久的过程。早在几千年前,中国儒家学派便认识到自身传播对个人以及社会的强大影响,其指导人在自身传播的过程中不断地进行自我的完善,形成一套完整的人格体系,通过修身养性进行自我的构建和自我传播,并且继承和发展先烈的德慧和文化,要存善心,求放心,养浩然之气,构建一个充满"仁爱"的和谐社会,每一个人在这样的社会中也会获得进一步的完善,只有正确的主流价值观不断地内化为我所用,才能够保证自身拥有基本的自觉性去主动接受不断完善的社会主义核心价值观,如此循环往复。①

综上所述,自身传播既是培育和践行社会主义核心价值观的传播途径之一,同时,社会主义核心价值观反过来又是指导自身传播的重要原则,这样不断循环往复,最终使自身形成良好的价值取向。②

2. 注重塑造积极主观意识

根据人际传播本质,我们将信息交流的双方称为信源和信宿,在上面的数据分析中我们可以看到,社会主义核心价值观的有关讯息由信源传递到信宿的过程中,存在多种的干扰因素,如表述不清晰、传播者的主观感受、自身的认识、他人的权威性和周围环境等,尤其是个人的主观感受的影响最大,而其他因素又均可对个人的主观意识产生影响,这就要求通过人际传播途径进行社会主义核心价值观的宣传教育时,注意从以下两点出发来塑造积极的主观意识。③

第一,重视主客机制,培养积极主观意识。施拉姆认为,在传播过程中没有传播者和受传者之分,两者都是传播的主体,参与传播双方在不同的阶段扮演不同的角色。因此,要通过人际传播来培育社会主义核心价值观,信息的传播的双方都要受到重视,要明确受传者同样具有主体性,只是在某一个阶段处

---

① 参见冯岑:《培育和践行社会主义核心价值观的传播途径探析》,湖北大学硕士学位论文,2016年。

② 参见冯岑:《培育和践行社会主义核心价值观的传播途径探析》,湖北大学硕士学位论文,2016年。

③ 参见冯岑:《培育和践行社会主义核心价值观的传播途径探析》,湖北大学硕士学位论文,2016年。

于信息的接受位置,他们具有能动性,能够依据自身的感觉、听觉和触觉等,形成对社会主义核心价值观的主观感受和感性认识,并通过自身对其进行比较分析、推理判断,最终将感性认识上升为理性认识,可以选择主动地认识和认同社会主义核心价值观或者反对。①

通过人际传播途径来培育和践行社会主义核心价值观通常有两种情况,一种是在日常生活中,无意识的潜移默化的培养,如父母平时的言谈举止,在路上帮扶老人等行为的影响;一种是刻意的,有计划地进行的传播行为,如老师对于犯了错的学生,单独进行教育的行为,目前的传播现状是后者占据较大比例。因而,传播者在有计划有目的的传播过程中,首先应该注重自身对社会主义核心价值观的理解和认知,选择适当的环境来进行教育,从社会主义的整体环境出发,不可偏于一隅,要根据时代的发展不断提高自身的认识,在不断塑造良好自我意识的同时也传播正确价值观,帮助他人塑造良好积极的主观意识。②

第二,培养意见领袖,引导个人观念。拉扎斯菲尔德在其"两级传播理论"中提到,在信息的传播过程中存在一些"特殊的"人,他们最先获得信息而后再将信息传达给其他人,他们可以根据自己的意识对信息进行加工和过滤,通常我们将其称为意见领袖。在向大众传播社会主义核心价值观时,应注重对意见领袖的培养,通过他们将先进价值观理念传递给受众,通过典型的宣传,帮助受众树立良好思想意识。③

而这个承载了教育任务的传播者本身,必然要有良好的素质。首先,需要一定的政治素质,要有坚定的共产主义信念和正确的政治态度,要有好的政治和政策水平。其次,要有良好的道德素质,要热爱党和人民,要有强烈的事业心和牺牲精神,要以自身的实际行动作为最好的案例进行传播教育,要坚决反对腐败,艰苦奋斗。再次,健康的思想态度,要根据社会发展的规律不断更新

---

① 参见冯岑:《培育和践行社会主义核心价值观的传播途径探析》,湖北大学硕士学位论文,2016年。

② 参见冯岑:《培育和践行社会主义核心价值观的传播途径探析》,湖北大学硕士学位论文,2016年。

③ 参见冯岑:《培育和践行社会主义核心价值观的传播途径探析》,湖北大学硕士学位论文,2016年。

自己的认知,不可停滞不前,闭门造车,要有积极的思维方式和思想作风。①

3. 群体与组织传播措施

第一,加大监管力度,减少信息失真。马克思表示:"人的本质不是单个人所固有的抽象物,在其现实性上,它是一切社会关系的总和。"②人生活在具有社会关系的大网络中,而这个网络中往往形成一定的群体和组织,人们的思想观点、人生立场等无不是在这样的社会关系中形成的。组织传播通常主要包括家庭、学校、企业单位和社会组织,家庭组织属于规模较小的传播组织,而学校和企业单位在社会主义核心价值观传播方面具有先天的组织优势,有完善的内部结构系统,尤其是学校,其本质就是为国家和社会培养符合社会主流需求的人才,其拥护党和国家的方针政策,能够第一时间将正确的思想观念传递到组织的成员中去。本书中强调要加强监管力度主要是针对社会群体与组织,包括网络群体与组织,要想通过群体与组织传播途径来培育和践行社会主义核心价值观,当务之急就是加大对群体和组织的监管力度,通过制度对信息加以监控,缩小信息失真度,确保社会主义核心价值观能够准确直观地被大众接收。③

目前,社会群体和组织监管方面的法律法规还不完善,必须加快相关法律的完善进度,让我国公民在群体与组织活动中有相应的法律保障,让不法分子受到法律法规的约束,逐渐完善社会群体与组织法律法规体系。同时,要把群体与组织信息的公开透明化看作是实施监管的重要前提与保障,目前,社会组织信息公开的情况不够理想,例如,在组织信息透明化的有限规章下,执行结果往往不尽如人意,使这些制度浮于表面,落不到实处。只有对群体和组织传播进行有效的监管,才能够使群体和组织内部的思想态度获得统一,才能有效阻止不必要的谣言的产生和扩散,为培育和践行社会主义核心价值观的群体和组织传播创造良好条件。④

---

① 参见冯岑:《培育和践行社会主义核心价值观的传播途径探析》,湖北大学硕士学位论文,2016年。

② 《马克思恩格斯选集》第 1 卷,人民出版社 1995 年版,第 60 页。

③ 参见冯岑:《培育和践行社会主义核心价值观的传播途径探析》,湖北大学硕士学位论文,2016年。

④ 参见冯岑:《培育和践行社会主义核心价值观的传播途径探析》,湖北大学硕士学位论文,2016年。

第二,丰富群体与组织传播活动。在前面的调查数据中我们可以看到,目前针对社会主义核心价值观的群体与组织活动不够丰富,积极组织更多与之相关的宣传教育活动是大众的迫切需求。要积极开展群体组织宣传活动,大力倡导主旋律,通过一系列社会实践活动,如社区的价值观公益讲座,组织的座谈会、研讨会、形势政策教育和革命传统文化宣传教育等活动,加强群众对社会主义核心价值体系的认识和理解,树立广大人民群众的责任感、历史使命感、民族自尊心和自信心,有组织、有计划地引导群众走出家门,积极参与各种社区志愿服务、社区公益讲座等活动,使群众在社会实践活动中接受社会主义核心价值观的理念。①

第三,根据不同受众群体采取针对性传播方法。培育和践行社会主义核心价值观的群体与组织传播途径中包括诸多的环节和因素,如传播主体、受众、传播环境、传播载体等,其中受众占到绝大多数,受众本身的不同特点决定了社会主义核心价值观在其身上所能达到效果的差异。②

受众,在传播学中将其定义为社会信息传播的接受者群体,具有分布广泛、人数众多、内部差别显著等特点。本书中,将培育和践行社会主义核心价值观的受众群体大致分为:国家、社会管理者阶层受众;工人阶级受众;农村常住人口受众;以在校生为代表的青少年受众;党领导下的人民军队受众;具有宗教信仰的受众这六大类,根据不同的受众特征,在传播社会主义核心价值观时应具体问题具体分析,具有针对性。其一,国家、社会管理者阶层受众担负国家和社会公共事务管理职责,要认识到这个阶层对社会主义核心价值观的基本内涵有基础性的了解,因而要做到有重点地宣传,提高其政治觉悟,以使其认识到自身的责任,更好地为人民服务;其二,工人阶级作为我国的领导阶级,在我国社会中占有重要地位,在工人群体中培育并使其践行社会主义核心价值观首先就是要深入了解工人群体的现实诉求,对其消极情绪进行分析,激发广大工人阶级的主人翁意识,并且在传播社会主义核心价值观的过程中进

---

① 参见冯岑:《培育和践行社会主义核心价值观的传播途径探析》,湖北大学硕士学位论文,2016年。
② 参见冯岑:《培育和践行社会主义核心价值观的传播途径探析》,湖北大学硕士学位论文,2016年。

行思想道德教育,提高工人阶级的道德水平;其三,农村常住人口思想观念复杂多样,要针对其这一特点,做好农村常住人口思想工作,尊重差异,要根据其受教育水平,提高社会主义核心价值观的传播效果,用受众喜闻乐见的文化传播形式进行生动的传播,语言尽量简单通俗,文化宣传部门应出台相关人才输送政策,使相关专业的大学生或实习生进入基层进行理论宣传和生活体验,对不同阶层的农村人口的生活状态和思想状态进行了解分析,因材施教;其四,针对以在校生为代表的青少年受众,应该重视家庭教育,加强道德修养的塑造,改革学校思政教育制度,开拓教育形式,针对青少年自身诉求进行宣传;其五,在党领导下的人民军队受众中传播社会主义核心价值观,应创新方法,坚持以人为本,多种传播途径和载体相结合,完善机制,建立长效的制度规范,优化人力资源,培养优秀的思政教育人才;其六,针对具有宗教信仰的受众应在不同的宗教教义中寻找与社会主义核心价值观相契合的理念,赢得有宗教信仰的受众认可与好感,加强同宗教高层领袖的沟通,在宗教组织中积极发挥群体与组织传播优势。①

4. 优化大众传播途径措施

(1)规范大众传播媒介管理制度

以电子网络为代表的新媒体最大的特征之一就是自由化程度高,传播者在互联网中具有匿名性,因此在新媒体的传播中出现了许多不具名的谣言散播者,以及黄色暴力等信息的传播者。同时,某些传媒如网络等容易使青少年沉溺其中,正面信息和负面信息的大量充斥会使受众感到无所适从,从而产生不信赖心理,这些对传播社会主义核心价值观会产生许多负面影响和阻碍。对此,我们除了从宏观上进行道德和思想的教育,更应该细化到具体的制度管理上,从以下几个方面着手,大力宣扬网络道德,不断净化传播内容,完善制度规范。②

首先,要进一步完善监督管理。针对网络传播而言,要有先进的技术平台

---

① 参见冯岑:《培育和践行社会主义核心价值观的传播途径探析》,湖北大学硕士学位论文,2016年。

② 参见冯岑:《培育和践行社会主义核心价值观的传播途径探析》,湖北大学硕士学位论文,2016年。

的支撑,开发和使用如乐思网络舆情监测系统这样的管理技术平台,对网络信息和网民行为进行实时监管,维护网上信息交往秩序。建立互联网的舆情监督反应机制,要有专业的网络编辑对互联网各个领域的信息发布进行实时的监督,对不实的言论进行封锁和举报,对广大受众所关心的热点和问题,及时地采纳收集并反馈给相关政府部门,对政府所要传播的主流价值观进行有效的宣传。实施网络舆情干部问责制度,一方面,使各部门领导干部重视网络管理,提高工作效率和质量;另一方面,网络透明化,能够使干部工作完全地展现在人民大众眼前,受人民监督。以上种种,都将为培育和践行社会主义核心价值观的大众传播途径创造健康的环境。①

其次,将"把关人"作为制度管理的衔接环节来重视。"把关人"存在于大众传播途径的每一个环节,完善大众传播管理制度,需要作为"把关人"的传媒机构或者个人对传播的信息进行筛选。"把关人"要坚持大众传播的社会主义方向,坚持利用大众传播提高我国公民整体思想文化素质。随着自媒体时代的到来,大众传播在人们的生活中显得愈发重要,其本身就是社会主义精神文明建设的重要阵地,必须要有明确的政治立场,要有目的、有选择地进行信息的传播,要坚持以马列主义为指导,坚持党的正确的路线、方针、政策,坚持对社会主义核心价值观进行正面的、持续不断的宣传,切不可过于形式主义,不可为了完成任务而在特定时间内短期宣传。实践证明,每当网络或者其他媒体中爆出危害社会主义的不实言论时,人们对接受社会主义核心价值观的态度便会受到影响。因此,各大媒体及媒体人,应该本着负责任的态度,客观及时地对信息内容进行过滤和筛选,确保所传播的讯息符合社会主义的主流价值,要通过长期的、正面的宣传,弘扬社会主义发展所需要的价值观思想,营造出积极健康的舆论大环境,为培育和践行社会主义核心价值观提供直接的或者帮辅性力量。②

再次,不断提高媒介队伍素质。作为"把关人"的媒体组织或者个人都可

---

① 参见冯岑:《培育和践行社会主义核心价值观的传播途径探析》,湖北大学硕士学位论文,2016年。

② 参见冯岑:《培育和践行社会主义核心价值观的传播途径探析》,湖北大学硕士学位论文,2016年。

以被概括为媒介队伍,强化"把关人"作用的首要任务就是不断提高媒介队伍素质。一个合格的媒体人除了要具备行业的专业知识、对各种传播载体的客观见解和认知、对市场发展变化的前瞻性,更要具备良好的思想品德,真心实意为人们办事,将人民的心声传递给政府和党,并将党的政策方针全面地传递给大众受众。其自身要有正确的人生价值取向,要坚持新闻的真实性和客观性,弘扬主旋律。①

(2)充分利用多种大众传播手段

自媒体时代衍生出了多种具有融合性功能的大众传播媒介,要善于利用不同媒介综合传播,优势互补,形成全方位的社会主义核心价值观大众传播模式。例如,一般受众对报纸等传统媒体的信赖度较大,而网络言论具有自由性,其信息多而繁杂,其信息的真实程度难以得到验证,但互联网因为本身的快捷性和便利性同样获得了大量的受众群体。据我国工业和信息化部在2015年3月份发布的通信业经济运行情况报告中显示,目前我国移动电话用户接近13亿,移动互联网用户规模近9亿,4G用户继续保持高速增长态势,净增超2300万。因此,我们必须对大众传播媒介的这些不同特点进行分析和综合运用,如在纸媒中对社会主义核心价值观进行宣传时,带入对其相应的官方网站的介绍,在官网附上相关纸媒的推荐等形式,选择与价值观传播相适应并且符合受众接受心理的传播载体,充分发挥其特性,形成通过大众传播全方位开展培育和践行社会主义核心价值观的格局。同时,要增加关于社会主义核心价值观的信息量,持续扩大覆盖面,增强相关作品感染力和广告针对性,丰富广告形式。②

(3)优化大众传播环境

"传播环境,是指存在于传播活动周围的特有的情况和条件的总和。在这种情况下,传播与环境表现为互动互助、相辅相成、共进共荣的互制关

---

① 参见冯岑:《培育和践行社会主义核心价值观的传播途径探析》,湖北大学硕士学位论文,2016年。

② 参见冯岑:《培育和践行社会主义核心价值观的传播途径探析》,湖北大学硕士学位论文,2016年。

系。"①世界上不存在绝对孤立、封闭的传播活动,不论是哪种传播途径都必然存在于某种传播环境中,尤其是制度发展不完善的大众传播途径,环境对传播效果具有重要影响。②

优化社会主义核心价值观的大众传播环境,首先就是要把握其大众传播环境的特点,根据不同的特点进行对策分析。第一,自主性。自主就是社会主义核心价值观的传者和受者,即教育者和受教育者,在传播活动中具有自我的能动性,传播者可以能动地选择传播什么、如何传播,受传者能够自主地选择是否接受或者抵制,是否将其转化为实际行动,而传播者和受传者的交流是一个双向互动的过程,角色之间可以发生相互的转化,因此,要不断提高我国公民的受教育水平和科学文化水平,为我国公民创造良好的先天大众传播环境优势。第二,实践性。优化社会主义核心价值观的大众传播环境是一项具有实践性意义的活动,马克思指出:"环境的改变和人的活动的一致,只能被看做是并合理地理解为变革的实践。"③社会主义核心价值观的大众传播环境建设的基本要求就是在实践中彼此作用。第三,系统性。优化社会主义核心价值观的大众传播环境是一项系统工程,思想政治教育环境由若干系统组成,每一个环境系统下面又分为多个不同的子系统,优化社会主义核心价值观的大众传播环境,就要注意不同环境系统之间的相互联系,彼此协调,注意突出重点,主次有别,创建一个健康积极的传播大环境。第四,时代性。社会主义核心价值观的大众传播环境是不断变化的,要在维持以往良好环境的同时,注意与时俱进,与社会发展规律相一致,保持具有时代特色的大众传播环境。④

---

① 邵培仁:《传播学》,高等教育出版社2000年版,第236页。

② 参见冯岑:《培育和践行社会主义核心价值观的传播途径探析》,湖北大学硕士学位论文,2016年。

③ 《马克思恩格斯选集》第1卷,人民出版社2012年版,第138页。

④ 参见冯岑:《培育和践行社会主义核心价值观的传播途径探析》,湖北大学硕士学位论文,2016年。

主要参考文献

（一）著作类

1.《马克思恩格斯文集》(第1—10卷)，人民出版社2009年版。

2.《马克思恩格斯选集》(第1—4卷)，人民出版社2012年版。

3.《列宁专题文集》(全5卷)，人民出版社2009年版。

4.《列宁选集》(第1—4卷)，人民出版社1995年版。

5.《斯大林选集》(上、下卷)，人民出版社1979年版。

6.《毛泽东选集》(第一至四卷)，人民出版社1991年版。

7.《毛泽东文集》(第六至八卷)，人民出版社1999年版。

8.《毛泽东年谱》(上、中、下卷)，人民出版社1993年版。

9.《毛泽东著作选读》(上、下册)，人民出版社1986年版。

10.《邓小平文选》(第一至二卷)，人民出版社1994年版。

11.《邓小平文选》第三卷，人民出版社1993年版。

12.《邓小平年谱》(上、下)，中央文献出版社2004年版。

13.《邓小平思想年谱(1975—1997)》，中央文献出版社1998年版。

14.《江泽民文选》(第一至三卷)，人民出版社2006年版。

15.《江泽民论有中国特色社会主义》(专题摘编)，中央文献出版社2002年版。

16. 江泽民:《论"三个代表"》，中央文献出版社2001年版。

17. 江泽民:《论党的建设》，中央文献出版社2001年版。

18. 江泽民:《论科学技术》，中央文献出版社2001年版。

19.《胡锦涛文选》(第一至三卷)，人民出版社2016年版。

20.《中共中央关于构建社会主义和谐社会若干重大问题的决定》，人民出版社2006年版。

21. 胡锦涛:《坚定不移沿着中国特色社会主义道路前进　为全面建成小康社会而奋斗——在中国共产党第十八次全国代表大会上的报告》，人民出版社2012年版。

22.《习近平谈治国理政》，外文出版社2014年版。

23.《习近平谈治国理政》第二卷，外文出版社2017年版。

24.《习近平总书记系列重要讲话读本》(2016年版)，学习出版社、人民出版社2016

年版。

25.《习近平论社会主义核心价值观——十八大以来重要论述选编》,《党建》2014 年第 4 期。

26. 习近平:《在哲学社会科学工作座谈会上的讲话》,人民出版社 2016 年版。

27. 习近平:《在庆祝中国共产党成立 95 周年大会上的讲话》,人民出版社 2016 年版。

28. 习近平:《决胜全面建成小康社会 夺取新时代中国特色社会主义伟大胜利——在中国共产党第十九次全国代表大会上的报告》,人民出版社 2017 年版。

29. 习近平:《在纪念马克思诞辰 200 周年大会上的讲话》,人民出版社 2018 年版。

30. 习近平:《关于中国特色社会主义理论体系的几点学习体会和认识》,《求是》2008 年第 7 期。

31. 习近平:《全面贯彻落实党的十八大精神要突出抓好六个方面工作》,《求是》2013 年第 1 期。

32. 习近平:《青年要自觉践行社会主义核心价值观——在北京大学师生座谈会上的讲话》,《人民日报》2014 年 5 月 5 日。

33. 习近平:《从小积极培育和践行社会主义核心价值观——在北京市海淀区民族小学主持召开座谈会时的讲话》,《人民日报》2014 年 5 月 31 日。

34. 刘云山:《肩负时代赋予的崇高使命和历史责任 为推动文化大发展大繁荣贡献智慧力量》,《光明日报》2011 年 12 月 6 日。

35. 刘奇葆:《在全社会大力培育和践行社会主义核心价值观》,《党建》2014 年第 4 期。

36. 黄坤明:《培育和践行社会主义核心价值观》,《人民日报》2017 年 11 月 17 日。

37.《中共中央办公厅印发〈关于培育和践行社会主义核心价值观的意见〉》,《人民日报》2013 年 12 月 24 日。

38.《中共中央关于深化文化体制改革推动社会主义文化大发展大繁荣若干重大问题的决定》,《人民日报》2011 年 10 月 26 日。

39.《习近平总书记重要讲话文章选编》,中央文献出版社、党建读物出版社 2016 年版。

40.《十三大以来重要文献选编》(上、中),人民出版社 1991 年版;《十三大以来重要文献选编》(下),人民出版社 1993 年版。

41.《十四大以来重要文献选编》(上、中、下),人民出版社 1996、1997、1999 年版。

42.《十五大以来重要文献选编》(上、中、下),人民出版社 2000、2001、2003 年版。

43.《十六大以来重要文献选编》(上、中,中)央文献出版社 2005、2006 年版;《十六大以来重要文献选编》(下),中央文献出版社 2008 年版。

44.《十七大以来重要文献选编》(上、中、下),中央文献出版社 2009、2011、2013 年版。

45.《十八大以来重要文献选编》(上、中、下),中央文献出版社 2014、2016、2018 年版。

46. 中共中央宣传部:《"三个代表"重要思想学习纲要》,学习出版社 2003 年版。

47.《科学发展观学习读本》,学习出版社 2008 年版。

48.《科学发展观重要论述摘编》,中央文献出版社、党建读物出版社 2009 年版。

49.《社会主义核心价值体系学习读本》,学习出版社 2009 年版。

50.《中共中央关于加强和改进新形势下党的建设若干重大问题的决定》,人民出版社 2009 年版。

51.《中国特色社会主义理论体系学习读本》,学习出版社 2009 年版。

52.《六个"为什么"——对几个重大问题的回答》,学习出版社 2009 年版。

53.《中共中央关于深化文化体制改革推动社会主义文化大发展大繁荣若干重大问题的决定》辅导读本,人民出版社 2011 年版。

54.《论文化建设——重要论述摘编》,学习出版社、中央文献出版社 2012 年版。

55.《关于培育和践行社会主义核心价值观的意见》,人民出版社 2013 年版。

56.《中办国办印发〈关于进一步把社会主义核心价值观融入法治建设的指导意见〉》,《人民日报》2016 年 12 月 26 日。

57.《中共中央印发〈社会主义核心价值观融入法治建设立法修法规划〉》,《人民日报》2018 年 5 月 8 日。

58.《中共中央关于全面深化改革若干重大问题的决定》,人民出版社 2013 年版。

59.《中国特色社会主义学习读本》,学习出版社 2013 年版。

60.《习近平新时代中国特色社会主义思想三十讲》,学习出版社 2018 年版。

61.《习近平新时代中国特色社会主义思想学习纲要》,学习出版社、人民出版社 2019 年版。

62.《十六大报告辅导读本》,人民出版社 2002 年版。

63.《十七大报告辅导读本》,人民出版社 2007 年版。

64.《十八大报告辅导读本》,人民出版社 2012 年版。

65.《党的十九大报告辅导读本》,人民出版社 2017 年版。

66.《中华人民共和国史稿》,人民出版社、当代中国出版社 2012 年版。

67.《胡绳文集(1979—1994)》,中国社会科学出版社 1994 年版。

68.周溯源主编:《社会主义核心价值观概述语征文选集》,中国社会科学出版社 2012 年版。

69.杨谷主编:《核心价值观百场讲坛》,光明日报出版社 2016 年版。

70.李连科:《哲学价值论》,中国人民大学出版社 1991 年版。

71.李连科:《价值哲学引论》,商务印书馆 1999 年版。

72.李德顺:《价值论》,中国人民大学出版社 1987 年版。

73.李德顺、孙伟平:《道德价值论——实践价值丛书》,云南人民出版社 2005 年版。

74.李德顺主编:《价值学大辞典》,中国人民大学出版社 1995 年版。

75.李德顺等:《人的家园——新文化论》,黑龙江教育出版社 2013 年版。

76.袁贵仁:《价值学引论》,北京师范大学出版社 1991 年版。

77.袁贵仁:《价值观的理论与实践:价值观若干问题的思考》,北京师范大学出版社 2006 年版。

78. 袁贵仁、韩震主编:《新世纪中国共产党的价值观》,人民出版社 2003 年版。

79. 韩震主编:《社会主义核心价值体系研究》,人民出版社 2007 年版。

80. 韩震主编:《我们的"主心骨"——大力建设社会主义核心价值体系》,人民出版社 2008 年版。

81. 韩震:《社会主义核心价值观凝练研究》,北京师范大学出版社 2012 年版。

82. 韩震:《社会主义核心价值观五讲》,人民出版社 2012 年版。

83. 韩震、章伟文等:《中国的价值观》,中国社会科学出版社 2016 年版。

84. 韩震、吴玉军编著:《点亮民族精神之魂:社会主义核心价值观青少年读本》,中国人民大学出版社 2017 年版。

85. 韩震:《社会主义核心价值观与中国文化国际传播》,中国人民大学出版社 2017 年版。

86. 王玉樑主编:《价值和价值观》,陕西师范大学出版社 1988 年版。

87. 王玉梁:《价值哲学》,陕西人民出版社 1989 年版。

88. 王玉梁:《价值哲学新探》,陕西人民教育出版社 1993 年版。

89. 司马云杰:《文化价值论》,山东人民出版社 1990 年版。

90. 司马云杰:《中国文化精神的现代使命——关于中国文化根本精神与核心价值观的研究》,山西教育出版社 2008 年版。

91. 马志政等:《哲学价值论纲要》,杭州大学出版社 1991 年版。

92. 马俊峰:《评价活动论》,中国人民大学出版社 1994 年版。

93. 冯平:《评价论》,东方出版社 1995 年版。

94. 商戈令:《道德价值论》,浙江人民出版社 1988 年版。

95. 张岱年:《中国哲学大纲》,中国社会科学出版社 1982 年版。

96. 张岱年:《思想·文化·道德》,巴蜀书社 1992 年版。

97. 黄钊:《中国古代德育思想史论》(上、下),中国社会科学出版社 2011 年版。

98. 黄钊:《儒家德育学说论纲》,武汉大学出版社 2006 年版。

99. 赵馥洁:《中国传统哲学价值论》,陕西人民出版社 1991 年版。

100. 朱贻庭等:《当代中国道德价值导向》,华东师范大学出版社 1994 年版。

101. 罗国杰主编:《马克思主义价值观研究》,人民出版社 2013 年版。

102. 夏伟东:《道德本质论》,中国人民大学出版社 1991 年版。

103.《马克思 恩格斯 列宁 论意识形态》,人民出版社 2009 年版。

104. 侯惠勤:《马克思的意识形态批判与当代中国》,中国社会科学出版社 2010 年版。

105. 侯惠勤等:《马克思主义中国化理论创新 30 年(1978—2008)》,中国社会科学出版社 2008 年版。

106. 梅荣政:《用马克思主义引领社会思潮》,武汉大学出版社 2008 年版。

107. 梅荣政、杨军主编:《社会主义核心价值体系与社会思潮析评》,中国社会科学出版社 2010 年版。

108. 梅荣政:《中国特色社会主义基本问题研究》,武汉大学出版社 2007 年版。

109. 沙健孙:《二十世纪中国的历史道路——兼评若干社会思潮》,中国社会科学出版社 2009 年版。

110. 徐伟新等:《社会主义核心价值观研究》,中共中央党校出版社 2016 年版。

111. 石云霞主编:《当代中国价值观论纲》,武汉大学出版社 1996 年版。

112. 石云霞:《新中国成立以来中国共产党思想理论教育历史研究》(上、下),中国社会科学出版社 2007 年版。

113. 石云霞主编:《马克思主义理论教育思想发展史研究》(上、下),中国社会科学出版社 2012 年版。

114. 刘建军主编:《中国共产党思想政治教育的理论与实践》,中国人民大学出版社 2008 年版。

115. 王树荫主编:《中国共产党思想政治教育史》(第二版),中国人民大学出版社 2016 年版。

116. 江畅:《现代西方价值理论研究》,陕西师范大学出版社 1992 年版。

117. 江畅:《社会主义核心价值理念研究》,北京师范大学出版社 2012 年版。

118. 江畅:《论价值观与价值文化》,科学出版社 2014 年版。

119. 江畅、张媛媛:《中国梦与中国价值》,武汉出版社 2016 年版。

120. 江畅:《论当代中国价值观》,科学出版社 2016 年版。

121. 龚群:《当代中国社会价值观调查研究》,北京师范大学出版社 2012 年版。

122. 龚群:《生命与实践理性——诠释学的伦理学向度》,中国社会科学出版社 2004 年版。

123. 李建华等:《多元文化时代的价值引领——社会主义核心价值体系建设与社会思潮有效引领研究》,人民出版社 2012 年版。

124. 李建华、夏建文等:《立德树人之道——大学生社会主义核心价值观的培育与践行研究》,人民出版社 2015 年版。

125. 周瑾平:《社会主义核心价值观的政治伦理内涵》,湖南大学出版社 2016 年版。

126. 杨耕、吴向东主编:《社会主义核心价值观:理论与方法》,四川人民出版社 2017 年版。

127. 吴潜涛、艾四林主编:《社会主义核心价值观研究前沿问题聚焦——社会主义核心价值观协调创新北京峰会文萃》,人民出版社 2017 年版。

128. 戴木才:《中国特色核心价值观的传统、现实与前景》,广西人民出版社 2011 年版。

129. 裴德海:《从一般价值到核心价值——社会主义核心价值观培育与践行的双重逻辑》,安徽教育出版社 2013 年版。

130. 高小枚:《社会主义核心价值观的教育渗透性研究》,中国社会科学出版社 2016 年版。

131. 李建华等:《社会主义核心价值观构建与践行研究》,人民出版社 2017 年版。

132. 门妍萍主编:《高校基层党组织培育和践行社会主义核心价值观创新机制研究》,

上海人民出版社 2018 年版。

133. 余达淮主编:《社会主义核心价值观通俗读本》,江苏凤凰文艺出版社 2018 年版。

134. 成云雷、成佛影:《核心价值观微阅读》,山东人民出版社 2018 年版。

135. 卢双喜:《唯物史观新视阈下中西价值观比较》,中国社会科学出版社 2016 年版。

136. 何锡蓉等:《当代中国的精神旗帜——社会主义核心价值观研究》,上海人民出版社 2014 年版。

137. 唐昆雄主编:《马克思主义与社会主义核心价值体系研究》,中国社会科学出版社 2010 年版。

138. 余育德、毕静涛等:《社会主义价值标准体系研究——生产力标准的正确认识与运用》,光明日报出版社 1991 年版。

139. 陈新汉主编:《社会主义核心价值体系价值论研究》,上海人民出版社 2008 年版。

140. 陈新汉主编:《警惕核心价值体系"边缘化危机"》,社会科学文献出版社 2011 年版。

141. 陈新汉、邱仁富:《坚持核心价值体系的人民主体性:关于克服社会主义核心价值体系"边缘化危机"的思考》,东方出版社 2011 年版。

142. 郑永廷等:《社会主义意识形态发展研究》,人民出版社 2002 年版。

143. 郑永廷、江传月等:《主导德育论:大学生思想政治教育一元主导与多样发展研究》,人民出版社 2008 年版。

144. 田海舰、邹卫:《社会主义核心价值观论纲》,人民出版社 2010 年版。

145. 田海舰:《培育和践行社会主义核心价值观多维研究》,人民出版社 2015 年版。

146. 宋惠昌主编:《社会主义核心价值观专题解读》,中共中央党校出版社 2010 年版。

147. 方爱东:《社会主义核心价值观研究》,中国科学技术大学出版社 2013 年版。

148. 冯颜利、廖小明:《问题·旨趣·路径——社会主义核心价值观新探究》,人民出版社 2014 年版。

149. 朱颖原:《社会主义核心价值观多维研究》,人民出版社 2013 年版。

150. 谢晓娟等:《社会主义核心价值观研究》,中国社会科学出版社 2012 年版。

151. 孙杰:《当代中国社会主义核心价值观研究》,人民出版社 2016 年版。

152. 喻发胜:《文化安全:基于社会核心价值观嬗变与传播的视角》,华中师范大学出版社 2010 年版。

153. 王振国:《中国共产党公民教育理论与实践》,郑州大学出版社 2005 年版。

154. 王员:《建国初期党的思想政治教育及其基本经验》,社会科学文献出版社 2013 年版。

155. 吴宏彪:《核心价值观——建设有灵魂的组织》,新华出版社 2006 年版。

156. 何锡蓉、曹泳鑫主编:《核心价值体系构建与价值观研究》,上海社会科学院出版社 2008 年版。

157. 陈亚杰编著:《建设社会主义核心价值体系》,人民出版社 2007 年版。

158. 邹宏秋:《社会主义核心价值体系教育论纲》,浙江大学出版社 2008 年版。

159. 周中之、石书臣主编:《社会主义核心价值体系教育探索》,上海人民出版社 2007 年版。

160. 林伯海主编:《当代西方社会思潮与青年教育》,西南交通大学出版社 2011 年版。

161. 杨业华:《当代中国大学生核心价值观研究》,人民出版社 2011 年版。

162. 郑承军:《理想信念的引领与建构:当代大学生的社会主义核心价值观研究》,清华大学出版社 2010 年版。

163. 李纪岩:《当代大学生社会主义核心价值观培育研究》,山东人民出版社 2013 年版。

164. 陈芝海:《大学生社会主义核心价值观教育研究》,光明日报出版社 2013 年版。

165. 徐园媛等主编:《大学生核心价值观教育接受机制构建》,西南交通大学出版社 2011 年版。

166. 张立成等:《大学生社会主义核心价值体系教育研究》,北京师范大学出版社 2013 年版。

167. 邹利华、张翔主编:《武警官兵树立当代革命军人核心价值观研究》,中国社会科学出版社 2010 年版。

168. 连业斌等编著:《当代革命军人核心价值观大视阈解读》,中央文献出版社 2010 年版。

169. 郭维平:《社会主义核心价值观生成与认同研究》,学习出版社 2016 年版。

170. 郑洁等:《网络媒体传播社会主义核心价值观研究》,中国社会科学出版社 2012 年版。

171. 刘济良等:《价值观教育》,教育科学出版社 2007 年版。

172. 靳辉明、谷源洋主编:《当代资本主义与世界社会主义》(上、下卷),海南出版社 2004 年版。

173. 吴树青、赵曜主编:《中国特色社会主义文库》第二辑,团结出版社 1999 年版。

174. 冷溶主编:《科学发展观与构建社会主义和谐社会》,社会科学文献出版社 2007 年版。

175. 顾海良主编:《中国特色社会主义理论体系研究》,中国人民大学出版社 2009 年版。

176. 江流、徐崇温主编:《20—21 世纪:社会主义的回顾与瞻望》,中国社会科学出版社 1995 年版。

177. 王东:《中华腾飞论——毛泽东、邓小平、江泽民三代领导集体的理论创新》,中国人民大学出版社 2001 年版。

178. 李会滨主编:《社会主义:20 世纪的回顾与前瞻》,华中师范大学出版社 1999 年版。

179. 俞思念、于文俊等:《中国社会主义认识史》,湖北人民出版社 2001 年版。

180. 俞思念等:《社会主义在当代中国的理论创新》,湖北人民出版社 2004 年版。

181. 陈先达:《马克思和马克思主义》,中国人民大学出版社 2006 年版。

182. 陈先达:《哲学与文化》,中国人民大学出版社 2006 年版。

183. 陶德麟、何萍主编:《马克思主义哲学中国化的理论与历史研究》,北京师范大学出版社 2011 年版。

184. 陶德麟、何萍主编:《马克思主义哲学中国化:历史与反思》,北京师范大学出版社 2007 年版。

185. 江流、傅青元主编:《建设中国特色社会主义史纲(1978—2008)》,社会科学文献出版社 2008 年版。

186. 谢春涛主编:《中国特色社会主义史》(上、下),福建人民出版社 2008 年版。

187. 秦宣主编:《中国特色社会主义史》(上、下册),高等教育出版社 2009 年版。

188. 肖贵清等:《中国特色社会主义制度基本问题研究》,人民出版社 2013 年版。

189. 肖贵清等:《制度自信——中国特色社会主义制度研究》,高等教育出版社 2017 年版。

190. 张国祚主编:《中国文化软实力研究报告(2010)》,社会科学文献出版社 2011 年版。

191. 沈壮海主编:《软文化·真实力——为什么要提高国家文化软实力》,人民出版社 2008 年版。

192. 沈壮海主编:《兴国之魂——社会主义核心价值体系释讲》,湖北教育出版社 2014 年版。

193. 龙静云:《治化之本——市场经济条件下的中国道德建设》,湖南人民出版社 1998 年版。

194. 袁银传:《小农意识与中国现代化》,武汉出版社 2008 年版。

195. 袁银传主编:《中外大学思想道德教育比较研究》,中国社会科学出版社 2005 年版。

196. 袁银传主编:《价值观 核心价值观 核心价值体系》,武汉大学出版社 2014 年版。

197. 袁银传等:《社会主义核心价值观:平等》,社会科学文献出版社 2014 年版。

198. 袁银传:《中国特色社会主义理论体系的基本特征研究》,武汉大学出版社 2014 年版。

199. 刘惠恕:《中国共产党政治哲学思想发展史研究》,江西人民出版社 2009 年版。

200. 马德普主编:《西方政治思想史》第五卷,天津人民出版社 2005 年版。

201.《社会主义核心价值观与中华战略文化:第三届中华战略文化论坛文集》,时事出版社 2010 年版。

202.《俄国民粹派文选》,中共中央马克思 恩格斯 列宁 斯大林著作编译局、国际共运史研究室编译,人民出版社 1983 年版。

203. 中联部编译小组编:《社会党国际重要文件选编》,当代世界出版社 2005 年版。

204. [苏]B.Π.图加林诺夫:《马克思主义中的价值论》,齐友等译,中国人民大学出版社 1989 年版。

205. [俄]尼古拉·伊万诺维奇·雷日科夫:《大国悲剧:苏联解体的前因后果》(修订版),徐昌翰等译,新华出版社 2010 年版。

206. [法]保尔·拉法格等:《回忆马克思恩格斯》,马集译,人民出版社 1973 年版。

207. [德]海因里希·格姆科夫联邦德国:《马克思传》,易廷镇、侯焕良译,人民出版社 2000 年版。

208. [德]A.施密特:《马克思的自然概念》,欧力同、吴仲昉译,商务印书馆 1988 年版。

209. [德]马克斯·舍勒:《价值的颠覆》,罗悌伦等译,生活·读书·新知三联书店 1997 年版。

210. [英]W.D.拉蒙特:《价值判断》,马俊峰等译,中国人民大学出版社 1992 年版。

211. [英]佩里·安德森:《思想的谱系——西方思潮左与右》,袁银传、曹荣湘等译,社会科学文献出版社 2012 年版。

212. [英]J.马克·霍尔斯特德、马克·A.派克:《公民身份与道德教育:行动中的价值观》,杨威译,社会科学文献出版社 2017 年版。

213. [英]以赛亚·伯林:《自由论》(《自由四论》扩充版),胡传胜译,译林出版社 2003 年版。

214. [美]米尔顿·弗里德曼:《资本主义与自由》,张瑞玉译,商务印书馆 1986 年版。

215. [美]L.J.宾克莱:《理想的冲突——西方社会中变化着的价值观念》,马元德等译,商务印书馆 1994 年版。

216. [美]A.塞森斯格:《价值与义务——经验主义伦理学理论的基础》,江畅译,中国人民大学出版社 1992 年版。

217. [美]乔舒亚·库珀·雷默等:《中国形象:外国学者眼里的中国》,沈晓雷等译,社会科学文献出版社 2006 年版。

218. [美]约翰·奈斯比特、[德]多丽丝·奈斯比特:《中国大趋势:新社会的八大支柱》,魏平译,吉林出版集团、中华工商联合出版社 2009 年版。

219. [美]丹尼尔·贝尔:《资本主义文化矛盾》,严蓓雯译,江苏人民出版社 2007 年版。

220. [加]查尔斯·泰勒:《现代性之隐忧》,程炼译,中央编译出版社 2001 年版。

221. [美]塞缪尔·亨廷顿、劳伦斯·哈里森主编:《文化的重要作用——价值观如何影响人类进步》,程克雄译,新华出版社 2010 年版。

222. [美]乔·萨托利:《民主新论》,冯克利、阎克文译,东方出版社 1998 年版。

223. [美]约翰·罗尔斯:《正义论》,何怀宏、何包钢、廖申白译,中国社会科学出版社 1988 年版。

224. [美]摩狄曼·J.阿德勒:《六大观念:真、善、美、自由、平等、正义》,陈珠泉、杨建国译,团结出版社 1989 年版。

225. [美]霍尔姆斯·罗尔斯顿:《环境伦理学》,杨通进译,中国社会科学出版社 2000 年版。

226. [美]奥尔多·利奥波德:《沙乡年鉴》,侯文蕙译,吉林人民出版社 1997 年版。

227.［美］曼纽尔·卡斯特：《认同的力量》（第 2 版），曹荣湘译，社会科学文献出版社 2006 年版。

228.［捷］弗·布罗日克：《价值与评价》，李志林、盛宗范译，知识出版社 1988 年版。

229.［奥］弗兰克：《活出意义来》，赵可式等译，生活·读书·新知三联书店 1991 年版。

230. Perry Anderson, *SPECTRUM*, First Published by Verso 2005.

231. Gilbert Rozman, *Confucian Heritage and its Modern Adaption*, Princeton University Press, 1991.

232. Louis Dupre, *Marx's Social Critique of Culture*, Yale University Press, 1983.

233. Kai-wing Chow, *The Rise of Confucian Ritualism in Late Imperial China：Ethics, Classics, and Lineage Discourse*, the Leland Stanford Junior University, 1994.

234. Raya Dunayevskaya, *Marxism & Freedom from 1776 until Today*, Humanity Books, 2000.

235. Paul Bloomfield, *the virtue of happiness-the theory of life*, Oxford University Press, 2014.

（二）论文类

1. 王晓晖：《积极培育和践行社会主义核心价值观》，《求是》2012 年第 23 期。

2. 王锐生：《关于社会主义的价值和价值观》，《哲学研究》1990 年第 1 期。

3. 陈先达：《论普世价值与价值共识》，《哲学研究》2009 年第 4 期。

4. 于涓、佘双好：《从文化建设的视角看社会主义核心价值观的培育和践行——访中国社会科学院马克思主义研究院顾问、武汉大学教授陶德麟》，《马克思主义研究》2014 年第 4 期。

5. 侯惠勤：《马克思的意识形态批判及其当代价值》，《马克思主义研究》2006 年第 2 期。

6. 侯惠勤：《"普世价值"与核心价值观的反渗透》，《马克思主义研究》2010 年第 11 期。

7. 侯惠勤：《马克思主义的指导是构建社会主义核心价值体系之根本》，《毛泽东邓小平理论研究》2007 年第 3 期。

8. 方章东、侯惠勤：《文化整合与社会主义核心价值观》，《安徽大学学报》（哲学社会科学版）2009 年第 3 期。

9. 田心铭：《中国社会主义核心价值观：以人为本，实事求是，独立自主》，《马克思主义研究》2011 年第 11 期。

10. 韩震：《公平正义的和谐社会与核心价值观念》，《中国社会科学》2009 年第 1 期。

11. 韩震：《中国文化上自强必须有引领世界潮流的先进的核心价值观——再论社会主义核心价值观念的内涵》，《道德与文明》2011 年第 3 期。

12. 韩震、郑立心：《社会主义核心价值体系是构建和谐社会的思想道德基础》，《新视野》2007 年第 6 期。

13. 吴潜涛：《培育和践行核心价值观的几点思考》，《光明日报》2013 年 7 月 15 日。

14. 戴木才：《论坚定社会主义核心价值观自信》，《马克思主义研究》2018 年第 8 期。

15. 黄士安、戴木才：《如何科学对待资本主义核心价值观》，《光明日报》2012 年 2 月 18 日。

16. 郭建宁：《充分认识培育和践行社会主义核心价值观的重大意义》，《人民日报》2013 年 12 月 30 日。

17. 黄蓉生：《习近平社会主义核心价值观思想论析》，《西南大学学报》（社会科学版）2018 年第 4 期。

18. 祝和军：《社会主义核心价值观宣传教育需要实现三个破除》，《思想理论教育导刊》2018 年第 1 期。

19. 李忠军、钟启东：《"坚持社会主义核心价值体系"基本方略论析》，《思想理论教育导刊》2017 年第 11 期。

20. 沈壮海：《培育和践行社会主义核心价值观的重要遵循》，《光明日报》2014 年 1 月 29 日。

21. 沈壮海、段立国：《习近平社会主义核心价值观战略思想研究》，《东岳论丛》2017 年第 6 期。

22. 周游：《以社会主义核心价值观构建当代中国人的精神世界》，《思想理论教育导刊》2017 年第 11 期。

23. 刘伟、陈锡喜：《十八大以来社会主义意识形态建设研究述评》，《当代世界与社会主义》2016 年第 3 期。

24. 蒋艳：《中国共产党探索社会主义核心价值观的历程和经验》，《思想理论教育导刊》2015 年第 10 期。

25. 张卫兵：《培育当代革命军人的核心价值观》，《求是》2008 年第 15 期。

26. 洪镰德：《马克思正义观析评》，《北京大学学报》（哲学社会科学版）1991 年第 1 期。

27. 吴玉军：《国家认同视阈中的社会主义核心价值体系》，《中国特色社会主义研究》2011 年第 4 期。

28. 宣兆凯：《"与公众对话"：公众认同、接受社会主义核心价值的调查研究》，《北京师范大学学报》（社会科学版）2009 年第 5 期。

29. 李建华、董海军执笔：《当代中国社会主义核心价值观公民认同调查》，《光明日报》2011 年 5 月 16 日。

30. 李建华、孙彤：《社会主义核心价值体系的基本属性》，《道德与文明》2009 年第 2 期。

31. 包心鉴：《社会主义核心价值观的凝练与建构》，《光明日报》2012 年 1 月 14 日。

32. 王思敬：《凝练社会主义核心价值观的基本原则》，《光明日报》2012 年 1 月 14 日。

33. 陶东风：《寻找核心价值体系与大众文化的契合点》，《光明日报》2012 年 1 月 21 日。

34. 万资姿：《从价值体系建构走向核心价值观凝练》，《光明日报》2012 年 1 月 21 日。

35. 祝福恩：《凝练核心价值观要以实践为源泉》，《光明日报》2012 年 2 月 25 日。

36. 姜义华:《我们文明的根柢和核心价值是什么》,《文汇报》2012 年 1 月 9 日。

37. 龚群:《以科学发展观指导社会主义核心价值体系建设》,《南京师大学报》(社会科学版)2010 年第 4 期。

38. 江畅:《幸福:当代社会价值体系的核心理念》,《湖北大学学报》(哲学社会科学版)2011 年第 3 期。

39. 陈新汉:《社会主义核心价值体系——从价值哲学的角度看》,《哲学研究》2007 年第 11 期

40. 陈新汉:《论核心价值体系》,《马克思主义研究》2008 年第 10 期。

41. 陈新汉:《论社会主义核心价值体系的人民主体性》,《哲学研究》2011 年第 1 期。

42. 梅荣政:《深化社会主义核心价值体系研究的几点思考》,《贵州师范大学学报》(社会科学版)2010 年第 5 期。

43. 梅荣政:《关于社会主义核心价值观的几点思考》,《思想理论教育导刊》2015 年第 8 期。

44. 郭齐勇:《中华优秀传统文化是社会主义核心价值观的土壤与基础》,《光明日报》2014 年 4 月 2 日。

45. 黄钊:《论社会主义核心价值观同中国传统优秀文化资源的亲密关系》,《思想政治教育研究》2015 年第 1 期。

46. 方晓珍:《社会主义核心价值观与中国优秀传统文化的关系分析》,《思想理论教育导刊》2015 年第 11 期。

47. 周卫红:《美国好莱坞电影传播核心价值观的状况及经验启示》,《电影文学》2013 年第 14 期。

48. 王迎晖:《好莱坞电影对美军文化和核心价值观的艺术表达》,《西安政治学院学报》2013 年第 1 期。

49. 张秀芹、刘爱莲:《论西方普世价值的虚伪性》,《社会科学家》2010 年第 5 期。

50. 赵化勇:《倡导社会主义核心价值观　增强电视新闻传媒舆论引导力》,《中国广播电视学刊》2007 年第 11 期。

51. 赵红勋:《社会主义核心价值观与电视娱乐文化》,《当代电视》2013 年第 4 期。

52. 段忠桥:《马克思和恩格斯的公平观》,《哲学研究》2000 年第 8 期。

53. 洪镰德:《马克思正义观析评》,《北京大学学报》(哲学社会科学版)1991 年第 1 期。

54. 高国希:《马克思人的自由全面发展理论与社会主义核心价值观》,《中州学刊》2007 年第 6 期。

55. 赵波、成敏:《论列宁的社会主义核心价值观》,《学术论坛》2012 年第 1 期。

56. 潘玉腾、庄晓芸:《中国传统社会核心价值观大众化的经验与启示》,《福建师范大学学报》(哲学社会科学版)2010 年第 1 期。

57. 陈力祥:《儒家传承核心价值观之经验与教训》,《道德与文明》2009 年第 2 期。

58. 谭丙华、金国栋:《浅析当代革命军人核心价值观培育的经验》,《社会心理科学》2012 年第 6 期。

59. 陈静、郝一峰:《国外核心价值观建设路径的经验研究》,《黑龙江社会科学》2007年第 5 期。

60. 孙宏艳:《国外少年儿童核心价值观培育的经验及启示》,《青年探索》2014 年第 2 期。

61. 项福库、何丽:《开发利用红色文化资源推进社会主义核心价值观培育对策研究——以渝东南红色文化资源开发利用为例》,《井冈山大学学报》(社会科学版)2013 年第 4 期。

62. 邵燕:《论雷锋精神与当代大学生核心价值观教育》,《人民论坛》2012 年第 14 期。

63. 李玉勇、付广华:《大力弘扬雷锋精神深化当代革命军人核心价值观培育》,《吉林省社会主义学院学报》2012 年第 3 期。

64. 秦明泉:《弘扬雷锋精神对培育社会主义核心价值观具有独特价值》,《南京政治学院学报》2014 年第 1 期。

65. 肖北庚:《社会主义核心价值观入法入规立法审查机制的构建》,《光明日报》2018 年 7 月 25 日。

66. 何显明:《制度建设与社会主义精神文明》,《哲学研究》1997 年第 9 期。

67. 郭志远:《核心价值观融入法治建设的中西比较》,《光明日报》2018 年 7 月 25 日。

68. 陈延斌、田旭明:《社会主义核心价值观大众认同的有效路径——基于近年来地方道德建设经验的研究》,《马克思主义研究》2015 年第 4 期。

69. 袁银传、韩玲:《凝练社会主义核心价值观的基本根据》,《马克思主义研究》2013 年第 1 期。

70. 袁银传、田亚:《培育和践行社会主义核心价值观的基本路径》,《思想理论教育》2014 年第 10 期。

71. 袁银传、赵倩:《社会主义平等价值观及其培育路径》,《思想政治教育研究》2014 年第 5 期。

72. 袁银传:《认清资本主义核心价值观》,《求是》2015 年第 8 期。

73. 袁银传、郭亚斐:《试论当代中国价值共识的凝聚机制》,《思想理论教育导刊》2018 年第 7 期。

74. 田海舰:《社会主义核心价值观研究》,中共中央党校博士学位论文,2008 年。

75. 张家强:《新农村建设中农民社会主义核心价值观的培育——结合河南省民权县的情况进行分析》,华中科技大学硕士学位论文,2008 年。

76. 曹国柱:《论新时期警察核心价值观的构成与培育》,复旦大学硕士学位论文,2009 年。

77. 李发铨:《列宁民主思想研究》,武汉大学博士学位论文,2010 年。

78. 梁跃民:《论中国特色社会主义核心价值观建设》,河北大学博士学位论文,2011 年。

79. 高地:《中国共产党社会主义核心价值观教育研究》,东北师范大学博士学位论文,2011 年。

80. 周蓉辉:《中国特色社会主义核心价值观研究》,中共中央党校博士学位论文,2011年。

81. 黄河:《列宁平等思想研究》,湖南师范大学博士学位论文,2012年。

82. 刘峥:《大学生认同与践行社会主义核心价值观研究》,中南大学博士学位论文,2012年。

83. 贾晓斌:《当代军校大学生核心价值观培育研究》,湖南师范大学博士学位论文,2012年。

84. 宋谦:《当代革命军人核心价值观教育研究》,吉林大学硕士学位论文,2012年。

85. 徐腾:《中国特色社会主义核心价值观研究》,扬州大学博士学位论文,2013年。

86. 邱国勇:《社会主义核心价值观教育研究》,武汉大学博士学位论文,2013年。

87. 朱颖原:《社会主义核心价值观研究》,山西大学博士学位论文,2013年。

88. 熊伟:《当代革命军人核心价值观培育研究》,西南大学硕士学位论文,2013年。

89. 李欢欢:《当代高校教师核心价值观的重构》,南京信息工程大学硕士学位论文,2013年。

90. 郑萌萌:《基于新媒体的社会主义核心价值观传播研究》,苏州大学博士学位论文,2016年。

91. 韩一凡:《社会主义核心价值观生活化研究》,郑州大学博士学位论文,2017年。

92. 郑晶晶:《社会主义核心价值观的中华优秀传统文化底蕴研究》,大连海事大学博士学位论文,2017年。

93. 郭亚斐:《当代中国价值共识形成机制研究》,武汉大学硕士学位论文,2016年(课题负责人武汉大学马克思主义学院袁银传教授指导)。

94. 于雨晴:《培育和践行社会主义核心价值观的活动载体探析》,湖北大学硕士学位论文,2016年(子课题负责人湖北大学马克思主义学院杨业华教授指导)。

95. 冯岑:《培育和践行社会主义核心价值观的传播途径探析》,湖北大学硕士学位论文,2016年(子课题负责人湖北大学马克思主义学院杨业华教授指导)。

96. 许林青:《培育和践行社会主义核心价值观的电视载体研究》,湖北大学硕士学位论文,2017年(子课题负责人湖北大学马克思主义学院杨业华教授指导)。

97. 刘媛:《社会主义核心价值观融入思想品德课程的状况及对策研究》,湖北大学硕士学位论文,2017年(子课题负责人湖北大学马克思主义学院杨业华教授指导)。

98. 汪凯旋:《高校微信公众号对大学生培育和践行核心价值观的影响及其对策研究》,湖北大学硕士学位论文,2018年(子课题负责人湖北大学马克思主义学院杨业华教授指导)。

99. 王菊丽:《证券行业培育和践行核心价值观的现状及对策研究》,湖北大学硕士学位论文,2018年(子课题负责人湖北大学马克思主义学院杨业华教授指导)。

100. 清华大学主办:《社会主义核心价值观研究》,2016年第1—6期;2017年第1—6期;2018年第1—6期。

后　记

　　本著作是武汉大学马克思主义学院袁银传教授主持的国家社会科学基金重大项目"培育和践行社会主义核心价值观研究"（项目编号：14ZDA008）的最终结项成果，由人民出版社出版。袁银传教授拟定写作思路，经过课题组成员集体讨论形成本书写作提纲和集体研究成果。具体撰稿人及分工如下：导论（武汉大学马克思主义学院袁银传教授、江西师范大学马克思主义学院韩玲教授），第一章（河南大学马克思主义学院郭强副教授、江西师范大学马克思主义学院韩玲教授），第二章（河南大学马克思主义学院郭强副教授），第三章（武汉大学马克思主义学院杨军教授），第四章（湖北大学马克思主义学院杨业华教授），第五章（武汉大学马克思主义学院袁银传教授），第六章（湖北大学马克思主义学院杨业华教授）。最后由袁银传教授统稿，河南大学马克思主义学院郭强副教授和武汉大学马克思主义学院博士生田亚协助袁银传教授做了部分统稿工作。

　　在本课题的论证以及本书的写作过程中，得到武汉大学人文社会科学资深教授陶德麟先生、武汉大学马克思主义学院梅荣政教授和黄钊教授、武汉大学哲学学院郭齐勇教授的指导。陶德麟先生在生病住院期间审读书稿并且为本书作序，更是令人感动不已。武汉大学党委副书记沈壮海教授、武汉大学马克思主义学院院长佘双好教授、武汉大学人文社会科学研究院曾彦博士、人民出版社马列编辑一部主任崔继新编审和孔欢副编审为本书写作和出版提供了大量支持和帮助，在此表示衷心的感谢。

　　在本书的写作过程中，我们参考借鉴了国内外学术界的研究成果，在本书的注释和参考文献中我们已经注明。由于我们才疏学浅，书中的浅陋之处肯定不少,来自任何方面的批评性意见和建设性意见都是我们非常愿意听到的。我们也想在认真听取各位读者和专家的意见之后,进一步深化本课题的研究。

袁　银　传

2019 年 7 月 1 日于武昌珞珈山